법관은 어떻게 사고하는가

HOW JUDGES THINK

일러두기

1. 옮긴이 주는 원서의 각주와 혼동되지 않도록 * 표시로 처리했다.
2. 본문 내 옮긴이 주는 [ ]로 표기했다.
3. 원서의 이탤릭체는 이탤릭체로 표기했다.

법관은 어떻게 사고하는가

리처드 포스너 Richard A. Posner 지음
백계문·박종현 옮김

H O W

J U D G E S

T H I N K

한울
아카데미

HOW JUDGES THINK
by Richard A. Posner

차례

제3부 | 대법관

이 책은 미국 연방제7항소법원 판사이자 시카고대학교 로스쿨 교수인 리처드 포스너Richard Allen Posner의 *How Judges Think*(Harvard University Press, 2008)를 우리말로 옮긴 것이다.

미국의 저명한 법학지 ≪저널 오브 리걸 스터디The Journal of Legal Studies≫에 의해 20세기에 가장 많이 인용된 법학자로 공인된 포스너는 법경제학의 태두로서 전 세계에 영향력을 끼치고 있는 법학자다. 유대인인 그는 예일대학교에서 영문학을 전공했고 하버드대학교 로스쿨을 졸업했다. 졸업 후에는 윌리엄 브레넌 대법관의 재판연구원을 지냈고 연방거래위원회에서 일을 했으며 서굿 마셜 법무차관 사무실에서 일하기도 했다. 스탠퍼드 로스쿨에서 교직을 시작한 그는 시카고대 로스쿨로 자리를 옮긴 후 시카고대의 자유경제학파와 학문적 교류를 하며 법경제학의 토대를 쌓아왔다.

그런데 그의 경력에서 주목해야 할 또 다른 부분은 그가 거의 35년째 연방항소법원에 재직 중인 법관이라는 점이다. 1981년 로널드 레이건 대통령에 의해 임명된 이래로 연방제7항소법원에 재직하며 반독점법 분야 전문의 법률가로 명성을 떨친 그는 경제학, 철학, 문학, 역사학을 아우르는 지적 역량을 여러 분야의 판결문에서도 드러내며 법원 안팎에서 찬사와 존경을 받아왔다. 그는 레이건 대통령 시절 연방법관으로 임명된 사실이나 샌드라 데이 오코너 대법관 퇴임 시 그 후임으로 거론된 사실을 고려해서 보수적인 정치색을 지닌 법관으로 흔히 분류되지만, 합리성에 근거한 그만의 사법철학에 의거해 동성결혼이나 낙태와 관련해 비교적 진보적 판결도 내리는, 즉 한마디로 그 색채를 규정하기 어려운 독자적인 스펙트럼을 지닌 법관이라 할 수 있다. 그는 자신의 재직 기간 동안 보수화되어온 연방대법원이 법 문헌과 입법자의 의사를 중심으로 한 사법방법론을 공고히 하는 것에 대해 반대하며 결과에 대한 고려를 핵심으로 하는 법실용주의를 자신의 사법철학으로 내세웠고, 이는 법경제 학적 방법론과 어우러져 포스너식 재판(또는 법이론)의 핵심적 특징이 되어왔다.

상급심인 연방대법원의 판결에도 영향을 미치는 저명한 법관인 그가 법관이 어떻게 사고해서 판결을 내리는가에 대한 저술을 했다는 것은 세간의 관심을 끌 수밖에 없는 사건이었다. 하지만 이 책의 더욱 흥미로운 점은 법관으로서의 그의 경력이 이 책의 출발점에 불과하다는 것이다. 그가 법관이라는 사실은 분명히 저술의 동기가 되었지만 포스너는 법관인 자신의 사고방식 또는 동료 법관들의 재판방식에 대해 1인칭 혹은 내부자적 시선에 따라 회고적으로 주제를 풀어나가지 않는다. 오히려 그는 법원 내부 사정에 능통하다는 프리미엄을 가진, 학제 간 연구에 능한 법학자의 입장에서 이론적이고 분석적이며 비판적으로 주제에 대해 논의한다. 마치 공화당 대통령에 의해 법관의 경력이 시작되었지만 재판에서 그만의 이데올로기를 구축해온 것처럼, 법관의 경험에도 불구하고 그는 관찰자의 시선에서 그만의 이론을 전개해 법관의 사고방식을 파헤친다. 이 과정에서 포스너는 흔히 신비화되어 있는 법관에 대한 도덕적 관념을 지우고, 합리적 인간으로서의 법관이 자신을 둘러싼 제약적 환경에서 최선의 결정(결과)을 내리기 위해 어떻게 사고하는가를 적나라하게 드러낸다. 이러한 접근은 법관의 행태를 비판하기보다는 결과를 중시하는 사법행태의 실용주의적 모습을 보여주고 그가 지닌 법실용주의의 학문적 정직성과 타당성을 확인하려는 목적하에서 이루어진다.

　그의 논의에서 법실용주의적 재판 모형의 입론 못지않게 중요한 것은 법규주의적 재판 모형에 대한 비판이다. 그리고 이 작업은 민주주의 법시스템상 정책적 판단을 내릴 수밖에 없는 사법부의 상황에 대한 묘사와 특히 상급심 법원의 재판은 정치적이라는 명제에 대한 증명과 궤를 같이하며 동시에 이루어진다. 이 책에서 논의를 시작하며 그는 법관이 어떻게 사고하고 어떻게 재판하는가에 대한 기존 설명들의 적절성을 검토하는데, 특히 법관은 명확한 규칙을 삼단논법에 따라 사실에 적용해, 정치적·도덕적 고려 없이, 객관적이고 일관된 정답을 도출할 수 있다고 보는 법규주의적 설명에 대해서는 실제와 이론에서 모두 부적절하다고 통렬하게 비판한다. 포스너는 문언이나 입법의 한계로 인해 불확정적일 수밖에 없는 법규를 사용해 재판해야 하는 법관의 상황에서 엄밀한 논리(삼단논법, 유추에 따른 추론) 또는 해석의 대원칙들은 객관적이고 중립적인 답을 보장할 수 없다는 점을 드러낸다. 또한 법규주의적 법관들로 하여금 위선을 버리고 그들이 실제로는 자신들의 배경이나 환경에 영향을 받는, 그리고 판결의 결과를 고려한 정책적 판단을 재판에서 수행하고 있는, 다분히 정치적인 활동을 하는 존재임을 고백할 것을 촉구한다.

　여기서 포스너가 강조하는 점은 이처럼 재판이 결과 지향적이고 그에 따라 정치적 성격을 가질 수 있지만, 그렇다고 해서 당파적이고 완전히 재량에 의해 이루어지는 것만은 아니라는 것이다. 법관들이 스스로를 너무 모른다는 점을 개탄하는 포스너는 법관들이 자신들의 판결에 영향을 미쳤다고 감히 고백할 수 없는 개인적 특질, 경험, 판단력, 감정, 직관, 선입견, 이데올로기 등이 어떻게 법관의 사고에 영향을 미치는지 보여준다. 그리고 이러한 내적 요인들이 법관의 재량을 일정 부분 제한하고, 불확실성 속에서 재판을 수행하는 데 나름의 기능을 수행하며, 제도적 요인과 아우러져 법관이 훌륭한 판단을 내리는 데 도움이 될 수 있음을 강조한다. 훌륭한 판단은 좋은 결과를 유도하는 미래지향적인 결정인데, 이를 위해 법관은 예기치 못한 상황에 처한 법에 다시 생명력을 불어넣기 위해 입법 보완에 적극적일 필요가 있으며, 이 과정에서 법관을 둘러싼 내적 제약과 외적 제약, 그리고 코먼로 전통과 같은 합의를 위한 공통의 전제가 올바른 실용주의적 판단을 이끌어줄 것이라고 그는 낙관한다.

솔직하면서도 과감한 이 책의 논지는 출간 시점에는 나의 관심을 끌지 못했다. 미국 유학 중 학제 간 연구와 더불어 실증적 법이론에 상당히 경도되었던 나는 우연한 기회에 이 책의 출간 소식을 접했지만 제목에 대한 편견, 즉 포스너 판사의 회고록일 것이라는 선입견 때문에 학문적 갈증을 채울 기회를 놓쳤었다. 박사학위 논문에서 헌법재판에 대한 사법행태론적 분석을 시도하며 이 책에서 언급한 가치개입 모형과 전략적 접근 이론을 미숙하게나마 활용했었는데, 사법적 의사결정에 대한 실증적 이론의 대표 저술이라 할 수 있는 이 책을 탐독한 것은 안타깝게도 그 이후였다. 포스너의 논의에 완전히 동의하지는 않더라도 이 책이 주는 지적 자극은 상당한 것이어서, 이 책은 지금까지 내 책장의 한 자리를 굳건히 지켜왔다. 그러던 중 우연한 기회에 연세대학교 법학전문대학원의 이철우 교수님의 소개로 백계문 선생님과 더불어 공동 번역을 하게 되었다.

번역을 마치며 옮긴이의 입장에서 감히 이 책을 평하자면, 포스너는 이 책에서 이성적 인간의 합리적 선택이 제도의 영향하에서 이루어진다는 합리적 선택 신제도주의 이론을 기본으로 하여, 제한된 합리성의 빈 공간을 채워주는 휴리스틱heuristic이라는 심리학적 개념, 그리고 행태주의 경제학에서의 여러 개념 도구를 활용해 법관의 사고와 행태를 규명하고 이것이 그의 법실용주의를 정당화함을 보여주려 했던 것 같다. 사법행태에 대한 포스너의 거대한 프레스코는 스스로에게 엄청난 노력의 비용을 지불하게 했겠지만, 옮긴이에게 그리고 독자들에게도 이를 관람하고 이해하는 데 상당한 지적 노력의 부담을 안긴다. 법학 외에 인문사회과학을 넘나드는 그의 보폭은 독자들에게 개별적 스키마의 확장을 요구한다. 그뿐만 아니라 논의를 전개함에 있어 압축적이고 진행 속도가 빠른 그의 문체는 그리 두껍지 않은 이 책의 독자들에게 지속적으로 생각할 의무를 부여할 것이다. 특히 책을 덮는 순간 독자들은 미국에서의 법관의 상황이라는 국지적 이해를 넘어서, 우리의 헌법 문화, 법제도, 사법 환경하에서 포스너의 이론적 접근방식이 어떠한 함의를 가질 수 있고 그 실익이 무엇일지에 대해서까지 생각하게 될 것이다.

현기증 나는 포스너의 지적 향연에서는 그간 주목을 받은 이론들에 대한 도발적인 비판의 의견도 한 무대를 장식하는데, 스티븐 브라이어 대법관을 위시해 헨리 하트, 알렉산더 비켈, 던컨 케네디, 에이드리언 버뮬, 데이비드 비티, 아론 버락 등 영미권을 대표하는 헌법이론가들의 사법행태에 대한 주요 저작들을 날카롭게 분석한 포스너의 비평은 독자들에게 상당한 학구적 자극을 줄 것이다. 미국의 대표적 법이론가인 안토닌 스칼리아 대법관과 로널드 드워킨 교수가 모두 작고했음에도 불구하고 그들의 저작들은 미국법(재판) 이론 연구에서 고전이 된 지금의 상황에서, 이들의 논의에 상당한 영향을 미쳤고 학술적으로 동등한 존중과 배려가 필요한 포스너의 법실용주의 이론을 개괄적으로나마 접할 수 있는 기회 또한 이 책의 독자들은 가지게 될 것이다. 이처럼 이 책이 독자들에게 주는 효용은 한계가 없다고 해도 과언이 아니지만, 독자들이 오역을 접해 효용이 체감할 위험이 있을 수는 있다. 이러한 위험을 최소화하기 위해 많은 노력을 기울였음에도 여전히 오역이 존재한다면, 이에 대한 모든 책임은 옮긴이들에게 있음을 밝힌다.

이 책을 번역하면서 대학원 지도교수님인 안경환 서울대학교 법학전문대학원 명예교수님의 학은이 얼마나 큰지 새삼스레 느끼게 되었다. 민주주의 사법 시스템의 원류를 고대 아테네 폴리스에서 찾겠다는 젊은 법학도의 학구열을 잘 다스려 영미법, 헌법학, 법정치학에 대한 관심으로 이끌어주고 아낌없이 후원해준, 인자한 교수님의 지도는 참된 스승에 목마른 이 사회에서 내가 가진 특혜였음을 고백해야겠다. 또한 박사학위 논문부터 나의 연구들에 관심을 갖고 조언해주었으며 이 책의 번역 또한 제안해준 연세대학교 법학전문대학원의 이철우 교수님은 번역 전반에 대한 귀중한 제언들을 해주었는데, 이는 작업에 상당한 도움이 되었음을 밝힌다. 역시 번역을 제안해주고 더불어 언제나 학자의 사명과 학문의 자세를 일깨워주는 연세대학교 법학전문대학원의 김종철 교수님께도 감사의 말씀을 올린다. 헌법학과 법이론의 세계에 초대해준 모교의 은사님들, 성낙인 서울대학교 총장님, 김도균 교수님, 송석윤 교수님, 정긍식 교수님, 이우영 교수님께도 늘 감사드리며, 아울러 국민대학교 법과대학의 동료 교수님들께도 감사의 인사를 전한다. 그리고 옮긴이의 게으름까지 포용하며 무더위에 정성스럽게 편집을 담당해준 한울엠플러스(주)의 신순남 선생님께도 감사를 표한다. 자식의 학문적 성취에 누구보다 관심을 갖고 응원해주는 부모님과 좋은 법률가가 되기 위해 노력 중인 동생 박정난 검사, 그리고 무엇보다 신혼에도 불구하고 밤마다 남편을 서재에 빼앗긴 채 남편이 설명하는 난해한 법이론에 정성껏 귀기울여준 아내 조일영에게 고마움과 사랑의 마음을 전한다.

2016년 9월
북악 연구실에서 옮긴이를 대표하여
박종현

머 리 말

미숙하고 조롱기 섞인 표현이지만, 내가 보건대 지금까지 네 가지 종류의 판결이 있었다. 첫째는 반성과 예지를 토대로 숙고해서 내린 판결이다. 둘째는 주사위를 던져 결정한 것 같은 요행적인 판결이다. 셋째는 "직감hunching"에 바탕을 둔 직관적인 판결이다. 넷째는 무턱대고 밀어붙여 내린 어처구니없는 판결이다. 다시 미숙하고 조롱기 섞인 표현을 사용하자면, 첫째를 제외한 나머지 세 가지는 크게 보아 서로가 서로의 변종이며, 공히 훌륭한 법관의 판결과는 거리가 멀다.[1]

이반 카라마조프는 만약 신이 존재하지 않는다면 이 세상에 할 수 없는 일이 없을 것이라고 말했다. 마찬가지로 전통적인 법사상가들은 만약 법규주의legalism*(법형식주의, 전통적인 법적 추론, 그리고 숭고한 법의 날 기념

---

[1] Joseph C. Hutcheson, Jr., "The Judgment Intuitive: The Function of the 'Hunch' in Judicial Decision," 14 *Cornell Law Quarterly* 274, 275~276(1929).

* 이 책의 핵심 용어들 중 하나인 'legalism(리걸리즘)'은 다양한 표현으로 번역되어왔다. 대표적으로는 '법률주의'[양건, 『법사회학』(민음사, 2004) 참조], '법치주의'[한인섭·이철우 엮음, 『법.국가.저발전: 제3세계의 법과 사회변동, 혁명을 보는 새로운 시각』(이성과 현실사, 1986)]를 들 수 있다. 여기서는 'legalism'을 '법규주의'라고 번역한다. 이 책에서 포스너가 'legalism'을 비판하면서 그 개념의 핵심적 의미를 "'법적 규칙(법규, a rule of law)'이라

사에서 상찬을 받는 "인간의 통치가 아닌 법의 통치", "법의 지배" 등을 의미한다)가 존재하지 않는다면 법관이 할 수 없는 일은 없을 것이라고 — 그러니 조심하라고 — 말할 것 같다. 법규주의는 분명 존재하며, 따라서 법관이라고 무엇이든지 다 할 수 있는 것은 아니다. 다만, 법규주의의 왕국은 무너져 왔고, 오늘날 법규주의는 주로 일상적인 사건 정도에 제한적으로 적용되는 반면, 법관에게는 아주 많은 자유가 허용된다. 법관에게 허용된 자유가 정확히 어느 정도이며 법관들은 자신의 자유를 어떻게 행사하는가, 이것이 이 책의 주된 관심 대상이다. 이 주제는 2007년 6월로 종료된 사법회기司法會期에서 연방대법원이 놀랄 정도로 우경화2한 까닭에 탐구의 시의성이 높아졌다. 이러한 우경화는 온건보수적이던 대법관(샌드라 데이 오코너Sandra Day O'Connor)이 물러나고 그 자리를 극단적인 보수적 대법관(새뮤얼 알리토Samuel Alito)이 채운 것에서 비롯되었는데, 이로 인해 법관의 개인적 성향이나 정치적 성향이 재판에 얼마만큼 영향을 미치는가의 문제 또는 법이 아니라 법관이 미국을 통치하는 것이 아닌가 하는 문제를 살펴볼 필요성이 증대되었다. 만약 법관의 변경이 법을 변화시킨다면 무엇이 법인지조차 불분명해질 것이다.

법관에 대해, 특히 상급심 법원의 법관에 대해 이야기하는 것에 나는 얼마간 거북함을 느낀다(내 관심의 주된 대상은 상급심 법원의 법관이다). 왜냐면 나 역시 상급심 법원의 법관이기 때문이다. 자서전은 전기傳記보다 믿음이 가지 않기 마련이며, 고양이과 동물의 심리를 고양이에게 물어보는 것은 맞지 않다. 그렇지만 대다수 사람들, 즉 법관직에 있어본 적이 없는

는 대전제를 출발점으로 하는 법률적 삼단논법에 따라 판결이 내려져야 한다"라고 보았기 때문에, 그러한 맥락, 즉 '법규'를 존중하고 이를 따른다는 의미에서 'legalism'을 '법규주의'라고 번역한다. _옮긴이

2 Linda Greenhouse, "In Steps Big and Small, Supreme Court Moved Right: A 5-4 Dynamic, with Kennedy as Linchpin," *New York Times*, July 1, 2007, §1, p1.

변호사나 법학 교수를[3] 포함한 대다수의 사람들과 심지어는 일부 법관조차도 법관에 대해 너무나 비현실적인 관념을 갖고 있다는 사실에 나는 놀랐다. 이런 비현실주의가 초래된 데에는 여러 가지 원인이 작용했는데, 다양한 법 직역legal profession의 시각이 서로 다르기 때문이기도 하고, 상상력이 부족하기 때문이기도 하다. 또한 대부분의 법관이 자신의 역할을 논의하는 것을 비밀스럽게 여기고 심지어 부끄러워하기 때문이기도 하다. 법관들은 재판 과정이 규칙에 따라 엄격하게 진행된다는 공식적인 견해를 앵무새처럼 따라 말하고 또 실제로 그렇다고 믿기도 한다 — 재판의 실상은 이와는 거리가 있지만 말이다 —.[4] 그리고 재판행위는 변호사 업무나 교수 업무와는 매우 다른 영역이라서 법관이 되어보지 않고 재판행위를 이해하기란 거의 불가능하다고 여기는 분위기도 있다. 연방항소법원 판사에 임명되었을 당시 나는 다른 순회구역circuit 항소법원의 판사로 있는 지인에게서 "우리 클럽"에 들어온 것을 환영한다는 쪽지를 받은 일이 있다. 이 책에서 여러분은 그클럽의 커튼을 살짝 열어보게 될 것이다.

외부인이 법관의 행태(사법행태judicial behavior)를 이해하기 어려운 또 하나의 이유는 법관의 심의(협의deliberation)라는 것이 비공개적으로 내밀히 행해지기 때문이다. 솔직히 말하면, 법관이 심의 자체를 많이 하지 않는다(여기서의 심의는 *집단적*으로 행하는 심의를 말한다).[5] 일반적으로 사법적 심의는

---

3   대표적인 경우가 하버드대 로스쿨의 헨리 하트(Henry Hart) 교수가 수행한 대법관들의 근무시간 활용 연구다. Henry M. Hart, Jr., "The Supreme Court, 1958 Term: Foreword: The Time Chart of the Justice," 73 *Harvard Law Review* 84(1959). 이 글은 이 책 10장에서 검토한다.

4   연방지방법원 판사이자 전에 하버드대 로스쿨 교수였던 로버트 키턴(Robert Keeton)은 재판행위에 관한 자신의 논문에서 법관의 판결에는 "이념성이 담긴다"는 사실을 인정했다 [Robert E. Keeton, *Keeton on Judging in the American Legal System* 15(1999) 참조]. 그러나 그는 이념성이 어디서 오는지는 탐구하지 않았다. 그의 논문에는 "정치"나 "이데올로기"에 관한 색인 목록이 첨부되어 있지 않다.

5   패트리샤 월드(Patricia Wald)는 "Some Real-Life Observations about Judging," 26 *Indiana Law Review* 173, 177(1992)에서 다음과 같이 술회한다. "D.C. 순회항소법원 판

과장된 면이 많다. 게다가 영국의 경우 전통적으로 법관의 심의 자체가 존재하지 않는다. 왜냐하면 영국에는 법관의 모든 행위는 감시가 가능하도록 모든 것을 공개적으로 표현해야 한다는 "구두" 진행의 원칙principle of orality이 존재하기 때문이다.[6] 그러한 과정에서 법관들의 개별 의견들seriatim opinions 이 속출하는데, 이는 미국의 법학도들뿐만 아니라 아마도 영국의 법학도들 역시 당혹스럽게 할 것이다. 거의 모든 사안에서 법관들은 결정을 내리기 전에 짧은 토론을 거치는데 그나마 이를 통해 각 법관은 개별의견을 내는 대신에 하나의 다수의견에 수렴될 수 있다.

만약 사법행태의 결과를 쉽게 예견할 수 있다면 사법체계를 이해하고 평가하기 위해서 판결 과정의 내밀성을 중요하게 다룰 필요가 없을 것이다. 멜론이 얼마나 익었는가는 지그시 눌러보거나 맛을 보면 알 수 있는 만큼 멜론 검수자의 사고방식이 정상인지 아닌지를 구매자가 걱정할 필요는 없다. 그러나 사법행태의 결과는, 예를 들어 의료 같은 다른 전문적인 서비스의 결과보다 예견하거나 평가하기 어려운 경우가 많다. 사실 법원 시스템의 산물이라 할 수 있는 수많은 결정은 그 후속적인 결과나 다른 기준들에 비춰볼 때 "좋다" 또는 "나쁘다"라고 판정하기 어려운 사례가 많다. 그런 까닭에 미국의 사법제도가 잘 설계되었는지, 그리고 운영을 담당하는 법관이 유능하고 진실한 사람들로 충원되었는지에 대해 사람들이 의문을 품는 것은 자연스러운 일이다.

사로 임명되었을 때 나는 판사 회의가 사안을 반성적·분석적으로 검토함으로써 관점을 가다듬을 수 있는 기회를 제공하는 활기 있는 자리일 것으로 기대했다. 그러나 보통의 경우 그런 일은 없었다. 우리는 원탁에 둘러앉는다. 판사들은 각자 결론을 간결하게 이야기하고 때로 약간의 설명을 덧붙인다. 의견이 갈릴 경우 토론은 지나칠 정도로 짧고 간결하게 진행된다. 회의를 거침으로써 판사의 마음이 바뀌는 경우는 극히 드물다. 각자 과제가 분배되고, 그리고 다시 일상의 일과로 돌아간다." 렌퀴스트 연방대법원장도 대법관 회의를 비슷하게 묘사한 바 있다(10장 참조).

6   Robert J. Martineau, *Appellate Justice in England and the United States: A Comparative Analysis* 101~103(1990).

사법적 심의가 내밀하게 이뤄지는 것은 법관이라는 직역의 신비화를 보여주는 하나의 예다. 법률직이나 의료직은 외부인이 이해하고 평가하기 어려운 서비스를 제공한다. 그리고 이런 직업의 종사자들은 사람들이 어려워하는 상태가 유지되기를 원한다. 왜냐하면 이는 자신의 특권적 지위를 유지하는 데 도움이 되기 때문이다. 그러나 그들이 외부인의 불신을 극복해야 할 필요성도 느끼지 않을 수는 없다. 그리하여 신비스러운 분위기를 조성하면서 자신의 전문 기술을 과장하기도 하고, 자신은 이해관계에서 초연하고 완전히 공평무사한 존재라도 되는 것처럼 행동함으로써 이러한 불신을 극복하려 시도한다.[7] 법관은 수천 년에 걸쳐 이러한 일을 해왔기 때문에 아주 능란한데, 법학 교수나 변호사 같은 동종 직업인들의 눈도 속일 정도다. 법관은 자신들이 비밀리에 전수된 자료와 기술을 활용해 인간의 변덕이나 정치 또는 무지가 함부로 범접할 수 없는 원칙들의 체계를 사심 없이 구축했다며 많은 사람들 — 자신을 포함해 — 을 납득시켜왔다.

그러나 미국의 의료체계와 마찬가지로 사법체계에 대해서도 불만족도가 높다.[8] 의료체계와 마찬가지로 미국 사법체계는 너무 비용이 많이 들고(1인당 사법체계 유지비용은 비교 대상인 국가들보다 미국이 더 비싸다), 시민의 사생활과 기업활동에 대한 간섭의 정도가 지나치게 높으며, 잘못을 자주 범하고, 불확실하며, 너무 거대하다(미국에는 변호사가 100만 명이나 된다)는 말을 들어왔다. 이런 이유로 인해 소송 당사자는 직접 비용 외에 막대한 금액의 간접 비용을 부담하고 있다는 주장이 목소리를 높여왔다. 이런 고발은 사실일 것이다. 다만, 이것이 어느 만큼이나 사실인가를 따지는 것은 이 책의 주제가 아닐 뿐만 아니라, 미국 사법체계의 이익을 측정하는 것은 비

---

7   Richard A. Posner, *The Problematics of Moral and Legal Theory*, ch. 3(1990).

8   예를 들어, 다음 문헌을 참조할 것. Philip K. Howard, *The Collapse of the Common Good: How America's Lawsuit Culture Undermines Our Freedom*(2001); Walter K. Olson, *The Litigation Explosion: What Happened When America Unleashed the Lawsuit*(1991).

용을 측정하는 것보다 훨씬 어렵기 때문에 특히 벅찬 작업이라 할 수 있다. 법으로 인정된 권리는 한 번도 행사되지 않더라도 가치를 갖는다. 그러나 그 가치가 어느 정도인가를 어떻게 측정하겠는가? 그리고 법적 의무는 사회에 해가 되는 행위를 못하게 막는 역할을 담당하는데, 이러한 의무가 얼마나 효과적인가를 측정하는 것 또한 극히 어려운 일이다.

이상과 같은 비판이 타당하다면 그 책임이 누구에게 있는가를 규명해야 한다. 법관이 하는 일이 입법부나 헌법 제정자가 만든 법규를 단지 적용하는 것(또는 전·현직 법관이 만들었지만 현재 조건에 적용하기 적절하지 않으면 즉각 변경되는 선례를 그저 따르는 것)이라면 (만약 혼란이 있다면) 이 혼란의 책임은 입법자나 헌법 제정자 또는 더 넓게 보아 '정치 과정'에 있다고 할 수 있다. 반면, 입법 기관들이 제정한 법규는 대부분 옳지만 법관의 자의적 결정이 문제의 근원이라고, 다시 말해 법관이 스스로 법규를 만들거나 또는 법규를 아예 무시하고, 대신에 각 사건의 "형평"에 따라 근시안적인 판결들을 내림으로써 결과적으로 커다란 법적 불확실성을 야기하는 것이 문제라고 볼 수도 있다. 두 가지 이유 가운데 어느 것이 옳으냐에 따라 정책적 함의가 달라지고 개혁의 방향도 달라질 것이다(아마 두 가지 이유 모두 옳을 것이다). 그런데 더 나아가 미국의 정부구조 또는 더 넓게는 미국의 정치 문화 자체가 법관이 법규를 단지 적용하는 데 머물지 않고 법규를 만들어 내도록 *강요하고* 있다면 어떨까? 법관 비판자에게는 자의적인 행위로 비치는 일이 사실 법관에게는 자신에게 요구되는 결정적으로 중요한 역할을 성실하게 수행하는 행위일 수 있으며, 만약 법관이 이런 역할을 거부하고 일부 법사상가가 촉구하는 대로 이미 만들어진 법규를 수동적으로 적용하는 것으로 자신의 역할을 한정한다면 미국의 사법체계는 현재보다 더 악화될지도 모른다.

해답은 사법행태, 법관의 재판행위 문제와 밀접한 관련이 있다. 예를 들어보자. 시장이 작동하는 데 계약이 결정적으로 중요하다는 사실에 반론을 펼 사람은 없을 것이다. 그리고 계약을 실효화하기 위해서는 계약에 대한 법적 강제가 필요하다는 데에도 거의 모든 사람이 동의할 것이다. 계약법은 법관의 판결로 시행된다(때로는 민간영역의 법관 — 사적 법관private judge —, 즉 중재인이 판결하기도 하지만 중재의 실효성은 결국 중재 결정의 강제력에 달려 있다). 계약법은 코먼로common law의 일부이지만 법관이 창조하기도 한다. 법관이 법을 창조하고 또 실현을 강제할 때에는 기업가가 기업에 관한 의사결정을 내리고 국회의원이 입법에 관한 표결을 행할 때와 마찬가지로 심사숙고를 거친다. 법관이 만드는 원칙이나 결정이 좋은지 나쁜지 여부는 그러므로 법관의 동기에 달렸는데, 이 동기는 다시 법관의 인식과 심리로부터 큰 영향을 받으며, 또한 어떤 사람이 법관으로 선임되었고 어떤 조건하에 법관으로 임용되었는가에 따라 결정되기도 한다. 유사한 사례로, 미국의 반독점법은 입법부의 생산물이라는 측면보다 법관 결정의 산물이라는 측면이 훨씬 두드러진다. 원래 반독점법의 가장 중요한 부분은 권리장전만큼이나 내용이 불충분하고 애매했다. 따라서 우리는 법관이 어떤 동기를 갖고 어떤 제약하에, 그리고 외부의 어떤 영향하에 반독점법의 내용을 구체적으로 형성해왔는지에 관심을 기울여야 한다. 연방대법원은 반독점법인 '셔먼법Sherman Act'을 "코먼로 법령common law statute"[9]이라고 일컬어왔다. 물론 코먼로는 입법부가 아니라 법관이 만든다.

만약 법관이 자신 또는 배심원이 아무런 편견이나 선입관 없이 밝혀낸 사실에 입법자, 헌법 제정자, 행정기관이 만든 법규나 (상거래 관습을 포함해) 사법체계 바깥에서 다른 요인으로 만들어진 법규를 단순 적용하는 일 외에는 아무것도 하는 일이 없다면, 법관의 사고방식mentality에 우리가 관심을 가져야 할 이유는 없을 것이다. 만약 그렇다면 장차 법관은 디지털화된 인공지능 프로그램으로 차차 대체될 운명에 있다고도 말할 수 있다.[10] 그러

---

9   Creative Leather Products, Inc. v. PSKS, Inc., 127 S. Ct. 2705, 2720(2007).

10   나는 원의주의자나 다른 법규주의자들이 왜 인공지능에 관심이 없는지 그 이유를 모르겠다.

나 법관은 법을 적용하는 사람이고 편견 없이 사실을 발견해내는 사람이므로 그 밖의 일을 해서는 안 된다고 확신하는 법사상가라 하더라도 사실 미국의 모든 법관 또는 대부분의 법관이 항상 그렇게 행동한다고는 생각하지 않는다. 법관은 재량권을 가지며 그 재량권을 행사한다. 특히 상급심 법원의 판사는(그리고 그 아래 심급의 판사조차) "때때로 입법자(임시적이며 비공식적인 입법자occasional legislator)"가 된다. 이들의 입법 활동을 이해하려면 이들의 동기나 역량, 취사선택 방식, 직업적 규범의식, 심리 따위를 이해하지 않으면 안 된다.

따라서 사법행태를 제대로 이해한다는 것은 단순히 학문적 관심사에 그쳐서는 안 된다. 이는 사법 개혁의 열쇠에 해당한다. 그렇지만 학문적인 측면에서만 보더라도 사법행태, 특히 연방법원 차원의 사법행태를 형성하는 동기나 제약이 여타 대부분의 직역에서의 동기나 제약과는 달리 상당히 특이하다는 점에서, 그리고 사법행태의 분석이 '사법의 불확실성uncertainty을 어떻게 관리할 것인가'[11]라는 일반적인 주제에 상당한 통찰을 제공할 수 있다는 점에서 이는 관심을 기울일 만한 대상이다. 불확실성은 미국 의료체계의 고비용이라는 특색만큼이나 미국 사법체계에서 현저한 특색을 이룬다. 그리고 불확실한 상태에서의 의사결정이라는 문제는 분명 경제학이나 조직이론과 같은 다른 여러 분야에서도 아주 중요한 주제다.

재판행위에 대한 법관들의 다른 저술과 마찬가지로, 이 책은 사반세기 이상에 걸쳐 연방항소법원 판사로 일한(그중 7년은 재판장으로 재직했다), 그리고 때때로 지방법원에 출장을 나가 민사 배심 재판 심리를 주재했던 나

---

11 나는 이 주제에 대해, 재앙적인 위험과 연결하여, 그리고 미국의 정보활동 시스템을 어떻게 개혁할 것인가와 연계하여 지금까지 여러 편의 글을 썼다. 내가 쓴 다음 책들을 참조하라. *Catastrophe: Risk and Response*(2004); *Preventing Surprise Attack: Intelligence Reform in the Wake of 9/11*(2005); *Uncertain Shield: The U.S. Intelligence System in the Throes of Reform*(2006); *Countering Terrorism: Blurred Focus, Halting Steps* (2007).

자신의 재판 경험에 크게 의존한다. 그렇기는 하나 이 책은 나의 경험에 관한 고백이라기보다는 학문적인 저술에 해당된다. 그 점에서 이 책은 비록 주제는 전혀 다르지만 섹슈얼리티sexuality에 대한 규제를 다룬 내 책[12]과 비슷하다. 내가 그 책을 쓴 이유는, "법관은 자신의 제한된 성 경험 외에는 성에 대해 무지하다는 사실을 뒤늦게 깨달았기 때문이다". 나는 "이 주제에 관한 여러 분야의 문헌을 법학자에게 풍부하게 제공해 그들의 관심을 불러일으키고" 싶었다. 법관은 미국사회의 여타 "세련된" 사람들처럼 성性에 대해 이야기하기를 꺼린다. 그뿐 아니라 법관은 재판행위에 대한 이야기도 꺼린다. 그래서 동료를 상대로 하는 또는 그보다 넓게 법 직역의 청중을 상대로 하든 간에 솔직하게 이야기를 털어놓는 장면을 찾아보기가 대단히 어렵다. 그렇게 모두들 입을 닫고 있기 때문에 사법행태에 관한 학문적 연구의 필요성이 더욱 크며 또 학자의 도전 의욕을 불러일으킨다.

이 책은 규범적인 분석보다는 실증적인 분석에 중점을 둔다. 즉, 이 책은 법관이라면 무엇을 해야 하는가가 아니라 실제 무엇을 하는가를 분석한다. 그러나 규범의 문제를 전혀 다루지 않는 것은 아니다. 심화 연구를 위한 제안을 하기도 하고 몇 가지 온건한 개혁안을 제안하기도 한다. 사람의 숙고된 행동을 다룰 때에는 실증적 분석과 규범적 분석을 따로따로 진행하기가 어렵다. 사람이 악한이거나 냉소적인 인물이 아닌 한 사회의 여러 규범을 일부러 무시하기는 쉽지 않기 때문이다. 법관이 동전을 던져 판결의 방향을 결정하는 것이 [규범적으로 – 옮긴이] 대단히 잘못된 일이라면 재판행위를 일종의 우연적 행위로 설명하는 것은 건전한 이론이 아니다. 어떤 법관이 판결을 내리는 데 사용한 근거가 잘못됐을 수는 있지만, 법관이 사회를 지배하는 규범과 가치를 벗어났을 가능성은 대단히 낮다.

이 책은 연방대법관을 포함해 주로 연방 상급심 법원 판사에게 초점을

---

12   Richard A. Posner, *Sex and Reason* 1, 4(1992).

맞춘다(연방대법관은 3부에서 집중적으로 다루며, 그 밖의 여러 곳에서도 다룬다). 그렇지만 사실심 판사나 주법원의 판사, 중재인(사적 법관), 그리고 미국과 유사한 제도를 가진 다른 국가[13]의 법관도 얼마간 다룬다.

나는 사법행태에 관한 기존 이론[가치개입 이론(태도 이론attitudinal theory), 전략적 접근 이론strategic theory, 조직 이론, 경제학적 이론, 심리학적 이론, 사회학적 이론, 실용주의 이론, 현상학 이론, 법규주의 이론 등]과 각각의 근거 및 반론을 검토하는 데서 논의를 시작한다. 이들 이론은 대부분의 법학자(최근에는 법학자들의 태도가 변하고 있다[14])와 사실상 법관 모두가 무시했던 수많은 문헌[15]에 자세하게 등장한다. 내가 제기하는 이론은 노동경제학 및 인지와 감정의 심리학에 크게 경도되어 있는데, 상기한 기존 이론들은 내 이론에 배경과 기반을 제공해주었다. 이 책 제목을 *사법행태*가 아니라 *법관은 어떻게 사고하는가*라고 단 것은 내가 심리학을 중요시했기 때문이다.

이 책을 쓰면서 연구하고 분석한 결과에 따르면, 법관은 (안타깝게도) 도덕적으로나 지적으로나 초인이 아니며, 예언자도, 신탁을 전하는 사람도, 민중의 대변인도, 계산에 뛰어난 자도 아니다. 그들은 자신이 처한 노동시장의 조건에 여타 노동자와 똑같이 반응하는, 너무나 인간적인 노동자

---

13 다시 말해 독립적인 사법부를 가진 국가를 뜻하는데, 이는 전 세계적으로 그리 많지 않다. 다음 문헌들을 참조할 것. Gretchen Helmke, *Courts under Constraints: Judges, Generals, and Presidents in Argentina*(2005); *Law and Economic Development*(Hans-Bernd Schäfer and Angara V. Raja eds. 2006).

14 다음 문헌을 참조할 것. Gregory C. Sisk and Michael Heise, "Judges and Ideology: Public and Academic Debates about Statistical Measures," 99 *Northwestern University Law Review* 743(2005).

15 다음 문헌을 참조할 것. James L. Gibson, "From Simplicity to Complexity: The Development of Theory in the Study of Judicial Behavior," 5 *Political Behavior* 7(1983). 깁슨이 논문을 쓴 해를 보라. 여러 해가 지나도록 이 논문이 법학자들의 주목을 받지 못한 것은 이 논문이 법학 이론을 이해하거나 개혁하는 데 유용한 함축을 담고 있지 못했기 때문이기도 하지만, 변호사나 법학자의 마음을 점령한 '법관의 정치 중립성'이라는 신화에 도전했기 때문이기도 할 것이다.

일 뿐이다. 미국의 법관은 적어도 형식주의자 또는 법규주의자legalist(나는 덜 인습적인 이 용어를 '형식주의자'보다 더 선호한다)는 아니다. 법규주의자는 벌어진 사건에 주어진 법규를 적용함으로써 판결을 내린다. 법규주의자는 결론에 도달하는 과정에서 '유추에 따른 법적 추론legal reasoning by analogy'과 같은 법률 세계 특유의 논증 양식을 사용한다. 그들은 법을 만들어내는 일은 하지 않으며, 가령 일정을 잡는 식의 행정적인 문제 외에는 재량권을 행사하지 않는다. 또한 정책의 영역에는 관여하지 않으며, 새로운 사건에 관한 결론을 내는 데 도움이 될 만한 내용을 전통적인 법문헌 – 주로 제정법령이나 헌법 규정 또는 선례(권위 있는 사법적 결정) – 이외의 다른 곳에서 찾지 않는다. 법규주의자에게 법은 독립적인 지식과 기술의 세계다.[16] 법규주의자 중에는 선례가 법원法源이 될 수 있을지 의심하는 사람도 있다. 왜냐하면 선례에는 이미 법관의 창작이 포함되어 있기 때문이다.

그런데 법관이 법규주의자가 아니라면 대체 무엇일까? 법복을 두른 정치인일까? 경험주의적 연구에 따르면, 연방대법관뿐 아니라 많은 법관의 판결은 자신의 정치적 성향 또는 기타 법 외적인 요인, 가령 개인의 성격이나 개인적 또는 직업적으로 겪었던 지난 일의 영향을 크게 받는다고 한다. 후자의 법 외적인 요인은 전자의 정치적 성향을 형성하는 데 영향을 주기도 하고 또 담당 사건에 대한 법관의 일차적인 반응을 결정하기도 한다. 사법체계에 대한 분별 있는 연구자라면 "정치"(이 말의 의미는 후술할 것이다)

16　"법형식주의자들은 특히 법의 명료성·확정성·일관성을 중시한다. 그들은 입법과 판결이 서로 다르다는 것을 강조한다. 크게 보아 법형식주의자는 법규형식주의자(rule-formalist)와 개념형식주의자(concept-formalist)로 구분할 수 있다. 전자는 법의 확정성에 큰 가치를 부여하고 법의 명료성과 엄격한 해석을 강조하는 데 비해 후자는 시스템의 중요성을 강조하고 법 전체에 걸쳐 원칙에 입각한 일관성을 추구한다"[Thomas C. Grey, "Judicial Review and Legal Pragmatism," 38 *Wake Forest Law Review* 473, 478(2003)]. 오늘날 미국의 형식주의자들은 이른바 스칼리아 학파를 형성하는데, 그들은 주로 법규형식주의자들이다(같은 글, 479). "그(스칼리아)에게 가장 중요한 것은 법은 가능하면 언제나 규칙의 형태로 주어져야 한다는 것이다"(같은 글, 499).

에 따라 또는 개인의 특질에 따라 대부분의 판결이 내려진다고 생각하지는 않을 것이다(다만, 연방대법원의 경우는 다르다. 특히 헌법과 관련된 사건을 심판할 때면 대법원은 대체로 정치적인 법정이 된다). 대부분의 판결은 법규주의에 입각해 내려지는데, 다만 일반적으로 말해 법규주의에 입각해 내린 판결은 법이론의 발전이라는 측면에서나 사회에 미치는 영향이라는 측면에서 덜 중요하게 여겨진다.

그런데 우리는 판결(또는 법관)을 법규주의 판결과 정치적 판결로 쉽게 나누거나 법과 정치에 대해 마니교적인 이원론Manichaean dualism[극단적 이분법 – 옮긴이]을 주장해서는 안 된다. 양자는 밀접하게 연관되어 있다. "법"이 법규주의와 등치될 때에 한해서만 법과 정치의 이원론이 통하는데, 이런 경우는 현실적으로 매우 드물다. 대법관 안토닌 스칼리아Antonin Scalia는 리카드슨 대 마시Ricardson v. Marsh 사건에서 다음과 같이 발언함으로써 법관으로서의 합당한 역할에서 조금도 벗어나지 않았다. "배심원단은 (법관에 의해 주어진) 설시사항을 따를 것으로 추정된다는 규칙은 실용주의 관점에서 이해된다. 이 규칙은 그 추정이 진실이라는 절대적 확신에 근거한 것이 아니라, 그러한 추정이 형사 사법 과정에서 국가와 피고인의 이익을 합리적이고 실제적으로 수용한다는 점을 드러낸다는 믿음에 근거한 것이다."[17] 이는 스칼리아의 더욱 유명한 법규주의적 주장들(그는 "법의 지배rule of law"는 곧 "규칙으로서의 법law of rules"[18]이라고[을 요구한다고 – 옮긴이] 선언하기도 했다)만큼이나 적절한 사법적 진술이다. 그의 말에 정치적인 함의가 있다 할지라도 정말 맞는 말을 한 것이다. 판사나 검사가 어떤 실수를 범해놓고선 판사가 배심원단에게 이를 무시해버리라고 설시하는 것으로 그 실수가 용서된다면 형사 피고인은 불리한 입장에 놓인다. 왜냐하면 한번 엎질러진

17   481 U.S. 200, 211(1987).

18   Antonin Scalia, "The Rule of Law as a Law of Rules," 56 *University of Chicago Law Review* 1175(1989).

물은 다시 담을 수 없기 때문이다. 듣지 말았어야 할 말을 들은 배심원이 자신이 들은 말을 완전히 배제하고 피고의 유·무죄에 관한 결정을 내리기란 거의 불가능한 일이다.

법관에게 "법"은 가장 넓은 의미에서는 단순한 자료에 지나지 않는다. 법관의 일은 그 자료에서 나름의 결론을 이끌어내는 것이다. 그러나 자료에 대한 충실성만으로는 미국의 법관에게 던져지는 모든 질문에 일반적으로 받아들여질 만한 답변을 얻기 힘들다. 그래서 법관은 때때로 — 사실은 자주 — 자신의 정치적 견해나 정책적 판단 또는 개인적 특질까지 포함한 (법이라는 자료 이외의) 다른 판단 근거를 찾아 나서지 않을 수 없다. 그 결과 법은 정치와 섞일 뿐 아니라 법규주의 의사결정 방식과 합치되지 않는 다른 많은 요소와도 섞인다.

법관이 의사결정 시 누리는 자유는 *비자발적인* 자유다. 이 자유가 주어지는 이유는, 많은 재판에서 법규주의로는 결론을 낼 수 없거나(또는 적절하게 결론을 낼 수 없는 것을 의미하는데, 이들 사이의 구별은 후술한다), 현실적 결과에 의해서든 결론에 이르는 논리에 의해서든 그 결론의 옳음을 증명하는 것이 어렵거나 종종 불가능하기 때문이다. 결론을 낼 수 없는 상황 또는 당부를 확증하기 어렵거나 불가능한 상황은 법관에게 재량을 행사할 공간을 제공한다. "법"에 따라 특정한 결론을 내리도록 강제당하는 것이 아니라 그 위에 결론을 써 넣도록 하얀 여백이 법관에게 주어지는 것이다. 이때 법관이 그곳을 어떻게 채우는가가 이 책의 핵심 주제다. 덧붙여 그들이 그곳을 어떻게 채워야 *옳은가* 하는 문제도 때로는 은연중에 때로는 전면에서 다룰 것이다.

법관은 자신에게 재량의 공간이 열릴 때 종종 정치적인 판단을 내린다고 했는데, 이때의 "정치적"이라는 말은 바라보는 각도에 따라 여러 가지 의미를 가질 수 있기 때문에 이를 사법행태 연구에 유용하게 적용하기 위해서는 세심하게 분석해야만 한다. 이 말은 어떤 법관의 판결이 특정 정당에 대한 충성심을 반영할 경우에 적용될 수도 있고, 당의 강령을 충실히 반영할 경우에 적용될 수도 있다. 후자는 정당에 대한 충성심이 아닌 신념과 관련된다. 또는 일관성 있는 정치 이데올로기, 가령 "진보적liberal" 또는 "보수적conservative" 이데올로기를 반영하는 판결을 언급할 때 정치적이라 할 수 있다. 이러한 이데올로기는 (완전하게는 아니더라도) 민주당이나 공화당의 강령과 결부 지을 수 있는 반면, 미국 내 특정 정당과 결부 지을 수 없는 이데올로기, 가령 자유지상주의libertarianism나 사회주의socialism 같은 이데올로기를 반영한 판결도 있을 수 있다. 법규주의가 실제 사법행태를 완전하게, 아니 비슷하게라도 묘사하지 못한다고 보는 경험주의적 연구에서는 "정치적"이라는 용어의 이러한 단계적 차이를 구분하지 않는다. "정치적"이라는 말은 또 모두가 동의한 목적을 달성하기에 가장 좋은 수단이 무엇인지를 찾는 것과 관련된 판결처럼 순전히 기술적인 정책 판단을 토대로 한 결정을 묘사할 때 사용되기도 한다. 사실 이런 의미에서 보면 정부의 정책 사안은 모두 "정치적"이라고 말할 수 있다. 그런데 정책과는 전혀 무관한데도 법관이 "정치적"이라는 말을 듣는 경우도 있다. 예를 들어, 어떤 법관이 비록 법규주의적 결론을 이끌어내기를 원하는데도 동료 법관의 동의를 구할 목적으로 마치 표를 구하는 입법자들처럼 자신의 매력을 활용하거나 아첨하거나 교활한 수단을 쓰거나 투표에 대해 거래를 하는 경우다(이 법관은 비정치적인 여러 상황에서 "대단한 정치가"라는 말을 듣게 될 것이다). 1장에서 논의할 사법행태에 관한 전략적 접근 이론 역시 "목적"이 아닌 "방법"이라는 의미에서의 재판행위의 정치성을 강조한다. 많은 입법자들은 나름의 정책 선호도를 가지고 있지는 않고, 그저 자기 선거구 주민들을 위한 정치적 브로커의 역할을 수행한다. 그러나 법관의 경우 선출된 사람이 아닌 한 유권자를 가진 사람은 없다.

이상 "정치적"이라는 말을 듣는 여러 가지 경우를 살펴보았는데, 재판adjudication의 비법규주의적 요소에는 정치적 요소만 있는 것이 아니다. 가령 타고난 개인적인 특징이라 할 수 있는 성격 특성이나 기질(기질의 한쪽 극단은 감정적인 것이고 다른 쪽 극단은 감정을 배제하는 것이다)과 같이 "개인적" 요소도 재판에 영향을 미칠 수 있다. 이러한 요소에는 인종·성 같은 개인적인 *배경*이나 개인적·직업적 *경험*도 포함된다. 재판에 영향을 미치는 정치적·이념적 요인은 정치적 쟁점에 관한 충분한 정보를 바탕으로 객관적이고 냉정하게 분석·연구한 결과라기보다는 개인적인 요인이 빚어낸 부산물일 수 있다. 사법적 결정에는 또한 이미 언급한 바 있는 *전략적*인 고려도 작용한다. 이는 법관의 정치적 견해나 개인적 특질과는 무관하다. 법관은 어떤 사안에서 마음속으로는 다수의견에 동의하지 않으면서도 다수의견을 공개적으로 반대할 경우 다수의견에 주의가 집중됨으로써 그 효과가 증폭될 것을 우려해 다수의견에 가담할 수도 있다[1장에서 살펴보겠지만, 이러한 "반대의견 (제출) 회피dissent aversion"라는 개념은 상급심 법원의 합의부 구성이 결론에 미치는 곤혹스러운 영향을 잘 설명해준다]. *제도적* 요인, 즉 법규가 명징한지의 여부, 법관의 급여나 업무 강도 또는 승진 구조 같은 요인도 사법행태에 영향을 준다.

법관이 사건을 대할 때 정치적·개인적 요인은 *선입견*을 형성하는데, 법관은 이를 의식하지 못하는 경우가 많다. 중립적인 관찰자의 판단과는 달리 법관이 자신의 판결이 정치적 고려에 따라 이뤄지지 않았다고 여기는 것도 바로 이 때문이다. 이렇게 본다면 정치적 판결에 관한 세상의 많은 이야기가 틀렸다고 할 수 없지만 그렇다고 법관이 위선으로 가득 차 있다고 비난하는 것도 다 맞는 것은 아니다.

차후 살펴보겠지만, 토머스 베이즈Thomas Bayes의 결정 이론은 법관이 갖는 선입견을 이해하는 데 가장 큰 도움을 줄 것이다. 물론 이 이론은 법관 스스로가 자신의 사고 과정을 어떻게 기술하는지에 관한 것이 아니다. 그리고 "베이즈의 정리Bayes's theorem"가 법관에 관한 책을 읽는 독자들에게 경각심을 불러일으키기 위해 내가 사용할 유일한 용어(개념)도 아니다. "때때로 입법자occasional legislator"나 "반대의견 회피" 같은 용어만 사용하지도 않을 것이다. 독자들은 다음의 용어들, 즉 '파기 회피reversal aversion', '이데올로기의 변전變轉, ideology drift',* '용인 범위tolerable windows', '효용함수utility function', '사르트르 식의 그릇된 믿음Sartrean bad faith', '옵션의 가치option value', '위험 회피risk aversion', '합당한 영역zone of reasonableness', '수요 독점monopsony', '코스모폴리터니즘cosmopolitanism', '권위주의적 성격authoritarian personality', '소외alienation', '대리인 비용agency cost', '규칙 실용주의자rule pragmatist', '제한적 실용주의자constrained pragmatist' 같은 용어들에도 대비를 해야 할 것이다. 나는 이런 용어를 사용하는 것에 대해, 아니 더 일반적으로 말해 대부분의 법관과 변호사들에게 낯선 용어를 사용해서 법관의 사고를 논의하는 것에 대해 사과할 생각은 없다. 법관이 사용하는, 때때로 잘못 알고 사용하는 용어로는 사법행태를 이해하기가 불가능하기 때문이다.

행동의 동기는 욕망이기 때문에 우리는 법관이 원하는 것이 무엇인가를 고려하지 않으면 안 된다. 나는 그들도 여느 사람과 똑같이 기본적인 재화들을 원한다고 생각한다. 즉, 소득, 권력, 명성, 존경, 자긍심, 여가 같은 것이다. 다양한 재화의 비중에 대한 법관의 판단이 일반인과 비교해 독특하다면, 그것은 법원이라는 공간이 만들어내는 특유의 동기 부여와 제약 때문이다. 더 광범위하게 보자면 재판행위의 맥락에 기인할 것이다. 그러한 맥락에서 중요한 부분이 법적 불확실성이다. 법적 불확실성은 전통적(법규주의적) 분석법으로는 만족스러운 결론을 얻지 못하거나 때로는 아예 결론 자체가 나오지 않는 열린 공간을 만들어내는데, 이런 상황은 감정, 개성, 정책적 직관, 이념, 정치, 배경, 개인적 경험 같은 요소가 법관의 결정을 확정하게끔 허용하거나 심지어 지시한다.

---

* 법에서 'ideological drift' 또는 'ideology drift'는 같은 법적 상징이나 개념의 정치적 의미가 시간의 흐름에 따라 달라짐을 뜻한다. 여기서는 이를 '이데올로기의 변전(變轉)'이라고 번역했다. _옮긴이

이 열린 영역에서 사법행태에 영향을 미치는 제도적 요인 중 하나로 법관이라는 커리어의 구조를 들 수 있는데, 이는 법관 선발 방식이나 선출직 법관에 도전하는 경쟁률에 영향을 미친다. 또한 일단 법관이 되면 그에게 평생 따라붙는 동기 부여와 제약도 법관이라는 직업의 구조로부터 영향을 받는다. 나는 법관 커리어의 다양한 유형과 사법부의 다양한 유형을 비교했으며, 또한 가령 법관의 급여를 대폭 올리거나 임기를 단축해야 한다는 식의, 법관의 직업 구조를 변화시켜야 한다는 제안도 검토했다. (연방대법관을 포함해) 연방 상급심 법원 판사의 직업 구조를 분석한 결과, 그들의 사법행태에 급여, 승진 또는 퇴출 같은 중대한 외적 제약이 없다는 사실과 법관은 "상관"(정확히 누가 그들의 상관인지는 상당히 불확실하다)이 통제하려는 움직임에서 어느 정도 자유롭다는 사실을 확인할 수 있었다.

그러나 이처럼 자유롭다고 해서 가령 내가 '재판 방법judicial method'이라고 부르는 제약을 포함한 *내적* 제약이 그들을 엄격하게 통제한다는 사실을 무시해서는 안 된다. 이 내적 제약은 불확실성을 관리하기 위한, 그리고 법규주의자가 객관적 판결이라고 여길 만한 결과를 내놓기 위한 분석도구로 구성된다. 그런데, 나중에 보겠지만, 유추에 따른 추론 및 법률과 헌법의 엄격한 해석이라는 가장 신성시되는 도구를 포함한 법규주의적 도구는 기대를 충족시키지 못한다. 유추에 따른 추론은 공허하고, 법률과 헌법의 엄격한 해석은 외관은 그럴싸하지만 실상 큰 폭의 자유재량을 내포하기 때문이다.

우리는 또한 법관에 대한 학계의 비판이 사법행태에 대한 제약으로 작용할 수 있다는 사실도 무시해서는 안 된다. 왜냐하면 강한 제약이 없으면 약한 제약이 큰 힘을 행사할 여지가 생기기 때문이다. 그러나 오늘날 법관에 대한 학계의 비판은 무시되고는 한다. 이는 법학계의 변화에 기인하는데, 즉 법관과 법학 교수 사이의 지적인 간극이 넓어지고 엘리트 로스쿨의 교수와 사법부가 멀어지게 된 변화에서 비롯된다. 내 말은 학계가 법관에 대해 너무 비판적이라는 뜻이 아니다. 오히려 많은 면에서 볼 때 비판은 불충분하게 이뤄지고 있다. 진정으로 불만스러운 점은 사법부에 대한 현재 학계의 비판이 법관들에게 비현실적이고 도움이 되지 않는다는 사실이다. 그리고 실제로 법학 교수들은 법관들이 연방대법관으로 임명되지 않는 한 법관에 대해 상당히 무관심하다.

미국의 법관은 내적·외적 제약이 크지 않고 (비록 완전하지는 않지만) 광범위한 자유를 누린다고 강조했는데, 이 말을 미국 법관의 사법행태가 임의적이고 자기 멋대로이며 당파적이라는 뜻으로 받아들여서는 안 된다. 대부분의 법관은 예술가와 마찬가지로 "훌륭한 작업(직무)good job"을 수행하기 위해 노력하는데, 여기서 "훌륭함"이란 각 직역의 "기술art"의 표준적 기준에 의해 정의된다. 재판 기술은 특히 법규주의적 요소를 현저하게 내포하며, 따라서 법규주의적 요소는 판결을 내리는 데 두드러진 역할을 한다. 이는 두말할 나위 없이 당연한 일이다. 그러나 혁신적인 법관은, 마치 혁신적인 예술가가 그러하듯이, 자신들의 직역에서 이미 널리 받아들여져 있는 표준적인 기술에 도전한다. 예술적 탁월함에 고정된 불변의 기준이 존재하지 않듯이, 사법적 판단의 탁월함에도 고정 불변의 기준은 존재하지 않는다. 그리고 예술과 마찬가지로 법률의 영역에서도 혁신가가 자신이 속한 영역의 발전에 끼치는 영향력은 크다.

그렇다면 이른바 열린 공간open area에서 재판을 할 때 법관은 정확히 무엇을 하는 것일까? 그들이 논리적이거나 기타 기계적인 방식으로 기왕에 존재하는 법규를 단순히 적용하는 것이 아니라면, 일관성 있는 사법철학(이론)judical philosophy을 실천하지 못하는 것일까? 하지만 법관은 사법철학을 일관성 있게 실천에 옮기지 않는다. 우리는 앞으로 사법철학[예를 들어, "형식주의formalism", "원의原意주의originalism", "문언(해석)주의textualism", "대표성 강화이론representation reinforcement", "시민적 공화주의civic republicanism", 또는 최근의 이론인 "역동적 자유active liberty 이론", "사법 코스모폴리터니즘(세계주의)judicial cosmopolitanism" 같은 사법철학]이 흔히 다른 토대를 바탕으로 한 판결을 합리화하기 위해 사용되거나 수사적 무기로 사용되는 사례를 살펴볼 것이다. 하지만 이들 중 어떤 사법철학도 법관의 판결에 길잡이 역할을 하는 정치적으로 중립적인 기준은 아니다.

그렇다면 대부분의 미국 법관이 어떻게 재판하는가를 가장 잘 묘사하는 용어는 무엇일까? 사법행태에 관한 나의 이전 저작들을 읽은 독자라면 아마 내가 그 용어는 바로 "법실용주의legal pragmatism"라고 대답하고, 이어서 법관을 법규주의자와 실용주의자로 나누고, 법규주의도 일종의 실용주의적 전략에 해당된다면서 결국 모든 법관은 실용주의자라고 말하리라고 예상할 것이다. 그러나 이것은 너무 안이한 방식의 접근이다. 물론 실용주의는 미국의 사법행태에서 중요한 구성요소이며 이 책에서도 중요하게 다룬다. 다만, 실용주의가 재판에 관해 "무엇이든 용인"하는 관점을 가진, 마치 법현실주의legal realism의 극단적인 버전으로 오해되는 것은 문제다. 실용주의적 법관은 사실 여러 모로 *제약받는* 법관이다. 실용주의적 법관은 법관이란 무릇 공정해야 하며 (자신을 포함해) 모든 사람의 행동이 법에 복종하도록 안내해줄 수 있을 만큼 법은 예측 가능성이 있어야 한다고 인식하며, 계약이나 제정법령에 쓰인 문구가 허투루 쓰이지 않은 만큼 이들 문구를 충분히 존중해야 한다는 규범에 ─ 여느 법관과 마찬가지로 ─ 갇혀 있다. 이 갇혀 있는 공간이 그리 작지만은 않아서, 적어도 비당파적인 의미에서 정치적 법관이 되는 것을 방지하지는 못한다. 그러나 "정치적"이라는 말이 정책에 대한 최소한의 고려를 의미한다고 이해한다면, 즉 내가 앞서 보았던 것처럼 가능한 가장 넓은 의미로 파악하지만 않는다면 법관은 정치적 법관이 될 필요가 없다. 실용주의적 법관은 자신의 판결이 어떤 결과를 가져올 것인가를 평가하기 마련인데, 그가 생각하듯 판결의 결과는 건전한 공공정책에 영향을 미치기 때문이다. 그렇다고 판결이 일반적으로 이해되는 것처럼 정치적 배경에 따라 법관에 의해 선택된 정책일 필요는 없다.

법관은 실용주의에 입각하지 않고 정치적일 수 있는 반면, 이데올로그는 실용주의자일 수 없다. 낙태권 인정에 반대하는 법관은 대부분 낙태권에 대한 실용주의적 평가에 기초해서 낙태에 반대하는 것이 아니라 종교적인 신념 때문에 반대한다(낙태를 찬성하는 사람 중에도 역시 이데올로기 때문에 찬성하는 사람이 많다). 이들 중에는 종교가 없는 법관이나 또는 낙태 반대를 요구하지 않는 종교를 가진 법관을 자기편으로 끌어들이기 위해 실용주의적 근거를 제시하는 사람도 있다. 그러나 이는 겉치장에 불과하다. 만약 당신이 낙태 반대자에게 "낙태의 권리를 인정하면 미래의 범죄율을 줄이는 이점이 있다. 왜냐하면 부모가 원치 않았던 아이는 부모가 원해서 낳은 아이보다 커서 범죄자가 될 가능성이 크기 때문이다"[19]라고 설명했다고 하자. 이 경우 상대방이 낙태권 찬반의 장단점 목록에 추가해 자신의 결정을 도울 흥미로운 실용적 관점이라며 당신에게 감사할 것으로 생각하는가. 아마 그는 당신을 공포에 찬 표정으로 바라볼 것이다.

무엇이 사법행태에 영향을 미치는가 하는 문제가 가장 첨예하게 제기되는 것은 연방대법원과 관련해서다. 대법관은 자신보다 하급인 연방법관에 비해 제약을 적게 받는다. 하지만 대법관에게는 여론의 제약이 크게 작용한다. 대법관의 결정이 더욱 주목을 받으며, 사회적으로 미치는 파급 효과가 크기 때문이다(이것이 큰 주목을 받는 주된 이유이기도 하다). 그래서 우리는 특히 연방대법원이 헌법 사건을 다룰 때 대법관이 법규주의자이거나 또는 법규주의자일 수 있다는 점을 증명하기 위해 가장 힘들면서도 가장 성공적이지 않은 노력을 기울일 것이라 예상하고 이를 실제로 발견한다. 헌법 사건의 경우 관련된 이해관계가 가장 크기 때문인데, 이는 헌법과 관련된 문제의 본질 때문이기도 하고, 대법원의 판례 변경 외에 다른 방법으로는 헌법적 내용을 바꾸기가 대단히 어렵기 때문이기도 하다. 그리고 일

---

19   John J. Donohue III and Steven D. Levitt, "The Impact of Legalized Abortion on Crime," 116 *Quarterly Journal of Economics* 379(2001).

반적으로 인정된 법률자료가 제공하는 판결 지침이 가장 약하게 작용되기 때문이기도 하다. 따라서 대법관에게 주어진 재량의 여지를 최대한 축소하기 위한 포괄적인 이론이 대법원에 많이 제안되고 있는데, 3부에서는 그중 몇 가지를 검토할 예정이다. 그 가운데 가장 실효성 없는 제안은 전 세계적 차원에서 재판의 통일성을 기하자는 것으로, 바꿔 말하면 세속적 자연법에 관한 요구라 할 수 있다. 미국의 헌법 사건을 해결하기 위한 권위 있는 근거로서 외국의 판례를 인용하는 경우가 늘어나는 이른바 사법 코스모폴리터니즘이 나타나고 있다(철학에서의 코스모폴리터니즘과 혼동해서는 안 된다). 그러나 이는 미국과 다른 나라 사이의 사법 구조나 사법관에 심대한 차이가 있음을 간과한 것이다.

책의 전반적인 논의가 미국의 법관은 (대부분의 외국 판사와는 대조적으로) 막대한 재량권을 가지며, 입법부와 행정부에서 만든 법규나 앞 세대 법관 또는 상급심 법관이 세운 선례를 단순히 적용하는 데 그치지 않는다는 데 불과하다면, 많은 독자들은 "그것뿐인가?", "그 밖에 새로운 것은 없는가?" 하고 질문할 것이다. 그런데 이 책은 법관들이 법규를 단순히 적용하지 않는다면 도대체 무엇을 하는지에 관한 것이다. 이 책은 내가 열린 영역이라고 부르는 곳, 법관이 입법자가 되는 그 열린 영역에서 법관이 내리는 의사결정을 실증적으로 설명하려 시도한다. 나는 수많은 법관의 재판행위가 입법적 성격을 갖는 이유는 미국의 정치 및 법 체계, 그리고 문화에 깊이 뿌리 박혀 있어 어떠한 실현 가능한 개혁으로도 그런 성격을 바꿀 수 없으며, 또한 미국의 법체계가 그렇게 심각한 문제를 갖고 있는 것은 아니라고 주장할 것이다. 그렇지만 만약 법관이 법규주의에 충실하기로 결의하고 법관의 역할을 헌법과 법률을 적용하는 데 국한시켜 공공 정책에 대한 고려 없이 오직 정통의 법률자료에만 눈길을 고정시킨다고 해서 미국의 사법체계가 개혁의 길로 들어설 것이라고 여긴다면 그것만큼 헛된 기대는 없을 것이다.

이 책의 논의가 설득력 있기를 바란다. 아니면 적어도 법관이 어떻게 행동하는지, 왜 그렇게 행동하는지, 이런 행동의 결과는 어떻게 될 가능성이 높은지, 그리고 이런 질문을 분석하는 데 가장 적절한 지적 도구는 무엇인지를 정확하고 포괄적으로 이해하는 데 이 책이 도움이 되기를 바란다.

제 1 부

기본 모형

1

사법행태에 관한 아홉 가지 이론

사법행태에 관한 실증적인, 즉 규범적이지 않고 사실기술적인 이론은 많다.[1] 이들 이론은 우리가 예상할 수 있듯이 법관이 어떻게 결정을 내리는가를 설명하는 데 초점을 맞춘다. 이러한 이론으로는 가치개입 이론(태도 이론), 전략적 접근 이론, 사회학적 이론, 심리학적 이론, 경제학적 이론, 조직 이론, 실용주의 이론, 현상학 이론, 그리고 내가 법규주의 이론이라 부르는 이론 등을 들 수 있다. 이 이론들은 각각 나름의 장점이 있으며, 이 책에서 내가 개진한 의사결정 이론에 부분적으로 녹아들어 있다. 그러나 이론들은 모두 과장되거나 불완전하다. 흔히 볼 수 있는 일반적인 사건이 아닌 특이한 사건에서 법관이 실제 어떻게 해서 결론에 도달하는지에 관해 설명한 설득력 있고 통일성 있으며 현실적이고 균형 잡힌, 한마디로 재판 결정 과

---

[1]　관련 문헌으로는 다음이 있다. Lawrence Baum, *Judges and Their Audiences: A Perspective on Judicial Behavior*, ch. 1(2006); Barry Friedman, "The Politics of Judicial Review," 84 *Texas Law Review* 257(2005). 관련 문헌의 다양성을 보여주는 선집으로는 다음이 있다. *Supreme Court Decision-Making: New Institutionalist Approaches*(Cornell W. Clayton and Howard Gillman eds. 1999).

정에 관한 실증적인 이론은 이들 중 어디에도 보이지 않는다. 이 책은 이러한 빈 곳을 채우기 위한 시도다. 다만, 때때로 기존 이론을 되풀이하거나 다듬는 데 그치기도 하지만 말이다.

먼저 가치개입 이론[2]부터 살펴보자. 이 이론에 따르면, 법관이 담당 사건에 대해 어떤 결정을 내리는가는 그 사건과 관련한 법관의 정치적 선호로 가장 잘 설명할 수 있다. 이 이론의 연구자들은 법관의 정치적 선호도를 그를 임명한 대통령의 정당이 어느 정당이냐를 보고 대개 추측한다. 물론 대용물을 통한 추정적 계산임을 연구자들은 잘 알고 있다. 이러한 연구방법은 주로 연방법관, 특히 연방대법관에 대한 연구에서 강조된다. 주법원의 법관은 대통령이 임명하지 않을 뿐 아니라, 가령 정당 소속 없이 선거로 선출되는 경우처럼 특유의 법관 임명 방법으로 인해 정치적 성향을 분류하기가 어렵다.[3]

민주당 소속 대통령이 임명한 대법관과 법관은 대체로 피고용자·소비자·소상공인·(화이트칼라 피고인이 아닌) 형사사건의 피고인에 유리하거나,

---

2 예를 들어, 다음을 볼 것. Jeffrey A. Segal and Harold J. Spaeth, *The Supreme Court and the Attitudinal Model Revisited*(2002); Robert A. Carp and Ronald Stidham, *Judicial Process in America* 294(2001)(tab. 10-1); William N. Eskridge, Jr. and Lauren E. Baer, "The Supreme Court's Deference Continuum: An Empirical Analysis(from *Chevron to Hamdan*)"(Yale Law School, May 11, 2007); Andrew D. Martin, Kevin M. Quinn and Lee Epstein, "The Median Justice on the United States Supreme Court," 83 *North Carolina Law Review* 1275(2005); Micheal W. Giles, Virginia A. Hettinger and Todd Peppers, "Picking Federal Judges: A Note on Policy and Partisan Selection Agendas," 54 *Political Research Quarterly* 623(2001); Tracey E. George, "Developing a Positive Theory of Decision Making on U.S. Courts of Appeals," 58 *Ohio State Law Journal* 1635, 1678(1998). 이 이론에 대한 비판으로는 다음이 있다. Frank B. Cross, "Political Science and the New Legal Realism: A Case of Unfortunate Interdisciplinary Ignorance," 92 *Northwestern Law Review* 251(1997); Barry Friedman, "Taking Law Seriously," 4 *Perspectives on Politics* 261(2006).

3 Paul Brace, Laura Langer and Melinda Gann Hall, "Measuring the Preferences of State Supreme Court Judges," 62 *Journal of Politics* 387(2000); 각주 2의 Carp and Stidham, 296~297.

노조 및 환경·불법행위·민권·시민적 자유와 관련된 소송에서 원고 측에 유리한 "진보적" 결론을 지지할 것으로 예견된다. 반면, 공화당 소속 대통령이 임명한 대법관과 법관은 대체로 그 반대편에 설 것이다.

법관의 지명권을 행사한 대통령이 어느 당 소속인지 외에, 예를 들어 법관 후보자의 정치적 소견이나 이데올로기적 성향을 따져 물은 신문 사설도 해당 법관의 정치적 성향을 판단하는 데 기준이 될 수 있다.[4]

비록 무시되어왔지만 또 다른 방법으로는 〈표 1〉에서처럼 대통령 소속 정당과 상원 다수당이 같은가 다른가(같은 경우를 단점 정부單占政府, united government, 다른 경우를 분점 정부分占政府, divided government라 부른다)를 네 가지 경우로 분류해 임명된 법관의 정치적 선호도를 살펴보기도 한다. 하지만 낸시 셰어Nancy Scherer는 연방지방법원의 법관들을 조사한 결과 단점 정부에서 임명되었든 분점 정부에서 임명되었든 입장에 아무런 차이가 없다고 분석했다.[5] 내가 보기에도 (〈표 1〉에 나타나 있듯이[6]) 공화당 소속 대통령이 임명한 연방항소법원 법관의 경우 단점 정부와 분점 정부에서 입장의 차이가 아주 작았다. 그러나 민주당 소속 대통령이 임명한 연방항소법원 법관은 상원이 민주당 지배냐 공화당 지배냐에 따라 상당한 차이를 보였다. 이는 아마 공화당의 정당 기율이 민주당보다 더 강하고 따라서 (민주당 성향의 법관 후보자에 대한) 지명 반대를 더욱 효과적으로 조직할 수 있다는 사실에

4　Jeffrey A. Segal and Albert D. Cover, "Ideological Values and the Votes of U.S. Supreme Court Justices," 83 *American Political Science Review* 557(1989); Segal et al., "Ideological Values and the Votes of U.S. Supreme Court Justices Revisited," 57 *Journal of Politics* 812(1995). 또한 각주 2의 Martin, Quinn and Epstein, 1285~1300도 참고할 것.

5　Nancy Scherer, "Who Drives the Ideological Makeup of the Lower Federal Courts in a Divided Government?" 35 *Law and Society Review* 191(2001).

6　〈표 1〉과 〈표 2〉의 출처인 통계자료에서 적용한 분류에 일부 오류가 있었다. 예를 들어, 지적재산권 관련 사건에서 원고의 편에 선 법관을 모두 "진보적"으로 분류한 것과 같은 식이다. 나는 이런 오류들을 교정했다. 자세한 내용이나 통계자료에 대한 분석은 다음을 참조. William M. Landes and Richard A. Posner, "Judicial Behavior: A Statistical Analysis"(University of Chicago Law School, Oct. 2007).

<표 1> 1925~2002년 단점 정부와 분점 정부하에서 연방항소법원 판사의 표결 성향(%)

대통령 정당	공화당		민주당	
상원 다수당	공화당	민주당	민주당	공화당
보수적	55.8	55.9	49.6	55.3
진보적	37.1	35.9	43.5	37.9
혼합적	7.1	8.2	6.8	6.8

<표 2> 단점 정부와 분점 정부하에서 현직 연방항소법원 판사의 표결 성향(%)

대통령 정당	공화당		민주당	
상원 다수당	공화당	민주당	민주당	공화당
보수적	66.9	63.2	49.7	57.0
진보적	25.6	27.0	39.5	35.6
혼합적	7.5	9.8	10.9	7.5

주: 항소법원별로 담당하는 사건 수가 다름을 반영해 수치에 가중치를 둠.
'혼합적'은 어느 쟁점에는 진보적 태도를 취하면서 다른 쟁점에는 보수적 태도를 취한 경우를 말함.
자료: Appeals Court Attribute Data, www.as.uky.edu/polisci/ulmerproject/auburndata.htm(visited July 17, 2007); U.S. Court of Appeals Database, www.as.uky.edu/polisci/ulmerproject/appctdata.htm, www.wmich.edu/~nsf-coa/(visited July 17, 2007).

기인할 것이다.

〈표 2〉는 현직 법관을 대상으로 했다는 점만 다를 뿐, 〈표 1〉과 유사하다. 다만, 법관의 입장에 분점 정부가 미친 영향은 〈표 1〉보다 〈표 2〉에서 더 뚜렷한데, 이것은 법원의 이데올로기적 균형추가 강력한 공화당적 지향을 내건 레이건 정부 이래 오른쪽으로 뚜렷하게 기울기 시작한 것과 궤를 같이한다. 또한 연방법관의 판결이 전체적으로 우경화했으며(이데올로기의 스펙트럼에서 보면 보수의 극단으로 기울어졌으며), 이런 경향이 현직 법관 사이에서 더 뚜렷해졌다는 점도 주목할 만하다.

한편, 대통령마다 이데올로기적 입장의 강도가 다른데, 이 차이를 고려하면 가치개입 모형의 정확도를 높일 수 있다. 2008년 현재 연방대법원의 아홉 명 대법관 중 일곱 명을 공화당 소속 대통령이 임명했는데, 다음처

〈표 3〉임명한 대통령의 이데올로기에 따른 현직 대법관의 이데올로기 성향(명)

	대통령의 이데올로기		
	보수적 공화당	온건적 공화당	민주당
보수적	4	1	0
진보적	0	2	2

〈표 4〉단점 정부와 분점 정부하에서의 임명에 따른 현직 대법관의 이데올로기 성향(명)

대통령 정당	공화당		민주당	
상원 다수당	공화당	민주당	민주당	공화당
보수적	3	2	0	0
진보적	0	2	2	0

럼 구체적으로 살펴보면 훨씬 이해가 잘될 것이다. 아홉 명 중 네 명의 보수적 대법관은 공화당 소속의 보수적 대통령이 임명했고(안토닌 스칼리아와 앤서니 케네디Anthony Kennedy는 레이건 대통령이, 존 로버츠John Roberts와 새뮤얼 알리토는 아들 부시 대통령이 임명), 두 명의 진보적 대법관은 민주당 대통령이 임명했으며(루스 긴즈버그Ruth Ginzburg와 스티븐 브라이어Stephen Breyer는 클린턴 대통령이 임명), 또 한 명의 진보적 대법관과 다른 두 명의 보수적 대법관은 공화당 소속의 온건보수적 대통령들이 임명했다(존 스티븐스John Stevens는 포드 대통령이, 데이비드 수터David Souter와 클래런스 토마스Clarence Thomas는 아버지 부시 대통령이 임명)(〈표 3〉참조). 또한 〈표 4〉를 보면 분점 정부가 대법관 임명에 미친 영향이 잘 드러난다.

어떤 방법으로 법관의 정치적 성향을 분간하든, 그리고 그들이 어느 심급에 속해 있든(연방대법원에 속해 있든, 연방항소법원에 속해 있든 － 연방항소법원에 관한 연구문헌은 이제 많다[7] －, 아니면 연방지방법원에 속해 있든[8]) 간

7 Christina L. Boyd, Lee Epstein and Andrew D. Martin, "Untangling the Causal Effects of Sex on Judging"(Northwestern University School of Law and Washington University

에 이상에서 설명한 정치적 성향이 거의 모든 법관에게서 발견되는데, 이는 정치적으로 민감한 쟁점에 대해 법관이 왜 각각 다른 입장을 보이는가를 어느 정도 설명해준다. 쟁점이 뜨거우면 뜨거울수록(가령 오늘날 낙태 문제는 예를 들어 형사사건의 판결보다 뜨거운 쟁점이다) 정치적 변수의 설명력이 커진다. 연방법관의 임명과 인준에서 정치의 영향력이 두말할 나위 없이 크다는 것은 가치개입 이론의 정당성을 강화시킨다. 또한 연방법관, 특히 대법관의 인준을 둘러싸고 정치권이 거의 항상 양극화되어 격렬하게 싸우는 것[9]이나 변호사나 법관이 겪은 여러 개인적 경험에 비춰 보더라도 가

School of Law and Department of Political Science, July 28, 2008); Cass R. Sunstein et al., *Are Judges Political? An Empirical Analysis of the Federal Judiciary*(2006); Thomas J. Miles and Cass R. Sunstein, "Do Judges Make Regularity Policy? An Empirical Investigation of Chevron," 73 *University of Chicago Law Review* 823(2006); Ward Farnsworth, "The Role of Law in Close Cases: Some Evidence from the Federal Courts of Appeals," 86 *Boston University Law Review* 1083(2006); Jeffrey A. Segal, Harold J. Spaeth and Sara C. Benesh, *The Supreme Court in the American Law System* 236~242(2005); Daniel R. Pinello, *Gay Rights and American Law*(2003); Frank B. Cross, "Decision Making in the U.S. Circuit Courts of Appeals," 91 *California Law Review* 1457, 1504~1509(2003); David E. Klein, *Making Law in the United States Court of Appeals*(2002); Emerson H. Tiller and Frank B. Cross, "A Modest Proposal for Improving American Justice," 99 *Columbia Law Review* 215, 218~226(1999); 각주 2의 George; Richard L. Revesz, "Environmental Regulation, Ideology, and the D.C. Circuit," 83 *Virginia Law Review* 1717(1997); Sheldon Goldman, "Voting Behavior on the United States Courts of Appeals Revisited," 69 *American Political Science Review* 491(1975). 항소법원 판사의 정치적 성향이 판결에 어떤 영향을 미치는가에 관한 흥미로운 사례연구로는 다음을 참조할 것. Paul J. Wahlbeck, "The Development of a Legal Rule: The Federal Common Law of Public Nuisance," 32 *Law and Society Review* 613(1998).

8 C. K. Rowland and Robert A. Carp, *Politics and Judgment in Federal District Courts* (1996); Gregory C. Sisk, Michael Heise and Andrew P. Morriss, "Charting the Influences on the Judicial Mind: An Empirical Study of Judicial Reasoning," 73 *New York University Law Review* 1377(1998); Ahmed E. Taha, "Judges' Political Orientations and the Selection of Disputes for Litigation"(Wake Forest University School of Law, Jan. 2007), http://ssrn.com/abstract=963468(visited Sept. 2, 2007).

9 이 점에 관해서는 다음을 참조할 것. Lee Epstein and Jeffrey A. Segal, *Advice and*

치개입 이론의 정당성은 강화된다. 모든 변호사는 논쟁의 여지가 많은 사건에서는 항소법원의 어느 법관이 당해 사건을 담당하는지가 결론을 결정지을 수 있음을 알고 있다. 모든 법관은 동료 법관 중 정치적으로 예민한 사건에 대해 어떻게 결론을 내릴지 상당히 정확하게 예견되는 진보적 또는 보수적 법관들이 있음을 알고 있다. 비록 그들 스스로는 정치적 성향에 대한 꼬리표가 붙는 것을 싫어하는데도 말이다.

연방의 대법관이나 항소법원 판사는 은퇴할 시기에 이르면 자신을 지명했던 대통령이 속한 당이 대통령을 배출해 자신의 후임자를 지명할 가능성을 최대한 높이기 위해 은퇴의 시기를 조절하는 경향이 있다는 점도 가치개입 이론을 뒷받침하는 하나의 증거다.[10] "이데올로기의 변전"도 또 다른 작은 증거가 될 수 있다. 이 말은 법관의 봉직 기간이 길어질수록 원래 자신을 임명했던 대통령의 당이 견지한 정치적 입장(진보 또는 보수)에서 멀어지는 것을 의미한다.[11] 법관은 자신을 임명한 대통령이 속한 당의 이데올로기

Consent: The Politics of Judicial Appointments(2005); John R. Lott, Jr, "The Judicial Confirmation Process: The Difficulty with Being Smart," 2 *Journal of Empirical Legal Studies* 407(2005).

10   Ross M. Stolzenberg and James Lindgren, "Politicized Departure from the United States Supreme Court"(University of Chicago and Northwestern University, Mar. 18, 2007); James F. Spriggs and Paul J. Wahlbeck, "Calling It Quits: Strategic Retirement on the Federal Courts of Appeals, 1893~1991," 48 *Political Research Quarterly* 573(1995); Deborah J. Barrow and Gary Zuk, "An Institutional Analysis of Turnover in the Lower Federal Courts, 1900~1987," 52 *Journal of Politics* 457, 467~468(1990). 그 밖에 작지만 또 하나의 증거로, 최근 연구에서는 연방대법원의 재판연구원(law clerk)이 ─ 놀라운 일이지만 ─ 스스로 밝힌 정치적 입장이 대법관의 결정에 영향을 미친다는 사실을 밝혔다. 다음을 참조할 것. Todd C. Peppers and Christopher Zorn, "Law Clerk Influence on Supreme Court Decision Making"(Roanoke College, Department of Public Affairs, and University of South Carolina, Department of Political Science, June 14, 2007).

11   다음을 참조할 것. Andrew D. Martin and Kevin M. Quinn, "Assessing Preference Change on the US Supreme Court," 23 *Journal of Law, Economics and Organization* 365 US S7); Susan Haire, "Beyond the Gold Watch: Evaluating the Decision Making of Senior Judges on the U.S. Courts of Appeals"(University of Georgia, Department of

와 밀접하게 보조를 맞추다가 예측하지 못했던 새로운 쟁점이 등장함에 따라 입장을 바꿀 수도 있다. 핵심 쟁점이 경제 문제였을 때에는 보수적인 입장을 취하던 법관이 국가 안보 쟁점 또는 낙태권, 동성애의 권리와 같은 사회정책적 쟁점이 떠오르면 진보적인 입장을 취할 수도 있는 것이다.

가치개입 이론의 증거는 더 있다. 몇 안 되는 변수[12]를 종합하면 연방대법원의 판결을 일단의 헌법 전문가들보다 더 정확하게 예견할 수 있는데, 이러한 변수는 모두 법이론과는 무관하다. 연방 상급심 법원의 특정 법관(연방항소법원 판사와 연방대법원의 대법관을 포함해)이 전원 합의에 이르지 못한(대립의견이 "비등한") 헌법 관련 형사사건에서 정부의 손을 들어주는 것과 역시 전원 합의에 이르지 못한 법령 관련 형사사건에서 정부의 손을 들어주는 것 사이에는 상관관계가 높은 반면, 일반적 형사사건에서 그 외의 법관들이 정부의 손을 들어주느냐 피고인의 손을 들어주느냐 사이에는 상관관계가 낮다.[13] 어떤 법관은 친정부적 성향을 띠고 어떤 법관은 친피고인적 성향을 띤다. 그리고 헌법적 사안이든 제정법령과 관련된 사안이든 견해가 팽팽하게 대립되는 사건에서는 이러한 성향이 그들의 결정을 이끄는 것으로 보인다. 법규주의 관점에서 보면 사건에 적용되는 법의 문구가 판결 결과를 결정해야 마땅하다고 할 것이며, 헌법과 제정법령은 문구에서 큰 차이가 있다고 할 것이다. 따라서 비정치적인 법관이라면 두 가지 사건

Political Science, 2006).

12 Andrew D. Martin et al., "Competing Approaches to Predicting Supreme Court Decision Making," 2 *Perspectives on Politics* 761(2004); Theodore W. Ruger et al., "The Supreme Court Forecasting Project: Legal and Political Approaches to Predicting Supreme Court Decisionmaking," 104 *Columbia Law Review* 1150(2004). 여기서의 변수란 "① 원심이 어떤 항소법원 관할인지의 문제, ② 사건의 쟁점 영역, ③ 상고자의 유형(예를 들어, 국가인가 고용주인가 등), ④ 피상고자의 유형, ⑤ 하급심 판결의 이데올로기적 방향(진보인가 보수적인가), ⑥ 상고자가 법이나 관행이 헌법에 위배된다고 주장했는지 여부"다(같은 글, 1163).

13 Ward Farnsworth, "Signatures of Ideology: The Case of the Supreme Court's Criminal Docket," 104 *Michigan Law Review* 67(2005); 각주 7의 Farnsworth 참조.

유형에 같은 방식으로 결론을 내리지는 않을 것이다.

　나는 이 모든 논의를 통해 법관의 모든 결정이 정치적인 동기에 의해 가장 잘 설명된다고 말하려는 것은 아니다.[14] 또한 누군가 법관이 되려 하는 이유는 공공 정책을 자신의 정치적 목표에 접근시키고 싶어서라고 말하려는 것도 아니다. 다음 장들에서 살펴보겠지만, 사법적 결정의 정치적 성격을 설명하는 데 법관은 누구나 정치적 목표를 갖는다는 전제가 반드시 필요한 것은 아니다. 어떠한 가치개입 이론 연구도 법관이 누구나 정치적 목표를 갖는다는 점을 밝혀내지 못했는데, 단지 데이터가 부족해서 이를 밝혀내지 못하는 것은 아니다. 미국 연방대법원의 수준에서조차 별다른 정치적 이해관계를 내포하지 않은 사건이 많기는 하지만, 그렇다고 이 사실이 모든 것을 설명해주는 것도 아니다. 올리버 웬들 홈스Oliver Wendell Holmes 대법관을 상기해보라. 그가 생전에 주고받은 편지들을 묶어 출판한 책을 보면 그는 완고한 공화당원이었다. 그러나 그는 생전에 줄곧 자신이 생각하기에 사회주의적인 난센스였던 진보적인 사회적 입법을 지지하는 입장에서 결정을 내렸다(가령 로크너 대 뉴욕 주Lochner v. New York 사건에서 그는 근로시간 상한제에 찬성하는 유명한 반대의견을 집필했다). 물론 홈스 대법관은 이러한 경우를 비롯해 기타 여러 가지 면에서 대법관 가운데 예외적인 존재였다. 하지만 사법 문화가 크게 정치화됨에 따라 오늘날에는 홈스와 같은 탈정치적인 대법관을 찾아보기가 점점 더 어려워지고 있다.

　〈표 5〉와 〈표 6〉을 보면 가치개입 모델의 예견성에 어느 정도 한계가

14　예를 들면 각주 7의 Cross; 각주 2의 Cross, 285~311; 각주 7의 Sunstein et al.; Daniel R. Pinello, "Linking Party to Judicial Ideology in American Courts: A Meta-Analysis," 20 *Justice System Journal* 219(1999); C. Neal Tate and Roger Handberg, "Time Binding and Theory Building in Personal Attribute Models of Supreme Court Voting Behavior, 1916~1988," 35 *American Journal of Political Science* 460(1991); Sheldon Goldman, "Voting Behavior on the United States Courts of Appeals Revisited," 69 *American Political Science Review* 491(1975).

<표 5> 1925~2002년 임명한 대통령의 소속 당에 따른 연방항소법원 판사의 표결 성향(%)

	공화당 대통령	민주당 대통령
보수적	42.2	37.6
진보적	28.1	33.3
혼합적	5.9	5.1
기타	23.9	23.9

<표 6> 임명한 대통령의 소속 당에 따른 현직 연방항소법원 판사의 표결 성향(%)

	공화당 대통령	민주당 대통령
보수적	51.2	42.5
진보적	22.9	33.1
혼합적	7.3	7.6
기타	18.7	16.9

주: 항소법원별로 업무량이 각기 다름을 반영해 수치에 가중치를 둠.

'혼합적'은 어느 쟁점에는 진보적 태도를 취하면서 다른 쟁점에는 보수적 태도를 취한 경우를 말함.

자료: Appeals Court Attribute Data, www.as.uky.edu/polisci/ulmerproject/auburndata.htm(visited July 17, 2007); U.S. Court of Appeals Database, www.as.uky.edu/polisci/ulmerproject/appctdata.htm, www.wmich.edu/~nsf-coa/(visited July 17, 2007).

있는 듯 보인다. 표에서 '기타'는 정치적 동인이 완전히 결여된 사법적 결정을 가리키는데, 진보적, 보수적, 혼합적, 그리고 기타 표결은 표결을 한 법관을 임명한 대통령이 속한 정당과 관련된다.

'혼합적'과 '기타'에 속하는 표결이 상당한 비율에 달하지만 일단 이 부분은 차치하고, 보수적으로 투표한 법관 중 상당 비율은 진보적 법관(민주당 소속 대통령이 임명한 법관)인 것으로 추정되며, 또 진보적으로 투표한 법관 중 상당 비율은 보수적 법관인 것으로 추정된다. 이 표들에서도 드러나듯이, 연방항소법원의 결정에서 정치화가 강화되는 경향은 공화당 소속 대통령에 의한 법관 임명에 기인한다는 점에 주목할 필요가 있다. 그러나 동시에 이 표들의 첫째 열과 둘째 열의 수치가 보여주듯이, 두 유형의 법관의 차이가 중요함에도 불구하고 부분적인 것에 지나지 않는다는 사실에도 주목해야 한다. 그리고 어느 당 소속 대통령이 임명했는가라는 기준만으로 비교하면 표에서 분포가 중복되는 부분을 이해하기 어려워진다. 즉, 공화당 소속 대통령이 임명한 법관 중에는 민주당 소속 대통령이 임명한 법관보다 덜 보수적인 사람도 있는데 이러한 사실을 간과할 수 있는 것이다.

그렇다고 가치개입 이론을 부정하는 것은 아니다. 다만, 내가 하려는 말은 어느 당 대통령이 임명했는지가 법관의 사법적 이데올로기를 판단하는 완벽한 기준이 될 수 없다는 것이다. 그 이유는 첫째, 법관에게 중요한 이데올로기적 쟁점이라고 해서 반드시 선거에서 핵심적인 쟁점은 아니기 때문이다. 최근의 사형 존폐론이 이러한 사례다. 둘째, 법관은 정당에 예속되기보다 정치적으로 독립하는 데서 자부심을 찾기 때문이다.

설령 이 세상의 모든 판결에 정치적 이해관계가 내포되어 있다 하더라도 가치개입 모형의 예견력에는 한계가 있다. 가령 어떤 사건에 두 가지 정치적 가치의 충돌이 내포되어 있는데 해당 사건의 법관에게는 두 가지 가치가 모두 중요하다면 이 법관은 어떤 결론을 내릴까? 시민적 권리(민권civil rights)에 기초한 (진보적) 소송이 (보수파가 진절머리를 내는) 적극적 평등실현조치affirmative action를 다루는 경우를 상정해보자. 혹자는 이 경우 정치적 고려가 뒤로 물러나고 전통적인 법학적 추론이 사태를 주재할 것이라고 생각할지도 모른다. 그러나 실상은 그렇지 않다. 법관의 마음에서 여러 가지 정치적 고려가 모두 동일한 무게를 가질 가능성은 낮다. 만약 무게가 동일하지 않다면 더 무거운 쪽으로 결론이 내려질 수 있다. 유명한 사례가 뷰캐넌대 윌리Buchanan v. Warley 사건[15]이다. 당시 연방대법원은 인종차별적인 법규를 무효화하는 것을 강하게 거부했었다. 그럼에도 연방대법원은, 백인이 다수인 구역에 흑인이 거주하는 것을 금지하는(그리고 반대의 경우도 마찬가지로 금지하는) 켄터키 주 한 도시의 조례ordinance에 대해 헌법 위반으로 무

15   245 U.S. 60(1917).

효라는 판결을 내렸다. 이 소송은 이 조례로 말미암아 흑인에게 자기 부동산을 판매할 수 없게 된 뷰캐넌이라는 백인이 제기한 것이었다. 대법원은 – 플레시 대 퍼거슨Plessy v. Ferguson 사건에서는 부정했던 – 흑인이 백인과 어울릴 권리(그리고 비슷하게 백인 또한 흑인과 교제하지 않을 권리. 단, 흑인들과 이웃에 사는 백인들에게는 이 권리가 부정됨)와 같은 단순한 "사회적 권리"와 연방헌법 수정조항 제14조를 통해 흑인에게도 백인과 똑같이 보장한[16] "재산에 관한 근본적인 권리"를 구별했다. 평등권 보장 조항에는 이런 구별이 존재하지 않는다. 마이클 클라먼Michael Klarman은 이 판결에 대해, 당시 대법원은 재산권에 대한 정부의 간섭이 학교나 기타 공공시설에서의 인종 분리 같은 사례보다 개인의 자유를 더 크게 침해했다고 보았으며, 특히 자기 재산권을 침해당한다고 주장한 사람이 백인이기 때문에 더욱 그렇게 여긴 것으로 해석했는데,[17] 이는 설득력 있는 주장이라 하겠다. 아무튼 요점은 연방대법원이 거주에서 인종 간 분리를 거부하는 진보적 판결을 내렸다는 점이다.

정치적으로 논쟁을 불러일으킨 연방대법원의 결정들에 가치개입 이론가들이 지나치게 몰두하는 바람에 미국의 재판에는 온통 정치가 관여되어 있다는 인상이 과장되게 형성되었다.[18] 그러나 미국 법정이 내린 대부분의 판결은 정치적으로 민감한 판결도 아니고 연방대법원 결정도 아니다. 그리고 특정 대법관의 정치적 성향을 그를 임명한 대통령의 소속 정당을 기준으로 판단하는 것은 *당파적* 정치가 연방대법원의 의사결정에 커다란 영향을 미친다는 잘못된 인식을 퍼지게 했다. 대통령은 거의 한결같이 자기가 속한 정당의 당원 중에서 대부분의 법관을 임명한다(90% 이상의 법관이 그

---

16 같은 판례, 79.

17 Michael Klarman, *Unfinished Business: Racial Equality in American Law* 83~84 (2007).

18 Brian Leiter, *Naturalizing Jurisprudence: Essays on American Legal Realism and Naturalism in Legal Philosophy* 187, 188 n. 22, 192(2007).

렇게 임명된다). 그러나 법관으로 일단 임명되면 법관들은 다른 누구의 정치적 견해를 추종하기보다는 단지 훌륭한 법관이 되고 싶어 하는 것이 일반적이다. 당신은 어떤 법관이 "나를 임명한 빌 클린턴(또는 조지 부시 등등)은 이 사건에 대해 어떤 판결을 내릴까?"라고 말하거나 스스로 자문하는 것을 본 적이 있는가? 그렇지만 법규주의적 분석으로 의미 있는 결론을 내릴 수 없는 상황에서는 "사건을 마무리 짓기" 위해 정치적 판단이 필요한 경우가 종종 있는데, 이때 법관은 자신이 속한(또는 속했던) 정당이 지지하는 입장으로 기울기 쉽다. 왜냐하면 그가 다른 정당이 아닌 그 정당에 그저 우연히 속하게 된 것은 아니기 때문이다. 그러나 "기운다"는 것은 "일치된다"는 것과 의미가 다르다. 연방대법관은 정치적이지만, 정치적으로 독립된 사람이다. 분명 그들은 자신을 지명하고 인준한 대통령과 상원의 정치적 성향의 영역 바깥에(즉, 더 진보적이거나 더 보수적인 영역에) 존재한다.[19]

그러나 약간이더라도 정치적인 판단에 의한 판결이 존재하는 것은 재판 과정에 대한 통상적인 개념에 도전하는 것이다. 그런데 가치개입 이론가들은 미국의 각급 법원에서 정치적 판결이 수없이 행해진다는 사실을 확인시켜주었다(정치적 판결은 심급이 높을수록 더 많았다). 그러나 법적 질서(이론)의 이단과 같은 기존의 그들의 연구는, 역설적으로 법원이 입법부나 행정부에서 제정한 법령을 무효화할 경우 그 행동을 비민주적인 행동이라고 비판하기 어렵게 만든다. 다음과 같은 마크 그래버Mark Graber의 주장도 같은 맥락이다.

사법심사Judicial Review는 선출직 공무원에 의해 정립되고 유지된다. 재판은 정치인과 정치적 운동이 스스로의 헌법적 견해를 법으로 확립시

---

19   Michael Bailey and Kelly H. Chang, "Comparing Presidents, Senators, and Justices: Interinstitutional Preferences Estimation," 17 *Journal of Law, Economics and Organization* 477, 508(2001).

키려 할 때 사용하는 많은 수단 중 하나다. 선출직 공무원은 헌법 문제를 다루는 법원을 설립해 이 문제에 대한 관할권을 부여하고 사법적 권력 행사를 마다하지 않는 법관으로 그 법원을 채우고, 그 법원이 어떤 법규를 위헌이라고 선언하게끔 소송을 제기하거나 제기하게 만들고, 법령이나 헌법의 해석이라는 구실하에 사실상 공공 정책을 생산하도록 법관을 장려하는 법률을 통과시킴으로써 사법권에 강력한 정치적 기반을 제공한다. 사법심사는 정치적 다수의 의지를 꺾거나 정당화하는 것과는 거리가 멀다. 오히려 사법심사는 다원적 민주주의에서 권력을 위해 투쟁하는 수많은 정치적 운동 사이의 힘의 균형을 바꿔 놓는다.[20]

사람들은 자신의 사법철학을 자신을 임명한 대통령(또는 자신을 선출한 선거인단)의 이데올로기에 순치시키는 법관이 민주적인 법관이라고 생각할 것이다. 이런 법관은 대중의 선택을 훼손하기보다 확장한다. 대통령제를 민주주의 원칙이 가장 완전하게 구현된 형태라고 여기는 사람들은 이런 법관에게 박수를 보낼 것이다.

다음으로 재판행위에 관한 전략적 접근 이론(법에 대한 실증적 정치 이론positive political theory of law이라고도 부른다)을 살펴보자. 이 이론은 만약 법관이 다른 법관(동료 법관이든 상급심 또는 하급심 법관이든)이나 입법자 또는 국민 일반이 자신의 판결에 어떻게 반응할지 신경 쓸 필요가 없다면 판결을 내리는 입장에 일관성이 결여될 수 있다는 사실을 전제로 한다.[21] 전략

---

20 Mark A. Graber, "Constructing Judicial Review," 8 *Annual Review of Political Science* 425, 427~428(2005).

21 예를 들어, 다음을 볼 것. Daniel B. Rodriguez and Mathew D. McCubbins, "The Judiciary and the Role of Law: A Positive Political Theory Perspective" [in *Handbook on Political Economy*(근간)]; Symposium, "Positive Political Theory and the Law," 15 *Journal of Contemporary Legal Issues* 1(2006); Stephen J. Choi and G. Mitu Gulati, "Trading Votes for Reasoning: Covering in Judicial Opinions"(New York University School of Law and Duke University School of Law, Sept. 2007); Thomas H. Hammond,

적 접근 이론가 가운데 일부는 경제학자 또는 정치학자로, 이들은 정치를 여러 이해관계 집단 간의 투쟁으로 보고 이를 정교하게 분석하기 위해 게임 이론을 적용한다. 다른 일부 학자는 사법부와 다른 정부 부처 간의 해묵은 싸움을 연구하기도 한다.[22] 이 이론의 핵심 골자는 상식적이다. 넓게 보아 법관이 달성하려는 바가 무엇이든 간에 이는 상당 부분 명령 계통chain of command에 있는 다른 사람에게 달려 있다는 것이다. 그러나 이 이론의 요모조모를 들여다보면 일반적으로 알고 있는 것보다 복잡하다. 한 예로, 제정법 해석 문제와 관련해 연방대법원이 어떤 태도를 취할 것인지는 그 법령이 통과된 당시의 의회 내 지배 정당이 현재에도 지배 정당의 위치에 있는가에 따라 예견 가능하다고 보는 것을 들 수 있다. 이러한 입장에서는 그 법령이 통과되던 때의 지배 정당이 더 이상 그 위치에 있지 않다면 대법관은 더욱 자유롭게 법령의 원래 취지에 얽매이지 않을 것이라고 본다.[23]

전략적 접근 이론은 가치개입 이론과 양립 가능하다.[24] 전자는 수단에

Chris W. Bonneau and Reginald S. Sheenan, *Strategic Behavior and Policy Choice on the U.S. Supreme Court*(2005); Lee Epstein and Jack Knight, The Choices Justices Make(1998); Andrew F. Daughety and Jennifer F. Reinganum, "Speaking Up: A Model of Judicial Dissent and Discretionary Review," 14 *Supreme Court Economic Review* 1(2006); Forest Maltzman, James F. Spriggs II and Paul J. Wahlbeck, *Crafting Law on the Supreme Court: The Collegial Game*(2000); McNollgast(Matthew D. McCubbins, Roger G. Noll and Barry R. Weingast), "Politics and the Courts: A Positive Theory of Judicial Doctrine and the Rule of Law," 68 *Southern California Law Review* 1631 (1995); William N. Eskridge, Jr., "Overriding Supreme Court Statutory Interpretation Cases," 101 *Yale Law Journal* 331(1991).

22   Charles Gardner Geyh, *When Courts and Congress Collide: The Struggle for Control of America's Judicial System*(2006).

23   예를 들어, 다음을 볼 것. Epstein, Jack Knight and Andrew A. Martin, "The Supreme Court as a *Strategic* National Policymaker," 50 *Emory Law Journal* 583(2001); John A. Ferejohn and Barry R. Weingast, "A Positive Theory of Statutory Interpretation," 12 *International Review of Law and Economics* 263(1992); Robert A. Dahl, "Decision-making in a Democracy: The Supreme Court as a National Policy-Maker," 6 *Journal of Public Law* 279(1957).

관한 이론이고 후자는 목적에 관한 이론이기 때문이다. 어떤 재판부에 소속된 법관은 재판부가 자신의 정치적 선호에 부합하는 판결을 내리도록 하기 위해 필요한 투표 전략을 사용할 수 있는데, 물론 법관은 자신의 정치적 견해를 표명하는 것에만 신경 쓸 수 있고 그 견해가 채택되는 것까지는 신경 쓰지 않을 수도 있다. 루이스 브랜다이스Louis Brandeis는 견해의 채택까지 신경 쓴 스타일이고 홈스는 견해를 표명하는 것에 신경 쓴 스타일이었다. 다만, 벅 대 벨Buck v. Bell 사건,[25] 즉 "정신박약은 삼 대에 걸친 것으로 족하다"라는 홈스의 발언으로 유명한 사건에서 홈스는, 그로서는 매우 드문 일이지만, 자신의 견해가 채택되도록 하기 위해 득표 활동까지 벌였다. 홈스는 나라의 미래를 위해 우생학 관련 법을 유지하지 않으면 안 된다는 잘못된 믿음을 확고히 갖고 있었다.

그러나 전략적 접근 이론은 법관이 사법적으로 판단하는 동기에 대한 어떠한 목적 지향적 이론들과도 양립 가능하다. 심지어 법규주의 법관이더라도, 어떤 일이 있어도 자신의 견해와 일치되게끔 똑같이 투표하는 전략과는 달리 자신의 견해가 채택될 가능성을 최대한 높이기 위한 투표 전략을 사용할 수 있다. 부시 대 고어Bush v. Gore 사건의 판결도, 물론 이론의 여지가 많긴 하지만, 이런 시각에서 해석될 수 있다. 당시 보수적인 대법관 다섯 명은 진보적인 결론(헌법상의 투표권리 옹호)을 지지하는 입장에 섰고, 나머지 네 명의 진보적인 대법관은 보수적 결론을 지지하는 입장에 섰다. 당시 대통령이 어느 당 소속이냐에 상관없이, 대법관 중 공석이 있었다면 재판 결과가 달라질 수 있다는 사실을 양 캠프 모두 잘 알고 있었음이 틀림없다.

---

24   다음을 참조할 것. 각주 2의 George, 1665~1696; Max M. Schanzenbach and Emerson H. Tiller, "Strategic Judging under the U.S. Sentencing Guidelines: Positive Political Theory and Evidence," 23 *Journal of Law, Economics and Organization* 24(2007).

25   274 U.S. 200(1927).

이론이 없는 단순한 예로, 법관이 사건에 임할 때 종종 자신의 마음과 달리 반대의견을 표명하지 않기도 하는 것을 들 수 있다. 이는 반대의견을 공표할 경우 다수의견이 사람들에게서 주목을 받을지 모른다는 우려 때문일 수도 있고, 또는 너무 자주 반대의견을 내면 동료 법관들의 미움을 사서 다른 사건에서 동료들이 자신의 의견에 주의를 기울이지 않는 식으로 (아마 무의식적이겠지만) 보복할 수 있다는 두려움 때문일 수도 있다. 어떤 종류든 전략적 고려에서 완전히 초연한 법관은 거의 없다(가장 탁월한 법규주의자 스칼리아 대법관만이 거의 초연하다). 결과적으로 그들은 원칙을 버리고 효과를 취하는 셈이다.

다음에 검토할 이론은 내가 사법행태에 관한 사회학적 이론이라고 부르는 이론인데, 이 이론의 초점은 소그룹 내 역학관계에, 더 구체적으로는 상급심 법원 재판부 내 역학관계에 있기 때문에 그렇게 명명한다. 이 이론은 전략적 접근 이론을 응용 또는 확장한 것이라 할 수 있으며, 가치개입 이론과도 결합되어 있다. 사회심리학 및 합리적 선택 이론에 근거를 둔 이 이론은 재판부의 구성[연방항소법원 재판부는 통상 전체 28명(선임 법관senior judge을 포함할 경우 이보다 더 많아질 수 있다)의 법관 가운데 무작위로 선택한 세 명으로 구성된다]이 재판 결과에 영향을 미친다는 것을 가설로 삼는다. 특히 공화당파 또는 민주당파가 다수인 재판부는 전원 공화당파 또는 민주당파로 구성된 경우와는 다른 판결을 내리기 쉽다(사법행태에 개입되는 정치적 요소를 연구하는 사람들은 어느 법관이 공화당파인지 아니면 민주당파인지를 보통 그를 임명한 대통령의 정당에 따라 분류해왔다).[26] 이와 유사하게, 성차별 문제

---

26 예를 들어, 다음을 볼 것. 각주 7의 Sunstein et al.; Thomas J. Miles and Cass R. Sunstein, "The Real World of Arbitrariness Review"[*University of Chicago Law Review*(근간)]; Joshua B. Fischman, "Decision-Making under a Norm of Consensus: A Structural Analysis of Three-Judge Panels"(Tufts University, Department of Economics, May 2, 2007); Sean Farhang and Gregory Wawro, "Institutional Dynamics on the U.S. Court of Appeals: Minority Representation under Pane Decision Making," 20 *Journal of Law,*

를 다루는 재판부도 구성원 모두가 남성인 경우와 구성원에 여성이 포함된 경우에 따라 결론이 다르게 나올 가능성이 높다.[27]

재판부 구성이 왜 이런 기묘한 결과를 가져오는지, 다시 말해 다수파가 왜 소수파에 곧잘 양보하는 것인지에 대해서는 몇 가지 가설이 제시되어 왔다. 그 하나는, 소수파가 반대의견을 통해 다수파의 입장이 원칙에 어긋난다는 것을 폭로할 것이라고 위협하는, 즉 일종의 내부 고발자 역할을 할 가능성이 있기 때문이라는 설명이다. 이보다 더 설득력 있는 가설은, 다수파가 정치적 성향으로 인해 간과했던 측면을 소수파가 지적함으로써 재판부 전체의 숙고의 폭을 넓히는 데 기인한다는 것이다. 어느 쪽의 가설을 지지하든 간에, 만약 동일한 성향의 판사로만 구성된다면 그들의 숙고가 극단적인 결론으로 치달을 수도 있는데(집단적 사고가 극단화하는 경향이 있음을 입증한 연구가 있다), 소수파의 존재 자체가 이를 제어하는 효과를 야기한다는 것은 분명한 사실이다.[28]

그러나 이보다 더 큰 요인은 재판부 구성원들 간에 특정 재판 결과를 선호하는 강도에 차이가 있고,[29] "반대의견 제출을 회피"하는 현상이 여기에 결합되기 때문이다. 가령 이데올로기 때문에 또는 이데올로기와 관련한

Economics and Organization 299(2004); Frank B. Cross and Emerson H. Tiller, "Judicial Partisanship and Obedience to Legal Doctrine: Whistleblowing on the Federal Courts of Appeals," 107 *Yale Law Journal* 2155, 2175~2176(1998).

27 각주 7의 Boyd, Epstein and Martin.

28 다음을 참조할 것. Alice H. Eagly and Shelly Chaiken, *The Psychology of Attitudes* 655~659(1993); references in Sunstein et al., *Are Judges Political? An Empirical Analysis of the Federal Judiciary* 75~77(2006), nn. 26~30. 덧붙여 말하면, 세 명으로 구성되는 재판부에 관한 연구 논문들이 주장하는 바는 충분히 일리 있다. 왜냐하면 재판부의 구성이 커질수록(예를 들어, 아홉 명으로 구성되는 연방대법원 재판부) 소수파의 교섭력은 작아진다.

29 이 차이는 해당 사건과 관련해 소수파와 다수파 사이의 이데올로기적 거리로 달리 표현할 수 있다. 그 거리가 멀수록 반대론을 내놓기 쉽다. Virginia A. Hettinger, Stefanie A. Lindquist and Wendy L. Martinek, "Separate Opinion Writing on the United States Courts of Appeals," 31 *American Politics Research* 215(2003).

이유로, 또는 개인적인 배경이나 경험, 감정, 기타의 이유로(이러한 요소들은 합리적인 논변으로 해결하기 어려워 의견 불일치를 쉽게 초래할 수 있다) 재판부의 어느 한 판사는 사건의 결론이 어떤 방향으로 나야 옳다는 생각을 강하게 갖고 있고 다른 두 명의 판사는 내심 다른 방향의 결론을 생각하고 있지만 그 정도가 강하지 않다고 가정해보자. 두 명의 판사 중 한 사람 정도는 소수파가 강하게 나오는 것을 소수파의 믿음이 옳다는 하나의 증거로 봐서, 또는 소수파와의 충돌을 피함으로써 아마도 차후에 맡을 어떤 사건에서 똑같이 자신에게 확신이 있고 다른 두 명의 판사는 그렇지 못할 경우 마찬가지의 협조를 의식적 또는 무의식적으로 기대하는 마음을 간직하고 있어서 소수파로 입장을 바꿀 수 있다(해당 사건이 선례로서 큰 의미를 갖지 못할 경우 그렇게 할 가능성이 더욱 높다). 상황이 이렇게 되면 남은 한 명의 판사도 비슷한 이유로 또는 단순히 반대의견 (제출) 회피 현상 때문에 소수파의 입장을 받아들일 가능성이 높다.

법관은 대부분 반대의견을 내놓는 것을 좋아하지 않는다(다만, 연방대법관은 그렇지 않다. 그 이유는 이 장 뒷부분에서 설명할 것이다). 반대의견을 내놓는 것이 번거롭고 또 반대가 판사 간의 협력관계를 훼손하기 때문이기도 하고,[30] 반대한다고 해서 법규 자체가 달라지는 게 아니기 때문이기도 하며, 반대의견을 표명할 경우 다수의견의 의미가 확대되는 경향이 있어 이를 피하려는 마음이 작용하기 때문이기도 하다. 동시에 법관은 자신의 결

---

30   예를 들어, 다음을 참조할 것. Collins J. Seitz, "Collegiality and the Court of Appeals: What Is Important to the Court as an Institution Is the Quality of the Working Relationship among Its Members," 75 *Judicature* 26, 27(1991). 근거에 대해서는 다음을 참조할 것. Stefanie A. Lindquist, "Bureaucratization and Balkanization: The Origins and Effects of Decision-Making Norms in the Federal Appellate Courts," 41 *University of Richmond Law and Review* 659, 695~696 and tab. 5(2007). 그녀는 연방항소법원에 판사의 수가 많을수록 반론이 많아진다는 사실을 발견했다. 이는 판사가 많을수록 다른 판사들과 재판부에 자리를 함께할 가능성이 적고 따라서 협력관계를 중시해야 한다는 마음을 갖기가 그만큼 어려워지기 때문이라고 할 수 있다.

정에 대한 반대의견을 좋아하지 않는다. 그렇기 때문에 반대의견을 내는 것은 협력관계를 해치는 것으로 간주된다. 법관은 비평을 듣는 것을 좋아하지 않으며, 반대의견이라는 강한 펀치를 막기 위해 자신의 판결 초안을 고쳐 쓰는 수고를 좀처럼 하기 싫어한다. 무엇보다 자기 의견과 반대되는 의견이 소수에서 다수로 변하는 것을 가장 싫어한다.

반대의견 회피는 협력관계를 형성하는 것이 어려운 일이기도 하고 중요한 일이기도 하다는 사실을 반영한다. 상급심 법원의 재판은 협력 업무다. 법관 간의 관계에 적의가 형성되면 업무가 제대로 진행되기 어렵다. 특히 법관이 임명(선택)되는 방식 때문에 이 부분에서는 늘 위험이 도사리고 있다. 법관은 (로펌이나 대학 교수진을 구성할 때와 달리) 동료나 후임자를 자신이 선택하지 않는다. 또한 안정적이고 동질적인 상부의 관리층이 동료나 후임자를 선택(유임 또는 교체)해주지도 않는다. 임명자가 어느 때는 공화당 소속 대통령이고 어느 때는 민주당 소속 대통령인 까닭에 동일한 연방법원의 법관들이 불가피하게 이념상 서로 부딪치기도 한다. 그뿐만 아니라 법관 선택에 일관된 기준이 없기 때문에 동일한 법원 내의 법관이라 하더라도 배경이나 능력이 서로 다르기 마련이다. 서로 다른 배경과 능력은 경험이나 통찰력에 다양성을 가져다주기도 하지만 때로 긴장을 야기하는 요인으로 작용하기도 한다. 이런 조건하에 협력관계를 유지하기 위해서는 반대(의견)와 같은 불안 요인을 최소화하기 위해 끊임없이 노력하지 않으면 안 된다.

재판부의 구성방식에 따른 효과 중 가장 크게 주목을 받아온 것은 이데올로기적인 효과다. 즉, 보수파가 다수인 경우에는 진보파가 보수적인 기조를 완화시키고, 진보파가 다수인 경우에는 보수파가 진보적인 기조를 완화시킨다. 이데올로기적인 불일치는 모두 합의한 목적을 달성하기 위해 어떤 수단을 택할 것인지에 대한 불일치와는 다르다. 왜냐하면 이데올로기적인 논객은 공통된 전제하에 논쟁하는 경우가 드물기 때문이다. 재판부의 법관들 중 두 명이 보수주의자이고 한 명이 진보주의자일 경우 후자는 전자의 이데올로기를 변화시킬 수 있는 사실이나 논거를 거의 제시하지 않는다. 반대의 경우도 마찬가지다. 그러나 이 진보주의자가 어떤 사건이 어떻게 결론나야 하는지에 대해 나머지 법관보다 더 강한 입장을 갖고 있다면, 그리하여 그가 생각하는 방향으로 결론이 난다면 그는 나머지 법관보다 더 큰 편익benefit을 얻을 것이다. 또한 자신의 뜻을 관철시키기 위해 불가피하다면 가령 반대의견을 내서 (나머지 법관보다) 더 큰 손해를 입는 것도 마다하지 않을 것이다. 따라서 그가 반대의견을 내겠다는 위협은 나머지 두 법관이 자기 의견을 받아들이지 않는다면 (그들의 반대의견 회피에서 비롯되는) 비용을 확실히 치르게 하겠다는 것을 의미한다. 나머지 두 법관은 결론이 어떻게 나느냐에 그다지 크게 연연하지 않는 만큼 자신들이 원하는 결론을 내는 데 따른 편익 대비 비용이 더 크다면 양보를 하게 된다.

반대의견 회피 현상이 존재하지 않는다면 재판부 구성의 효과는 아마 미미할 것이다. 비슷한 생각을 가진 사람들이 함께 숙고할 경우 결론이 극단화된다는 것, 다시 말해 숙고에 돌입하기 전에 그들이 평균적으로 가졌던 의견보다 더 극단적인 의견에 도달한다는 것은 사실이다. 왜냐하면 통상 그 그룹에서 가장 극단적인 의견을 가진 사람이 다른 사람을 설득하는 데 가장 적극적이기 때문이다. 비슷한 생각을 가진 법관으로 구성된 법원에서는 이런 일이 전형적으로 일어난다.

그러나 다양한 입장을 가진 법관으로 구성된 법원에서 비슷한 생각을 가진 법관으로 패널(재판부)이 구성될 때에는 이런 일이 일어날 가능성이 높지 않다(이런 패널 구성은 종종 있는 일이다). 법관은 어떤 사건을 집단적으로 심의하는 경우가 많지 않다는 사실을 기억하라(사실 대부분의 배심원단보다도 집단적 심의가 적다). 한 패널에 생각이 같은 법관이 두 명 있다고 하자. 그들은 자신들의 의견에 반대하는 법관이 자신들과 같은 패널에 있든 아니든 간에 사안이 논쟁적이라면 법원의 다른 법관들이 자신들과 다르게 결정할 수 있다는 것을 알고 있다. 물론 여타 법관 중 한 명이 재판부에 들어온다고 해도 해당 사건의 법적 쟁점에서 법원 내 법관들의 견해가 다양하다는 점에 대해 이미 두 명의 법관이 알고 있는 것 이상의 정보를 추가하지 못한다. 하지만 여타 법관들은 재판부에 직접 참여하는 법관만큼 분명하게 그리고 영향력을 가지고 참여하지는 않을지라도 재판부의 숙의 과정에 실제로 참여하는 셈이 될 공산이 크다.

배심원단 가운데 자기주장을 굽히지 않는 사람도 반대의견 회피에 따른 재판부 구성의 효과와 비슷한 효과를 유발한다. 어떤 사건의 배심원이 사건 평결을 어떻게 내려야 한다는 데 강한 입장(감정)을 갖고 있을 경우 그는 비용 등 부담을 무릅쓰고 배심원단의 토의를 기꺼이 연장시킬 것이다. 그렇게 함으로써 다수파에도 부담을 주어 다수파가 자신의 견해를 받아들이거나 자신과 타협하도록 만들 수 있고, 또는 배심원단의 의견이 갈려 합의에 이르지 못했음을 재판부에 알리게 할 수도 있다. 배심원의 평결은 만장일치여야 한다는 조건(일반 민사사건에서는 이 조건이 이제 더 이상 항상 요구되지는 않는다)으로 말미암아 배심원단 내 소수의견자는 세 명으로 구성된 재판부 내 소수의견자보다 힘이 더 강하다. 대부분의 사회 집단 내부에는, 당연히 배심원단을 포함해, 지배적인 견해에 순응하기를 요구하는 강한 압력이 존재[31]하기 때문에 이는 중요한 의미를 갖는다. 다만, 재판부 내에서는 이러한 압력이 상대적으로 약하다. 이는 반대의견을 낼 수 있는 전통이 오래되었고 또 그 전통이 존중되었기 때문이다. 그러나 만장일치제는 소수의견자의 입지를 강화시키기도 하지만, 배심원단이 쉽사리 의견 불일치를 선언하고 해산하도록 만들어 소수의견자의 입장을 약화시키기도 한다. 그리

---

31 이처럼 의견 일치를 요구하는 압력에 대해서는 예를 들어 다음을 참조할 것. Rod Bond, "Group Size and Conformity," 8 *Group Processes and Intergroup Relations* 331(2005); Lee Ross and Richard E. Nisbett, *The Person and the Situation: Perspectives on Social Psychology* 27~46(1991); Bibb Latané, "The Psychology of Social Impact," 36 *American Psychologist* 343(1981).

고 배심원단이 해산되면 새 배심원단이 구성되는데, 이 새로운 심리에서는 기왕의 소수의견자들이 지지하는 당사자가 패할 가능성이 높다. 새 배심원단의 다수는 아마도 전번 배심원단의 다수파와 마찬가지로 다른 당사자를 지지할 것이다. 그리고 새 배심원단에서는 소수의견자가 나오지 않을 가능성이 높다. 소수의견을 끝까지 고집하는 사람은 드물기 때문이다.

전략적 고려, 감정[특정한 결과에 대한 강력한 선호도는 종종 감정적 애착(충실함)을 반영하거나 만들어낸다], 집단적 양극화group polarization를 포괄하는, 내가 사법행태에 관한 사회학적 이론이라고 명명한 이 이론은 재판행위에 관한 경제학적 이론과 심리학적 이론 모두에 걸쳐 있다. 즉, 두 가지 종류의 이론이 중첩된 것인데, 다만 이 중첩을 제대로 이해하기 위해서는 "경제학적"이라는 말과 "심리학적"이라는 말을 신중하게 정의할 필요가 있다. 인간의 행동을 극단적으로 합리적인 선택의 결과물로 보는 아주 좁은 의미의 경제학 이론과, 인간의 행동을 단지 비합리적인 충동과 인지적 착각의 산물로 보는 아주 좁은 의미의 심리학 이론은 서로 중첩되지 않는다. 게다가 이런 좁은 의미의 이론은 인간 행동의 경제적 또는 심리적 측면을 제대로 전망하지도 못한다. 경제학에서는 합리주의가 기본적인 일관성과 도구적 합리성(수단을 목적에 맞추는 것)을 의미하므로 경제학은 많은 감정적 행동과 인지적 제약을 수용할 수 있다. 한편, 심리학에는 보통 사람들의 인식활동, 형식적 추론을 대신하는 인지적 지름길cognitive shortcut(직관), 그리고 집단적 양극화나 반대의견 회피 현상에 미치는 사회적 영향 등을 포함한 정신활동 전반에 관한 연구가 포함된다.

미국 사법체계의 근본적인 특징이라 할 수 있는 불확실성에 대처하는 전략에 초점을 맞추는, 각광받는 심리학적 연구가 있다. 이 연구에서는 불확실성에 대한 대응책을 마련하는 데 선입견이 중요함을 강조하고 이러한 선입견이 어디서 비롯되는가에 관심을 집중시키는데,[32] 이는 법관들에 관한 연구들에 의해 그 타당성이 뒷받침되며, 이 책에 개진된 사법행태 이론에서 핵심적인 역할을 수행한다. 아주 흥미롭고 중요한 사건을 담당하게 된 법관을 괴롭히는 근원적인 불확실성은 거의 모든 전통적인 의사결정 이론을 사법적 결정에 적용할 수 없게 만들어 절충적인 이론화 작업을 요구한다.

한편, 사법행태에 관한 경제학적 이론에서는 법관을 합리적이고 이기적인 효용 극대 추구자utility maximizer로 간주한다.[33] 경제학자들은 합리적인 행동을 하도록 길잡이 역할을 하는 목적의 복합체를 가리켜 "효용함수utility function"라고 일컫는데, 법관은 나름의 효용함수를 가지며 사법적 효용함수의 "인수arguments(elements)"에는 금전적 소득, 여가, 권력, 영예, 평판, 자존감, 일 자체가 주는 쾌락(도전, 자극)과, 사람이 자신의 직업에서 찾는 심리적 충족 등이 포함된다. 고용주는 효용함수의 인수를 조정해서 피고용자의

32   예를 들어, 다음을 참조할 것. 각주 8의 Rowland and Carp, ch. 7.

33   예를 들어, 다음을 참조할 것. Richard A. Posner, "What Do Judges and Justices Maximize?(The Same Thing Everybody Else Does)" 3 *Supreme Court Economic Review* 1(1993); Posner, *Overcoming Law*, ch. 3(1995); Richard S. Higgins and Paul H. Rubin, "Judicial Discretion," 9 *Journal of Legal Studies* 129(1980); Thomas J. Miceli and Metin M. Cosgel, "Reputation and Judicial Decision-Making," 23 *Journal of Economic Behavior and Organization* 31(1994); Cristopher R. Drahozal, "Judicial Incentives and the Appeals Process," 51 *SMU Law Review* 469(1998); Andrew F. Daughety and Jennifer E. Reinganum, "Stampede to Judgment: Persuasive Influence and Herding Behavior by Courts," 1 *American Law and Economics Review* 158, 165~167(1999); Susan B. Haire, Stefanie A. Lindquist and Donald R. Songer, "Appellate Court Supervision in the Federal Judiciary: A Hierarchical Perspective," 37 *Law and Society Review* 143(2003); Gordon Foxall, "What Judges Maximize: Toward an Economic Psychology of the Judicial Utility Function," 25 *Liverpool Law Review* 177(2005); Gilat Levy, "Careerist Judges and the Appeals Process," 36 *RAND Journal of Economics* 275(2005); Gillian K. Hadfield, "The Quality of Law: Judicial Incentives, Legal Human Capital and the Evolution of Law"(USC Center in Law, Economics and Organization Research Paper No. C07-3, Feb. 21, 2007) 및 그 글의 참고문헌들. 법경제학과는 무관한 법철학자가 쓴 일급 논문으로는 다음을 참조할 것. Frederick Schauer, "Incentives, Reputation, and the Inglorious Determinants of Judicial Behavior," 68 *University of Cincinnati Law Review* 615(2000).

행위를 바꿀 수 있으며 그 일자리를 원하는 사람에게 영향을 미칠 수도 있다. 재판행위에 관한 전략적 접근 이론의 많은 부분은, 심지어 사회학적 이론조차도, 경제학적 이론에 포섭될 수 있다.

법관의 효용함수 가운데 여가에 대한 선호는 법관이 "재판의 경제성"을 강조하는 이유, 따라서 무해한 오류harmless error나 권리 포기waiver, 권리 박탈forfeiture 같은 원칙을 좋아하는 이유를 설명하는 데 도움이 된다. 또한 일부 법관이 소송 당사자에게 심리 전에 곧잘 화해를 종용하는 이유나, 재판연구원이나 다른 직원에게 재판 업무를 지나치게 많이 위임하는 이유를 설명하는 데도 도움이 된다.

소득에 대한 선호는 다음과 같은 사실로 예증된다. 과거 영국에서 그러했듯이, 법관이 맡는 사건의 건수에 따라 법관의 소득이 결정된다면 법관은 일반적으로 원고의 권리가 확대되는 것을 선호할 것이다. 그러나 원고의 권리가 지나치게 확대되면 장차 피고가 될 가능성이 있는 사람은 자신의 활동 가운데 피소될 여지가 있는 활동에 대해 적극적으로 예방 조치를 취할 것이기 때문에 결국 소송 건수가 줄어든다. 따라서 법관은 권리의 폭이 지나치게 확대되지 않도록 주의를 기울일 것이다.[34] 은퇴 조건에 대한 법관의 태도 역시 인간의 합리적이고 이기적인 행동에 관한 일반적인 가정과 부합한다.[35] 경제학적 이론에 입각한 또 다른 조사에 따르면, "다른 모든

---

34 Daniel Klerman, "Jurisdictional Competition and the Evolution of the Common Law" [*University of Chicago Review*(근간)]. 다음도 참조할 것. 각주 33의 Drahozal, 472, nn. 16; Todd J. Zywicki, "The Rise and Fall of Efficiency in the Common Law: A Supply-Side Analysis," 97 *Northwestern University Law Review* 1551(2003).

35 David R. Stras, "The Incentives Approach to Judicial Retirement," 90 *Minnesota Law Review* 1417(2006); Albert Yoon, "Pensions, Politics, and Judicial Tenure: An Empirical Study of Federal Judges, 1869~2002," 8 *American Law and Economics Review* 143(2006); Christopher J. W. Zorn and Steven R. Van Winkle, "A Competing Risks Model of Supreme Court Vacancies, 1789~1992," 22 *Political Behavior* 145, 155(2000); 각주 10의 Barrow and Zuk. 또한 다음도 참조할 것. 각주 10의 Stolzenberg and Lindgren, 14.

조건이 동일하다면 자기 견해를 피력하기를 아주 좋아하는 법관이나 업무 부담이 상대적으로 적은 법관 또는 더 능률적으로 판결문을 잘 쓰는 법관은 자신의 개별 의견을 공표하기를 좋아하는 경향이 있다".[36]

　사법행태에 관한 경제학적 이론은 두 가지 난관을 극복해야 한다. 하나는 합리적 계산과 함께 인간 행동을 결정짓는 인식적 한계 및 감정의 힘과 같은 심리적 요인들이 무시되는 부분이다. 그러나 인식상의 한계는 정보 처리 비용으로 모형화될 수 있다. 그리고 반대의견 회피 현상을 논하면서 보았듯이, 감정(우리는 이를 상당한 위험을 만드는 전제조건이라고 보았다)은 효용 극대화의 효과적인 수단이 될 수 있다. 4장에서 우리는 정보를 처리하는 데 드는 비용이 종종 너무 커서 재판의 결론을 내릴 때 차근차근 따져나가는 논리적인 추리보다 직관 – 사고의 단축된 형태 – 을 택하는 것이 더 합리적일 수 있다는 사실을 살펴볼 것이다.

　경제학적 이론이 당면한 또 하나의 난관은, 법관의 직업적 행위를 규율하는 동기와 제약이 무엇인가를 확정하기 어렵다는 점이다. 법관을 규율하는 동기와 제약은 여느 일터의 동기와 제약과는 매우 다르다. 연방법관은 아주 큰 잘못을 범하지 않는 한 신분이 보장되고, 감봉을 당하는 일도 없으며, 원하지 않는 곳으로 이동 발령당하지도 않는다. 다만, 보너스는 지급받지 못한다. 법관 내부의 권력관계(예를 들어, 누가 주심이 되고 누가 판결을 쓰며 누가 법원장이 되느냐 같은 것)는 임관 순서로 결정되지,[37] 외부에서 결정되지 않는다. 그리고 법관의 승진 기회(연방항소법원 판사의 경우 승진은 연방대법관이 되는 기회를 의미한다)는 너무 제한되어 있어 승진에 대한 관심은 법관의 사고에 큰 역할을 하지 않는다(대법관의 경우에도 스스로가 대법원

36　Ahmed E. Taha, "Publish or Paris? Evidence of How Judges Allocate Their Time," 6 *American Law and Economics Review* 1, 25(2004).

37　미국 연방대법원장은 개별적으로 임명된다. 그러나 연방항소법원 원장은 정규직 법관(다시 말해 파트타임으로 일하는 선임 법관이 아닌 풀타임으로 일하는 법관)으로, 65세 미만의 판사 가운데 최연장자가 자동적으로 맡는다.

장 후보감이라고 생각하지만 않는다면 같을 것이다). 그뿐만 아니다. 법관은 개인적인 이해관계가 결부된 사건을 맡는 것이 금지되어 있다. 가령 한쪽 당사자 또는 그의 변호사가 법관의 친인척이거나 한쪽 당사자가 법관이 보유한 주식을 발행한 회사일 경우 그러하다.

즉, 미국 연방 사법체계의 설계자들은 법관에게 당근이나 채찍이 될 요소는 무엇이든 제거하려 했던 것처럼 보이는데, 그들은 실제로 그렇게 했다. 따라서 통상적인 의미에서 이기심은 여기서 법관과 관련해서는 아무런 관계가 없기 때문에 사법행태에 관한 경제학적 이론은 처음부터 성립하기 어려운 것처럼 보인다. 그러나 이기심이 아예 무관한 것도 아니다. 물론 법관의 결정을 가격 같은 이기심에 대한 *통상의* 변수로 설명할 수는 없지만, 다른 변수들이 존재한다. 사법행태에 대한 경제학적 분석은 프리드리히 하이에크Friedrich Hayek가 경제학에 남긴 거대한 유산, 즉 행동 분석의 대상자가 이기적으로 행동하지 않는다고 가정되는 경우에도 지식의 한계가 경제학적 문제를 야기한다는 인식으로부터 도움을 얻는다. 중앙 계획에 대한 하이에크의 비판은 중앙 계획자들의 동기를 비판했다기보다는 정보를 모으는 데 가격 체계 외에 달리 의지할 만한 수단이 없다는 사실에 토대를 두고 있다.

이기심과 지식의 한계 간의 상호 작용은 사법영역에서 행하는 재판 업무 수행 평가에 의해 잘 드러난다. 객관적인 평가 결과 혹독한 비판을 받게 되면 해당 법관은 수치심에 업무 자세(처신)를 바로잡게 된다. 왜냐하면 부끄러움은 죄의식과 마찬가지로 대가를 치러야 하기 때문이다(신랄한 비판이 수치심뿐 아니라 죄의식을 불러일으킨다는 것은 두말할 나위 없는 사실이다). 그러나 이런 평가를 하기 위한 정보를 얻기가 어렵다. 아니, 거의 불가능하다.[38] 이는 부분적으로 보면 상급심 법원 판사의 경우 자신을 돕는 재판연

---

38 일반적으로는 다음을 참조할 것. "Empirical Measures of Judicial Performance," 32 *Florida State University Review* 1001(2005). 5장과 6장에서 이 문제를 더 논의한다.

구원law clerk*의 등 뒤로 숨을 수 있다는 점에 기인한다. 상급심 법원 판사는 자기 업무의 상당량을 재판연구원에게 위임하고 때로는 판결문 작성을 맡기기 때문이다(사실심 법관은 공개된 법정에서 재판을 주재해야 하기 때문에 누구 뒤로 숨을 수 없다). 더 큰 장애물은 훌륭한 판사인지 여부를 판단하는 기준을 무엇으로 삼을 것인가를 놓고 의견이 분분하다는 점이다. 그리고 설사 기준에 대해 의견이 일치했다 하더라도 난해한 사건에 이 기준을 적용할 경우에는 여러 가지 면에서 주관적이라는 혐의를 벗기가 대단히 어렵다. 11장에서 살펴보겠지만, 현대의 판결에서 가장 유명한 판결 가운데 하나인 브라운 대 교육위원회Brown v. Board of Education 사건의 판결조차 오직 결과에 대한 암묵적 동의가 광범위하다는 사실(즉, 오랜 세월에도 변함없이 건재하다는 사실) 때문에 자신 있게 "옳은" 판단이라 할 수 있는 것이다. 과학적 이론은 그 이론을 채택한 결과가 그 이론이 예견한 바와 일치하는지 여부에 따라 지지받거나 거부당한다. 그러나 법학 이론이나 판결은 후속적 결과에 대해 판단을 내릴 수 없는 경우가 많다. 심지어 어떤 이론이나 판결을 그 결과의 좋고 나쁨에 따라 판정해야 한다는 데 대해서조차 의견이 일치하지 않기도 한다. 결과 지향적인 법은 부당한 법이라고 믿는 법사상가도 있다.

재판행위를 평가하는 기준에 관해 의견이 분분한 만큼 재판 업무 수행에 대한 평가는 평가자의 정치적 성향에 따라 결정될 가능성이 많다. 이런 상황하에서는 법관이 자신의 업무 수행에 대한 학계의 평가를 정치(및 재판 업무 환경에 대한 시기 또는 무지)의 산물이라고 보고 쉽게 무시하게 된다. 언론의 비평에 대해서도 마찬가지다. 이런 무시는 본질적으로 이기적이고 때때로 부당하지만, 결과적으로 재판 업무 수행에 대한 평가의 영향력을 무

---

* 미국의 law clerk은 우리의 대법원에 소속된 재판연구관과 유사한 면이 있지만, 경력직 법관이 아닌 로스쿨 졸업 후 바로 임명된 새내기 법조인이라는 점에서 우리의 재판연구원과 더욱 유사하다고 볼 수 있다. 그에 따라 law clerk을 재판연구원으로 번역한다. _옮긴이

디게 하는 효과를 낳는다. 덧붙인다면, 법관은 사실 자신의 업무 수행에 대한 언론의 비판과 특히 학계의 비판을 대개 알지도 못한다.

사법행태에 관한 경제학적 이론은 전략적 접근 이론, 사회학적 이론 및 심리학적 이론과 중첩될 뿐만 아니라 조직 이론, 실용주의 이론과도 중첩된다. 조직이론은 대리인Agent과 주인(본인)Principal — 예를 들어, 법관과 그를 고용한 정부 — 은 추구하는 이익이 서로 다르며 주인은 이러한 차이를 최소화하는 조직 구조를 창출하기 위해 애쓰고 대리인은 이에 저항한다는 통찰에 바탕을 둔다.[39] 이러한 관점에서 보면 높이 평가받는 "독립된" 사법부라는 제도가 역설적으로 보인다. 도대체 어떤 의미에서 대리인이 주인으로부터 독립한다는 것이 가능할 수 있겠는가? 그러나 위탁판매원에서부터 의사에 이르기까지 법조계와 무관한 직종에서의 대리인들은 자신들의 주인으로부터(의사의 경우 환자로부터) 상당한 독립성을 갖고 활동할 수 있는 권한을 부여받는다. 그리고 이는 주인 – 대리인 관계에 대한 경제학의 기초적 이론에도 부합한다.

재판 과정이 법관이라는 대리인에 동기부여를 하도록 어떻게 구조화되어 있는지를 보여주는 사례가 선례구속의 원칙doctrine of precedent이다. 선례는 때때로 현재 사건에 적용되지 않거나 변경되기도 하지만, 그 자체로 일정한 권위를 갖는다. 따라서 선례를 우회하거나 제거하려면 그 대가를 치러야 한다. 상급심 법원에서 내린 판결로서 공간公刊되는 것은 선례가 되기 때문에 상기 원칙은 재판의 오류에 비용을 초래한다. 따라서 판사가 결

---

39   다음을 참조할 것. 각주 33의 Haire, Lindquist and Songer; Donald R. Songer, Jeffrey A. Segal and Charles M. Cameron, "The Hierarchy of Justice: Testing a Principal-Agent Model of Supreme Court-Circuit Court Interactions," 38 *American Journal of Politics Science* 673(1994); 이 책 5장의 사법행태에 관한 조직이론. 그리고 Jonathan Matthew Cohen, *Inside Appellate Courts: The Impact of Court Organization on Judicial Decision Making in the United States Courts of Appeals*(2002)는 법원 상호 간 또는 법원 내부의 의사소통과 조정 및 통제의 문제를 현 법원 시스템이 어떻게 해결하는지를 분석한다.

정을 내리는 데, 그리고 향후 선례를 형성하는 판결이유를 설시하는 데 더욱 신중하게 된다. 상급심 법원 판사가 선례를 일관성 있게 존중하면 하급심 판사는 상급심 법원 판사의 충실한 대리인이 된다. 왜냐하면 하급심 판사는 더욱 분명한 지침을 받게 되기 때문이다.[40]

사법행태에 대한 실용주의적 이론에서 "실용주의"라는 용어는 신중하게 정의할 필요가 있다. 그러나 지금은 이 말이 삼단논법처럼 어떤 전제에서의 연역을 토대로 판단(법적 판단 또는 기타의 판단)을 내리는 것을 가리키는 것이 아니라 모든 판단의 토대를 결과에 두어야 한다는 사실을 가리킨다고 보아도 큰 문제는 없을 것 같다. 실용주의는 공리주의와 혈연적으로 가까우며, 미국과 같은 상업 사회에서는 후생경제학과도 가깝다고 할 수 있다. 다만, 공리주의와 후생경제학이 결과를 평가하는 특유의 방식에까지 실용주의가 구속되는 것은 아니다. 법에서 실용주의란 판결의 토대를 특정 제정법령이나 사건의 문면文面, 또는 더 일반적으로 말해 기존의 규칙에 두지 않고, 판결이 가져올 효과에 사법적 결정의 토대를 두는 것을 의미한다. 따라서 실용주의는 법규주의의 반대쪽에 존재한다. 또는 반대쪽에 존재하는 것처럼 보인다. 그러나 현실은 다소 다른데, 여기에 대해서는 다음 장들에서 살펴볼 것이다.

사법행태에 관한 현상학적 이론[41]은 실용주의 이론에서 법규주의 이론

---

40   Ethan Bueno de Mesquita and Matthew Stephenson, "Informative Precedent and Intrajudicial Communication," 96 *American Political Science Review* 755(2002).

41   다음을 참조할 것. Edward Rubin and Malcolm Feeley, "Creating Legal Doctrine," 69 *Southern California Law Review* 1989(1996); Duncan Kennedy, "Strategizing Strategic Behavior in Legal Interpretation," 1996 *Utah Law Review* 785(1996); Kennedy, "Freedom and Constraint in Adjudication: A Critical Phenomenology," 36 *Journal of Legal Education* 518(1986). 다음과 비교하라. Edward L. Rubin, "Putting Rational Actors in Their Place: Economics and Phenomenology," 51 *Vanderbilt Law Review* 1705(1998). Kennedy의 논문 "Freedom and Constraint in Adjudication"은 이 책 8장에서 다룬다.

으로 가는 다리에 해당하는데, 법규주의는 이 장의 마지막에서 다룰 것이다. 심리학은 주로 인간 마음의 무의식적인 과정을 연구하는 데 비해 현상학은 당사자의 의식, 즉 경험이 의식에 투영되는 과정을 연구한다. 그러므로 우리는 현상학 이론을 통해 사법적 결정을 내리는 것이 어떤 *느낌*인가를 물을 수 있다.[42] 이 문제는 일부 법관(결코 모든 법관은 아니다)의 흥미를 끌고 있다. 그들 중 자의식이 강한 법관은 자신의 생각을 글로 표현하기도 했는데, 가장 유명한 사람이 『재판 과정의 본질The Nature of the Judicial Process』 (1921)을 쓴 벤저민 카도조Benjamin Cardozo 대법관이다. 9장에서는 이 문헌을 다룰 것이다. 이처럼 자신의 생각을 기술한 사람들은 대부분, 그들의 글에 [실용주의라는 ― 옮긴이] 용어가 등장하지는 않지만, 실용주의적인 법관인 것으로 판명되었다. 그렇다고 대부분의 법관이 실용주의자라고 말하는 것은 아니다. "공식적인" 노선을 따르는, 즉 법규주의를 내면화한 법관은 자신이 하는 일을 당연시한다. 따라서 자신의 일을 설명하고 방어할 필요성을 느끼지 않는다. 어느 법관이 어떻게 행동할 것인가를 그의 논변으로부터 추론하는 것은 물론 위험한 일이다. 그러나 스스로 실용주의자라고 선언한 사람은 스스로 법규주의자라고 선언한 사람보다 좀 더 믿을 수 있다. 그들은 조류를 거슬러 올라가며, 존중받기 힘든 입장을 주장하고 논쟁을 불러일으킨다. 그들은 적어도 자신이 믿는 바를 주장하는 용기를 보여준다.

마지막으로, 재판에 대한 법규주의 이론을 살펴보자. 법규주의는 법현실주의자, 실용주의자, "비판주의자Crits"(즉, 비판법학 운동the Critical Legal Studies movement의 구성원), 정치학자, 법경제학자, 기타 회의론자가 지금까지 난타해왔지만 아직도 사법행태에 관한 사법부의 "공식" 이론이라는 지위를 차지하고 있으며, 연방대법관들의 강력한 지지를 받고 있다. 왜냐하면 연방

---

42 Wayne M. Martin, *Theories of Judgment: Psychology, Logic, Phenomenology*, ch. 5(2006)는 판단(반드시 법적 판단만 말하는 것이 아니다. 저자가 주로 든 예는 그리스 신화에 나오는 파리스의 판단이다)의 현상학에 관한 명쾌한 소개서다.

대법원은 사실상 정치적 법원이며, 특히 헌법적 사안에서 그러하며, 따라서 보호색이 필요하기 때문이다.

사법행태에 관한 실증적 이론이라 할 수 있는(더 일반적으로는 규범적 이론이라 할 수 있다) 법규주의의 전제는, 판결은 사전에 존재하는 규칙의 총체인 "법"에 따라 결정된다는 것이다. 이때의 법이란 가령 헌법과 제정법의 명문 및 동급이나 상급 법원의 기존 판결 또는 이상의 자료에서 논리적 작용 및 추론에 따라 끌어낼 수 있는 것으로서, 요컨대 표준적인 법적 자료의 형태로 기술된 것을 말한다.[43] 의사의 치료결정은 의사가 인간의 신체구조를 이해함으로써 (대부분) 결정된다. 법규주의자는 판결이 "법"을 구성하는 규칙의 총체에 따라 결정되기를 바라는 한편, 법관마다 다른 개인적인 요소, 가령 이데올로기나 개성 또는 개인적 배경에 따라 결정되지는 않기를 바란다. 법규주의자의 이상은 삼단논법에 따라 판결을 내리는 것이다. 즉, 법적 규칙(법규a rule of law)이 대전제를 형성하고, 해당 사건의 사실이 소전제를 형성하며, 판결이 결론을 형성하는 것이다. 법규는 제정법이나 헌법 규정에서 도출되어야 한다. 그러나 법규주의 모델은 일련의 해석 규칙canon of construction으로 완성된다. 따라서 해석도 법관의 재량에 제한을 가하는, 규칙에 얽매인 활동으로 간주된다.

법규주의의 슬로건은 "법의 지배"다.[44] 3장에서 살펴보겠지만, 이것은 애매한 용어다. "인간의 통치가 아닌 법의 통치"가 (앞으로 살펴보듯이 이 역시 다소 애매한 표현이기는 하지만) 용어로서는 더 낫다. 객관성(이 말은 중립성이나 불편부당성과는 다르다)은 독립적인 관찰자의 존재를 내포하는 말이다. 당신이 만약 누군가에게 2 더하기 2가 얼마냐고 묻는다면 그가 민주당

---

43 Frederick Schauer, "Formalism," 97 *Yale Law Journal* 509(1988).

44 다음을 참조할 것. Brian Z. Tamanaha, *Law as a Means to an End: Threat to the Rule of Law* 227~231(2006); Tamanaha, "How an Instrumental View of Law Corrodes the Rule of Law," 56 *DePaul Law Review* 469(2007).

원이든 공화당원이든, 신지론자神智論者든 자유지상주의자든, 또는 반유대주의자든 식인종이든 간에 모두 동일한 대답을 들을 것이다. 법적 문제도 정확한 연구 방법을 적용해서 답을 얻을 수 있다면 법을 관장하는 "사람"이 누구인지는 중요하지 않다. 진정으로 "법"의 지배가 존재하게 되는 것이다.[45]

법규주의는 법을 자율적인 규율이라는 "한정된 영역limited domain"[46]으로 간주한다. 주어진 법규를 단지 적용하는 일이 필요한 만큼, 그리고 법규를 적용하는 것이 (사실 조사 외에) 주어진 법적 자료를 읽고 논리활동을 수행하는 일인 만큼, 법규주의 법관은 사회과학이나 철학은 물론 정책적 판단에 길잡이가 될 만한 어떤 것에도 관심을 기울이지 않는다. 왜냐하면 법관은 실제로 이러한 판단에 관여하지 않거나, 적어도 관여하지 않는다고 생각하기 때문이다. 법관이 법 이외의 자료(가령 인터넷상의 자료) ― 실용주의자라면 이 자료가 판결문을 쓰는 데 도움이 된다고 여길 것이다 ― 가 훨씬 유용하다고 여겨 판결문에 이러한 자료를 빈번하게 언급한다면 이는 미국 법관의 행태를 표상하는 원리로서의 법규주의에 반하는 일이다.[47] 법관이 "좋은 판결"을 내리는 사람, 현명한 사람, 경험이 많고 성숙한 사람이기를 기대하는 것도 법규주의에 어울리지 않는다. 이는 논리주의자에게 필요한 자질이 아니다.

---

45   사법적 객관성에 관한 모델은 Friedrich Hayek의 *The Constitution of Liberty* 153~154 (1960)에 소개되어 있다. 또한 다음을 참조할 것. *Federalist No. 78*(1788)(Hamilton), in *The Federalist Papers* 226, 233(Roy P. Fairfield ed. 2d ed. 1966). 이 책에는 "… 법관은 엄격한 규칙과 선례에 구속되지 않으면 안 된다. 이러한 규칙과 선례는 법관 앞에 놓인 모든 사건에 대해 법관이 해야 할 일을 규정하고 지적하는 역할을 한다"(강조는 필자)는 구절이 나온다.

46   Frederick Schauer, "The Limited Domain of the Law," 90 *Virginia Law Review* 1909, 1914~1918, 1945(2004).

47   Frederick Schauer and Virginia J. Wise, "Legal Positivism as Legal Information," 82 *Cornell Law Review* 1080, 1080~1082, 1093~1109(1997).

법규주의 이론은 실용주의 이론과 상당히 먼 거리가 있다. 그런데 법규주의 이론과 훨씬 더 간격이 큰 이론은 가치개입 이론이다. 법관은 자신의 판결에 대해 "법"이 명한 대로 했다며 정당화하기를 좋아하는데, 가치개입 이론가들이 이런 법관에 대해 거짓말한다거나 미망에 빠져 있다고 주장하면 안 되는 것인가? 판결이 "법"의 영향을 결코 받지 않는다고 믿지 않는 한 그들은 그렇게 주장해서는 안 된다. 가령 낙태, 동성결혼, 적극적 평등실현 조치(차별철폐 조치), 노동법, 국가 안보, 선거법, 교회와 국가, 투표권과 같은 정치적으로 민감한 쟁점을 다룰 때조차 법규주의는 일부 법관에게 종종 영향을 미친다. 그러나 법규주의 법관이라도 판결이 법관의 정치적 견해로부터 종종 영향을 받는다는 점을 부인하지는 않는다. 비록 그러한 사실을 개탄하더라도 말이다. 그러므로 실증적 분석의 차원에서는 법규주의와 가치개입 이론 사이에 상당히 넓은 중간지대 middle ground 가 존재한다. 이는 법관이 선례를 중시하는 이유에 관한 경험적 연구 결과를 요약한 다음의 글을 보더라도 분명하다.

> 선례는 법관의 자유를 상당히 제한하는 효과를 행사하는 것처럼 보인다. 이데올로기와 판결 내용 사이의 상관관계는 현실주의의 가설을 일정 정도 지지해준다고 말할 수 있다. 그러나 선례가 없는 사건cases of first impression들에 대한 연구를 보면 현실주의의 극단적인 주장은 대부분 지지받을 수 없다는 것을 알 수 있다. 판결을 내릴 때 선례에 구애받는 것은 사실이다. 그러나 이데올로기나 다른 요인의 영향을 받는 것도 사실이다. 어떤 영역에서 선례가 쌓인다고 해서 법관의 재량이 그만큼 제한당하는 것 같지는 않다. 오히려 법이 발달할수록 법관의 재량은 증대된다고 할 수 있다.[48]

48   Stefanie A. Lindquist and Frank B. Cross, "Empirically Testing Dworkin's Chain Novel Theory: Studying the Path of Precedent," 80 *New York University Law Review* 1156,

중간지대라는 말이, 재판이 부분적으로는 "법"이고 부분적으로는 "이데올로기"임을 의미하는 것은 아니다. 연방 상급심 법원 판사의 정치적 표결을 연구한 학자 중에는 그들의 정치적 성향이 투표에 영향을 미치지 않는 것으로 보이는 영역이 있다는 사실을 발견하고 "아마 (이러한 영역에서는) 법이 효과적으로 지배하는 것 같다"라는 결론을 내리기도 하는데,[49] 이러한 결론은 "법"을 지나치게 좁게 정의한 데 따른 것이다. 법은 이데올로기로 가득 차 있다. 진정한 중간지대는 오래 전 로스코 파운드Roscoe Pound가 설명했듯이, 법의 세 가지 구성요소, 즉 법리legal doctrines(규칙rule과 규준 standard*), 이 원칙으로부터 도출해서 적용하는 기술teqchniques(가령 선례구속성 같은 것으로, 이는 종종 선례를 적용하지 않거나 또는 선례를 파기하는 것까지 의미한다), 그리고 마지막으로 사회적이고 윤리적인 (한마디로 정책에 관한) 견해를 의미한다.[50]

여기에 특정 상황에서 벌어지는 순수한 재량의 행사가 추가되어야 할 것이다. 어느 법관이 공판 시작 시각을 9시 30분이 아니라 9시로 결정했다면 그것은 어떤 의미에서든 법에 구속된 행위가 아니다. 이는 재량 행위이

1205~1206(2005). 법규주의와 가치개입 이론 모형 사이의 중간지대를 잘 들여다보고 쓴 흥미로운 책으로는 각주 7의 Klein, ch. 2 참조.

49   각주 7의 Sunstein et al., 62.

*   포스너의 경우, 드워킨을 위시한 미국의 많은 법이론가들이 활용하는 'rule'과 'principle'이라는 개념 외에 'standard'라는 개념을 활용한다. 법규주의와 도덕주의가 아닌 실용주의적 판단의 준거틀을 의미하는 'standard'는 '규범적 기준'이라는 의미에서 '규준'이라고 번역한다. 한편 'rule'과 'principle'은 흔히 '규칙'과 '원리'로 번역되는데, 여기에서도 그러한 통례를 따른다. 다만, 포스너의 경우 'rule'을 'a rule of law', 즉 '법규'라는 의미로 사용하는 경우가 많은데, 비록 번역상 의미의 차이는 거의 없지만, 포스너가 원리·규준과 대비되는 개념으로 'rule'이라는 용어를 사용할 때는 '규칙'으로, 그 외의 경우에는 '법규'로 번역했다. 마찬가지로 'principle'도 규칙·규준과 대비될 때는 '원리'로 번역하지만, 그 외의 경우에는 상황에 맞게 '원리' 또는 '원칙'으로 번역한다. _옮긴이

50   Roscoe Pound, "The Theory of Judicial Decision," 36 *Harvard Law Review* 940, 945~946(1923). 또한 다음을 참조할 것. Leon R. Yankwin, "The Art of Being a Judge," 105 *University of Pennsylvania Law Review* 374, 378(1957).

지만 그렇다고 "법을 위배한" 것은 아니다. 따라서 사법행태와 관련해 나는 "법"을 명사적으로 이해하기보다 형용사적으로 이해하는 것을 선호한다. 이해를 돕기 위해 "행운"이라는 단어를 생각해보자. "행운"이라는 단어는 명사이지만 고유의 속성을 뜻하지는 않는다. "운이 좋다to be lucky"라는 말은 우연히 일어난 사건의 흐름 또는 더 흔하게는 일련의 사건의 흐름("진행")을 자신에게 유리한 쪽으로 바꿔줄 어떤 것 — 즉, "행운" — 을 가졌음을 의미하기보다는 이러한 사건 또는 사건의 흐름에서 수혜자가 되었음을 의미한다. 그러나 "그는 자신의 운명을 개척했다He made his own luck"라고 말할 때의 운은 사실상 정반대의 의미, 즉 임의성을 축소했음을 의미한다. 이와 유사하게, 우리가 법관의 판결이 "법"에 부합한다고 말할 때는 판결을 "법"이라 불리는 것의 옆에 놓고 양자가 동일한지 여부를 살펴볼 수 있다는 의미가 아니다. 법에 부합한다는 말은 법관이 의식적으로 고려해도, 또는 무의식적으로 보아도 합법적인 사항이 판결을 결정하는 데 주된 요소가 되었다는 의미다. 법관이 소송 당사자(원고 또는 피고)의 어떤 주장을 거부할 수 있는 정당한 방법이 없는데도 결국 이 주장을 거부하는 것이 아닌 한, 무법적으로 행동하는 것은 아니다.

그러나 법관이 반드시는 아니더라도 일반적으로는 선례를 따른다는 사실 때문에 법규주의가 — 사람들이 생각하는 것만큼 — 강력하게 뒷받침되는 것은 아니다. 일련의 선례 가운데 최초의 선례는 근거가 되는 선례를 가질 수 없다. 즉, 뭔가 다른 것이 그 토대에 있어야만 한다. 정책적 판단을 토대로 했을 수도 있고, (흔히 같은 말이지만) 모호한 제정법 또는 모호한 헌법 규정에 관한 해석을 토대로 했을 수도 있다. 그런데 정책적 판단이나 정책과 관련 있는 해석은 이데올로기에 따라 결정될 가능성이 높다.[51] 선례가 "존재하기" 때문에 판결을 내리기 "쉽다"고 여기는 것[52]은, 그 선례(또는 최

---

51   그 증거로 다음을 참조할 것. 각주 48의 Lindquist and Cross, 1184(tab. 1).

52   각주 2의 Cross, 286~287.

초의 선례)가 난해하고도 막연한 사건에 대한 비법규주의적 결정이었을 가능성을 무시하는 것이자 선례를 파기하고 판례집에서 선례를 지워버릴 수도 있는 법관들이 선례를 따르기로 한 것 자체가 그 비용과 편익을 따져보는 명시적 또는 묵시적인 정책적 판단일 것이라는 가능성을 무시하는 것이다. 이것이 일부 법규주의자가 선례구속의 원칙에 의문을 품는 이유이기도 하다.

어떤 법관이 해당 법원의 선례가 아닌 자신의 결정에 대한 상소심이 이뤄질 상급 법원의 선례를 따르는 경우, 그는 정치적 판결을 하는 것이 아니라, 달리 말하면 사실상 우월적인 힘에 굴복하는 것이다. 어떤 선례에 구속성이 없다(가령 상급심의 선례가 아닌 경우) 하더라도 그 선례가 법체계에 이미 편입되어 그 파기를 생각할 수 없는 경우도 있다(그러한 예로 홈스 대법관은 계약법상 약인約因의 법리doctrine of consideration를 예로 든 바 있다). 사건 당사자는 대부분 항소를 하지 않는다. 왜냐하면 선례 또는 명백한 제정법령 규정에 의해 사건이 "통제"되므로 상소심의 결과를 능히 예견할 수 있기 때문이다. 똑같은 이유로 많은 사건 당사자가 소송 제기조차 하지 않는다. 따라서 법규주의는 상당한 지배력을 행사한다. 어떤 법적 분쟁이 해결되는 법원의 심급이 낮을수록 법규주의의 지배력은 더 크다. 그러나 법원의 심급이 높을수록, 따라서 법규주의가 유인하는 힘이 약할수록 판결이 법적 권리와 의무에 미치는 영향력이 커진다. 심급이 높아질수록, 특히 심급의 절정인 연방대법원에서는 많은 종류의 법이 만들어지는데, 이는 대체로 법규주의적 경향에 따라 하급심에서 (비록 충분히 엄수되지는 않더라도) 집행된다.

선례를 "따른다"는 것이 사실상 경합하는 여러 선례 가운데 정책에 기반을 둔 선택을 하는 것을 의미하거나, 선례의 범주에 대한 정책적 해석을 의미하는 경우가 종종 있다. 법관은 선행 판결을 파기하는 것을 내켜 하지 않기 때문에 — 즉, 법관은 법의 연속성과 안정성을 도모한다는 이유로 명시적으로 판례를 파기하기보다는 "구별 짓기distinguishing를 통해 사문화"시키는 쪽을 선호하기 때문에 — 판례법의 영역에는 서로 합치되지 않는 선례가 이리저리 뒤섞여 있으므로 법관은 그중에서 선택해서 사용할 수 있다. 또한 사실상 사문화되었지만 적절한 장례식을 치르지 않은, 즉 명시적으로 폐기되지 않은 선례 가운데에서 필요한 선례를 살려내 쓸 수도 있다(이는 어떤 영역에서 선례가 많으면 많을수록 사법적 결정에서 이데올로기의 역할이 커진다는 사실을 설명해준다[53]). 문제는 특히 연방대법원에서 심각하다. 연방대법원의 역사가 오래되었고 또 이데올로기적인 변화가 급격히 이뤄졌기 때문에 연방대법원에는 공식적으로 파기되지 않은, 따라서 기회주의적으로 재활시킬 수 있는 선례가 아주 많다. 왜냐하면 법규주의적 방법론은 특정 법원이 그 상급 법원의 선례를 다룰 때 사실상 *강제*되며, 그러한 강제가 없을 때에는 흔히 무시되기 때문이다. 그러나 항상 그런 것은 아니다. 오늘날에는 연방대법원에서 판례를 파기할 위험성이 아주 낮아져 항소법원(주 대법원도 마찬가지다)이 연방대법원의 선례를 무시하는 경우가 예전에 비해 훨씬 많아졌다. 하급심 법관이 연방대법원 선례를 따르는 것은 그의 결정이 파기될 위험 때문이라기보다는 상급 법원이 만든 선례를 고수하는 것이 법관에게 내면화된 사법적 "활동game"의 규칙 가운데 하나이기 때문이다.[54]

프랭크 크로스Frank Cross는 연방지방법원의 판결이 높은 비율로 항소법원에서 인용되고 상급심 법원의 검토 기준이 온건할수록 인용의 비율이 높아진다는 사실은 상급심 법원 판사가 "법"의 요구를 준수하고 있음을 보여준다고 주장한다.[55] 하지만 그 사실이 실제 보여주는 것은 대부분의 사건은

---

53 각주 48의 Lindquist and Cross, 1187~1200.

54 Frank Cross, "Appellate Court Adherence to Precedent," 2 *Journal of Empirical Legal Studies* 369(2005). 같은 취지로 다음을 참조할 것. David E. Klein and Robert J. Hume, "Fear of Reversal as an Explanation of Lower Court Compliance," 37 *Law and Society Review* 579(2003); James L. Gibson, "Judges' Role Orientations, Attitudes, and Decisions: An Interactive Model," 72 *American Political Science Review* 911(1978).

55 Frank B. Cross, *Decision Making in the U.S. Courts of Appeals* 48~53(2007).

상투적이며(따라서 변호사가 판결을 예견하는 데 능한 사람이라면 소송이 제기되지도 않았을 것이다), 법관이 이리저리 열려 있는 불편한 자리에 앉는 경우는 많지 않다는 점이다. 상투적인 사건은 법규주의적 방법에 따라 아무런 불평 없이 신속하게 해결되며, 법규주의적 방법의 장점이 빛을 발하는 것은 이러한 상투적인 사건에서다. 이러한 방법의 한계를 벗어나지 않고도 만족할 만한 결론에 도달할 수 있으며, 재량을 행사하지 않고도 판결한 사실에 법관이 자부심을 갖게 만들기도 한다. 마치 어떤 결정이 옳은 결정이라고 말하기보다 명백히 틀린 결정은 아니라고 말하는 것이 더 쉽듯이, 하급심의 판결이 존중받을 만하다고 결정한 다음 그 판결을 인용하면서 설득하는 의견을 쓰는 것이 더 쉽다.

크로스는 이데올로기뿐 아니라 (인종이나 성별 같은 개인의 배경적 특성을 포함해) 개인적인 특성도 판결을 내리는 데 영향을 미친다는 사실을 발견함과 동시에, 개인적인 특성, 특히 가령 법관이 이전에 검사로 재직했다는 등의 개인적인 경험 같은 특성은 그를 임명한 대통령의 정치적 정체성에 의해 대변되는 이데올로기보다 훨씬 적은 영향을 미친다는 사실을 발견했다.[56] 이는 법관 임명 시 이데올로기에 초점을 맞추는 대통령 때문이라고 크로스는 해석한다.[57] 가령 여성 법률가 대부분 진보주의자인 경우에도, 보수적인 대통령은 여전히 여성 중에서 법관을 선택할 것이다. 그러나 대통령은 여성 중에서도 보수적인 소수 가운데 법관을 선택할 것이고 결과적으로 법원의 판결에서 성별이 미치는 효과는 크게 희석된다. 이런 '희석 전략'은 통상 여성 법관이 남성 법관보다 더 진보적인 상황에 부합하는 전략으로, 임명권자에게 중요하지 않을 수 있는 법의 영역에서 그러한 상황이 벌어질 때 특히 부합하는데,[58] 이는 그러한 상황에서 진보적 대통령이 자

---

56   같은 책, ch. 3.
57   같은 책, 92~93.
58   공화당과 민주당 양당이 모두 강력하게 규탄하는 성차별 문제가 그러한데, 법관의 성별이

신과 이데올로기를 같이하는 여성 후보자를 보수적인 대통령보다 더 쉽게 찾을 수 있기 때문에 필요한 전략이다.

이데올로기가 개인적 특성과 상호관련성이 있다는 사실은, 4장에서 검토하듯이, 개인적 특성이 — 심리적 특성과 함께 — 법관의 이데올로기 형성에 영향을 미칠 수 있고, 그리하여 어느 단계에서는 법관이 열린 영역에서 결정을 내리는 데에도 영향을 미칠 수 있음을 암시한다.

가치개입 이론가들과 법규주의자들은 정치적 판단의 존재 자체보다는 정치적 판단의 정도에 대해 의견이 불일치한다. 이 불일치의 한 가지 원인은, 대부분 법률가이기보다는 정치학자라 할 수 있는 가치개입 이론가들은 실증적인 이론가인 데 비해 대부분 법률가이면서 규범주의적 태도가 몸에 밴 법규주의자들은 법관이 법규주의에 맞게 행동해야 한다고 굳게 믿는 사람들이기 때문이다. 법규주의자의 이러한 믿음은 일부 훈련을 통해 형성된 것이기도 하고 법관이라는 직업에 대한 사회적 관념이나 이해를 받아들여 형성된 것이기도 하다. 만약 비뚤어진 소수의 법관뿐 아니라 대부분의 법관이 정치의 영향을 받거나 "법"에 관한 법규주의적 개념에 포함되지 않는 다른 요인의 영향을 받는 것으로 드러난다면 법규주의자의 규범적 자화상은 손상을 입을 것이다. 이와 대조적으로, 정치학자는 정치학의 주제가 정치이기 때문에 판결이 정치에 물들기를 기대한다. 이들은 인간 행동의 원인을 규명하는 데 정치학이 발휘하는 힘을 과시하면서 판결이 정치에 물들기를 바라는 경향조차 있다.

그러나 만약 가치개입 이론가와 법규주의자 모두 법에 대해 잘못된 개념을 갖고 있다면 어쩔 것인가? 만약 법관이 다루는 법이 법관의 정치적 성향에 따라 달리 해석된다는 의미에서 크게 그리고 본래적으로 정치적이라면 어쩔 것이며, 반대로 전통적인 "법적" 자료와 판결에 도달하는 기술이 법

판결에 상당한 영향을 미침을 알 수 있다. 각주 7의 Boyd, Epstein and Martin 참조.

에 큰 영향을 끼친다는 의미에서 법이 깊숙이 그리고 본래적으로 법규주의적이라면 또 어쩔 것인가? 그렇다면 엄격한 법규주의는 실증적 이론에서나 규범적 이론에서 모두 완전히 틀린 이론이 될 것이고, 정치학자의 실증적 이론 역시 정치가 법관의 판결에 동기를 부여하는 정도를 과장한다는 측면에서 완전히 틀린 이론이 될 것이다. 나는 법규주의자는 법이 무엇인지(또는 법을 다루는 것이 무엇인지)를 너무 좁게 생각하는 경향이 있는 반면, 가치개입 이론가는 적어도 대법원이 아닌 하급 법원과 관련해서는 당파적인 정치뿐 아니라 이데올로기적인 정치 모두에서 정치가 법관의 행위에 미치는 영향력을 과대평가한다고 생각한다. 이는 가치개입 이론가의 경험적 연구 성과를 비판하려는 것이 아니다. 단지 그들이 발견해낸 성과의 성격을 정확하게 규정하려는 것일 뿐이다.

법규주의자는 자신의 방법론이 매번 사건을 매듭짓지는 못한다는 사실을 인정한다.[59] 아니, 이 표현으로는 부족하다. 법규주의적 방법론은 상급심 법원으로 올라오는 수많은 사건, 특히 법의 발전에 가장 큰 영향을 줄 사건에 해답을 주지 못하고 있다.[60] 모호한 법률과 그보다 모호한 헌법 규정이 많고, 법률에 흠이 있거나 불일치하는 경우도 많으며, 공공연히 재량권을 행사해야 할 영역도 많고, 시대에 맞지 않거나 상호 충돌하는 선례도 많다. 이뿐 아니라 사실 관계를 확정짓기 대단히 어려운 경우도 많다.

그 결과 발생하는 불확실성은 법규주의의 최상위 규칙(메타규칙meta-rule), 가령 어떤 법률의 위헌성이 합리적인 의심의 수준을 넘을 만큼 명백하지 않는 한 무효로 처리해서는 안 된다거나 법률상의 예외는 좁게 해석해야 한다는 것, 또는 법관이 법률이나 헌법 규정을 해석할 때에는 입법 목적을 찾기 위해 표면상의 의미를 넘어 깊이 파고들어서는 안 된다거나 선

---

59   특히 각주 44의 Tamanaha의 책과 글 참조.
60   이것이 법현실주의적 통찰의 본질이다. Brian Leiter, *Naturalizing Jurisprudence: Essays on American Legal Realism and Naturalism in Legal Philosophy* 20 and n. 25(2007).

레는 오직 입법에 따라서만 파기해야 한다는 것과 같은 최상위 규칙을 따름으로써 일부 해소될 수 있다. 그러나 일부 법규주의자의 지지를 받는 이러한 규칙은 승인된 전제에서 논리적 또는 준논리적인 방법을 통해 도출될 수는 없다. 이러한 규칙 자체가 법규주의적 추론의 결과이거나 표본이라 할 수 없는 것이다. 예를 들어, 미국의 헌법 어디에도 헌법을 엄격하게 해석하지 않으면 안 된다는 원칙은 없다. 이러한 원칙은 가정되어야 할 뿐, 연역될 수 없는 것이다. 최상위 규칙도 정책적 선택을 내포하고 있는데, 이 정책적 선택이라는 것이 대단히 불만족스러운 까닭에 법관 가운데 일관성을 보이는 법규주의자를 좀처럼 찾아보기 어려운 것이 현실이다(머리말에서 내가 인용한 스칼리아 대법관의 말을 상기하라[61]). 그런데 이것은 학문의 세계와 뚜렷이 차이가 나는 부분이다. 학문의 세계에서는 현실이 상상력을 제한하지 않는다. 그뿐만 아니다. (사법부에서는) 일단 최상위 규칙의 포괄적 체계가 만들어지면 어떤 법관이든 (말하자면) 새로운 판결을 쓸 수 없으며 이 규칙에 엄격하게 일치하는 판결만 써야 한다. 그러나 빠른 속도로 변화하는 사회적·경제적·정치적 환경은 이러한 규칙과 규칙의 적용 대상인 환경 간의 부조화를 만들어낸다. 그리고 그 결과 현실에 부응하는 정책 친화적인 규칙으로 변화하기 위한 새로운 논의를 피할 수 없게 된다.

법규주의자는 법규의 목적론적 해석이 필요하다는 것을 받아들임으로써(7장 참조) 실용주의자와 일정 정도 타협할 수 있다. 이러한 해석은 정책 지향적이지만, 이 정책이 반드시 해석자가 원하는 정책일 필요는 없다. 이는 제정법령에 생명력을 불어넣는 정책, 즉 애초에 입법자가 법령을 통해 증진시키려 했던 정책일 수도 있다. 이러한 경우에 [목적론적 해석에서 ─ 옮긴이] 법관의 재량은 비록 완전히 제거되지는 않더라도 상당 정도 줄어든다. 대부분의 법규주의자는 코먼로 재판관이(미국의 거의 모든 법관은 성문법

---

61 9장에서 더 많은 예를 제시할 것이다.

령 및 헌법에 관한 사건뿐 아니라 코먼로에 관한 사건도 담당한다) 선례를 변경하거나 배척하거나 새로운 코먼로적 규칙과 규준을 만들어내는 것을 기꺼이 허용한다는 점에서 이미 온건화되었다. 법률과 헌법의 해석과 관련해 법규주의자인 원의주의자는 법관이 코먼로의 모자를 쓰고 있을 때(코먼로 사건을 담당할 때)에는 재량이 정당화된다는 점을 인정한다. 그들은 심지어 ― 내가 머리말에서 언급했듯이 ― '서먼법' 같은 "코먼로 법률common law statutes"의 범주를 인정하려고도 한다. 법관은 이러한 법률을 다룰 때 코먼로 판례를 다룰 때와 마찬가지로 자유재량을 행사한다. 연방대법원도 '서먼법'에 대해 재차 "이 법은 문자 그대로 해석해서는 안 된다"라고 언급한 바 있다.[62] 보수적인 법규주의 대법관들은 '서먼법'을 코먼로 법률로 규정하는 케네디 대법관의 의견에 아무런 주저 없이 가담했다.

온건한 법규주의자는 온건한 실용주의자와 비슷하다. 이때 온건한 실용주의자란, 사법제도의 현실상 법관은 계약, 제정법 또는 선례의 문면을 존중하지 않을 수 없기 때문에 법관의 태도는 일정한 한계를 갖는다고 믿는 사람을 가리킨다. 양쪽의 온건파는 열린 영역의 대부분의 사건을 최소한의 의견 불일치로 처리할 수 있을 만큼 서로 가까운 거리에 있다.[63] 그러나 그 사이에는 법규주의 방법론이 많은 실용주의 법관에게 재갈을 물릴 만한 실질적 정책을 산출할 수도 있는 공간이 여전히 남을 것이다. 분별 있는 실용주의자라면 제정법을 해석할 때 사려 깊고 비당파적인 국민의 대표로 구성된 입법부라면 어떻게 해석할까라는 질문을 던질 것이다(입법부가 이렇게 입법하지 않았다는 것이, 다시 말해 제정법이 원칙 없는 타협의 산물이라는 것이 명백하지 않은 한 말이다). 법규주의자는 이런 사고를 접하면 몸서리

62   National Society of Professional Engineers v. United States, 435 U.S. 679, 687(1978).

63   "내 생각에 원의주의자는 대부분 마음이 약하고 비원의주의자는 대부분 온건하다. … 두 철학의 사이가 날카롭게 벌어져 있음에도 실제 판결문에서는 그만큼 먼 거리를 보여주지 않는 것은 그 때문이다." Antonin Scalia, "Originalism: The Lesser Evil," 57 *University of Cincinnati Law Review* 849, 862(1989).

를 칠 것이다. 그러나 그들 역시 자신의 강한 정치적 이데올로기의 영향을 받지 않는 것은 아니다. 오히려 그 반대인데, 법규주의는 확정적인 결과를 내놓는 데 종종 실패하기 때문이다.

그렇기는 하나 심지어 최고법원의 사법적 의사결정에서도 법규주의적 중심축이 견고하게 자리 잡고 있다는 사실을 결코 간과해서는 안 된다. 토머스 핸스퍼드Thomas Hansford와 제임스 스프릭스James Spriggs가 지적했듯이, "대법관은 선례를 해석할 때 기존 정책을 자신의 정치적 성향에 접근시키기 위해 애를 쓰면서도"[64] 동시에 만약 어떤 선례가 상당한 시간 동안 여러 사건에서 긍정적으로 인용됨으로써 이른바 "선례로서의 생명력precedent vitality"을 확보했다면 자신의 이데올로기에 부합되지 않더라도 이러한 선례를 중시한다.[65] 그러나 — 10장에서 보겠지만 — 최근 한 사건에서 연방대법원은 다수의견을 통해 대법원에서 가장 신성시해온 선례 가운데 하나인 브라운 사건 판례를 원래의 진보적 의미와 거리가 먼 보수주의적 원칙을 지지하는 것으로(적극적 평등실현 조치는 위헌이라고) 재해석했다.

만장일치 판결의 비율은 대법원 내 법규주의의 상한선을 형성하는 것처럼 보인다. 최근 10년간 만장일치 판결의 비율이 연평균 36%였다. 이는 〈표 7〉에서 보듯이 이보다 앞선 20년 동안의 연평균 비율보다 증가한 것이다. 이는 대법원의 법규주의화를 의미하는 것일까? 아마 그럴 것이다. 그러나 또 하나 가능한 해석은 연방대법원이 점점 더 획일화되고 있다는 것이다. 오늘날 대법관은 1975년도와 달리 모두 연방항소법원 판사 출신이다. 요즘은 이러한 추세가 절정이다. 1950년에는 연방항소법원 출신이 한

---

64   Thomas G. Hansford and James F. Spriggs II, *The Politics of Precedent on the U.S. Supreme Court* 126(2006).

65   같은 책, 25, 126. 또한 다음을 참조할 것. Ronald Kahn, "Institutional Norms and Supreme Court Decision-Making: The Rehnquist Court on Privacy and Religion," in *Supreme Court Decision-Making: New Institutionalist Approaches* 175(Cornell W. Clayton and Howard Gillman eds. 1999).

〈표 7〉 1975~2005년 대법원의 만장일치 선고 비율(%)

연도	만장일치 비율
1975~1985	21.8
1985~1995	27.5
1995~2005	36.0
평균	28.4

자료: ≪하버드 로 리뷰(Harvard Law Review)≫ 중 매년 11월호에 수록된 통계.

명(서먼 민턴Sherman Minton)뿐이었다. 반면, 1975년 이래에는 연방항소법원 출신이 아니면서 대법관에 임명된 사람이 오코너 대법관 딱 한 명뿐인데, 그녀는 주 항소법원 판사 출신이다. 현 대법관 가운데 정치적 경력이 있는 사람이 하나도 없다는 사실은 대법원 수준의 법규주의의 한계를 확인시켜준다. 왜냐하면 그들은 정치적 경험이 없음에도, 그리고 대법관에 임명되기 전부터 법규주의적 전통이 강한 사법부에 몸담았음에도 본질적으로 논리 업무에 종사하는 법관이라면 도달할 수 있는 정도의 의견 일치에 도달하지 못하고 있기 때문이다. 논리적 증명은 관찰자로부터 독립적인데도 말이다.

〈표 7〉의 백분율은 기껏해야 외적으로 나타난 수치에 지나지 않는다. 왜냐하면 법관의 의견이 일치하는 원천으로서 법규주의와 획일성은 서로 성격이 다르기 때문이다. 어떤 사건이 법규주의적 기술로는 해결하기 어려운 순전히 정책적인 쟁점을 제기한다고 하자. 그런데 마침 사건 담당 법관의 직업적 경험이 비슷하면 각자의 견해도 비슷해 마치 삼단논법을 적용해서 결론에 도달하듯 쉽게 의견 일치에 도달할 수 있다.

뿐만 아니라 겉으로 드러난 수치도 우리를 오도할 수 있다. 〈표 7〉의 수치에는 대법관이 각자의 뜻과 상관없이 선례를 깨지 않으려 기각한 상고허가certiorari 청구건수가 포함되지 않았고, 확립된 선례나 헌법상 또는 제정법상의 명문 때문에 필시 대법원이 받아들이지 않을 것으로 판단해 상고를 포기한 사건의 수도 포함되지 않았다.

하급심의 판결(물론 단독 재판은 제외)에서 의견이 어느 정도 일치되었는지를 재는 기준으로 만장일치 비율을 사용할 수 없는 이유는 반대의견 회피 현상 때문이다. 반대의견을 내는 비율은 의견 불일치된 판례의 양보다 훨씬 낮다. 다만, 대법원에서는 반대의견 회피 현상이 매우 약하게 나타난다. 대법원이 심리하는 사건은 격한 감정을 불러일으키는 경향이 있다. 또한 대법관은 하급심 법관보다 업무량이 적고 또 대중의 주시를 받고 있어 일관된 사법철학을 보여주는 데 관심이 크다. 게다가 사건에 걸린 이해관계가 매우 막대하고 또 더 이상의 판단을 받을 수 없는 만큼 대법관은 심지어 반대의견을 낼 때조차 법에 많은 영향을 미친다고 할 수 있다. 이보다 덜 중요한 사건을 많이 담당하는 항소법원은 대법원에 비해 선례를 고수한다. 그 결과 항소법원에서 내는 반대의견은 법에 미치는 영향이 적다. 그러므로 ― 앞에서 논했듯이 ― 반대의견을 내는 데 따른 비용이 편익을 초과하는 경우가 많다. 여타 요인을 조정 처리해서 보자면 항소법원 출신 대법관이 다른 대법관보다 더 진보적이라는 놀라운 결과가 나타나는 이유는 이것으로 설명될 수도 있다.[66] 항소법원 출신 대법관은 선례를 존중하던 하급법원에서의 경험으로 사회화되어 있다. 그리고 대법원 선례 가운데 가장 이론이 분분한 선례들은 진보 성향의 얼 워런Earl Warren이 대법원장으로 있던 시기에 만들어졌다.

휘트먼 대 미국트럭협회Whitman v. American Trucking Association 사건[67]은 대법관의 업무 수행에서 법규주의가 어떤 위치를 점하는지를 잘 보여주는데, 이 사건의 판결은 몇 개의 별개의견이 붙긴 했지만 전원일치로 이뤄졌다. 미 의회는 환경보호국Environmental Protection Agency에 대해 "공중의 건강 보호를 위해 달성하고 유지해야 할" 공기의 질에 관한 국가 기준을 "적절한 안

66 각주 6의 Landes and Posner.
67 531 U.S. 457(2001).

전범위"와 함께 정해서 제시하도록 명했다.[68] 대법원은 이 명령이 환경보호국에 대해 어떤 기준을 충족시키는 데 소요될 비용을 고려하도록 허용하는 것은 아니라는 입장을 취했다. 환경보호국은 적절한 안전범위와 함께 제시하는 공기의 질에 관한 기준이 공중의 건강 보호에 필요한지 여부만 고려할 수 있었다. 이때의 "적절한 범위"라는 조건은 이에 관해 분쟁이 일어날 경우 어떤 기준이 "필요하다"고 진정으로 판단되면 그쪽의 손을 들어주는 식으로 해결해야 한다는 의미였다. 그런데 이러한 방식은 비용 대비 편익을 비교하는 데 바탕을 두는 방식과는 상충된다. 스칼리아 대법관은 다수의견의 편에 섰는데, 그는 결코 환경주의자가 아니었다. 만약 그가 '청정대기법the Clean Air Act: CAA'이 통과될 당시 의회의 의원이었다면 그는 틀림없이 환경보호국이 비용을 고려하는 것을 허용하는 데 찬성표를 던졌을 것이다. 브라이어 대법관의 별개의견에 설명되어 있듯이 이러한 고려를 허용하지 않은 이유는, 비용을 고려하도록 허용할 경우 공해를 야기하는 자가 공해 저감에 드는 비용을 축소시킬 기술 혁신을 위해 덜 노력할 것이기 때문이었다. 따라서 비용 항변을 불허한 것은 환경주의자들이 전가의 보도처럼 사용하는 "혁신 종용technology forcing"[69]을 위해서였다.

법규상으로는 비용 항변을 인정할 여지가 없었다. 브라이어 대법관의 별개의견에 상세히 검토되어 있듯이 입법의 경위를 돌아보더라도 마찬가지다. 그런데 '청정대기법'의 다른 규정을 보면 환경보호국이 법 준수 비용compliance cost을 고려하도록 요구하고 있다. 만약 공기의 질에 관한 국가적 기준에 관한 사항이었다면 의회가 이와 동일하게 준수 비용을 고려하라고 규정했을 리는 없다고 볼 수도 없다. 의회는 환경주의자의 강령 중 하나이자 산업계의 큰 관심사인 이 쟁점을 간과할 수 없었을 것이다. 또한 이 법의 허점을 이용하면 환경 기준에 맞추기 위해 드는 비용을 뒷문으로 회수

---

68   42 U.S.C. § 7409(b)(1).
69   531 U.S. 492(찬성 측 별개의견).

할 수 있으며, 이렇게 할 경우 환경보호국이 산업계에 환경상의 편익 대비 지나치게 큰 법 준수 비용을 부과할 위험을 최소화할 수 있다. 이것이 의미하는 바는 크다. 왜냐하면 스칼리아 대법관이 제정법을 문자 그대로 해석하는 것에 대한 "부조리의 예외absurdity exception"를 인정한 것이고, 이는 법규주의자들이 자신의 입장에서 어느 정도 발을 빼는 모습을 보여준 것이기 때문이다.

스칼리아 대법관은 반대의 결과를 지지하는 의견을 설득력 있게 제시하도록 강한 압박을 받았을 것이다. 그런데 의회는 해석상의 재량권을 거의 주지 않았다. 만약 그러한 의견을 제시한다면 그는 법조계로부터 거센 비판을 받을 뿐 아니라 의회로부터 보복을 당할 수 있었다. 왜냐하면 환경주의가 정치적으로 대중의 지지를 받고 있는 만큼 법원이 해당 법 규정을 초안 정도로 취급하고 자신의 정치적 성향에 맞게 고쳐 쓸 자유가 있다고 여긴다면 이는 의회의 뜻에 반하는 것이기 때문이다. 이 사례는 법규주의적 접근 방법(대법원의 분석이 논리적 연역을 엄격하게 따르지만은 않았기 때문에 더 정확하게는 법규주의적 접근 방법에 근사하다고 해야 한다)이 법규주의에 충실한 법관에게만 해당되는 것이 아니라 사법행태에 대한 전략적 접근의 이론가에게도 해당된다는 사실을 보여준다.

이는 흔히 볼 수 있지만 전형적인 것은 아니다. 벨 애틀랜틱 사 대 트웜블리Bell Atlantic Corp. v. Twombly 사건[70]을 보자. 연방 민사소송법 제8조 (a)(2)는 소장이나 기타 소답訴答 서면pleading에 대해 "당사자가 구제받을 만하다는 것을 보여주는 간결하고 평이한 진술"만 포함되어 있으면 된다고 규정한다. 이른바 "요지주장 서면notice pleading"이다. 이는 원고가 소송을 통해 얻으려는 법적 구제를 받을 만하다는 것을 보여주는 사실을 소장에 제시하도록 요구했던 규정(1938년 '민사관계법' 공포 이전에 통용되던 규정)을 대체한 것이

---

70   127 S. Ct. 1955(2007).

다. 벨 애틀랜틱 판결에서는 두 회사가 서로 경쟁하지 말자고 합의해 반독점법('셔먼법')을 위반했다고 주장하는 소장에 "(이러한) 합의가 있었음을 보여주는(그렇다고 믿을 만한) 충분한 사실 관계가 포함되지 않으면 안 되며 … 유사한 행동이 있었다는 주장이나 공모conspiracy가 있었다는 (근거를 제시하지 않은) 단정만으로는 불충분하다"라고 판시했다.[71] 대법원은 그동안 자주 인용했던 콘리 대 깁슨Conley v. Gibson 사건의 판결, 즉 "법원은 원고가 구제받을 만함을 보여주는 사실을 전혀 제시하지 못한다는 것이 명백하지 않는 한 각하해서는 안 된다"라는 규칙을 배척했다.[72] 벨 애틀랜틱 사 사건에서 다수의 재판관은, 지금까지 표준적 공식이 되어온 콘리 사건 판결은 반독점 사건의 피고가 원고의 주장을 배격하기 위해 공판 전에 비용을 많이 들여 답변을 준비하게 만들 우려가 있다고 결정했다.[73] 반대의견으로 제기된 내용, 즉 지방법원 판사들에게는 지나친 준비를 예방할 권한이 있다는 지적이 틀린 말은 아니다. 그러나 다수의견은 법관에게 이런 권한을 부여하는 것은 "지금까지 그래왔고 앞으로도 그럴 것이지만" 의미가 없다고 판단했다.[74]

나는 어느 쪽 말이 더 맞는가에는 관심이 없다. 내가 관심을 갖는 부분은 법규주의의 어떤 이론도 설득력 있는 결론을, 특히 다수의견을 지지하는 결론을 이끌어낼 수 없었으리라는 점이다(그럼에도 오늘날 법규주의에서 가장 영향력이 큰 학파인 문언해석주의적 원의주의textualism-originalism의 신봉자이자 가장 보수적인 네 명의 대법관은 선뜻 이 다수의견에 가담했다). 제8조 (a)(2)는 "간결하고 평이한 진술"에 어떤 것이 포함되어야 하는지에 관해 규정하고 있지 않다. 사실 문제에 관한 언급도 없다. 콘리 사건에서 볼 수 있듯이

71   같은 판례, 1965~1966.
72   355 U.S. 41, 45~46(1957).
73   127 S. Ct. 1967.
74   같은 판례, 1967 n. 6.

선례는 반대의견을 지지했었다. 그러나 다수의견은 반독점 공모 사건과 관련해 (요지주장 서면에서의) "요지"에는 *어느 정도*의 사실이 포함된다고 해석해야 한다는, 비록 법규주의적 입론은 아니지만 훌륭한 입론을 제시했다. 다수의견은 그렇게 하지 않을 경우 피고는 원고가 주장하는 바가 무엇인지 제대로 알기 어려울 것이라 판단했다. 하급 법원에서는 이미 공모 일반에 대해 혐의가 애매하다는 이유로 같은 취지의 판단을 해왔다.[75] (증거·자료를) 개시開示하는 소답서면 작성을 최소화한 것이 어떠한 효과를 가져오는가 또는 이로 인한 효과보다 심리전 증거조사pretrial discovery(심리전 증거개시證據開示는 소장 제출에 앞서 행해지는 것이 아니라 소장 제출에 이어서 행해진다)도 없이 공모의 구체적인 사실을 제시하는 어려움이 더 크지 않은가의 문제는, 법규 문언의 의미에 관한 문제라기보다는 반독점 정책과 사건처리 정책에 관한 문제였다. 그 결과가 옳든 그르든 벨 애틀랜틱 사 사건은 법규주의적 판결이라기보다는 실용주의적 결정이었다.

거의 한 세기 동안 유지되던 닥터 마일즈 메디컬 사 대 존 박 앤 선즈 사Dr. Miles Medical Co. v. John D. Park & Sons Co. 사건[76]의 선례를 뒤집은 리긴 사 대 PSKS 사Leegin Creative Leather Products, Inc. v. PSKS, Inc. 사건[77]의 결정 또한 살펴보자. 닥터 마일즈 메디컬 사 사건에서 대법원은 제조업자가 소매상의 판매가에 최저선을 설정하는 것은 소매상이 모여 판매 상품에 대한 최저가를

---

75   예를 들어, 루버 대 태커(Louber v. Thacker) 사건[440 F.3d 439, 442~443(7th Cir. 2006)]에서 법원은 "공모에 관해 연방 '민사소송법' 제9조 (b)가 상세한 입증을 요구하고 있지 않으므로 명백하고 간결한 진술만으로 족하지만, 단순히 공모가 있었다는 주장만으로는 피고가 얻을 수 있는 정보가 너무 부족하다는 점에서 공모에 관한 주장은 다른 주장과는 달리 상당히 모호하다. 연방법은 피고에게 원고의 주장에 대응하는 답변을 준비할 수 있도록 원고가 주장하는 요지를 알 권리를 인정하고 있다. 이것이 미국 법원이 원고에게 공모의 당사자가 누구누구이고 일반적인 목적이 무엇이며 그것이 행해진 대체적인 날짜가 언제인가를 요구하는 이유다"(인용부호 생략)라고 판시했다.

76   220 U.S. 373(1911).

77   127 S. Ct. 2705(2007).

결정하는 것과 같은 효과를 갖는다는 이유로 본질상 '서면법' 위반에 해당된다고 판시했었다. 그러나 이는 경제학의 관점에 어긋났다. 왜냐하면 소매상이 판매에 관한 카르텔을 형성하고 제조업자가 고객과의 접촉을 제한하는 것은 제조업자와 아무 이해관계가 없기 때문이다. 반면, 제조업자가 소매가의 하한선을 설정하는 것은 가령 소매상이 고객에게 판매에 선행하는 서비스(판매 전 특별서비스presale service)를 제공하도록(그리하여 결국 제조업자에게 이익이 되도록) 촉진함으로써 제조업자가 다른 업자와 보다 효과적으로 경쟁하는 데에 이익이 되기 때문이다.[78] 따라서 닥터 마일즈 메디컬 판결이 폐기되는 것은 정당하다. 그러나 이 회사의 패소가 정당하다고 판단하는 것은 결코 법규주의적 사고 때문이 아니다. 그토록 오래된 선례가 파기된 것은 그 선례가 경제학의 원리에 반했기 때문이다. 리긴 사 판결은 실용주의의 승리다.

리긴 사건 같은 사례가 있다고 해서 선례가 대법원의 의사결정에 제약을 가하는 효과가 전혀 없다고 생각한다면 오산이다. 심지어 헌법 사건에서조차 마찬가지다. 〈표 8〉은 닉슨 대통령이 워런 대법원을 재편하기 시작한 이래 어느 대법관이 누구를 대체해서 임명되었는지, 그리고 그를 임명한 대통령이 어느 당 소속인지를 보여준다.

교체된 대법관 열네 명 중에 다섯 명을, 그리고 새로 임명된 대법관 중에서는 단 두 명을 민주당 대통령이 임명했다는 사실보다 더 중요한 것은, 바이런 화이트Byron White 대신 긴즈버그가 임명된 예외를 제외하고는 하나같이 더 보수적인 대법관이 새로 임명되었다는 사실이다. 다만, 루이스 파월Lewis Powell이 케네디로 교체된 것과 같이 교체된 대법관과 신임 대법관 간의 정치적 지향의 차이가 경미한 경우도 있지만 말이다. 〈표 8〉에 나타난 것처럼 37년 동안 대법원은 워런 시기에 비해 계속해서 우경화되었으

---

78   Richard A. Posner, *Antitrust Law* 171~189(2d ed. 2001).

〈표 8〉 1969~2006년 교체 및 새로 임명된 대법관과 이들을 임명한 대통령의 당

연도	교체된 대법관	대통령의 당	신임 대법관	대통령의 당
1969	얼 워런 (Earl Warren)	공화당	워런 버거 (Warren Burger)	공화당
1970	에이브 포타스 (Abe Fortas)	민주당	해리 블랙먼 (Harry Blackmun)	공화당
1972	휴고 블랙 (Hugo Black)	민주당	루이스 파월 (Lewis Powell)	공화당
1972	존 할란 2세 (John Harlan II)	공화당	윌리엄 렌퀴스트 (William Rehnquist)	공화당
1975	윌리엄 더글러스 (William O. Douglas)	민주당	존 스티븐스 (John Stevens)	공화당
1981	포터 스튜어트 (Potter Stewart)	공화당	샌드라 데이 오코너 (Sandra Day O'Connor)	공화당
1986	워런 버거 (Warren Burger)	공화당	안토닌 스칼리아 (Antonin Scalia)	공화당
1988	루이스 파월 (Lewis Powell)	공화당	앤서니 케네디 (Anthony Kennedy)	공화당
1990	윌리엄 브레넌 (William Brennan)	공화당	데이비드 수터 (David Souter)	공화당
1991	서굿 마셜 (Thurgood Marshall)	민주당	클래런스 토마스 (Clarence Thomas)	공화당
1993	바이런 화이트 (Byron White)	민주당	루스 긴즈버그 (Ruth Ginzburg)	민주당
1994	해리 블랙먼 (Harry Blackmun)	공화당	스티븐 브라이어 (Stephen Breyer)	민주당
2005	윌리엄 렌퀴스트 (William Rehnquist)	공화당	존 로버츠 (John Roberts)	공화당
2006	샌드라 데이 오코너 (Sandra Day O'Connor)	공화당	새뮤얼 알리토 (Samuel Alito)	공화당

며, 판결은 예상대로 워런 대법원 시기에 비해 점점 더 보수화되었다. 그러
나 워런 대법원장 시절에 내린 가령 형사 절차, 의석 할당, 언론과 종교의
자유, 인종차별, 재소자의 권리, 실체적 적법절차, 헌법상의 권리와 관련한

판결이나, 워런 버거Warren Burger 대법원장 시절의 로 대 웨이드Roe v. Wade 결정과 같은 워런식 판결은 지금도 대부분 또는 전적으로 그대로 유지되고 있다. 만약 오늘날의 대법원이 이러한 사건을 당시에 맡았더라면 다른 결론을 냈을 게 틀림없지만 말이다. 워런 대법원 시기의 권리 신장과 이보다는 제한적이었지만 버거 대법원 시기의 권리 신장은 오늘날 멈춰버렸다. 오히려 이러한 권리가 축소되는 분위기다. 그렇지만 현임 대법관 대부분이 바랄 수도 있는, 선례들을 전반적으로 거부하려는 분위기는 전혀 없다. 따라서 가장 정치적인 법원[대법원 - 옮긴이]조차 가장 정치적인 영역인 헌법의 영역에서는 어느 정도 법규주의적이다.

2

노동시장 참여자로서의 법관

지금까지 살펴본 사법행태에 관한 서로 중첩되고 불완전한, 그러나 통찰력 있는 아홉 가지 이론은 다루기 힘든 분석 장치를 구성한다. 법관을 노동자로 인식한다면, 따라서 법관을 노동시장의 참여자로 인식한다면 이 이론들은 서로 통합될 수 있다. 물론 이 노동시장은 일반적인 노동시장과는 확실히 다르지만 그럼에도 불구하고 노동시장임은 틀림없다.

시장에는 양자가 있다. 즉, 구매자와 판매자다. 구매자 측 노동시장은 특정 종류의 일자리에 노동자들을 고용하고 싶어 하는 일단의 사용자들로 구성된다. 그리고 판매자 측 시장은 열려 있는 여러 일자리 가운데 그쪽 일자리를 선호하는 노동자들로 구성된다. 연방 사법 시스템[이라는 시장 – 옮긴이]의 경우 미국 사법부의 권한 사항으로 연방헌법 제3조에 규정된 분쟁들을 처리할 사람들을 대통령이 상원의 승인을 받아 고용하는데, 헌법 제3조에 규정된 분쟁들이란 주로 연방법의 규율을 받는 사건들 또는 연방법의 규율을 받지 않더라도 거주하는 주가 서로 다른 시민들 사이에 일어난 분쟁들을 말한다. 임명권자에게는 상충되는 두 가지 목표가 주어진다. 첫째 목표는 헌법과 연방 법령에 규정된 법규범을 임명권자의 정치적 간섭으로부터 자유로운 입장에서 불편부당하게 시민들에게 적용할 그러한 "좋은" 법관들을 임명하는 것이다. 독립적인 사법부는 사회적·경제적으로 커다란 선善[1]이다(그러나 급속한 경제 성장을 위해서는 이것이 필수불가결한 것만은 아니다. 중국[2]을 보라). 그리고 미국의 지배 그룹들은 그렇게 인정하고 있다. 사법부가 독립적이라는 사실은 미국사회에 널리 스며들어 있는 사회적·경제적 가치인데(일반 대중은 이 사실을 잘 모를 수도 있다), 단지 여기에 그치지 않고 사법부 이외의 정부 기관들을 이롭게 한다. 사법부의 독립은 정치적인 결정에 안정성을 부여함으로써 당연히 정치인들에게도 이익을 준다.[3] "독립적인 사법부를 수립함으로써 현역 정치인들은 사법부가 오늘 통과시킨 정책들을 후속 정치인들이 고치기 어렵도록 만들 수 있기 때문에"[4] 사법부의 독립은 특히 미국처럼 정치적 경쟁이 치열한 나라에서는 더욱 중시된

1   이것은 Kenneth W. Dam, *The Law-Growth Nexus: The Rule of Law and Economic Development*(2006)의 주제다. 또한 다음을 참조할 것. Daniel M. Klerman, "Legal Infrastructure, Judicial Independence, and Economic Development," 19 *Pacific McGeorge Global Business and Development Law Journal* 427(2007); Klerman and Paul G. Mahoney, "The Value of Judicial Independence: Evidence from Eighteenth Century England," 7 *American Law and Economics Review* 1(2005); Rafael La Porta et al., "Judicial Checks and Balances," 112 *Journal of Political Economy* 445(2004); Lars P. Feld and Stefan Voigt, "Economic Growth and Judicial Independence: Cross-Country Evidence Using a New Set of Indicators," 19 *European Journal of Political Economy* 497(2003).

2   각주 1의 Dam, ch. 11. 그러나 댐이 지적하듯이 독립적인 사법부가 경제 성장에 꼭 필요하지 않은 나라는 오직 가난한 나라뿐이다.

3   William M. Landes and Richard A. Posner, "The Independent Judiciary in an Interest Group Perspective," 18 *Journal of Law and Economics* 875(1975); Gary M. Anderson, William F. Shughart II and Robert D. Tollison, "On the Incentives of Judges to Enforce Legislative Wealth Transfers," 32 *Journal of Law and Economics* 215(1989).

4   F. Andrew Hanssen, "Is There a Politically Optimal Level of Judicial Independence?" 94 *American Economic Review* 712, 726(2004). 또한 다음을 참조할 것. J. Mark Ramseyer, "The Puzzling (In) Dependence of Courts: A Comparative Approach," 23 *Journal of Legal Studies* 721(1994).

다. 독립적인 법관들은 돛대에 매달린 율리시즈처럼 사이렌의 노래, 즉 앞 세대 정치인들이 취한 헌법적·입법적 조치들을 무효화해달라는 현임 정치인들의 요구에 귀를 틀어막는다(또는 희미하게만 듣는다).[5]

반면, 임명권자의 두 번째 목표는 행정부의(또는 대통령의 반대당이 상원을 지배하고 있고 대통령의 지명을 상원이 쉽게 인준해주지 않는 경우에는 상원 다수당의) 정치적 목표에 우호적인 입장을 지닌 법관들을 임명하는 것이다. 정치권의 인사들은, 사법행태에 관한 가치개입 이론에 부합하게, 연방법관들이 상당한 크기의 재량권을 갖는다는 사실을 알고 있다. 이는 법관들이 불법행위로 간주되지 않고서도 양 정당 중 어느 한쪽에 유리한 판결을 많이 내릴 수 있음을 의미한다. 그러나 연방법관으로 일단 임명되면 그때부터는 당근과 채찍에서 자유로운 사람이 되기 마련이다. 그리하여 자신의 정치적 목표(만약 법관에게 그러한 목표가 있다면)가 아닌 다른 사람의 정치적 목표에 뚜렷이 도움이 되는 방식으로 판결을 내려야 할 정도의 인센티브는 더 이상 존재하지 않는다. 법관은 이제 설사 자신을 임명한 사람들과 정치적 성향이 같다 하더라도 그 사실을 과시할 필요가 없다. 왜냐하면 일단 임명된 후에는 자신을 지명한 대통령이나 이를 인준해준 상원의원들이 자신의 직업적 성공을 돕기 위해 또는 해치기 위해 더 이상 할 수 있는 일이 아무것도 없기 때문이다. 예외는 있다. 바로 승진을 갈망하는 법관들이다(그런데 이들은 그 수가 비교적 많지 않다). 그러나 충성도를 가늠하기에 가장 좋은 수단은 지금까지 그들이 어떤 판결들을 내려왔는가를 보는 것이다. 말로 맹세하는 것은 크게 쳐주지 않는다.

승진을 추구하는 법관들의 경우를 차치하면, 임명권자들이 자신의 정

---

5   "법원을 독립시킨 국가들의 경우 정치인들이 현직에 있는 동안 정치적 성과를 별로 올리지 못한다. 그러나 퇴임 후에 입는 손실도 작다." J. Mark Ramseyer and Eric B. Rasmusen, *Measuring Judicial Independence: The Political Economy of Judging in Japan* 171(2003).

치적 목적 추구와 관련해 할 수 있는 최선의 방법은 목적을 여전히 공유하는 법관들을 임명하는 것이다. 그들은 열린 영역의 사건들에 한해 정치적 판결을 내릴 것으로 예상되는 데다(그리고 아마도 그들의 재판은 가장 넓은 의미에서만 "정치적"일 것이다) 무능한 법관이 될 정도로 정치적이지는 않을 것이기 때문이다. 이런 임명 정책은 따라서 사법부의 독립성을 유지시키지만 판결에서 정치적인 요소를 제거하지 못하며 오히려 사실상 정치적 요소의 존재를 확인시켜준다고 할 수 있다.

그러므로 우리는 구매자 측 노동시장이 기대하는 바가 무엇인가를 알고 있다. 우리는 이제 이른바 사법 노동자, 즉 법관이 되려는 사람들, 특히 법관이 되는 데 성공한 사람들이 무엇을 기대하는가를 숙고하지 않으면 안 된다. 그들은 물론 법관으로서의 급여를 원한다. 그러나 돈이 가장 큰 동기는 아니다. 그들이 원한다면 변호사나 교수가 되어 급여를 더 많이 요구할 수 있기 때문이다(법관의 급여는 '수요 독점monopsony'에 따라 상승폭이 제한되어 있다. 여기에 대해서는 6장 참조). 법관이라는 직職이 주는 금전 외적인 보상 가운데 하나는, 특히 법관을 그만두었을 때 가장 매력적인 대안으로 변호사직을 생각하는 사람들에게는, 고객들을 상대로 머리를 조아릴 필요가 없다는 점이다. 다른 하나는 – 이는 변호사 개업 시 겪어야 할 고충의 정반대인 사항인데 – 법관 앞에 선 변호사들의 조아림을 받는 것이다. '존중'은 법관직이 주는 금전 외적인 보상으로서 중요한 의미를 갖는다.

권력은 법관에게 주어지는 존중의 원천 가운데 하나다. 다만, 법규주의자들은 법관이 정치권에서 만들어진 결정을 전달하거나 퍼즐을 해결하는 정도의 역할을 수행해야 한다고 보기 때문에 다르게 생각한다. 공적 영역의 집행자는 자신에게 재량의 여지가 없기 때문에 권력을 가진 사람이 아니다. 그러나 권력이 법관에게 주어지는 존중의 유일한 원천은 아니다. 왜냐하면 법관들은, 아니 일반적으로 말해 법을 직업으로 삼는 모든 사람은 일반 대중에게 법관을 법의 지배를 체현하는 사람으로 "판매"하는 데 성공해왔기 때문이다. 법관이 존경을 받는 것은 이 때문이다. 권력은 또한 직업적 만족을 제공하는 독립적인 원천이기도 하다. 인간은 다른 영장류와 마찬가지로 위계를 중시하는 종이라서 다른 사람들에 대해 권력을 행사하기를 좋아하는 사람이 많다.

　　법관직을 추구하거나 법관직에 종사하는 사람은 대부분 여가가 많다는 점과 사람들의 인정을 받는다는 점을 소득으로 인한 효용보다 더 큰 효용으로 여기며, 변호사보다 안정성이 높다는 이점도 그들에게는 중요하게 작용한다. 왜냐하면 법관들은 업무량이 너무 많다며 대부분 이기적인 불만에 지나지 않는 불평을 하지만(법관들은 지금보다 훨씬 업무량이 적었을 때도 동일한 불평을 늘어놓곤 했다) 여가를 즐길 줄 아는 법관들은 변호사들에 비해 쉽게 자신의 여가 활동을 즐길 수 있다. 현실적인 문제로, 연방법관은 하원의 탄핵소추와 상원의 탄핵결정을 불러일으킬 만한 중대 행위를 범하지 않는 한 해고될 수 없다. 그리고 급여도 삭감될 수 없다(다만, 인플레이션에 따라 사실상 삭감될 수는 있다. 5장 참조). 또한 은퇴 시의 혜택도 아주 크다. 연방법관은 불과 15년만 봉직하면 65세 은퇴 시 월급의 100%를 매달 받는다. 게다가 자신이 원한다면 은퇴하지 않고 "선임 법관"으로 풀타임 또는 파트타임을 선택해 언제까지고 근무할 수 있다. 이때도 물론 급여를 똑같이 받는다.

　　연방헌법 제3조에 따른 법관(연방지방법원 판사, 연방항소법원 판사, 연방대법관을 말하며, 하위의 연방사법공무원들인 치안판사, 파산부 판사, 기타 헤아릴 수 없이 많은 행정판사들은 제외)은 약 800명에 지나지 않으며, 선임 법관까지 합하더라도 1200명 정도에 불과하다. 미국 전역의 변호사가 약 100만 명임에 비춰보라. 법관의 수가 너무 적고 또 법관의 일거수일투족이 대중에 드러나기 때문에 이들은 심지어 아주 성공한 변호사들보다도 저명한 경우가 많다. 법관들 중에는 명사名士의 지위를 얻은 사람이 많은데, 이는 대부분의 변호사들이 넘볼 수 없는 지위다. 다만, 이 명사라는 것이, 대법관의 경우는 물론 다르지만, 보통 지역 사회에 국한되고 그것도 흔히 지역 법조계에 국한된 작은 지위이기는 하지만 말이다.

어느 누구도 법관이 되기를 강요당하지 않고 또 모든 사람이 이 직업을 좋아하는 것은 아니기 때문에 법관이 되는 것은 동기(유인) 요인과 제약 요인을 반영한 개인의 선택이다. 그리고 법관이 앞에서 열거한 법관직의 장점들을 선호하는 것은 확실하며, 또 거기에 더해 법관은 좋은 법관이 되려는 바람도 충분히 가지고 있을 수 있다. 이로 인해 직업 자체에 만족을 느낄 수 있는데, 그 밖에 법관들 사이에서의 평판 또는 더 넓은 범위의 법률 공동체에서의 평판, 때로는 학계나 정계 또는 매스미디어와 같은 다른 공동체에서의 평판 같은 것도 직업적 만족에 정당성을 부여하고 강화하는 역할을 할 수 있다. 연방법관이 되려는 사람들은 대부분 다른 직업을 감당하기에도 충분한 역량을 가지고 있기 때문에 연방법관직을 중요하게 생각하고 또 진지하게 받아들여 양심적으로 수행해볼 만한 자리라고 생각하지 않는다면 굳이 법관직을 구하거나 받아들이지 않을 것이다. 비록 법관을 임명하는 데 정치가 거의 항상 중요한 역할을 하고 때로는 결정적인 역할을 하기도 하지만, FBI와 백악관, 이해관계 그룹들 및 상원 사법위원회 Senate Judiciary Committee가 후보자들을 심사함으로써 부적절한 후보자는 걸러지기 마련이다. 그러나 법관의 급여 수준이 지금보다 훨씬 높다면 상황은 달라질 수 있는데, 여기에 대해서는 6장에서 더 논할 것이다.

스스로 훌륭한 법관이라고 생각하고 또 남들, 특히 자신의 동료들이 자신을 그렇게 생각하기 위해서는 재판에 관해 일반적으로 적용되는 규범을 지키도록 요구된다. 만약 뇌물을 받거나, 동전을 던져 결정하거나, 법정에서 졸거나, 법리를 무시하거나, 결정을 못 내리거나, 원고나 피고 또는 그의 변호인을 개인적으로 좋아하거나 싫어하는 감정에 따라 결정을 내리거나, '정치'(이 말을 어떻게 정의하느냐에 따라 달라지겠지만)를 토대로 결정을 내린다면 그는 좋은 법관으로 간주될 수 없다. 사실상 모든 법관은 사람들이 자신을 법복을 입은 정치인으로 간주할 경우 스트레스를 받을 것이다. 왜냐하면 만약 법관이 스스로 그렇게 생각한다면 자신을 좋은 법관이라고 생각할 수 없을 것이며, 이는 곧 법관직이 주는 주된 만족감을 박탈당하는 것이 되고, 그렇다면 그는 변호사 개업을 하거나 교직을 찾거나 아니면 법조계 밖에서 일자리를 찾게끔 내몰릴 것이기 때문이다.

법관이 일하는 동기가 좋은 일꾼이 되려는 욕망 때문이라는 가설은 — 외관상으로는 상충하는 것처럼 보일 수 있지만 — 법관의 업무 윤리가 존재한다는 점에서 힘을 얻는다. 법관의 효용함수에는 다른 노동자들의 효용함수에 있는 것이 많이 결여되어 있지만, 한 가지 남아 있는 효용함수는 우리가 잘 알다시피 '여가'다. 오늘날은 '재판연구원의 시대'라 할 수 있는데(연방지방법원의 판사는 두 명, 항소법원의 판사는 세 명, 그리고 대법관은 네 명의 재판연구원을 거느릴 수 있는데, 이 수는 행정적 조치들로 늘릴 수 있다[6]), 이를 통해 법관직을 수행하면서도 여가를 누릴 기회는 특히 상급심 법원 차원에서 대단히 많다. 그러나 연방법관들은 대부분 은퇴 연령을 한참 넘기고도 일을 하는데, 은퇴를 하면 은퇴 전의 보수를 그대로 받기 때문에 계속 일을 하는 것은 결국 무보수로 일하는 셈이 된다.[7] 많은 법관이 정말 열심히 일한다. 지나

[6] 예를 들면 연방항소법원 판사는 1인당 다섯 명의 직원을 할당받는데, 이 다섯 명을 몇 명의 재판연구원과 몇 명의 비서로 구성할 것인가는 판사가 결정한다. 판사들은 대부분 각각 세 명의 재판연구원과 두 명의 비서를 두지만, 비서가 하는 일이 많은 부분 자동화됨에 따라 재판연구원을 네 명, 비서를 한 명 두는 판사가 느는 추세다. 덧붙여 요즘 항소법원에서는 전임 재판연구원(staff law clerks)을 고용하기도 하는데(때로는 그들을 내부 변호사라고 부르기도 한다), 이들은 특정한 판사에게 속하는 것이 아니라 여러 판사를 돕는 역할을 맡는다. 또한 많은 법관이 인턴(intern)연구원이나 외래(extern)연구원을 고용한다. 그리고 경력 있는 재판연구원을 채용하는 법관이 늘고 있는데(주로 연방지방법원의 법관들에게 해당하지만 반드시 이들에게만 한정되는 것은 아니다), 이들은 때때로 보조 법관의 역할을 한다. 이상을 요약하면, 연방법원들은 매우 자유롭게 직원을 채용해 쓰고 있는 것이다.

[7] 이것은 합리적인 행위라 할 수 있고 심지어 여가 선호와도 부합한다. David R. Stra는 자신의 글 "The Incentives Approach to Judicial Retirement," 90 *Minnesota Law Review* 1417(2006)에서 대부분의 판사가 선임 법관으로 임명될 자격을 얻으면 곧 그 자리로 간다

치게 열심히 일하는 사람도 드물지 않다. 가령 해리 블랙먼Harry Blackmun의 경우를 생각해보라.

그들이 열심히 일하는 이유는 무엇일까? 명성을 얻기 위해 일하는 사람도 있지만, 대법관이 아닌 대부분의 법관은 잘 알려지지 않은 채 일하는 것에 불만이 없다. 그들은 훌륭한 법관이 되기 위해 그토록 열심히 일하는 것이다. 그 밖에 어떤 이유가 있겠는가? 이미 말했듯이 그들은 법관이라는 지위에서 가령 권력을 행사하는 식의 만족감을 끌어내기도 한다. 하지만 반드시 열심히 일해야만 그러한 만족감을 누릴 수 있는 것은 아니다.

노동시장 참가자로서 또 하나의 색다른 범주인 예술가의 효용함수와 법관의 효용함수 간에는 유사성이 존재한다. 진지한 예술가라면 상당한 소득을 거두고 또 얼마간의 여가를 누릴 수 있기를 바라지만 그 소득이나 여가를 최대화하려고 애쓰지는 않는다. 자신의 일 자체가 주는 만족감(예술가라면 이 만족감을 느끼지 않으면 안 된다)이 자신의 효용함수에서의 독립변수다. 그러나 대부분의 경우 일 자체의 만족감은 스스로 훌륭한 예술가라고 생각할 수 있기를 바라고 또 남들도 그렇게 생각해주기를 바라는 욕망과 긴밀하게 결부되어 있다. 이와 유사하게, 대부분의 법관도 자신의 일 자체에서 상당한 정도의 만족을 얻을 수 있기를 바라며, 또한 스스로 훌륭한 법관으로 생각할 수 있고 남들에게서도[8] 그렇게 대접받을 수 있기를 바란다 (재판에 대한 금전 외적인 보상은 연방법관의 급여 수준을 올려주자는 입장에서 소홀히 다룬 부분이다. 여기에 대해서는 6장에서 살펴볼 것이다). 그러나 법관과 예술가의 차이는, 법관은 권력을 행사하며 그 권력에 책임이 수반된다는 데 있다. 그런즉 양심은 예술가보다 법관에게 더 강한 동기로 작용해야 한

면서, 그들은 재판 업무를 계속하면서도 여가를 더 많이 누린다고 했다. 물론 그들은 은퇴를 단행하면 급여상의 아무런 손실 없이 여가를 훨씬 더 많이 누릴 수 있기는 하다.

8   법관의 판결문을 다른 법관들이 지지하는 것이 그에게 있어 얼마나 중요한가는 다음 책에 잘 나와 있다. Lawrence Baum, *Judges and Their Audiences: A Perspective on Judicial Behavior*, ch. 1(2006).

다. 또 하나의 차이는 상급심 법원 판사들은 서로 협력해서 일해야 한다는 점이다. 그러나 예술적 창작 행위도 여러 사람의 협력하에 이뤄지는 경우가 많기 때문에 이 차이를 과장해서는 안 된다. 드라마, 건축, 오페라, 뮤지컬, 영화, 위대한 르네상스 시대의 화가들의 아틀리에, 셰익스피어 시대의 합동극 등을 생각해보라.

예술가들은 장인의 숙련성에 창조성을 결합한다. 그런데 법관도 마찬가지다. 법관은 의사결정의 법규주의 단계에서는 장인의 숙련성을 발휘하고, 입법적 단계(법관이 재량을 행사해 법을 만드는 단계로, 기존 법규를 수동적으로 적용하는 단계와는 구별된다)에서는 창조성을 발휘하며, 그렇게 두 단계를 거쳐 어떤 법적 문제 또는 일련의 문제들에 대한 해결책을 마련한 다음에는 그 해결책을 수사학적으로 포장해 우선 주된 청자인 동료 법관들을 기쁘게 하기 위해, 그리고 이어서 더 넓은 범위의 일반 청자들을 기쁘게 하기 위해 제출한다.

"잘 짜인 구조와 상상의 자유의 혼합, 전통적인 것들을 새로운 아이디어로 재편하기, 지루하거나 앞뒤가 맞지 않은 것들 또는 잉여로 보이는 것들을 무자비하게 잘라내기, 드라마틱한 대사를 창출하기 … 거기에다 인내력, 정력, 집중력이 필요하다는 것은 말할 것도 없다."[9] 이 문장은 원예와 소설 쓰기의 공통점을 설명한 것인데, 판결문 쓰기에 대한 묘사로도 충분히 사용될 수 있다. 나아가 소설가와 법관은 자신의 추론 가운데 아주 많은 부분이 직관적이라는 점에서, 다시 말해 자신의 창조적 사유가 많은 부분 무의식적이라는 의미에서(여기에 대해서는 4장에서 상술할 것이다) 서로 많이 닮았다. 소설가가 어떤 구절을 저렇게가 아니라 이렇게 쓰는 이유는 그가 그것이 적절하다고 *느꼈기* 때문이며, *왜* 그렇게 느꼈는지를 설명하라고 하면 그는 아마 설명할 수 없을 것이다. 법관은 어떤 사건에 대해 어떤 방

---

9   Hermione Lee, *Edith Wharton* 563(2007).

향으로 결론을 내야 할 것인지 강한 느낌을 갖는 경우가 많다. 그러나 결론에 대한 설명을 판결문으로 작성할 때면 확정하기 어려운 근거에 입각해 내린 결론에 대해 합리화 작업을 하는 자신을 종종 발견하게 된다. 설명을 하는 과정에서 논리를 더 가다듬기도 하고 또 애초의 직관을 폐기하는 데 이르기도 한다는 것은 두말할 나위 없다.

규범이 판결을 규율하는 것과 마찬가지로 규범은 여러 가지 예술 장르도 규율하는데, 두 분야 모두 규범 자체에 관한 논쟁이 가능하다. 마네는 전통적인 의미에서 자신의 스승 토머스 쿠튀르Thomas Couture만큼 그림을 잘 그리지 못했다. 그러나 긴 세월을 놓고 보면 마네가 훨씬 위대한 화가였다. 홈스, 브랜다이스, 카도조, 그리고 러니드 핸드Learned Hand는 자신의 판결문으로 판결문 쓰기의 규범을 바꾸는 데 성공한 본보기가 되는 사람들이다.

지방법원 판사들(이들의 주된 산출물은 판결문이 아니다)이나 대법관들보다는 그 중간에 있는 항소법원 판사들에게 있어 법관과 예술가를 비교하는 것이 더 잘 들어맞는다. 대법관들은 커다란 힘을 갖고 있다. 다만, 아홉 명이 모여 청취하고 결정한다는 점에서 그 힘이 희석되는 부분이 있다. 항소법원 판사들도 얼마간의 힘을 갖고 있다. 우선 그들이 맡은 사건의 소송 당사자들에게는 분명한 힘을 행사한다. 그뿐 아니라 법의 발전을 위해서도 (따라서 사회 전체의 발전을 위해서도) 힘을 행사한다. 그리고 그들의 힘은 항소법원 판결에 대비해 대법원 판결의 수가 떨어질수록[10] 증가한다. 물론 그럼에도 대법관들의 힘에 비해서는 훨씬 작은 수준에 지나지 않는다.

연방항소법원들이 내는 판결문의 수는 대법원 판결문의 100배가 넘는다. 그러나 항소법원 판결문의 평균적 중요도는 대법원 판결문의 1/100에 불과하며(1/100도 못 되는 것이 확실하다), 항소법원 판사가 평균적으로 갖는 힘은 대법관이 갖는 힘보다 훨씬 약하다. 왜냐하면 항소법원의 힘은 여러

---

10 10장 참조. 다음의 논문과 비교하라. Benjamin Kaplan, "Do Intermediate Appellate Courts Have a Law-making Function?" 70 *Massachusetts Law Review* 10(1985).

판사에게 분산되기 때문이다. 항소법원 판사의 수는 대법관 수의 20배가 넘는다. 대법관들의 평균적 자질은 항소법원 판사들의 자질보다 조금 더 나을 뿐이지만 항소법원 판사 가운데 핸드처럼 법에 충격을 던진 이는 매우 드물다. 대법관의 자질이 일정하게 제한되는 것은 대법관으로 임명하는 과정이 매우 정치적이기 때문이다. 가령 핸드나 헨리 프렌들리Henry Friendly 같은 몇몇 항소법원 판사는 (자질이 떨어지는 대법관은 차치하고) 평균적인 대법관보다 훨씬 뛰어난 법관이었지만 그 힘은 ― 적어도 봉직 기간에 가중치를 줄 경우 ― 훨씬 작았다(대법관 중 일부는 매우 짧은 기간 봉직했다). 이러한 연방항소법원 판사들에 비견될 만한 주 대법관으로는 로저 트레이너Roger Traynor, 벤저민 캐플랜Benjamin Kaplan, 한스 린데Hans Linde가 있고, 카도조, 레뮤얼 쇼Lemuel Shaw도 물론 포함되며, 또한 매사추세츠 주 대법원장 시절의 홈스도 들 수 있다.

연방항소법원 판사로서 훌륭한 판사는 마치 훌륭한 작가가 문학의 발전에 영향을 끼치듯 법의 발달에 *영향*을 끼친다. 이 두 직역은 산출되는 문헌이 수사학적 외관을 띤다(이 점에서 과학적 서술문들과 크게 다르다)는 점에서 서로 닮았고, 내부에 정치적 차원이 존재한다는 점에서도 닮았다(문학에도 정치적 요소가 존재한다). 우리는 상상력에 기초한 문학은 정치적이지 않다고 생각하지만 그중 일부는 분명히 정치적이다(물론 전부가 정치적인 것은 아니다). 토머스 엘리엇Thomas Eliot이나 윌리엄 예이츠William Yeats 같은 위대한 시인의 시에, 그리고 이들 이전의 수많은 위대한 시인들 중 특히 알리기에리 단테Alighieri Dante나 윌리엄 셰익스피어William Shakespeare, 존 밀턴John milton이나 알렉산더 포프Alexander Pope, 퍼시 셸리Percy Shelley의 시에, 그리고 조너선 스위프트Jonathan Swift와 찰스 디킨스Charles Dickens에서 어니스트 헤밍웨이Ernest Hemingway와 조지 오웰George Orwell에 이르는 위대한 소설가들의 소설에 정치적 요소들이 섞여 있다는 사실을 생각해보라.

규범의 급격한 변화는 예술에서나 재판에서나 모두 가능한 일이다. 왜냐하면 이 두 영역의 산출물들은 객관적으로 평가하기가 불가능하기 때문이다. 어떤 문학 작품이나 판결문을 위대하다고 선언할 수 있는 결정적인 실험이나, 관찰이나, 증명을 수반한 예견이나, 엄격하게 논리적인 과정은 어디에도 존재하지 않는다. 오직 시간이 시금석일 뿐이다. 이러한 사실은 법관이 훌륭한 법관이 되려는 마음을 강하게 갖고 있다는 점을 인정하는 것이 왜 가치개입 이론을 약화시키지는 않는지를 설명하는 실마리가 될 수 있다. 가치개입 이론가들이 "정치적"이라는 말을 (정치인이나 정당들의 활동 또는 그들이 언어로 표현한 신념에 한정하는 것처럼) 너무 제한적으로 사용하지 않는 한, 그리고 법의 개념을 법규주의자들이 배제한 것들은 모두 무시하는 식으로 편협하게 정의하지 않는 한 말이다. 재판의 규범이라는 것은 확정되어 있지 않기 때문에 어떤 두 법관 중 한 법관은 이데올로기에 따라 결정을 내린 것으로 잘 설명되고 다른 법관은 전통적인 법 기술적 규범에 따라 결정을 내린 것으로 잘 설명된다 하더라도 두 법관 모두 똑같이 훌륭하다고 평가될 수 있다.

나는 재판행위를 창의적인 글쓰기와 비교함으로써 낭만화하려는 것이 아니다. 법관과 창의성 넘치는 작가 간에는 소득 차이가 큰 반면 법관은 창의성 넘치는 작가의 대부분이 누릴 수 없는 정도의 여가를 누린다. 능력에서 뒤진 법관은(법관은 흔히 능력보다 정치적 기준을 바탕으로 임명하기 때문에 그들 사이에는 능력의 진폭이 크다) 일 대신 여가를 선택할 것으로 보인다. 왜냐하면 법관 업무의 많은 부분은 재판연구원들에게 위임할 수 있는 반면 그들이 우수성을 얻는 데 드는 비용은 더 크기 때문이다(더 열심히 일해야 하기 때문이다). 능력에서 앞선 법관은 우수성을 얻는 데 드는 비용이 더 적기 때문에, 다시 말해 정신노동을 더 적게 해도 되고 또 여가상 손실도 더 적기 때문에 더 열심히 일할 것으로 보인다. 그 결과 두 부류의 법관은 리더 그룹과 추종자 그룹으로 재구성되는 경향이 있다. 물론 예술계에 차상위급의 장인 그룹이 있듯이 법관층에도 그러한 그룹이 존재한다. 그런데 예술계에서는 차상위급 그룹에 속하는 사람들이 정상급 장인들만큼 열심히 일하는 데 반해 차상위급 법관 그룹은 그리 열심히 일하지 않는다.

소설가와 법관의 핵심적인 차이는, 소설가는 출판사에 고용되어 일하는 사람이 아니라 자영업자independent contractor인 데 비해 법관은 고용된 사람이라는 점일 것이다. 그렇기는 하나 법관은(특히 연방법관은) 사법부의 독립성 덕분에 피고용자라기보다는 자영업자에 더 가깝다. 물론 완전히 그런 것은 아니다. 법관은 어디까지나 급여 생활자다. 법관의 판결들은 파기될 수 있다. 극단적인 경우에는 파직될 수도 있다. 그러나 일반적인 피고용자보다는 훨씬 큰 자율성을 갖고 있다. 심지어 보통의 자영업자보다도 자율성이 더 크다.

두 번째로 큰 차이는, 소설가의 경우 어떤 정치적 경향성을 갖고 있거나 아니면 "예술을 위한 예술"을 거부하는 입장에 있다고 하더라도 예술의 규범을 침해하는 일은 하지 않는 데 반해 법관들은 정치에 대해 아예 무관심하다는 것이다. 만약 어떤 법관이 자신의 판결을 정치나 또는 자신의 개성으로 조정할 수 있다고 생각한다면 그러한 법관은 어떤 경우에 스스로를 훌륭한 법관이라고 생각할 수 있을까? 한 가지 답은, 미국의 재판이 본질적으로 그러하다고 인정할 만큼 노회한 법관인 경우다. 그러나 더욱 흥미로운 답은, 법관에게 법규 외적인 요소들이 영향을 미치는 것은 무의식적으로 일어나는 일일 가능성이 높다는 것이다.

두 번째 답은 베이즈가 고안한 결정 이론의 도움을 받아 탐색할 수 있다. 배심원 없는 재판에서 법관이 증인이 하는 말을 믿어야 할지를 결정해야 할 때 법관은 증인이 증언을 시작하기 전에 이미 증언이 진실에 부합할 가능성 여부를 평가하는 경우가 흔히 있다. 그 평가는 비슷한 사건들에서 증인들을 지켜본 경험(또는 변호사로 있었을 때의 경험)을 근거로 할 수도 있고, 증인이 속한 사회적 계급의 정직성에 대한 일반적인 감각을 근거로 할 수도 있으며, 심지어는 증인이 증언대에 앉기 위해 걸어가는 걸음걸이를

보고 또는 자리에서 일어나 서약서를 낭독하는 모습을 보고 얻은 느낌을 근거로 할 수도 있다. 심리에 임하기 전의 이 같은 평가를 우리는 "사전확률"prior probability 또는 줄여서 prior이라고 부른다. 법관은 자신이 이런 사전확률에 기초한 인식을 갖고 있다는 사실을 의식하지 못하는 경우가 많으며, 또 의식하더라도 개연성이 얼마나 되는가를 구체적으로 따져보는 일은 거의 없을 것이다. 그러나 사전확률은 분명 존재하며, 이 사전확률은 "사후확률", 즉 증인이 증언을 마친 다음 반대 심문을 하고 또 그 증언의 신빙성과 관련된 제반 증거들을 살펴본 다음 법관이 그 증언에 부여하는 개연성에 영향을 미친다. 증언의 진실성과 관련해 법관이 하나하나 얻어나가는 정보들은 애초의 사전확률을 변화시킬 것이다. 그러나 처음의 사전확률을 완전히 제거하지는 못한다. 사전확률은 사후확률에 다음과 같은 공식, 즉 $\Omega(H|x) = p(x|H)/p(x|{\sim}H) \times \Omega(H)$라는 베이즈의 정리 가운데 가장 단순한 공식과 같은 영향을 미칠 것이다.

Ω는 개연성 비율odds이다. 방정식의 왼쪽은 어떤 가설, 즉 H가 사실일 사후적 개연성 비율을 의미한다. 방정식의 오른쪽에서 $\Omega(H)$는 사전적 개연성 비율을, x는 심리의 진행 과정에서 얻게 되는 새로운 정보를 가리킨다. p는 확률probability을 가리키며, 방정식 오른쪽의 $p(x|H)/p(x|{\sim}H)$는 만약 H가 사실이라면 x를 볼 수 있었을 확률 대 H가 거짓이더라도(${\sim}H$) x를 볼 수 있었을 확률의 비율을 가리킨다(그러므로 만약 양쪽의 확률이 같다면 새로운 정보는 개연성 비율을 변화시키지 않을 것이다. 1을 곱하는 것이기 때문이다).

일단 증인 — 예를 들어, 성차별 소송의 원고라고 하자 — 이 진실하게 증언하고 있고, 법관이 그녀가 증언을 시작하기 전에 사실을 이야기할 개연성 비율이 1 대 3쯤 되는 것으로 (틀림없이 거의 무의식적으로) 보았다고 가정하자(이때의 확률은 1÷(1+3), 즉 25%다). 그녀는 증언을 하다가 새로운 정보 x를 내놓았는데, 만약 그녀가 진실을 이야기하고 있다면 그녀가 실제로 x를 관측했을 확률이 0.6임에 비해 만약 그녀가 진실을 이야기하지 않고 있다면 x

를 관측했을 확률이 0.3이라고 가정하면, 그에 따라 두 확률의 비율은 2다. 이 "가능성의 비율"에 사전적 개연성 비율 1 대 3을 곱한 결과가 사후적 개연성 비율로, 그 값은 2 대 3($1 : 3 \times 2 = 2 : 3$)이다. 이는 증인이 진실을 말하고 있을 확률이 40%($2 \div 5$)라는 의미다.

이것은 특정 법관에게 해당되는 *주관적인* 확률이다. 다른 법관은 다른 사전적 개연성 비율에 기초한 인식을 가질 것이며, 그 결과 비록 두 법관이 동일한 정보(x)를 동일한 방식으로 받아들였다 하더라도 사후적 개연성 비율이 서로 다르게 나타난다. 그러나 물론 두 사람은 x를 서로 다르게 평가할 것이다. 왜냐하면 그들은 기질, (인종이나 성별 같은) 개인의 배경적 특징, 인생 경험, 이데올로기 등에 근거하고 있는 "정리된 '사전적 지식에 관한 인식의 틀"[11]이 서로 다르기 때문이다. 그런데 마지막의 이데올로기는 기질과 기타의 요인으로 형성되는데, 여기에 대해서는 4장에서 논의할 것이다.

만약 두 번째 법관이 사전적 개연성 비율을 1 대 3이 아니라 2 대 1로 보았다고 하자. 이 경우 사후적 개연성 비율은 4 대 1이 되는데, 이는 그 법관이 증인이 진실을 이야기할 확률을 80%로 보았다는 의미다. 그 법관이 사실심을 담당하고(나는 지금 배심원 없는 재판에 대해 이야기하고 있음을 상기하라) 증인의 신빙성 여부를 결정하는 사람인 만큼 두 법관의 주관적 확률이 서로 다르다는 것은 이 원고가 승소할 것이냐 패소할 것이냐를 가르는 요인이 될 수 있다.

베이즈의 정리는 선입견preconception이 이성적 사고의 역할을 한다는 것을 과학적으로 보여준다. 선입견이 항상 옳은 것은 아니긴 하지만 우리가 받아들이는 정보를 일정 정도 구속한다는 점에서 선입견을 우리 자신에게서 몰아내기란 심리학적으로 불가능할 뿐 아니라 그러한 노력 자체가 불합리하다. 내가 '베이즈의 사전확률Bayesian priors'이라는 말을 선호하는 것은

11　C. K. Rowland and Robert A. Carp, *Politics and Judgment in Federal District Courts* 165(1996).

"선입견"이라는 말에는 뭔가 경멸적인 뜻이 들어 있기 때문이다. 사전확률은 사람에 따라 다르게 형성된다. 왜냐하면 사람들은 서로 다른 정보를 받아들이고 또 그 정보를 서로 다른 방식으로 처리해서 믿음을 형성하기 때문이다.

나는 앞에서 성차별 소송을 예로 들었는데, 그것은 이러한 종류의 소송에서는 법관의 사전확률 인식이 정치적 성향, 인종, 종교, 성별에 따라(이 인종적·종교적·성적 계열은 정치적 성향과 유관하며 종종 정치적 성향에 영향을 미친다), 또는 개인적·직업적 경험과 개성에 따라 다르게 형성되는 경향이 있기 때문이다. 그리고 이러한 속성들이 한데 합쳐져 일반적인 정신자세를 형성하고, 이는 다시 법관이 어떤 사건에 임할 때 특정한 선입견을 갖도록 만든다. 우리의 선입견은 감각 인상sensory impression — 외적 세계가 감각 기관에 주는 충격 — 과 두뇌의 분류 기관 사이의 상호작용으로 형성된다. 임마누엘 칸트Immanuel Kant의 인식론에 따르면, 감각 인상은 인과관계나 시간 같은 정신에 의해 만들어진mind-generated 범주에 부쳐짐으로써 우리가 그것을 알 수 있게 된다. 하이에크의 인식론에서는, 한 인간의 분류 기관이 단순히 두뇌에 기본적으로 내장된 기능이라기보다 개성과 문화의 개별적 요소들의 산물로 간주된다(칸트가 효과적으로 논증했듯이, 두 사건을 각각 원인과 결과로 지각하는 능력은 아마도 두뇌에 내장되었을 것이다). 이 기관은 사람마다 다를 뿐 아니라 경험의 누적에 따라 변경될 수 있는데, 경험이라는 것은 말할 것도 없이 사람마다 다르다. 바꿔 말하면, 사람들은 (문자 그대로 또는 비유의 의미에서) 사물을 서로 달리 보는데, 사람들이 사물을 보는 방식도 환경의 변화에 따라 바뀐다.[12] 이것은 법관들에게도 해당되는 말이다. 카도조가 말했듯이 "우리는 객관적인 방식으로 사물을 보려고 한다. 그럼에도

---

12 다음을 참조할 것. Richard A. Posner, "Cognitive Theory as the Ground of Political Theory in Plato, Popper, Dewey, and Hayek," in *Cognition and Economics* 253, 263~264(Elisabeth Krecké, Carine Krecké and Roger G. Koppl eds. 2007).

우리는 자신의 두 눈 말고 다른 것으로 (사물을) 볼 수는 없다".[13] 나는 법관들의 사전확률은 무의식적인 것이라고 가정했다. 이는 어떻게 판사들이 완벽하게 선의에 따라 행동하고 자신의 정치적 성향으로부터 영향을 받는다고 생각하지 않으면서도 가치개입 이론가들의 예상과 일치하게끔 행동하는지를 설명하기 위한 가정이었다. 베이즈의 이론은 법관들의 행위(즉, 사건에 임했을 때 어느 쪽으로 투표하는가)와 그들의 의식적인 사고를 서로 조정시킨다.

법관들이 배심원단보다 형사 피고인에게 유죄를 더 잘 선고한다는 사실은 재판상의 의사결정에 관한 이론이 작용한다는 것을 잘 보여준다.[14] 형사 사법체계하의 오랜 경험을 통해 법관들은 유죄의 증거가 풍부하지 않은 상황에서는 검사가 기소하는 경우가 드물다는 것을 알고 있다. 범죄 발생 건수에 비해 검찰 측 자원은 매우 한정되어 있기 때문에 검사들은 유죄가 명백한 경우(이 경우 검찰 측 자원을 많이 투입하지 않고도 쉽게 승소할 수 있다)에 집중한다. 게다가 유죄가 명백한 경우는 너무나 많다.

법관이 하는 유일한 행위가 사실 판단일 때조차 선입견은 중요한 역할을 한다. 내가 베이즈의 의사결정에 관한 예[15]로 든 것이 바로 이런 경우인데, 이는 상급심 법원 판사들뿐 아니라 지방법원 판사들도 정치적인 판결을 내린다는 것에 대한, 1장에 인용했던 증거와 부합한다. 공판 판사가 사실

13 Benjamin N. Cardozo, *The Nature of the Judicial Process* 13(1921). 또한 다음을 참조할 것. Andrew J. Wistrich, Chris Guthrie and Jeffrey J. Rachlinski, "Can Judges Ignore Inadmissible Information? The Difficulty of Deliberately Disregarding," 153 *University of Pennsylvania Law Review* 1251(2005).

14 Theodore Eisenberg et al., "Judge-Jury Agreement in Criminal Cases: A Partial Replication of Kalven and Zeisel's *The American Jury*," 2 *Journal of Empirical Legal Studies* 171(2005).

15 법관의 사실 조사가 베이즈의 절차를 따른다는 사실을 입증하는 연구문헌은 아주 많다. 다음을 참조할 것. Richard A. Posner, *Frontiers of Legal Theory*, ch. 11(2001) 및 이 책에 인용된 참고문헌들.

결정의 과정에서 행사하는 일정한 범위의 재량을 "사실에 관한 재량fact discretion"이라고 표현하는 사람들이 있는데, 이 표현은 자칫 오해를 불러일으킬 수 있다. 이 말은 어떤 증인의 말을 믿거나 믿지 않거나를 마치 공판 개시 시각을 9시로 하느냐 10시로 하느냐를 정하는 것처럼 판사가 자유로이 선택할 수 있다는 듯이 들리며, 심지어는 관할구역이 다른 법원에서 강력하게 옹호한 어떤 법적 명제를 마음대로 받아들이거나 거부할 수 있다는 듯이 들린다. 어떤 증인이 진실을 말하고 있는지의 여부에 관한 믿음은 그가 진실을 말하고 있는지 여부에 따라 좌우된다고 사람들은 생각할 것이다. 항상 그렇지만은 않은데, 다만 이러한 경우에는 이는 법관이 자신이 바라는 대로 믿거나 또는 안 믿기 때문이라기보다 진실과 거짓을 분간하기 어렵기 때문이다. 사람은 마음대로 믿거나 안 믿거나 할 수 있는 것이 아니다.

우리는 공판 과정에서 사실 판단에 편견(편향성)이 작용하는 경우를 다음과 같은 다섯 가지 현상으로 식별할 수 있다.

1. 의식적인 왜곡

이는 미국 시스템에서는 드문 현상이다. 내가 믿고 있듯이 법관이 훌륭한 법관이 되려고 노력하기 마련이라면, 의도적으로 사실을 왜곡하는 것은 훌륭한 법관상像을 심각하게 훼손하기 때문에 법관이라면 그렇게 하지 않는다. 그러나 상급심 차원에서는 판사들이 판결문을 쓸 때 사실들이 법적 결론에 자연스럽게 부합하도록 하고 그 결정이 만들어낼 선례를 형성하기 위해 사실들을 나열하는 경향이 분명 있다. 선례의 적용 범위가 어디까지인가는 그 판결문에 인용된 사실의 측면에서 해당 법원의 분석을 독해함으로써 추론할 수 있다. 법에 문외한인 사람들이 사건이 벌어진 사실적 상황을 완전하게 그리기 위해 어떠한 사실에 대한 설명이 필요하다고 여기는 경우에도 법관은 그 사실이 판결문과 무관하다고 생각하면 이를 판결문에서 생략할 수 있다. 이는 이후 다른 법원이 다른 사건에서 '그 사실' 때문에 자신의 결정을 인용하지 않고 무시해버리는 것을 원하지 않기 때문이다.

2. 경험, 기질, 이데올로기, 또는 개인적이고 비법규주의적인 요인으로 형성된 사전확률

이러한 사전확률은 어디나 존재하고 또 제거할 수도 없다. 의사결정 시 사전확률을 무시할 수 있는 사람은 아무도 없다. 그것은 진공 속에서 생각하려고 애쓰는 것과도 같다. 어떤 사람을 체포한 경관이 하는 말과 체포된 사람이 하는 말이 서로 다를 때 누구의 말을 믿느냐에 대한 법관의 결정은 그 법관이 가진 배경의 영향을 받기 쉽다. 그가 법관이 되기 전에 검사였는지 아니면 변호사였는지, 그나 그의 가족이나 친구가 경찰 또는 검사와 관련해 어떤 경험을 가졌는지, 또는 해당 문제와 관련해 범죄자와 어떤 경험을 겪었는지 같은 것을 들 수 있다. 이러한 경험은 전형적인 경험이 아닐 수 있으며 또 항상 신뢰할 수 있는 것도 아니다. 그러나 그러한 경험이 법관이 의지할 수 있는 최선의 자료이고 다른 자료들은 증인의 말을 믿는데 전혀 도움이 되지 못한다면 법관이 자신의 경험에 의지해서 최종 결론을 내는 것은 합리적이고 또 아마 불가피할 것이다.

3. 인식상의 착각

법관이(또는 배심원이) 사실 발견에서 범할 수 있는 (가령 '사후확신편향 hindsight bias' 같은) 인식상의 착각을 최소화하기 위해 다양한 제도적 메커니즘을 채용하고 있지만 이러한 메커니즘이 완전하게 효과를 거두는 것은 물론 아니다.[16]

---

16 Chris Guthrie, Jeffrey J. Rachlinski and Andrew J. Wistrich, "Inside the Judicial Mind," 86 *Cornell Law Review* 777(2001). 일반적으로 다음을 참조할 것. *Heuristics and the Law*(G. Gigerenzer and C. Engel eds. 2006).

4. 사건과 상관없는 반응에 의해 형성된 사전확률

가령 담당 변호사가 법관이 싫어하는 사람이라든지, 원고나 피고의 종교 또는 생활방식에 대해 법관이 반감을 갖고 있다든지 하는, 판결을 내리는 데 영향을 미쳐서는 안 될 반응을 말한다. 이러한 반응은 의도적인 왜곡이 많지 않은 것과 똑같은 이유로 미국 사법 시스템에서 흔하지는 않다. 재판이라는 "게임"(훌륭한 법관으로 여겨지기 원한다면 참여해야만 하는 게임)에서 중요한 규칙 가운데 하나는 법관의 선서에도 있듯이 "당사자가 누구인가와 관계없이without respect to persons" 판결하는 것이다. 적절하게 수양이 된 사람은 의사결정을 내릴 때 이런 반작용을 한쪽에 제쳐놓을 수 있다. 그러나 합리적인 선입견에 관한 한 그렇게 할 수 없다. 또한 그렇게 할 수 있기를 바라지도 않을 것이다.

어떤 법관이나 배심원이 발견한 사실과 양 당사자의 분쟁과 관계된 "진짜" 사실을 비교하는 것이 보통 불가능하듯이, 법관의 마음에 형성된 사전확률 중 어떤 것이 더 정확한가를 결정하는 것도 보통 불가능한 일이다. 그러므로 임명권자는 사전확률이 비슷하게 형성된 법관을 선택하는 경향이 있다.

5. 파기 가능성을 최소화하기 위한 사실 왜곡

추상적인 법적 명제에 관해서는 상급심 법원에서 모두 재검토하지만 사실 발견에 관해서는 사실심의 판단을 존중하도록 여겨지고 일반적으로 그렇게 하고 있다. 이 말은 피고에게 과실이 있었는가와 같이 사실의 발견뿐만 아니라 사실에 대한 법원칙의 적용과 관련된 쟁점 외에 "순수한" 법적 쟁점에서는 사실심 법관의 판결이 존중되지 않는다는 것이다. 법관은 자신의 판결이 파기되는 것을 싫어하기 때문에 직업적으로 성공하기 위해서나 (가령 항소법원 판사로 승진하기 위해) 권력을 행사하기 위해서나(파기된다는 것은 자신의 결정이 무효화된다는 것을 의미한다) 또는 단순히 자존심 때문에 사실들이 이론의 여지가 없는 법적 범주에 잘 맞춰지도록 그 사실들에 변형을 가하고 싶은 유혹에 때때로 빠진다. 앞서 언급한 이유들 때문에 법관이 그러한 짓을 의식적으로 하지는 않지만, 무의식적으로 그렇게 하는 경향이 있다는 데에는 의심의 여지가 없다.

"파기 회피reversal aversion" 성향 때문에 법관은 기대 역할과 개인적 감정 사이에서 갈등을 겪는다. 어떤 선례에 따르면 원고 승소 판결이 확정되어야 하는데, 꼼꼼하게 "머릿수 세기"를 해본 결과 선례를 생성했던 법관들과 다른 견해를 가진 것으로 알려진 상급심 법원의 현임 법관들이 원고를 지지한 결정을 파기할 것으로 보인다고 하자. 파기 회피 성향은 원심 법관을 피고의 편으로 밀어붙일 것이다. 그러나 법관으로서의 기대 역할은 그를 원고 편으로 밀어붙일 것이다. 그는 "법"에 따라 사건에 대한 결정을 내려야 하지만 일반적으로 이해되는 바의 그 법은 새로운 법관들이 임명된다고 해서 바뀌는 것이 아니다. 새 법관들이 어떤 사건을 맡아 기존 결론을 바꿀 때 비로소 바뀌는 것이다.

이 점은 법관의 효용함수가 복잡하다는 것을 보여준다. 법관은 훌륭한 법관이 되고 싶어 하며, 따라서 법에 부합되게 사건에 대한 결론을 내린다. 또한 자신의 판결이 파기되기를 원하지 않는다. 위에 묘사한 사건에서조차도 팽팽한 균형이 존재한다. 한편으로는 머릿수를 세며 상급심 법원의 눈치를 보는 법관은 법의 내용을 심하게 침해하지 않는다. 그러나 다른 한편으로는 자신의 판결이 파기된다고 해서 그 법관이 얻는 손실은 크지 않기 때문에 파기되기를 싫어하는 마음이 아주 강력한 동기로 작용하는 경우는 드물다.

사실심 법관의 중요한 업무 중 하나는 형사 피고인에 대한 양형결정 sentencing이다. 법관이 가진 재량의 범위가 넓어지면서 법관으로서 응당 따라야 할 법규주의가 제한되고 있다고 의심하는 사람이라면 누구든지 연방법관들의 양형선고의 폭이 대단히 크다는 사실을 상기해야 할 것이다. 사실 양형 가이드라인이 공포된 후에는 그 폭이 축소되었지만, 대법원이 연방 정부 대 부커United States v. Booker 사건 판결(여기에 대해서는 10장에서 다시 논할 것이다)을 통해 이 가이드라인의 성격을 강제적인 것이 아니라 권고적인 것으로 격하시킴으로써 선고의 폭은 다시 커지고 있다. 이 가이드라인이 없었을 때에는 유죄 평결을 받은 피고인에게 입법 당초에 정해진 상당히 넓은 형량 범위 내에서 어떻게 양형할 것인가는 법률적 분석과 거의 아무런 관계가 없었다. 양형의 기준은 어떤 부정행위에 개인적 책임이 어느 만큼이고 사회적 책임이 어느 만큼인지에 대한 판단, 응보에 관한 도덕 원리, 사회 복귀 가능성, 형벌이 범죄 예방에 미치는 효과 등과 같은, 넓게 말해 이데올로기적 쟁점들에 대한 법관의 태도였다. 제정법령의 범위 내에서 어떻게 양형을 결정할 것인가에 관한 가이드라인을 줄 정도로 발전된 양형에 관한 코먼로는 없었다. 양형결정은 어떤 지침도 없이 지방법원 판사 개인의 재량에 맡겨져왔다.

그러나 양형의 가이드라인을 만들게 된 동기는, 재량에 따른 양형 시스템이 법관에게 재량을 너무 많이 부여하기 때문에 "무법상태lawless"라고 보았기 때문이 아니라 이 시스템하에서 선고되는 형량에 너무 차이가 컸기 때문이다(이 말에는 법관들 간에 사전확률의 차이가 크다는 뜻도 포함된다). 법규주의자들도 특정 부류의 판결들에 대해서는 "재량적 판결"이라고 부르기를 마다하지 않는데, 사실 가이드라인이 있기 전에 행해진, 재량권을 과도하게 행사한 형사 판결들에 대해서는 '무법적인' 판결이라고 말해야 그들의 논리에 맞을 것이다. 법규주의자들은 자신의 기준에 따르면 법에 여기저기 구멍이 나 있더라도(예를 들어, 양형 가이드라인이 제시되기 전에는 양형과 관련해 아주 큰 구멍이 나 있었던 것이다) 이를 수용해왔다. 왜냐하면 그들은 느슨한 기준에 맞춰 불분명한 법의 영역을 만드는 것보다는 법의 영역을 축소시키는 쪽을 택하는 사람들이기 때문이다. 그들은 이런 방식으로 재량의 범위를 확대시킴으로써 − 의도하지는 않았겠지만 − 법관의 판결에 선입견이 미치는 영향력을 확대시킨다.

우리가 법관들에게 선입견이 재판에 영향을 미친다고 생각하느냐고 물으면 아마 많은 법관이, 아니 거의 대부분의 법관이 그렇지 않다고 대답할 것이다. 그렇다면 그러한 대답에 우리는 얼마만큼의 무게를 두어야 할까?[17] 거의 무게를 둘 수 없을 것이다. 그러한 대답은 어떤 경우에는 자기의식의 결여를 반영한 것일 수 있고, 어떤 경우에는 재판에 대한 법규주의적 지향성을 반영한 것이거나 또는 노골적으로 말하면 선전 효과를 노린 것일 수도 있다. 사법부가 통치의 한 영역으로서 독립해 있고 사법부는 이성이 지배하는 곳이기 때문에 재량권 행사를 정치적으로 제한하거나 다른 외부에서 제한할 필요가 없다는 주장을 옹호하기 위해 법관들은 판결을 내리는 데 '주관'의 역할은 없다고 말한다. 그들은 밟아 다져진 길이 아닌 낯선 길로 빠져들지 않도록 안대를 쓰고 다닌다고, 또한 자신이 이 사회라는 짐마차를 이끄는 말이라고 사람들에게 말한다. 그들은 또한 인기 없는 판결에 대한 비난을 피하기 위해 흔히 "법이 나를 그렇게 하도록 만들었다"라고 말한다. 그리하여 그들은 − 제정법령의 해석과 관련된 사건에서는 거의 언제나 이렇게 말하는데 − 법령을 해석할 때 법관은 "법령의 문구"로 시작해서 법령의 문구로 끝난다고, 그럼으로써 목적이나 정책 같은 위험한 함정을 피해나가는 것이라고, 바꿔 말해 법령을 해석할 때 자신은 마치 수학자처럼 단어들(언어 상징)을 단순히 다룰 뿐이라고 말한다. 사실 법관들은 어떤 제정법령으로부터, 또는 그 법령이 어떤 종류인가에 대해 아마 선행 사건들에서 얻은 일반적인 감각으로부터 재판을 시작한다. 또는 변호사가 제정법령의 필요한 일부분을 발췌해 제시한 것으로부터 시작하기도 하고 변호

---

17   잘 알려진 예외로 다음을 참조할 것. Henry J. Friendly, "Reactions of a Lawyer-Newly-Become-Judge," in Friendly, *Benchmarks* 1, 14~21(1967). 다만, 프렌들리가 사용하는 선입견이라는 용어는 무의식적인 성향이라기보다 의식적인 "확신"이었음에 유의하라.

사가 법령의 문구를 자의적으로 해석한 말로부터 (재판을) 시작하기도 한다. 법관에게는 언제나 읽을거리가 주어지는데, 그 읽을거리는 법령의 문구 자체를 대면하기에 앞서 주어진 만큼 법관이 법령을 해석하는 데 영향을 미친다.

판결이 정치의 영향을 받아서는 안 된다는 규범에 법관들이 온전히 충실한 경우에조차도 일상적이지 않은 사건에 대해 내리는 결정들이 가치개입 이론에 부합되는 경우가 많은데, 이는 그들이 베이즈의 정리를 따르기[18] 때문만은 아니다. 법관들을 임명한 사람들, 즉 대통령과 상원의원들의 동기가 다른 하나의 이유를 형성한다(어느 노동시장과 마찬가지로 법관의 노동시장 역시 양면적임을 상기하라). 대통령이나 상원의원들은 앞서 말했듯이 자신이 임명한 법관들이 유능하기를 원하지만 동시에 열린 영역에서는 자신의 정치적 선호에 부응해서 판결을 내리기를 바란다. 따라서 — 무의식적인 영향력의 작용은 차치하고 — 우리가 연방법관이 정치적으로 완벽하게 거세된 사람이기를 기대하거나, 또는 특별한 정치적 신념이 없다고 해서 그가 내리는 판결이 정치의 영향에서 완전히 자유롭기를 기대하는 것은 불가능한 일이다. 그렇게 정치적으로 중립적인 사람은 애초에 연방법관으로 임명될 가능성이 낮다.

그러나 나는 독자들에게 당파적인 정치가 정치의 전부가 아님을 상기시키고 싶다. 또한 정치가 서서히 이데올로기로 변화하고 이데올로기는 다시 상식이나 도덕적 통찰 또는 건전한 정책 개념, 법관이 판결을 내리는 데 배제할 수 없는 요소들로 서서히 바뀐다는 점도 상기시키고 싶다. 이같이 확장된 의미에서의 정치가 바로 가치개입 이론을 적절하게 이해하는 경우 그 핵심인 것이다. 다시 말해 어떤 법관을 임명한 대통령의 소속 당이 어느

---

18 느슨한 의미에서 말이다. 내 말은, 법관들이 실제 베이즈의 정리(법관들은 대부분 이 말을 들어본 적도 없을 것이다)를 적용한다거나 베이즈의 정리를 적용해야 하는 종류의 전형적인 정보를 입수한다는 것은 아니다.

당인가는 이데올로기를 측정하기 위한 대강의 표지에 지나지 않는다. 또한 대통령이 지명한 사람을 인준해야 하는 상원의원들의 독립적인 이해관계도 무시할 수 없다. 이것은 그 상원의원들이 대통령과 같은 당 소속이라 해도 마찬가지다. 왜냐하면 이들은 사법부 인사에서 이데올로기보다도 정실情實을 우선시하는 경향이 있기 때문이다.[19]

그러나 가치개입 이론 모델이 이상과 같이 유효성을 인정받는다 하더라도 법관의 판결이 그 모델에 완벽하게 부합한다고 기대할 수는 없다. 심지어 많은 판결은 그 모델에 가까이 가지조차 못할 수도 있다. "정치적"이라는 말을 가장 느슨한 의미에서 접근하더라도 정치적 성향은 법관의 사전 확률을 결정하는 유일한 요소가 아니다. 인종이나 성별 및 개인적인 경험이나 직업적인 경험과 같은 법관 개인의 배경과 관련된 요인들은 법관의 판결에 영향을 미치는 정치 외적·비법규주의적 요인이다.[20] 예를 들어, 어떤 법관은 자신이 맡은 사건에서 쌍방이 팽팽히 맞서는 경우 그 사건과 관련해 정부의(지방 정부나 주 정부의, 또는 연방 정부의) 정책이 무엇을 요구하는가와 상관없이 정부 편을 드는 경향을 보일 수 있다. 이는 어쩌면 그 법관이 젊었을 때 법무부에서 일한 적이 있는데 그때 아주 유능한 관리들이 사심 없이 일하는 것을 보고 감명을 받았던 경험이 뇌리에 박혀 계속해서 그의 사고방식에 영향을 미친 결과일 수도 있다. 무의식적으로 말이다. 그

---

19   다음을 참조할 것. Micheal W. Giles, Virginia A. Hettinger and Todd Peppers, "Picking Federal Judges: A Note on Policy and Partisan Selection Agendas," 54 *Political Research Quarterly* 623(2001); Donald R. Songer, Reginald S. Sheehan and Susan B. Haire, *Continuity and Change on the United States Courts of Appeals* 137(2000).

20   1장의 참고문헌들 외에 다음을 참조할 것. James J. Brudney, Sara Schiavoni and Deborah J. Merritt, "Judicial Hostility toward Labor Unions? Applying the Social Background Model to a Celebrated Concern," 60 *Ohio State Law Journal* 1675(1999); Gregory C. Sisk, Michael Heise and Andrew P. Morriss, "Charting the Influence on the Judicial Mind: An Empirical Study of Judicial Reasoning," 73 *New York University Law Review* 1377, 1451~1465, 1470~1480(1998).

러나 이는 법관이 자신에게 영향을 미치는 요인에서 벗어나기가 어렵다는 것을 보여주는 것이기도 하다. 왜냐하면 이 법관의 친정부적인 성향이 법무부에서 일한 결과로 만들어진 것이 아니라 애초에 그런 성향 때문에 법무부를 찾아가 일자리를 구했던 것일 수 있기 때문이다.

다른 예를 들어보면, 전에 변호사로 일한 적이 없고 학교에서 법을 가르치는 일을 했던 법관은 자기 앞에 선 변호사들에게 더 딱딱하게 대하는 경향이 있다. 왜냐하면 이러한 법관은 시간과 돈, 고객의 압력 같은 것이 변호사가 일하는 데 어떤 제약에 가하는지에 대한 이해의 폭이 변호사 출신 법관보다 좁기 때문이다. 교직에서 몸에 밴, 덜 너그러운 태도로 인해 교직에 있었던 법관들은 변호사가 잘못을 저질렀을 때 더 엄한 제재를 가할 뿐만 아니라 설정된 기한을 지키는 데서나 그 밖의 절차적 규칙을 집행하는 데 더 엄격할 수 있다.

사실심 법원에서 승진해 올라온 상급심 법원 법관은 상급심 법원의 다른 법관보다 사실심 법관의 판결을 지지할 가능성이 높다. 그들은 사실심 법관이 상급심 법원 법관보다 우월한 측면, 즉 사건을 깊이 이해할 수 있다는 점(이는 실제로 심리가 행해진 사건에서 특히 그러한데, 이 경우 사실심 법관은 일반적으로 1심 법원의 판결문을 재검토하는 것이 업무인 상급심 법원 법관과 비교해 해당 사건에 시간을 훨씬 많이 사용한다)을 중시한다. 덧붙여, 나쁜 선례를 만드는 것이 아닐까 하는 걱정을 많이 할 필요 없이 사건 해결에 집중하는 데 익숙해져 있기 때문에(사실심 법원의 판결은 선례가 아니다. 이는 차후 유사한 사건을 재판할 때 그 판결이 전범典範이 되지 않는다는 것을 의미한다) 사실심 법관 출신 항소법원 법관들은 개별 사건에서의 "형평성equities" ― 특히 그 사건에서 심금을 울리는 측면 ― 에 대해서는 주의를 더 많이 기울이는 대신 그 사건이 선례로서 가질 의미에 대해서는 사실심 법원에서 근무해본 적이 없는 동료 법관들보다 주의를 덜 기울이는 경향이 있다.

개인적 특성은 정치적 성향과 다를 뿐만 아니라 상치될 수도 있다. 그리고 때로는 개인적 특성이 정치적 성향을 극복하기도 한다. 이런 까닭에 보수적인 여성이 성차별 소송에서는 원고의 편을 들 수 있고, 흑인으로서 공화당을 지지하는 보수주의자가 '투표권법Voting Rights Act'의 적극적인 시행에는 찬성할 수 있으며, 이전에 진보적인 검사였던 사람이 지금은 형사사건에서 정부의 편에 설 수도 있는 것이다.

재판의 열린 영역에서조차 가치개입 이론 모형에 완전히 부합되게 사법행태가 이루어지지 않는 것에 관해 베이즈의 이론은 법관마다 갖는 사전확률의 강도에 차이가 있다는 점을 또 하나의 이유로 제시한다. 여느 법관들보다 "초연한(사심 없는)" 법관은 상대적으로 더 약한 사전확률을 갖고 일하는데, 그 이유는 지적으로 불안정해서 확신을 갖지 못하기 때문일 수도 있고 회의론적인 세계관 또는 냉정한 기질 때문일 수도 있다. 핸드는 "다혈질"이면서도 의심이 많은 사람이었다. 홈스는 "냉정한" 기질의 소유자였다. 일부에서는 홈스를 얼음장처럼 차갑고 의심이 많은 사람이라고 생각했다. 어떤 사람은 그를 망원경의 반대쪽 접안렌즈로 동료들을 바라보고 티끌을 많이 찾아내는 사람이라고 묘사하기도 했다.

회의론에는 모순이 있는 것처럼 보인다. 어떻게 확신을 못하는 상태에 있다는 것을 확신할 수 있을까? 마찬가지로 어떻게 회의론자가 회의론에 대해 회의하지 못할 수가 있을까? 그러나 이러한 역설은 철학적 회의론에 대한 도전일 뿐이다.[21] 인간은 일반적으로는 회의론자가 아니면서, 예를 들어 외부 세계가 존재한다는 것을 의심하지 않으면서도, 특정 주장에 대해서는 회의적일 수 있다.

가장 넓은 의미에서의 정치와도 무관한 개인적 배경과 이전의 경험들 (여성이 남성보다 성차별을 겪어보았을 가능성이 높은 데서 알 수 있듯, 이 양자는

---

21   여기에 대해서는 다음을 참조할 것. M. F. Burnyeat, "Can the Skeptic Live His Skepticism?" in *The Skeptical Tradition* 117(Myles Burnyeat ed. 1983); David Hume, *An Enquiry concerning Human Understanding*, § 12(1748).

연관되어 있다)이 판결에 영향을 미친다는 사실[22]은 재판의 규칙이나 규범이 제공하는 지침이 제한적이라는 이유에서 발생하는 법관의 재량의 폭을 더욱 확대시킨다. 개인적 배경이나 경험들은 법관이 판결을 내리는 많은 경우에 믿을 만한 근거가 될 수 없다. 법관이 여성이고 여성 특유의 경험들을 전형적으로 갖고 있다는 사실은 상이한 환경에서 상이한 여성이 겪은 성차별 사건에 대한 판단을 내리는 데 필요한 지식과 정보의 아주 작은 부분에 지나지 않는다. 따라서 성별이 ― 다른 개인적인 요인들과 마찬가지로 ― 법관이 판결을 내리는 데(이데올로기 같은 관련 요인들에 대해 필요한 교정을 한 후에 보더라도) 중요한 역할을 한다는 사실은, 법관들이 자신이 결단해야 할 사건의 실체적 진실에 관한 지식이 충분하지 않은 경우가 많고 이런 까닭에 지푸라기라도 잡는 심정이 된다는 것을 암시해준다. 이런 상황은 재판 과정에 걱정스러울 정도로 임의성을 많이 부여한다. 그러나 성차별 사건에 대한 남성과 여성의 반응이 다르다는 것이 반드시 편견을 반영한 것일 수는 없다. 어떤 사건을 재판하면서 어느 쪽 소송 당사자 또는 그 변호인과 성이나 인종, 종교가 같거나 다르다는 사실에 영향을 받는 것을 *의식적*으로 허용할 법관은 거의 없기 때문이다. 왜냐하면 이는 재판이라는 게임의 규칙을 크게 위반하는 것이기 때문이다. 남성과 여성의 반응이 다른 것은 판결을 내리는 데 개인적인 경험들 이외에 달리 의존할 곳이 없어서 나타나는 불가피한 귀결일 수 있다.

이런 사례들의 근저에 놓인 핵심은, 노동자의 업무 수행에 동기(유인)

22　이데올로기적 차이를 교정하고도 여전히 성별(젠더)의 독립적 영향을 발견한 연구인 Christina L. Boyd, Lee Epstein, and Andrew D. Martin, "Untangling the Casual Effects of Sex on Judging"(Northwestern University School of Law and Washington University School of Law and Department of Political Science, July 28, 2007)에서 이는 잘 드러난다. 또한 다음을 참조할 것. David R. Songer, Sue Davis, and Susan Haire, "A Reappraisal of Diversification in the Federal Courts: Gender Effects in the Courts of Appeals," 56 *Journal of Politics* 425(1994).

요인 또는 제약 요인이 미치는 영향력이 약할수록 업무 수행에 영향을 미치는 요소들이 많아진다는 것이다. 이는 특히 불확실성이 존재할수록 더욱 그러하다. 불확실성은 법관의 재판행위에 대한 동기 요인이나 제약 요인이 판결에 아주 적은 영향력을 미치도록 만드는 요소 중 하나다. 그렇기는 하나 업무 수행에 영향을 미치는 요소가 많아진다는 것이 어떤 사람이 훌륭하고 충직한 노동자가 되는 것과 양립하지 못하는 것은 결코 아니다. 공공기관에서뿐만 아니라 사기업에서도 일부 직원은 자신의 업무를 수행하면서 매우 큰 재량을 누린다. 그리고 누구든지 어느 정도는 자기 선입견의 포로가 된다. 그렇지만 사기업의 피고용자들은 법관보다 재량권이 작다. 그들은 하는 일의 질과 관련한 불확실성이 작기 때문에 평가하기가 더 용이하다. 고용주는 재정상의 하한선을 두고 있어 피고용자가 재정에 얼마나 기여하는가를 살피기만 하면 된다(이 일이 항상 쉽다고 말하는 것은 아니다). 사기업은 또 피고용자들의 행동을 통제할 수단들을 갖고 있다. 피고용자들이 노동조합에 가입해 있더라도 마찬가지다(그런데 오늘날에는 노동조합 가입자 비율이 낮다). 그러나 법관들의 고용주는 이러한 수단을 보유하고는 있으나 행사하지는 않는다.

이상의 결론인즉슨, 법관은 사기업의 임원보다 기술이나 노력 또는 기타 업무 수행의 여러 차원에서 격차가 크다는 것이다. 법관 지망자를 걸러내는 데 정치가 작용하는 바가 없다 하더라도, 그리고 그렇게 걸러진 법관 지망자는 일반 사기업의 신참자에 비해 경력 기간이 더 길기 마련이라 하더라도 연방법관에게는 외부에서 주어지는 제약 요인에서 자유롭다는 점과 또 법관의 업무 수행을 객관적으로 평가하기가 어렵다는 점이 작용하기 때문에 법관의 경우 대부분의 사기업 임직원에 비해 업무 수행상의 편차가 크다는 결과를 보인다.

법관과 다른 노동자들 사이에는 또 하나의 차이점이 있다. 대부분의 조직은 "예외관리management by exception"의 관행을 따른다. 판에 박힌 부류의 문제들은 조직의 맨 아래쪽 노동자들이 다룬다. 그러나 예외적인 문제가 발생할 경우 일선 노동자는 그 문제를 자신의 상급자에게 넘긴다. 그리고 그 상급자는 문제가 자신의 역량을 벗어날 경우 마찬가지로 *자신의* 상급자에게 넘기고, 계속해서 이와 동일한 과정이 펼쳐진다. 이런 과정을 통해 고용주는 숙련된 노동력에 지출하는 비용을 절약한다. 사법부도 계층적인 구조를 갖고 있다. 그러나 법관들은 어떤 심급에 있건 간에 판에 박힌 문제뿐만 아니라 예외적인 문제까지 함께 처리한다. 판에 박힌 문제는 법규주의적 기술로 결론을 낼 수 있는 종류의 문제라 할 수 있다. 사건이 그렇게 처리될 수 있는 경우 법관은 법규주의적 기술을 사용하는 데 충실하고 보통 그렇게 한다. 그런데 이상한 일이지만, 법관의 육성 과정에 판에 박힌 것이 아닌 예외적인 문제를 다루기 위한 훈련은 제공되지 않는다. 그 이유는 아마 사법부의 기성 유력자들이 법관은 법규주의적인 분석을 하는 사람이고 따라서 전적으로 규칙에 구속되어야 한다는 가식을 유지하고 싶어 하기 때문일 것이다. 그러나 그 결과 법관은 법규주의 분석법으로는 결론을 낼 수 없는 사건에 처했을 때 재량으로 활개를 치게 될 뿐만 아니라 혼란스러워 어쩔 줄을 모르게 될 것이다.

여가에 대한 선호도로 인해 법관들이 법규주의적 기술을 사용해 가능한 한 많은(또는 그 이상의) 사건들을 해결하는 것처럼 보일 수도 있다. 법규주의는 법관들이 가장 잘 알고 있고 가장 마음 편하게 쓸 수 있는 기술일 뿐만 아니라, 법관의 의사결정 과정에서 제대로 다루기 어려운 부류의 자료들(예를 들어, 입법 과정, 공공 정책, 그의 결정이 가져올 결과 등)은 배제하도록 요구함으로써 사실상 법관이 연구·검토의 많은 부분을 생략해도 되도록 만든다. 그런데 동전의 다른 한 면을 보면 비법규주의적 요인에 의거한 판결 역시 어떠한 연구도 요구하지 않는다. 그저 소송 당사자가 누구인가를 알고 어느 쪽이 "정의"와 "공정"에 대한 이론화되지 않은 법관의 생각에 부합하는가를 분별하기만 하면 된다.

이상의 논의에 비춰 열린 영역에서의 재판 업무는 법관이 경제학을 공부함으로써 개선될 수 있다고 나는 주장한다. 반독점법, 계약법, 공익사업법, 대중운수업에 관한 규제, 회사법, 연금법, 재정법, 지적재산권법, 적법절차와 구제, 환경법의 주요 부분들, 그리고 불법행위법과 형법의 일정 부분 등의 영역에서 법원은 (법관이 판결의 사회적 효과를 고려할 필요 없이 사건의 사실들에 적용할 수 있는) 뚜렷이 정형화된 규칙으로는 처리하기 힘든 쟁점들을 경제학적 접근법을 통해 처리해왔다. 즉, "공정 이용fair use" 원칙하에서 저작권부 상품에 대해 승인되지 않은 복제를 얼마나 허용해야 할 것인가, 제조업자가 소매상에 대해 자신이 허용한 최저 금액 이하로 물건을 판매하는 것을 금지하도록 허용해야만 하는가(이것이 1장에서 논의한 리긴 사건의 논점이다), "충성소비자 리베이트loyalty rebates"(어떤 판매자가 취급하는 상품의 다수를 구입한 소비자에게 연말에 주는 판촉성 반대급부)는 반경쟁적 행위로 간주해야 하는가, 또는 노동자가 "공개되고 명백한open and obvious" 위험으로 부상을 입었더라도 피해를 보상받을 수 있는가 등의 문제들은 법규주의적 기술로 풀 수 없으며, 타고난 직관으로 다뤄서도 안 된다. 아마 이러한 문제들은 법관이 경제학에 관한 기본 기술과 통찰력을 갖출 경우 상당히 객관성 있게 답할 수 있을 것이다. 객관성은 법규주의자들의 주된 목표 가운데 하나인데, 이는 때때로 법규주의적 방법이 아닌 다른 방법으로 달성될 수 있다.

3

'때때로 입법자'인 법관

만일 법관들이 로버츠가 대법원장 인준 청문회에서 재확인했던 극단적인 의미에서의 법규주의자들이라면 법관의 업무 수행 동기는 사람들의 흥미를 끌지 못할 것이다. 로버츠는 법관은, 설사 대법관이라 하더라도, 볼이냐 스트라이크냐를 선언하는 야구 심판에 지나지 않는다고 말했다.[1] 이 말은 법관이 행정부나 입법부 공무원과는 달리 의지will가 아닌 판단judgment을 수행하는 공무원이라고 정의한 알렉산더 해밀턴[2]이나, 법관은 그저 신탁神託에 의한 법적 판단을 전하는 사람이라며 ─ 문자 그대로 해석한다면 ─ 해밀턴이나 로버츠보다 훨씬 더 수동적인 정의를 내렸던 윌리엄 블랙스톤William Blackstone의 말[3]을 오늘같이 스포츠에 광분하는 시대에 맞춰 업그레이드한 것이라 할 수 있다.

---

1   상원 사법위원회 109차 회의 제1세션 56(2005년 9월 12일).

2   *Federalist No. 78*(1788), in *The Federalist Papers* 226, 227(Roy P. Fairfield ed. 2d ed. 1966).

3   William Blackstone, *Commentaries on the Laws of England*, vol. 1, p. 69(1765).

로버츠는 법관을 심판에 비유함으로써 상원 인준 청문회의 장애물이나 함정을 피하려 한 것이다. 그리고 그는 변호사로서 큰 성공을 거두며 살아왔으므로(따라서 그는 심판이 아니라 타자였다) 그가 법관의 역할을 그렇게 묘사하고 찬양한 것은 자연스러운 일이었다(그는 대법원장이 되고 나서는 바로 견해를 바꿨다). 그는 물론이고 식견 있는 사람들 가운데 법관, 특히 상급심 법원 법관, 누구보다 특히 대법관이라면, 야구 규칙이 심판에게 주어지듯 사건에 적용하는 법규들이 법관에게 주어지는 것이라고 믿었거나 믿고 있는 사람은 아무도 없다. 사실 야구 심판이 볼이나 스트라이크를 판정하는 일만 하는 것은 아니다. 그들은 야구 경기의 규칙을 만들고 또 자신의 뜻대로 그 규칙을 변경시켜왔다는 사실을 상기해야 할 것이다. 투수들이 너무 강력할 경우 그들은 삼진三振 아웃이 아니라 육진六振 아웃 제도를 도입할 수도 있고 또 어떤 심판이 안타가 너무 많이 나오므로 투수를 보호해야 한다면서 이진二振 아웃 제도를 도입하는 것을 상상해볼 수도 있다.

이보다는 덜 명백하지만 로버츠의 비유에는 또 다른 오류가 있다. 최근까지 야구에서는 심판마다 스트라이크 존이 달라 투수들이 특정 심판의 스트라이크 존에 자신의 투구 기술을 적응시켜야 했다. 따라서 로버츠의 비유는 법관에 따라 헌법을 다르게 해석할 수 있다는 뜻이 된다. 심판이 행사하는 해석의 자유가 감내할 수 없는 지경에 이르렀다고 해서 미국 메이저리그 사무국은 2002년 시즌부터 투수의 모든 투구를 촬영하도록 카메라(판정 정보 시스템)를 설치했다. 이는 심판의 스트라이크 – 볼 판정이 통일된 기준에 따라 이뤄지고 있는지를 객관적으로 살펴보기 위해서였다. 만약 오판정 비율이 지나치게 높은 것으로 나타나면 그 심판은 제재를 받는다.[4]

4   David Gassko, "The Outside Corner," *Hardball Times*, Feb. 1, 2007, www.hardball
     times.com/main/article/the-outside-corner/(visited June 27, 2007); Tom Verducci, "Man
     vs. Machine," *SI(Sports Illustrate).com*, June 4, 2004, http://sportsillustrated.com, June
     4, 2004, http://sportsillustrated.cnn.com/si_online/news/2003/06/03/sc/(visited June
     27, 2007).

만약 사법부에 법관의 판결을 평가하는 유사한 시스템이 있다면 로버츠의 비유는 적절할 것이다. 그러나 물론 그런 시스템은 존재하지 않는다. "유추에 따른 추론"에서 늘 그렇듯이, 심판과 법관의 비교와 관련해 흥미를 끄는 것은 그들 간의 유사성이 아니라 차이성이다.

법규주의 방법으로는 판결을 내리기가 불충분할 때 법관들은 정치적인 색깔을 띨 수 있는 신념이나 직관에 의지하게 된다는 것을 로버츠는 알고 있다. 물론 여기에서 정치는 보통 특정 정파와 관련된 파당적 의미를 뜻하는 것이 아니며,[5] 또 법관은 자신의 판결이 자신의 정치적 성향에 따라 영향을 받는다는 사실을 알지 못할 수도 있지만 말이다. 법관이 법규주의적으로 결정지을 수 없는 사건을 맡을 때 직관과 신념에 의존하게 되는 이유는, 사건에 대한 판결을 내리는 것, 그것도 최선의 판결을 상당히 신속하고 효율적으로 내리는 것이 법관의 지상 명령이기 때문이다. 어떤 사건에 임했을 때 사법결정상의 전통적인 자료들을 정직하게 사용해서는 수긍할 만한 결론이 나오지 않는 상황에 봉착했다고 해서 법관이 두 손 놓고 계속 숙고만 할 수는 없다. 사안에 제정법령을 적용하는 데 두 가지의 해석 규칙이 병존할 수 있고 그 각각의 결과가 서로 다를 때에는 전통적인 자료들이 *어떠한* 결론을 내지 못할 수도 있다.

"결정한다to decide"는 것과 "결론을 낸다to conclude"는 것은 일을 마무리 짓는 서로 다른 두 가지 방식이다. "결론을 낼 의무"라는 말이나 "결론에 도달한다"와 같은 말은 이상하게 들린다. 결정한다는 것은 행동이고 결론을 낸다는 것은 심사숙고의 결과다. 이러한 구별과 관련해 우리는 사법부와 학계가 긴장 관계에 있음을 감지할 수 있는데, 여기에 대해서는 8장에서 살펴볼 것이다.

법관이 결정이라는 강제적 의무로부터 자유로운 경우는 극소수에 지

5   Bush v. Gore, 531 U.S. 98(2000)은 예외다.

나지 않는다. "정치 문제political questions"에 관한 법리가 그 하나다.[6] 또 하나는, 적용할 법이 없어서 행정적 결정에 대해 사법심사를 할 수 없는 경우다.[7] 그리고 또 하나는 사건이 어떤 법원의 관할권 밖에 있는 경우인데, 이 경우에 법원이 내릴 수 있는 유일한 결정은 결정을 내리지 않기로 결정하는 것이다. 그러나 사안에 대해 결정을 내리지 않고 내버려둘 수는 없다. 판결은 법규주의 관점에서 보면 동전 던지기[법규해석상 반반의 확률로 어느 한쪽은 승리를 할 수밖에 없고 그래야 하므로 - 옮긴이]와 같은 것이기 때문이다. 유죄 평결을 받은 피고인에게 형을 선고하지 않고 내버려둘 수는 없는 것이다.

판결을 내릴 때 매번 법관의 정치적 성향 때문에 균형추가 한쪽으로 기우는 것은 아니다. 때로는 다른 고려사항들이 균형추를 움직이는데, 이 다른 고려사항들에는 개별 사건에 대한 특수한 고려사항도 포함되지만 법규주의자들이 특히 중히 여기는 제도에 관한 고려사항, 예를 들어 법원(법관)의 지식이나 권한에는 한계가 있는 만큼 법원(법관)이 특정 상황에 얼마만큼 개입할 수 있는가, 또는 자신의 판결이 법적 안정성에 어떤 영향을 미칠 것이며 선례나 제정법령의 문구를 지나칠 정도로 옹호하는 법원의 입장에는 어떤 영향을 미칠 것인가 하는 것들도 포함된다. 어떤 사건에서 특정 결과를 향한 법관의 정치적 성향이 약할수록 반대로 법규주의적 고려사항은 더욱 강하게 작용할 것이다.[8] 법규주의적 분석이 법적 예측 가능성이라는 사회적 이익을 증진시킬 것으로 기대되는 대부분의 일반 사건에서와 같이 이 경우에도 법규주의가 법실용주의의 특별한 경우로 이해될 수 있다. 심지어 어중간한 법규주의보다 철저한 법규주의가 최선의 실용주의적 전

---

6 다음을 참조할 것. Luther v. Borden, 48 U.S.(7 How.) 1, 46~47(1849).

7 Citizens to Preserve Overton Park v. Volpe, 401 U.S. 402, 410(1971). 또한 다음을 참조할 것. 5 U.S.C. § 701(a)(2).

8 그 증거로 다음을 참조할 것. H. W. Perry, Jr., *Deciding to Decide: Agenda Setting in the United States Supreme Court* 273~275(1991).

략인 법적 시스템을 상상할 수도 있다.[9] 그러나 미국의 시스템에서도 법규주의적 법관과 실용주의적 법관을 구별하는 것이 때때로 쉽지 않다. 만일 실용주의자가 규준보다 규칙에서 훨씬 더 큰 의미를 발견한다고 하자. 그는 규칙에 훨씬 더 무게를 둘 것이고, 규칙에 무게를 두는 데 성공할수록 법규주의의 지배 범위는 확대될 것이다. 밖에서 보자면, 그는 법이 법인 것은 오직 명백한 규칙을 적용할 때라고 생각하는 법규주의자와 똑같이 보일 것이다. 이것은 "규칙 공리주의자rule utilitarians"와 비슷한데, 규칙 공리주의자는 모든 행위의 효용에 대한 영향을 평가하는 것이 아니라 효용 간의 비교가 필요하지 않은 규칙을 도입함으로써 효용이 더 효과적으로 증진되는 경우가 종종 있을 수 있다고 믿는다.[10]

그러므로 로버츠가 든 심판의 비유 대신 나는 법관을 세 명의 심판이 볼과 스트라이크를 판정하는 방식에 각각 다른 대답을 내놓는 것에 비유해 보겠다. 첫 번째 심판은 사실 그대로 판정한다고 대답한다. 두 번째 심판은 자신의 눈에 보이는 대로 판정한다고 대답한다. 세 번째 심판은 자신이 판정할 때까지는 볼이나 스트라이크는 존재하지 않는다고 대답한다. 첫 번째 심판은 법규주의자다. 두 번째 심판은 실용주의적인 사실심 법관이다(사실심에서는 법관에게 어떻게 보이는가가 중요하다). 세 번째 심판은 열린 영역의 사건을 판단할 때의 상급심 법원 판사에 해당한다. 그의 활동은 발견이라기보다 창조에 해당한다.

로버츠는 전술에서 실수를 범한 듯하다. 그에 대한 인준 청문회는 상원의원들에게 대법관은 야구 심판과 같은 존재라고 믿게 하는 것이 중심 주제는 아니었다. 2007년 봄, 즉 인준된 지 2년도 채 못 되어 그는 대법원에서의 투표와 의견 제시를 통해 헌법의 주요 영역들을 재구성하려는 자신의 의중을 드러냈다. 그가 인준 청문회에서 한 말들과 대법관으로서 실제

---

9   Richard A. Posner, *Frontiers of Legal Theory* 219~220(2001).

10   이 비유(규칙 실용주의)는 이 책 9장에서 더 상세하게 논의할 것이다.

수행한 행위 사이의 긴장으로 말미암아 로버츠의 정직성에 금이 갔으며 또 이미 신뢰를 잃고 있던 상원 사법위원회 청문회에서의 증언이 더욱 신뢰를 잃게 되었다.

상급심 법원 판사들은 '때때로(비공식적) 입법자occasional legislator'다.[11] 그들은 공식적인 입법자들은 받지 않는 구속들, 예를 들어 누구와 상의할 것인가 또는 어떤 조사 방법을 사용할 것인가 등에 관한 의사 규칙과 제약들의 구속을 받으면서도 자신의 역량껏 입법 활동을 한다. 어떤 사건에 대한 판결 요지holding(핵심 취지)와 방론dicta(재판장의 부연 설명, 거칠게 말하자면 결론에 본질적으로 연결되지 않는 언급) 사이의 구별은 (비법률가들에 대해서는) 비밀스러운 구별인데, 특히 판결 요지만 선례의 효과를 갖는다는 점은 법관이 판결문의 형식으로 사실상 법의 효력을 가질 논문을 써서 발표하는 것을 막음으로써 법관의 입법 기능에 제한을 가하는 중요한 기능을 수행한다.[12] 그러나 법관들은 공식적인 입법자들이 누리지 못하는 자유를 누리기도 한다. 거래 비용이 적고(연방이나 주 의회 의원들의 수에 비하면 항소법원의 합의부를 구성하는 판사의 수는 훨씬 적다. 최상위 심급의 대법원에서조차도 이는 마찬가지다) 또 유권자들의 압력이라는 것이 통상 존재하지 않는다. 헌법 문제에 대한 결정을 내릴 때면 대법관은 마치 제정법령을 무효화시킬 수 있는 사법 권력이 전혀 존재하지 않는 체제의 입법자 같은 존재가 되거나, 또한 한 번 선출되면 절대 퇴출되지 않는 입법자 같은 존재가 된다. 그리고 법관에게 가해지는 제약 중 일부는 오히려 법관을 해방시키는 역할을 한

11　이것은 새로운 개념이 아니지만 여전히 귀에 거슬린다. "법이 침묵하거나 불명료한 상황에서는 법관이 마치 입법자가 된 것처럼 판결을 내리지 않으면 안 된다는 스위스 민법전의 원칙은 제러미 벤담(Jeremy Bentham)과 홈스를 거쳐 파운드 교수, 카도조, 라이트 경(Lord Wright)이 미국 법원에서 사실상 매일 일어나는 일임을 밝혔음에도 여전히 우리 귀에 거슬린다." Julius Stone, *The Province and Function of Law: Law as Logic, Justice, and Social Control; A Study in Jurisprudence* 500(2d ed. 1950).

12　Eric Rasmusen, "Judicial Legitimacy as a Repeated Game," 10 *Journal of Law, Economics and Organization* 63, 75(1994).

다. 즉, 재정적으로나 개인적으로 이해관계가 있는 사건은 담당할 수 없다는 사실은 마치 (의원이) 유권자에게 책임을 질 필요가 없을 때처럼 법관의 의사결정의 자유를 확대시켜준다.

법관들은, 비록 법규주의에 의거해서는 결정하기 어려운 사건들인 영역에 국한되기는 하지만, 모든 심급에서 공식적인 입법자들이 갖고 있는 만큼의 입법적 자유를 가진다고 말할 수 있다. 다만, 입법자들과 달리 법관은 현실적으로 정부에 무엇을 하라고 명령할 수는 없다. 법원에서 이와 같이 명령하기를 포기한 것은, 예를 들어 통학버스 운행 요구 같은 집행 명령 regulatory decree이 거의 이행되지 않는 것을 보고 뼈아프게 인식했듯이, 법원은 행정부 정책을 시행하도록 강제할 효과적인 수단을 갖고 있지 않기 때문이다. 법원은 행정부나 입법부 기관에 오직 '해서는 안 되는 것이 무엇인지'를 말할 수 있을 뿐이다. 이처럼 소극적이기는 하나 그렇다고 법관이 가진 입법적 기능이 작은 것은 아니다. 특히 연방대법원이 헌법의 이름으로 행정부나 입법부에서 진행하는 일을 정지시켰을 때는 파급 효과가 대단히 큰데, 헌법을 개정하는 것은 아주 어렵기 때문이다.

입법자들의 재선에 대한 바람은 이익집단들이 선거정치와 입법부에 행사하는 압력과 합쳐져 입법자들의 표결 성향을 어느 정도 설명해준다. 그러나 연방법관들은 선거나 재선, 또는 자금 모집이나 이익집단 등을 걱정할 필요가 없다. 그 결과 법관들 행위의 원천이 무엇인가와 관련해 불가사의해 보이는 면들이 나타나게 되었다. 이 불가사의를 해명하기 위해서는 앞의 장들에 제시한 내용들을 넘어서서 살펴볼 필요가 있다.

법관의 입법적 권능은 코먼로 영역에서 절정에 달하는 것으로 사람들은 흔히 생각한다. 코먼로는 명백히 법관들이 만드는 것인 만큼 사람들은 심지어 헌법재판보다 더 "무법적"일[법적 기준 없이 이뤄질 ― 옮긴이] 것이라고 생각한다. 그러나 사실 코먼로는 더 안정적이고 객관적이고 법다운 법이며, 헌법보다는 "진정한" 입법으로서의 성격이 덜하다. 코먼로는 보통 사회 일반과 법조계에서 높은 수준의 의견 일치를 본 사항들과 관련된 주제를 다룬다. 이런 까닭에 배경이나 정치적 신조가 상이한 법관들이 공통된 전제에서 법조계 및 정치계의 폭넓은 지지를 받을 만한 결론을 이끌어낼 수 있는 것이다. 배경과 가치 등이 각기 다른 사람들이 어떤 문제에 대해 의견 일치를 이룰 수 있다는 것이야말로 "객관적"이라는 말의 실제적인 의미다.

또한 코먼로에는 법관의 재량권 행사를 규율하기 위한 일종의 경쟁적인 과정이 작동한다. 코먼로와 관련된 동일한 쟁점이 여러 주에서 각기 제기되는데, 처음에는 결론이 다양하게 나오는 일이 많다. 그러나 중립적인 법관들이 이미 내려진 서로 다른 판결들을 비교함에 따라 점차 합의가 도출된다. 그리고 그 배후에는 코먼로를 제정하기도 하고 이를 다시 만들기도 하는, 사법부의 권능을 견제하는 역할을 담당하는 입법부가 판결을 파기할지도 모른다는 위협이 존재한다. 게다가 대법원은 하급 법원들에 비해 다루는 사건이 대단히 적다. 그리하여 마치 입법부처럼 일률적인 규범(예를 들면, 미란다 원칙의 고지Miranda warning, 로 대 웨이드 사건에서의 임신 삼분기 원칙, 체포된 지 48시간 이내에 체포의 이유를 고지받도록 한 것 같은 적법절차의 규칙)들을 제정함으로써 하급 법원을 통제하려는 경향을 갖고 있다. 대법원은 사건마다 그때그때의 임시적인 답을 내놓지 않으며, 코먼로 법원들과 마찬가지로 이전의 사건들을 비교하고 이의 차이점을 구분함으로써 넓은 범위에 걸쳐 있는 규준들을 점차 좁혀나간다.

우리는 "코먼로"와 "판례법case law"을 혼동해서는 안 된다. 미국의 법 시스템인 판례법 시스템은 코먼로를 포함하지만 코먼로가 판례법 시스템의 전부는 아니다. 헌법뿐 아니라(이 부분은 명백하다) 제정법령들조차 상당 부분 법관의 판결들로 형성되며, 여기에 때때로 "진정한" 입법자들이 개입한다. 코먼로 해석(논증)에서의 개방성은 코먼로가 아닌 미국 판례법에서도 마찬가지로 특징적인 요소다(다음에 나오는 브라이언 심슨Brian Simpson의 인용구 참조). 그러나 내가 언급했던 코먼로가 갖는 정형화regularizing(안정화)의 특성이 판례법의 여타 영역에서는 보이지 않는데, 헌법이 가장 현저한 예다. 반독점법뿐 아니라, 많은 부분이 판례법을 근거로 형성되었다고 할 수 있는 지적재산권법, 연금법, 노동법, 회사법 등 수많은 분야를 생각해보라. 우리는 미국 법의 몸통이라 할 수 있는 판례법을 법규주의자들이 법 자체로 취급할 수 있을지 의문을 갖게 된다. 논리적 오류에 입각한 것으로 보일 수 있는 선례(이런 경우는 드물다)가 아닌 통상의 선례가 파기되는 것을 그들은 어떻게 옹호할 수 있을까? 어떤 선례가 현재의 상황과 부합하지 않을 때 그 선례를 파기하는 것은 분명 입법행위에 해당한다.

코먼로가 안정화stabilizing라는 특성을 갖고 있다 하더라도 법규주의자들을 불편하게 하는 것은 분명하다. 프레더릭 샤우어Frederick Schauer가 설명하듯이 "코먼로는 오답을 조악한 일반화에 수반되는 불가피한 비용으로 보지 않는다. 그보다 코먼로는 모든 일반화가 임시적인 것이며 더욱 완성된 형태로 나아갈 수 있다고 간주한다."[13] 이 말은 "법은 규칙들로 이뤄졌다law of rules"라는 말과는 다른 뜻으로 들린다. 더 나아가 브라이언 심슨은 다음과 같이 설명한다.

코먼로의 역사상 어떤 법률에 대한 견해가 명료한 형태로 제시되거나, 정당성을 뒷받침할 완결된 자료집이 출간되거나, 법원의 의견을 법관 개인의 의견이 아닌 전체의 의견으로 만들어줄 어떤 회의가 소집된 적이 없는데, 이러한 것들은 예를 들어 프랑스에서나 있었다. … 물론 법을 정책에 대비시키고 법규나 선례를 원칙에 대비시키는 일 등등은 흔히 있어왔다. *그러나 이들의 차이를 고집하거나 또는 이를 정당화하는 논리를 내놓도록 요구하는 대표자 회의 같은 것이 코먼로적 논증*common law

13   Frederick Schauer, *Playing by the Rules: A Philosophical Examination of Rule-Based Decision-Making in Law and in Life* 178(1991).

*reasoning*을 통제한 적은 한 번도 없었다.[14]

　법관들은 일반적인 법문 및 선례들을 참조해서 판결을 낼 수 없을 경우에 비로소 입법을 하는 것처럼 보일지 모르겠다. 일부 법관들은 그렇게 한다. 그러나 다른 법관들은 선후관계를 달리한다. 그들은 입법적 판단에서 출발한다. 즉, ─ 단지 누가 이기고 지는 문제에서가 아니라 판결문에 어떤 규칙이 규준 또는 원리를 표명할 것인가라는 점에서 ─ 어떤 결론이 최선인지를 먼저 자문한다. 그리고 나서야 비로소 그 결과가 판결을 내리는 데 사용되는 전통적인 자료들에 의해 인정되지 않는지 여부를, 더 정확하게 말해 결과가 가져올 '이익'이 그 결과로 입게 될 법규주의적 가치(예를 들어, 법정 안정성)의 손상이라는 '비용'에 의해 상쇄되는지 여부를 고려한다. 마찬가지로 실용주의적인 또 다른 법관은 무시해서는 안 될 제정법령, 선례 또는 기타 권위 있는 법원法源에 의해 해당 사건의 논점이 해결되는지 여부를 자문하는 데서 출발할 수도 있다. 해당 사건 관련 변호인들은 해당 사건에 의미 있게 적용되는, 판례나 법령들에서 끌어올 수 있는 일반적인 주장들을 법관을 상대로 늘어놓을 것이다. 그러나 법관은 그러한 주장들이 해당 사건의 논점을 언급하고 있는지 여부를 결정하기를 원한다. 만약 들어맞지 않다면 그는 입법적 판단을 해야 할 것이다.

　대부분의 법관은 법규주의적 탐문inquiry과 입법적 탐문[15] 두 가지를 순차적으로 하지 않고 섞어서 한다. 법 원칙, 제도적 제약, 정책상의 선호, 전략적 고려, 그 사건에 관한 형평성 등이 뒤얽혀 어떤 사건에 대한 법관의 반응을 촉발하는데, 여기에는 법관의 기질, 경험, 야망, 기타 개인적 요인

14　A. W. B. Simpson, "Legal Reasoning Anatomized: On Steiner's Moral Argument and Social Vision in the Courts," 13 *Law and Social Inquiry* 637, 638(1988)(강조는 필자).

15　그 현저한 사례가 홈스다. 다음을 참조할 것. Thomas C. Grey, "Holmes on the Logic of the Law," in *The Path of the Law and Its Influence* 133(Steven J. Burton ed. 2000).

들이 영향을 미친다. 법관은 판단이 어려운 사건을 맡았다고 해서 "의지할 법이 더 이상 없으므로 이제 내가 입법을 좀 하지 않으면 안 되겠다"라고 말하지는 않는다. 그는 이제 결정을 해야 한다는 것과 자신이 (최대한 넓은 제한 내에서) 결정하는 것은 무엇이든 바로 법이 될 것이라는 사실을 알고 있다. 왜냐하면 때때로 입법자인 법관도 여전히 법관이기 때문이다.

판단에 대한 현상학적 접근은 법관의 동기와 사고에 대해 유용한 통찰을 제공한다. 웨인 마틴Wayne Martin은 판단(반드시 법적 판단만 뜻하는 것은 아니다)을 할 때 인간은 자유와 제약을 동시에 의식한다고 지적했다.[16] 판단한다는 것은 선택을 하는 것이기 때문에 자유이기도 하지만, 심의하는(반드시 집단적 심의만 뜻하는 것은 아니다. 사실심 법관도 심의를 하지 않으면 안 된다) 것이자 여러 대안의 경중을 다루는 것이기 때문에 제약이기도 하다. 동전을 던져 결정하는 것은 판단으로부터 도망치는 것이다. 제약을 받는 자유를 의식하는 것은 개인이 연산(알고리즘)적 판단을 하고 있는가 아니면 비연산적 판단을 하고 있는가를 의식하는 것과 동일하다.[17] 제약을 느끼는 감정은 연산적 판단을 하는 경우에 더 강하다. 따라서 법관은 입법적 판결을 내릴 때보다 법규주의적 분석에 의거해서 판결을 내릴 때 더 강한 제약을 느낀다. 그러나 입법적 판결을 내리는 경우에도 제약감은 존재한다.

법관이 재판에 임해 자신의 법규주의적 활동과 입법적 활동 사이에 날카로운 단절이 있다는 사실을 의식하지 못하면 판에 박힌 일상적 사건에 대한 고려와 특별한 사건에 대한 고려 사이에 간극이 발생한다. 특별한 사

---

16   Wayne M. Martin, *Theories of Judgment: Psychology, Logic, Phenomenology*, ch. 5(2006).

17   "인간의 추론은 대부분 연산적이지 않다. 무슨 말이냐 하면, (적어도 외관상으로) 인간의 추론이 논리와(또는) 수학과(또는) 확률, 다른 요컨대 컴퓨터 프로그램화할 수 있는 어떤 규칙에 맞게 진행될 수 없다는 것이다." David Hodgson, "Partly Free: The Responsibility for Our Actions beyond the Physical Processes of Our Brains," *Times Literary Supplement*, July 6, 2007, p. 15.

건에서 비법규주의적 판결을 내리는 데 익숙해진 법관은 일상적 사건에 임해서도 비법규주의적 고려가 슬그머니 작동하기 시작하도록 허용하기 쉽다. 이렇게 되기 쉬운 이유는 실제 법정에서는 순수한 논리로만 결론을 낼 수 있는 극단적인 사건과 입법적 판단으로만 결론을 낼 수 있는 또 다른 극단적인 사건이 마주치는 경우가 드물기 때문이다. 흔히 법관은 어떤 사건을 판결하기 위해 먼저 관련 법령을 문자 그대로 해석하기보다는 자유롭게 해석해서 적용할 규칙을 끌어낸 뒤 그 규칙을 사실관계에 기계적으로 적용해서 결과가 어떻게 나오는지를 살핀다. 다시 말해 입법적 판단이 법규주의적 판단에 선행하는 것이다. 그 반대의 경우도 일어난다. 즉, 먼저 관련 법령이나 상급 법원의 선례를 문자 그대로 해석해서 적용할 규칙을 끌어냈는데, 그 규칙이 해당 사건의 사실관계에 적용할 수 있는 유일한 규칙이긴 하나 잘 들어맞지 않는 상황이라면, 그럴 때 법관들에게는 입법적 판단(예를 들어, 그 규칙에 대한 예외 만들기)이 필요하다.

법규주의적 요소와 입법적 요소가 결합된 사건이 많기 때문에 법관은 스스로 자신이 1인 2역을 하는 사람이라는 사실 — 즉, 때로는 "진짜" 법관이고 때로는 사실상 입법자라는 것 — 을 잊게 되며, 따라서 자신을 때때로 입법자 또는 다른 어떤 종류의 입법자라고 생각하는 법관은 거의 없다. 어떤 이가 스키 타는 법 — 예를 들어, "코너를 돌 때는 낮은 쪽 스키에서 높은 쪽 스키로(내려가는 방향 반대쪽으로) 몸무게를 옮기고 두 스키를 평행으로 해야 한다"와 같은 것 — 을 배웠지만, 슬로프를 내려가기 시작하면서 그 규칙을 따르기로 마음먹지 않고(만약 규칙을 따른다면 그것은 습관의 힘 덕분일 것이다) 직진으로 한 번에 내려가려고 마음먹는 경우를 생각해보자. 할 일 많은 법관은 사건들을 현명하게 그리고 적절한 속도로 처리하려 한다. 사건에 대한 결정에 이르는 도중에 법관이 내리는 판단들에 있어, 법관은 그 판단들의 성격을 생각할 시간이나 경향, 자기성찰의 습관을 가지지 못한다. 만약 이런 생각을 해본다면 그는 사법적 결정에 이르는 매 단계에서 정통적인 방법론을 따르지 않았음을 깨달을 것이다.

법관이 행하는 입법의 양은 자신의 "합당한 영역zone of reasonableness" — 어떤 사건에 대해 스스로 부끄럽지 않으면서 재량껏 판결을 내릴 수 있는 대역 — 이 얼마나 넓은가에 달려 있다. 이 대역의 넓이는 재판부에 따라 그리고 법관에 따라 다르다. 법관의 사법부 내 서열은 이 대역의 넓이에 영향을 주는 제도적 요인 가운데 하나다. 서열이 높을수록 재량 행사의 권한이 — 반드시는 아니지만 — 더욱 크기 쉽다. 반드시 그렇지는 않다고 단서를 단 것은, 법관의 권한은 다른 법관들의 존재에 따라 희석되기 때문이다. 연방지방법원 재판부는 단독이지만, 연방항소법원 재판부는 두 명의 다른 법관들과 함께 구성되고, 연방대법원은 여덟 명의 다른 대법관들과 함께 구성된다. 심급이 높을수록 권한이 더 크지만, 심급이 높을수록 한 사건에 대한 권한이 더 많은 관여 법관들에게 배분되고 그럼으로써 각개 법관의 권한은 제한된다.

법관의 '합당한 영역'은 경험과 더불어, 즉 재판 절차를 더 많이 알고 이에 더욱 현실적으로 변화함에 따라 넓어지는 경향이 있다. 그러나 지적 능력과는 U자 모양의 관계라고 나는 추측한다. 아주 유능하거나 아주 무능한 항소법원 판사는 공히 이 대역이 넓다. 아주 유능한 판사들은 어떤 법규의 일반적인 문면 뒤에 숨겨진 법규의 목적과 문맥 — 이것에 따라 일반적인 문면이 새로운 사건을 통제하는 정도가 결정된다 — 을 빨리 알아차린다. 한편 아주 무능한 판사들은 정통적인 법적 자료(문헌)들을 잘 이해하지 못하고 따라서 변호인들의 감정적인 호소에 좌우되기 쉽다. 또한, 이와 밀접하게 연관된 결과이긴 한데, 이들은 특이한 판결을 제한하는, 예를 들어 법적 예견 가능성의 가치 같은, 시스템에 관한 고려에 내포된 추상적인 가치를 이해하지 못한다.

'합당한 영역'의 넓이는 법의 영역에 따라서도 다르다. 이데올로기적으로 일치를 볼 수 있는 영역에서는 대역이 더 좁은데, 계약법의 영역을 그 예로 들 수 있다. 그러한 영역에서는 예를 들어 계약의 자유에 대한 믿음, 또는 계약상의 책임에 대해 배심원단이 내릴 수도 있는 엉뚱한 결정을 막기 위한 방법으로서 문서로 된 계약이 중요하다는 믿음 같은 공통된 전제들을 법관들이 공유한다. 전제를 공유하면 법관들 사이에 동일한 결론이 나올 수 있다. 계약법에서 예견 가능성이 얼마나 큰 가치를 갖는지, 따라서 계약법의 법규와 원칙에 법관들의 의견이 수렴될 것으로 예견할 수 있는 상황이 얼마나 큰 가치를 갖는지는 명백하다. 계약법의 법규들은 대부분 구체적인 내용을 담고 있지 않다. 다시 말해 당사자들이 자신의 뜻대로 계약을 맺는 것이다. 당사자들은 법규들의 성격을 알고 이에 맞게 계약서를 작성하면 되는 것이다. 가장 상업적인 사회에 살고 있는 미국의 법관은 대부분 이 모든 것에 동의한다. 경제학적 분석이 재판의 도구로 받아들여지는, 예를 들어 계약법 같은 영역에서는 법규주의 방법이 아닌 경제학적 분석 방법이 법관의 재량을 축소시키는데, 그 결과를 보면 이 방법은 객관적이라고 느껴지는 결과를 내놓는 데 있어 자유 선택에 맡겨놓았을 때보다 반드시 덜 효과적이라고 할 수 없다.

'합당한 영역'은 법관의 감정이 개입되기 마련인 헌법 사건들에서 가장 넓다. 왜냐하면 헌법 조문은 지침을 거의 주지 않으며, 또한 감정이 시스템적 요인들(이 요인들이 법관의 재량 행사 욕구를 억제한다)을 누를 수 있기 때문이다. 우리의 정치체body politic는, 법관들에게 어떤 종류의 헌법이론을 받아들이게 만들어 법관이 재량을 행사하는 폭을 축소시킬 수 있다고 믿기보다는, 재량 행사를 불가피한 상황이라고 받아들인다. 그리고 만약 대법관들이 지나치게 자유롭게 입법권을 행사하는 것을 참을 수 없는 지경에 이르면 대법관 임명에서의 다양성을 크게 확대해 연방대법원이 더 폭넓게 국민을 대변할 수 있게끔, 그리하여 대법관들이 때때로 입법을 할 때 공식적인 입법자들이 선택하는 방향과 최대한 같게끔 해야 한다고 본다.

그러나 지금 상급심 법원 판사들이 많은 사건에서 입법자 역할을 하고 있다고 말하거나 심지어 그렇게 한 사건들을 적시한다 하더라도 우리는 그로부터 그들의 입법적 노선이 무엇이며 그들이 만들어내는 정책들이 무엇인가를 알 수는 없다. 또한 내가 2장에서 말했듯이, 법관은 "훌륭한" 법관으로 사람들에게, 그리고 특히 자신에게, 여겨지려는 욕망에 의해 동기를 부여받는다고 말하는 것만으로는 충분하지 않다. 문제는 여전히 너무나 모호한 채로 남는다. 왜냐하면 "훌륭한" 법관이 정확하게 무엇인지 불분명하며, 입법을 행하는 법관과 관련해서는 더욱 그러하기 때문이다.

이 문제를 푸는 열쇠는, 법관이 되기로 결심하고 또 계속 법관으로 남는 데 보통 결정적으로 중요한 것은 법관으로 일하는 것 자체가 주는 본연의 만족감으로, 여기에 비하면 외적인 만족감, 즉 돈, 권력, 존경 또는 유명세 등에 따른 만족감은 대단히 작다는 사실에 있다(다만, 대법관의 경우 급여는 작지만 그 밖의 것들은 작다고 할 수 없다). 법관으로 인준받는 데 시간이 많이 걸리고 또 그 과정에서 불쾌한 일들을 겪을 수도 있으며 법관직에 관한 금전적 기회비용이 매우 크다는 사실을 생각하면 더욱 그러하다.

법관으로 일하는 것 자체에서 얻는 본연의 만족감 중 하나로는 공직이 주는 효용을 들 수 있다. 그러나 아주 유능한 법률가들을 법원에서 일하게 하려면 그것만으로는 불충분하다. 미국에서는 공직에 대한 열의가 그다지 크지 않기 때문이다. 법관이 될 결심을 하기 위해서는 재판 자체를(법관의 자리가 아니라 법관이 하는 일을) *즐길* 수 있어야 한다. 그리고 재판을 즐기기 위해서는 과정, 즉 프로토콜을 즐겨야 하는데, 여기에는 (상급심 법원 판사의 경우) 변론서들을 읽고 구술 변론을 듣는 것(변호인들과 변론을 주고받는 것을 굉장히 즐기는 법관이 많다), 다른 법관들과 협상하는 것, 규칙과 규준을 세우는 것, 재판의 정치적·제도적 한계와 기회를 인정하는 것, 사건 심리 과정에서 드러나는 인간 희극을 즐기는 것, 판결문을 쓰는 것(요즘에는 보통 쓰는 것을 감독하거나 쓴 것을 편집하는 일이 되고 있지만) 등등이 포함된다. 그리고 판결 문안은 수사학의 원칙들을 지켜서 써야 하는데, 여기에는 사실

(들)을 선택하고 나열하는 방법이나 정통적인 법적 문헌자료를 처리하는 (때로는 거칠게 다루는) 방법, 또는 정책적 고려를 지나치게 표시나지는 않게 끼워 넣는 방법 등이 포함되는데, 이를 통해 판결문을 읽는 독자는 때때로 법관의 개성을 흘끗 보게 된다.

사법적 프로토콜을 정의내리는 요소는 아리스토텔레스가 말한 "교정적 정의corrective justice"다. 이 말은 당사자들을 재판해서는 안 되며 사건을 재판해야 한다는 의미이며,[18] 정의의 여신이 눈가리개를 하고 있는 것은 그러한 바람을 상징적으로 표현한 것이다. 눈가리개를 하는 것은 사건 당사자나 그 변호인 개개인을 보지 않겠다는 뜻이다. 즉, 그들이 가입한 정당이나 공동체에서 그들의 위치, 가족, 개인적인 매력, 성취의 기록, 어느 계급과 어느 민족에 속하는지 따위를 전혀 고려하지 않겠다는 뜻이다. 법관의 선서에는 "당사자가 누구인가와 관계없이 재판한다"라는 말로 교정적 정의가 표현되어 있다.

교정적 정의는 "법의 지배"라는 용어가 갖고 있는 의미 가운데 하나다. 이 다면적인 용어가 지닌 또 하나의 의미는 "인적 통치가 아닌 법의 통치", 즉 한 나라를 통치하는 것은 법이지 공직자가 아니라는 것이다. 또한 "법의 지배"라는 용어는 모든 공직자가 일반 시민과 마찬가지로 법절차 위에 있지 않고 법절차에 완전히 복종하는 정치 체제를 가리키는 데에도 사용된다. 그런즉 미국은 국가 전체가 모두 법 아래에 있다.

"법의 지배"가 "인적 통치가 아닌 법의 통치"라는 말이 지닌 두 가지 의미 중 어느 하나로 사용될 때 "법"이라는 단어의 의미가 조금 더 확장되어야 한다. 법은 일정 수준의 일반성, 예견 가능성을 가져야 하며 사람들에게

---

18 이것이 아리스토텔레스가 말한 바의 전부다. Richard A. Posner, *Law, Pragmatism, and Democracy* 284~286(2003) 참조. 교정적 정의는 불법행위 피해자에 대한 손해배상을 인정하는 것이라거나 그러한 배상이 교정적 정의의 예라고 제안하는 식으로, 교정적 정의에 실질적인 의미를 부여하려는 노력이 최근 이뤄지고 있는데, 내가 보기에는 성공적이지 못한 것 같다. 이 문제에 대해서는 7장에서 다시 논의할 것이다.

잘 알려진 상태에 도달해야 한다. 그렇지 않을 경우 부당한 정치권력으로 붕괴되고 말 것이다.[19] 만약 법관이 아무런 제약을 받지 않는다면 법의 지배가 아닌 법관의 지배가 될 뿐이다. 그러나 이러한 이분법은 만족스럽지 못하다. 우리는 비록 일정 한도 내에서이긴 하지만 사실 법관이 우리를 "지배"하기를 원한다. 사법부의 독립은 법관에게 권력을 부여한다. 이 권력은 법관에게 재량권을 행사하도록 허락해주고 또 사실 재량권 행사를 격려한다. 그리고 이를 통해 공식적인 법이 법관에게 가하는 제약을 약화시키고 그 결과 법의 지배를 약화시킨다.[20] 사법부의 독립은 커다란 사회적 가치를 갖기 때문에, 법의 지배가 사법 시스템을 이끄는 유일한 횃불일 수는 없다. 마치 법의 날에 법규주의자들이 정의의 이상을 묘사하면서 법의 지배를 모호하고 포괄적이고 감상적인 방식으로 규정함으로써 이 개념을 헝클어놓는 것과 마찬가지로 우리가 이 개념을 잘못 이해해서는 안 된다.

법관이 소송 당사자들의 개인적 특징을 추상화해 그들을 가령 부주의한 피해자나 부주의한 운전자, 판권을 도용한 자라는 식으로 권리와 의무의 할당에서 일정한 의미를 획득한 이익관계의 대변자로만 여긴다면 "법의 지배"보다 "교정적 정의"라는 말이 더 큰 의미를 가질 것이다. 로버츠의 비유에서 법관은 심판과 같아서 서로 다투는 양쪽의 어느 한편에 서지 않는다. 그러나 이 비유의 문제점은 법관이 특정 법규를 선호하거나, 또는 이익관계의 대표자들로 보여지는 소송당사자들 중 어느 한쪽을 더 선호할 수 있고 그 선호를 이행할 수 있다는 점을 부정한다는 데 있다. 바꿔 말하면 법관이 X라는 자연인이 아닌 검찰과, Y라는 자연인이 아닌 형사 피고인 가운데 어느 한쪽을 더 선호할 수 있음을 부정하는 것인데, 이처럼 어느 한쪽

---

19   다음을 참조할 것. Joseph Raz, "The Rule of Law and Its Virtue," in Raz, *The Authority of Law: Essays on Law and Morality* 210(1979).

20   Lydia Brashear Tiede, "Judicial Independence: Often Cited, Rarely Understood," 15 *Journal of Contemporary Legal Issues* 129, 159~160(2006).

을 선호하는 것은 야구 심판으로서는 ─ 적어도 판정 정보 시스템이 도입된 이후로는 ─ 있을 수 없는 일이다.

그럼에도 "사람을 고려하지 않는다"는 의미에서의 교정적 정의조차 절대적인 선으로 간주될 수는 없다. 아니, 적어도 미국의 법문화에서는 그렇게 간주되지 않는다. 민사사건에서는 부적절한 것으로 간주되지만, 형사사건에서는 ─ 오늘날 연방의 양형 기준이 (10장에서 살펴보겠지만) 권고적 지위로 강등되었기 때문에 더욱 그러한데 ─ 가령 피고가 군 복무 시 훈장을 탔다면 이를 고려해서 피고인의 형량을 정할 수도 있다. 민사사건의 경우라 해도 배심 사건에서는 이러한 고려들이 일정한 역할을 한다. 이는 미국 사법체계의 작동 방식과 관련된 전통적인 관념이 부적절하다는 것을 보여주는 사례들이라 하겠다.

"교정적 정의"라는 용어를 잘못된 것에 대해 구제방법을 제공해야 할 법적 의무가 있다는 의미로 해석할 경우 이는 혼란을 일으키기도 한다. 이는 일부 학자들에 의한 현대적 해석이라 할 수 있는데,[21] 그 해석은 이 용어를 처음 사용했고 여전히 권위 있는 해설자인 아리스토텔레스가 말하고 함축한 것과는 다르다. 교정적 정의는 재판 절차가 수행하는 기능이 소송 당사자 어느 한쪽의 손을 들어주는 데 있다기보다 잘못된 것들을 바로잡는 데 있다는 것을 원칙으로 한다.

이상에서 내가 묘사한 프로토콜을 좋아하지 않거나 또는 좋아하지 않을 것이라고 상원의원들이 생각하는 법률가는 연방법관이 될 가능성이 낮다. 따라서 규칙을 기꺼이 따르지 않을 후보자들을 걸러내는 것이 인준 과

21　예를 들어, 다음을 참조할 것. Jules L. Coleman, *The Practice of Principle: In Defence of a Pragmatic Approach to Legal Theory*, pt. 1(2001); Richard A. Epstein, "Nuisance Law: Corrective Justice and Its Utilitarian Constraints," 8 *Journal of Legal Studies* 49(1979). 또한 다음을 참조할 것. Gregory Mitchell and Philip E. Tetlock, "An Empirical Inquiry into the Relation of Corrective Justice to Distributive Justice," 3 *Journal of Empirical Legal Studies* 421(2006).

정의 한 기능이다. 그러나 (인준 과정의) 또 다른 기능이 중요해지고 있는데, 1장의 〈표 1〉과 〈표 2〉가 크게 대조되는 데서 알 수 있듯이, 연방법관의 임명에서 정치적 요인이 수행하는 역할이 한 세대 전에 비해 오늘날 더 커졌기 때문이다. 연방주의자협회the Federalist Society*가 결성되어 보수적인 수많은 연방법관을 키워낸 것이 이러한 흐름의 한 표지다. 또 하나의 표지는 개업 변호사층으로부터 임명되는 연방법관의 비율이 감소해왔다는 사실이다(6장 참조).

그 원인은 다양하다. 하나는 미국의 양대 정당이 점점 더 전국정당화함으로써 정실주의patronage보다 이데올로기에 더 의존하게 되었기 때문이다.[22] 예를 들어, 레이건 행정부 이래 연방항소법원 판사를 임명하는 데 정실주의가 차지하는 역할은 이데올로기의 다음으로 밀려났다. 또 다른 이유는 연방대법원이 낙태, 동성애, 선거자금 모금, 또는 더 나아가 선거 과정 일반에 대한 규제, 사형제 등과 같이 사람들의 정서에 반향을 일으키는 강도가 매우 높은 쟁점들을 정면에서 다루기 시작했기 때문이다. 연방대법원의 판결문들은 매우 도발적이고 공격적으로 서술되었으며, 반대의견들도 가차 없이 발표되었다. 또한 최근에는 외국의 판례들을 어지럽게 끌어다 쓰는 경향을 보여주고 있다(12장 참조).

이러한 환경에서 인준 절차는 연방법관 지망자 집단에서 이데올로기적으로 극단적인 인사들을 쳐내는 기능을 하게 만든다. 인준 절차가 고도로 정치화한 것이 역설적으로 재판 과정을 정치화하기 가장 쉬워 보이는 지망자들을 배제하는 효과를 내고 있다. 그러나 그 효과는 제한적이다. 법원은 어느 때든 서로 다른 시기에 임명된, 따라서 흔히 서로 다른 정치적

---

* '법과 공공정책 연구를 위한 연방주의자협회'의 줄임말로, 1980년대 초 미국의 사법 시스템을 보수적으로 개혁하기 위해 결성된 단체다. _옮긴이

22 Herbert M. Kritzer, "Law Is the Mere Continuation of Politics by Different Means: American Judicial Selection in the Twenty-First Century," 56 *DePaul Law Review* 423, 425~428(2007).

환경에 놓여 있던 법관들로 구성된다. 주류는 세월의 흐름에 따라 달라진다. 그리고 이는 한 법원에 몸담고 있지만 이데올로기적으로 양 극단인 법관들 간의 간격을 더욱더 벌리는 힘으로 작용한다. 어느 법관이 임명되던 초기에는 주류의 한가운데 있었으나 지금은 주류에서 한참 벗어나 있는 경우가 흔하다.

내가 "프로토콜"이라 부른 것을 "게임"이라고 부를 수도 있다. 당신은 체스 게임의 규칙을 따를 마음의 준비가 되어 있지 않다면 체스 게임을 할 수 없다. 재판 절차와 관련해 내가 이야기하는 이 게임의 규칙은 법적 규칙이 아니다. 나는 로버츠의 말을 되풀이하는 것이 아니다. 내가 이야기하는 것은 표현의 규칙, 경계선과 역할에 대한 인식, 절차의 가치, 전문적 문화 같은 것들이다. 다른 게임 참가자들에게 작동하는 외적 제한들로부터 법관이 자유롭다면 규칙에 대한 진심어린 복종은 보장될 수 없을 것이다. 체스를 규칙에 따라 두지 않는다면 당신은 아무것도 하고 있지 않는 것이다. 재판을 규칙에 따라 행하는 대신 법복을 입은 정치가로 행동할 경우라면 당신은 무언가를 하고 있는 것인데, 그 무언가는 당신이 재판이라는 게임을 일반적으로 기대되는 방식으로 수행하는 것보다 가치 있다고 생각하는 것일 수 있다. 그 차이는 재판이라는 게임에는 본래 입법적 요소가 포함된다는 사실로 더욱 무뎌진다. 때때로 입법적 결정을 해야 한다는 것은 우리가 알다시피 재판이라는 게임이 가진 가장 중요한 규칙의 하나, 즉 반드시 결정을 내려야 한다는 것과 밀접한 관계에 있다. 그러나 때때로 입법이 필요하다는 규칙은, 뚜렷한 사법적 프로토콜을 바탕으로 법관의 역할을 입법자의 역할과 구별하려 하는 다른 규칙들과 밀치락달치락한다. 그 결과 많은 법관은 비록 때때로이긴 하나 입법에 대한 의무가 게임의 규칙 가운데 하나라는 사실을 마지못해서나마 인정하지 않을 수 없다.

법관의 입법적 결정은 보통 다음 두 가지 종류의 선호에 따라 결정된다. 하나는 전체적인 측면의(체계적) 선호이고, 다른 하나는 그 사건이나 쟁점에 특유한 선호다. 후자에는 개인적이거나 (좁은 의미로) 정치적이지 않은 요소도 포함된다. 체계적 선호는 법관의 전반적인 법적 접근 방법, 법관의 성향, 또는 더 넓게 말해 그에게 사법철학(예를 들어, 원의주의, 진보적 적극주의, 주州의 권리, 자연법, 엄격한 해석, 사법자제, 근본적 권리 등 끝도 없는 것들)이 있다면 그것을 따르려는 욕구를 의미한다. 모든 법관이 그런 것은 아니지만, 자의적이거나 "결과 지향적"인 법관이라 불리기를 원하지 않는 상당수 법관들은 어떤 사법철학의 인도를 받아 개별 사건의 형평성을 고려하려는 자신의 반응을 통제했을 때 스스로 자부심을 느낀다("어려운 사건이 나쁜 법을 만든다"라는 상투적 문구에서 "어려운 사건"이라는 것은 풀기 어려운 사건이라는 뜻이 아니라 감정을 흔들어놓는 사건이라는 뜻이다). 이러한 전반적인 접근 방법들은 사실 다음 장들에서 살펴보듯이 너무나 취약해서, 예를 들어 소송 당사자가 속한 계급(소송 당사자가 속한 계급이란 실직자, 마약 중독자, 검찰관, 교통사고 희생자, 사기 피해자, 소규모 기업인, 대기업인, 이민자, 경찰관, 외과 의사, 회사 임원, 인디언, 농부 등의 유형에 속하는 사람들의 집단을 가리킨다)에 대한 연민같이 인정될 수 없는 근거에 기초해 내린 결정을 합리화하는 것보다 더 나을 것이 없는 경우가 허다하다. 이러한 접근 방법은 소송 당사자가 속한 계급 전체와 관련되기 때문에 체계적 선호에 해당된다. 체계적 선호는 일반적인 정치철학(법철학이 아니다)이나 세계관의 산물인 경우가 많은데, 대개 "진보주의liberalism"나 "보수주의conservatism"의 한 변종에 해당된다.

그러나 법관은 개별 사건의 특유한 사항에서 영향을 받기도 한다. 즉, 어떤 소송 당사자가 두 개의 서로 다른 범주에 속하는 경우로, 법관이 어느 한 범주에 대해서는 호감을 갖는데 다른 범주에 대해서는 혐오감을 갖는 상황을 상상해보라. 가령 어떤 외과 의사가 세금을 포탈한 경우, 또는 백인 여성 고위 관리자가 자신의 흑인 부하 직원에게 인종차별을 한 경우를 들 수 있다. 또는 어떤 소송 당사자가 자신이 속한 계급(집단)에 대해 법관이 갖고 있는 정형화된 관점에 도전하는 특성을 보이는 경우도 여기에 해당될 것이다.

　이상 법관의 입법적 결정에 큰 영향을 미치는 선호 유형들을 살펴보았다. 이제는 법관이 특정한 선호를 형성하는 데 영향을 미치는 힘들에 대해 살펴보자.

4

입법하는 법관의 심리

우리는 법관의 심리에 관한 탐구를 좁혀 진행해왔는데, 입법적인 판결이라 할 수 있는 판결 가운데 법관의 결정이 뚜렷한 사법철학이나 정통적인 법적 판단 자료들이 아닌, 다른 무언가에 의해 이뤄진 판결들을 대상으로 탐구해왔다. 그렇다면 그 다른 무언가란 "정치"라는 미끄럽고 파악하기 힘든 그 단어를 의미하는가? 제러미 월드론Jeremy Waldron이 다음과 같이 말했을 때는 그도 정치라는 바나나 껍질에 걸려 미끄러진 것이다.

법관도 한 사람의 시민으로서는 공화당 지지자이거나 민주당 지지자, 진보주의자이거나 보수주의자, 국가 안보 중시자이거나 개인 자유의 중시자, 부시 지지자이거나 그 반대자일 수 있다. 우리는 기본적으로 법관이 *단순히* 자신의 정치적 견해에 의거해 사건의 판결을 내리는 것은 잘못이라는 전제에서 논의를 한다. 물론 실제로 법관이 그렇게 판결을 내리기도 하지만 우리는 그것을 막고 싶어 한다. 이 점과 관련해 내가 지금까지 이야기해온 원칙들은 법관이 스스로를 규율하는 방법이 될 수 있을 것이다. 어떤 법관은 헌법을 정확하게 해석하는 방법을 찾아내 사건 판결이 자신의 정치적 본능에 따라 쉽게 좌우되지 않게끔 한다. 그리고 이 모든 원칙을 "법규주의적"이라는 이유로 거부하다 보면, 또한 법관이 스스로 필요하다고 판단되는 타협이나 전략을 무엇이든지 추구하도록 허용하다 보면 이러한 규율은 훼손될 것 *같다.*[1]

"공화당 지지자가 되거나 민주당 지지자가 되는 것, 부시 지지자가 되거나 그에 반대하는 자가 되는 것"은 한 정파의 지지자가 되는 것이다. 그러나 "진보주의자가 되거나 보수주의자가 되는 것, 또는 안보 중시자가 되거나 자유 중시자가 되는 것"은 똑같이 정치적이긴 하나 그 의미가 상당히 다르다. 사실 이 두 가지는 완전히 다른 의미를 가지는데, 왜냐하면 동일한 법관이 국가 안보 문제에서는 진보주의자 또는 보수주의자이지만 다른 쟁점들에서는 그와 다른 성향을 나타낼 수 있기 때문이다. 월드론은 이 차이를 분명히 하지 않았는데, 이것은 중요한 문제다(또한 위에서 인용된 부분의 두 번째 문장에 나오는 "*단순히*"와 마지막 문장의 "*같다*"라는 용어가 어떠한 의미로 의도되었는지도 의문이다). 미국의 양대 정당은 연합체들이다. 이 연합체들은 이데올로기가 일관적이지 않다. 법관은 민주당과 결부될 수 있는 일련의 정책으로 더 기울어질 수도 있고 또는 공화당과 연관이 깊은 일련의 정책으로 더 기울어질 수도 있다. 그러나 어느 정당이든 이데올로기적으로 단일하지는 않기 때문에 어떤 법관의 판결을 예측하는 데 ─ 심지어 법관이 입법자가 되는 열린 영역에서의 판결에서도 ─ 그가 어느 정당 지지자냐 하는 것은 오직 제한적인 가치를 가질 뿐이다. 어떤 법관이 국가 안보에 관한 사건을 맡았는데 정통적인 법적 문헌들을 들춰본 결과 분명한 지침을 얻을 수 없었다고 하자. 그 법관은 해당 사건과 관련해 국가 안보와 자유에 각각

[1] Jeremy Waldron, "Temperamental Justice," *New York Review of Books*, May 10, 2007, pp. 15, 17.

어느 정도의 비중을 두어야 하는지에 대한 견해를 가지고 있고 스스로 그 견해가 해당 사건과 관련해 적절하다고 생각한다면, 이 경우 설사 그 법관이 해당 주제에 관해 자신이나 다른 사람이 행한 불편부당한 연구 결과를 들어 자신이 행한 비중 배분(법익 교량)을 효과적으로 방어하지 못한다 하더라도 그를 당파적인 법관이라고 평할 수는 없다. 더 나아가 설사 그가 "소매급의retail" 정치적 견해, 즉 특정 쟁점에 대한 정치적 견해뿐 아니라 "도매급의wholesale" 정치적 견해, 다시 말해 일반적인 정치적 경향성 또는 간단히 말해 "이데올로기" — 여기서 이데올로기라 함은 사회적·경제적·정치적 문제에 대해 드러내는 어느 정도 일관성 있는 기본 관념의 집합체를 의미한다 — 를 갖고 있거나 또는 어떤 사건에 대해 열린 공간에서 답을 내야 하는 경우 자신의 답을 형성하는 데 큰 역할을 하는 세계관을 갖고 있다 하더라도 그를 당파적인 법관이라고 치부할 수는 없다.

열린 영역에서의 판결에서 법관은 이데올로기에만 의지하지는 않는다. 그러나 가치개입 이론가들이 주장하듯이 이데올로기가 주된 의지의 대상임은 분명한 만큼 여기서는 법관의 이데올로기가 어떻게 형성되는지, 그 원천이 무엇인지를 살펴보자. 이 주제는 흥미로운 주제이면서 아직 그다지 연구되지 않은 주제이기도 하다. 이데올로기를 형성하는 원천 중에는 도덕적·종교적 가치가 있다. 이러한 가치들은 성장 과정, 교육, 삶의 주요 경험, 직업상의 경험 및 그 사람이 어떤 종류의 경험을 추구하는가를 결정하는 개인적 특성 등을 통해 빚어진다. 개인적 특성에는 인종, 성, 민족, 기타 선천적으로 그 개인을 규정하는 요인뿐만 아니라 소심함이나 대담함같이 상황에 대한 반응에 영향을 미치는 개인적인 기질도 포함된다.

수년 전 예일대 법과대학의 얀 도이치Jan Deutsch 교수는 '정치적 사회화 political socialization'라는 명제하에 법관의 세계관을 형성하는 데서의 학교 교육 및 비공식 교육의 역할을 강조한 바 있다. 그의 연구는 연방대법관들에 관한 것이었지만 여타 법관들에게도 적용될 수 있다.

대법원은 의회와는 달리 사회적인 시스템이 아니다. 대법관의 과업은 집단적 성격이 아닌 매우 개인적인 성격을 띤다. 따라서 다른 대법관이나 다른 제도들이 새로 대법관으로 임명된 사람에게 미치는 영향력이 제한되어 있다. 그러므로 개별 대법관의 재량 행사에 효과적으로 제약을 가하는 요인들이 무엇인가를 탐구하려면 어떤 대법관이 어떤 일들을 해왔는가에 초점을 맞추기보다 그가 학교 교육 및 비공식 교육을 어떻게 받았는가에 초점을 맞춰야 하는데, 대법관에게는 이런 방식이 연방 하원의원들보다 훨씬 크게 필요하다 할 수 있다. 정치적 '사회화' 연구의 한 분야이기도 한 이 탐구는 아마 대법관이 된 사람들이 수행한 직업 훈련(교육)이 그들에게 어떤 영향을 주었는지를 조사하는 데서 출발하는 것이 유익할 것이다. 예를 들면, 어떤 대법관이 자신에게 가능한 합법적인 재량 행사의 범위를 어떻게 인식하고 있는가가 그가 과거에 받은 직업훈련 가운데 주로 정책 지향적이었던 것과 얼마만큼 상관관계가 있는지를 조사해보는 것이다.

대법원 판결들이 지금까지 국민적 신뢰를 받는 담보 역할을 해온 '논리적'이라는 외양을 점점 더 벗어던지고 있기 때문에 의회와 대법원은 제도적으로 어떻게 다른가에 관한 연구나, 대법관들이 이러한 차이에서 수반된 자기 권력에 대한 제약을 어느 정도로 내재화하고 있는가에 관한 연구가 필요하다. 이러한 연구의 성과들은 우리가 점차 '논리적'이라는 외양의 실재를 밝히는 데, 그리고 국민에 의해 역사적으로 승인되어온 대법원의 권위라는 상징적인 외양을 다 벗어던지는 데 도움이 될 것이다.[2]

훈련과 마찬가지로 경험도 사법행태에 영향을 주는 가치를 [법관이 되

2   Jan G. Deutsch, "Neutrality, Legitimacy, and the Supreme Court: Some Intersections between Law and Political Science," 20 *Stanford Law Review* 169, 260~261(1968).

는 사람의 마음에 – 옮긴이] 심을 수 있다. 어떤 법관은 자신이 법관이 되기 전 겪은 직업상의 경험 때문에 노동조합이 대부분의 노동자나 소비자에게, 그리고 경제 전반에 안 좋다는 신념을 갖게 되었을 수 있으며, 또 다른 법관은 반대로 기업의 임원 가운데 상당수는 탐욕스럽고 거짓말을 하며 근시안적이라는 확신을 갖게 되었을 수 있다. 이러한 경험들이 굳어져 법관은 일반적인 반노조적 또는 반기업적 이데올로기를 갖게 되고(반대로 이데올로기에 의해 경험이 만들어지는 경우도 있을 수 있다), 이는 부당노동행위 때문에 기소된 노동조합과 관련되거나 사기죄로 기소된 기업가와 관련된 호각互角의 사건에서 법관이 어느 한쪽 편을 드는 데 영향을 미친다. 또한 개인적인 특성과 전문적인 경험은 쉽게 한데 섞이는데, 일반적으로 개인적인 특성은 커리어의 선택에 커다란 영향을 미친다.

대법관이 어떤 결정을 할 것인가를 예측하는 데 그의 정치적 성향 외에 그가 명문 대학을 나왔는지, 검사로서의 경험이 있는지, 이전에 법관으로서의 경력이 있는지와 같은 부가적인 설명변수(독립변수explanatory variable)들을 포함시키는 경험적 연구가 유용하다는 점은 놀라운 일이 못 된다.[3] 1916년부터 1988년까지의 기간을 살펴보면, 북부 출신이고 도시 출신이면서 아버지가 공무원 생활을 해본 적이 없고 자신이 검찰 출신이 아닌 대법관이라면 민권civil right과 관련한 소송에서 원고 측 편을 들 가능성이 높았

---

3   다음을 참조할 것. C. Neal Tate and Roger Handberg, "Time Binding and Theory Building in Personal Attribute Models of Supreme Court Voting Behavior, 1916~88," 35 *American Journal of Political Science* 460(1991); Tate, "Personal Attribute Models of the Voting Behavior of U.S. Supreme Court Justices: Liberalism in Civil Liberties and Economics Decisions, 1946~1978," 75 *American Political Science Review* 355(1981); S. Sidney Ulmer, "Dissent Behavior and the Social Background of Supreme Court Justices," 32 *Journal of Politics* 580(1970); Ulmer, "Social Background as an Indicator of the Votes of Supreme Court Justices in Criminal Cases: 1947~1956 Terms," 17 *American Journal of Political Science* 622(1973); Ulmer, "Are Social Background Models Time-Bound?" 80 *American Political Science Review* 957(1986).

고, 시골 출신이면서 법관 생활을 오래 해왔거나[4] 검찰에 몸담은 적이 없는 대법관[5]이라면 경제 문제와 관련한 소송에서 진보적 입장을 취할 가능성이 높았다. 또한 우리가 알다시피 인종이나 종교, 성별 또한 이것들과 관련된 쟁점을 제기한 사건에서 법관이 어느 쪽으로 표결할 것인지를 예견케 하는 중요한 요소다.[6] 이러한 상관관계를 통해 우리는 법관이 판결하는 데 사용한 배경 지식상의 차이뿐 아니라 북부 출신 또는 도시 출신이라는 출신 배경과 종교적 배경과 같은 사회적 환경에서 그들이 흡수했을 가치들의 차이가 사법행태상의 차이를 가져온다는 사실을 받아들이게 되었다.

이상의 상관관계 분석에는 심리적 변수가 생략되어 있다. 그러나 심리적 요인 역시 — 신앙심에도 영향을 미치고 특정 경험을 더 두드러지게 만들기도 하는 감정이라는 요인까지 포함해 — 적어도 미국처럼 자유롭고 이동성이 커서 이데올로기의 폭이 상당히 넓은 사회에서는 이데올로기를 형성하는 데 큰 역할을 한다. 감정은 인간이 자신의 경험을 신념으로 변환시키는 데,[7]

4   대법원 내 진보적 대법관 네 명(스티븐스, 수터, 긴즈버그, 브라이어)의 법관 경력이 보수주의적 대법관 네 명(로버츠, 스칼리아, 토마스, 알리토)의 법관 경력보다 훨씬 길다는 것을 상기하라. 남은 온건보수파 대법관인 케네디를 보수파로 분류하면 이 관계가 약화되지만 그래도 이런 해석은 여전히 유효하다.

5   각주 3의 Tate and Handberg, 473~475.

6   1장에 언급한 내용 외에 다음을 참조할 것. David S. Abrams, Marianne Bertrand and Sendhil Mullainanthan, "Do Judges Vary in Their Treatment of Race?"(University of Chicago, 2007); Darrell Steffensmeier and Chestler L. Britt, "Judges' Race and Judicial Decision Making: Do Black Judges Sentence Differently?" 82 *Social Science Quarterly* 749(2001); Orley Ashenfelter, Theodore Eisenberg and Stewart J. Schwab, "Political and the Judiciary: The Influence of Judicial Background on Case Outcomes," 24 *Journal of Legal Studies* 257(1995); Gerald S. Gryski, Eleanor C. Main and William J. Dixon, "Models of State High Court Decision Making in Sex Discrimination Cases," 48 *Journal of Politics* 143(1986).

7   감정과 믿음 형성 및 의사결정 간의 관계에 대해 빛을 비추는 다음 토론을 참조할 것. Alain Berthoz, *Emotion and Reason: The Cognitive Neuroscience of Decision Making*, ch. 2(2006); Mary Douglas and Aaron B. Wildavsky, *Risk and Culture: An Essay on the Selection of Technical and Environmental Dangers*(1982).

그리고 법관이 사건을 이렇게 판결했을 때와 저렇게 판결했을 때의 각 결과에 어느 만큼의 무게를 부여하느냐(이것은 미국법에서 널리 사용되는 이익형량 심사balancing test에 결정적인 요소다)에 커다란 영향력을 행사한다.

　　감정의 역할은 다음의 사실과 관련되어 있다. 즉, 이데올로기 ─ 이것은 "가령 진보주의나 보수주의와 같이, 현저한 사회적 주제와 서로 의존하는 또는 그러한 주제를 둘러싸고 조직된 태도와 믿음의 덩어리 또는 구조물"[8]이라 할 수 있다 ─ 라고 불리는 믿음의 체계는

> 　　'실제적 자료에 의해 형성되는' 것이 아니라 극단적으로 '추정적 가설에 의해 주도되는 것'이다. 이데올로그들은 가장 일상적인 사건에서조차 자신의 적들이 어떻게 행동할 것인가에 대한 증거를 발견해내는 경향이 있다. … 믿음의 체계는 아직 총체적인 이데올로기로까지 발전하지 못해 단 하나의 핵심적인 내용을 가지고 모든 것을 설명하려 들지는 않는다 하더라도 이 세상이 던지는 수많은 모호한 자료들에 대해 추상적이고 쓸모없는 해석을 부여하려는 '상의하달top-down'의 성격을 갖는 경우가 적지 않다.[9]

　　자유지상주의나 사회주의 또는 원의주의가 "옳기" 때문에 사람들이 자유지상주의자나 사회주의자 또는 원의주의자가 된다는 말은 받아들이기 어렵다. 상당히 제한적인 형태의 경우를 제외하고는, 이것들이 모두 옳을 수도 없고, 아마도 그 어떤 것도 옳지 않을 것이다. 이런 주의ism들은 종교적 믿음처럼 사실에 근거를 둔다기보다는 가정(추측)에 의해 주도된다. 추

8　　Alice H. Eagly and Shelly Chaiken, *The Psychology of Attitudes* 145(1993).

9　　Robert P. Abelson, "Concepts for Representing Mundane Reality in Plans," in *Representation and Understanding: Studies in Cognitive Science* 273, 274(Daniel G. Bobrow and Allan Collins eds. 1975).

론능력 수준이 동일한 사람들이 동일한 정보에서 서로 다른 믿음을 형성하는 것은 흔한 일이다. 1960년대 말과 1970년대 초에 벌어진 베트남전 반대 학생 소요에 대해 학식 있는 사람들이 보인 반응들을 상기해보라. 어떤 이들은 공포심을 느꼈고 사회의 해체를 우려하기까지 했다. 또 어떤 이들은 들뜬 마음으로 사회 변화의 도래를 기대했다. 그들은 모두 동일한 현상을 보고 있었지만 전혀 반대로 해석했던 것이다. 그들이 동일한 정보에 서로 다른 반응을 보였던 것은 일종의 묻혀 있는 지식이라 할 수 있는 직관이 서로 달랐기 때문이다. 도덕 심리는 합리적이기보다는 직관적이고 다양하다. 도덕 심리에는 타인의 고통에 대한 걱정이나 은혜를 입으면 보답해야 한다는 의무감 같은 전통적인 인문교양적 가치뿐 아니라 집단에 대한 충성심, 권위에 대한 존중심, 또는 순수함이나 고결함을 지키려는 마음도 포함된다.[10] 이런 다양성은 법관을 포함한 많은 사람들이 진보적 또는 보수적 이데올로기를 받아들일 때 강한 도덕심이 동반되는 이유를 설명하는 데 도움을 준다. 나는 법관이 빠른 속도로 사법결정을 할 수 있는 요인으로 상식 및 훌륭한 판단력과 함께 직관을 지목하겠다(상식과 훌륭한 판단력은 직관의 사촌이라 할 수 있다). 또 하나의 사촌이라 할 수 있는 선입견에 대해서는 2장에서 논했다. 이데올로기는 넓게 보아 어떤 사건에 대한 법관의 최초의 반응에 색을 입히는, 일종의 선입견이라 할 수 있다.

이데올로기를 형성하고 이데올로기를 서로 다르게 만들어 이성적 논변을 토대로 타협하는 것을 불가능하게 만드는 직관 중에는 자유의지 대 결정론, 타고난 평등 대 타고난 불평등, 정신적 존재로서의 인간 대 두뇌만 큰 원숭이로서의 인간, 원죄론 대 장 자크 루소Jean Jacques Rousseau의 "고결한

---

10 다음을 참조할 것. Jonathan Haidt and Jesse Graham, "When Morality Opposes Justice: Conservatives Have Moral Intuitions That Liberals May Not Recognize," 20 *Social Justice Research* 98(2007); Haidt, "The New Synthesis in Moral Psychology," 316 *Science* 998(2007); Haidt, "The Emotional Dog and Its Rational Tail: A Social Intuitionist Approach to Moral Judgment," 108 *Psychological Review* 814(2001).

야만인"이 가진 근원적인 선량함과 같은 형이상학적 가정들이 있다. 이러한 가정들은 가혹한 형벌, 복지 프로그램, 고율의 조세, 국가 안보, 후견주의적 정부 등에 대한 사람들의 평가에 영향을 미친다. 왜냐하면 이런 평가들은 범죄를 어떤 사람의 의지에 의해 발생한 악으로 보느냐 아니면 유전자 또는 양육 과정에 의해 벌어진 사건으로 보느냐, 가난을 무책임한 성격의 사람이라면 마땅히 처할 상태로 보느냐 아니면 사회의 실패로 보느냐, 이타주의를 공직자라면 마땅히 가져야 할 동기로 보느냐 아니면 위선으로 보느냐에 따라 달라지기 때문이다. 형이상학적 논쟁은 논쟁 참가자들이 만족할 만한 해답을 제시할 수 없다. 이는 미국법의 핵심에 대해 서로 타협이 불가능한 불일치가 존재하는 이유를 설명하는 한 가지 단서가 된다.

직관이나 감정, 그리고 선입견은 모두 분명하고 논리적이며 단계를 밟아 풀어가는 추론과는 날카롭게 대비되는, 압축된 사고 또는 언어를 사용하지 않은 사고 형태[11]라 할 수 있다. 그리고 이러한 사고 형태는 모두 양육, 교육, 동료들의 믿음 또는 사회 일반의 믿음과 같이 분명한 요인뿐 아니라 개인적인 특성(개성)에 따라서도 영향을 받는다. 반세기 전에 테오도르 아도르노Theodor Adorno(및 그의 동료들, 이른바 버클리 학파)와 고든 올포트 Gordon Allport가 쓴 책들은 권위주의적 개성과 비권위주의적 개성을 구별함으로써 세상에 큰 영향을 미쳤고[12] 그 영향으로 사회심리학에 관한 수많은 저

---

11   실제 인간의 사고가 엄격하고 의식적·연산적인 추론에서 무수한 방법으로 어떻게 멀어지는가에 대해 다음을 참조할 것. Philip N. Johnson-Laird, *How We Reason*(2006); Miriam Solomon, "Social Cognition," in *Philosophy of Psychology and Cognitive Science* 413(Paul Thagard ed. 2007). 또한 다음을 참조할 것. Jeffrey J. Rachlinski and Andrew J. Wistrich, "Inside the Judicial Mind," 86 *Cornell Law Review* 777(2001); Jeffrey J. Rachlinski, Chris Guthrie and Andrew J. Wistrich, "Inside the Bankruptcy Judge's Mind," 86 *Boston University Law Review* 1227(2006).

12   Theodor W. Adorno et al., *The Authoritarian Personality*(1950); Gordon W. Allport, *The Nature of Prejudice*(1954). 성격과 이데올로기의 관계에 관한 최근의 포괄적 분석 서로는 다음을 참조할 것. John T. Jost et al., "Political Conservatism as Motivated Social Cognition," 129 *Psychological Bulletin* 359(2003).

술이 나왔다.[13] 아도르노와 올포트는 인종적 편견이 심리적인 원인 때문인지를 밝히고 싶었다. 연구 결과 그렇다고, 즉 인종적 편견은 심리적 부적응의 산물이라고 그들은 결론지었다. 미국 법현실주의 학자이자 후에 연방항소법원 판사로 근무했던 제롬 프랭크Jerome Frank도 이보다 더 이른 1930년에 쓴 『법과 현대 정신Law and the Modern Mind』이라는 책을 통해 법형식주의legal formalism를 정체된 심리 발달에 기인하는 것으로 보았다. 아도르노, 올포트, 프랭크는 모두 경직되고 이분법적이고 "우물 안 개구리식inside the box"인 사고방식 — 이는 정치적 또는 그 밖의 형태의 권위에 대한 위계존중적 태도와 밀접한 상관관계에 있다 — 이 유아기 부모와의 불화에 뿌리를 두고 있다고 보는 점에서 일치한다. 어렸을 때 권위주의적 성격이 형성될 경우 그 사람은 비합리적인 편견이 많거나(아도르노와 올포트) 또는 법을 유연하게 해석하기를 꺼려함으로써 사회 환경의 변화에 적응하거나 그 변화를 이해하는 데 실패할(프랭크) 가능성이 크다. 그러므로 법규주의자들은 권위주의적인 개성을 가졌다.

수십 년에 걸쳐 연구가 진행된 지금은 권위주의적 개성이 부적응의 산물이라는 믿음이 약화되었지만,[14] 아이가 부모의 지나친 보호 또는 통제를 받고 자란 결과 무서운 상황에 적응하는 심리 메커니즘을 발전시키지 못했을 때 권위주의적 개성이 형성된다는 주장은 여전히 존재한다.[15] 아이에게

---

13   예를 들어, 다음을 참조할 것. *On the Nature of Prejudice: Fifty Years after Allport* (John F. Dovidio, Peter Glick and Laurie A. Rudman eds. 2005); *Strength and Weakness: The Authoritarian Personality Today*(William F. Stone, Gerda Lederer and Richard Christie eds. 1993); *The Psychological Basis of Ideology*(Hans J. Eysenck and Glenn D. Wilson eds. 1978); Stanley Feldman and Karen Stenner, "Perceived Threat and Authoritarianism," 18 *Political Psychology* 741(1997).

14   John Duckitt, "Personality and Prejudice," in *On the Nature of Prejudice*, note 13, at 395, 401~402; Robert A. Altemeyer, *Right-Wing Authoritarianism* 112~115(1981).

15   Detlef Oesterreich, "Flight into Security: A New Approach and Measure of the Authoritarian Personality," 26 *Political Psychology* 275, 282~286(2005). 또한 다음을 참조할 것. Christel Hopf, "Authoritarians and Their Families: Qualitative Studies on the

두려움이 많아지면 나중에 커서 일반적으로 받아들인 사고방식이나 권위 구조에 도전을 받을 경우 이를 참지 못하게 된다는 것이다.

권위에 대한 사람들의 태도는 다양하다. 다만, 이 다양성이 정신 건강 상의 차이나 유아 때 부모와의 관계에서의 차이와 밀접한 상관관계가 있는 것은 아니다. 사회심리학자들은 사람들의 태도가 다양한 것은 부모, 교사, 동료, 개인적 경험 및 사회 전체로부터 갖게 된 믿음이 서로 다르고 또 배운 것이 서로 다른 데 기인한다고 본다.[16] 그러나 이 "사회적 학습"을 위주로 한 접근법도 충분한 설득력을 갖지는 못한다. 비슷한 정보와 논의에 노출된 사람들이 서로 다른 반응을 보이는 일은 흔하다. 같은 공동체에 속하면서도 믿는 종교가 서로 다른 것은 어떻게 설명할 수 있을까? 어떤 사람의 권위주의적 개성을 발달시키는 데 유전적 요인이 영향을 미치는 것으로 드러난 이상, 어떤 법관의 이념이 진보와 보수라는 스펙트럼 사이의 어디에 위치하는가에 학습된 믿음보다는 그의 개성이 영향을 미친다 하더라도 이는 전혀 놀랄 일이 못 된다.[17]

Origins of Authoritarian Dispositions," in *Strength and Weakness*, note 13 above, ch. 6.

16   Robert A. Altemeyer, *The Authoritarian Specter* 76~92 and ch. 6(1996). 또한 다음을 참조할 것. Hans J. Eysenck, *The Psychology of Politics*, chs. 8 and 9[1998(1954)]. 그리고 근본적인 문제, 즉 태도와 믿음을 결정하는 데 전체로서의 사회 환경이 미치는 무의식적인 영향에 대해서는 다음을 참조할 것. John A. Bargh and Erin L. Williams, "The Automaticity of Social Life," 15 *Current Directions in Psychological Science* 1(2006); R. W. Connell, "Political Socialization in the American Family: The Evidence Re-examined," 36 *Public Opinion Quarterly* 323(1972). 그리고 이는 법관들의 정치적 사회화에 관한 논의를 담은, 각주 2에서 인용한 얀 도이치의 글 앞부분과 유사하다는 사실에 유의하라.

17   Kathryn McCourt et al., "Authoritarianism Revisited: Familial Influences Examined in Twins Reared Apart and Together," 27 *Personality and Individual Differences* 985, 1008(1999); Amy C. Abrahamson, Laura A. Baker and Avshalom Caspi, "Rebellious Teens? Genetic and Environmental Influences on the Social Attitudes of Adolescents," 83 *Journal of Personality and Social Psychology* 1392(2002). 이는 〈이올란테 (Iolanthe)〉의 2막에 등장하는 프라이빗 윌리스(Private Willis)가 이미 발견한 사실이었다. 윌리스는 다음과 같이 읊었다. "내게 희극적으로 보이는 일이 있는데 … / 자연의 신은

내가 권위주의적 개성이라고 부르는 — 나는 이것을 경멸적인 의미로나 심리적 기형과 관련지어 말하지 않는다 — 유형의 성격을 가진 사람은 단순히 개인을 향한 위협과는 달리 사회 전체를 목표로 한 것으로 보이는 위협들, 즉 결혼이나 애국심 같은 지배적인 믿음과 가치를 위협하는 것에 대해 특히 강하게 반응한다는 사실이 누차 발견되었다. 그러한 사람들은 어떤 집단 또는 그 집단의 믿음과 결합해 안전(안보)을 추구하는데,[18] 그 이유는 사회적인 위협에 대해 개인적으로 저항하는 것은 비효과적이라는 사실을 알기 때문이다. 더 일반화시켜 말한다면, 권위주의적 성격은 무질서를 보면 반발심이 들고 위계질서를 존중하며 통제가 되지 않는 상황을 두려워한다. 그리고 모호함과 모호한 인간관계를 싫어해 예를 들어 전통적인 핵가족 모형이 아닌 가족 형태를 결코 좋아하지 않는다.

이제 우리는 권위주의적 개성에 포함된 정치적 인자들이 어떤 것인가를 알게 되었다. 존 조스트John Jost와 그의 동료들이 수행한 연구에 따르면, 보수주의 이데올로기의 핵심 요소는 변화에 대한 저항과 불평등을 수용하는 것이고 그 주변적 요소들은 "질서와 안정에 대한 욕구, 혁명적 변화보다는 점진적 변화에 대한 선호, 기존 사회 규범에 대한 집착, 권위 있는 인물들에 대한 이상화, 사회 상식에 어긋나게 행동하는 자들에 대한 처벌, 사회적·경제적인 불평등 지지"였다.[19] 이 연구는 개인적 특성, 즉 도그마주의,

<hr>

/ 세상에 태어나는 소년 소녀들에게 / 조금은 진보적이거나 / 아니면 / 조금은 보수파가 되도록 / 끊임없이 조화를 부리고 있는 것, / 참 희극적이다!"

18 각주 13의 Feldman and Stenner.

19 각주 12의 Jost et al., 342~343. Christopher Weber and Christopher M. Federico, "Interpersonal Attachment and Patterns of Ideological Belief," 28 *Political Psychology* 389(2007)의 정식화에 따르면, "우익 권위주의(right-wing authoritarianism: RWA)는 … 다음 세 가지, 즉 인습존중주의, 권위에의 복종 및 외부 그룹에 대한 공격성이라는 세 가지 사회적 태도를 결합한 것으로 규정할 수 있는데, 이것들은 한데 합쳐져 고도로 통일성 있는 태도를 취한다". 연구자들은 우익 권위주의가 가진 또 하나의 정치 심리를 지적했는데, 이를 "사회의 지배자가 되려는 성향(social dominance orientation: SDO)"이라고 부르면서 이렇게 말했다. "그리하여 우리는 불안한 마음으로 애착하는 유형의 사람들(individuals

모호성에 대한 불관용, 다가올 경험에 대한 닫힌 자세, 죽음에 대한 두려움, 일반적인 모든 위협에 대한 두려움, 질서와 구조와 완결성에 대한 요구 같은 것들이 우리가 이해하는 보수주의와 긴밀하게 결합되어 있음을 발견했다.[20] 이 특성들은 권위주의적 개성을 특징짓는다.

어떤 법관이 자신의 발달 과정상 민감한 시기에 베트남전쟁의 무질서를 겪었다고 하자. 만약 그가 권위주의적 성격이라면 그 무질서는 그를 질겁하게 해서 아마 그가 공화당을 지지하게 만들었을 것이다. 이를 두고 그가 현재의 공화당 강령을 모두 지지하는 것으로 해석할 수는 없다. 그러나 그가 보수적인 법관이 되었을 가능성은 높다. 이와 반대로 그가 만약 타고난 반골이라면 ― 즉, 지적인 또는 정치적인 권위를 증오하고, 모든 일을 문자 그대로 회의적으로 바라보며, 우연한 일이나 모호한 상황을 즐기는 성향의 사람이라면 ― 그는 아마 진보적인 법관이 되었을 것이다.

나는 지금 희화에 가까울 정도로 극단적인 경우들을 묘사하고 있는데, 권위주의적 개성, 공산주의자 등 극단적 좌익들의 권위주의[21] 또는 법관들

with an anxious attachment)은 이 세상을 위험하고 위협적인 곳으로 보고 따라서 그 위협을 줄이기 위해 ― 우익 권위주의의 형태로 ― 보수주의의 사회적·문화적 측면들을 승인하려는 경향을 보일 것으로 가정했다. 그에 반해 애착을 회피하는 유형의 사람들(individuals with an avoidant attachment)은 서로를 신뢰하지 않는 성향과 타인을 통제하려는 욕구를 특징적으로 보유한다. 그리하여 우리는 애착을 회피하는 유형의 사람들은 이 세상을 각 개인이 효용을 극대화시켜 서로 경쟁하는 무정한 정글로 보고 따라서 통제권을 행사하기 위해 ― 사회의 지배자가 되려는 성향의 형태로 ― 보수주의의 경제적 측면을 승인하려는 경향을 보일 것으로 가정했다." 같은 글, p. 405. RWA와 SDO와 관련된 축 가운데 하나가 '완고한 기질(tough-minded)', '유연한 기질(tender-minded)'인데, 이것에 대해서는 각주 16의 Eysenck의 책, 147 참조.

20   각주 12의 Jost et al., 366.

21   Jeff Greenberg and Eva Jonas, "Psychological Motivations and Political Orientation― The Left, the Right and the Rigid: Comment on Jost et al.(2003)," 129 *Psychological Bulletin* 376(2003); 각주 16의 Eysenck; Milton Rokeach, *The Open and Closed Mind: Investigations into the Nature of Belief Systems*(1960). 그린버그와 조나스는, 논의의 초점이 되는 양극은 진보주의 대 보수주의가 아니라 이데올로기적 경직성 대 이데올로기적 유연성이라고 주장한다. 이에 대해 조스트 등은, 분명 좌파 권위주의도 존재하긴 하지

이 빠져들 수 있는 (보통의 현대적 의미에서의 "진보주의"나 "보수주의"를 벗어난) 그 밖의 이데올로기에 대해 진보주의자들이 쓴 글이 어떠한 편견에 차 있는지 역시 무시하고 있다. 자유지상주의적 시장주의자들은 권위주의적인 사람이 되기 어려운 반면, 정치적으로 올바른 방향을 열심히 추구하는 사람들, 동물 해방론자들, 급진적인 환경운동가나 녹색운동가들은 권위주의적인 사람이 될 가능성이 꽤 있다.

나는 자신을 스스로 권위주의자라 "소개하는" 법관을 보지 못했다. 권위주의는 정상적인 분포도를 보이는(즉, 종鐘 모양의 분포를 보이는) 개성으로 보인다. 우리는 누구나 다소간 권위주의를 갖고 있다. 어떤 진보주의자들은 보수주의자보다 더 권위주의적이기도 하다. 보수주의자들이 편견을 갖는 것과 마찬가지로 진보주의자들도 편견을 갖고 있다. 다만, 다른 편견일 뿐이다. 진보주의자들도 편짓기에 참가하기를 원하며 어떤 내부 그룹의 일원이 되고 싶어 하는데 — 이것은 사람들에게 매우 중요하다[22] — 내부 그룹은 위험한 타 그룹에 반대하는 것으로써 스스로를 일정 부분 규명한다. 이들 역시 때때로 불안하고 경직된 사고방식에 사로잡히는데, 이러한 특징은 그들이 보수주의자의 특징으로 여기는 것들이다.

이러한 한계점에 대한 인식도 중요하긴 하나, 나는 개성과 정치적 입장 사이에 상관관계가 있다고 생각하며, 미국 법관의 대다수는 오른쪽은 권위주의와 보수주의이고 왼쪽은 비권위주의와 진보주의인 스펙트럼의 어딘가에 위치하기 마련이라고 생각한다. 또한 권위, 가족, 종교, 평등, 인간성 등의 쟁점, 그리고 믿음과 격한 감정이 뒤얽혀 있는 다른 문제와 관련되어 있어 법규주의에 의거해 판결을 내리기 어려운 사건에서 법관이 어느

만 미국 정치문화(공산주의나 그 밖의 좌파 급진주의가 완전히 죽어 있는 정치문화)에서는 보수주의와 권위주의적 개성 사이에 강한 상관관계가 있다고, 그리고 보수주의가 분명 변화를 지지하는 경우가 많기는 하나 그것은 일반적으로 이전에 있던 어떤 상태로 돌아가는 변화를 의미한다고 응답한다.

22   Solomon E. Asch, *Social Psychology* 605~606(1952).

편을 들 것인가를 예견하는 데에는 법관이 이러한 스펙트럼의 어디에 위치하느냐가 일정한 가치를 갖는다고도 생각한다.[23]

그러나 *어느 정도* 예견할 수 있을 뿐임을 명심해야 한다. 권위주의적 법관의 이데올로기적 확신도 가령 법규는 분명해야 한다는 제도적 가치를 존중하는 마음 때문에 뒷전으로 밀릴 수 있다. 이 제도적 가치는 권위주의적 성격을 가진 법관이라면 응당 중시할 가치다. 또는 이데올로기적 확신은 약하지만 법추론의 정통적인 도구의 효율성에 대해 큰 회의를 품는 법관도 있을 수 있다. 그러한 성향은 그를 정치적 성향을 쉽게 분류하기 어려운 실용적인 법관으로 만들 수 있다. 그의 이데올로기는 일관성이 없을 것이다. 그리하여 그의 이데올로기는 그의 배경이나 경험에 뿌리를 둔, 그리고 때때로 그의 이데올로기적 경향을 지배하는 강한 개인적인 감정과 충돌을 일으킬 수 있다. 그는 심지어 아무런 이데올로기를 갖고 있지 않을 수도 있다. 법관 중에는 권위주의적인 개성은 갖고 있지 않으면서도 권위주의자들이 갖기 마련인 믿음은 많이 가진 사람들이 있다. 홈스가 대표적인 인물이다(그는 "정신박약은 삼 대에 걸친 것으로 족하다"라거나 그 밖의 많은 "완고한 기질tough-minded"의 방론을 내놓음으로써 그가 빈번하게 보여준 진보적인 법적·개인적 견해들을 오히려 더 두드러지게 만들었다).

특히 권위주의적이고 보수적인 법관은 이데올로기에 의해 주도된 입법적 열정을 온건하게 만드는 딜레마에 당면한다. 그의 기질과 (기질에 밀접하게 연관된, 또는 기질에 의해 결정되는) 정치적 이데올로기가 그로 하여금 질서를 존중하게 하는 정도에 따라, 사법적 게임의 인습적인 규칙을 중시하려는 욕구는 법을 자신의 이데올로기에 합치시키려는 욕구와 다툴 수 있다. 사람들이 "법"의 권위에 경의를 표하기를 바라는 법관은, 법문과 선례가 이데올로기적으로 마음에 드는 결과를 내는 것을 막는다 할지라도 그러

---

23   다음을 참조할 것. 각주 11의 Johnson-Laird, 334~335.

한 법문과 선례의 권위를 받아들이고 싶은, 또는 심지어 그 권위를 찬양하고 싶은 마음을 가진다. 모호함을 참지 못하는 성향은 규준standard보다 법규를, 느슨한 해석construction보다 엄격한 해석을 선호하는 심리와 더 잘 어울린다. 10장에서 우리는 법규를 끔찍이 위하는 스칼리아 대법관의 마음이 미국 국기를 불태우는 것에 대한 그의 보수주의적 적의를 어떻게 억누르는가를 살펴볼 것이다.

그러나 국기 소각 사건을 통해 볼 수 있는 종류의 딜레마는 법관이 헌법 규정을 성경이나 코란에 필적하는 최고의 원칙으로 격상시킴으로써 보통 해결된다. 그런데 이 신성한 문헌들은 모두 심오한 모호함profound ambiguity이라는, 이데올로기적인 야심가들에게는 다행이라 할 속성을 공유하고 있다. 이 모호함은 부분적으로 그 문헌들이 오래되었다는 것에 기인하며, 그 결과 종종 현대 상황에 잘 맞지 않는다. 따라서 복종으로 묘사되는 공격적인 "해석"을 필요로 한다.

정치적으로 보수적인 이러한 반응("원의주의" 또는 "문언해석주의적 원의주의") – 이것이 다른 상황에서는 진보적 반응이 될 수도 있으나 문화적으로 지금보다 더 보수적인 시기를 원용하는 경향이 훨씬 강하기 때문에 결국 보수적이라 할 수 있다 – 은 법관들이 자기 판결의 근거를 과거에서 찾는 경향이 더욱 일반화되고 있음을 보여준다. 그들은 보수적으로 판결했다가 만일 도전을 받으면 자신은 미래 지향적인 입법자들이 취하는 방법론, 즉 서로 다른 결론이 사회적·정치적으로 어떤 결과를 가져올 것인가를 비교해 필요한 조치를 결정하는 방법론과는 다른 방법론, 즉 어떤 전제에서 논리 조작을 통해 결론을 끌어내는 방법론을 사용한다고 주장할 수 있다. 그러나 과거에서 근거를 찾는 것이 실제로는 법관의 입법 범위를 확장하는 결과를 낳는데, 이것은 법관이 실제 입법을 하는 사실을 숨기기 때문만이라고는 말할 수 없다. 현재의 선례들과 보조를 맞추지 않는 법관이나 대법관들은 과거의 판례들(또는 헌법 조문들)을 찾아 이를 판결에 안내자 역할을 하고 기반이 될 본래의 믿을 만한 텍스트로 삼는다. 그리고 그 기반이 오래되면 오래된 것일수록 역사적 재건 또는 지적 고고학 같은 이름을 내걸고 의미를 조작할 여지가 더 커진다. 예를 들면, 당신이 연방헌법 수정조항 제5조와 제14조에 규정된 적법절차 조항들의 문면을 아무리 뚫어져라 들여다본들 그 조항들이 법관에게 낙태의 권리를 창출할 권한을 주는지 판정할 수 없다. 당신은 헌법상의 권리는 함축적 표현으로 만들어질 수 없고 헌법에 명백한 형태로 기술되어 있지 않으면 안 된다는 해석 규칙을, 더 정확하게 말한다면 낙태의 권리 같은 특정 헌법상의 권리는 예를 들어 '적법절차에 의하지 않고는 자유를 박탈당할 수 없다'와 같이 일반적으로 표현된 헌법상의 권리에서는 도출될 수 없다는 해석 규칙을 채택할 수 있을 것이다. 그러나 이러한 해석 규칙을 채택할 것인가 말 것인가는 어떤 합의된 전제에서 추론함으로써 도출될 수 있는 것이 아니다.

원의주의자들은 이러한 도출이 가능한 것처럼 말하는데, 그렇게 말하는 것은 원의주의를 사르트르식의 그릇된 믿음Sartrean bad faith, 즉 선택할 자유를 부정하고 그리하여 개인의 책임을 회피하는 그릇된 믿음(자기기만)의 본보기로 만든다. 이데올로기 스펙트럼의 진보주의 쪽에도 유사한 사례는 풍부하다. 한 사례를 들면, 브라이어 대법관은 자신의 책 『역동적 자유Active Liberty』[24]에서 진보주의 법관도 해석자이지 창조자가 아니라고 주장했다. 법관이 자신의 의견에 대한 반대의견에 대해 단지 자기 의견에 반대되는 의견이라거나 심지어 잘못된 의견이라고 말하는 데 그치지 않고 확신에 찬 목소리로 "그러한 견해는 법에 근거를 둔 것이 아니다lawless"라고 선언하는 것은 전략적으로 매력 있기 때문에 사법철학에 대한 법관의 표현은 위선적이기 쉽다. 미국 법률가가 아닌 월드론은 이런 수사적 표현에 곧잘 속아 넘어갔다. 훌륭한 법관은 정치적 동기에 따라 내려진 판결은 배제한다는 "원

24 　나는 11장에서 이 책에 대해 토론할 것이다.

칙"을 지킴으로써 스스로를 규율한다고 믿은 그는 좋은 본보기로 스칼리아 대법관을 든다. 그러나 그는 스칼리아 대법관이 그러한 원칙을 채택하는 데에도 정치적 동기가 있을 수 있다는 사실을 염두에 두지 못한 것 같다.

사르트르식의 그릇된 믿음이 꼭 의식적인 것만은 아니다. 법관들은 악당이 아니다. 그리고 악당들조차도, 악당 역을 하는 배우들에게 주어지는 지침에 따르면, 스스로를 악당이라고 생각하지 않는다. 권위주의적인 법관은 법관의 판결로서 적법한 판결은 법규주의적 분석을 토대로 내린 판결뿐이라는 생각에 사로잡혀 있을 수 있다. 그는 자신이 내린 판결들이 적법하며 따라서 그 판결들은 틀림없이 법규주의적이라고 결론짓는다. 그리고선 자신이 내린 판결들은 정치적 이데올로기의 산물이 아니라고 스스로를 확신시킬 법규주의적 근거를 쌓는다. 그의 법규주의적 성향은 미래의 사건들을 자신이 지금 쓴 판결문으로 통제하려는 노력으로 나아간다. 그는 당면한 사건을 좁은 근거에 기초해 판결하는 대신 그 판결에 선례로서의 더 넓은 유효 범위를 부여할 법규를 선언하고, 그럼으로써 (적어도) 다음 사건은 연역적으로 판결할 수 있기를 기대한다. 그러나 이런 노력은 실패로 끝나기 마련이다. 왜냐하면 어떤 선례의 유효 범위는 후속 사건의 판결들로 결정되는데, 후속 사건에서 고려할 사항들이 선행 사건 판결에서 선언된 법규의 유효 범위를 좁히는 일이 계속 일어나기 때문이다.

마이클 맥코널Michael McConnell 판사는 원의주의가 "이데올로기적 입장이 아니며 법과 정치의 구별을 지켜주는 것이다. 헌법적 재판의 근거(*헌법의 법문, 역사, 전통, 선례로 확립된 내용*)는 법관 개인의 정치적 성향으로부터 독립된 것이기 때문에, *때때로* 문언해석주의 법관이나 원의주의 법관들은 *적어도 원칙상*으로는 마음 속 깊이 반대하는 법을 합헌이라 결정할 수도 있고 찬성하는 법을 위헌무효화할 수도 있다"라고 주장한다.[25] 내가 이탤

---

25   Michael W. McConnell, "Book Review [of Breyer's book]," 119 *Harvard Law Review* 2387, 2415(2006).

릭체로 표시한 부분은 내막을 드러낸 것이다. 오래된 원문을 해석하는 것, 전통을 분간하는 것, 어떤 선례를 "확립된" 선례로 분류할지 결정하는 것 (플레시 대 퍼거슨 사건 판결은 왜 "확립된" 선례가 되지 못했는가?), 나아가 "확립된" 선례라는 것이 정확히 무엇인가를 결정하는 것은 불확실성이 충만한 과제들이어서 법관이 어느 쪽 결과를 선호하는지가 그의 이론을 형성할 뿐 아니라 특정 사건에 대해 그 이론을 적용할 것인지 여부까지 결정하기도 한다. 온건한 법규주의자들은 어떤 제정법령의 목적이 해석의 지침이 될 수 있다는 것을 인정하지만 문언해석주의적 원의주의자들은 목적론자가 아니다. 어떤 제정법령이 어떤 의미를 갖는가를 결정하는 데 도움을 얻기 위해 입법의 역사를 끌어오는 것에 반대하는 운동을 벌였던 스칼리아 대법관을 생각해보라.

어떤 긴급한 문제에 불편부당한 분석을 적용했으나 분명한 해답을 얻지 못했을 때는 감정이 주인의 자리에 들어서게 되고 의식적인 지성의 역할이 이에 대한 합리화에 그치는 일이 종종 발생한다. 러디어드 키플링 Rudyard Kipling이 쓴 시 중에 병사와 경찰을 멸시하는 사람들을 조롱하는 시가 있는데, 키플링은 "잠자는 동안 자기를 지켜주는 제복 입은 사람들을 그들은 조롱하고 있으니"[26] 이것이 어찌된 일이냐고 읊었다. 당신은 그러한 감정이나 키플링의 표현법에 대해 강한 찬성 또는 강한 반대의 감정을 가질 수 있다. 그러나 당신은 당신과 반대되는 반응을 보이는 사람을 설득할 논거로 당신 자신의 견해를 방어할 수는 없을 것이다. 당신이 지적 수준이 높은 사람이라 하더라도 당신의 확신이 – 그것이 아무리 강력하더라도 – "옳은 것"으로 보일 수는 없으며 기껏해야 그럴듯하다고 보일 수 있음을 인식할 것이다. 그러나 이러한 인식 때문에 당신의 확신이 약해지거나 그 확신이 당신의 행동에 미치는 영향력이 약해지는 것은 아니다. 법관은 가령 어떤

---

26   Rudyard Kipling, "Tommy," in Kipling, *Barrack-Room Ballads: And Other Verses* 6, 7(1892).

소송 당사자나 그의 변호인에 대한 개인적인 호감 같은 감정적 반응을 한쪽으로 제쳐놓을 가능성이 높다. 왜냐하면 감정적 반응은 법을 다루는 게임에서는 금지되어 있고, 또 분별 있는 사람이라면 판단의 근거를 호불호에 두는 것이 얼마나 위험한지 알고 있기 때문이다. 또한 이러한 동기에 따른 결정은 자신의 정치적 목표를 드러내는 것이 아니기 때문이다(소송 당사자 중 어느 한쪽을 좋아하거나 싫어하는 것은 그 사건의 정치적 의미와는 상관이 없다). 법관의 감정적 반응이 소송 당사자를 어떤 집단의 대표로 본 데서 촉발되었을 경우, 따라서 그 반응이 소송 당사자가 각각 누구인가보다 그들이 각각 어떤 행위를 했는가에 초점을 맞출 경우에는 그 반응도 강렬할 수 있다. 그런데 이러한 반응에 의거한 행동은 당사자가 누구인가와 관계없이 판결을 내리는 것과 일치한다. 잘못된 행위에 대한 분개는 교정적 정의와 일치하지만, 소송 당사자에 대한 연민은 그렇지 않은 것이다.

감정적 반응은 말로는 표현하기 힘들면서도 사람의 마음을 사로잡는 성격을 갖고 있는데, 이것이 언제나 판결에서 감정을 부적법하거나 나쁜 근거로 만드는 것은 아니다. 법관은 불확실성을 더 이상 감소시킬 수 없어 연산 방법으로는 결론을 낼 수 없는 경우라 하더라도 판결을 내리지 않으면 안 된다. 감정도 사고의 한 형태일 수 있다. 다만, 압축된 형태의 사고이자 말로 분명하게 표현할 수 없는 종류의 사고다. 감정은 정보로 촉발되며 자주 정보에 대한 합리적 반응을 산출하기도 한다.[27] 어린아이가 당신의 자동차 앞을 달려 지나칠 때면 당신은 생각할 필요도 없이 아이를 피해 핸들을 돌릴 것이다. 그것이 어린아이를 쳤을 때의 상황을 따져보느라 멈칫거리는 것보다 더 합리적인 행동이다.

---

[27] *Frontiers of Legal Theory*, ch. 7(2007)에서 나는 — 수많은 문헌을 인용하면서 — 인식의 지름길로 유용한 감정과, 믿음이나 행동에 비합리적인 영향을 미치는 감정('감성주의'에서의 감정)이 어떻게 다른가를 강조해서 논의했다. 또한 다음을 참조할 것. 각주 11의 Johnson-Laird, ch. 6.

감정이 수행할 수 있는 인식상의 기능은 어떤 감정이 관여하고 있는가에 따라 다르다. 분노, 혐오감, 행복 같은 감정은 사람의 확신을 증가시킨다. 불확실성, 희망, 놀람, 공포, 근심 같은 감정은 그 반대의 효과를 낸다. 어떤 쟁점에 대한 판단에 확신이 있는 사람은 체계적 분석, 특히 아주 힘든 종류의 체계적 분석을 굳이 수행하려 하지 않을 것이다(다른 말로 하면, 그는 분석 대신 감정에 의존한다). 반면, 확신을 갖지 못한 사람은 그 반대의 성향을 보일 것이다.[28] 바로 그렇기 때문에 법관의 직관에 도전하는 사람의 말을 경청하도록 강제하는 미국의 대립당사자 소송제도adversary system는 더욱 의미를 갖는다. 덧붙여 이 제도는 소송 관계자들이 법관의 얼굴에서 이런저런 감정들을 읽을 수 있도록 해주기도 한다.

직관intuition은 여타 대부분의 의사결정에서와 마찬가지로 법관들의 의사결정에서도 주된 역할을 한다. 법관이나 기업가 또는 군 사령관은 결정을 통해 벌어질 수 있는 일들의 장단을 의식적으로 비교하거나 저울질하지 않고도 직관 능력[29]을 통해 가능한 선택지들 중 빠른 판단을 내릴 수 있는데, 이 직관 능력은 그 사람이 교육과 경험을 통해 얻은 지식의 잠재의식적 저장소에 (거의 "자동적이라 할 수 있을 정도의 습관으로"[30]) 도달할 수 있는 능

28 Norbert Schwarz, "Feelings as Information: Moods Influence Judgments and Processing Strategies," in *Heuristics and Biases: The Psychology of Intuitive Judgment* 534, 539(Thomas Gilovich, Dale Griffin and Daniel Kahneman eds. 2002); Larissa Z. Tiedens and Susan Linton, "Judgment under Emotional Certainty and Uncertainty: The Effects of Specific Emotions on Information Processing," 81 *Journal of Personality and Social Psychology* 973, 985(2001)("자기주도적 일 처리에서 확실성과 연관된 감정들은 불확실성과 연관된 감정들보다 더 큰 효과를 내며, 체계적인 일처리를 더욱 증진시킨다").

29 직관의 의미에 대해서는 다른 규정들도 있다. 다음을 참조할 것. Lisa M. Osbeck, "Conceptual Problems in the Development of a Psychological Notion of 'Intuition'," 29 *Journal of the Theory of Social Behavior* 229(1999). 그러나 이것들은 나의 관심사와는 거리가 있다.

30 S. Farnham-Diggory, "Paradigms of Knowledge and Instruction," 64 *Review of Educational Research* 463, 468(1994).

력[31]이라고 할 수 있다. 이런 의미에서 직관은 "판단"과 결부되어 있다.[32] 경험이 많은 사람들의 경우 스스로 쌓은 경험을 비록 대부분 잊더라도 그 경험들이 도전들 ─ 새로운 도전들이지만 실제로는 이전의 도전들과 유사해서 사실상 새롭다고는 할 수 없는 도전들 ─ 과 맞붙어 싸우는 데 유용한 지식의 자원으로 남아 있기 때문에 결국 "훌륭한 판단력"을 가졌을 가능성이 높다는 명제에서 알 수 있듯이 말이다. 미국의 사법 시스템하의 법관은 대부분 경험이 아주 많은 사람들이다. 그들은 대부분 중년 또는 그 이상의 연령이며 오랫동안 법관직에 종사해왔거나 법관이 되기 전에 변호사 또는 법학 교수 등 유관 직업에 종사했던 사람들이다. 그들의 경험은 자신의 직관에 풍부한 영양을 제공한다. 재판 과정에서 아주 중요한 역할을 하는 무의식적 선입견, 바꿔 말해 가치개입 이론가들이 말하는 바와 법관들이 스스로를 인식하는 바를 일치시키는 열쇠 역할을 하는 무의식적 선입견은 직관의 산물이다. 말이 나온 김에 덧붙이자면, 경험이 많은 법관일수록 새로운 사건에 대한 판결을 내릴 때 그 사건과 관련된 증거나 제기된 주장의 영향을 덜 받는다. 아마 이 사실을 알게 되면 변호사들은 분노할 테지만 말이다.

직관에 의지해 문제를 풀 것이냐 의식에 의지해 문제를 풀 것이냐를 선택하는 것은, 의식 아래 장시간 묻혀 있지만 직관으로 드러나는 지식들을 포함해 동원 가능한 지식의 *양*과[33] 어떤 종류의 것이든 간에 문제를 푸

---

31 예를 들어, 다음을 참조할 것. Robin M. Hogarth, *Educating Intuition* (2001); Roger Frantz, "Herbert Simon: Artificial Intelligence as a Framework for Understanding Intuition," 24 *Journal of Economic Psychology* 265, 273~275(2003).

32 Margaret E. Brooks and Scott Highhouse, "Can Good Judgment Be Measured?" in *Situational Judgment Tests: Theory, Measurement and Application* 39(Jeff A. Weekly and Robert Ployhard eds. 2006).

33 예를 들어, 다음을 참조할 것. "The Logic of Tacit Inference," in Michael Polanyi, *Knowing and Being: Essays* 138(Marjorie Grene ed. 1969); Richard N. Langlois and Müfit M. Sabooglu, "Knowledge and Meliorism in the Evolutionary Theory of F. A. Hayek," in *Evolutionary Economics: Program and Scope* 231(Kurt Dopfer ed. 2001).

는 데 사용할 수 있는 지식들의 *정확성* 모두를 균형 있게 고려할 문제라 하겠다. 무의식의 정신계는 의식의 정신계보다 훨씬 큰 용량을 갖고 있기 때문에[34] 직관이 다룰 수 있는 지식의 양은 방대할 것이다. 직관에 의해 지식을 다루는 방식에 대한 대안은 상대적으로 적은 의식적인 지식에 명백한 방식으로 하나씩 단계를 밟아나가는 추론을 적용하는 것이다. 그러나 이 방법은, 실제 재판에서는 대부분 시간에 쫓기기 마련인 데다, 시간에 쫓기지 않을 때조차 열등한 선택으로 판명되는 경우가 종종 있다. 어떤 결정을 내릴 때 여러 가지 요인을 고려해야 할 상황이라면 의식적으로 각 요인을 하나씩 평가한 다음 이를 결합해서 최종 결론을 내리는 것보다 당신의 직관을 사용하는 것이 더 좋은 성과를 낼 수 있다.[35] 의식적으로 정보를 처리하는 데 드는 비용은 매우 크기 때문에 직관에 의지하는 것이 분석적 추론을 따르는 것보다 더 빠르고 정확하게 결정을 내리는 방법이기도 하다.[36] 이것은 흔히 법의 열린 영역에도 해당되는데, 법의 영역이 열리는 것은 의사결정하는 것과 관련된 요인이 많을 때이기 때문이다. 그러나 평범하고

34   Ap Dijksterhuis et al., "On Making the Right Choice: The Deliberation-without-Attention Effect," 311 *Science* 1002(2006).

35   각주 32의 Brooks and Highhouse, 43; Timothy D. Wilson and Jonathan W. Schooler, "Thinking To Much: Introspection Can Reduce the Quality of Preferences and Decisions," 60 *Journal of Personality and Social Psychology* 181(1991); Pawel Lewicki, Maria Czyzewska and Hunter Hoffman, "Unconscious Acquisition of Complex Procedural Knowledge," 13 *Journal of Experimental Psychology: Learning, Memory and Cognition* 523(1987).

36   예를 들어, 다음을 참조할 것. 각주 35의 Lewicki, Czyzewska and Hoffman; Adrianus Dingeman de Groot and Fernand Gobet, *Perception and Memory in Chess: Studies in the Heuristics of the Professional Eye* 4(1996); Arthur S. Reber, *Implicit Learning and Tacit Knowledge: An Essay on the Cognitive Unconscious*(1993); Baljinder Sahdra and Paul Thagard, "Procedural Knowledge in Molecular Biology," 16 *Philosophical Psychology* 477(2003); Ido Erev, Gary Bornstein and Thomas S. Wallsten, "The Negative Effect of Probability Assessments on Decision Quality," 55 *Organizational Behavior and Human Decision Processes* 78, 92(1993).

판에 박힌 사건들을 처리하는 데에도 직관은 중요하다. 법관은 법규주의적 근거로 판결할 수 있는 사건을 법규주의적 근거로 판결하는 과정을 통해서도 경험을 쌓는데, 이러한 경험이 쌓이면 신참자보다 훨씬 빠른 속도로 판결을 할 수 있게 된다. 그리고 이는 정보를 처리하는 데 드는 비용을 절약하게 만든다.

따라서 경험이 많은 법관일수록 더 자신감을 갖고 자신의 직관적 반응에 의존하며[37] 체계적인 의사결정 방법에 덜 이끌린다. 체계적인 의사결정 방법이란 베이즈의 정리 같은 복잡한 알고리즘, 의사결정 나무decision tree, 인공지능, 편견 배제 기술 등을 말한다. 엄격한 방법론에 의거해 내린 의사결정은 직관적인 의사결정에 비해 더 어렵고 또 시간이 많이 걸린다. 그뿐만 아니라 그러한 방법론을 사용하기 위한 선행조건도 종종 결여되어 있기 때문에 이점이 불분명하다. 이는 법관이 베이즈의 정리에서 요구하듯이 관련된 확률을 계산하지는 않기 때문이기도 하지만, 나아가 관련 변수의 수량화를 배제하는 불확실성의 조건하에 많은 재판을 행하기 때문이기도 하다. 따라서 "불확실성하의 의사결정"이라는 용어는 오해의 소지가 있는데, 의사결정 이론가들이 사용하는 방법은 확률 계산을 요구하기 때문이다. 만약 확률 계산이 불가능한 경우라면 이는 곧 통계학자들이 "위험risk"과 구분해서 칭하는 "불확실성"이란 것이 되는데, 이러한 상황은 의사결정에 연산적 방법을 사용하는 것이 전혀 불가능하거나 지극히 어려운 상황임을 뜻한다.[38] 내가 앞서 베이즈의 정리를 활용한 것은 판결을 내리는 데서의 선입

37 다음을 참조할 것. Michael R. P. Dougherty, Scott D. Gronlund and Charles F. Gettys, "Memory as a Fundamental Heuristic for Decision Making," in *Emerging Perspectives on Judgment and Decision Research* 125, 144~149(Sandra L. Schneider and James Shanteau eds. 2003).

38 예를 들어, 다음을 참조할 것. Richard A. Posner, *Catastrophe: Risk and Response*, ch. 3(2004); Martin L. Weitzman, "Structural Uncertainty and the Value of Statistical Life in the Economics of Catastrophic Climate Change"(Harvard University, Department of Economics, Oct. 31, 2007). 어떤 보험의 보험료를 산정하기 위해서는 보험회사에서 보장

견의 중요성을 극적으로 표현하기 위함이지, 법관들에게 객관적으로 옳은 의사결정의 열쇠를 제공하기 위함이 아니다.

법관의 의사결정 방법은 단계적 사고보다 압축적·즉각적 사고[직관적 사고 – 옮긴이]에 의존하는 경우가 많기 때문에 흔히 그리고 불가피하게 불분명한 것이 사실이라 하더라도, 만약 법관들의 오판율을 산정할 수 있다면 그 방법이 옳은가 그른가를 판단할 수 있을 것이다. 때때로 특정 결정이나 판결 등에 대해 상당한 확신을 갖고 옳고 그름을 판정할 수도 있다. 하지만 전반적인 오판율을 계산하거나, 법관이 사용하는 의사결정의 특정 방법과 오판의 상관성을 밝히거나, 오판율이 "너무 높다"고(과연 무엇에 비해 높다는 말인지 모르겠지만) 판정하거나, (모든 제한하에 이뤄지는) 알고리즘에 입각한 의사결정이 직관적 결정으로 대체된다면 오판율이 낮아질 것인지를 판정하는 일은 현재 우리의 지식수준에 비춰볼 때 불가능하다. 바람직하지 못한 의사결정 방법이 잘못된 결론을 도출한다는 것을 알게 되면 그 방법을 포기하게 될 것이다. 그러나 어떤 판결의 옳고 그름을 판정하는 일이 불가능하다면 기존의 방법을 변경하도록 요구하는 압력이 존재하지 않게 될 것이다.[39]

그러므로 법관이 직관에 의존하는 현상(사법적 직관주의)은 앞으로도 오랫동안 유지될 것이다. 그뿐만 아니라 이러한 현상은 미국의 재판 구조 때문에 강요되는 것이기도 하다. 법관은 일 년 동안 수많은 표결을 행한다. 그런데 표결을 행하기 전이나 또는 그 후에 자신의 행위를 곰곰이 분석할

받는 손해가 본의 아니게 일어날 위험에 대한 수량적 평가[확률 – 옮긴이]가 가능하지 않으면 안 된다. 그 위험을 알 수 없다면 손실을 입은 보험 가입자에게 보상할 보험료를 산정할 수 없기 때문에 그 위험을 보장하는 것은 일종의 도박이다.

39　J. Frank Yates, Elizabeth S. Veinott and Andrea L. Patalano, "Hard Decisions, Bad Decisions: On Decision Quality and Decision Aiding," in *Emerging Perspectives on Judgment and Decision Research* 13(Sandra L. Schneider and James Shanteau eds. 2003).

시간을 갖지 못한다. 상급심 법원 판사의 경우 구술변론 전에 변론서를 읽고 재판연구원들과 (그 사건에 대해) 토론한다. 그리고 변론에서는 (양 당사자의) 주장에 귀를 기울인다. 변론 후, 보통은 바로 직후에, 동료들과 (그 사건에 대해) 짧게 토론을 하고 가표결을 행한다. 그런데 대개는 가표결이 최종 표결이 된다. 이 같은 매 단계에서 법관의 추론 과정은 기본적으로 직관적이다. 시간의 제약을 감안할 때 달리 어쩔 수 없다. 직관은 의식을 집중하는 것을 상당히 절약시키기 때문이다.[40]

법관은 자신의 판결에 대해 그 이유를 설명하도록 요구되기 때문에 재판에서 무의식의 역할을 찾기는 어렵다. 법관의 판결문은 ─ (사실은 대부분이 그러하지만) 설사 직관을 토대로 한다 하더라도 ─ 논리적인 단계별 추론에 의거해 자신의 결정에 어떻게 도달할 수 있었는지를 설명하려는 시도로 이해될 수 있다.[41] 그리고 판결문은 직관적 추론이 압축된 사고이고 언어로 표현되기 어렵기 때문에 일으킬 수 있는 오류를 검토하는 역할을 한다. 따라서 어떤 사건에 대한 법관의 직관적인 시각에 누가 도전하더라도 그러한 도전을 외면하지 않을 정도의 감정 상태를 법관이 가지는 것은 중요하다. 행복한 또는 화난 법관을 주의해야 한다!

그러나 이러한 검토는 불완전하다. 왜냐하면 사건 판결을 어떻게 내릴 것인가에 관한 표결이 판결문 작성보다 앞서기 때문이다. 그리고 설사 순서가 뒤바뀌더라도 법관들은 자신의 표결을 ─ 말로는 가표결이라고 하지만 ─ 가설적 표결로 취급하지 않는다. 다시 말해 판결문을 쓰는 단계에서 수행되는 조사연구로 수정될 수 있는 가설로 취급하지 않는 것이다. 이러한

---

40 각주 31의 Hogarth, 138. 내 논의의 초점은 상소심 법원 판사들에게 맞춰져 있다. 그러나 물론 공판 판사들도 규칙을 설정하고 사실을 확정하고 판결을 내리는 것과 관련해서 비슷한 ─ 아니 더 큰 ─ 시간적 제약을 받는다.

41 이 말을 달리 표현한다면 직관은 정당화 논리에 속하기보다 진실 발견의 논리에 속한다. 다음을 참조할 것. Kenneth S. Bowers et al., "Intuition in the Context of Discovery," 22 *Cognitive Psychology* 72(1990).

조사연구는 주로 자신의 의견의 논증과 증거들을 스스로 뒷받침하기 위한 조사연구에 그친다. 판결문은 설명하기보다 정당화하는 데 치우치며, 이른바 '확증 편향confirmation bias'으로 왜곡된다. 확증 편향이란, 사람은 한번 마음을 먹으면 애초의 판단에 모순되는 증거보다 애초의 판단을 확인해주는 증거를 더 열심히 찾는다는 것으로, 충분히 입증된 현상이다.[42] 그러나 판결문은 공적인 문서이기 때문에 재판 절차의 규범에 부합했는가, 그리고 특히 합당한 정도로 법규주의에 의거했는가 하는 심사를 받을 수 있다.

확실히 법규주의가 중요하긴 하나 그것이 전부는 아니다. 왜냐하면 법은 법규주의로 다 설명될 수 없기 때문이다. 공표된 판결문에는 법관이 판결에 이른 진정한 이유가 드러나 있지 않은 경우가 종종 있다. 그럴 경우 그 진정한 이유는 법관의 무의식에 묻히게 된다. 만약 애초의 직관적인 판단이 판결 내용과 달랐다면 아마 애초의 판단을 지지하는 똑같이 그럴듯한 내용의 판결문이 쓰였을 수도 있다. 그렇다면 판결문에 쓰인 추론은 결정의 진정한 이유가 아니라 합리화인 것이다. 이 말은 공표된 판결문들의 사회적 가치를 훼손하려는 것이 아니다. 단지 그 한계를 지적하려는 것이다. 공표된 판결문은 복잡한 쟁점들에 관한 직관적 추론에 불가피하게 따를 오류를 바로잡는 데만 도움이 되는 것이 아니다. 판결문은 결과물과 그 결과물을 산출한 법규주의 분석 능력 간에 간극이 있는지 여부를 분명하게 알려줄 뿐 아니라 앞으로의 사건 판결에서 일관성을 유지하도록 촉진하는 역할도 한다. 일련의 유사한 사건 가운데 처음으로 발생한 사건에 대한 판결은 불명료한 감정의 산물이거나 직감hunch의 산물일 수 있다. 그러나 판결은 일단 분명한 형태를 갖추고 나면 그 자체의 생명력을 가져 판결문을 쓴

---

42 예를 들어, 다음을 참조할 것. Ziva Kunda, "The Case for Motivated Reasoning," 108 *Psychological Bulletin* 480(1990); Frank B. Cross and Stefanie A. Lindquist, "The Scientific Study of Judicial Activism," 91 *Minnesota Law Review* 1752, 1767~1768 (2007).

법관뿐 아니라 그가 속한 법원의 다른 법관들(및 하급심 법관들까지)을 기속하고 또 선례구속의 원칙에 따라 법에 필요한 안정성을 부여하는 등의 가치를 포함하게 된다. 다만, 판결이 더 이상 건전한 안내자의 역할을 할 수 없을 만큼 상황이 변화해 법관들이 그 판결을 무시할 경우 그 판결은 임종에 처하게 된다. 어쨌든 판결문들은 법규를 만들고 확장하고 조정함으로써 헌법이나 기타 입법적 법규들을 보완하는 역할을 담당한다.

게다가 판결문은 법관에게 의사결정 이론을 창조적으로 활용할 드문 기회를 부여하는데, 의사결정 이론의 한 요소로는 옵션option의 가치를 인식하는 것이 있다. 옵션은 의사결정을 미루는 한 방법으로, 30일 내에 행사해야 한다는 옵션이 붙은 주택을 구매했다면 그 주택의 구입 여부를 결정할 시간을 그만큼 버는 것이다. 자기 판결이 함축하는 바에 대해 확신이 서지 않아 판결문을 좁게(한정해) 쓰는 것은 앞으로 있을 [동종의 — 옮긴이] 사건에서 그 판결을 넓게 또는 좁게 해석할 옵션을 확보하는 것이 된다.

법관의 의사결정에서 직관이 하는 역할은, 내가 서문에서 인용한 조지프 허치슨Joseph Hutcheson 대법관의 글에도 나와 있듯이, 법현실주의legal realism 스캔들의 한 부분이었다. 법현실주의에 관한 어떤 해석에 따르면, 법현실주의란 "법적 명제가 가진 내용이 많지 않다는 것"에 대한 인식, 다시 말해 "어떤 법의 언어적 의미가 법관들에게 앞으로 만나게 될 사건들과 관련해 무엇을 해야 할 것인가를 말해줄 수 없다는 것"에 대한 인식이다.[43] 바뀌 말하면 법현실주의자들은 법규주의자들의 과장된 주장들을 꿰뚫어보았던 것이다. 또 하나의 법현실주의적 해석에 따르면, 미국과 같은 판례법 시스템하의 법관들은 다양한 해석 수단을 갖고 있어, 제정법이나 선례에 나오는 분명한 문구들을 포함해 법리가 명백하게 명하는 바에 대한 언급을 많은 사건에서 피할 수 있다고 한다.[44] 법관들은 법리를 무시하지 않지만

---

43   Michael Steven Green, "Legal Realism as Theory of Law," 46 *William and Mary Law Review* 1915, 1978(2005).

그렇다고 법에 완전히 속박되는 것도 아니다.

법학자의 눈으로 볼 때 법현실주의를 치명적으로 훼손하고 후에 법현실주의의 급진적인 손자라 할 수 있는 비판법학critical legal studies을 사멸시킨 사항이 두 가지 있다. 그 첫째는 법현실주의자들이 열린 영역을 과장했다는 점인데, 이는 때때로 모든 사건은 불확실하다는 주장으로까지 이어졌다. 둘째는 목소리 큰 법현실주의자들이 자의willfulness — 정치나 선입견 또는 완고함의 형태든 간에 — 의 책임을 법관들에게 돌렸다는 점이다. 이것은 사람들의 분노를 샀을 뿐 아니라 도저히 받아들여질 수 없는 사실이었다. 왜냐하면 제 마음대로 판결하는 법관은 사법 게임의 규칙에 완전히 위반되기 때문이다. 그보다는 불확실성하에서 의사결정을 해야 하는 다른 많은 사람들처럼 법관도 신의성실의 원칙에 따라 행동하되 다만 직관에 크게 의존하는 것이고, 또한 직관을 형성하거나 의사결정에 독립적인 영향을 미치는 감정이라는 것에도 크게 의존한다는 것이 보다 그럴듯한 설명이다. 결과적으로 법관은 자신의 의사결정에 영향을 미치는 신념들을 충분히 의식하지 않고 있다. 그러나 법관들은 직관을 다스리기 위해 심리치료psychotherapy를 받아야 한다는 제롬 프랭크의 제안은 법관들이 의식적으로 나쁜 신념을 보유한다는 것을 전제로 한 말이 아님에도 법관들이나 그들을 지지하는 법조계 사람들에게 거의 환영받지 못했다.

법조계는 방법론상 보수적인 직종이다. 프랭크의 지지자들이 법관들에게 심리치료가 필요하다고 주장하고 또한 프랭크 로델Frank Rodell이 변호사 업무를 범죄로 규정하면서 "모살謀殺과 고살故殺이라 불리는 행위에 법을

---

44 Brian Leiter, *Naturalizing Jurisprudence: Essays on American Legal Realism and Naturalism in Legal Philosophy*, ch. 1(2007). 법현실주의의 다양한 의미는 다음 선집을 참조할 것. *American Legal Realism*(William W. Fisher III, Morton J. Horwitz and Thomas A. Reed eds. 1993). 법현실주의를 흔히 볼 수 있는 반대자의 입장에서가 아니라 건설적으로 재검토한 최근의 흥미 있는 시도는 다음을 참조할 것. Hanoch Dagan, "The Realist Conception of Law," 57 *University of Toronto Law Journal* 607(2007).

적용시키기 위한 살인위원회killing commission"[45]를 포함한 행정기관으로 법원을 대체하자고 제안한 것은 이 때문인데, 이 같은 "악당bad boy"의 수사법은 마치 "비평가"들이 익살스럽게 말하는 경우와 같이 그들의 말을 (일부 경청할 만한 가치가 있음에도) 경청하지 않게 만들었다. 또한 공인된 법현실주의자로서 대법관의 지위에 오른 유일한 사람인 윌리엄 더글러스William O. Douglas가 명백히 합당한 재판 규범들을 조롱한 것[46] 역시 법현실주의가 악명을 얻는 데 일조했다.

법현실주의가 저지른 더욱 미묘한 수사적 잘못은 허치슨이 직관을 "직감hunch"과 같은 것으로 등치시킨 것이다. 직감이란 추측 또는 어둠 속에 총 쏘기 같은 의미로 들리는데, 사실 재판에는 그런 요소가 있다. 그러나 직감이라는 말은 (법)해석 또는 상급심 법원의 심사를 하찮게 묘사할 뿐만 아니라 오해를 일으키게 한다. 해석이나 상급심 법원의 심사에서는 직관이 큰역할을 하지만 그렇다고 추측이 주도하는 것은 아니다. 해석력은 인간이면 누구나 타고나는 보편적이며 전형적인 직관 능력이다. 그런데 예를 들어 어떤 사람이 얼굴이나 그림, 현대 시를 해석하는 데 능하다고 해서 계약이나 제정법을 해석하는 데도 능한 것은 결코 아니라는 의미에서, 해석력은

---

45 Fred Rodell, *Woe unto You, Lawyers!* 176, 182(1939). 이 책은 1957년에 재발간되었는데, 그 서문에서 로델은 전에 자신이 말한 모든 것을 여전히 지지한다고 썼다.

46 다음은 더글러스에 대한 몇 가지 비판이다. 이 가운데 보수주의자 진영에서의 비판은 하나도 없다. "그(더글러스)가 쓴 판결문들은 전범이 되지 못한다. 너무 급히 쓴 것 같다. 사람들은 그 판결문들을 쉽게 무시한다"[L. A. Powe, Jr., "Justice Douglas after Fifty Years: The First Amendment, McCarthyism and Rights," 6 *Constitutional Commentary* 267, 269(1989)]. 더글러스가 쓴 판결문들이 부주의한 근본적인 이유는 그가 "법률 분석 같은 것에 무관심"하기 때문인데, 이는 "법관의 역할을 정치적인 것으로만 이해하는 데"서 비롯된 것이다(Yosal Rogat, "Mr. Justice Pangloss, *New York Review of Books*, Oct. 22, 1964, p. 5). "더글러스는 당대 최고의 반법관주의자였다"[G. Edward White, "The Anti-Judge: William O. Douglas and the Mbiguities of Individuality," 74 *Virginia Law Review* 17, 80(1988)]. "더글러스는 세금 관련 사건은 맡기를 거부했다"[Bernard Wolfman, Jonathan L. F. Silver and Marjorie A. Silver, "The Behavior of Justice Douglas in Federal Tax Cases," 122 *University of Pennsylvania Law Review* 235, 330(1973)].

분야에 따라 다를 수 있는 능력이다. 해석력은 규칙에 구속되는 활동이 아니다. 법관이 시보다 법령을 해석하는 데 더 능통할 가능성이 높고 문학평론가가 법령보다 시를 해석하는 데 더 능통할 가능성이 높은 이유는, 지식들이 묻히는 저장소를 만들어내는 것은 경험이고 사람이 어떤 해석거리를 만났을 때 발동되는 직관은 저장소에 묻힌 지식들에 의존하기 때문이다. 법령 해석의 "대원칙canon"은 법관이 쓰는 판결문을 사후적으로 합리화하는 기능을 수행하는 것이다.

상급심 법원의 심사도, 법관들은 그렇지 않다고 주장하지만, 마찬가지로 직관적이다. 판결문에는 다양한 심사 기준 — 무조건적인, 명백히 하자 있는, 실체적 증거, 약간의 증거, 근소한 증거, 상당한 증거, 재량권의 자의적이고 변덕스러운 행사, 셰브런Chevron 사건, 스키드모어Skidmore 사건 등 — 이 진술되어 있지만, 각 기준에서 중요도(존중도)의 단계적 차이는 법관들이 원하거나 분간할 수 있거나 필요로 하는 수준보다 세밀하다.[47] 실제로 법관의 지성은 하급심 존중심사deferential review를 할 것인가 말 것인가를 구분하는 역할에 머문다. 하급심 존중심사는 하급 법원이 반대로 판결했다 하더라도, 그것에 지지받았을 가능성이 높음을 의미하며, 따라서 어떤 판결을 법률문제로 재심리하는 경우(예를 들어, 가해자의 과실에 따른 불법행위 책임과 관련해 피해자의 과실에 어떤 효과를 부여할 것인가를 결정하는 기준으로 기여과실contributory negligence을 채택할 것인가 과실상계comparative negligence를 채택할 것인가를 판단해야 할 경우)에는 하급심 존중심사가 부적절하다. 왜냐하면 어떤 사람을 공판 판사로 만났느냐에 따라 법이 달라져서는 안 되기 때문이다. 그러나 어떤 사건에서 원고에게 과실이 있는지 여부를 결정하는 식의 다른 판결들은 법 내용을 흔들지 않고도 법관에 따라 다를 수 있다. 그러므로 이러한 판결

47 예를 들어, 다음을 참조할 것. William N. Eskridge, Jr. and Lauren E. Baer, "The Supreme Court's Deference Continuum: An Empirical Analysis(from *Chevron* to *Hamdan*)" [*Georgetown Law Journal*(근간)].

들은 상급심 법원이 보기에 잘못되었다는 확신이 들지 않는 한 파기되지 않는다. 그런데 상급심 법원의 이러한 확신은 – 그리고 상급심 법원이 어떻게 심리를 할 것인지 또한 – 그 판결을 내린 하급 법원 또는 기관의 역량과 자신의 역량을 비교 평가한 결과가 어떻게 되느냐에 따라 달라질 것이다.[48] 재판 기일을 결정하는 것처럼 결정의 옳고 그름을 평가할 기준이 전혀 없는 경우 또는 어떤 기관의 존립 기반에 관해 고도로 기술적인 문제를 결정하는 경우라면 상급심 법원은 설령 그 판결에 의문을 가진다 하더라도 그 판결을 존중할 가능성이 매우 높다.

그런즉 상급심 법원의 심사를 결정짓는 것은 본질적으로 다른 사람의 판결에 확신이 있는지 여부다. 이러한 확신은 유사한 판결들에 관한 많은 경험을 토대로 한 직관적인 반응이다. 상급심 법원의 심사는 극히 명백한 사건들을 제외하고는 어떤 규칙이나 어떤 규준에 근거하는 것이 아니며 그렇다고 분별없는 추측에 의거하는 것도 아니다.

법관의 의사결정에서 무의식의 역할을 강조하는 것은 다음과 같이 비현실적인 포괄적 이론들을 동원해 법관의 재량 행위를 없애거나 축소시키려는 노력들을 적나라하게 드러낸다. 로크너 시대Lochner-era의 법학을 연구하다 보면 "자유방임에 대한 맹목적인 집착이나 특정 소송에서 자기 계급의 일원이 승소하는 것을 보고 싶은 욕망 또는 자기들에게만 있는 정책적 선호를 국가에 강요하려는 마음 등을 토대로 한 판결들"과 대비해 "국가의 중립성이라는 헌법적 이데올로기를 적용하려는, 대체로 원칙을 중시하는 성향의 대법관들"을 언급하는 글들이 많다.[49] 만약 이 둘 중 하나를 선택해야 한다면, 비록 헌법전의 어딘가를 근거로 한 게 아니라 정치적 이데올로기에 불과하다는 한계는 있지만, "국가의 중립성이라는 헌법적 이데올로기

---

48 같은 글.

49 Howard Gillman, *The Constitution Besieged: The Rise and Demise of Lochner Era Police Powers Jurisprudence* 199(1993).

를 적용하려는 원칙을 중시하는 입장"이 분명 마음을 끈다. 그러나 만약 계급적 편견에 물든 무의식적인 힘이 "원칙을 중시하는 입장"의 동기였을 가능성이 높다면, 그리고 그 입장의 대안이 자의적인 재판에 있는 것이 아니라 — 때때로 실패하더라도 — 타인의 시선을 무시하면서까지 게임의 규칙을 지키려 애쓰는 정직한 노력에 있는 것이라면 "원칙을 중시하는 입장"은 광택을 잃고 심지어는 의미까지 잃게 되며, "국가의 중립성이라는 헌법적 이데올로기"도 작은 정부를 지향하는 보수주의를 합리화하는 말로 비치기 시작한다.

지금까지 내가 묘사해온 접근법이 아도르노, 올포트, 프랭크 등이 무의식에 대해 내린 규범적 평가, 즉 무의식은 개인의 행동에 유해한 영향을 미치는 것이고 따라서 심리적 치료를 필요로 하는 것이라는 평가를 어떻게 뒤집고 있는가에 주목하기 바란다. 그렇다고 해서 우리가 반대쪽 극단으로 나아가서 건전한 의사결정을 하는 데 직관이 언제나 믿을 만한 지침 구실을 하는 것으로 가정해서도, 또는 건전한 의사결정에 필요한 모든 요인을 의식의 차원으로 가져오고 종합하는 데 연산 기술이 갖는 가치를 무시해서도 안 된다.[50] 그러나 법관들은 비록 실수(오류)를 방지하기 위해 만들어진 공식적인 알고리즘을 가지고 있지는 못하더라도 적어도 대립당사자 제도와 반대의견을 낼 권리라는 대강의 대용물은 이미 가지고 있다.[51] 따라서 어느

---

50 예를 들어, 다음을 참조할 것. Dawn Lamond and Carl Thompson, "Intuition and Analysis in Decision Making and Choice," 32 *Journal of Nursing Scholarship* 411(2000); Willard Zangwill and Michael Lowenthal, "Decision Breakthrough Technology"(University of Chicago, Graduate School of Business, May 2006). 래먼드와 톰슨의 책 413쪽에는 다음과 같은 구절이 나온다. "실마리는 아주 많고 시간은 아주 적은 상황에서 윤곽을 잡기 어려운 과제를 해결하는 데는 직관이 인식의 방법으로 가장 적절하다. 실마리는 적고 시간은 많은 상황에서 윤곽을 쉽게 그릴 수 있는 과제를 해결하는 데는 분석이 인식의 방법으로 선호된다. 그러나 대부분의 과제는 윤곽을 잡기 어려운 부분과 잡기 쉬운 부분의 혼합체다."

51 Paul Woodruff는 "Paideia and Good Judgment," in *The Proceedings of the Twentieth World Congress of Philosophy* 63, 73(David M. Steiner ed. 1999)에서 이렇게 말한다.

사건의 원고 쪽이든 피고 쪽이든 간에 변호인은 — 마치 소수의견을 낸 법관과 마찬가지로 — 그의 입장에 유리한 고려를 하도록 강한 동기를 갖게 된다.

그러나 실수를 범할 가능성은 여전히 남는다. 그리고 이것이 재판부의 다양성을 요구하는 논거 가운데 하나이기도 하다. 상급심 법원 재판부가 경험한 범위가 넓으면 넓을수록 재판에 필요한 고려사항이 간과될 가능성은 낮아진다. 반대로 재판부의 동질성이 강할수록 그들의 직관 내용이 비슷할 가능성이 커진다. 이 경우 재판부가 가진 직관의 바탕을 이루는 무의식적 지식의 범위가 좁을 것이고 그 결과 그들이 내놓는 판결들은 법에 안정성을 부여하기는 하나 인식론적 약점을 안게 된다. 그러나 심지어 이질적인 재판부에서 초래되는 의견 불일치조차도 대개는 표결 행위와 위계질서의 결합을 통해 수인한도 내에서 존재한다. 각급 법원마다 다수결이 판결의 방향을 결정지으며 또 최고법원의 다수의견이 하급 법원들을 통제한다. 지적 다양성과 달리 위계질서는 인식론적으로는 긍정적일 수 없다. 오히려 그 반대다. 의견 불일치는 표결과 상부의 명령을 통해 극복되지, 모두 동의할 수 있는 결론에 대한 추론을 통해 추방되는 것은 아니다. 표결 행위는 소수자에게 자신이 틀렸음을 받아들이게 만들지 못한다. 단지 그들이 소수자에 속한다는 사실을 확인시킬 뿐이다. 표결과 연공서열에 의지하는 상당히 완고한 사법부 구조는 논리적 증명이나 실험과 같은 "합리적인" 방법으로는 해소할 수 없는 의견 불일치가 상존한다는 것을 전제로, 따라서 법규주의가 부적절하다는 것을 전제로 운영되는 것이다.

지금까지 내가 논해온 종류의 압축된 추론(직관적 추론)을 댄 카한Dan Kahan과 도널드 브래먼Donald Braman은 "문화적 인지cultural cognition"라고 불렀다. "수많은 사람의 관심을 끈 정치적 쟁점과 관련해서는 문화에 대한 구속

"오류를 막는 최선의 방법은 반대론자가 할 말을 다 하게 하는 것, 그리고 그 말들이 당신이 받아들이기 쉬운 결론을 부술 수 있는지를 면밀히 따지는 것이다. 훌륭한 판단력을 가진 사람은 … 어떤 쟁점의 양면에 각각의 논거를 쌓을 수 있는 사람이다."

이 사실에 기반을 둔 신념에 우선한다. … 서로 유사하거나 상이한 여러 가지 심리기제에 의거해, 사람들은 좋은 사회에 대한 각각의 비전에 따라 대립하는 정책들이 구체적으로 초래할 결과에 대한 실증적(경험적)인 주장을 수용하거나 거부한다."[52] 이러한 기제들(다른 말로는 정치적 선입견)은 법관들과 같이 교육을 제대로 받은 사람들의 경우 실증적 주장들을 객관적인 정보로 증명할 수 없거나 이 주장들이 잘못되었음을 입증할 수 없는 상황에서만 강력하게 작용할 것이다. 그런데 사법 과정에서 행해지는 실증적 주장들 – 예를 들어, 사형제의 범죄 억지 효과에 관한 주장 또는 테러 의심자들에게 인신보호영장을 허용시키는 것이 국가 안보에 가져올 위험에 대한 실증적 주장 – 은 종종 증명되지 않는다. 따라서 법관들은 자신들의 직관에 의지하는데, 이는 그들의 직관에 대한 실증적 도전들은 그러한 직관들을 몰아내기에 필요한 힘을 갖지 못하기 때문이다.

　문화적 인지에는 상식이 포함되는데, 이 상식은 직관을 닮았다. 상식이란 어떤 주제에 대해 굳이 생각할 필요도 없이 "누구나 알고 있는 것들"을 의미한다. 따라서 상식은 직관처럼 생략법을 사용한다.[53] 또한 상식은 문화에 따라 다르다. 그러나 한 문화 안에서는 지식의 원천으로서 결점을 갖고 있으면서도 널리 통용된다. 상식은 사법결정에서는 누구나 동의하면서도 정치적인 것으로 간주되지 않을 일련의 정책적 판단을 내리는 데 작용한다. 법률가가 어떤 사건의 열린 영역에서 상식에 반하는 입장을 취한다면 그는 강한 거부에 직면할 가능성이 크다. 어떤 제정법을 문자 그대로 해석할 경우 부조리한 결과를 낳는다면 그러한 해석은 거부되어야 한다는 원칙은 상식이 사법 기술로 사용되는 하나의 예에 해당된다.

52　Dan M. Kahan and Donald Braman, "Cultural Cognition and Public Policy," 24 *Yale Law and Policy Review* 149, 150(2006). 또한 각주 7의 Douglas and Wildavsky 참조.

53　Charles Antaki, "Commonsense Reasoning: Arriving at Conclusions or Traveling towards Them?" in *The Status of Common Sense in Psychology* 169(Jürg Siegfried ed. 1994).

상식에 호소하는 것은 수사학의 기술로 우리에게 친숙하다. 여기서 "수사"는 공허한 웅변 이상의 의미를 갖는다. 아리스토텔레스의 개념에 따르면, 수사는 논리나 기타 정확한 탐문의 방법을 사용할 수 없는 상황에서 사람들을 설득하는 데 사용되는 합리적인 일련의 방법이었다. 열린 영역에서의 사건은 그러한 상황을 보여주며, 이러한 상황에서 법률가나 법관들이 사용하는 방법이 아리스토텔레스적 의미에서의 수사인 것이다. 그들은 그런 상황에서 지적 엄격성의 요구를 충족시키는 종류의 법적 추론 방법을 사용하지 않는다.

직관의 또 다른 사촌이자 법관이 열린 영역에서 의사결정하는 데 또 하나의 주된 요인으로 작용하는 것은 "훌륭한 판단력"이다. 이는 다소 정의하기 어려운 말이지만, 공감, 겸손, 성숙, 비례 감각, 균형, 인간의 한계에 대한 인정, 사리 분별, 신중함, 현실감, 상식 등의 복합체라고 이해할 수 있다.[54] 여기서 내가 '성숙'이라는 말을 쓰기도 했지만 훌륭한 판단력과 경험은 다르다. 왜냐하면 경험이 아주 많은 사람도 판단력이 형편없는 경우가 있고, 젊고 경험이 적더라도 아주 탁월한 판단력을 갖고 있는 사람도 있기 때문이다. 이는 불확실한 상황에 처한 사람들이 어떻게든 상황을 타개하기 위해 사용하는 방법의 하나이기도 하다. 법이 만약 논리적이라면 "훌륭한 판단력"은 법관의 중요한 자질로 간주되지 못할 것이다. 그것은 법규주의자들에게도 마찬가지다. 그러나 직관, 상식 또는 감정(정의의 분노를 포함해)이 좋은 판결을 보장하지 못하는 것과 마찬가지로 판단력이 좋다고 해서 좋은 판결을 보장하는 것은 아니다. 여느 인간과 마찬가지로 법관도 단지 "제한된 지식과 능력을 갖고 선택에 임하는 유기체"[55]에 지나지 않는다.

---

54   다음을 참조할 것. Michael Boudin, "Common Sense in Law Practice (or, Was John Brown a Man of Sound Judgment?)" 34 *Harvard Law School Bulletin*, Spring 1983, p. 22.

55   Herbert A. Simon, "A Behavioral Model of Rational Choice," 69 *Quarterly Journal of Economics* 99, 114(1955).

이 장을 끝내기 전에 법관의 교육·훈련과 법 실무에 대해 잠깐 언급하려 한다. 임용 초기의 교육 및 간간이 있는 법학 교육 세미나를 제외하면 미국 사법 시스템에서 법관은 사실상 "훈련받지" 않는다. 이러한 교육·훈련이 없다는 것은 재판의 방법이 엄격하다는, 또는 반대로 엄격함이 부재하다는 하나의 힌트가 될 것이다. 행동을 통해 배우는 것이 법관의 "교육·훈련이다"라는 말은 사법적 추론이 대체적으로 갖는 묵시적 성격을 이해하는 또 하나의 단서다.

그동안 법관들에게 이런저런 형태의 공식적 교육·훈련을 제공해야 한다는 제안들이 있었다. 좀 우스꽝스럽긴 하지만 자신이 했듯이 법관들도 심리분석 절차를 밟아야 한다는 프랭크의 제안도 같은 맥락이다. 소요 시간과 비용 문제를 차치한다면 심리분석이 치료법으로 의미가 없다는 주장에는 전혀 근거가 없다(예를 들어, 심리분석은 보통 사람들의 판단력을 증진할 수 있다). 프랭크가 재판의 심리적 차원을 강조한 것은 결코 우스꽝스러운 일이 아니다. 샤우어의 설명처럼 법현실주의에 관한 프랭크의 설명은 "어떤 논쟁거리를 푸는 과정에서 인간으로서의 법관이 해결하는 방식과 법복을 입은 인간이 해결하는 방식 사이의 간극을 (사실적으로 그리고 규범적으로) 축소시키기 위한 시도"라고 이해할 수 있다.[56]

댄 사이먼Dan Simon은 프랭크보다는 합리적으로 편견을 없애는 기술을 법관들에게 가르치자고 제안한다.[57] 그러나 그의 제안도 세뇌처럼 기분 나쁘게 들릴 수 있어 법관들의 강한 반발을 살 것 같다. 나는 여기서 공판 판사들이나 상급심 법원 판사들에 초점을 맞춘 더욱 간단한 제안을 하려 한다. 미국 사법 시스템에서 법관은 심판관일 뿐만 아니라 입법자이기도 한

---

56 Frederick Schauer, "The Limited Domain of the Law," 90 *Virginia Law Review* 1909, 1923(2004). 또한 다음을 참조할 것. Andrew S. Watson, "Some Psychological Aspects of the Trial Judge's Decision-Making," 39 *Mercer Law Review* 937(1988).

57 Dan Simon, "A Psychological Model of Judicial Decision Making," 30 *Rutgers Law Journal* 1, 138~140(1998).

만큼 변호인들은 법관들에게 사실들을 제공하는 데 더 많은 노력을 기울여야 한다는 것이다. 이때의 사실들은 현재 대부분의 변호인들이 강조해 마지않는 사건과 관련된, 심판에 필요한 사실들만 말하는 것이 아니라 입법적 의사결정에 영향을 미칠 수 있는 배경적 또는 일반적 사실들(이러한 사실에 대해서는 "입법적 사실legislative fact"이라는 용어를 쓰는 것이 적절할 것이다)까지 포함한다. 나는 앞에서 내가 '열린 영역'이라고 부른 곳에서 법관이 선택하는 데 영향을 미치는 하나의 요인으로 삶의 경험을 지적한 바 있다. 그런데 이 경험에는 엄청나고 무시무시한 사실들과의 만남도 포함된다. 가령 민권 운동이나 여성운동, 공산주의의 수치스러운 붕괴, 자유 시장의 확산, 탈규제와 사유화, 테러리즘의 점증하는 위협, 동성애자들의 커밍아웃 및 그 결과 그들도 다른 사람들과 전혀 다를 것 없다는 사실의 발견 같은 것들이 법관들의 사고에 엄청난 충격으로 다가갔을 것임을 부정할 사람이 있을까? 경제학자들이 경쟁이나 노동시장에 대해 알게 된 것이나 범죄학자들이 범죄행위와 처벌에 대해 알게 된 것과 같이, 입법적 사실들에 대해 법관들이 더 많은 관심을 기울이는 것은 법관들의 의사결정에 좋은 방향으로 영향을 끼칠 것이다. 상급심 법원 법관들이 사건들에만 국한되도록 변론하기보다는(이는 상급심 법원에서 표준적인 변론 방법이다), 미국 상급심 법원 판결의 많은 부분에 본질적으로 입법적 성격이 있다는 것과 미국 법관의 다수가 본질적으로 실용주의적 성향을 갖고 있다는 사실을 인정해, 상급심 법원 판사들이 담당 사건에 걸린 실제적 이해관계의 내용에 주목하고 이쪽이 아니라 저쪽으로 판결할 때 그 이해관계가 어떻게 영향을 받는가에 주목하게끔 만든다면 상급심 변호사들은 맡은 바 소임을 더욱 효과적으로 수행할 수 있을 것이다.[58]

58 예를 들어, 다음을 참조할 것. Matthew A. Edwards, "Posner's Pragmatism and Payton Home Arrests," 77 *Washington Law Review* 299(2002), or any issue of the *Journal of Empirical Legal Studies*.

그러한 배경적 사실들은 각 사건의 '형평'과 비교해볼 때 사소한 부분이라서 비법규주의적 법관이 근시안적 정의를 양산하는 것은 아닐까 하고 걱정할 필요는 없다. 판례법(선례구속) 시스템이 가진 가치 가운데 하나는 법관들에게 자신의 판결이 장래의 소송인들에게 어떤 영향을 미칠 것인가를 생각하게 만든다는 점이다(이 시스템은 그렇게 함으로써 법관에게 자신이 내린 판결 결과에 관심을 기울이게 해서 실용주의적 사고를 촉진시킨다는 사실에 주목하라). 게다가 프랭크를 제외한 대부분의 법현실주의자들이 깨달은 것처럼, 법관들은 대개 개별 사건의 형평에 따라 마음이 움직이지는 않는다.[59] 물론 예외는 있다. 그 예외로는 더글러스 대법관과 블랙먼 대법관이 우선 떠오른다. 그리고 크게 감정적 반향을 불러일으키는 종류의 사건에 대해 견고한 태도를 취할 수 있는 법관은 매우 적다. 그럼에도 햄릿은 이렇게 말했다. "일을 많이 안 해본 사람의 손길은 더 섬세하다."[60] 의사들이 환자에게 냉담하듯이 법관들은 애처로운 태도의 원고나 피고에게 냉담하기 쉽다. 왜냐하면 그런 사람을 수없이 봐왔기 때문이다. 그리고 이는 진보적인 법관이든 보수적인 법관이든 다 마찬가지다. 타고난 연민 같은 것은 시렁에 얹어둘 줄 아는 것이 재판이라는 게임에 임하는 자의 기본 의무이기 때문이다. 법관들은 "어려운 사건은 법을 엉망으로 만든다"라는 법언法諺을 내면화하고 있으므로 법을 엉망으로 만들고 싶어 하지 않는다.

프랭크는 홈스 대법관을 "완전히 어른스러운 법관"이라고 묘사한 바 있다.[61] 그의 말은 홈스가 스스로 표현했듯이 "확신은 확실함의 기준이 아니다"라는 사실을 알고 있었다는 뜻이다.[62] 이는 홈스 특유의 유명한 초연함(거리를 두는 객관성)을 묘사해주는 말인데, 홈스를 반대하는 사람들은 그 초

59   각주 44의 Leiter, 21~30.

60   William Shakespeare, *Hamlet*, act 5, sc. 1, 1. 66.

61   Jerome Frank, *Law and the Modern Mind* 270~277(1930).

62   Oliver Wendell Holmes, "Natural Law," 32 *Harvard Law Review* 40(1918).

연함을 그의 냉담함의 표현이라고 생각했다. 그는 사실 냉담한 사람이었을는지 모른다. 무관심, 열정이나 공감의 결여 같은 특성은 초연함과 밀접한 관계에 있을 것이다. 그러나 그의 성격적 특징은 다를 수 있다. 홈스는 – 그의 뛰어난 혈통, 직업상의 성공, 위엄 넘치는 태도, 전시의 용감성 등에 비춰보면 놀랍게도 – 스스로를 그다지 중시하지 않았던 것으로 추측한다. 그는 재사才士, wit였음이 분명한데, 재사란 스스로에 대한 자부심과 자신이 성취한 것들 사이의 부조화를 포함해 일정 정도 세상과의 부조화 속에 살아가는 사람이다. 만약 당신이 스스로를 그다지 중시하지 않는다면 당신은 아마 세상만사에 대한 답을 갖고 있다고 생각하는 식의 바보짓은 하지 않을 것이다. 홈스처럼 세상만사에 대한 답을 갖고 있다는 따위의 생각을 하지 않는 사람은 그렇게 생각하는 법관보다 가령 행정부나 입법부가 내린 결정에 대해 쉽게 도전할 생각을 하지 않는다. 프랭크는 언젠가 대법원이 자신이 선호하는 종류의 사회적 입법을 너무 쉽게 무효화했을 때 법관들이 남의 의견을 더 존중하고 더 겸손하며 더 어른스러워졌으면 한다고 썼는데, 나는 그들이 스스로를 더 알아야 한다는 말로 요약하고 싶다. 프랭크는, 자신이 믿는 바가 옳다고 단단히 자부하는 사람(예를 들어, "종종 오류를 범하기는 하지만 한 번도 의심해본 적은 없다"라는 표현에서처럼)은 철저한 법규주의가 몸에 배기 쉬우며 법규주의가 몸에 배는 것은 권위주의적 개성과 친연성이 높다고 여기고 있었던 듯하다. 그러나 과신은 모든 법관이 직업적으로 안고 사는 위험에 속한다. 왜냐하면 스스로가 옳다고 믿는 것에서 효용utility을 얻기 위해서 굳이 권위주의자가 되지 않아도 되기 때문이다. 스스로가 옳다고 믿는 것은 인간의 일반적인 특성일 뿐이다.[63] 과신은 선입견을 보유한 것과 관련이 있

---

63 Kfir Eliaz and Andrew Schotter, "Experimental Testing of Intrinsic Preferences for Noninstrumental Information," 97 *American Economic Review Papers and Proceedings* 166(May 2007). 법관들의 자기중심적 편견에 대해서는 각주 11의 Guthrie, Rachlinsk and Wistrich 참조.

는데, 선입견은 ― 선입견을 갖고 있다는 사실을 의식하지 못할 때가 특히 더 그러한데 ― 심문 중에 수집한 증거가 빈약할 때조차 스스로 옳다고 느끼게 하며, 또 증거들을 심문자의 사전확률을 확인해주는 것으로 해석하는 경향을 낳는다.[64]

법관의 의사결정에서 개인적·감정적·직관적인 요인의 역할을 인정한다고 해서 실제 의사결정에서 그러한 요인들의 영향력이 약화되지는 않을 것이다. 왜냐하면 다른 대안이 없는 데다 또 법관은 가까이에 있는 도구들을 가지고 사건을 판결할 수밖에 없기 때문이다. 그러나 나는, '법관이 자기성찰introspection을 할 경우 더 이상 자신이 "법"에 갇혀 있다고 생각하지 않게 될 것이기 때문에 표결에서 자신의 선입견을 억제할 필요를 느끼지 못할 것'이라는 스콧 올트먼Scott Altman의 주장[65]에는 동의하지 않는다. 그들은 지금까지 해왔던 대로 계속해서 사법적 게임을 수행할 것이다. 몇몇 법관은 자기 견해 가운데 일부 근거가 미약하다는 것을 깨닫고 자기 견해를 법의 이름으로 공동체에 부과하는 데 더 주저하게 될 수도 있다. 그러나 그렇게 하는 법관의 수는 적을 것이다. 왜냐하면 자기성찰을 아주 성공적으로 수행할 수는 없기 때문이다. 게다가 자기성찰은 자기 자신을 아는 것과 같은 것도 아니다. 우리는 편견이 있다는 혐의에서 벗어나기 위해서는 자기성찰을 하지만, 타인의 편견을 지목하기 위해서는 인간 행동에 관한 현

---

64 예를 들어, 다음을 참조할 것. Charles G. Lord, Lee Ross and Mark R. Lepper, "Biased Assimilation and Attitude Polarization: The Effects of Prior Theories on Subsequently Considered Evidence," 37 *Journal of Personality and Social Psychology* 2098(1979).

65 Scott Altman, "Beyond Candor," 89 *Michigan Law Review* 296(1990). 자기반성의 문제는 법관이 자신의 말을 들어야 하는 사람들에게 솔직해야 하는가라는, 수없이 토론되어온 문제와 관련이 있다. 다음을 참조할 것. Micah Schwartzman, "The Principle of Judicial Sincerity"(University of Virginia Law School Public Law and Legal Theory Working Paper Series No. 69, 2007), http://law.bepress.com/uvalwps/uva_publiclaw/art69(visited June 25, 2007) 및 그 글의 참고문헌들. 만약 법관들이 자성하지 않는다면 그들이 정직하다 해도 그들이 의사결정을 내리는 실제 근원이 무엇인지를 알 수 없게 될 것이다.

실주의적 개념들을 사용한다.[66] 우리는 우리가 가진 믿음들을 옹호할 수 없을 때조차 그 믿음들이 건전하고 일관성 있다는 과장된 믿음을 갖도록 되어 있다.[67] 리어 왕의 나쁜 딸들 중 하나가 아버지를 비판한 말로 표현하자면, 대부분의 법관은 자신에 대한 지식이 매우 빈약하다.[68] 그리고 이러한 사실은 앞으로도 바뀔 것 같지 않다.

66 Joyce Ehrlinger, Thomas Gilovich, and Lee Ross, "Peering into the Bias Blind Spot: People's Assessments of Bias in Themselves and Others," 31 *Personality and Social Psychology Bulletin* 680(2005). 다음도 참조. Emily Pronin, Jonah Berger, and Sarah Malouki, "Alone in a Crowd of Sheep: Asymmetric Perceptions of Conformity and Their Roots in an Introspection Illusion," 92 *Journal of Personality and Social Psychology* 585(2007).

67 이것이 사이먼이 쓴 글의 주제다. 각주 57 참조.

68 William Shakespeare, *King lear*, act 1, sc. 1, ll. 295~296.

제 2 부

모 형 정 교 화

5

사법 환경: 재판에 대한 외적 제약

나는 판결을 자신이 원하는 방식으로 내릴 수 있는, 어느 정도 완전한 자유를 가진 법관조차 자신이 존중하는 사람들이 자기를 어떻게 볼 것인가를 걱정하는 마음으로 인해, 그리고 그보다 더 크게는 재판 "게임(활동)"의 규범과 방법들의 내면화로 인해 제약을 받는다고 주장해왔다. 우리는 이 제약을 법관이 자의를 행사하거나 실수하지 않도록 작용하는 "내적" 제약이라고 생각할 수 있다. 그러나 미국의 사법 시스템에도, 다른 대부분 국가의 사법 시스템보다 적기는 하지만, 분명 외적 제약들이 존재한다. 이 외적 제약이 이 장과 다음 장에서 다루는 주제다.

이런 제약이 분명 필요하다는 사실은 법관 노동시장을 포함해 노동시장 일반을 이해하는 데 요긴한 "대리(인) 비용agency cost"이라는 경제학적 개념을 살펴보면 잘 알 수 있다. 주인(고용주principal)은 자기보다 일을 더 잘할 수 있거나 자기보다 싼 값으로 일할 수 있는 대리인을 고용해서 사용한다. 주인은 그 대리인이 가능한 한 최저의 비용으로 최고로 일을 잘해주기를 원한다. 그러나 대리인은 주인과 마찬가지로 이기적인 인간이다. 주인이 대리인의 업무 수행을 정확히 평가하고 그에 따라 적절히 보상을 해주고 필요한 경우 일을 잘 못한다는 이유로 해고하는 것 등이 불가능하다면, 그 대리인은 전적으로 충성을 다하지 않을 가능성이 높다.

주인이 정부이고 대리인이 정부가 고용한 법관일 때에는 대리인 비용이 까다로운 문제가 된다. 왜냐하면 정부는 대리인을 주인의 이익에 충실하도록 만들 일반적인 지렛대들을 갖고 있지 못하기 때문이다. 법관의 업무 수행은 평가하기 어렵고 게다가 업무 수행의 정도에 비례해 보상하려는 시도는 (누가 평가할 것이며 평가의 기준을 어떻게 잡을 것인가의 문제가 발생하기 때문에) 값진 사회적 자산이라 할 수 있는 사법부의 독립성을 훼손할 수 있다. 일반적으로 말해 법관에게는 강력한 신분 보장이 주어지지 않으면 안 된다.

관련된 또 하나의 문제로, 연방법관의 고용주(주인)는 누구인가, 아니 의미 있게 말해 고용주가 있기는 한 것인가라는 문제를 들 수 있다. 고용주가 상급 법원의 법관들일까? 그러나 그렇다면 최고법원의 고용주는 누구일까? 다른 법관들 가운데 고용주가 있는 것이 아니라면 의회의 의원들이 고용주일까? 그들을 임명한 대통령일까? 아니면 현임 대통령일까? 아니면 미국 국민들일까? 아니면 헌법 제정자들일까? 아니면 헌법 자체 또는 제정법령들이나 선례들일까? 그러나 문서가 고용주가 될 수 있을까? 그렇다면 "법" 그 자체일까?

답을 어떻게 내리든 법관들을 제약 없이 완전히 자유롭게 내버려두는 사회는 어디에도 없다. 그러나 사법 시스템이 다를 경우에는 법관들에게 부과되는 외적 제약에 상당히 큰 차이가 존재한다. 또한 사법 시스템이 다름에 따라 법관의 사법행태가 상이하리라는 것과 동일한 사법 시스템 내에서도 법관의 분류에 따라 상이한 제약이 부과되리라는 것도 우리는 예상할 수 있다. 또한 사법행태에 대한 상이한 제약과 연계되어 재판 업무 수행에 대한 평가 기준이 상이할 수 있다는 것도 예상할 수 있다. 어떤 사법 시스템에서는 재판 업무 수행에 대한 평가 기준으로 파기 비율이 채택될 수 있고, 또 어떤 사법 시스템에서는 판결문이 다른 판결들에서 얼마나 자주 인용되었는가가 그 기준이 될 수 있고 또는 심지어는 판결문에 내포된 정치적 감각이 평가 기준으로 채택될 수도 있다.

그러나 법관의 재량 행사와 대리인 비용은 상호 연관되기는 하나 똑같지는 않다. 어떤 법관이 어떻게 투표할 것인가는 그를 임명한 대통령의 소속 정당이 어느 당이냐를 보면 추측 가능하다는 연구 결과는, 법관은 자신을 임명한 대통령의 충실한 대리인이라는 사실과 상응하며, 심지어는 그의 정치적 성향이 판결에 적법하게 작용하는 한도 내에서 "법"의 충실한 대리인이라는 사실과도 상응한다. 법관들에 관한 대리인 비용의 문제는 법관들에 대한 고용주의 통제가 너무 느슨한 나머지 법관들이 용납될 수 없을 만큼 개인적·개별적인 성향으로 판결을 내리는 경우에 한해 발생한다.

이와 유사하게, 법관의 의사결정이 때때로 인종, 종교, 성별, 기타 법관의 개인적 특질의 영향을 받는다는 것을 불충실disloyalty의 결과로만 볼 필요는 없다. 이는 단지 사람의 배경이 다를 경우 사실관계의 쟁점을 결정할 때 상이한 사전확률을 형성할 수 있고 정책 선호가 상이할 수 있음을 반영하는 것일 수 있다. 대리인 비용의 문제는 불충실뿐만 아니라 불확실성 때문에도 제기되는데, 후자는 특히 미국 법관들에게 해당된다. 대리인이 법관들이고 고용주가 미국이라는 국가일 때 대리인들은 그 고용주가 자신에게 어떻게 하기를 원하는가를 밝히는 데 어려움을 겪는다.

대리인 비용의 문제는 재판 이외의 많은 영역에서 예민한 문제로, 이 문제에 대해 고용주는 내적 제약들을 유도하거나 강화하려 애쓰는 동시에 외적 제약들을 부과하는 것으로 반응한다. 의약 분야를 생각해보라. 환자들이 의료 서비스의 질을 평가하기는 어렵다. 그래서 의사들이 성실히 근무하고 또 환자들의 유능한 대리인이 되도록 촉구하는 다양한 기제들이 개발되어왔다. 여기에는 윤리적 규칙들(예를 들어, 히포크라테스 선서), 전문의 자격인증board certification, 의료 과오에 대한 책임, 책임보험회사 측의 감독, 분담료의 제한 같은 것들이 포함되는데, 특히 흥미를 끄는 것은 의학 교육 및 훈련 과정이 아주 힘들고 또 여러 가지로 신참자들을 괴롭히는 성격을 지니고 있다는 점이다. 이러한 교육·훈련은 의대생 가운데 훌륭한 의사로서의 기술은 가졌으나 힘든 교육·훈련 과정을 견뎌내는 데 필요한 직업적 열정은 결여된 사람들을 가려내는 효과적인 필터로 작용한다. 힘든 교육·훈련 과정은 필터로서의 기능 외에 병원에 대한 충성심을 쌓는 기능도 한다. 외적 제약은 내적 제약을 창출한다(신참자 괴롭히기의 기본 목표는 이것이다. 해병대의 교육·훈련이나 대학 서클의 신입생 골려먹기 문화를 생각해보라). 법학 교육도 비슷하다. 다만, 법학 교육에서는 신참자 괴롭히기와 학점에 따른 순위 매기기가 많이 시들해지거나 포기되면서 그 효과도 크게 약화되었다. 법관의 지명 및 인준 단계에서 서류상 필요한 사항이 많아지고 또 인준 과정에서 자주 싸움이 일어나는 까닭에 인준하는 과정이 점점 더 힘들어지고는 있지만 그 필터링 효과는 상당히 약하다.

법관들이 여러 가지 외적 제약에 어떻게 반응하는 경향이 있는지 살펴보자. 먼저 민간영역의 사적 법관(즉, 중재인)에서 출발해 궁극적으로 영국에 기원을 두지 않은 대부분의 사법 시스템하의 직업법관들을 살펴보는 데로 나아갈 것이다. 그리하여 미국 대부분의 주에서 볼 수 있는 선출된 법관들, 그리고 연방지방법원 판사들, 연방항소법원 판사들 및 최종적으로는 미국 연방대법관들에 대해 살펴볼 것이다. 다음 장에서 나는 임기에 제한을 가하고 급여 수준을 높임으로써 연방법관들의 재판 환경을 바꿀 경우 어떤 효과가 유발될 것인가도 살펴볼 것이다.

중재인arbitrator은 소송 당사자들이 직접 선임하기도 하고 소송 당사자들의 승낙으로 선임되기도 한다. 어떤 부류의 사건들 ─ 가령 고용해지 관련 사건이나 투자자와 브로커 간 또는 경영진과 노조 간 분쟁에 관한 사건 ─ 에서 어느 한쪽 편을 선호한다는 평판이 난 중재인은 향후 동종의 분쟁에서 다른 쪽에 의해 선임이 거부될 것이고 따라서 그의 서비스에 대한 수요는 감소할 것이다. 그러므로 중재인은 중재판정arbitration award에서 "절충안을 찾으려는(차액을 등분하는split the difference)" 경향을 나타낼 것이다. 다시 말해 양 당사자에게 부분적인 승리(따라서 부분적인 패배)를 가져다주려 노력할 것이라고 우리는 예상할 수 있다.[1] 왜냐하면 그렇게 해야 소송 당사자들이 중재인이 어느 한쪽 편에 서 있다고 추정할 수 없기 때문이다. 위험 회피 성향의 분쟁 당사자들은 위험을 쪼개서 나누는 접근법을 좋아한다. 왜냐하면 이런 접근법은 곧 분쟁 해결 과정에서 최상의 가능성과 최악의 가능성을 배제하는 것이고 그럼으로써 재판으로부터 중재를 구별 짓게 할 수 있기 때문이다. 차별화는 재판의 대안인 중재에 대한 요구에서 본질적인 부분이다. 왜냐하면 재판은 정부의 재정 지원하에 운영되지만 중재는 그렇지 않기 때문이다. 중재인의 보수, 각종 비용, 시설 사용료 등은 분쟁의 양 당사자가 지불하지 않으면 안 된다. 따라서 비용상으로는 중재가 불리한 위치에 놓인다. 이러한 불리한 점을 극복하기 위한 방법의 하나가 법원으로서는 가능하지 않은 서비스를 제공하는 것인데, 절충안을 찾으려는 의사결정 방법이 이러한 서비스에 해당된다.

중재는 또한 배심원단의 공판보다 오심 가능성이 더 낮다는 이유 때문

---

[1] "법원과 배심원단은 법에 집착하는 경향이 더 강하다. 그리고 중재인들에 비해 소송의 양 당사자 간에 절충을 하고 그럼으로써 원고가 받을 수 있는 손해배상을 낮추는 결정을 내릴 가능성이 더 적다." Armendariz v. Found Health Psychcare Services, Inc., 6 P.3d 669, 693(Cal. 2000). 다음을 참조할 것. Donald Wittman, "Lay Juries, Professional Arbitrators and the Arbitrator Selection Hypothesis," 5 *American Law and Economics Review* 61, 81(2003); Estelle D. Franklin, "Maneuvering through the Labyrinth: The Employers' Paradox in Responding to Hostile Environment Sexual Hara ssment—A Proposed Way Out," 67 *Fordham Law Review* 1517, 1565(1999); Robert Haig, "Corporate Counsel's Guide: Legal Development Report on Cost-Effective Management of Corporate Litigation," in *Federal Pretrial Practice, Procedure and Strategy*, 610 *PLI/ Lit* 177, 186~187[PLI(Practicing Law Institute) Litigation and Administrative Practice Course Handbook Series No. 610, 1999].

에 위험 회피성 분쟁 당사자의 마음을 끌기도 한다. 중재인들은 법률가가 아닐 경우 대개 그 사건과 유관한 경험을 가진 기업가들이다. 그리고 중재인은 오류를 범한다는 평판을 얻으면 장차 사건을 수임하기 어렵다. 이는 분쟁 당사자가 분쟁 해결자의 능력 자체에 관심을 갖기 때문은 아니다. 무능한 중재인은 유능한 중재인보다 주장의 근거가 약한 분쟁자 쪽에 유리한 결정을 내릴 가능성이 높기 때문에 주장의 근거가 강한 분쟁 당사자들이 일반적으로 무능한 중재인의 선임을 거부하는 경향이 있는 데 기인한다.

그러나 중재판정에 대한 항소가 불가능하다는 사실은 중재판정의 오류 가능성이 더 낮다는 이점을 적어도 부분적으로는 상쇄시킨다. 중재판정을 항소할 수 없도록 한 이유는 중재 비용을 감소시키고 이를 통해 법원이 갖는 비용상의 이점을 축소시키기 위해서다. 또한 분쟁의 최종적인 해결을 촉진하고 이를 통해 중재가 분쟁 해결에서 법원에 대해 갖는 또 하나의 우월성을 만들어내기 위해서다. 하지만 중재판정들은 – 비록 그 근거가 좁기는 하지만 – 법원에서 심사받을 수도 있다. 이것이 중재인들을 법관이나 배심원들보다 더 정확한 사람들이라고 생각하게 되는 또 하나의 이유다. 중재인의 재정을 법원이 무효화하는 일이 되풀이되면 이로 인해 진행이 지연되고 불확실성이 증대되며 양 당사자가 부담하는 비용이 증가하기 때문에 (중재에 소요되는 모든 비용을 양 당사자가 부담한다는 것을 기억하라) 그 중재인은 결국 퇴출될 운명에 처한다. 중재가 갖는 정확성이라는 이점은 중재에 대해서는 일반적인 항소를 할 수 없다는 점에 의해 축소되기도 하지만 중재인은 보통 의견서를 쓰지 않기 때문에 직관적인 의사결정이 가져오기 쉬운 오류를 통제할 수 없다는 사실에 의해서도 축소된다. 결국 전체적으로 보아 재판에 비해 중재가 정확하다는 이점은 불분명하고 어쩌면 존재하지 않을 수도 있기 때문에,[2] 나는 재판에 대한 이 대안이 가진 매력이나 재

---

2   Theodore Eisenberg and Geoffrey P. Miller, "The Flight from Arbitration: An Empirical
Study of Ex Ante Arbitration Clauses in the Contracts of Publicly Held Companies," 56

판의 사유화가 가져오는 행태주의적 효과를 설명하면서 위험을 쪼개 나눈다는 중재의 성격에 비중을 두려고 한다.

사법영역의 전문직이라 부를 수 있는 직종 가운데 중재인의 정반대 편에 있는 것이 직업법관제career judiciary다. 직업법관제는 영국에 기원을 두지 않은 법조 시스템을 가진 모든 국가에서 발견되는 제도로, 경력의 전부를 직업법관으로 일하는 법률가들로 법원이 구성되는 시스템이다.[3] 이와 대조적으로 영국이나 미국의 법관들은 대부분 법률을 다루는 다른 영역에서 일정한 경력을 쌓은 다음에 비로소 법관이 된다. 트루먼 대통령 이래 연방지방법원 판사로 임명되는 평균 연령은 49~53세이고, 연방항소법원 판사로 임명되는 평균 연령은 50~56세다.[4] 40대와 50대에 법관에 임명된 법률가는 그때부터 명백히 제2의 경력(인생)을 시작하는 셈이다.

미국과 같이 제2의 경력으로서의 법관과 달리 직업법관직은 그 국가의 공무 영역의 하나다. 임명과 승진은 능력에 따라 이뤄진다. 직업법관제의 두드러진 특징 가운데 하나가 승진으로, 로스쿨을 갓 졸업한 사람들은 자연히 법조계 사다리의 가장 아래쪽에 위치하고 경험을 쌓음에 따라 점점 더 책임 있는 자리로 승진하는 과정을 밟는다. 직업법관직과 다른 전문적 공무 영역 사이에는 차이가 거의 없기 때문에 직업법관제의 사법행태에 관한 분석은 관료 일반의 행동양식에 관한 분석과 다르지 않은데, 관료 일

DePaul Law Review 335(2007).

3   예를 들어, 다음을 참조할 것. Martin R. Schneider, "Judicial Career Incentives and Court Performance: An Empirical Study of the German Labour Courts of Appeal," 20 *European Journal of Law and Economics* 127(2005); Nicholas L. Georgakopoulos, "Discretion in the Career and Recognition Judiciary," 7 *University of Chicago Law School Roundtable* 205, 205~206(2000); J. Mark Ramseyer and Eric B. Rasmusen, "Judicial Independence in a Civil Law Regime: The Evidence from Japan," 13 *Journal of Law, Economics and Organization* 259(1997).

4   Albert Yoon, "Love's Labor's Lost? Judicial Tenure among Federal Court Judges: 1945~2000," 91 *California Law Review* 1029, 1047~1048 n. 70(2003).

반의 행동양식이라 하면 대기업 피고용자들의 행동양식과 완전히 같다고는 할 수 없지만 본질적으로 유사하다.

경제학적 의미에서 볼 때 기업활동에 각각 종사하는 사람들로서 피고용자와 고용주의 차이는, 피고용자는 고용주에게 자신의 산출물을 판매하는 것이 아니라 자신의 노동력을 빌려준다는 데 있다. 고용주는 피고용자에게 얼마만큼 보상할 것인가, 그리고 고용을 유지할 것인가 말 것인가를 결정하기 위해 각 피고용자의 산출물을 끊임없이 평가하려고 노력한다. 그러나 한 회사의 산출물은 팀워크의 소산이기 때문에 단지 대강의 평가만 가능하다. 그 대강이라는 것이 대리인 비용을 발생시킨다(이 대리인이 가령 의사와 환자의 관계에서와 같이 피고용자가 아니라 사장과 독립적으로 계약을 맺고 일하는 사람인 경우에는 그 비용이 심각한 문제가 될 수 있다). 피고용자의 산출물을 평가하는 데 비용이 많이 들면 들수록 고용주는 피고용자의 투입사항, 즉 (능력의 지표로서의) 자격증명서, 투입 시간, 노력care을 평가하는 것으로 산출물 평가를 대체하고 싶은 마음이 강화된다. 그런데 그렇게 대체하는 것은 불완전할 뿐 아니라 비용이 들지 않는 것도 아니다. 여기에도 예를 들어 책임을 회피하는 형태로 대리인 비용이 발생하기 마련이다. 여가를 원하고 힘든 일을 피하는 것은 사람들의 공통된 목표다. 따라서 피고용자들의 업무 수행을 모니터링할 수 없는 고용주는 자신의 채용 기준이 노동 윤리를 갖고 있는 지원자와 갖고 있지 않은 지원자를 구별하는 데 유효했기를 그저 신에게 빌 수밖에 없을 것이다.

정부 관료들의 산출물을 평가하는 것은 기업의 산출물을 평가하는 것보다 훨씬 어려우므로 어느 한 공무원의 기여 가치를 평가하는 것은 더욱 어렵다. 그렇기 때문에 공무원들은 기업의 피고용자들보다 사적인 목표를 추구할 가능성이 크고 따라서 대리인 비용도 더 클 가능성이 높다. 또 한 가지, 기업은 이윤 극대화라는 단 하나의 목표를 갖는 것에 비해 공무원들은 맡은 바 임무가 흔히 이데올로기적인 성격을 띤다는 점에서 차이가 있다. 그 결과 정부 관료사회에서의 대리인 비용은 책임을 회피하는 형태를 취할 뿐 아니라 자신의 임무를 자신의 이데올로기에 맞춰 재규정하거나 또는 더 흔하게는 자신의 임무를 재규정하는 데 저항하는 방식으로 태업하는 형태를 취하기도 한다. 논쟁의 여지가 많은 영역에서는 정부의 역할에 관해 "뚜렷한 선호"를 보이는 사람이 많다. 그리고 "정부 공무원이 되려는 전문가들은 특정 기관이 표방한 어떤 임무에 이끌리는 경우가 흔하다".[5] 그들은 그 기관에 들어가 자리를 잡으면 그 임무를 바꾸려는 노력에 대한 강력한 반대자가 될 수 있다. 법관도 판결에 이데올로기적 측면이 있는 만큼 동일한 경향을 갖는데, 직업법관들은 그 경향성이 특히 현저하다. 다른 공직자들과 마찬가지로 직업법관들도 많건 적건 간에 지속적인 자리 유지를 추구하는 과두 지배 그룹의 성격을 갖는다. 왜냐하면 현재 윗자리를 차지하고 있는 법관들이 그들의 승진을 주로 결정하기 때문이다. 이 때문에 직업법관제에서는 고위직에 "새 인물들fresh blood"이 임명되는 영미식 시스템보다 임무를 변화시키기가 더 어렵다.

정부가 사법부의 대리인 비용을 점검할 수단을 모두 빼앗긴 것은 아니다. 특히 직업법관제인 국가에서는 더욱 그러하다. 투입input 측면에서 본다면 누구를 법관으로 임명할 것인가를 결정하는 데 있어 정부가 살펴보는 것 가운데 하나가 자격(증명서)이다. 로스쿨에서 받은 학점 수준은 비록 불완전하기는 하나 법관으로서의 업무 수행 능력에 관한 표지 역할을 한다. 왜냐하면 특정 종류의 업무를 잘 수행할 수 있다는 것을 보여주었다면 그

5   Ronald N. Johnson and Gary D. Libecap, *The Federal Civil Service System and the Problem of Bureaucracy: The Economics and Politics of Institutional Change* 167~168(1994). 또한 다음을 참조할 것. John Brehm and Scott Gates, *Working, Shirking and Sabotage: Bureaucratic Response to a Democratic Public*(1997); Lael R. Kaiser, "The Determinants of Street-Level Bureaucratic Behavior: Gate-Keeping in the Social Security Disability Program"(National Public Management Research Conference, Georgetown University, 2003).

사람은 그 일을 하고 싶어 할 가능성이 높기 때문이다. 그러나 법규주의적 차원에서 중요한 재판 기술을 테스트하는 시험에서는 A학점을 받은 사람이 실제에서는 법규주의를 와해시킬 수 있다는 사실에 유의해야 한다. 이러한 사람은 법규주의의 한계를 감지할 수 있기 때문에 선례에 대한 창의적인 구별 짓기 및 제정법령과 헌법 문면에 대한 창의적인 해석을 통해 그러한 한계를 면하려 할 가능성이 있다.

산출output의 측면에서 본다면 법관의 업무 수행을 몇 가지 모니터링하는 방법이 있을 수 있다. 비록 뚜렷하지는 않을지라도, 법관으로서의 업무 수행 자질을 반영하는 것으로는 가령 잔무량, 판결의 파기 비율(이 비율을 살피는 것은 곧 적체된 업무를 성급히 처리하지 못하도록 제한하는 효과를 가진다), 법관으로서의 행실에 관한 나쁜 평판, 소송 당사자나 변호사들의 불만 같은 것을 들 수 있다. 우리는 이 장의 뒷부분에서 법관에 대한 평가 방법에 관해 더 살펴볼 것이다. 중요한 것은 직업법관제에서는 사법부 관료제 상의 상급 법관들이 법관의 판결에 대한 질적 평가를 실시하는데, 이는 누구를 얼마만큼 빨리 승진시킬 것인가를 결정하는 근거가 된다. 개인별로 업무 수행 정도를 평가하는 것이 어려운 상황이라 하더라도 서열을 매기는 것은 가능하다. 다시 말해 A라는 법관이 B라는 법관에 비해 어느 정도 나은지, 또는 두 사람 중 괜찮은 사람이 정녕 있는지를 알 수는 없더라도 적어도 A라는 법관이 B라는 법관보다 낫다는 것은 분명하게 말할 수 있다는 것이다.

관료제는 어디서나 관료들이 따를 규칙들을 상세히 설정함으로써 대리인 비용을 최소화한다. 왜냐하면 규칙에 따르는지 여부를 확인하는 것이 어떤 관료가 창조적인가, 상상력이 풍부한가, 정력적인가, 유연하고 또 앞을 내다볼 줄 아는가의 여부를 확인하는 것보다 더 쉽기 때문이다. 업무 수행 규범에 부합하는지 여부를 확인하는 것은 직접적으로 대리인 비용을 최소화하는 데 중요할 뿐 아니라 승진을 객관적인 기준에 의거하도록 만드는 데에도 중요하다. 그런데 객관적 기준에 의거해 승진을 실시하는 것은 다시 대리인 비용에 대해서도 간접적이지만 영향을 미친다. 즉, 법관들이 승진을 위해 상급자들을 만족시키려는 노력을 기울이도록 만드는 것이다. 직업법관제를 채택해 승진에 관한 결정을 관리 수단으로 삼는 국가들에서는 법관들을 안내할 상세한 내용의 법전을 마련하는 경향이 있는데, 이것은 더 느슨한 기준들을 특징으로 하는 코먼로 체계와 대비된다(다만, 나는 그러한 법전화가 직업법관제에 선행하는 것인지 후행하는 것인지 또는 함께 가는 것인지는 잘 모르겠다). 제반 법규들을 상세하게 제시한 법전의 존재는 어떤 법관이 규칙을 올바로 적용하는지를 쉽게 판단할 수 있게 한다. 그리고 법전이 정확하고 상세할수록 법관이 자신의 정치적 또는 기타 개인적인 선호에 빠져들 가능성이 작아진다. 그리하여 태업의 위험성이 적어지고 마찬가지로 법관을 평가하고 승진시키는 데 정치가 개입될 가능성도 작아진다.

미국식 사법 시스템보다 직업법관제 시스템에서 더 잘 찾아볼 수 있는 또 하나의 장치가 전문화specialization인데, 전문화를 도입하려면 법관의 수를 늘려야 한다. 전문화에 따르면 전문가로서의 법관이 (거의) 변호인만큼의 지식을 갖기 때문에 소송에 관한 책임이 많은 부분 변호인에서 법관에게로 이전된다. 비전문가인 미국 법관들은 특정 법 분야에 대한 전문가(예를 들어, 노동문제 전문 법관, 반독점 사건 전문 법관)라면 갖고 있을 지식을 갖고 있지 못하며, 따라서 자연히 심판의 역할을 맡는다. 직업법관제하에서 법관들은 법관으로 봉직하는 긴 세월 동안 다양한 경험(전문성)을 쌓는다(전문 법원들 사이에서 법관들이 순환하기 때문이다). 아울러 상급자들은 각 전문 법관의 좁은 영역을 평가하는 데 더욱 쉽게 접근할 수 있다. 따라서 전문화는 직업법관제의 자연스러운 진화라고 말할 수 있다.

직업법관제하에서는 승진의 조건으로 규칙을 따르는 것이 강조되기 때문에 법관들이 실용주의적이기보다는 법규주의적으로 되기 쉽다. 이렇게 되기 쉬운 또 하나의 이유는, 직업법관제하에서는 승진이 공직의 여타 영역에서와 마찬가지로 궁극적으로는 상급자들이 만족하도록 업무를 수행하는가에 달려 있으며, 상급자들이 대담하고 지적으로 도전적이며 실험적인 하급자들을 휘하에 둔다고 해서 별 이득을 보기는 어렵기 때문이다. 직업법관 시스템은 기업과 다르다. 기업에서는 팀장의 강한 리더십이 부하직원들의 혁신 추구성과 결합될 경우 수익과 이윤이 증가된다. 그 결과 그팀장은 부하 직원들을 잘 선택하고 격려한 것에 대해 상부에서 인정을 받는다. 반면, 어떤 젊은 법관이 판결 적체를 감소시킬 새로운 방법을 발견했다고 하자. 그는 칭찬을 받긴 하겠지만, 관례를 벗어난 것에 대해 참을 수있는 한계는 아마 그 정도일 것이다. 그러나 법전이 아무리 상세하더라도일어나는 모든 사건을 예기하고 대비할 수는 없다. 따라서 심지어 대륙법체계에서조차 이익 형량을 해야 하는 - 다시 말해 정책 지향적·입법적 성격을가진 - 재판이 아주 많다.[6]

거대한 조직체라면 어디나 그렇듯 직업법관제에서도 기관 내부의 정치office politics(조직경제학자들이 말하는 "영향력을 미치기 위한 활동")가 만연하다는 것은 놀라운 일이 아니다. 모든 승진이 업적에 따라 엄격하게 실시될것이라고 여기는 것은 순진한 생각이다. 결국 법관들은 승진의 사다리를타고 올라감에 따라 기관 내부의 정치로 인해 더욱더 순응적으로 행동하게될 가능성이 높다.

이러한 요인들 때문에 직업법관제의 산출물은 다양성이 부족하고 창조적이지 못한 반면 전문성의 질에서는 상당한 수준에 이른다.[7] 그 결과 직

---

6   James L. Dennis, "Interpretation and Application of the Civil Code and the Evaluation
     of Judicial Precedent," 54 *Louisianan Law Review* 1, 8~14(1993). 저자는 루이지애나 주
     최고법원 판사다. 루이지애나는 미국에서 유일하게 대륙법 체계를 갖춘 주다.

7   "대륙법 시스템하의 법관들은 일종의 전문가에 속한다. 그들에게는 사실 관계 상황(fact
     situation)이 제공되는데, 그러한 상황에 어떤 법규를 적용할 것인가는 특별한 경우가 아닌
     한 거의 모든 사건에서 쉽게 답을 낼 수 있다. 대륙법 시스템하에서 법관의 기능은 적절한
     입법 규정을 찾아 그것을 사실 관계 상황과 결부 짓고 그리하여 양자의 결합에서 다소간에
     자동적으로 생산되는 결론을 내놓는 데에 있다. 법적 결정의 모든 과정은 딱딱한 삼단논

업법관제를 채택한 국가의 법학 교수들은 영미법 체계에서와 같이 법에 대한 단순한 주석자로 간주되는 것이 아니라 실제적인 법원法源으로 대우받는다.[8] 다시 말해 직업법관제의 구조로 인해 법관들이 이러한 역할에서 배제되고 그 자리를 법학 교수들이 차지하는 것이다. 이러한 시스템하에서는 법관의 입법적 역할이 축소되기 때문에, 코먼로 체계에서라면 법관들이 수행할 자질구레한 입법적 기능들을 모두 입법부가 수행하게 된다. 사실 코먼로 체계하에서의 의사결정과 직업법관제하에서의 의사결정 사이에는 큰 간극이 존재한다. 직업법관제하의 법관들에게 코먼로 체계에서와 같이 입법적 책임을 맡긴다면 승진의 객관적인 기준을 설계하고 실행하는 데 큰 어려움을 안게 되어 시스템 자체의 원만한 작동에 장애가 초래될 것이다. 나아가 전문직 영역에 틀어박혀 사는 직업법관제하의 법관들은 '때때로 입법자'의 역할을 수행할 수 있을 정도로 세상 돌아가는 것에 보조를 맞추지 못하는 경향이 있다. 그들은 자신의 전문화된 영역에 대해서는 더 많은 것을 알고 있지만 그들이 알고 있는 것은 법리들일 뿐, 그 법리들과 그 법리들이 규율하는 제반 행위들 간의 관계에 대해서는 충분히 알지 못하는 것이다.

법의 형식논리를 따르도록 만들어져 있다. 대전제는 제정법령에 있고, 해당 사건의 사실들이 소전제를 제공하며, 그 결과로 결론이 불가피하게 뒤따른다." Richard O. Faulk, "Armageddon through Aggregation? The Use and Abuse of Class Actions in International Dispute Resolution," 37 *Tort and Insurance Law Journal* 999, 1011(2002), John Henry Merryman, *The Civil Law Tradition: An Introduction to the Legal Systems of Western Europe and Latin America* 36(2d ed. 1985)에서 인용. 또한 다음을 참조할 것. Merryman, "The French Deviation," 44 *American Journal of Comparative Law* 109, 116(1996); J. Mark Ramseyer, "Not-So-Ordinary Judges in Ordinary Courts: Teaching Jordan v. Duff & Phelps, Inc.," 120 *Harvard Law Review* 1199, 1205~1206 (2007); 각주 3의 Georgakopoulos, 212.

8   예를 들어, 다음을 참조할 것. Eugen Ehrlich, *Fundamental Principles of the Sociology of Law* 365[Walter L. Moll trans. 1936(1913)]. 에를리히의 책 12장에는 코먼로 시스템과 대륙법 시스템이 어떻게 다른가에 대한 흥미 있는 토론이 포함되어 있다.

직업법관제하에서 승진이 법관의 행동을 제약하는 데 효과를 발휘하는 것과 대조적으로 영미식의 '후발적으로 끼어드는' 시스템lateral-entry system 하에서는 승진이 제한된 의미밖에 갖지 못한다(승진은 당근 역할, 승진 불허는 채찍 역할). 후자의 시스템하에서는 법관으로 임명되는 것이 상당히 나이를 먹은 다음의 일이기 때문이기도 하고, 사다리의 가로대(단계)가 매우 적기 때문이기도 하며, 심지어 가장 높은 가로대에 올라가는 데에 반드시 법관으로서의 경력이 필요한 것은 아니기 때문이기도 하다. 사실 대부분의 법관은 승진 자체를 전혀 경험하지 않는다. 1990년대를 예로 들면 연방지방법원 판사가 연방항소법원 판사로 진급하는 비율이 겨우 6%였다.[9] 그리고 연방지방법원 판사와 항소법원 판사 간에는 급여나 영예에서의 차이가 크지 않다. 다만, 업무 부하에서는 항소법원 판사 쪽이 다소 가볍다고 일반적으로 말할 수 있다.

현임 연방대법관은 모두 연방항소법원 판사 출신들이긴 하나, 연방항소법원 판사로 그렇게 오래 봉직하더라도 연방대법관이 되기란 하늘의 별 따기와 같다. 그리고 연방대법관의 수는 아홉 명으로 고정되어 있는 데 비해 연방항소법원 판사는 업무 부하의 증대와 함께 그 수가 늘어나기 때문에 대법관이 될 확률이 그만큼 더 낮아진다. 게다가 평균 수명이 늘어나고 있어 대법원의 개편에 소요되는 기간도 길어지고 있다. 더 나아가 연방법원 체계에서는 업적이 승진(대법관으로의 승진도 포함되는데,[10] 다만 이 경우에는 정치적 기준이 지배한다)과 무관하지는 않지만 업적이 주된 요인인 것은 아니다. 특히 직업법관제와 달리 상급 법관들이 하급 법관들 가운데 누구를 승진시킬 것인가를 결정하는 것이 아니라 정치인들이 법관의 임명을 결

---

9   Daniel Klerman, "Nonpromotion and Judicial Independence," 72 *Southern California Law Review* 455, 461(1999).

10   Lee Epstein et al., "The Role of Qualifications in the Confirmation of Nominees to the U.S. Supreme Court," 32 *Florida State University Law Review* 1145(2005).

정한다. 그리하여 다수의 법관은 정치 때문에 한 번도 승진 기회를 얻지 못하는 반면 어떤 이들은 항소법원 판사로서 아무런 능력을 보여주지 못했음에도 정치 덕분에 승진의 영광을 맛보기도 한다. 따라서 연방법관의 행태에 대한 외적 제약에 어떤 것들이 있는가를 찾으려면 승진 이외의 것에서 찾아야 한다.

주에서 선출된 법관들은 – 12개 주를 제외한 미국의 모든 주에서는 어떤 형태로든 선거를 통해 그 주에 필요한 모든 또는 대부분의 법관을 선출한다 – 미국 연방 사법 시스템이나 외국의 직업법관제와는 사뭇 다른 환경에서 일하고 있다. 종신직인 연방법관들과 달리 일정한 임기제로 선출된 법관들은 재선되기 위해 임기 중의 업무 성과에 대한 검증을 받아야 한다. 마찬가지로, 이러한 법관들은 그 지위가 선거권자들의 변덕에 좌우되지 않는 법관들보다 여론의 동향에 더 민감하게 반응하지 않으면 안 된다. 선거권자 다수의 관심을 끄는 것은 주로 악명 높은 범죄 사건을 포함한 극소수의 사건들이다. 그러나 이러한 사건들에서는 체계적 편향systemic bias이 재판 과정에 개입할 가능성이 높다. 사형제를 유지하는 주를 생각해보라. 이러한 형벌을 당하는 자는 주로 극악무도한 살인자들이기 때문에 선출된 법관은 이러한 사건에서 피고에게 비우호적인 입장을 취할 가능성이 높다.[11] 또 한쪽

---

11 Herbert M. Kritzer, "Law Is the Mere Continuation of Politics by Different Means: American Judicial Selection in the Twenty-first Century," 56 *DePaul Law Review* 423, 461~464(2007); Stephen B. Bright and Patrick J. Keenan, "Judges and the Politics of Death: Deciding between the Bill of Rights and the Next Election in Capital Cases," 75 *Boston University Law Review* 759, 792~796(1995). 이러한 추측에 부합한데, 주법관으로서의 평균적 임기가 짧을수록 사형을 부과할 가능성이 크다. Paul R. Brace and Melinda Gann Hall, "The Interplay of Preferences, Case Facts, Context and Rules in the Politics of Judicial Choice," 59 *Journal of Politics* 1206, 1221, 1223(1997). 홀은 다른 논문에서, 주의 선출된 법관과 임명된 법관 간에 행동상의 큰 차이가 존재하지 않는다는 것을 발견한 반면, 법관 후보자와 유권자 간에 이데올로기적으로 거리가 있거나 후보자가 법관으로 있던 동안 살인율이 증가한 것은 분명 선거, 특히 당파적 법관 선거에 결과를 예견 가능할 정도로 영향을 미친다는 사실을 발견했다. "State Supreme Courts in American Democracy:

당사자는 자신이 사는 주에 살고 있고 다른 쪽 당사자는 그렇지 않은 경우 선출직 법관은 전자에 우호적인 입장을 취할 가능성이 임명된 법관들보다 더 높을 것이다.[12]

선출된 법관 또는 그 지망자는 선거 운동을 수행하는 데 필요한 자금을 조달해야 한다. 이 자금에 기여하는 사람들은 주로 후보자가 들어가려는 법원에서 소송을 대행하는 변호사들이다. 어떤 영역에서 대립하는 당사자들 양쪽의 전문 변호사들이 — 가령 의료 과실에서 환자 쪽 변호사들과 의사 쪽 변호사들이 — 법관 후보자에게 동일한 금액의 돈을 기부했다면 그 상황은 중재인이 처하는 상황과 대단히 흡사할 것이다. 즉, 법관은 판결을 내릴 때 중도적 입장을 취할 동기를 갖는 것이다. 그러나 영역에 따라서는 양쪽 힘이 체계적으로 불균형을 이룬 경우를 흔히 볼 수 있는데, 이 경우에는 선출된 법관이 체계적 편향을 드러낼 가능성이 있다.

때로는 그렇게 해야만 한다. 만약 법관이 선거 운동 기부금이 동등하다는 이유로 모든 법적 쟁점의 양 당사자 — 노동자와 경영자, 집단소송의 원고와 피고, 불법행위를 한 원고와 보험회사, 채무자와 채권자 등등 — 를 동일하게 취급하기로 마음먹는다면 법으로 설정된 대립하는 양 당사자 간의 이익 균형선에 변경이 필요하더라도 그대로 유지될 수밖에 없을 것이다. 그러나 선거 운동 기부금이 많고 적은 비율에 따라 변화에 대한 찬반의 방향을 따

Probing the Myths of Judicial Reform," 95 *American Political Science Review* 315, 325~327 and tabs. 9~11(2001).

12   그 증거로 다음을 참조할 것. Eric Helland and Alexander Tabarrok, "The Effect of Electoral Institutions on Tort Awards," 4 *American Law and Economics Review* 341 (2002); Tabarrok and Helland, "Courts Politics: The Political Economy of Tort Awards," 42 *Journal of Law and Economics* 157(1999). 말이 나온 김에 덧붙이자면, 앞의 논문은 — 그러한 효과가 연방의 이주(異州) 시민 간 소송 사건(federal diversity case)들에서는 작용하지 않는다는 발견을 통해 — 이주 시민 간 소송 관할권(diversity jurisdiction)이 소송을 제기한 주에 거주하는 당사자에게 유리하게 진행된다는 편견에 대항해 비거주민을 보호한다는 전통적인 주장을 뒷받침한다.

르는 것이 항상 더 낫다고 생각할 이유도 없다. 왜냐하면 설사 이익 균형선을 변경하는 것이 비용 대비 이익이 크다는 의미에서 효과적이라 하더라도 잠재적 수익자가 법관 선거에 기부할 돈을 만들어낼 수 없거나 또는 잠재적 패배자만큼이나 효과적으로 정치적 압력을 조직해낼 수 없을지도 모르기 때문이다. 잠재적 수익자는 잠재적 패배자들보다 더 흩어져 있는 집단이어서 무임 승차자 문제라는 더 심각한 문제를 겪어야 할는지도 모른다. 정치적 효율성에서의 이런 난맥은 물론 어디서나 볼 수 있는 일이다. 사실 이런 어려움이 없다면 입법 과정도 현재보다 훨씬 더 효과적으로 되었을 것이다.

그러나 선출된 법관들이 임명된 법관들, 특히 종신 재직이 보장된 법관들보다 정치적으로 덜 독립적이라는 사실이 *반드시* 나쁜 것은 아니다.[13] 직업적 안정성을 포기한 데 따라 업무에서 강력한 분발이 이뤄질 수 있으며 또한 선출된 법관들의 판결은 임명된 법관들의 판결보다 더 예측 가능한 성격을 띠기 때문이기도 하다.[14] 이 점은 선출된 법관들이 덜 독립적이라는 사실과도 부합한다. 아니 덜 독립적이라는 사실이 예측 가능한 판결을 초래했다 할 것이다. 독립적인 법관은 정치적 풍향에 민감하게 반응하기를 원치 않기 때문에 판결을 내릴 때 더욱 복잡하게 계산하기 쉽다. 그리고 판결에서의 포퓰리즘적 요소는 — 인기는 없지만 무고한 사람이 유죄를 받거나 또는 기타 법치주의에서의 큰 일탈이 일어나지 않는 한 — 법관의 정책들을 민주 사회가 선호하는 바에 일치시키는 효과를 가져오는 만큼 세계 제일의 민주 사회라는 자부심을 갖고 있는 미국사회에서는 바람직한 것으로 간주

---

13   또 다른 증거가 각주 11의 Brace and Hall의 논문에 제시되어 있다. 또한 F. Andrew Hanssen의 다음 논문을 참조할 것. "Is There a Politically Optimal Level of Judicial Independence?" 94 *American Economic Review* 712, 717(2004).

14   F. Andrew Hanssen, "The Effect of Judicial Institutions on Uncertainty and the Rate of Litigation: The Election versus Appointment of State Judges," 28 *Journal of Legal Studies* 205(1999).

될 수 있다.

이는 바로 사법부의 독립성이 사법부의 책임성judicial accountability과 역의 관계에 있다는 것을 의미한다.[15] 만약 선출된 법관의 존재를 민주 사회가 법관의 입장과 대중의 입장이 서로 가까워지기를 희망하는 데 따른 적법한 것으로 받아들인다면 여론을 무시하는 법관은 재선되기 어렵다는 데 그치지 않을 것이다. 그러한 법관은 역설적이지만 심지어 불법적인 법관이라고까지 말할 수 있다. 그러나 이 동전의 다른 면에서 보자면, 여론이 단일할수록 소수자 권리를 보장하기 위해 사법부의 독립이 더욱더 중요하다고 할 수 있다.

또 하나 역설적인 사실은, 영미식 사회 환경에서는 선출된 법관이 임명된 법관보다 민주적이기는 하지만 법관을 선출하는 제도 자체가 직업법관제, 즉 상세한 법전을 갖고 있는 국가의 제도보다 더 민주적이지는 않다는 것이다. 법관이 해석·적용하는 법전이 상세할수록 법관은 법전을 법적규준들을 발전시키기 위한 출발점으로 삼기보다 법전에 상세하게 "쓰인 그대로"를 따를 가능성이 높다. 민주적 입법부는 법에 관한 제반 명령을 하고 법관들은 민주적 절차에 따라 만들어진 결정들을 단지 집행만 하고 있다.

법관을 선출하는 제도의 부정적인 효과로는 변호사들이 선거 기부금을 제공함으로써 법의 발전을 왜곡시킨다는 것 외에도 선거로 인해 법관 채용의 범위가 대단히 제한된다는 것을 들 수 있다. 대부분의 사람은 기질적으로 선거 정치에 맞지 않으며 따라서 적어도 선거 정치에 능할 수 없다. 이 말은 뛰어난 법관이 될 자질을 충분히 갖춘 사람들에게도 해당된다. 정치적 재능과 법관으로서의 재능 두 가지를 다 갖춘 사람은 적다. 심지어 두

---

15 Eric Maskin and Jean Tirole, "The Politician and the Judge: Accountability in Government," 94 *American Economic Review* 2034(2004); Stephen B. Burbank and Barry Friedman, "Reconsidering Judicial Independence," in *Judicial Independence at the Crossroads: An Interdisciplinary Approach* 9, 14~16(Burbank and Friedman eds. 2002).

가지 재능은 어느 정도 양립하기 어려운 면까지 있다. 아마 양 영역의 각각에 속하는 사람들은 성격적으로도 판이할 것이다. 법관직, 특히 상급심 법원 차원의 법관직에 있는 사람의 상당수는 그 자리에 임명되기 전에 선거직에 있었던 것이 사실이긴 하지만[16] 본질적으로 법관은 내향적인 성격의 직업이다. 반면 정치인은 외향적인 성격의 직업이다. 정치인의 적성과 법관의 적성 사이에 서로 맞지 않는 바가 있기는 하나, 선출된 법관이 임명된 법관보다 평균적으로 덜 유능하다고 단정할 수는 없다. 왜냐하면 선출된 법관들은 힘든 경쟁의 과정을 통과한 사람들이기 때문이다. 임명된 법관들이 더 유능하다는 증거들도 제법 있다.[17] 그러나 그 반대쪽 증거도 있는데, 최근의 한 연구에 따르면 다른 변수들을 교정한 결과 주 대법관들의 경우 그들의 판결이 다른 주의 법관들의 판결문에서 *더 많이* 인용될수록 그들의 임기가 *덜* 보장되고 있다는 관계가 드러났다.[18]

16 대규모의 표본을 조사한 결과 연방법관의 27%와 주법관의 28%가 선거직의 경력을 갖고 있었다. 또한 연방법관의 40%와 주법관의 35%는 선출직이든 임명직이든 정치적인 자리에 있었던 경력이 있고, 연방법관의 11%와 주법관의 10%는 정치적 자리를 추구했으나 성공하지 못한 경력이 있었다. Louis Harris and Associates, Inc., "Judges' Opinions on Procedural Issues: A Survey of State and Federal Trial Judges Who Spend at Least Half Their Time on General Civil Cases," 69 *Boston University Law Review* 731, 755~756 and tab. 9.1(1989). 이것은 말할 것도 없이 정치인들, 즉 대통령과 상원의원들이 연방법관을 임명한다는 사실과 정치인들은 다른 정치인들을 알고 있다는 사실을 반영한다.

17 예를 들어, 다음을 참조할 것. Kermit L. Hall, "Progressive Reform and the Decline of Democratic Accountability: The Popular Election of State Supreme Court Judges, 1850~1920," 1984 *American Bar Foundation Research Journal* 345(1984).

18 Stephen J. Choi, G. Mitu Gulati and Eric A. Posner, "Professionals or Politicians: The Uncertain Empirical Case for an Elected Rather Than Appointed Judiciary"(New York University, Duke University, and University of Chicago law schools, Aug. 2007). '다른 주들에서 인용한 횟수'를 업무 수행 평가 잣대로 삼는 것이 타당한지에 대해 이야기하자면, 임명된 법관들은 판결문당 인용 수가 더 많다. 그러나 선출된 법관들은 더 많은 판결문을 쓰고, 따라서 판결문의 상대적 수효는 판결문당 인용의 상대적 수효보다 크다. 선출된 법관들이 더 많은 판결문을 쓰는 것은, 판결문의 수효라는 것이 산출물의 가치를 재는 척도로서는 명백히 한계가 있지만 선거 캠페인 과정에서는 틀림없이 이야깃거리가 되기 때문이다. 다음을 참조할 것. "Pemberton Tops in State for Appeals Opinion Productivity"(campaign

주법관들은 연방법관들처럼 임기가 보장되지는 않는다. 종신재직권을 부여하는 것은 업무를 향한 노력은 덜 하게 만드는 반면 대단히 큰 특전에 해당한다. 연방법관은 주법관보다 실질 소득이 더 많다. 이 때문에 연방법관은 누구나 갈망하는 직업이며(게다가 연방법은 주법보다 더 상위의 법으로 취급받는다) 따라서 지망하는 인력이 많다. 종신재직권은 선출된 법관을 두는 것을 민주적이라고 보는 사회 체제와 서로 모순적이다. 왜냐하면 어떤 공무원이 종신재직권을 갖는다는 것은 설사 애초 선출된 공무원이라 하더라도 민주 사회의 공무원상이라 볼 수 없기 때문이다. 그리고 주 정부는 미국 연방보다 더 민주적이다. 즉, 주 단위를 보면 선거가 더 빈번하게 행해지며 연방보다 선출직인 공무직이 더 많다(연방 차원에서는 대통령과 부통령만 선출된 공무원이며 연방법관은 주지하다시피 모두 비선출직이다). 또한 주민투표, 주민발의, 주민소환을 허용하는 주들은 대의제 민주주의에 직접민주주의의 요소를 적게나마 보태고 있는 셈이다.

20개의 주와 컬럼비아특별구는 선거권자들이 법관 후보자에 대해 더 많은 정보를 얻을 수 있도록 돕고 있다.[19] 이러한 '법관의 책임성 중대 프로그램'은 "미주리 플랜Missouri Plan"을 채택한 대부분의 주에서 시행되고 있는데, 미주리 플랜에 따르면 먼저 주에서 법관선정위원회를 구성해 능력에 따라 주법관을 임명하고, 그 후에 그 법관이 계속해서 그 직을 유지해도 되는가를 묻는 선거를 실시한다(다시 말해 찬반 투표만 한다). 어느 법관이 법관직을 유지하기 위해 입후보할 경우 독립적인 위원회들이 여기에 관한 평가를 내놓는다. 각 평가는 그와의 인터뷰, 그의 공적인 발언, 변호사들의 비공개 논평, 그리고 법관직 수행에 관한 통계적 평가치(가령 사건 판결을 얼

ad for Texas appellate judge), www.bobpemberton.com/2006/09/20/appeals_opinion_productivity/(visited Aug. 18, 2007).

19   Rebecca Love Kourlis and Jordan M. Singer, "Using Judicial Performance Evaluations to Promote Judicial Accountability," 90 *Judicature* 200(2007). 각 주의 다양한 프로그램을 제대로 요약해놓은 것으로는 같은 글, 204 참조.

마나 빠른 속도로 수행하는가) 등으로 이뤄지며, 일부 주에서는 그 법관의 판결에 대한 평가도 포함시킨다. 말할 것도 없이 변호사협회나 신문들도 입후보자에 대한 평가를 실시한다.

우리는 지금까지 중재인들, 직업법관제하의 법관들, 선출된 법관들을 쭉 살펴보았는데 이제는 미 연방법관들을 살펴볼 차례다. 그런데 연방법관들에 대해서는 사법행태에 대한 외적 제약이 대단히 미약하다.[20] 좋은 승진 기회가 결여되어 있는 상황은 대리인 비용을 최소화하려는 사람들을 골치 아프게 한다. 개인별로 업무 수행을 측정하는 것은 불가능하지만 누가 최고인지는 분명한 경우가 있을 수 있다. 따라서 야심 있는 피고용자들은 자신이 최고라는 것을 입증해서 승진하기 위해 열심히 일한다. 승진이 꼭 내부 승진일 필요는 없다. 새로운 고용주에 의해 다른 직업에서 "승진"(외부적 승진)할 수도 있다. 가령 공무원의 경우 사적 영역에서 더 좋은 직업을 가지며 "승진"하는 경우도 흔히 있다. 그런데 연방 사법제도에서는 이런 당근이 거의 존재하지 않는다. 연방법관은 (다음 장에서 살펴보듯이) 은퇴 연령에 달하기 전에 사직하고 변호사로 개업하거나 다른 직장으로 옮겨갈 가능성이 거의 없다. 그리고 은퇴 연령에 달하더라도 재판 업무를 완전히 떠나 다른 일거리를 찾기보다는 선임 법관(파트타임으로 일하면서 급여를 100% 수령하는)의 지위를 택할 가능성이 훨씬 크다.

채찍도 당근만큼이나 시원치 않다. (큰 당근이 제공되는 일자리에서조차 당근에 값할 만큼 일을 하지 못하는 사람들을 배제하기 위해서는 채찍이 필요하다.) 임기를 보장한다는 사실이나 심급이 동일한 경우 연방법관의 급여도 모두 동일하다(또한 업무를 뛰어나게 수행했다고 특별 상여를 주는 일도 없고, 일을 못한다고 급여를 삭감하는 일도 없다)는 사실과 별도로, 연방법관들은 자

---

20 나는 연방헌법 '제3조(Article III)의 법관들', 즉 연방지방법원 판사, 항소법원 판사 및 연방대법관들에게로 논의를 한정한다. 그 밖에도 연방법관이 있다. 주로 치안판사, 파산부 판사, 행정판사 등이다. 이 책 6장에서 치안판사와 파산부 판사들에 대해 약간 논할 것이다.

신의 명성에 의지해 가령 교수나 강연자 같은 부업을 통해 가외 수입을 챙길 여지도 대단히 제한되어 있다. 저술에 대한 인세 외에 외부에서 창출할 수 있는 근로소득에는 한도가 정해져 있는데, 그 한도는 적은 금액이다. 그런데 이상하게 저술에 대한 인세 수입이 마치 주식 배당금 또는 석유나 가스의 사용료, 즉 투자 수익과 같은 불로소득으로 분류된다. 법관의 수입 가운데 불로소득으로 분류되는 수입에는 상한선은 없지만 오직 연방대법관들만 인세 수입이 아주 많다.

법관의 임기가 보장될수록, 따라서 법관의 행위에 대한 통제가 어려울수록 법관직 지망자들을 주의 깊게 심사해야 한다. 그리고 연방법관직 지망자들에게는 실제로 아주 주의 깊게 심사를 실시하고 있다. 연방법관직을 향한 경쟁 역시 아주 치열하다. 이는 선택의 폭을 넓히며 심사의 그물도 촘촘하게 만든다. 지망자들의 연령대가 높기 때문에 심사는 더욱 효과적으로 이뤄진다. 사람들은 일반적으로 안정적인 성향을 가지며 또 행동방식에 습관적 요소가 강하기 때문에 어떤 사람이 어떤 자리에 임명될 때는 나이가 많을수록 그가 업무를 어떻게 수행할지 더 잘 예측할 수 있는 법이다. 사기업이나 정부 기관에서 또는 교육자나 학자로서 여러 해 동안 법률을 다뤄오면서 침착함, 훌륭한 판단력, 성실성, 기타 법관이 되는 데 필요한 속성들을 보여주었다고 평가된다면 당근과 채찍이 별로 없는 곳에 있더라도 이전과 마찬가지 방식으로 일해 나갈 가능성이 크다. 이는 총을 쏠 때와 같다. 총신이 어떤 방향으로 놓였고 또 내부 강선이 어떻게 만들어졌는가에 따라 총알이 날아갈 방향이 정해진다. 그러나 일단 총알이 총신을 떠난 후에는, 물론 바람 때문에 애초의 방향에 약간의 수정이 가해질 수 있긴 하나, 기본적으로 그 총알을 인도하는 것은 관성력이다.

더 나아가 강력한 유인이나 제약이 없는 경우 상대적으로 미약한 유인과 제약이 사람의 행동에 영향을 미친다. 사람들은 자신에 대한 평판이 손에 잡히는 보상의 잠재적 원천이지 않은 경우에서조차 자신의 평판에 대해 신경을 쓴다. 서열을 매기고 포상을 하는 것은 동료들 가운데서 발탁되는 것과는 다른 차원에서 심리적 효과를 가져다준다. 사람들은 많은 급여가 업무수행의 질에 대한 증거가 될 수 없는 경우 일을 잘하는 사람이라는 자신에 대한 평판에 더욱더 신경을 쓴다. 연방법원 행정처에서는 분기마다 각 법관이 그동안 심리한 사건의 수를 보여주는 통계를 발표하는데 연방지방법원 판사들은 이 통계에 민감하다. 어찌나 민감한지, 심지어 분기 말이 되면 사건 심리를 다음 분기 초로 넘겨 자신에 대한 통계 수치를 개선하려는 법관도 있다. 그러나 통계 수치가 안 좋게 나왔다 하더라도 그가 속한 관할 순회구역 내의 법관들 사이에서 평판이 아주 조금 떨어지는 것 외에는 별다른 제재가 없다.

연방지방법원 판사들은 또한 판결이 파기되는 것을 좋아하지 않는다.[21] 항소법원 판사로 승진하려는 의욕이 별로 없다면(사실 승진하는 데서도 이 문제가 큰 영향을 미치는 것은 아니다[22]) 판결이 파기되는 것이 법관으로서의 경력에 뚜렷한 악영향을 미치는 것은 아니다. 그러나 판결 파기는 단지 의견이 서로 다르다는 것이 아니라 일종의 비판을 의미한다. 그리고 공개적으로 반박당하는 것을 좋아하는 사람은 세상에 없다. 법관들은 미처리 사건이 쌓이거나 자기 판결이 파기되는 데 민감하기 때문에 단지 파기될

---

21   David A. Hoffman, Alan J. Izenman and Jeffrey R. Lidicker, "Docketology, District Courts, and Doctrine"(Temple University, May 21, 2007); William J. Stuntz, "The Pathological Politics of Criminal Law," 100 *Michigan Law Review* 505, 541(2001); Evan H. Caminker, "Precedent and Prediction: The Forward-Looking Aspects of Inferior Court Decision Making," 73 *Texas Law Review* 1, 77~78(1994); Richard S. Higgins and Paul H. Rubin, "Judical Discretion," 9 *Journal of Legal Studies* 129, 130(1980).

22   히긴스와 러빈에 따르면 연방지방법원 판사들의 경우 파기율이 승진에 미치는 영향은 전무하다(각주 21). 그렇기는 하나 비록 지방법원 판사들이 자신의 판결이 파기되는 것에 민감하게 반응하지 않는다 하더라도 항소가 사실상 일을 잘하려는 그들의 동기를 약화시킬 수 있다는 사실에 주의하라. Aspasia Tsaoussis and Eleni Zervogianni, "Judges as Satisficers: A Law and Economics Perspective on Judicial Liability" 10(ALBA Graduate Business School, Athens, Greece, and University of Piraeus, Greece, Sept. 2007).

가능성을 감소시키기 위해 미처리 사건이 지나치게 많이 쌓이도록 허용하지 않으며 또 단지 미처리 사건들을 줄이기 위해 파기율이 치솟는 상황을 허용하지도 않는다. 그러므로 그들도 직업법관제하의 법관들이 받는 제약과 유사한 제약을 받는다고 할 수 있다.

　연방지방법원 판사들은 소송 사건표가 긴 경우가 많다. 도시 지역의 판사들은 흔히 1인당 수백 건의 미결건을 짊어지고 있다. 물론 그중 많은 사건이 법관의 개입 없이 합의에 이르거나 포기된다. 그런데도 법관의 개입을 필요로 하는 사건이 많이 남기 때문에 법관은 미처리 건수가 처리 불가능한 수준을 넘지 않도록 계속해서 신경을 쓰지 않으면 안 된다. 자신이 맡은 사건들을 건성건성 처리할 경우 그 법관의 판결이 파기되는 비율은 당황스러울 정도로 높아질 수 있다. 그러므로 법관은 사건 처리가 적체된 데서 오는 압력 때문에 계속해서 열심히 일하지 않을 수 없으며 또 자신의 판결이 파기될 수 있다는 우려 때문에 신중하게 일하지 않을 수 없다. 이 두 가지 압력에 대처하는 한 가지 전략은 양 당사자가 합의하게 만드는 것이다. 쌍방이 합의하면 판결이 파기될 위험도 없고 또 미처리 건수도 줄이는 일거양득의 효과를 거둘 수 있다.[23]

　나는 앞에서 승진이 연방지방법원 판사들의 행동에 미치는 효과를 너무 성급하게 무시했을 수 있다. 사실 항소법원 판사로 승진하는 데 따른 이익이 그다지 크지 않고 또 지방법원 판사직에 지망해 그 자리에서 오래 일해온 사람들 모두에게 사무실에 틀어박혀 더 지적인 업무에 종사해야 하는 항소법원 판사라는 자리가 매력 있는 것이 아니기는 하나, 지방법원 판사가 항소법원 판사로 임명된다는 것이 "더 높은" 법원으로 "승진"하는 일이라는 자체가 많은 지방법원 판사들에게 매력적으로 간주되는 것 또한 사실이다. 또 한 가지, 지방법원 판사의 겨우 6%만 승진한다는 사실은 승진 가

23　합의를 이끌어내는 것이 연방지방법원 판사들에게 어떻게 유리한가에 대해서는 각주 21의 Hoffman, Izenman and Lidicker를 참조할 것.

능성이 낮다는 것을 과장하는 설명일 수 있다. 지방법원 판사 가운데는 나이가 너무 많아 현실적인 승진 전망을 세우기 어려워 승진을 거부하는 사람도 있고 또는 정치적인 이유 때문에 승진 가능성이 극히 희박한 사람도 많다. 이건 추측에 불과하지만, 지방법원 판사 가운데 승진 기회가 주어지는 사람의 비율이 딱 20%라고 하자. 그렇다면 승진 후보자 집단에 포함되는 각 법관의 승진 가능성은 3분의 1(0.2 ÷ 0.06 = 0.33)인데 그 정도의 가능성으로는 법관들이 후보자 집단에서 두각을 나타내기 위해 할 수 있는 일을 다 하기가 어려울 것이다. 그러나 일부 법관들은 항소법원 판사가 되는 것에 큰 매력을 느껴 스스로 최고의 법관이 되기 위해 많은 노력을 기울인다. 왜냐하면 항소법원 판사로 승진하는 데에는 업적이 하나의 요인이기 때문이다. 그러나 업적이 유일한 요인은 아니다. 승진의 결정권을 갖고 있는 사람은 정치인들, 즉 대통령과 상원의원들이다. 따라서 그들로부터 인정을 받기 위해서는 법관이 자신이 맡은 사건 가운데 아주 작은 일부, 즉 그들의 관심을 끌 만한 사건들에 대해 여느 법관들에 비해 더 정치적인 판결을 내려야 한다.

상급심 법원의 심사를 법관들에 대한 대리인 비용을 통제하기 위한 유효한 수단으로 생각할는지도 모르겠다.[24] 그런데 문제는 연방대법관들을 포함해 상급심 법원 판사들 자신이 고용주가 아니라는 점이다. 그들은 고용주, 즉 미국 정부로부터의 독립성을 높은 정도로 향유하기는 하지만 그럼에도 피고용자라는 성격에는 변함이 없다. 연방 시스템에서 상급심 법원의 심사는 연방지방법원 판사들에 대한 대리인 비용을 줄이도록 작용하기보다는 지방법원 판사들이 상급심 법원 판사들의 행동방식에 따르도록 만든다.

미국의 연방지방법원 법관은 직업법관제하의 법관들보다 판결하는 데

---

24   다음을 참조할 것. Steven Shavell, "The Appeals Process and Adjudicator Incentives," 35 *Journal of Legal Studies* 1(2006).

더 많은 자유를 누리고 있기 때문에 행동방식에서 개인적 요인들 – 가령 지적 태만으로 분석이나 증거에 의존하기보다 섣불리 직관에 따르는 것 또는 심지어 법정에 나온 변호인을 괴롭히는 데서 낙을 찾는 것 – 이 직업법관제 판사에 있어서보다 더 큰 역할을 수행하는 경향이 있다.[25] 특히 변호인을 괴롭힌다는 문제가 있는데, 이는 그 법관의 파기율이나 미처리 건수와 직접적으로는 아무 관련이 없지만 합의를 하도록 종용하는 효과를 낸다는 점에서 사실상 미처리 건수를 감소시킨다고 할 수 있다.

연방항소법원 판사들의 환경은 연방지방법원 판사들의 환경과 크게 네 가지 점에서 다르다. 첫째, 두 가지 제약, 즉 미처리 사건이 적체될 위험 및 파기될 위험이 크게 감소된다는 점이다. 항소법원 판사들의 업무 부하는 지방법원 판사들의 업무 부하에 비해 가볍고, 따라서 담당 건수가 처리 불가능할 정도로 쌓일 가능성은 아주 낮다. 그리고 어떤 사건의 변론이 끝나고 나면 판결 선고 시까지 더 이상 추가적인 활동은 없다. 이것은 미처리 사건의 수가 얼마인지가 지방법원에서와 달리 항소법원의 법관들에게 큰 부담으로 작용하지 않는다는 것을 의미한다. 덧붙여 항소법원 판결 가운데 연방대법원에서 심사되는 판결은 극히 드물어서(오늘날 1% 미만이다) 파기의 위험은 항소법원 법관들이 판결을 내리는 데 큰 제약 요인이 되지 않는다. 또한 파기되는 판결들도 대개 오류에 대한 지적, 즉 암시적인 비판 때문이라기보다는 이데올로기적 차이에 기인한다. 그러나 지방법원 판결이 파기될 때에는 오류 때문인 경우가 드물지 않다.

둘째, 항소법원 판사들은 단독이 아닌 합의부로 재판하기 때문에 협동 행위에 뒤따르는 프리미엄을 누린다는 점이다.[26] 합의부 재판의 부정적인

---

25 예를 들어, 다음을 참조할 것. Steven Rubet, "Bullying from the Bench," 5 *Green Bag* (2d ser.) 11(2001).

26 Harry T. Edwards, "The Effects of Collegiality on Judicial Decision Making," 151 *University of Pennsylvania Law Review* 1639(2003).

면은 파당화할 위험이 있다는 것과 (연방법관들에게는 매우 드문 일이라고 나는 믿지만) 서로 봐주기의 위험(투표 거래 및 투표 담합)이 있다는 것이다. 의원들은 국민의 대표자들이고 또 서로 투표 거래를 통해 선거구 주민들의 이익을 극대화할 수 있기 때문에 양심에 거리낌 없이 투표 거래를 할 수 있다. 그러나 법관들의 투표 거래는 결코 정당화될 수 없다. 투표 거래는 재판이라는 게임의 규칙을 깨는 것이다. 그러나 1장에서 살펴보았듯이 재판부 구성의 효과panel-composition effect에는 합법적인 형태로서의 투표 거래와 비슷한 효과가 포함되어 있다.

셋째, 연방항소법원 법관들은, 잘 알려진 핸드 판사의 사례에서 볼 수 있듯이, 법 자체에 영향력을 미칠 수 있는 기회가 지방법원 판사들보다 훨씬 더 많다는 점이다. 항소법원에서는 지방법원에 비해 특정 사건에 고유한 사실관계적 또는 절차적 쟁점보다는 법의 일반적인 쟁점들에 훨씬 더 초점을 맞춘다. 그리고 연방대법원은 연방항소법원 판결 가운데 극히 일부분만 심사할 뿐만 아니라 대상 사건이라고 해서 반드시 연방법의 각 분야에서 대표적인 사건들인 것도 아니다. 대법원은 헌법 관련 사건들에 압도적으로 치중하면서 다른 많은 분야의 사건들은 주로 항소법원들에게 맡기는 실정이다.

연방항소법원 판사들 가운데 많은 사람은 법의 발전 방향에 영향을 미치고 싶은 야심을 가지고 있지 않으며 핸드나 프렌들리가 얻었던 종류의 명성을 추구하지도 않는다. 그리고 야심이 없는 항소법원 판사들은 파기의 위험이 작기 때문에 지방법원 판사들보다 훨씬 더 여가를 중시하고 판결에 개인적인 선호를 더 많이 반영할 것이라고 기대할 수 있다. 지방법원 차원에서는 파기의 위험이 훨씬 큰 반면, 또 창조적인 법적 사고에 대한 보상은 훨씬 작다.

미국 사법 시스템에서 항소법원 판사들은 판결문에서 주요 사실들을 선별적으로 언급함으로써 자신의 결론이 그러한 사실들의 불가피한 귀결인 것처럼 보이게 할 수도 있고 선례들로부터 자유로운 입장을 취할 수도 있다. 그러한 방식으로 개인이 선호하는 바가 판결에 영향을 미친 사실을 종종 숨길 수 있다. 그러나 선례구속의 원칙은 심지어 법에 자신의 자취를 남기고 싶어 하는 야심찬 일부 항소법원 판사들[27]에게까지 일정한 제약 요인으로 작용한다. 한 법관의 영향력은 다른 법관들이 그의 판결을 선례로 취급하느냐에 달려 있다. 만약 어떤 법관이 자신의 판결문에서 선례를 가볍게 무시한다면 그는 선례구속의 원칙을 약화시키는 것이고 그 결과 다른 법관들이 그의 판결을 추종할 가능성도 마찬가지로 약화된다.[28] 어떤 법관이 다른 법관들은 선례에 충실하지 않는 것을 본다면 자기는 왜 애써 선례에 충실해야 하는지 회의에 빠질 것이다. 그리고 만약 어떤 법원의 판사들이 대부분 선례에 충실하려는 경향을 갖고 있다면 그들은 (정 필요하다면 세 명으로 구성된 합의부의 결정을 뒤집을 수 있는 전원 합의부의 결정을 통해서라도) 독불장군들을 통제하려 할 것이다.

그러나 선례구속의 원칙의 기저에 깔린 주된 힘은, 아마 판례법체계에서는 선례에 충실한 태도를 보이는 것이 성문법체계가 향유하는 종류의 안정성을 창출하는 데 필요하다는 인식일 것이다. 성문법체계에서는 법관들이 선례에 충실하지 않더라도 큰 문제가 되지 않는다. 왜냐하면 판결은 법규를 창출하지 않으며 단지 법전에 있는 기존 법규들을 적용할 뿐이기 때문이다. 따라서 이러한 체계에서는 당연하게도 판결이 선례로서 갖는 힘이

---

27 그들이 얼마나 야심만만한가는(그들의 야심은 법에 영향을 미치는 데 있다기보다 연방대법관이 되거나 또는 단지 높이 대접받는 데 있을는지 모른다) 그들이 뛰어난 재판연구원들을 확보하기 위해 얼마나 맹렬하게 경쟁하는가를 보면 잘 알 수 있다. 그들의 이러한 경쟁에 대해서는 다음을 참조할 것. Christopher Avery et al., "The Market for Federal Judicial Law Clerks," 68 *University of Chicago Law Review* 793(2001); Avery et al., "The New Market for Federal Judicial Law Clerks," 74 *University of Chicago Law Review* 447(2007).

28 Eric Rasmusen, "Judicial Legitimacy as a Repeated Game," 10 *Journal of Law, Economics and Organization* 63(1994).

미국의 체계에서보다 훨씬 작다.[29] 그러나 판결이 아무런 힘이 없는 것은 아니다. '선례존중성의 원칙doctrine of jurisprudence constante'이라는 대륙법상의 강력한 원칙은 일련의 일관된 판결들에 대해 선례로서의 의미를 부여한다. 다만, 코먼로 체계에서처럼 맨 처음 판결에 선례로서의 의미를 부여하는 것이 아니라는 점에서 차이가 있다.[30] 그리하여 어떤 법적 쟁점과 관련해 제기된 두 번째 사건을 담당한 대륙법계의 법관은 첫 번째 사건 판결에 대해 권위를 인정하지 않는다. 그러나 그 또는 그 밖의 몇몇 법관이 첫 번째 판결에 대해 동의하고 또 그러한 법적 견해가 굳어지는 동안 아무도 이견을 제기하지 않는다면 일련의 판결들은 선례로서의 권위를 획득한다.

미국의 법관들은 선례를 고수하려는 강한 동기를 갖고 있는데 이는 법관이 스스로 창출한 선례를 다른 법관들이 존중해주기를 바라고 권하는 데서 비롯된 것이기도 하지만, ― 사실 대부분의 법관에게는 이것이 더 중요한데 ― 자신의 업무 부하를 가급적 축소시키고 싶어 하는 데서 비롯된 것이기도 하다. 선례에 충실할 경우 번거롭게 새로 분석할 필요가 감소된다는 점에서, 그리고 또 그렇게 함으로써 항소 건수를 줄일 수 있다는 점(법이 확실할수록 소송률이 낮아진다)에서 간접적으로 업무 부하를 축소시키는 효과를 유발한다. 선례구속의 원칙은 더 나아가, 1장에서 언급한 바 있듯이, 법관들에게 자신의 판결이 가져올 결과를 더욱 숙고하게 만드는 효과도 있다. 다만, 이 요인은 선례 존중으로 시간이 절약되는 편익과 일정 정도 긴장 관계에 있기는 하다.

연방항소법원 판사들 중에는 이데올로기나 명성, 또는 정치적 커넥션, 인종, 성별, 민족성, 기타의 요인들을 통해 연방대법관이 될 기회를 잡으려

---

29 예를 들어, 다음을 참조할 것. Eva Steiner, *French Legal Method* 80~81(2002); 각주 6의 Dennis, 14~17.

30 예를 들어, 다음을 참조할 것. Vincy Fon and Francesco Parisi, "Judicial Precedents in Civil Law Systems: A Dynamic Analysis," 26 *International Review of Law and Economics* 519(2006); 각주 6의 Dennis, 14~17.

고 안간힘을 쓰는 사람들이 적지만 분명 있다(이는 지방법원 판사들 가운데 항소법원 판사로 승진하기를 기대하는 사람들이 존재하는 것과 상응하는 현상이다). 그러나 어떤 항소법원 판사가 대법관이 되기 위한 경쟁에서 아주 좋은 위치에 있다 하더라도 아주 예외적인 경우들을 제외하면 실제 대법관의 자리를 차지할 가능성은 극히 낮다. 그 이유는 기본적으로 목표가 되는 자리의 수가 너무 적은 데다 대법관으로 임명되는 데에는 예측 불가능한 정치적 요소들이 너무 많이 개입하기 때문이다. 내가 앞에서 항소법원 판사들에게는 "안간힘을 쓰는"이라는 표현을 쓰고 지방법원 판사들에게는 "기대하는"이라는 표현을 쓴 것은 이 때문이다(사실 지방법원 판사들 가운데 일부는 항소법원 판사로 승진하기 위해 노력하고 그 결과 그 뜻을 이룬다). 그러나 만약 어떤 법관이 대법관이 되는 데 아주 커다란 가치를 부여한다면 대법관에 임명되는 것이 줄 기대효용(아주 간단히 말하면 임명의 효용에 발생 확률을 곱한 것)이 자신의 행위에 영향을 미칠 수 있다. 로버트 보크Robert Bork가 대법관 후보자로 지명되었다가 부분적으로는 재판 외적인 저술(그의 "글자취"의 가장 많은 부분이 그러했다) 때문에 인준받는 데 실패한 이후로는 항소법원 판사들이 책을 내는 비율이 급감했다.[31] 게다가 보크, 그리고 한참 뒤에 마이클 러티그Michael Luttig가 대법관에 임명될 가능성이 아주 높았다가 그 가능성이 희박해지자 현직을 떠난 사실은, 법관들 중에는 대법관이 되는 데 필요하다고 판단되면 마음에 그리 내키지 않은 일일지라도 그 일에 수년을 투자하기로 기꺼이 마음먹을 사람들이 있을 수 있음을 보여주었다.

연방항소법원과 지방법원의 네 번째 차이는, 법전문가들이 항소법원 판결들을 비판적으로 검토할 때에는 지방법원의 판결들에 비해 재량권 남용에 훨씬 더 초점을 맞춘다는 사실이다. 항소법원 판사들의 주된 공적 산출물은 판결문들인데, 판결문들은 판결을 비판적으로 검토하려는 전문가

---

31 S. Scott Gaille, "Publishing by United States Court of Appeals Judges: Before and After the Bork Hearings," 26 *Journal of Legal Studies* 371(1997).

들이 쉽게 손에 넣을 수 있는 자기완성적인(또는 적어도 그렇게 보이는) 문건들이다. 그러나, 8장에서 살펴보겠지만, 판결문들에 대한 전문가 비판은 대부분의 법관에게 심각할 정도로 경시되고 있으며 따라서 법관들의 행태에 거의 영향을 못 미치고 있다. 게다가 연방대법원의 판결들이 학계의 평론가들(및 법학지에 글을 쓰는 학생들)을 매혹시키는 힘이 너무 큰 데다 항소법원의 판결 수는 너무 많기 때문에 항소법원의 판결 가운데 학계의 주목을 받는 판결은 무척 적다.[32] 그런데 대법관들이 입법자나 일반 여론 또는 매스미디어의 반응에는 신경 쓰면서 학계의 비판에 대해서는 하급 법원들보다도 더 신경을 쓰지 않는 것은 역설적이다.

　연방법관들의 업무 수행에 관한 양적 판단 기준들이 발달하고 있다는 사실은 연방법관들의 사법행태를 제약하는 데 잠재적으로 큰 의미를 갖는데, 이러한 양적 판단 기준이 발달한 것은 주로 법학자들 덕분이지만 법원의 행정가들이 기여한 바도 적지 않다. 이 기준들은 앞에서 언급했던 것처럼 선출된 주법관들에 대한 절충적인 평가 기준들과 중첩되기도 한다. 이 기준은 일정하면서 갱신될 수 있는 임기로 임명되는 연방 치안판사나 파산부 판사들(연방 치안판사는 연방지방법원에서, 그리고 파산부 판사는 항소법원에서 임명·재임명한다)을 평가하는 데 사용하는 기준들과 유사하다. 연방지방법원 판사나 항소법원 판사들은 종신직이기 때문에 이러한 평가들이 쓰라리게 아프지는 않다. 그러나 업무를 더 잘 수행하게 만들 정도로 상당한 수치심을 안겨주는 것은 사실이며, 더 중요한 것은 그 평가가 업무 수행의 정도를 정확하게 예측할 수 있는 일종의 증명서가 된다는 점이다.

　재판 업무 수행에 관한 양적 기준들은 흔히 말하는 구두 기준들, 가령

32　학술 논문들은 많은 사례를 인용하지만 비판을 담고 있는 경우는 드물다. 이는 법률 논문의 초점을 법이 (현재) 무엇인가에 맞추지, 논문 작자들이 동의하지 않는 수많은 판결이 만약 존재하지 않는다면 법이 어떻게 될 것인가에 맞추지는 않기 때문이다. 만약 그러한 판결들이 많이 추종된다면 적어도 개업 변호사들의 관점에서 볼 때 그 판결들은 분명 법이다. 그리고 법률 논문들이 주 독자로 간주하는 것은 그러한 개업 변호사들이다.

"사법자제적이다", "사법적극적이다", "학자적이다", "결과 지향적이다" 같은 것처럼 그저 정치적인 기준에 지나지 않는다고 해서 법관들에 의해 쉽게 무시되지는 않는다. 양적 기준들이 더 경제적인 이유는, 통계는 막연한 비판들과는 달리 방대한 양의 정보를 압축적으로 처리하는 것이 가능하기 때문이다. 그러나 여러 가지 단서를 고려하지 않으면 안 된다. 그 하나가 법관의 업무 수행을 판단할 때에는 각각의 법원이나 각각의 법관에게 획일적인 기준을 적용해서는 안 된다는 점이다. 나는 앞에서 미처리 적체 건수나 파기율 같은 기준은 항소법원 판사들보다 지방법원 판사들을 판단하는 데 더 큰 역할을 해야 한다고 말했다. 그리고 훌륭한 업무 수행이라는 기준조차도 법관의 승진 기준으로는 유용하지 않을 수 있다(여기에 대해서는 곧 설명하겠다).

서열을 매기는 시스템에는, 앞에서 미처리 건수에 관한 통계를 둘러싼 법관들의 행동방식에 대해 살펴볼 때도 언급했듯이, 항상 경쟁자들끼리 일종의 게임을 벌일 위험이 상존한다.[33] 항소법원 판사들의 업무 수행을 평가하는 데 사용되는 방법, 즉 다른 항소법원에서 몇 번이나 인용되었는가와 같은 기준[34]이나 스티븐 최Stephen Choi 교수와 미투 굴라티Mitu Gulati 교수가 개발한 더욱 종합적인 양적 설계[35]가 말해주듯이 어떤 기준을 채택할 것인

---

[33] 깜짝 놀랄 만한 사례들이 있는데, 다음을 참조할 것. Wendy N. Espeland and Michael Sauder, "Rankings and Reactivity: How Public Measures Recreate Social Worlds," 1(2007), *American Sociological Review*, 113, discussing *U.S. News & World Report's* influential rankings of law schools.

[34] 이에 관한 가장 완전한 연구 논문으로는 다음을 참조할 것. William M. Landes, Lawrence Lessig and Michael E. Solimine, "Judicial Influence: A Citation Analysis of Federal Court of Appeals Judges," 27 *Journal of Legal Studies* 271(1998). 이 방법을 외국에 적용한 것에 대해서는 다음을 참조할 것. Mita Bhattacharya and Russell Smyth, "The Determinants of Judicial Prestige and Influence: Some Empirical Evidence from the High Court of Australia," 30 *Journal of Legal Studies* 223(2001). 교수 임용과 승진을 위한 평가의 도구로 논문이 몇 회나 인용되었는지를 채택하는 일이 일반화되었다. 다음을 참조할 것. Richard A. Posner, *Frontiers of Legal Theory*, ch. 13(1991) 및 이 책에 인용된 문헌들.

가는 뛰어난 항소법원 판사들이 보여주는 속성들에 관한 가정에 의존한다. 이러한 기준들은 주로 영향력과 수월성을 측정하는 데 사용된다. 다른 항소법원에서 얼마나 인용되었는가라는 기준(이를 기준으로 삼는 이유는, 다른 항소법원의 판례를 인용하는 것은 선택 사항에 불과한 만큼 다른 항소법원에서 판례를 인용한다는 것은 그 판결문이 그만큼 유용하다는 증거로 볼 수 있기 때문이다) 외에 최 교수와 굴라티 교수의 수행 기준 가운데 하나인 어떤 법관의 이름이 판결문들에서 몇 번이나 언급되었는가라는 것도 기준이 된다.[36] 법관의 서열을 매기는 또 하나의 방법은, 판례집에 이름이 몇 번이나 나왔는가를 세는 것이다.[37] 이러한 기준들은 법적 창조성을 항소법원 판사의 특질 가운데 유일한 또는 적어도 가장 중요한 특질로 본다는 사실을 함축하고 있다. 법규주의자들은 이러한 함축 자체를 질겁하겠지만 말이다.

또 하나 연관된 걱정은, ≪유에스 뉴스 앤 월드 리포트U.S. News & World Report≫ 지의 로스쿨 서열 매기기를 비판하는 사람들이 강조하는 것처럼, 요소가 다차원적일 경우(여러 요소를 포함하고 있을 경우) 서열을 매기는 데에는 의문의 여지가 많다는 점이다. 각 차원에 서로 다른 가중치를 부여해야 하는데 그 작업이 자의적일 가능성이 높은 것이다.[38] 법관의 서열을 매기는 것도 로스쿨의 서열을 매기는 것만큼이나 심각한 문제를 안고 있다.

35 Stephen J. Choi and G. Mitu Gulati, "Ranking Judges according to Citation Bias (as a Means to Reduce Bias)," 82 *Notre Dame Law Review* 1279(2007); Choi and Gulati, "A Tournament of Judges?" 92 *California Law Review* 299(2004).

36 다음도 참조할 것. David Klein and Darby Morrisroe, "The Prestige and Influence of Individual Judges on the U.S. Courts of Appeals," 28 *Journal of Legal Studies* 371(1999).

37 G. Mitu Gulati and Veronica Sanchez, "Giants in a World of Pygmies? Testing the Superstar Hypothesis with Judicial Opinions in Casebooks," 87 *Iowa Law Review* 1141(2002). 각주 36의 Klein and Morrisroe는 법관의 위신을 양적으로 측정하려고 시도했다.

38 나는 다음의 내 논문에서 이를 강조한 바 있다. "Law School Rankings," 81 *Indiana Law Journal* 13(2006).

왜냐하면 여러 가지 요소에 어떻게 다른 가중치를 부여할 것인지는 법관에 대해서든 로스쿨에 대해서든 마찬가지로 합의가 되어 있지 않기 때문이다. 만약 당신이 판결이유에서 가장 중요한 요소가 명료성lucidity이라는 생각을 갖고 있다면, 가령 패소자에게 패소 이유를 잘 설명하거나 작은 주제들에 대해서까지 설시하거나 등장하는 사실관계들에 대해 하나하나 언급해주는 것을 중요시하는 사람들 또는 파기될 위험을 무릅쓰고 모험을 거는 일은 절대 삼가야 한다고 생각하는 사람들과는 가중치를 부여하는 방식이 다를 것이다. 연방항소법원에 대한 유능한 연구자들 모두가 창조성을 법관의 미덕 가운데 중요한 요소로 인식하는 것은 아니다. 그중 일부는 오히려 "창조적인" 법관은 법적 안정성을 저해하는 존재라고 생각할는지도 모른다.

또한 등급을 매기는 것은 순서를 매기는 것일 뿐 평가 도구로서 주된 도구일 수는 없다. 등급을 매긴다고 해서 등급과 등급 사이에 존재하는 질적 차이까지 나타내지는 않는다. 만약 질적 차이가 작은 경우에는 어떤 등급과 어떤 등급 사이에 여러 개의 등급이 존재한다 하더라도 그 질적 차이가 크지 않을 수 있다. 법관들에게 등급을 매기는 것은 질적 평가를 단순화함으로써 법적 접근방식이나 스타일 또는 시야의 다양성이 갖는 가치를 무시하는 결과를 가져온다. 이는 어떤 대학의 입학 허가를 단지 지원자의 성적에 의거하는 것과 같다.

최 교수와 굴라티 교수는 항소법원 판사의 업무 평가 기준에서 파기율은 배제했다. 이는 심각한 누락처럼 보일 수 있다. 그러나 파기율과 창조성은 정표의 관계로 서로 연관되어 있다. 왜냐하면 홈런 타자가 단타자보다 삼진 아웃을 더 잘 당하는 경향이 있듯이, 선례를 무조건 따르기보다 잘 창출하는 법관은 모험을 기피하는 법관들보다 파기당할 가능성이 더 높다고 말할 수 있기 때문이다.[39] 그리고 파기의 효과는 최 교수와 굴라티 교수가

---

39   Thomas J. Miceli and Metin M. Cosgel, "Reputation and Judicial Decision-Making," 23 *Journal of Economic Behavior and Organization* 31(1994).

사용하는 또 하나의 업무 평가 기준, 즉 '어떤 법관에게 몇 번이나 인용되었는가'라는 기준으로 자동적으로 포착된다. 왜냐하면 판결은 파기되고 나면 다시 인용될 가능성이 거의 없기 때문이다. 그러나 대법원이 때때로 내리는 약식파기summery reversal 건수를 항소법원 판사들의 업무 평가 척도로 사용하는 것은 타당성을 갖는다. 왜냐하면 이러한 파기들은 논쟁의 여지가 많은 쟁점에 대한 항소법원의 결정에 대해 의견이 불일치한 경우라기보다 명백한 오심을 바로잡는 경우일 가능성이 더 높기 때문이다. 또한 대법관 전원 합의에 따른 파기를 하급 법원의 오심에 관한 척도로 사용하는 것도 비슷하거나 조금 더 약한 정도로 타당성을 갖는다. 이 두 가지 척도를 사용해 연구한 결과 제9항소법원이 연방항소법원 가운데 업무 수행 능력에서 가장 뒤진다는 세간의 이야기가 헛말이 아니라는 사실이 드러났다.[40]

법관 평가에 사용 가능한 특정 방법들이 얼마나 정확하고 또 얼마나 유용한가에 주목하는 것과 별도로 우리는 사회학자들이 "반응성reactivity"이라고 부르는 속성, 즉 "사람들이 평가받고 관찰당하고 측정받는 것에 즉응해서 자신의 행동을 변화시키려는" 속성[41]에도 주목해야 한다. 운동 경기에서처럼, 중요한 것은 절대적인 의미에서 당신이 얼마나 잘하느냐가 아니라 다른 사람들에 비해 얼마나 잘하느냐인 만큼 등급을 매기는 것은 차이를 확대시킨다. 한편 등급을 부여받은 사람들은 사다리를 올라가기 위해 자신의 행동방식을 변화시키려고 노력하게 된다. 이것은 동기에서는 비슷할지라도 통계를 조작한다는 의미에서의 "게임하기"와는 다르다. 법관들은 경쟁적인 사람들이다. 따라서 그들에게 등급을 부여하려고 애쓰는 것은 직접적인 방식이든 수량화로 등급을 나타내는 방식이든 간에 측정 방법이 타당하고 정확하지 않다면 법관의 질을 떨어뜨리는 식으로 작용할 가능성이 높다. 그런데 중요한 것은 측정 방법이 타당하고 정확할 가능성이 낮다는 것

---

40   각주 34의 Posner, 413~417.
41   각주 33의 Espeland and Sauder, 10.

이다.

이것이 바로 법관의 업무 수행을 측정하는 행위가 안고 있는 문제점이다. 법관의 주요 활동 가운데 많은 활동이 측정할 수단을 개발하기 어려운 까닭에 평가자들의 주목을 받지 못한 채 묻혀버린다. 가령, 항소법원 판사가 합의부 구성원인 동료 법관이 작성해서 돌린 초안을 주의 깊게 읽어보고 그 초안에 코멘트하는 활동, 구두로 논의되지 않는 사건들을 처리하는 데 필요한 공표되지 않는 명령들(판결문들은 공표되는 것과 비교하라)을 준비하는 동안 감독하는 활동, 각종 신청motion들에 대한 결정을 내리는 활동, 항소에 대해 구술 변론의 대상으로 할 것인지 거기에 얼마만큼의 시간을 배정할 것인지를 결정하는 활동, 모든 청원서를 주의 깊게 읽고 재심리할 부분들을 결정하는 활동, 법원 산하 각종 위원회의 위원이나 미합중국 사법협의회 Judicial Conference of the United States 산하 위원회의 위원 또는 해당 법원의 법원장 직을 수행하는 활동 등등에 대해 생각해보라. 이러한 활동들이 평가 방법에 의미 있게 적용하는 대상이 될 수 없다면 법관들은 이런 활동들을 경시하고 자신의 등급을 올리는 유효한 활동에 노력을 집중하게 될 것이다.

나는 법관들을 긍정적으로 자극하거나 제약을 가하는 방법으로 업무 수행을 측정하는 것은 아직 시기상조라는 결론에 도달했다. 측정 결과 우수한 성적을 낸 법관들에게 상여금을 지급하는 따위의 방식은 (아무도 그런 방식을 제안하지는 않지만) 정말이지 우스꽝스러운 일이다!

연방항소법원의 환경에서 연방대법원의 환경으로 시선을 옮기면 눈에 들어오는 그림이 다시 바뀐다. 파기될 위험은 제로로 떨어지지만 제약들은 여전히 존재한다. 선례에서 야기되는 제약, 또는 "대법원에 재갈을 물리는" 입법[42]이나 인기가 없는 판결을 무효화하기 위한 헌법의 개정constitutional amendments[43]이라는 방식을 통해 정치권이 보복할 가능성에서 야기되는 제

---

42   Tom S. Clark, "Institutional Hostility and the Separation of Powers"(Princeton University, Department of Politics, Apr. 25, 2007).

약, 의회 예산위원회가 행하는 수준 이하의 괴롭힘에서 발생하는 제약,[44] 그리고 대법관 자리에 결원이 생겼을 때 기존 대법원의 방향에 수정을 가할 목적으로 기존 대법관들에게 적대적인 인사를 새 대법관으로 임명할 수 있다는 데서 야기되는 제약 등이 존재한다. 연방대법원의 판결은 누구나 주목하고 있기 때문에 대법관들에 대한 정치적 제약은 대법원보다 낮은 심급의 연방법관들에 대한 정치적 제약에 비해 훨씬 크다. 대중은 낮은 심급의 법원에서 내리는 판결들에 대해서는 거의 대부분 알지 못하나 연방대법원에서 내리는 판결들에 대해서는 아주 많이 알고 있으며, 만약 (어떤 판결에 대한) 대중의 반응이 매우 강렬하고 광범위할 경우에는 대법원에 대한 정치적 도전이 촉발될 수도 있다.[45]

이런 제약들에 덧붙여, 새로운 사건들(연방대법원의 소송 일람표를 보면 이런 사건들이 유난히 많다)에서는 전통적인 법률자료들이 지침이 되지 못한다는 사실도 작용해서 연방대법원은 확실히 정치적인 법원의 성격을 띠게 된다.[46] 그 결과 대법관들의 행위를 분석하는 것은 — 특히 헌법 사건들과 관

43 William N. Eskridge, Jr., "Overriding Supreme Court Statutory Interpretation Decisions," 101 *Yale Law Journal* 331(1991). 이와 대조되는 견해로는 다음을 참조할 것. Frank B. Cross and Blake J. Nelson, "Strategic Institutional Effects on Supreme Court Decision Making," 95 *Northwestern University Law Review* 1437, 1451~1457(2001).

44 Eugenia F. Toma, "A Contractual Model of the Voting Behavior of the Supreme Court: The Role of the Chief Justice," 16 *International Review of Law and Economics* 433 (1996).

45 대법원의 헌법 관련 판결들이 의회 내 정치적 힘의 균형에서 영향을 받는다는 증거와 관련해서는 다음을 참조할 것. William Mishler and Reginald S. Sheehan, "Public Opinion, the Attitudinal Model, and Supreme Court Decision Making: A Micro-Analytic Perspective," 58 *Journal of Politics* 169(1996); Anna Harvey and Barry Friedman, "Pulling Punches: Congressional Constraints on the Supreme Court's Constitutional Rulings, 1987~2000," 31 *Legislative Studies Quarterly* 533(2006); Barry Friedman and Anna Harvey, "Electing the Supreme Court," 78 *Indiana Law Journal* 123(2003).

46 10장에서는 이 주제를 논한다. 또한 다음을 참조할 것. Richard Hodder-Williams, "Six Notions of 'Political' and the United States Supreme Court," 22 *British Journal of Political Science* 1(1992); Martin Shapiro, *Law and Politics in the Supreme Court:*

련해서는 더욱 그러한데 ─ 전통적인 정치인들의 행동양식을 분석하는 것과 유사하다.[47] 다만, 완전하게 동일하지는 않은데, 왜냐하면 합리적인 대법관이라면 의원(정치인)들과는 달리 선례에 더 큰 비중을 둘 것이고[48] 또 아직 레임덕에 빠지지 않은 의원들보다 정치적 보복의 위협에서 더 자유로울 수 있기 때문이다. 그러나 대법원이 정치적 성격을 피할 수 없는 이상 어떤 대법관(가령 오코너는 근래의 대법관 가운데 정치적으로 가장 기민한 사람으로 널리 인식되었다)에 대해 정치적으로 재능이 있고 또 그 재능을 잘 활용하는 사람이라고 비판한다면 이는 합당한 비판이 못 된다. 오히려 현 대법원의 대법관들이 하나같이 정치적 경험이 없다는 사실을 비판한다면 그 비판이 타당할 것이다.

이상과 같은 분석은 연방대법관들은 연방항소법원 판사들 가운데서 "토너먼트 방식"으로 선출하는 것[49]이 바람직하다는 최 교수와 굴라티 교수의 제안[50]에 찬물을 끼얹을 수 있다. 직업법관제를 채택한 어느 나라에서 최고 실력을 가진 항소법원 판사가 미국의 항소법원 판사로서는 최선이 되지 못하는 것과 마찬가지로, 항소법원 판사 중에서 대법관으로 올라가는 일이 최선인 것은 아니다.[51] 우리는 "피터의 법칙Peter Principle", 즉 어떤 사람을 그의 능력 범위를 벗어나는 자리까지 승진시키려는 경향에 대해 주의해

New Approaches to Political Jurisprudence(1964).

47 예를 들어, 다음을 참조할 것. Jeffrey A. Segal and Albert D. Cover, "Ideological Values and the Votes of U.S. Supreme Court Justices," 83 *American Political Science Review* 557(1989).

48 그 근거로 다음을 참조할 것. Youngsik Lim, "An Empirical Analysis of Supreme Court Justices' Decision Making," 29 *Journal of Legal Studies* 721(2000).

49 Steven Goldberg, "Federal Judges and the Heisman Trophy," 32 *Florida State University Law Review* 1237(2005).

50 각주 35 참조.

51 대법관을 선정하는 최 교수와 굴라티 교수의 방법론이 적절한가에 관해서는 다음 글의 저자도 유보적인 입장을 보였다. Daniel A. Farber, "Supreme Court Selection and Measures of Past Judicial Performance," 32 *Florida State University Law Review* 1175(2005).

야 한다.

토너먼트 방식의 제안을 검토하는 최선의 방법은 항소법원 판사로 있다가 대법관이 된 사람들에게 최 교수와 굴라티 교수의 기준을 대입해서 그 기준이 대법관으로서의 그들의 업무 수행에 대한 예측력을 보일 수 있는가를 살피는 것이다[52](이 기준은 가령 홈스, 카도조, 오코너 등 주법관직에 있다가 대법관이 된 사람들에게도 확장해서 적용할 수 있다[53]). 그러나 이를 위해서는 대법관으로서 업무를 훌륭히 수행하는지에 대한 평가척도의 개발이 요구된다.

법관의 업무 수행 평가 척도를 개발해내기 어렵다는 점은 연방법관의 행위에 대한 외적 제약이 약하다는 것을 분명히 보여준다. 그러나 외적 제약이 약하다는 것은 사법부 독립이라는 동전의 다른 면이기도 한데, (적어도 연방 사법 시스템에서의) 외적 제약을 최소화함으로써 독립성의 극대화를 추구한 영미식 시스템은 가령 유럽식의 직업법관제보다 경제 성장에 도움을 주는 식의 긍정적인 면이 있다는 "어떤" 증거도 있다.[54] 그러나 "어떤"이

52 James J. Brudney, "Foreseeing Greatness? Measurable Performance Criteria and the Selection of Supreme Court Justices," 32 *Florida State University Law Review* 1015 (2005).

53 예를 들어, 나는 내 책 *Cardozo: A Study in Reputation*(1990)에서 여러 주법관들 가운데 카도조가 어떤 위치에 있었는가를 탐색하기 위한 노력으로 여타의 수치적 기준과 함께 '다른 주들에서 인용한 횟수'라는 기준을 사용했다[같은 책, ch. 5, 특히 p. 85(tab. 5)].

54 Simeon Djankov et al., "Courts," 118 *Quarterly Journal of Economics* 453(2003); Djankov et al., "Debt Enforcement around the World"(World Bank, Dec. 2006); Edward L. Glaeser and Andrei Shleifer, "Legal Origins," 119 *Quarterly Journal of Economics* 1103(2002); Michael L. Smith, "Deterrence and Origin of Legal System: Evidence from 1950~1999," 7 *American Law and Economics Review* 350(2005); Daniel Klerman and Paul G. Mahoney, "The Value of Judicial Independence: Evidence from Eighteenth Century England," 7 *American Law and Economics Review* 1(2005); Rafael La Porta et al., "The Quality of Government," 15 *Journal of Law, Economics and Organization* 222(1999); La Porta et al., "Law and Finance," 106 *Journal of Political Economy* 1113(1998).

라는 말에 따옴표를 붙였다는 것에 주목하라. 그 증거는 아주 강력하지 않기 때문이다.[55] 폴 마호니Paul Mahoney가 지적한 대로[56] 정부 관료제에 대해 적대적인 영미식 정치문화는 영미의 사법부들이 비관료적인 구조를 가지게 된 원인일 수 있으며,[57] 상업적 활동에 대단히 우호적인 정치문화의 원인일 수 있다. 게다가 사법부의 독립성이라는 것이 사회적 선이라는 데(내가 2장에서 지적한 대로)에는 논쟁의 여지가 없지만 사법부의 독립과 법관의 독립은 서로 다르다. 직업법관제하의 사법부는 ─ 비록 그 법관들은 자신의 상급자들로부터는 덜 독립적이긴 하나 ─ 영미 법관들과 마찬가지로 원칙적으로는 정부의 다른 영역들로부터 독립적이다. 그러나 원칙상으로는 그렇지만 실제로는 확실하지 않다. 코먼로 시스템에서는 법관들에게 법을 만들 권한이 부여된다. 이 때문에 그들은 대륙법 체계하의 법관들보다 더 강력하다. 그리고 힘은 독립성을 증대시킨다.[58] 미국의 법관들은 정부의 다른

55   같은 논지는 다음을 참조할 것. Kenneth W. Dam, *The Law-Growth Nexus: The Rule of Law and Economic Development*(2006). 또한 다음을 참조할 것. Aristides N. Hatzis, "Civil Contract Law and Economic Reasoning—An Unlikely Pair?" in *The Architecture of European Codes and Contract Law* 159(Stefan Grundmann and Martin Schauer eds. 2006); Daniel Klerman and Paul G. Mahoney, "Legal Origin?"(USC Legal Studies Research Paper No. 07-3, n.d.); Gillian K. Hadfield, "The Many Legal Institutions That Support Contractual Commitments," in *Handbook of New Institutional Economics* 175~198(Claude Ménard and Mary M. Shirley eds. 2005); Katharina Pistor et al., "The Evolution of Corporate Law: A Cross-Country Comparison," 23 *University of Pennsylvania Journal of International Economic Law* 79(2002); Brian R. Cheffins, "Does Law Matter? The Separation of Ownership and Control in the United Kingdom," 30 *Journal of Legal Studies* 459, 483(2001). 다음 글에서 저자는 코먼로 시스템과 대륙법 시스템의 표준적 비교에 대해 지나치게 단순하다고 조롱했다. Gillian Hadfield, "The Levers of Legal Design: Institutional Determinants of the Quality of Law"(USC Center in Law, Economics and Organization Research Paper No. C07-8, May 2007).

56   Paul G. Mahoney, "The Common Law and Economic Growth: Hayek Might Be Right," 30 *Journal of Legal Studies* 503(2001).

57   Richard A. Posner, *Law and Legal Theory in England and America* 28(1996)(tab. 1.1).

58   Frank B. Cross, "Identifying the Virtues of the Common Law"(University of Texas

영역들에서 신뢰를 받기 때문에 (또는 법관이 신뢰받는 것은 그들이 독립적이기 때문일 것이다) 입법자적 역할을 수행하는 것이다.

그러므로 입법적 기능을 법관들 소관에서 의원들 소관으로 이전시키는 것이 직업법관제의 주된 효과라면, 그리고 직업법관제를 선택한 국가가 미국과 같은 대통령제가 아니라 의원내각제를 택하고 있다면, 직업법관제가 그러한 국가의 법의 질을 떨어뜨리는 것으로 볼 수는 없다. 의원내각제에서 정치는 전문직업의 영역이고 정당에는 규율이 있다. 또한 입법부는 집행부와 통합되며 효과적인 단원제로 운영된다. (미국 시스템에서와 같이) '후발적으로 끼어드는' 법관들은 직업법관제하의 법관들보다 외부 세상에 대해 더 폭넓은 경험을 갖고 있기 때문에 '때때로 입법자'의 역할을 할 준비가 더 잘 되어 있다. 그러나 그렇다고 해도 그들이 의원내각제하의 공식적인 입법자들보다 더 나은 입법자이기는 어렵다. 의원내각제하의 의원들은 필요한 시간과 경험을 갖고 있고 기강이 서 있으며 합리화된 절차에 따라 일한다. 따라서 대단히 번거롭고 복잡한 미국의 입법과정 때문에 법관들이 시스템적으로 수행하고 있는 입법적 기능을 그들은 능히 감당할 수 있다. 의원내각제에서는 법전이 미국의 판례법을 대신하는 셈이다.

영국은 18세기에 독립적인 사법부를 창출했는데, 미국의 사법 시스템은 거기서 유래되었다. 외적 제약이 약하다는 점에서는 영국의 사법부와 미국의 연방 사법부가 유사하다. 그러나 반드시 그러했던 것은 아니다. 영국 사람들은 법관의 재량권 행사를 크게 우려해서 이를 최소화하기 위해 세 가지 장치를 채택했다. 그 하나가 선례를 상당히 엄격하게 고수토록 한 것이다(다만, "차별화·구별 짓기"로 이 장치는 좀 완화되었는데, 여기에 대해서는 이어지는 장들에서 좀 더 다룰 것이다). 영국 법관들은 1968년까지는 선례구속의 원칙stare decisis(이미 결정된 것에 따라 판단함)을 거의 문자 그대로 지켜

School of Law, Law and Economics Research Paper No. 063, Sept. 2005).

왔다. 그리하여 법관이 이렇게까지 말할 수 있게 했다. "보라, 나는 내 마음대로 하는 사람이 아니다. 나는 법을 만들지 않는다. 단지 내 앞의 법관들이 낸 길을 따라갈 뿐이다." 이러한 태도로 말미암아 영국의 법은 제1세대 법관들의 자의라는 허약한 토대 위에 세워졌다. 그러나 제1세대 법관들이 자의적이었던 것만은 아니다. 그들은 자의적이었다기보다 창조적이었다. 왜냐하면 그들 앞에 따를 선례들이 없었기 때문에 어쩔 수 없이 그들 스스로 창출해야 했던 것이다.

'선례의 엄격한 고수'는 그대로 미연방헌법 영역에 옮겨졌기 때문에 미국의 대법관은 다음과 같이 말할 수도 있을 것이다. "나는 두 가지를 해석해야 한다. 먼저 미국 헌법의 문면 그 자체를 해석해야 한다. 다만, 헌법 조문들은 오래되었을 뿐 아니라 모호하다. 다른 하나의 과업은 더욱 쉬운 것으로, 다행히도 나의 선배들이 내린 판결들이 있기 때문에 그 판결들을 해석하면 된다. 나는 선례들에 구속된다. 따라서 내가 내리는 판결들은 창조적이거나 혁신적이거나 재량 행사적인 법률 활동의 결과가 아니라 순수하게 해석적인 활동의 소산이다." 그러나 미국의 대법관들은 이렇게 말할 수 없다. 왜냐하면 그들은 앞선 판결들을 파기할 자유를 갖고 있기 때문이다. 그들이 이런 자유를 가져야 하는 이유는 헌법을 변화된 상황이나 신선한 통찰에 부합하도록 개정하기가 대단히 어렵기 때문이다. 또한 처음부터 아주 잘못된 방향을 취한 판결도 있고, 또 판결을 내린 시점에서는 괜찮았으나 사회적·정치적·경제적 환경의 변화에 따라 시대에 뒤떨어지게 된 판결도 있다. 후자의 판결들은 후속적인 판결들에서 다른 것으로 구별되어 취급될 수 있다. 그러나 전자는 이런 방식으로 차별화될 수 없기 때문에 계속 폐단을 일으키는 것을 막기 위해서는 파기되지 않으면 안 된다. 선례를 엄격하게 고수하는 것은 선례로서의 자격을 취득하긴 했지만 잘못 내린 판결이나 크게 후회되는 판결의 후속적 결과를 확대하게 될 것이다. 이는 또한 법관들에게 자신의 판결이 장래에 미치는 영향력을 최소화하기 위해 아주 좁은 의미로 판결문을 쓰도록 강하게 압박할 것이다.[59] 이러한 압박은 장래의 사건들에 관한 지침으로서의 선례의 가치를 저하시킬 것이다. 대법관들은 법규를 만들어내기 위해 더 많은 판결을 내놓아야만 할 것이다.

영국인들이 법관을 통제하기 위해 채택한 두 번째 장치는 "구두 진행의 원칙principle of orality"이다. 이 원칙은 법관은 모든 것을 공개적으로 행해야 한다는 것을 의미한다. 영국의 법원에는 재판연구원도 없고 변론서도 없었다. 법관은 사건이 본인에게 배당되기 전에 사건에 대해 아무것도 알지 못했다. 그리고 소송의 어느 단계에서나 법관들은 사건에 대해 서로 토론하지 않았다. 상소심의 구술 변론은 일주일이 걸릴 수도 있었다. 왜냐하면 법관이 법대에 앉아 법령과 판례들을 읽어야 했고 또 변호사가 제출한 각종 전거 자료를 그 자리에서 계속 읽어나가야 했기 때문이다. 이러한 제도의 근저에는 대중이 볼 수 없는 데서는 법관이 아무것도 할 수 없게 하면 대중이 법관의 업무 수행을 효과적으로 감시할 수 있으리라는 생각이 놓여 있었다. 결국 법관의 과중한 업무 부하로 인해 영국은 이 제도를 포기할 수밖에 없었고 또한 *선례구속의 원칙*을 엄격하게 적용하는 것도 포기했다.[60]

영국 법관들에 대한 셋째 장치이자 가장 중요한 장치(이 역시 해체되고 있지만[61])는, 사회적·직업적으로 동질적인 한 좁은 계층에서만 법관을 선발했다는 점이다. 그 계층이란 바로 '고위 법정변호사senior barrister' 계층인데, 고위 법정변호사는 상층 출신이 아니면 될 수 없었다. 왜냐하면 영국에서는 법정변호사의 회사 설립이 금지되어 있어 실무에서 법정변호사로 인정받을 때까지 생계를 꾸려갈 방법이 없었기 때문이다. 사회적·직업적 배경이 동일한 법관은 비슷하게 사고하기 쉽다.[62] 따라서 그들은 서로 간에 의

---

59 판결문당 평균 인용 수를 그 법원의 파기 성향과 연관시키는 것은 흥미를 일으킨다. 어떤 법원이 선례들을 파기하는 경향이 작을수록 그 법원의 판결문들은 근거가 좁을 것이고 따라서 그 판결들이 인용되는 비율은 낮아질 것이다.

60 Gary Slapper and David Kelly, *The English Legal System* 81(8th ed. 2006).

61 다음을 참조할 것. 같은 책, 239~240.

견이 다르더라도 논쟁의 전제는 공유할 것이다. 전제를 공유할 경우 논쟁은 객관적으로 입증할 수 있는 결론을 낳을 수 있다(이는 결론이 옳은지 여부와는 무관하다). 부정확한 전제에서 논리적으로 도출하는 결론은 정확성을 보장할 수 없다.

미국 법관의 인력 집단은 동질적이지 않으며 그렇다고 충분히 대표적이지도 않다. 미국 법관의 인력 집단은 사실상 변호사 상층부에 한정되는데, 이들은 대부분 사회화의 정도가 높고 품행이 단정하며 인습적인 사고 방식을 가진 중상층upper middle class 출신이다. 법관의 재량을 억제하기 위해 영국 사람들이 발명해서 오랫동안 적용했던 다른 방책들은 미국의 시스템에 존재하지 않는다. 또한 미국은 직업법관제를 채택하지도 않았다. 요약하면 미국은 많은 사람들에게, 특히 법관이 재량권을 행사할 경우 패소하게 될 사람들에게, 위협이 될 정도로 법관이 재량권을 행사한다 하더라도 이를 통제할 수 있는 장치를 적어도 연방 차원에서는 갖고 있지 않다. 그렇기 때문에 미국의 법관 인준 절차는 격렬한 싸움의 장이 된다(영국 법관들은 인준 절차 자체가 없다). 미국의 인준 절차는 연방법관을 선발하는 데 포퓰리즘적 요소가 개입하는 몇 안 되는 과정 가운데 하나다.

하지만 헌법 제정자들은 연방 사법 권력을 견제하기 위한 장치를 분명히 설치했다. 사법부의 독립을 지나치게 중시하는 연방법관들은 곧잘 잊기도 하는데, 헌법에 입법부, 행정부, 사법부를 각각 상호 경쟁관계에 둠으로써 세 부 "모두"에 한계를 설정한 것이 바로 그 장치다. 헌법은 항소법원들을 관할하는 권한을 대법원에 부여하면서 이와 동시에 의회에는 관할권에 예외나 규제를 설정할 수 있는 입법권을 부여했다. 헌법은 또 의회에 연방법원들의 예산에 대한 통제권(이 권한에는 법관의 급여 수준 결정권이 포함되지만 급여를 삭감할 수는 없다)을 주었는데, 어떤 통치 기관이나 자신의 재원

---

62   Brian Simpson, "The Common Law and Legal Theory," in *Legal Theory and Common Law* 8(William Twining ed. 1986).

에 대한 완전한 통제권을 갖는 것은 위험하기 때문에 이는 중요한 의미를 갖는다. 의회는 법관의 수를 결정할 수 있으며, 대법원의 판결에 불만이 있을 경우 대법관을 증원함으로써 대법원의 정치적 균형에 변화를 꾀할 수도 있다. 1930년대에 루스벨트 대통령이 이러한 목적으로 의회 설득에 나섰다. 그는 실패했지만, 그전에는 시도가 성공한 적도 있었다.[63] 헌법은 심지어 민사사건에서도 배심 재판을 받을 권리를 강력히 보호하고 있는데, 이는 사법적 권력을 법관과 시민 간에 나눔으로써 법관의 권력을 제한하는 효과를 빚는다. 또한 법관은 자신의 판결을 집행할 힘을 갖고 있지 않다. 이는 행정부의 특권이다. 그리고 법관은 누군가가 법원에 제소한 사건만 판결할 수 있다. 연방헌법 제3조는 사법 권력의 관할 대상을 사건case과 분쟁controversy에 국한시키고 있기 때문에 법관은 어떤 법령이 제정되자마자 위헌이라고 선언할 수는 없다. 실제로 어떤 사건이 발생해 그 법령의 위헌성 문제를 제기할 때까지 기다리지 않으면 안 되는 것이다. 한편, 의회는 법원에 직접적으로 도전하지 않더라도, 예를 들어 낙태 클리닉에 대한 재정지원을 중단하거나, 법률 구조 기구와 형사 피고인 부조 기금 등을 삭감하거나, 법령으로 정해진 절차적 권리들을 축소하거나, 형사 범죄의 최고 형량을 높여 피고인에게 형선고 정지의 대가로 헌법상 절차적 권리들을 포기하게끔 하는 등의 방법으로 자신의 입법권을 사용함으로써 마음에 들지 않는 헌법 사건 판결들에서 가시를 뽑아낼 수 있다. 여기서 보듯 연방대법원의 힘은 강력하지만 입법부나 행정부를 위압할 만큼 강한 수단을 갖고 있지는 않다. 심지어 대법원이 헌법의 이름으로 새로운 권리를 만들어내는 데 적극 나섰던 영역에서조차 그러하다. 사실 대법원의 목소리만큼 대법원의 힘이 강력한 것은 아니다.[64]

---

63   Jean Edward Smith, "Stacking the Court," *New York Times*, July 26, 2007, p. A19.

64   1960년대의 민권혁명이 일어날 때까지 대법원이 자유권적 기본권 및 이와 관련된 형사사건의 판결들을 남부의 여러 주가 받아들이게 만드는 데 커다란 어려움을 겪었던 것을 생각해보

알렉산더 해밀턴Alexander Hamilton은 ≪연방주의자 논집The Federalist Papers≫ 제78호에서 이와 다른 이유로 연방법관의 독립은 무해하다고 주장했는데, 그 이유는 외부적 제약보다는 내부적 제약에 근거한 것이었다. 즉, 연방법 관들이 의지will를 행사하지 않고 판단judgment을 행사할 것이라는 게 그 이 유였다. 해밀턴은 순진한 사람이 아니었다. 그렇다면 그는 솔직하지 않았 는가? 반드시 그런 것만은 아니다. 권리장전[미국의 연방헌법 수정조항 제 1~10조 ─ 옮긴이]은 1787년의 헌법이나 ≪연방주의자 논집≫이 출간된 이 후 만들어진 것이다. 1787년 헌법에 규정된 권리들 가운데 법원法源으로 사 용될 수 있는 것은 거의 없었다. 권리장전(및 나중의 헌법 수정조항 제14조)에 규정된 권리들 가운데는 모호한 것도 많았다. 그래서 핸드는 법관들이 그 때까지 권리장전의 조항들을 바탕으로 사실상 완전히 새로운 헌법을 창출 해야 하기 때문에 권리장전의 조항 대부분이 재판 가능한 법원으로 사용될 수 없을 것이라고 생각했다.[65] 그렇지만 이미 권리장전이 반포되기 전부터 대법관들이 헌법의 "정신"이라는 자신의 개념에 따라 판결함으로써 폭군이 될 것이라는 우려가 제기되었는데, 특히 "브루터스"라는 가명으로 널리 알 려진 해밀턴 반대자가 이를 신랄하게 지적했다.[66] 세월의 흐름에 따라 헌법 과 그 수정조항들의 토대가 변화함으로써 그것들의 직접 명령적인 성격이 계속 약화되었고, 이에 따라 인준 전쟁 및 예를 들어 켈로 대 뉴런던 시Kelo v. City of New London 사건 판결(여기에 대해서는 10장에서 상술할 것이다)로 촉발 된 대중의 분노 같은 강력한 여론의 개입 외에는 헌법상 법관의 재량을 제

라. 이 이야기는 다음 책에 잘 서술되어 있다. Michael J. Klarman, *Unfinished Business: Racial Equality in American History*(2007).

65 Learned Hand, *The Bill of Rights*(1958).

66 "Essays of Brutus," Ja n. 31, 1788; Feb. 14, 1788, in *The Complete Anti-Federalist*, vol. 2, pp. 417~428(Herbert J. Storing ed. 1988). 다음을 참조할 것. Shlomo Slonim, "Federalist No. 78 and Brutus' Neglected Thesis on Judicial Supremacy," 23 *Constitutional Commentary* 7(2006).

한할 방법이 거의 없어졌다. 이러한 방법들을 포함한 외적 제약들이 [재량권 행사에 – 옮긴이] 경계선을 형성하는 것은 사실이지만, 이 경계선은 듬성듬성 형성되어 있다.

6

환경 바꾸기: 종신제와 급여 문제

우리는 연방법관들의 근무 환경을 변화시킬 수 있는 두 가지 제안, 즉 연방
법관을 임기제로 하는 것[1](이를 위해서는 헌법 개정이 필요하다)과 법관들의
급여를 상당 수준 인상하는 것(이는 헌법 개정 없이도 가능하다)이 그들의 사
법행태에 미칠 수 있는 효과를 검토함으로써 사법행태에 관해 더 많은 것
을 알 수 있다.

　　종신재직권은 대학 교수에게나 법관에게나 독립성을 담보해준다. 그
러나 태만에 대한 불이익이 배제되기 때문에 권한 남용을 초래하기도 한
다. 더 정확하게 말한다면 종신재직권은 불이익을 배제하기보다는 축소시
킨다. 왜냐하면 급여 수준이 다양하다면 고용주는 종신재직권이 부여된 피
고용자의 급여를 인상하지 않음으로써 그에게 불이익을 부과할 수 있기 때
문이다(급여를 삭감하는 것은 아마도 종신재직 계약을 위반하는 행위일 것이다).

1　　이것은 해마다 되풀이되는 제안이지만 최근 새롭게 주목받고 있다(다만, 학계에 국한된
　　　일이다). 다음을 참조할 것. *Reforming the Court: Term Limits for Supreme Court
　　　Justices*(Roger C. Cramton and Paul D. Carrington eds. 2006).

그러나 연방법관들의 급여 체계는 태만한 법관의 문제를 다룰 수 없도록 만들어져 있다. 법관들은 실적에 따라 급여가 인상되는 것이 아니다. 급여가 인상되면 이는 모든 법관에게 해당된다. 그리고 그렇게 하는 것은 옳다. 왜냐하면 업무 수행을 근거로 법관들에게 보상을 실시한다면 업무 수행 평가를 위한 객관적인 척도가 존재하지 않는 이상 법관의 독립성을 해칠 수 있기 때문이다.

일정한 임기가 정해져 있지만 임기를 갱신할 수 있는 시스템도 마찬가지로 법관의 독립성을 해칠 수 있다. 현재 연방 치안판사와 파산부 판사들은 이러한 시스템의 적용을 받고 있는데, 내가 아는 한 효과가 나쁘지는 않다. 그들은 각각 8년과 14년의 임기를 보장받고 또 차후 재임이 가능하다는 조건하에 임명된다. 그러나 5장에서 이야기했듯이 그들을 임명하는 사람은 정치적 공무원이 아니라 법관들이다. 여하튼 임기를 갱신할 수 *없게* 만들더라도 법관의 독립성이 약화되지는 않을 것이다. 가령 임기가 10년이라면 태만한 근무자의 근무 기간에 그 기간만큼 제한이 설정될 것이고, 또 법관으로서의 임기가 종료된 후 좋은 일자리를 확보하고 싶은 법관이라면 그 기간 동안 업무 수행 평가에서 좋은 점수를 받기 위해 애쓸 것이다. 그러나 의원들의 임기 제한에 관한 논문들에서 지적하는 바와 같이 여기에는 심각한 결함이 있다.[2] 법관들은 자신의 임기 만료 시 또 다른 일자리를 마련해야 하기 때문에 마음이 딴 데로 갈 것이다. 어쩌면 앞으로 자기 고용주가 될 수도 있는 사람의 비위를 맞추기 위해 판결을 왜곡할 수도 있다. 또한 법관들을 짧은 주기로 교체하는 것은 법적 안정성을 약화시킬 수 있다.

---

2   예를 들어, 다음을 참조할 것. Rebekah and Sue Thomas, "Do Term Limits Make a Difference? Ambition and Motivations among U.S. State Legislators," 33 *American Politics Research* 726(2005); Edward J. López, "Term Limits: Causes and Consequences," 114 *Public Choice* 1(2003); Linda Cohen and Matthew Spitzer, "Term Limits," 80 *Georgetown Law Journal* 477(1992); Gary S. Becker, "Reforming Congress: Why Limiting Terms Won't Work," *Business Week*, Aug. 6, 1990, p. 18.

이 두 가지 경향성을 경제학자들은 "임기 말last period"의 문제라고 부른다. 근로자는 자신이 이제 곧 은퇴하거나 퇴직하리라는 사실을 알게 되면 그 일자리에 대한 충성심이 약화된다. 그러나 만약 연방법관직 후보자들을 주의 깊게 심사해 태만한 인사들을 효과적으로 배제했다면 이런 요소들이 결정적인 힘을 발휘하지는 못할 것이다. 임기가 고정될 경우 얻을 수 있는 또 다른 효과는 연방법관들의 정치적 구성을 변화시킬 수 있는 대통령의 힘을 강화시킬 수 있다는 점이다.[3] 1장에서 살펴보았듯이, 법관들은 자신과 같은 당 지지자가 자신의 후계자가 될 수 있도록 은퇴 시점을 조정하는 경향이 있다.

선임 재판관이라는 자격은 업무태만이라는 문제에 당근과 채찍을 함께 사용한, 교묘한 책략이라 할 수 있다. 이 제도에 따르면 법관들은 퇴직할 연령이 된 후에도 현직 법관 업무의 1/3 이상을 수행한다는 조건으로 급여 삭감 없이 계속해서 봉직할 수 있다. 이것은 매력 있는 제안이기 때문에 법관들은 퇴직 시 또는 퇴직 후 몇 년 지나지 않아 이 제안을 받아들인다. 그러나 이 계약에는 해당 법원 법관협의회의 승인을 조건으로 법원 수석 판사의 결정에 따라 선임 법관을 재판에서 배제할 수 있다는 단서 조항이 포함되어 있다(급여 삭감은 없다). 그러므로 선임 자격 부여는 법으로 퇴직 연령에 관한 강제 규정을 둘 수 없는 대학이나 고용주들이 퇴직을 유도하기 위해 사용하는 보상퇴직buyout 방식의 변형인 셈이다.

대법관의 임기를 제한해야 한다는 요구는 하급 법원 법관들의 임기 제한에 대한 요구보다 더 강하다. 연방대법원이 정치적인 법원이라는 내 말이 옳다면 대법관의 임기에 제한이 없다는 것은 민주주의 이론에 대한 도전이다. 정치인들에게 종신재직권을 부여한다면 이는 심각하게 비민주적

---

3   Charles H. Franklin, "Behavioral Factors Affecting Judicial Independence," in *Judicial Independence at the Crossroads: An Interdisciplinary Approach* 148, 157(Stephen B. Burbank and Barry Friedman eds, 2002).

인 일일 것이다. 더구나 대법관들에게는 선임 자격 같은 것이 존재하지 않는다. 퇴직 후 원한다면 하급 연방법원에서는 파트타임 근무를 할 수 있지만 대법원에서는 이런 방식이 가능하지 않다. 그러므로 대법관들은 하급 연방법원 법관들이 누리는 준퇴직의 혜택을 누릴 수 없다. 그런 데다 수명이 점차 길어지고 있어 대법관들은 아주 늙은 나이에 이르도록 아주 오랫동안 봉직하는 경향이 강화되고 있다.

우리는 다른 국가의 헌법재판소에 관한 연구문헌들을 통해 이 종신재직 문제에 대한 통찰력을 얻을 수 있다. 존 페어존John Ferejohn과 파스콸레 파스퀴노Pasquale Pasquino는 헌법재판소 재판관들의 임기가 제한되어 있고 (보통 10~12년) 또 갱신할 수 없다는 사실이 다른 국가의 헌법재판소가 미국 연방대법원보다 논쟁의 대상이 덜 되는 이유의 하나라고 주장한다.[4] 헌법 사건뿐만 아니라 비헌법 사건들도 관할하고 또 표준적인 방식으로(가령 서로 대립하는 양 당사자의 존재, 변론서 및 구술 변론 등에 의거해) "실제" 사건들에 대한 판결을 수행해오기 때문에 미국 연방대법원은 보호색을 가질 수 있는 반면 외국의 헌법재판소는 그러한 것도 없음에도 논쟁의 대상이 덜 되는 것이다. 임기가 짧으면 법관 임명이 그만큼 덜 중요해지고 따라서 대중의 관심이나 논쟁도 적게 야기된다.[5] 그리고 외국의 헌법재판소들에는 보통 구술 변론 또는 서명된 판결문이나 반대의견의 공표 등이 존재하지 않으며 따라서 재판관들은 미국 대법관들과는 달리 대중의 인기를 노릴 기회가 별로 없다.[6] 그러나 미국의 대중은 여론 법정을 형성하며, 헌법에 관한 논쟁에 대중이 참여하는 것은 헌법 재판에 민주적 요소를 더하는 것이다. 대중의 참여는 연방대법원을 좀 더 민주적인 곳으로 만든다. 그러나 여

4 John Ferejohn and Pasquale Pasquino, "Constitutional Adjudication: Lessons from Europe," 82 *Texas Law Review* 1671, 1702(2004).

5 같은 글.

6 같은 글, 1692~1700.

타의 실제 법원들은 그렇지 않아 법관들은 여론에 무관심하며 그러한 태도에 스스로 자부심을 갖는다. 사실 일반 법원들이 여론에 무관심한 것은 자랑할 일이 아니다. 그들의 이러한 태도는 대중이 그들에게 무관심한 것을 반영하는 셈이다.

나이 든 사람의 정신활동에서 예리함이 줄어드는 경향이 있다는 사실은 법관의 임기를 제한해야 한다는 주장에 좋은 근거가 되지 못한다. 이 말이 틀린 것은 아니다. 그러나 몇 가지 영역, 예를 들어 역사, 신학, 문학과 문학 비평, 철학 같은 전문 영역에서는 나이와 업무 수행 간에 음(부정)의 상관관계가 약하다.[7] 재판도 이러한 영역 가운데 하나인데, 미국 시스템에서 법관들을 상대적으로 지긋한 나이에 임명하는 이유 중 하나도 그 때문이다. 이는 일찍 능력이 감퇴한 사람들은 쉽게 걸러지고 또한 동종의 업무를 여러 해 동안 수행해온 다른 분야의 같은 나이 사람들에 비해 법관들은 일에 싫증을 내거나 마음이 건조해지는 정도가 덜하다는 것을 의미한다.

여든을 넘어서까지 뛰어난 업무 수행을 보여준 홈스, 브랜다이스, 핸드, 프렌들리 같은 예외적으로 유능한 사람들은 차치하더라도(홈스는 90대에도 봉직했는데 말기에는 유능함이 감퇴했다), 일반적으로 말해 법관들은 업무 수행의 질이, 그리고 심지어는 (선임의 지위를 제외하고는) 양도 나이 들었다고 저하되는 일이 거의 없다.[8] 그리고 이는 사법 과정에 대한 알고리즘

---

7 Richard A. Posner, *Aging and Old Age* 166~174(1995).

8 같은 책, ch. 8; Frank M. Coffing, "Transitioning," 8 *Journal of Appellate Practice and Process* 247(2006); Joshua C. Teitelbaum, "Age and Tenure of the Justices and Productivity of the Supreme Court: Are Term Limits Necessary?" 34 *Florida State University Law Review* 161(2006); Frank B. Cross, *Decision Making in the U.S. Courts of Appeals* 80~81(2007). 맨 뒤의 책에서 크로스는 70세 이상인 항소법원 판사들을 조사한 결과 그들의 하급심 인용 판결 비율이 젊은 판사들보다 더 높지 않은 사실을 발견했다. 이는 판결을 파기하는 것보다 인용하는 것이 더 쉽기 때문에(흔히 하급 법원의 추론에 의존하려고 마음먹기 쉽다) 판사들이 나이를 먹어감에 따라 쇠약해지고 따라서 업무를 쉽게 수행하려 할 것이라는 일반적인 관측에 반한다.

모델에 반박할 증거가 된다. 재판이 고도로 분석적인 분야라면 가령 수학이나 물리학 같은 다른 분석적 분야에서처럼 고령화로 인한 능력 감퇴의 효과를 분명히 볼 수 있을 것이다. 이는 외국의 직업법관제가 법규주의적 성격을 띠는 이유를 설명하는 것이기도 한다. 직업법관제하 법관들의 연령 구조는 후발적으로 임명되는 시스템하 법관들의 연령보다 더 낮다. 이는 물론 로스쿨을 갓 졸업한 사람들이 맨 아래 층위를 구성하기 때문이다. 젊은 법관들은 분석적 기술은 좋으나 경험은 적다. 나이 먹은 법관들은 젊은 법관들에게 결여된 경험을 갖고 있어 '때때로 입법자'의 역할을 수행하는 데 더 유능하다. 왜냐하면 후자의 역할은 논리 연산이 아니라 정책에 대한 통찰력에 의존하기 때문이다.

법관의 임기 제한 문제는 법관의 급여 문제와 연관되어 있다. 이 문제는 로버츠 대법원장이 연방 사법부에 관한 대(對)의회 연말 보고서(2007년 1월 1일자)에서 연방법관들의 급여를 상당 폭 인상하도록 촉구함으로써[9] 새롭게 주목을 받았다(미국의 대법원장은 연방 사법부 전체의 행정 수반이기도 하다). 연방법관의 급여는 1991년에 매우 큰 폭으로 인상된 이래(당시 지방법원 판사는 8만 9500달러에서 12만 5100달러로, 항소법원 판사는 9만 5000달러에서 13만 2700달러로 인상) 그동안 ─ 생계비가 인상된 해 가운데 보전을 위해 급여가 인상된 일부 해를 제외하고는 ─ 인상되지 않았다. 현재 지방법원 판사와 항소법원 판사의 급여는 각각 16만 5200달러와 17만 5100달러다. 미국인의 평균 급여가 영국인의 평균 급여보다 높은 상황에서 미국 연방법관들의 급여가 동급인 영국 법관 급여의 절반을 조금 넘는다는 사실[10]에 놀라는

---

9   John G. Roberts, Jr., "2006 Year-End Report on the Federal Judiciary," www.supreme courtus.gov/publicinfo/year-end/200tyear-endreport.pdf(visited Apr. 20, 2007). 로버츠의 보고에 이어, 법원 소위원회의 '연방법관들의 보상에 대한 청문회'에서 브라이어 대법관과 알리토 대법관은 대(對)의회 증언을 행했다. 연방법관들의 보상에 관한 더 깊은 논의와 통계자료는 다음을 참조할 것. Richard A. Posner, *The Federal Courts: Challenge and Reform* 21~35(1996).

사람들도 있을 것이다. 그러나 영국 법관의 급여 수준이 높은 이유는 영국 법관들은 거의 전적으로 소득 수준이 높은 고위 법정변호사 계층에서 선임되기 때문임을 알아야 한다.

만약 급여 수준이 낮다는 것이 많은 법관이 사직하는 이유가 된다면 급여가 낮다는 이유로 사직하는 법관들은 마치 자신의 임기가 제한될 수 있다는 사실을 감수하면서 근무해온 사람들과 같다. 만약 임기 제한이 나쁘다면 임기 단축을 빚는 급여 수준 역시 나쁘다고 할 수 있다. 그러나 급여 수준이 조기 사직을 부추기는 작용을 한다고 하더라도 임기를 제한하는 것은 해당 법관 스스로 결단하는 것인 만큼, 급여 격차가 커질 때 어떤 종류의 법관들이 사직할 가능성이 가장 높은가를 따져보지 않으면 안 될 것이다. 물론 변호사 개업을 통해 최고 수준의 소득을 올릴 것으로 기대되는 법관들이 사직할 가능성이 가장 높을 것이다. 그러나 법관직에 만족도가 낮은 사람들도 사직할 가능성이 높은데, 이들은 이 일에 관심이나 의욕을 결여한 불량 법관들일 것이다. 그렇다면 법관의 질에 급여가 미치는 영향은 불확실하거나(이 영향이 불확실한 또 하나의 이유는 곧 논의할 것이다) 제한된 범위에 그친다.

게다가 변호사 개업을 통해 최고 수준의 소득을 올릴 것으로 기대되는 사람이 가장 우수한 법관이라는 것도 확실하지 않다. 그들은 분명 유능한 변호사겠지만 유능한 변호사와 우수한 법관이 동일한 것은 아니다. 그리고 높은 소득이라는 미끼에 굴복한다는 것은 그들이 법관직에서 비금전적 소득들을 이끌어내는 바가 상대적으로 작다는 것을 의미하는데, 이러한 태도는, 내가 방금 암시했듯이, 아마 그다지 훌륭한 법관이 아니라는 것과 정표의 관계로 상관성을 가질 것이다(불완전하기는 하지만 앞 장에서 논의한 업무 수행 척도들을 사용해 사직하는 법관이나 퇴직한 뒤 다른 일자리로 가는 법관들이

---

10 American College of Trial Lawyers, "Judicial Compensation: Our Federal Judges Must Be Fairly Paid" 8(Mar. 2007).

재판 능력상 평균에 해당되는가 아니면 평균 이상이나 이하에 해당되는가를 평가할 수 있을 것이다). 사직하거나 퇴직한 다음 사적 부문에서 고소득을 올리는 일자리를 얻을 수 있다는 전망 ― 나는 앞서 이를 "외부적 승진"이라 칭했다 ― 이 선다면 어떤 법관들은 더욱더 열심히 일할 것이다. 그러나 어떤 법관들은 열심히 일하기보다 로펌이나 그 고객들의 비위를 맞추는 방향으로 업무를 수행할 수도 있다. 이런 사람들이 법관직을 사직한 다음 사적 부문에서 고소득을 올리는 일자리를 얻는다면 그것은 사실상 사후 뇌물 수령에 해당한다.

로버츠 대법원장의 보고서는 연방법관들의 급여가 실소득 차원에서는 (다시 말해 인플레율로 보정한 소득으로는) 1969년 이래 저하되어왔다고 지적했다. 그러나 이것이 다 맞는 말은 아니다. 법관의 급여는 때때로 생계비 인상분을 보전하기 위한 경우 외에는 거의 인상되지 않는다. 그러나 급여가 인상될 때는 상당히 높은 비율로 인상된다. 그 결과 법관의 급여는 마치 톱날 모양처럼 상당 폭 인상된 다음 인플레에 따라 서서히 내려가는 양상을 띠어왔다. 로버츠 대법원장이 기준으로 삼은 1969년은 큰 폭으로 인상된 해인데(항소법원 판사의 경우 3만 3000달러에서 4만 2500달러로), 그 이후 인플레가 실질 소득 기준으로 계속해서 급여를 갉아먹었다. 그다음으로 큰 폭의 인상이 단행된 해가 1991년인데, 그 뒤 마찬가지 현상이 이어졌다. 로버츠 대법원장이 만약 기준이 되는 해를 1969년이 아니라 1968년으로 잡았다면 급여 저하의 모양새가 덜 드라마틱했을 것이다.

그러나 더 드라마틱한 것은 ― 로버츠 대법원장이 지적한 대로 ― 법관들의 급여를 주요 로스쿨(물론 모든 로스쿨은 아니다)의 학장이나 교수들의 급여와 비교할 때 1969년에는 대체로 같았으나 그 후 상당히 차이 날 만큼 저하되었다는 사실이다. 물론 성공적인 변호사의 급여와는 크게 차이 난다. 그러나 그것은 언제나 그래왔던 일이다. 다만, 뉴욕 로펌의 일 년차 변호사의 급여에 보너스를 합칠 경우 법관의 급여가 이보다 낮다는 것은 새로운 반전이기는 하다.

동 보고서는 연방법관들이 뒤처지는 급여 때문에 위기를 맞고 있다며 마치 이솝 우화집의 늑대가 나타났다는 외침처럼 경고하고 있다. 보고서에 따르면, 2000년부터 2005년까지 38명의 연방법관이 법원을 떠났으며, 새로 임명된 법관의 60%가 개업 변호사가 아닌 공공 부문 출신이었는데 과거에는 그 수치가 35%에 불과했었다. 또한 항소법원 판사 가운데 지방법원 출신의 비율이 점점 더 높아지고 있으며, 지방법원 판사들은 점점 더 연방 사법부의 아래 계층(파산부 판사나 치안판사들) 출신이나 주법원 출신들로 채워지고 있다(말이 나온 김에 덧붙인다면, 이런 경향은 공판 수 격감 및 이에 따른 배심 재판의 감소와 함께 미국 사법부가 유럽 대륙의 사법부를 닮는 쪽으로 조금씩 변화하고 있음을 암시한다).

사적 부문에 속한 일자리라면 어떤 일자리 범주에서 급여가 "너무 낮다"라는 말이 경제학적으로 맞는 말이 아닐 것이다. 고용주는 자신이 제시하는 임금 수준에서 필요한 기술과 경험을 가진 노동자를 찾는 데 어려움을 느낄 경우 임금을 올리거나 산출output을 줄일 것이다. 만약 산출을 줄이기로 택한다면 이는 노동력을 포함한 투입input을 줄이는 것을 뜻한다. 심지어 특정 유형의 노동자에 대한 수요가 갑작스레 생겼다 하더라도 노동력 "부족"은 나타나지 않을 것이다. 노동력 공급이 부족할 경우 가장 급한 수요처에 우선적으로 할당될 것이고 다른 고용주들은 다른 투입으로(가령 기술과 경험이 떨어지는 노동자들로) 대체하거나 산출을 삭감할 것이다. 그러나 공공 부문에서는 자동적으로 균형을 잡아주는 메커니즘이 존재하지 않기 때문에 특정 일자리와 관련해서는 공급 부족이 발생할 수 있다. 공급 부족이 발생한다는 것은 의회가 그러한 일자리의 임금을 인상해야 한다는 신호인데, 그러나 의회는 그 신호를 무시할 수 있다. 사법부의 영역에서는 그 신호가 전혀 발생하지 않는다. 연방법관직은 공급이 부족하기는커녕 많은 정부 고위직에서 흔히 볼 수 있듯이 오히려 공급이 넘친다. 그러나 연방법관을 임명하는 명확한 기준이 없기 때문에 구직 행렬의 아주 많은 부분이 질이 낮은 지원자들로 채워질 수 있다. 마치 대학이 불분명한 전형 기준을 발표할 경우 자격 미달의 지원자들까지 대거 몰리는 것과도 같다.

그러나 치안판사직이나 파산부 판사직을 지원하는 사람들의 줄도 긴 것은 이런 추측과 충돌한다. 이러한 직들은 연방지방법원 판사나 항소법원 판사직에 비해 임기가 덜 보장되고 급여도 적으며 권한이나 영예 면에서도 뒤떨어지지만 항상 공급 초과 현상을 보여왔다. 이러한 자리를 실적에 의거해 임명한다는 사실은 중요한 의미를 갖는다. 남다른 경력을 소지하지 않은 지원자는 자신이 지원하더라도 진지하게 고려되기 어렵다는 사실을 잘 알고 있다. 이는 이러한 자리를 지원하는 인력 집단이 질적으로 높은 수준임을 의미한다. 그러므로 이 자리들에 대한 질적으로 높은 수준의 지원자가 풍부하다면 연방지방법원이나 연방항소법원 판사직에 대해서는 높은 수준의 지원자가 훨씬 더 풍부할 것이다. 실력이 채용에 아주 작은 역할을 하는 데 그치지 않는다면 말이다. 그리고 만약 이상의 말이 맞는다면 앞으로 우리가 따져보겠지만 급여를 대거 인상하는 것은 상황을 개선하기보다는 개악할 가능성이 더 높다.

어떤 조직이 자주 물갈이된다는 것은 낮은 임금으로 인한 일자리 불만의 신호일 수 있다. 그러나 사법부가 자주 물갈이되어 왔던가? 로버츠 대법원장은 퇴직과 사직을 합쳐야 38명이라는 법관이 떠났음을 제시할 수 있었다. 그러나 선임 자격을 얻는 것과 완전히 퇴직하는 것 사이의 선택은 사직 결심과는 달리(그런데 사직자는 매우 드물다) 급여에 관한 불만이 동기로 작용했을 가능성이 낮다. 이 보고서가 분석 대상으로 한 기간 동안 전체 약 1200명의 연방 현역 및 선임 법관들 가운데 사직한 사람은 겨우 열두 명에 지나지 않았다. 1969년부터 1974년까지 6년 동안(이 기간 동안 연방법관의 수는 오늘날의 약 60%에 불과하다는 사실을 참고하라) 사직한 사람은 열 명이었는데, 이는 2000년부터 2005년 사이에 사직한 사람의 비율보다 높다. 연방항소법원 판사들 가운데 사직한 사람의 수는 특히 드물다. 1981년 이래 단 여덟 명만 사직했을 뿐이다. 그러나 연방법관에 임명되는 연령이 점차 낮아지고 있기 때문에[11] 앞으로는 사직자의 비율이 다소 오를 것으로 예견된다.[12] 쉰의 나이에 판사로 임명되었을 경우 10년 후에는 직무에 대한 관심도가 하락하겠지만 그렇다고 예순의 나이에 새로운 직업을 갖기는 다소 무리일 것이다. 더구나 5년 후에는 후한 수준의 연금을 타기 시작할 것인데 이를 포기하고 새로운 직업을 가질 수 있겠는가? 다만, 만약 겨우 마흔의 나이에 판사로 임명되었다면 10년이 지나더라도 새로운 일을 시작할 수 있을 만큼 아직 젊으며 게다가 은퇴해서 연금을 타기까지는 15년이나 기다려야 한다[연방법관이 받는 연금은 "절벽"과 같은 모양새다. 즉, 법규상으로 100%의 연금(급여)을 받게 되는 상태에서 법정 퇴직 시기보다 하루라도 앞서 퇴직할 경우 연금을 한 푼도 받을 수 없게 규정되어 있다].

연방법관직을 사직하는 극소수의 사람들을 놓고 일반화하는 것은 위험한 일이다. 사직자 가운데 급여와 관련된 사직자의 수는 극히 적다. 항소법원 판사의 경우에는 사직이 대법관이 되지 못한 실망감을 표출한 것이며, 지방법원 판사의 경우 대부분 항소법원 판사로 승진하지 못한 실망감을 표출한 것이다. 또는 비록 급여는 높지 않지만 흥미진진한 행정부 공무를 하고 싶어서 사직하기도 한다. 최근 20~30년을 보면 두 명의 연방법관이 FBI의 국장이 되기 위해 사직했고, 또 한 명은 교육부 장관이 되기 위해, 그리고 또 한 명은 국토안보부 장관이 되기 위해 사직했다. 그리고 법무부 차관이 되기 위해 사직한 사람이 세 명 있다. 대법관으로 일하다가 사직한

---

11 Albert Yoon, "Love's Labor's Lost? Judicial Tenure among Federal Court Judges: 1945~2000," 91 *California Law Review* 1029, 1050(2003).

12 연방지방법원 판사 가운데 가장 최근에(이 책을 쓰는 시점에 볼 때) 사직한 사람은 겨우 48명이었다. Letter from U.S. District Judge Paul G. Cassell to President George W. Bush, Sept. 21, 2007, http://sentencing.typepad.com /sentencing_law_and_policy/files /cassell_presidentresign920fix.rtf(visited Sept. 22, 2007).

세 명(제임스 번James Byrne, 아서 골드버그Arthur Goldburg, 에이브 포타스Abe Fortas) 가운데 급여 때문에 사직한 사람은 한 명도 없다. 연방지방법원의 경우 특히 도시 지역에서는 업무 과중 때문에 또는 일상적으로 주어지는 마약 사범 공판이나 양형 심리의 단조로움 때문에 신경쇠약을 겪는 사람들이 생긴다. 급여 수준을 인상한다면 이런 이유로 사직하는 사람들의 일부를 단념시킬 수 있을는지 모른다. 그러나 그렇게 실망에 빠졌거나 신경쇠약을 겪는 사람들이 일을 더 잘할까, 아니면 뜨거운 마음으로 그들을 대체해 들어온 사람들이 일을 더 잘할까?

로버츠의 보고서에는 아주 중요한 사항이 빠져 있다. 즉, 법관이 급여 외에 향유하는 다른 보상들에 관한 논의가 완전히 빠져 있는 것이다.[13] 이러한 다른 보상들은 사법부에 물갈이가 자주 일어나지 않는 이유를 이해하는 데 핵심적으로 중요하다. 그 보상의 일부는 금전적인 것이다. 연방법관은 원한다면 연봉 2만 5000달러를 상한선으로 해서 파트타임으로 로스쿨에 나가 강의할 수 있다. 2만 5000달러는 투자 소득이나 도서 인세 소득을 제외한 외부 소득에 대한 상한선이다. 로스쿨 교수들의 현 급여 수준을 고려할 때 이 상한선은 낮은 편이다. 그러나 그렇기 때문에, 그들이 로스쿨 강의소득의 최대치를 받는 것을 정당화하기 위해 많은 것을 가르치지는 않아도 되므로 이는 그들에게 실질적으로 도움이 된다. 이보다 더 중요한 것은 법관들이 받는 연금이 지극히 후하다는 것이다. 연방법관으로 65세에 달한 사람은 그때까지 15년만 봉직했다면(그리고 70세에 달한 사람은 그때까지 10년만 봉직했다면) 평생 100%의 급여를 받을 수 있다. 게다가 연금 형성에 법관 자신이 기여할 필요가 없으며, 건강보험에 관한 혜택도 아주 훌륭하다.

연방법관직에 따르는 비금전적인 혜택도 대단히 중요하다. 법관의 직

13 다음을 참조할 것. 각주 11의 Yoon, 1056~1057.

무는 실무보다 덜 수고스럽고, 변호사 개업이나 교직보다 — 크라바스Cravath 나 스웨인 앤 무어Swaine & Moore 같은 로펌 또는 하버드대 로스쿨 같은 최고 수준의 경우를 제외한다면 — 더 재미있으며(물론 이는 취향의 문제이긴 하다), 더 영예롭다. 또한 변호사나 교수로 일하는 것 외에 나이 들어서도 일할 수 있기를 바라는 법률가에게는 더 나은 일자리일 수 있다는 사실도 중요하다. 주요 로펌의 파트너들은 60대에 퇴직하도록 강요받고 있으며, 로스쿨 교수들은 법관들과 달리 대부분 나이를 먹어감에 따라 생산성과 영향력이 위축되는 현상을 경험한다. 대학에서는 가르치는 것 외에 다른 일들과 관련해서도 활동을 활발하게 전개해야 하는데 종신재직권을 부여받으면 이러한 부담을 많은 부분 덜 수 있다. 그러나 법관의 종신재직권은 그렇지 않다. 왜냐하면 법관은 현직에 남아 있는 한 계속해서 사건들이 자신에게 넘어오기 때문이다. 로스쿨 교수들과 달리 법관은 연구 프로젝트를 발기할 필요가 없다.

법관들은 소송 당사자들에 대해서만 권력을 행사하는 것이 아니라 미래를 위해 법을 형성하는 데에도 권력을 행사한다(다만, 후자는 공판 법원 차원보다 주로 상급심 법원 차원에 해당된다). 그리고 많은 법관들은 이러한 권력 행사를 아주 의미 있는 보상의 한 형태로 받아들인다. 법관들은 공표될 것을 알고 판결문을 쓴다. 판결문을 읽는 사람은 가령 변호사나 다른 법관들 또는 재판연구원들로 제한되기는 하지만 이 사람들이 판결문을 아주 주의 깊게 읽는다는 것 또한 사실이다. 법관들은 지역 차원에 한정되긴 하지만 적어도 매우 성공한 소수의 변호사나 로스쿨 교수들만큼 공적으로 유명해진다. 그리고 대단히 성공한 변호사라 하더라도 성마르고 깐깐한 고객들의 비위를 맞춰야 하지만 법관들은 그럴 필요가 없다. 법관들은 존중받지만 개업 변호사들은 그렇지 않다. 법관들은 또 직무 자체에서 내재적인 만족을 이끌어낼 수 있는데 개업 변호사나 대학 교수들은 그러기가 아마 불가능할 것이다. 또한 운이 좋으면 다른 직업에 종사한 친구들이 퇴직한 한

참 뒤에도 그러한 만족을 계속해서 끌어낼 수 있다. 스티븐스 대법관은 87세라는 나이에도 건강한 상태를 유지하고 있다. 사정이 이러하기 때문에 비록 급여상으로는 차이가 나더라도 연방법관직에 일급 교수들을 끌어들이려 할 경우 하등의 어려움을 겪지 않는다.

법관의 급여가 그리 높지 않은 또 하나의 이유는 법관 노동시장이 "수요 독점monopsony" 시장이기 때문이다. 수요 독점(구매 독점)이란 판매자 쪽에 경쟁이 없는 상태(독점)와 달리 구매자 쪽에 경쟁이 없는 상태를 가리킨다. 이러한 시장에서는 대안이 없기 때문에 판매자들은 경쟁이 있는 경우에 비해 벌이가 시원치 않다. 만약 당신이 군인이 되고 싶다면 당신을 고용할 고용주는 정부밖에 없다. 그리고 정부는 군인의 질적 수준에 관한 양보 없이도 군인들에게 낮은 급여를 줄 수 있다. 이와 유사하게 만약 당신이 연방법관이 되고 싶다면 당신을 고용할 고용주는 정부밖에 없다. 주법관직은 연방법관직의 유력한 대안이 될 수 없다. 왜냐하면 고용 기간이나 조건에서 열등하고 또 법관직에 따르는 영예나 권력이 더 약하기 때문이다.

그렇지만 사적 재판에 대한 수요, 즉 중재arbitration와 특히 조정mediation에 대한 수요가 커지고 있기 때문에 경쟁 구도가 변화하고 있다. 중재인과 조정자들은 높은 수임료를 받으면서 "진짜" 법관들을 대체하고 있다(특히 중재인들이 그러한데, 이들의 업무는 화해 종용보다는 소송 해결을 포함하고 있기 때문이다. 물론 지방법원 법관들이 화해 종용도 많이 수행한다). 중재나 조정은 재판에서 비금전적인 혜택들을 아주 크게 이끌어내는 일부 법관조차 만족시킬 정도로 법관직에 대한 유력한 대체직이 되고 있다.

사적 재판의 인기가 높아지는 것과는 별개로, 법관직의 비금전적인 소득 역시 개업변호사의 비금전적 소득에 비해 더 증가하고 있는 것이 사실이다. 변호사 개업은 경쟁이 더 치열해지고 있다. 이는 고객들에게는 좋은 일이지만 그들에게 봉사하는 법률가들의 여가나 기타 비금전적인 소득을 위해서는 좋지 못한 일이다. 경쟁은 소비자의 복지를 극대화하는 것이지,

판매자의 복지를 극대화하는 것이 아니다. 로펌의 파트너들은 오늘날 여가가 더 적어지고 업무 통제권이 더 약화되었으며, 무엇보다 직업적 안정성이 예전에 비해 약화되었다(게다가 강제 퇴직에도 더 노출되어 있다). 아직도 "파트너"라고 불리긴 하나 그들은 대부분 파트너십 계약에서 처한 상황이 사실상 피고용자와 같다. 대부분의 경우 회사의 이윤에 대한 청구권을 갖고 있지 않으며, 회사의 필요에 따라 해고를 당하거나 "회사의 지분을 빼앗길de-equitized"(지분 파트너에서 축출되어 강등될) 수도 있다.[14]

연방법관들이 퇴직 연령에 도달했을 때 대부분 현직에 그대로 남거나 또는 선임 자격을 얻는다는 사실은(어느 쪽이든 은퇴하거나 사적 부문에서 높은 연봉을 받는 일자리를 택하기보다는 무보수로 일하는 쪽을 택한다) 연방법관직이 제공하는 비금전적 소득이 높다는 것을 암시한다. 사실 경제적인 측면에서 보면 퇴직으로 자신의 금전적 소득을 증가시킬 수 있는 법관은 무보수로 일하는 것이 아니다. 그러한 사람은 법관으로 계속 일하기 위해 "돈을 내고 있는" 셈이다.

이러한 범상치 않은 행태에 대한 더욱 세속적인 해석은 급여 소득의 한계 효용이 나이를 먹어감에 따라 저하된다는 것이다. 60대 중반에 이른 사람이라면 보통 사회 보장 혜택과 의료 혜택Medicare이 주어지고 각종 비용이 감소한다(아이들도 다 컸고 주택 대출도 다 상환한 시기다). 그리고 연방법관직에서 은퇴할 때 적용되는 "절벽" 구조 때문에 퇴직 연령에 근접한 법관들이 좀처럼 사직할 마음을 내기 어려워진다.

그렇다고 해서 성공한 많은 변호사들이 법관직의 전망에 매혹되어 100만 달러나 200만 달러에 달하는(또는 이보다 더 많은) 자신의 연봉과 현재 법관들의 급여를 맞바꿀 수 있다고 말하는 것은 아니다. 그러나 연방법

---

14 예를 들어, 다음을 참조할 것. Nathan Koppel, "'Partnership Is No Longer a Tenured Position': More Law Firms Thin Ranks of Partners, Attract, keep High Earners," *Wall Street Journal*, July 6, 2007, p. B1.

관직에 결원이 생길 경우 전국적으로 100만 명이나 되는 법률가 가운데 무척 많은 법률가들이 그 자리를 차지하기 위해 기꺼이 또는 심지어 열렬히 뛰어들 것임은 분명하다. 이는 대학 교수들은 물론이고 이제 50대에 이르러 법관의 급여를 보충할 수 있을 만큼 충분히 벌어놓은 사람들에게 특히 해당된다. 이것이 100만 명이 되는 미국 법률가들 대부분이 연방법관직을 감당할 수 있다는 의미는 아니다. 미국 변호사들의 수준은 격차가 아주 심한 것으로 유명하다. 그러나 수천 명 정도는 유능한 사람들이고, 그 정도면 해마다 생기는 40명 정도의 연방법관직 결원을 매우 유능한 법률가들로 채우기에 전혀 부족함이 없는 큰 인력풀이라 할 수 있다.

그러므로 법관을 새로 뽑을 때 공공 부문 출신을 점점 더 많이 뽑는 것이 급여상의 격차 때문일 가능성은 낮다. 공공 부문 출신을 뽑는 이유 중 하나는 연방법원의 소송 사건 일람표가, 특히 지방법원 차원에서 그러한데, 주로 범죄나 형사고발 또는 고용차별 같은 사건들로 채워지고 그 정도가 점점 더 심해지고 있기 때문이다. 이러한 사건들은 민상사 사건을 주로 다뤄온 변호사들의 구미에 안 맞는다. 그리고 또 다른 이유는, 예를 들어 직업 검사로서나 연방법원 또는 주법원의 공무원으로서 정부를 위해 일해온 법률가들은 판결 능력은 차치하고 공적인 쟁점들을 다뤄본 경험조차 없는 일반 개업 변호사들에 비해 업무 수행 능력을 더 쉽게 예측할 수 있기 때문이다. 이는 능력도 능력이지만 심사 과정에서 이데올로기를 주의 깊게 살피는 지금 시대에 중요한 문제라 아니할 수 없다. 그리고 이것이 바로 오늘날의 연방법관을 묘사하는 데 "법규주의자"라는 말이 정확하지 않다는 또 하나의 근거다. 사적 실무 출신 법관들은 정부 부문이나 대학 출신의 법관들보다 더 법규주의적이기 쉬운데, 이들이 공적 쟁점들에 대한 관심을 키울 기회가 훨씬 적기 때문이다. 개업 변호사들은 스스로 고객을 선택하지 않으며, 정부 공무원직이나 대학 교직을 선택한 법률가들에 비해 스스로를 기관의 장(주인)이나 정책 결정자와 구별되는 대리인이나 기술자technician로 생각하는 경향이 강하다. 임명권자들은 입으로는 어떻게 말하든 간에 정치적으로 믿을 만한 법관을 선발하는 데 관심이 있으며 이러한 관심은 점점 더 강화되고 있다. 이는 가치개입 이론가들의 설명에 부합되는 현상이다.

영리를 추구하는 변호사들을 법관직에 끌어들이는 데 (정치적으로 가능한 한도 내에서의) 급여 인상이 큰 효과를 거둘 것 같지는 않다. 100만 달러에 달하는 수입을 17만 5000달러의 수입과 바꾸는 데 내켜 하지 않는 사람은 22만 5000달러의 수입에 대해서도 마찬가지 태도를 보일 것이다. 범죄나 형사고발 같은 사건을 취급하고 싶지 않은 사람이라면 특히 그러할 것이다. 로버츠 대법원장은 법관의 급여를 얼마만큼 인상해야 한다고는 말하지 않았다.[15] 그러나 의회가 1/3 이상 인상하는 데 동의하리라고 그는 기대할 수 없을 것이다. 얼마만큼 인상되든 그 인상 폭은 다음 번 인상 시기까지 인플레로 잠식될 것이다. 게다가 법관의 급여 인상은 전직 하원의원이나 상원의원의 후원자들과 친구들, 기타 정치적 연줄을 갖고 있는 사람들의 입김을 강화시키기도 할 것이고 그 결과 법관 지원자 집단의 평균적인 질이 사실상 저하될 수 있다.

대폭적인 급여 인상이 초래할 또 하나의 효과는 여가를 사랑하는 개업 변호사들을 많이 끌어들일 것이라는 점이다. 연방법관직은 스트레스가 적고 또 변호사들보다 여가(여유)를 더 누릴 수 있다. 많은 법관이 매우 열심히 일하고 있는데, 이는 그들이 일 자체를 즐기기 때문이지(또는 아마 그저 열심히 일하는 것을 즐기기 때문이지), 동료들과 비교해 자신의 입지를 잘 유지하기 위해서는 아니다. 급여 격차로 인해 여가를 사랑하는 사람들은 변호사직을 법관직과 교환하는 데 높은 기회비용을 지불한다. 이 기회비용은

---

15   각주 10의 American College of Trial Lawyers는 급여를 두 배로 인상해야 한다고 주장한다. 상원에 제출된 한 법안에는 연방지방법원 판사의 급여를 24만 7800달러로, 항소법원 판사의 급여를 26만 2700달러로, 대법관의 급여를 30만 4500달러로(대법원장은 31만 8200달러로) 인상하도록 되어 있다. Federal Judicial Salary Restoration Act of 2007, S. 1638, 110th Cong., 1st Sess.(2007).

법관의 급여가 인상된다면 저하될 것이다. 그런즉 법관의 낮은 급여가 급여에 만족하지 못하는 법관들을 법관직에서 떠나게 만든다는 가정의 이면에는 낮은 급여가 심사 장치로 기능한다는 사실이 자리 잡고 있다. 진정 법관이 되고 싶어 하는 사람들만 금전적 희생을 받아들이는 것이다.[16] 만약 법관이 되려는 열망과 법관직을 수행하는 능력 사이에 밀접한 정正의 상관관계가 있다면 법관의 급여 인상은 지원자들의 평균적인 질을 떨어뜨릴 것이고, 따라서 임명 당국자들이 지원자의 업무 수행 가능성에 대한 훌륭한 판단력을 갖고 있지 않는 한(갖고 있지 않을 가능성이 훨씬 크지만) 법관들의 평균적인 질 역시 떨어뜨릴 것이다. 만약 성직자가 급여를 많이 받는다면 가톨릭교회는 성직 지망자 중에서 누가 종교적 삶에 대한 진정한 소명의식을 가졌는지 판단하기 어려울 것이다.

최고 수준의 법관들에게는 크게 해당되지 않기는 하나, 법관의 급여를 제때 인상하지 못하는 것이 법관들의 사직을 촉진한다는 사실을 뒷받침하는 증거가 없는 것은 아니다. 연방 사법부의 전 역사에 걸쳐 해당되는 이야기는 아니지만, 1969년 이래 연방법관직을 그만두고 사적 부문으로 이전한 사람의 수와 연방법관의 급여 사이에는 음의 상관관계가 있었다.[17] 1969년 대폭 인상된 이후 법관 급여의 실질 수준이 점차 저하됨과 동시에 엘리트 변호사들의 소득 수준은 비정상적으로 높아졌다. 그리고 이는 대학 교수들의 급여를 대폭 끌어올렸는데, 왜냐하면 변호사와 법학 교수 모두 동일한 고용시장에 속하기 때문이다. 이로 인해 엘리트 로스쿨 졸업생들의 수입이 매우 높을 것으로 기대되었고 또 사실상 그러했기 때문에 수업료 수입과 졸업생들의 기부로 로스쿨들의 금고에는 돈이 가득 찼다. 이는 다시 우수

---

16   Paul E. Greenberg and James A. Haley, "The Role of the Compensation Structure in Enhancing Judicial Quality," 15 *Journal of Legal Studies* 417(1986).

17   Scott D. Kominers, "The Effect of Salary Erosion on the Federal Judiciary"(Harvard College, June 2007), http://web.mit.edu/scottkom/www/econ/kominers_980a_paper.pdf(visited June 20, 2007).

교원 채용에 대한 대학 간 경쟁에 불을 붙였고 그 결과 주요 로스쿨 교수들의 급여는 하늘 높은 줄 모르고 치솟았다. 그러했음에도 법관의 사직률은 매우 낮은 수준이었다. 그리고 만약 사직하고 나가서 개업하면 많은 수입을 올릴 수 있다는 사실이 법관직에 불만을 느낀 법관들에게 탈출구가 되었고 또 법관직 임명에 정실이 작용하는 것을 최소화하는 효과를 가져다주었다면 이는 사법부의 질을 유지하는 데 긍정적으로 기능했을 것이다.

연방법관의 급여가 낮아서 유발될 수 있는 영향에 내가 아무런 불만이 없는 것으로 오해하지 않기를 바란다. 법관의 사직률은 점차 증가하고 있는데 이는, 그것이 중대한 것인지 불확실하긴 하지만, 다음과 같은 두 가지 걱정을 하게 만든다. 첫째, 연방법관직은 생애의 마지막 일자리여야 한다는 사실에 논쟁이 일어날 수 있다는 점이다. 사실 법관은 오래 봉직할수록, 이직률이 낮을수록 좋다고 할 수 있다. 우리는 경험이 많은 법관들을 높이 평가했고(4장의 분석 참조), 법관직에서 나이를 먹어감에 따른 부정적인 효과는 적다는 것을 알게 되었으며, 법관들이 자신의 퇴직 후 일자리에 대해 신경 쓰기를 원하지 않는다. 지금은 법관의 사직에 관한 이러한 걱정이 심각한 수준에 다다르지 않았다. 사실 연방법관의 봉직 기간은 평균적으로 증가하고 있다.[18] 그러나 둘째, 법관들이 사직한다는 것은 법관직을 매력적으로 보는 유능한 사람들이 줄어들고 있으며 그러므로 지원자 집단의 수준이 저하된다는 표지가 될 수 있다는 점이다. 그러나 연방법관직에 대해 초과 수요가 많은 이상 이것도 큰 걱정거리이지는 않다. 스콧 베이커Scott Baker의 연구에 따르면, 연방항소법원의 업무 수행과 그 기회비용(퇴직해서 로펌의 파트너로 일할 경우 그가 벌 것으로 예견되는 금액) 간에는 의미 있는 상관관계가 없었다. 연방항소법원 판사들은 모두 동일한 급여를 받는 만큼 기회비용이 큰 판사들은 결과적으로 법관으로 재직하기 위해 낮은 소득을 감수

---

18   각주 11의 Yoon, 1050.

하고 있는 것이다. 그러나 베이커의 연구에 따르면 평균적으로 볼 때 기회비용이 큰 법관이라고 해서 다른 법관들에 비해 더 못한 것도 더 나은 것도 아니었다.[19] 이 사실은 연방법관이 수행하는 업무와 지원자 집단의 구성이 급여 수준에 상대적으로 둔감하다는 것을 암시한다. 물론 법관의 급여 수준이 크게 높아지거나 (인플레로) 크게 낮아진다면, 또는 인플레와는 별도로 *상대적인* 소득 수준에서 격차가 크게 벌어진다면(그리하여 남아 있는 법관들의 기회비용이 더욱 커진다면) 상황이 달라지리라는 것은 의심의 여지가 없다. 만약 법관의 상대적 소득 수준이 폭락한다면 독신이면서 부유하고 나이를 더 많이 먹었으며 이중경력을 가지고 있고 성공하지 못했으며 권력에 굶주리거나 유명해지는 것을 추구하고 게으른 변호사들로 지원자 집단이 점점 채워질 것이다. 만약 법관의 급여가 매우 낮아진다면 사람들이 법원에 대해 갖는 존중심도 저하되는 불행한 사태가 발생할 것이다. 왜냐하면 강제를 최소화하면서 판결에 승복하게 만드는 데에는 법원에 대한 존중심이 필요하기 때문이다.

많은 재량권을 가진 사람이 급여를 지나치게 적게 받는다는 생각을 가지면 일을 제대로 하지 않음으로써 급여에 보복할 가능성이 있기 때문에 법관의 급여를 올려야 한다고 주장하는 사람도 있다(이는 법관의 특성을 제대로 반영하는 주장은 아니지만, 법관도 결국 많은 결점을 가진 인간이라는 종의 일원일 뿐이다). 1년에 2000시간씩 일하는 관계로 시간당 급여가 90달러에 못 미치는 법관은 자신의 변호사 친구들은 시간당 500~1000달러를 버는 것에 비해 자신이 너무 적게 받는다고 분개할 수 있고, 그 결과 자신의 일을 재판연구원들에게 더 많이 위임하기로 결심할 수도 있고, 같은 시간 일하되 집중하지 않고 건성건성 일하기로 결심할 수도 있으며, 자신 앞에 선 변호사들을 이리저리 괴롭히는 등의 방식으로 비금전적인 보상을 증대시

19 Scott Baker, "Should We Pay Federal Circuit Judges More (or Less)?"(University of North Carolina at Chapel Hill, School of Law, 2007).

키기로 결심할 수도 있다. 이는 급여를 지나치게 적게 받는다는 것에 대한 분개 차원의 무의식적인 반응으로 인해 그렇게 하는 것이다.

이런 이유로 법관의 급여를 올려주어야 한다는 주장은, 급여가 부적절하면 연방법관들이 법원을 떠날 것이라는 대법관들의 경고가 자기 충족적인 예언에 불과하다는 이유로 의회의 찬동을 받지 못했던 것과 마찬가지의 대접을 받을 가능성이 크다. 그러나 법관들은 실제로 급여가 너무 적다는 말을 듣고 있고, 또 긴급히 탈출하는 법관들도 나오고 있으며, 사적 부문에서 유혹적인 제안들을 받기도 한다.[20] 이러한 사실들은 법관들을 생각에 잠기게 만들 것이다.

연방법관들의 현 급여 수준이 너무 낮다고 평가된다면, 그러면 얼마만큼 인상해야 하는가가 질문으로 대두된다. 이 질문에 답하려면 "상응하는 가치"를 제공하자는 주장을 상당히 오래 괴롭혀온 모든 문제에 맞닥뜨리게 된다. 어떤 일에 "내재적" 가치가 있는 것은 결코 아니다. 수요와 공급 외의 다른 방법으로 급여를 책정하는 것은 자의적이다. 오늘날 주요 로펌의 파트너들은 연방법관이 받는 급여의 약 10배를 벌어들인다. 이 비율이 너무 높다고 한다면, 그렇다면 어떤 비율이 적절하단 말인가?

연방법관들의 급여는 삭감될 수 없지만 실질 기준(즉, 인플레로 삭감된 금액을 반영한 기준)이나 상대 기준에 따르면 저하될 수 있다. 예를 들어, 수년간 급여 인상이 없었던 관계로 2007년에 법관 급여는 10만 달러 수준으로 하락했는데 주요 로펌 파트너들의 평균 급여는 300만 달러로 올랐고 엘리트 로스쿨 교수들의 평균 급여는 40만 달러로 올랐다고 가정해보자. 그렇더라도 법관직에 대한 초과 수요는 여전히 존재할 것이다. 그러나 그 시

---

20 이것이 알리토 대법관이 증언 중에 특히 강조한 내용이다(각주 9). 브라이어 대법관도 그곳(즉, 사적 부문)의 유혹들을 잠시 묘사한 바 있다(각주 9, p. 4). 두 대법관이 지적한 대로 퇴직한 연방법관들 — 주로 지방법원 판사들 — 은 사실상 사적 재판이라 할 수 있는 '조정' 업무를 담당하도록 고용되고 있다. 다만, 이것이 분쟁을 법적으로 해결하는 데 실질적인 손실을 유발하는지는 의심스럽다.

점에서는 지원자 인력풀이 크게 변화할 것이고 연방법관들의 질도 낮아지기 시작할 것이다. 이러한 수준 저하를 예방하기 위해서는 해마다 최소한 생계비 인상분만큼 급여가 인상되어야 할 것이며, 만약 로펌과 로스쿨의 급여가 실질 기준으로 계속해서 인상된다면 법관의 급여 역시 그(생계비 인상분) 이상으로 인상되어야 할 것이다.

수년에 한 번씩 큰 폭으로 인상하고 그다음에는 인플레로 구매력이 삭감되도록 허용하는 방식은 법관의 급여를 조정하는 좋은 방법일 수 없다. 이런 방식은 일단 큰 폭으로 인상된 다음에는 앞으로 여러 해 동안 더 이상의 인상을 기대할 수 없는 법관들 가운데 사직자가 나오도록 촉진할 것이다. 그보다는 생계비 인상분만큼 규칙적으로 인상하고, 여타 전문 직종의 연평균 소득 증가율에 맞춰 예를 들어 2%를 더 인상하는 방식이 나을 것이다.

국고에 대한 부담을 최소화하면서 소기의 성과를 거둘 수 있는 보상 방법이 진즉 제안되었는데, 바로 연방법관들의 각 생계비 차이에 대응해 급여를 인상하는 방법이다. 미국은 각 지역마다 생계비 수준이 크게 다르다. 보스턴 시의 생계비는 미국 평균보다 40%가 더 높고 일리노이 주 캥커키Kankakee 카운티의 생계비는 전국 평균보다 12%나 더 낮다. 그런데 이것이 극단적인 사례에 해당하는 것은 아니다. 특히 생계비 수준이 높은 지역의 법관들에게 한정해 적절한 정도로 급여를 차등 인상하는 것은 법관의 급여 수준이 부적절하다는 문제에 대한 상당한 개선책이 될 것이다.

7

재판 방법: 재판에 대한 내적 제약

우리는 1부에서 미국 법관들이 아주 큰 재량권을 — 공판 판사의 경우 사실 조사와 관련된 재량권을, 그리고 상급심 법원 판사의 경우 법을 만드는 재량권을 — 갖고 있다는 것을 보았다. 우리는 대부분의 법관이 게으르거나 제멋대로인 법관이 아니라 "훌륭한" 법관으로 인정받을 만한 방식으로 재량권을 행사한다는 것도 알았다. 그러나 미국 법관, 특히 상급심 법원 판사들은 '때때로 입법자'이기 때문에(그러나 책임져야 할 선거구민을 갖고 있지 않은 입법자다) 사건의 쟁점에 대한 답을 내는 데 어떤 정책을 채택하는 것이 "최선"인가에 대한 "객관적"인 이해뿐만 아니라 기질이나 감정, 경험, 개인적 배경이나 이데올로기(이는 또 기질이나 경험에 의해 영향을 받는다) 같은 요소에서도 영향을 받는다는 사실도 살펴보았다. 이어서 우리는 또 미국 법관들, 적어도 선거로 선출된 주법관이 아닌 연방법관들은 재량권 행사와 관련해 외적 제약에서 대개 자유로운 상태라는 사실을 확인했다. 여기서 예외인 제약들도 실제적으로는 재량권을 확장하는 기능을 하고 있는데, 이러한 제약에는 법관에게 불편부당성을 엄격하게 요구하고 대중의 요구에 민감한 정부 부문들에 의한 통제에서 법관들을 차단시키는 윤리적·전문적인 규범들로, 사법부 독립성을 보호하는 기능을 담당하는 제약들을 들 수 있다(법관들은 국가의 다른 부문을 "정치적"인 부문이라고 부르면서 사법부는 정치적이지 않은 것처럼 행동한다). 법관이 개인적 이해관계나 다른 개인적 관심사라는 제약에서 자유로울수록 재판상의 의사결정을 내리는 데 미치는 다른 영향력의 범위는 더 넓어지는 경향이 있다.

그러나 법관이 받는 내적 제약에 대해 내가 너무 일찍 포기하는지도 모르겠다. 사법행태에 관한 연구자들이 재판의 결과와 법관의 개인적·정치적 특성 사이에 밀접한 상관관계가 있음을 발견하게 된 이유는 아마 불량 법관들, 즉 자신의 성격이나 무능력 때문에 법관으로서 기대되는 방식으로 행동하기를 거부하는 법관들이 많기 때문일 것이다. 만약 법관들이 유능하고도 초연하다면 법관의 역할에 관한 법규주의적 개념은 심지어 미국적 맥락에서도 아마 유효할 것이다. 모든 법적 문제에는 단 하나의 정답만 존재한다고, 따라서 법관이라면 누구나 그 정답을 찾는 것이 의무이고 또 충분히 가능한 일이라고 했던 로널드 드워킨Ronald Dworkin의 말은 아마도 옳을 것이다.

여기서는 법의 두 가지 개념이 문제될 수 있다. 그 하나는, 법은 정치나 정책과는 다르게 규칙·권리·원리의 세계라는 것으로, 재판에 관한 스칼리아의 철학과 드워킨의 철학 ─ 이 양자 사이에는 상당한 거리가 있다 ─ 을 포괄하는 개념이라 할 수 있다. 다른 하나는, 법관에 관한 연구에 한정되긴 하는데, 법이란 법관이 제멋대로 권리를 침탈해서 탄핵 소추를 당하지 않는 한 그가 공식적으로 가능한 범위 내에서 어떤 일을 하든 간에 그것이 곧 법이라는 개념이다. 나는 앞으로도 계속 법에 관한 첫째 개념을 법규주의라고 부르고 둘째 개념을 실용주의라고 부를 것이다. 그런데 드워킨을 법규주의자라고 부르는 데에는 무리가 있다. 왜냐하면 그가 실제 한 일은 자신이 선호하는 정책들은 "원리"라고 재규정하고 법관들에게 그 "원리"에 부합되게 판결하도록 재촉한 반면, 자신이 선호하지 않는 정책들은 모두 "정책"이라고 무시하면서 입법부에 넘겨야 한다고 주장했기 때문이다.[1] 스칼리아 대법관이 법규주의에 얼마나 충실한가도 의심스러운데, 앞으로 여기에 대해서도 살펴볼 것이다.

법규주의는 증거를 평가하는 기술들로 구성된다. 즉, 법령이나 계약상의 규정들과 같이 법적으로 유효한 문면들에 관해 해석하기, 법규를 어떤 사건의 사실관계에 적용하기(이는 어떤 법규를 새롭고 예측치 못한 상황에 적용하는 것을 의미한다), 법률가들이 "규준standard"이라고 부르는 넓은 법규를 적용할 것인지 아니면 "규칙rule"이라고 부르는 좁고 한정된 법규를 적용할 것인지 선택하기, 해당 사건과 선례 사이에서 유사점과 차별점을 끌어내기(선례 따르기 또는 선례와 차별화하기) 같은 기술들로 구성되는 것이다. 판례법 시스템에서는 새로운 사건에 선례를 적용하는 것이 핵심인데, 선례를 적용하는 것은 법규주의적 분석에서는 "유비추론"의 영역이다.

법규주의적 기술들은 법관의 의사결정에 지적 엄격성이라는 외양을 부여한다. 그러나 많은 경우 이는 외양에 불과하다. 나는 앞으로 주로 입법 텍스트의 해석과 선례 다루기에 관해 논할 예정인데, 이에 앞서 재판 기술 목록에 있는 다른 항목들을 먼저 다루려 한다. 증거법규rules of evidence(전문증거·전문가 증언·반대 심문 등에 관한 규칙, 어떤 증거가 배심원단이나 배심원단 규칙 또는 배심원단 선정에 선입견으로 작용할 경우 증명적 가치를 어느 정도 인정할 것인가에 관한 규칙, 문건의 증거능력을 어떻게 부여할 것인가에 관한 규칙

---

1   Bernard Williams, "Realism and Moralism in Political Theory," in Williams, *In the Beginning Was the Deed: Realism and Moralism in Political Argument* 1, 12 (Geoffrey Hawthorne ed. 2005). 다음과 같은 그의 언급은 타당하다. "미국의 정치적·법적 이론 가운데 많은 부분은 강한 도덕주의에 의거하고 있으며, 따라서 충분히 예상할 수 있는 일이지만 미국의 정치학은 사적 이익과 집단 이익의 균형에 집중하고 있다. 그러한 분업은 제도적으로는 의회의 '정치'와 대법원의 '원칙에 입각한 논변'의 형태를 띤다. … 이는 정신과 육체, 고결하고 초연한 태도와 자기 선거구를 위한 예산 사용, 각자 타자를 인정하고 서로 돕는 관계와 같은 마니교적 이원론이라 할 것이다."

등)는 소송의 한쪽 당사자가 제출하고 싶어 하지만 신빙성이 매우 의심스럽거나 아니면 증거로서 도움이 되지 않는 증거들을 소송에서 배제하는 데 의심할 바 없는 가치를 갖고 있다. 증거법규는 배심 공판을 법적 분쟁을 해결하는 합리적인 방법으로 만드는 데 큰 역할을 한다. 또한 많은 소송을 억제하는 역할도 하며, 법관이 또 다른 많은 소송을 공판 전 약식 판결로 처리할 수 있도록(그리하여 공판을 피하도록) 한다. 그러나 무가치한 증거들을 배제하더라도 사건의 진실한 사실들에 관한 불확실성이 여전히 해소되지 않는 경우가 적지 않기 때문에 증거법규로 사건의 답을 내는 데에는 한계가 있다. 이러한 경우 법관이나 배심원단은 "법"에서는 유용한 지침을 받을 수 없기 때문에 어떤 결정도 내릴 수 없는 상태에 빠진다.

사실들[의 확정 – 옮긴이]이 교정할 수 없을 정도로 불확실할 경우 그 사실들에 규칙을 적용하기가 난해하다. 그러나 예를 들어 시속 50마일이 상한인 자동차 도로에서 운전자가 시속 60마일로 운전했음을 인정한 경우와 같이 사실관계가 명확할 때에는 어떤 규칙을 적용한다는 것이 단지 그 규칙과 사실을 단순히 서로 비교한다는 것을 의미하는 것처럼 보인다. 이러한 사례 때문에 법관이나 법학자들은 규준에 대한 규칙의 장점을 내세울 것이다. 왜냐하면 규준은 덜 확실하기 때문이다. 즉, 만약 그 자동차가 다른 차와 충돌했다면 운전자가 부주의하게 운전했는가를 결정하는 것보다 속도 제한을 어겼는가를 결정하는 것이 더 쉬울 것이다.[2] 그러나 규칙의 확실성은 쉽게 확보할 수 있는 것이 아니다. 규칙은 그 규칙의 목적(예를 들

---

2 규칙과 규준 사이에 어떻게 균형을 취할 것인가는 수많은 저술의 주제다. 예를 들어, 다음을 참조할 것. Russell B. Korobkin, "Behavioral Analysis and Legal Form: Rules vs. Standards Revisited," 79 *Oregon Law Review* 23(2000) 및 수록된 다른 논문들. 또한 예를 들어, 가정, 요인, 또는 권고적 지침 같이 규칙과 규준의 중간에 위치하면서 법관의 재량권 행사에 일정한 방향을 제시하는 역할을 하는 갖가지 방식(10장에서 이들을 다룰 것이다)이 존재한다는 것에도 유의하라. 유용한 분류법과 관련해 다음을 참조할 것. Cass R. Sunstein, "Problems with Rules," 83 *California Law Review* 953(1995).

어, 안전운전)과 잠재적으로 관련된 제반 고려를 배제함으로써 목적과 적용 간의 괴리를 만들어낼 수 있다. 그리고 표지판으로 제시된 속도 제한은 자동차 도로를 사용하는 모든 사람이 알 수 있는 규칙이지만, 대부분의 법규는 "눈앞에 글로 써서 제시되는" 것이 아니기 때문에 직관으로 알 수 있는 규칙이 아닌 한 보통 사람들은 무심코 위반할 수 있다. 일반적으로 규준은 보통 사람들이 이해하는 바와 부합하기 쉽다. 이는 규준이 더 모호하긴 하지만 법을 지키도록 인도하는 역할은 더 잘한다는 것이다. 또한 일반적인 용어로(가령 '과실negligence', '점유possession', '상당한 주의due diligence' 등과 같이) 정식화되어 있기 때문에 규준은 예측치 못한 상황도 쉽게 포괄할 수 있다. 그러나 규칙은 그렇지 못해 규칙의 경계에 관한 논쟁을 불러일으키며, 이와 밀접하게 관련된 것이지만 어쨌든 예외를 인정하도록 요구받기 쉽다. 그러므로 규준을 한편으로 하고 규칙 및 규칙의 예외와 경계를 다른 한편으로 하는 비교가 본질을 이룰 때가 적지 않다. 명료성clarity 면에서 규칙이 선호되지 않을 수도 있다.

예를 들어, 형평법상의 '해태解怠로 인한 권리소멸의 원칙doctrine of laches'은 권리 침해가 있었다고 선언했으면 적당한 시간 내에 소송을 제기할 것을 요구하고 있는데, 이때의 "적당한" 시간에 대한 판단은 원고가 얼마나 부지런한가와 원고가 소송 제기를 지체함으로써 피고에게 불이익이 발생했다면 그 불이익이 어느 정도인가에 달려 있다. 소멸시효는 분명한 기한 deadline을 제시하지만, 법관들은 데드라인이 경과한 다음에도 소송 제기를 허용하는, 예를 들어 '증거개시開示 규칙discovery rule', '금반언禁反言원칙equitable estoppel', '제척 유지equitable tolling'와 같은 원리들을 들어 데드라인의 구속성을 약화시킨다. 또는 언론 자유에 관한 사건에서의 "광장forum"에 대한 분석을 생각해보라. 법관들은 "전통적인 공적 광장", "지정된 공적 광장", "비非공적 광장", "제한적으로 지정된 공적 광장" ─ 이는 "제한된 공적 광장" 또는 "제한된 광장"[3]이라 불린다 ─ (또는 우아한 엉터리 용어를 사용하자면, "광장들

fora") 등등으로 관련 장소를 식별해내는 데 온정신을 기울인다. 왜냐하면 각 광장마다 언론의 자유를 제한할 수 있는 정부의 권한을 규정하는 규칙들이 다르기 때문이다.

규칙은 새로운 사건들을 다룸으로써 잠재적으로 유관한 정보들을 얻을 수 있음에도 이러한 기회들은 내버려두고 확실한 것을 확보한다는 의미에서 선례와 비슷하다(그러나 규칙이든 선례든 확실하다는 것이 종종 기만에 그치는 것으로 드러난다). 규칙이든 선례든 둘 다 법규주의적 의사결정이 갖는 과거 지향적 성격을 보여준다. 왜냐하면 둘 다 공표되던 때의 지식을 반영하고 새로운 지식에는 문을 열지 않기 때문이다. 규준에서는 추가적인 입법 없이 공표된 이후에 입수한 지식을 법에 통합시킬 수 있다. 이것이 일반적이다. 예를 들어, 의회가 모호한 법령을 통과시킴으로써 세부사항을 법관들이 채워 넣게 하는 것은 사실상 입법 과정에 법관들을 포함시키는 것과 다르지 않다. 그리하여 반독점법규는 반독점 제정법령들에 규정된 일반적인 지침에 맞게 구체적인 사항을 보충해서 법관들이 만든, 본질적으로 법관들이 제정한 규칙인 것이다. 규준은 그 규준을 공표한 법관이나 입법자들이 알 수 없었을 정보를 법관이나 배심원들이 사용하도록 허용하거나 심지어 사용하도록 유도하는 데 비해, 규칙과 선례 체제에서는 새로운 정보에 적응하려면 법관이 규칙에 대한 예외를 설정하고 또 기존 선례와의 차별화를 도모하지 않으면 안 된다. 이러한 조치는 규칙이나 선례를 토대로 한 법의 예측 가능성을 감소시키는데, 규준 체제는 이러한 조치를 필요로 하지 않는다.

규칙의 본질은 받아들일 수 있는 사실의 범위를 제한한다는 데 있다. 도로, 날씨, 교통 상황, 운전 기술과 집중력, 시야와 반사 신경, 차량의 디자인, 장비, 차량의 상태 등 그 어떤 사실도 운전 속도가 안전 속도인가를 판

---

3   예를 들어, 다음을 참조할 것. Gilles v. Blanchard, 477 F.3d 466(7th Cir. 2007).

단하는 데 무관하지 않다. 그러나 속도 제한(규칙)은 운전자의 속도를 제외한 모든 것을 고려의 대상에서 제외시킨다. 이는 문제는 없지만, 다만 법원과 별도로 도로, 차량 및 운전자의 안전을 규제하는 데 필요한 전문적 기관들이 존재한다는 것을 전제로 한다. 대조적으로, 뉴욕타임스 사 대 설리번 New York Times Co. v. Sullivan에서 연방대법원은 구두나 문서에 의한 명예훼손사항이 거짓임을 피고가 알았거나 피고의 부주의로 거짓임을 발견하지 못한 경우가 아니라면 공인은 명예훼손에 대한 손해배상을 구할 수 없다고 판시했다. 이것은 선례의 형태로 규칙이 되었고, 공인에 대한 명예훼손을 규제하는 법률 체계의 발전을 정지시키는 효과를 가져왔다. 연방대법원이 만약 명예훼손 소송은 공인에 대한 비판을 억제하는 데 사용되어서는 안 된다고만 판시했더라면(이는 이 사건의 상황에 부합하는 판단이다), 하급 법원들은 새로운 사건에서 사실관계를 감안해 헌법 하부 영역을 규율하면서 더욱 미묘한 차이를 가지는 여러 규칙과 원리를 개발할 수 있었을 것이다.

묘하게도 연방 양형 가이드라인은 속도 제한과 비슷한 사례이면서도 성공적인 규칙 제정의 본보기다(10장에서 논하는 '발전'이라는 측면에서는 이 가이드라인 역시 '본보기였다'고 표현할 수 있다). 이 가이드라인이 공표되기 전에는 의회가 정한 법령상의 최저 형과 최고 형 사이에(이 폭은 매우 넓은 경우가 많다) 어떤 형을 택해 선고할 것인가가 판결을 맡은 법관의 자유재량이었다. 선고 형량은 법관에 따라 매우 달랐는데, 왜 그렇게 차이가 나는지에 대해 형벌학상의 원칙들로는 설명하기가 불가능했다. 따라서 선고 형량은 자의적인 것으로 보였다. 이 가이드라인의 초안을 만든 미합중국양형위원회United States Sentencing Commission는 그때까지 보통의 법관들은 관행적으로 어떻게 형을 선택해왔는가를 조사하는 데 많은 노력을 기울였고 그 범주 내에서 양형 범위를 정했지만, 어쨌든 범죄학자들, 보호관찰관들, 그 밖

---

4   376 U.S. 254(964).

의 전문가들의 지식에 의지해 초안을 만들었다. 그러나 이 위원회의 성과와는 대조적으로, 대법원과 항소법원들이 규칙을 확정했을 때 그 규칙은 거의 전문가들의 지식을 토대로 한 것이 아니었다.

그러나 규칙과 규준 사이에 어느 쪽을 선택할 것인가와 관련해 핵심 사항은, 사법행태에 대한 이해의 문제가 관여되는 한, 법관들에게는 이 두 가지 체제 가운데 객관적인 선택을 하는 데 필요한 정보가 전형적으로 결여되어 있다는 점이다. 어떤 법관은 규칙에 더 편안함을 느끼고 또 어떤 법관은 규준에 더 편안함을 느낀다. 그런데 그 이유는 주로 기질상의 차이와 상관이 있거나, 4장에서 살펴본 바 있는 권위주의적 성격과 비권위주의적 성격 간 차이와 상관이 있는 듯하다. 그런데 후자의 성격 차이는 그 법관이 법규주의와 실용주의 가운데 어느 쪽을 우선시하느냐와 다시 연관되는데, 다만 이 연관은 그다지 크지 않고 미약할 것이다. 왜냐하면 법관의 행위에는 이러한 개성 말고도 아주 많은 요소가 영향을 미치기 때문이다. 법규주의자들은 법관의 시선을 사전에 특정된 많지 않은 사실에 집중시킴으로써 그 재량 행사를 축소시켜야 한다고 공언하는(실제에서는 이 공언이 종종 어겨지지만 말이다) 사람들이기 때문에 당연히 규칙을 선호한다.

지금까지 규칙이 가진 한계를 강조했지만, 실용주의적 관점에서 보더라도 규칙이 규준에 비해 우월하다는 것이 상당히 명백한 경우도 종종 존재한다. 개념이 모호한 '해태로 인한 권리소멸'에 오로지 의존하는 것보다는 (비록 보이는 것만큼 분명하지는 않지만) 소멸시효에 의존하는 것이 선호될 것이다. 해태로 인한 권리소멸에만 의존할 경우 잠재적 피고는 자신에 대한 소송의 데드라인이 언제 지났는지를 분명히 알 수 없기 때문이다. 따라서 해태로 인한 권리소멸이 아닌 소멸시효에 의존하면 어떤 사업을 시작할 때 앞으로 채무 부담을 지게 될 수도 있다는 걱정 없이 출발하게 되고, 자신에게 유리한 증거를 계속 보존하지 않아도 되며, 자신에 대한 소송이 제기되는 데 대한 대비 조치를 취하지 않아도 된다. 따라서 속도 제한 규칙을 두는 데에도 일리가 있다. 그러나 규준이 아닌 규칙에 대한 법규주의자들의 *일반적* 선호도는 정당화된 적이 없었다. 책임 있는 사람이라면 규칙 체제나 규준 체제의 어느 한쪽만 선호하지 않는데, 양자 사이에는 상당한 폭의 중간 영역이 존재한다. 그리고 양자 사이의 영역에서 규준보다 규칙을 선택한다면 이는 논리 구사보다는 정책 판단에 따른 것이다. 반독점법의 규칙들 자체가 본질적으로 서면법에서 연역이나 그 비슷한 과정으로 도출되었다고 보는 것은 잘못된 생각이다. 반독점법 규칙들은 서면법에 법관들이 만든 법규들을 덧붙인 것이다. 마찬가지로 대법원에서 공들여 만든 수색과 압수에 대한 규제 규정이나 언론의 자유, 종교의 자유 또는 사형제에 대한 제한 규정 가운데 어떤 것도 헌법의 문면에서 연역되었거나 연역될 수 있는 것으로 해석되어서는 안 된다.

법규주의자들의 가장 흥미 있는 추론 방법 가운데 판례법과 관련한 방법으로는 '유추에 따른 추론'이 있고 헌법 및 제정법과 관련한 방법으로는 '해석'이 있다. 전자에서 우리는 하버드 로스쿨의 로이드 와인렙Lloyd Weinreb 교수가 쓴 『법적 이성: 법적 논변에서의 유추의 사용Legal Reason: The Use of Analogy in Legal Argument』을 통해 유추에 따른 추론에 대해 살펴볼 수 있을 것이다. 그는 책에서 유추에 따른 추론은 판례법 시스템에서 법적 추론의 본질에 해당됨과 동시에 경제적·정책적·실용주의적 분석과 무관한, 심지어는 법규의 적용과도 무관한 방법론이기도 하다고 주장하는 한편, 다른 사람들이 유추에 따른 추론에 대해 쓴 글들은 자신의 동료 교수인 스콧 브루어Scott Brewer의 글[5]을 포함해 모두 잘못되었다고 주장했다.

와인렙은 유추에 따른 추론을 치켜세움으로써 법규주의의 본체에 창끝을 겨눈 것 같다. 왜냐하면 유추에 따른 추론이 정확히 무엇이든 이는 기왕에 존재하는 분명한 법규를 ― 연역과 유사한 수단으로 ― 발견된 사실들에

---

5   Scott Brewer, "Exemplary Reasoning: Semantics, Pragmatics, and the Rational Force of Legal Argument by Analogy," 109 *Harvard Law Review* 923(1996).

적용하는 것이 아니기 때문이다. 법규주의자가 판결을 내릴 때 유추에 따른 추론에 의지하려 할수록 그는 기존 법규의 적용이라는 법 모형에서 멀리 벗어나게 된다. 법관은 자신의 앞에 놓인 사건에 딱 들어맞는 법규를 찾았다면 그 사건이 다른 어떤 사건과 얼마나 유사한가를 측정할 필요가 없을 것이다. 그러나 와인렙의 프로젝트는, 만약 성공했다면, 법규주의 개념에 대한 대안을 제시한 것이다. 그 대안인즉 연역적 추론으로서의 법규주의가 아니라 정책에 의지하지 않고 판결을 내릴 수 있는 일련의 기술로서의 법규주의, 법은 사회과학과 절연되어 있으며 정책이나 결과에 대한 관심 때문에 오염되지 않은 독립된 지식의 세계임을 전제로 한 일련의 기술로서의 법규주의다.

유추에 따른 추론의 대표적인 사례로 와인렙이 거론한 것은 애덤스 대 뉴저지 증기선 사Adams v. New Jersey Steamboat Co. 사건[6]이다. 이 사건의 쟁점은, 허드슨 강을 오르내리는 증기선의 선장은 특등실 선객에게 여관 주인이 숙박객에게 지는 것 같은 높은 수준의 주의의무duty of care를 지느냐 아니면 철도회사가 침대칸의 개방된[문이 열려 있는 — 옮긴이] 침대에 누워 자는 승객에게 지는 것 같은 낮은 수준의 주의의무를 지느냐는 것이었다. 법원은 증기선회사가 철도회사보다는 여관에 가깝다고 보았고(그리하여 증기선을 "물에 떠다니는 여관"이라고 불렀다), 따라서 증기선회사는 원고에게 높은 수준의 주의의무를 진다고 결론지었다. 그 결과 한 침입자가 원고가 잠가놓은 창문의 잠금장치를 풀고 들어와 원고의 옷에서 160달러를 절취해간 행위에 대해 증기선회사에 책임이 있다는 판결을 내렸다.

이 사건은 "유추에 따른 추론"이라 불리는 법률 용어를 전형적으로 보여준다. 그러나 이 용어가 가리키는 정신활동은 정확하게 무엇일까? 단순히 정책적 분석을 위한 출발점에 불과한 것일까? 이러한 질문이 중요한 이

6   45 N.E. 369(N.Y. 1896).

유는 법적 추론에 관한 대부분의 논의에서 유추에 따른 추론이 고전적인 위치를 누리고 있기 때문이다. 만약 ─ 약간 과장이긴 하지만 내가 믿는 것처럼 ─ 유추에 따른 추론이 아무것도 아니라면 평범한 일상적인 추론과 "법적" 추론 사이의 간극도 경미할 것이다.

유추란 유추와 비슷한 은유나 직유 또는 문학에서의 병렬적 구성처럼 무언가를 연상시키는 것이다[7](『햄릿Hamlet』에 나오는 아들─아버지의 복수로 구성된 세 개의 플롯을 생각해보라. 그리고 햄릿을 뺀 다른 두 명, 즉 포틴브라스Fortinbras와 레어티즈Laertes가 어떻게 햄릿의 상황과 유사한지를 생각해보라). 그러나 유추는 법적 분쟁을 지적으로 해결해주지 못한다. 무언가가 다른 무언가와 어떤 면에서 비슷하다는 사실은 의문에 답을 주기보다는 의문을 불러일으킨다. 언젠가 어떤 학회에서 나는 누군가가 아주 진지한 말투로 절박한 상황에서 고문을 가하는 것이 정당화될 수 있는 것은 누군가에게 습격을 받았을 때 불법행위법에 따라 정당방위권이 인정되는 것과 유사하다고 주장하는 것을 들은 적이 있다. 그렇다. 테러리스트의 공격이 임박한 것과 누군가를 위협하는 제스처는 공통점이 있다. 즉, 양자 모두 피해자(들)를 곧 해치려 하는 것이다. 그리고 정당방위와 테러 의심자에 대한 고문도 공통점을 갖고 있다. 즉, 양자 모두 공격을 막거나 공격으로 입게 될 손상을 제한하려는 의도를 갖는 것이다. 사람들은 이러한 비교를 'A가 B인 것은 C가 D인 것과 같다'라는 명제를 언급함으로써 한층 꾸며낼 것이다. 여기서 A는 위협적 제스처이고 B는 피공격자가 행한 정당방위다. 그리고 C는 테러리스트의 공격이 임박한 것이고 D는 테러 의심자 또는 그 공범에 대한 고문이다. 그러나 그러한 약간의 형식적인 분석에서 고문할 권리를

---

7   유명한 예로는 자전거 제조업자인 라이트(Wright) 형제가 자전거를 안정화시키는 문제에 대해 곰곰이 생각하다가 비행기구를 안정화시키는 비슷한 문제에 대한 해답을 발견했던 것을 들 수 있다. 이것에 대한 다음의 멋진 설명을 참조할 것. Philip N. Johnson-Laird, *How We Reason*, ch. 25(2005).

읽어내는 것은 적어도 성급한 짓이라 말할 수 있다.

유추에 따른 추론이 무엇인가에 대한 브루어의 대답은, 새로운 사건은 그 사건에 적용될 규칙을 찾도록 부추긴다는 것이다. 여관의 주인과 증기선의 선장은 여행객에게 숙박 시설을 제공한다는 점에서 유사하다는 이유로 여관 주인을 규율하는 규칙으로 증기선 선장을 규율할 수 있다고 판단되었다. 그러나 여관 주인을 규율하는 규칙은 어떤 것인가? 숙박 시설을 제공하는 계약에는 암묵적으로 안전 보장이 포함되어 있는 것인가? 다시 말해 안전 보장에 대해 고객은 요금을 지불한 것이고 그에 따라 자신의 소유물을 지키기 위해 스스로는 특별한 주의를 기울이지 않아도 된다는 것인가? 증기선에서는 애덤스가 자신의 방 창문을 잠가놓았다는 것을 기억하라. 그러나 여관 주인을 규율하는 규칙이 증기선 사건에 적용되기는 했지만 분명 너무 포괄적이다. 왜냐하면 이 규칙은 철도회사가 개방된 침대 이용객에게 똑같이 높은 수준의 주의의무를 진다고 확장해서 해석될 수도 있기 때문이다. 철도회사 사건은 일반적 규칙에 대한 하나의 예외로 이해하는 것이 더 낫다. 왜냐하면 철도의 개방된 침대는 우연히 그 차량 안에 있게 된 사람이면 누구나 드나들 수 있고, 따라서 그 이용객이 잠자는 동안 철도회사가 그의 재산을 모든 절도범에게서 보호하는 것은 사실상 불가능하기 때문이다.[8] 철도 이용객은 이러한 점을 알고 있기 때문에 철도회사와의 계약 사항의 하나로서 자기 소유물의 안전에 대해 스스로도 얼마간의 책임을 지는 데 암묵적으로 동의했다고 볼 수 있다. 법경제학자들은 이러한 이용객을 전문 용어로 "상대적 최소 비용 회피자cheaper cost avoider"[더 적은 부담으로 해악을 피할 수 있기 때문에 회피의무를 부담하는 사람 — 옮긴이]라고

---

8 "철도 차량의 개방된 침대의 이용객은 잠금 장치가 있는 데다 그 밖의 방법으로도 외부인의 침입을 예방하는, 즉 기선의 특등실과 똑같은 수준으로 절도로부터 보호받기를 기대할 권리가 없으며 또 실제로 그렇게 기대하지도 않는다는 것은 명백하다"(Adams v. New Jersey Steamboat Co., 각주 6의 370).

부른다. 이러한 예외를 증기선 사건에 적용하는 것은 맞지 않다. 상기 사건에는 특등실이 등장하는데, 특등실은 사업자가 고객의 재산을 보호하는 문제에 관한 한 여관 내 객실과 마찬가지로 칸막이가 된 밀폐 가능한 공간이다. 그러므로 이 사건은 여관 주인의 의무를 규율하는 법과 동일한 규칙으로 처리되었던 것이다.

그런데 우리는 여기서 규칙과 예외에 대해 이야기하지 않고, 이 세 가지 사건 모두 고객에게 숙박 시설을 제공하는 사업자는 고객을 보호하기 위해 현실적으로 가능한 모든 주의를 기울이지 않으면 안 된다는 규준을 예시한 것이라고 더 간단하게 이야기할 수 있다. 규칙이냐 규준이냐를 이야기하는 대신 두 가지 규칙, 즉 여관이나 증기선 또는 완전히 구획된 침대칸을 위한 규칙과 개방된 침대를 위한 규칙, 이 두 가지 규칙이 있다고 말할 수도 있다. 그리고 애덤스 사건에서 법원은 철도 사건 판결과 "구별되는" 판결을 내렸다고, 다시 말해 그 범위를 제한했다고 말할 수도 있다. 아주 간단하게, 어떤 사건의 판결을 내리려 할 때 선례를 찾는 것은 곧 그 새로운 사건에 적용 가능한 정책적 통찰을 찾는 것과도 같다고 말할 수도 있다.[9] 이 모든 접근법은 동일한 결론에 이른다. 즉, 어떤 접근법도 유추를 기반으로 한 논의를 필요로 하지 않는다.

"유추에 따른 추론"은 유용하지 못한 용어다. 또 더 나쁜 사실은, 이 용어는 실제로는 차이를 찾는 것임에도 유사성을 찾는 것처럼 들리기 때문에 사람들을 오도할 수 있다는 것이다. 애덤스 사건에서 절정을 보인 일련의 사건들과 관련해 흥미 있는 점은, 애덤스 사건과 여관 사건 간의 유사성이 아니라 애덤스 사건과 철도 사건 간의 차이성이다. 숙박 시설을 다룬 두 사

---

9 유추에 따른 추론을 비판하는 것은 선례구속성의 원칙을 비판하는 것이 아니다. 이 두 가지 기술은 쉽게 혼동된다. 서윈이 다음 글에서 유추에 따른 추론에 돌리는 편익은 대부분 선례구속성의 원칙이 주는 편익이라 할 수 있다. Emily Sherwin, "A Defense of Analogical Reasoning in Law," 66 *University of Chicago Law Review* 1179(1999).

건은 많은 점에서 유사하다. 애덤스 사건과 철도 사건을 비교할 때 분명한 사실은, 철도 사건에서는 숙박 시설이 개방되어 있었고 따라서 양자 간에는 사업자가 습격이나 절도로부터 승객을 보호할 능력에 차이가 있었다는 점이다. 이는 정책과 관련된, 다시 말해 안전에 관한 책임을 사업자와 승객 사이에 어떻게 배분해야 하는가와 관련된 차이점이었다. 애덤스 사건에서 철도 사건을 차별화한 것처럼, 앞선 사건과의 "차별화"는 (애덤스 사건에서 그러했듯이) 주로 공공 정책을 새롭게 통찰함으로써 법을 풍부하게 만드는 일이다.[10]

유추는 정당화의 논리에 속하기보다는 발견discovery의 논리에 속한다. 코먼로 사건을 맡은 법관은 다른 사건들에서 출발하든 또는 정책적 차원에서 어떤 결정을 내리는 것이 적절한가에 대한 모종의 감각에서 출발하든, 우선 가능한 모든 사건 또는 가능한 모든 정책적 관심사 가운데서 해당 사건과 가장 유관한 사건들을 골라내는 최초의 선택부터 시작하지 않으면 안 된다(이는 법관이 해당 사건이 속한 법률 분야와 관련해 어떻게 결정하는 것이 정확한지에 대해 자신에게 강렬한 첫 직관을 줄 수 있는 종류의 중요한 분석틀을 갖고 있지 않음을 전제로 한다). 이 단계에서는 인간의 정신에 깊이 뿌리내린 능력인 '형태 재인pattern recognition'이 분류의 도구로 유용한 역할을 한다. 따라서 애덤스 사건에서 법원이 기차 승객 및 여관 숙박객과 관련된 선행 사건들을 조사한 것은 이해가 가는 일이다. 다만, 그 사건들을 조사한 이유는 그들이 갈 길을 제시할 정책을 찾기 위해서였다. 만약 조사 결과 정책에 일관성이 없다면 법원은 새로운 사건과 관련해 입법적 판단을 내리지 않으면

10 Nicola Gennaioli and Andrei Shleifer, "Overruling and the Instability of Law"(*Journal of Comparative Economics*(근간)]; Gennaioli and Shleifer, "The Evolution of Common Law," 115 *Journal of Political Economy* 43(2007). 선례구속의 원칙에 관한 포괄적인 논의는 다음을 참조할 것. Julius Stone, *Precedent and Law: Dynamics of Common Law Growth*(1985). 스톤은 이 원칙을 요약해 "(난동을 부리는 죄수에게 입히는) 구속복이라기보다는 헐거운 드레스"라고 불렀다(같은 책, 229). 그의 말이 옳다.

안 된다. 앞선 사건에서 선언된 규칙이 두 번째 사건을 분명하게 규율한다는 의미에서 앞선 사건과 두 번째 사건이 동일한 사건이 아닌 한, 정책에 관한 탐색 없이 그저 새로운 사건이 과거의 어떤 사건을 가장 "닮았는가"를 결정하기 위해 노력한다는 것은 말이 안 되는 일이다. 이는 얼마나 닮았는가의 문제, 즉 유추의 문제가 아니라 포섭subsumption의 문제다. 어떤 사건들이 단순히 비슷하기만 하다면 문제는 얼마나 비슷한가가 아니라 ─ 이는 무의미한 질문이다 ─ 양자의 차이가 앞선 사건을 특징짓는 정책을 새로운 사건에 적용할 수 없게 만들 정도인가의 여부다. 한마디로 두 사건이 차별화될 수 있는가 여부인 것이다.

선례와 차별화하는 작업은 선례를 뒤엎는 것을 완곡하게 표현하는 말에 불과한 경우가 아닌 한 매우 유용한 실용적 도구다. 두 사건 간의 유일한 차이 ─ 법원이 앞선 사건과 차별화하는 근거로 제시하는 차이 ─ 가 앞선 사건의 판결 요지와 무관할 경우 법관들은 새로운 사건을 정반대로 판결함으로써 선례를 무력화하기도 한다. 그렇게 하는 이유는 표면상 판결이 유지되었다는 인상을 주기 위해서다. 그러나 이 경우 판례법의 세계에 의문의 대상이 되는 사건들이 여기저기 남게 되고 그렇게 남은 사건들은 공식적으로 파기된 사건이 아니기 때문에 언제라도 다시 부활해 새로운 판결에 가짜 혈통을 부여하는 역할을 수행할 수 있다는 문제점이 있다. 선례와 차별화하는 것은 현 사건 상황에서 끌어모은 통찰에 주목하게 함으로써 앞선 사건의 판결에 사용된 규칙들을 더욱 세련되게 만든다는 점에서 생산적인 용도를 지니고 있다.

와인렙은 규칙에 근거해 애덤스 사건을 분석하려는 시도는 전혀 하지 않았다. 왜냐하면 그는 여관 주인과 관련된 사건 판결을 예시로 하는, 그리고 개방된 침대와 관련된 사건 판결을 예외로 하는 기왕의 어떤 규칙이 있다고 생각하지 않았기 때문이다.[11] 그리고 이는 와인렙을 난처하게 만드는 문제가 전혀 아니었다. 와인렙은 규칙에 푹 빠져 있지도 않았고 정책에 푹 빠져 있지도 않았다. 법관은 어떤 사건을 규율할 규칙이 무엇인지 또는 어떤 규칙이어야 하는지 확신을 갖지 못한 상황에서도 판결을 내리지 않으면 안 되기 때문에, 법적 규칙은 아직 미완성적이며, 분명하기보다는 직관적이며, 경계선이 애매할 수 있다. 이러한 상황에서 "규칙"이라고 선언하는 것은 사실 규칙 만들기를 시도하는 것에 불과하다. 말하자면 완성된 그림이라기보다 습작에 가까운 것이다. 우리는 애덤스 사건에서 다룬 일련의 사건들에 대해 규칙과 관련된 이야기를 중단하고 단지 여관 주인 사건은 왜 그렇게 판결했고 개방된 침대칸 사건은 또 왜 저렇게 판결했는가를 물어볼 수 있다. 그 대답은, 숙박시설 제공자가 절도로부터 안전하게 고객을 보호하는 것이 가능한 경우에는 고객들이 숙박시설 제공자가 절도로부터 자신을 안전하게 지켜주기를 기대한다는 것이다. 여관 투숙객과 증기선 승객 사건에서는 그러했고 개방된 침대칸 이용객 사건에서는 그러하지 않았던 것이다.

법현실주의자 맥스 래딘Max Radin은 이렇게 말했다.

> 법관이 결론에 도달하는 방식은 대개 비슷하다. 판결을 내릴 때 자신의 앞에 놓인 상황을 어떤 범주에 위치시킬 것인가가 즉각 법관의 머리에 떠오르는 것은 아니다. 오히려 반대로, 그 상황에 적합한 판단의 틀이 되는 자리를 차지하려고 여러 개의 범주가 그의 머릿속에서 경합한다. 이러한 경합이 존재하는 만큼 여러 범주 가운데서 그가 보기에 바람직한 결론을 가져올 것으로 보이는 범주를 택하는 것 외에 달리 무슨 일을 할 수 있을까.[12]

11   Lloyd L. Weinreb, *Legal Reason: The Use of Analogy in Legal Argument* 111~112 (2005).

12   Max Radin, "The Theory of Judicial Decision: Or How Judges Think," 11 *American Bar Association Journal* 357, 359(1925).

이것이 법관이 흔히 마주치는 상황이다. 그러나 애덤스 사건에서는 이와 달랐다. 철도 사건을 규율하는 규칙과 여관 주인을 규율하는 규칙은 행복하게 공존할 수 있었다. 즉, 철도 사건을 규율하는 규칙은 후자에 대한 예외로 말이다. 두 사건과 관련된 정책들 간의 긴장도 없었다. 각각의 규칙과 관련된 정책에 기해 규칙들 간의 경계선을 긋는 일만 요구되었을 뿐이다. 증기선회사 사건은 명백히 여관 주인 사건이 속하는 영역 안으로 맞아 떨어졌다.

와인렙은 규칙 지향적 접근법과 목적론적 접근법 두 가지를 다 반대했다. 왜냐하면 그 두 가지 모두 유추에 따른 추론에 정책적 분석을 뒤섞을 것이기 때문이었다.[13] 목적론적 접근법은 규칙 지향적 접근법보다 훨씬 더 완벽하게 뒤섞을 것임이 틀림없었다. 어떤 규칙이든 그 문면의 적용 범위가 분명하게 규정되기 때문에 규칙을 일련의 새로운 사실들에 적용하는 데에는 목적론적 고려가 불필요하다. 분석이 의미론적 단계 아래로 내려가는 일은 없다. 그러나 적용 가능하다고 보았던 규칙이 사건에 적합하지 않은 것으로 드러날 경우, 법원은 그 규칙을 확대 해석해 해당 사건을 처리하는 것이 규칙의 목적에 부합하는지 여부를 결정하기 위해 규칙 배후의 목적이 무엇인지를 결정하지 않으면 안 된다.

래딘은 판결을 내리기 위해 법원이 당면 사건을 *넘어* 나아가야 하는 상황들에 대해 생각했다. 애덤스 사건은 법원이 해당 사건의 *뒤로* 나아가야만 했던 상황의 예에 해당한다. 래딘은 법관이 아주 자유롭게 정책적 분석을 행하는 데 관심을 갖고 있었는데, 그러나 이는 문제가 있으며 적어도 논쟁을 불러일으킨다. 애덤스 사건 판결에는 문제가 없다. 왜냐하면 법원이 앞선 사건들에서 발견된 논쟁의 여지가 없는 정책들을 특정하고 그 중에서 어떤 정책을 해당 사건에 적용하는 것이 옳은가를 결정하는 데 그쳤

---

13   각주 11의 Weinreb, 116~122.

기 때문이다. 이러한 법관의 활동은 래딘이 바랐던 것보다 더 수동적이고 더 온건한 것이다. 이는 비법규주의적 분석이 얼마나 객관적일 수 있는가를 보여주는 사례라고 말할 수 있다.

법관의 자유로운 재량권 행사와 선행 사건들에 명시적 또는 묵시적으로 표현된 정책들에 의거한 법관의 추론 간의 차이는 와인렙의 관심을 끌지 못한다. 그는 유추에 따른 추론은 정책적 판단에 의지할 필요 없이 독자성을 가진 어떤 것이라고, 심지어는 단순히 선행 사건들에서 뚜렷하게 드러난 정책들을 인식하고 적용하는 데 그치는 아주 온건한 종류의 정책적 판단에도 의지할 필요가 없는 자신의 독자성을 가진 어떤 것이라고 생각한다. 정책과 일정한 거리를 두려고 애써온 와인렙은 유추에 따른 추론을 일상생활, 즉 법규나 공공 정책과 별반 관계없는 일상생활의 어디에서나 흔히 볼 수 있다고 지적한다. 그는 다음과 같은 예를 제시한다. 자동차에 키를 넣어 돌렸는데도 시동이 안 걸리면 잠시 기다렸다가 다시 키를 돌려보는 것과 유사하게, 동력 제초기의 전원 버튼을 눌렀는데도 작동하지 않으면 좀 있다가 다시 제초기의 전원 버튼을 누를 것이다. 반면 당나귀가 말을 안 듣는다면 옆구리를 찰 수 있으나 제초기에는 그렇게 하지 않을 것이다. 이 사례에서는 제초기가 증기선을 대신하고 자동차가 여관을 대신하며 당나귀가 철도를 대신한다. 그러나 이 상황에서 당신이 어떤 법규를 적용하고 있다고 생각하거나, 또는 서로 유관하고 유사한 것을 알아보는 타고난 능력인 유추에 따른 추론 이외에 다른 어떤 분석을 하고 있다고 생각할 사람은 아무도 없을 것이다. 애덤스 사건에서도 마찬가지였다고 와인렙은 주장한다. 사실 이 사례는 애덤스 사건에 대비해서 봤을 때 규칙에 의거한 접근법에도 부합하고, 목적론적 접근법에도 부합하며, 정책 지향적인 접근법에도 부합한다. 동력 제초기 사건에서 당신이 적용하는 규칙은, 내연기관은 어떤 특정 방식으로 시동하는 반면 사람이나 기타 동물들은 때때로 매를 맞고 아픔을 느껴야 일을 시작한다는 것이다. 동력 제초기는 내연기관으로 작동하는 무생물이기 때문에 당신의 반응을 결정하는 것은 후자의 규칙이 아니라 전자의 규칙이다.

유사성에 따른 추론은 법적 사고에 속하기보다 법적 수사학에 속한다. 와인렙은 자신의 책 서두에서 "이것은 변호사들이 자신의 고객을 위해 행하는, 그리고 법관들이 *판결문*을 작성할 때 사용하는 *논증*에 관한 것"이라고 밝혔는데, 이는 옳은 말이었다[14](이 책의 부제는 비슷한 의미를 담고 있다). 유사성에 따른 추론은, 와인렙이 인용한 내 책[15]에 나오는 사례에서 잘 나타나듯이, 어떤 사건의 결과를 결정할 정책적 판단에 휘장을 쳐서 가린다. 이 사례는 액체 또는 기체 상태이기 때문에 어떤 고정된 형태를 갖고 있지 않는 석유와 천연가스를 규율할 재산법의 규칙을 선택하는 것에 관한 것이다. 법원은 야생동물에 대한 소유권을 규율하는 규칙인 '포획의 규칙rule of capture' ─ 이 규칙에 따르면 야생동물에 대한 소유권은 야생동물이 포획되어야 획득된다 ─ 에서 유추해 석유나 천연가스도 동물과 마찬가지로 움직이기 때문에(다만, 동물과 달리 자체의 힘이 아니라 순전히 중력으로 또는 다른 외부의 힘으로 움직이지만) 포획의 규칙으로 규율해야 한다고 결론지었다. 그러나 이는 *상관성 있는* 유사성이 아니다. 포획의 규칙에 따르면 산토끼들이 길을 잃고 헤매다가 당신 소유지로 들어왔다면 그 사실로 그 산토끼들이 당신 소유로 인정되는데, 따라서 만약 그 산토끼들이 당신 소유지를 빠져나가다가 누군가가 쏜 엽총에 맞았고 산토끼들의 가죽이 당신 소유로 인정된다면, 이 규칙은 산토끼들에 대한 투자를 촉진하는 데에는 불필요하다. 산토끼들은 투자의 산물이 아니다. 그러므로 산토끼 한 마리가 당신 소유지에 들어와 놀다가 어느 날 당신 이웃의 소유지로 넘어가고 이를 본 당신 이웃이 그 토끼를 쏴 죽여서 구워 먹었다면 당신은 투자의 과실을 빼앗긴 것이 아니다. 하지만 석유와 천연가스는 값비싼 장비를 쓰고 많은 경비를 들

---

14   같은 책, 1(강조는 추가).

15   Richard A. Posner, *Overcoming Law* 519(1995).

여 수많은 곳을 뚫는 노력 끝에 땅에서 채취되는 것이다. 이 모든 비용과 노력은 간간이 찾아오는 행운의 발견으로 충분히 보상받아야 한다. 포획의 규칙에 따르면, 땅 밑 석유 매장 구역에 시추공을 들이박는 데 용케 성공한 사람은 가능한 한 최대한 빠른 속도로 석유를 퍼 올려야 할 것이다. 왜냐하면 퍼 올리지 못한 석유는 경쟁자의 소유가 될 가능성이 높기 때문이다. 채유의 경쟁은 유전을 영원히 고갈시킬지도 모른다. 이런 경우 적용할 수 있는 유추의 대상은 야생동물의 소유권에 관한 규칙이 아니라 다른 채취 가능한 천연자원, 예를 들어 석탄 같은 자원의 소유권에 관한 규칙이다. 석탄 같은 자원이라면 당신은 전체 석탄층에 대한 소유권을 인정받을 것이며 따라서 서두를 필요 없이 느긋하게 석탄을 채취해나갈 수 있을 것이다. 누군가가 당신에게 보상하지도 않으면서 석탄을 채취해갈지 모른다는 걱정 따위는 전혀 할 필요가 없다.

결국 석유와 천연가스에 대한 포획의 규칙은 유전과 가스전의 "일체화"를 요구하는 입법, 즉 (어떤 지역의 유전이나 가스전은) 마치 한 사람의 소유하에 있는 것처럼 관리되어야 한다는 입법에 따라 변화되었다. 소유자가 한 사람이라면 그 소유자는 동일한 유전에서 다른 사람이 석유를 채취해갈지 모른다는 걱정을 할 필요가 없다. 소유자가 한 사람이라는 것은 정의상 그 한 사람이 유전의 모든 권한을 소유하는 것이므로 다른 사람이 그곳에 접근하는 것을 배제할 권한도 갖는다는 것을 의미한다. 그 사람은 자신이 판단하는 가장 효율적인 속도로 석유를 채취할 수 있다. 그리고 이러한 속도 때문에 경쟁자에게 이윤을 빼앗기지 않을까 하는 걱정 따위는 전혀 할 필요가 없다.

유추에 따른 추론을 사용하는 다른 모든 사건에서와 마찬가지로 석유와 천연가스 사건에서 합리적인 결론을 얻기 위해서는 해당 사건과 이런저런 일련의 선례들을 나란히 세울 수 있게 하는 정책적 고려에 주목해야 한다. 포획의 규칙을 석유나 천연가스에 적용하는 실수를 범하는 것은 이러한 고려에 실패한 경우다.

와인렙은 주변에 맴도는 정책의 존재를 인정하기도 하고 부정하기도 한다. 와인렙은 법률가가 가진 "법에 관한 지식"은 "법률가에게 가령 여관 사건과 증기선 사건 사이에 책임성과 관련된 요인들에서 공통성이 있음을 가르쳐준다"[16]라고 말했는데, 이때에는 정책의 존재를 인정한 것이다. 또한 그는 유추들 사이에서 무엇을 선택할지는 "바야흐로 결정하려는 판결의 종류와 관련된 바를 넓게 이해함에 따라 영향을 받기도 한다"[17]라고 말했는데, 이때 "관련된 것"이라는 말은 법관이 합리적인 결정을 내리기 위해 응당 의거해야 하지만 미리 정해져 있지 않은 여러 정책에 대한 것이다. 그는 심지어 "법에 숨어 있는 정책"[18]의 존재까지 인정한 바 있다. 그러나 그 정책들이 무엇인지 또는 어떤 정책들을 법관의 시야에서 배제해야 하는지에 대해 지적하지는 않았다. 그리고 그는 "법관은 자신을 위해 법이 무엇인가를 결정해서는 안 된다. 법관은 법이 무엇인가를 밝혀내 이를 그 자체로 적용해야 한다"[19]라고 말했는데, 이는 정책과의 관련성을 명백히 부인한 것이다.

그러나 "(재산법상의 규칙 중 무엇으로 석유나 천연가스를 규율해야 하는가에 대해) 엔지니어들, 생태학자들, 그리고 심지어 경제학자들과 나눈 어떤 이야기든 간에 만약 그들이 하고 싶었던 이야기가 법에 반영되지 않았다면 모두 별 의미를 갖지 못한다"[20]라고 말한 데서 알 수 있듯, 와인렙은 정책의 역할을 인정하거나 부정하기보다는 애매모호하게 말할 때가 더 많았다. 그러나 기존 법을 바꾸려 법관들을 설득함으로써 이러한 정책적 함의들을 법에 반영*되도록 하는* 것은 불가능한 일일까? 석유와 천연가스에 관한 재산

---

16 각주 11의 Weinreb, 133.
17 같은 책, 92.
18 같은 책, 각주 118.
19 같은 책, 148(각주 생략).
20 같은 책, 118(각주 생략).

권을 결정할 때 효율성에 대한 관심을 용인해야 한다는 것은 명백한 사실이다. 그러므로 와인렙이 "법관은 *마음대*로 사회공학 또는 경제공학에 빠져들 일이 아니다"[21]라고 말했을 때, 우리는 — 좁은 범위 내에서는 사회공학 또는 경제공학을 암묵적으로 허용해온 그가 — 사회공학이나 경제공학이 어느 선을 넘으면 정당성을 잃는다고 생각한 것이었는지 절실히 알고 싶어진다.

그는 법관들이 "법 자체law itself" 또는 "법의 본질law in itself" 또는 "법 안에 내재된 법law within itself" 또는 "있는 그대로의 법the law as it is"에 집착하기를 원한다. 그는 법을 "이음매 없는 그물망seamless web"[22]이라고 부르기까지 한다. 그러나 이 그물망이 어디서 끝나는지, 그리고 그다음에는 어떤 것이 시작되는지에 대해서는 아무 말이 없다. 그는 "법"이 "보통의 상식"을 포함한다고 곳곳에서 말하는데, 심지어는 자신이 혹평했던 드워킨류의 "도덕적 진화"[23]를 포함한다는 식으로 말하기도 한다. 그는 또 법이 지향하는 가장 큰 목표는 "인간적 합당성human reasonableness"[24]이라고 말하기도 한다. 그러나 "인간적으로 합당하다"는 것은 법을 실제적 필요와 이해관계에 적응시킨다는 것인데, 이는 새로운 사건에 대해 판결을 내릴 때 기꺼이 정책적 고려를 하겠다는 것을 뜻한다.

법관이 정책을 무시할 경우에는 석유나 천연가스 건에서 보듯이 말도 안 되는 결론을 내거나, 저작권이 인정된 저작을 기계적으로 전송하는 데서 발생한 저작권 문제와 관련해 와인렙이 검토한 일련의 사건들에서처럼 아무것도 결정하지 못하게 된다. 어떤 노래나 드라마에 관한 저작권에는 그 노래나 드라마를 "실연"할 권리가 포함된다. 좀 오래된 사건이지만, 어떤 호텔에서 저작권이 붙은 노래들을 공중파 방송으로 받아 유선으로 호텔

---

21   같은 책, 97(강조는 추가).

22   같은 책, 102.

23   같은 책, 92, 각주 144.

24   같은 책, 161.

내 각 객실의 수취 장치로 전송한 일이 있었다. 연방대법원은 객실의 수취 장치가 음악 전문 라디오방송국이 송출한 음파들을 증폭시키지는 않았지만 그 음파들을 전자기파로 바꿔 유선을 통해 각 객실에 보냈고 객실에서 그 전자기파를 받아 음파로 재생한 만큼 각 객실로 노래를 전송한 것은 오케스트라를 고용해 저작권이 붙은 음악들을 공연하게 한 것과 하등 다를 바가 없으며, 따라서 저작권 소유자의 허가를 요하는 행위라는 취지의 경직된 결정을 내렸다(이 판결은 브랜다이스의 가장 형편없는 판결 가운데 하나다).[25] 대법원은 이 사건에서 무선으로 수취하고 송출하는 것에 관한 물리학적 논의를 저작권 보호 목적과 연결 지으려는 어떠한 시도도 하지 않았다. 이 사건의 판결문은 유추에 따른 추론에 나쁜 이미지를 부여한 대표적인 사례였다.

그로부터 여러 해가 지난 뒤 대법원은 포트나이틀리 사 대 유나이티드 아티스트 텔레비전 사Fortnightly Corp. v. United Artists Television, Inc. 사건[26]에서 분명 유사한 사건임에도 정반대되는 결론을 내렸는데, 이때도 유추법을 잘못 사용했다. 케이블TV 회사들은 (라디오방송국보다는) 주로 TV방송국들이 공중파로 송출하는 프로그램들을 수취하는 안테나를 세움으로써 가입자들을 위해 저작권이 붙은 방송 프로그램들을 수신했다. 마치 이전 사건에서 호텔이 라디오방송국이 송출한 공중파 방송 프로그램들을 수취해 유선을 통해 객실로 보냈던 것과 같이, 케이블TV 회사들은 안테나와 가입자 가정을 유선으로 연결해 수취한 프로그램들을 가입자들에게 전송했던 것이다. 그런데 이전 사건 때와 달리 연방대법원은 케이블TV 회사들이 한 일은 마치 자택 소유자들이 멀리 떨어진 방송국에서 신호를 받기 위해 지붕에 안테나를 설치하는 것처럼 방송 신호들을 단지 증폭시킨 데 지나지 않는다고 해석했다.

25   Buck v. Jewell-LaSalle Realty Co., 283 U.S. 191, 199~201(1931).
26   392 U.S. 390(1968).

케이블TV가 한 행위에 대해, 저작권이 인정된 음악을 공연하기 위해 오케스트라를 고용하는 것보다 자택 소유자가 지붕에 안테나를 설치하는 것에 더 가까운지 판단함으로써 케이블TV 사건을 합리적으로 판결할 수 있다고 생각하는 것은 부조리하다. 이 문제를 합리적으로 판결하기 위해서는 저작권자에게 자신의 저작을 배타적으로 실연할 권리를 부여하는 목적이 무엇인지를 분간할 필요가 있다. 그 목적은 누군가가 돈을 들여 가치 있는 표현물을 만들기를 기다린 뒤 저작자가 수지를 맞추기 위해 설정한 가격 이하로 표현물을 복제해 판매함으로써 저작자가 투자액을 회수할 수 없도록 하는, 요컨대 무임승차free riding를 예방하는 데 있다. 복제자는 저작자가 지불한 창작 작업 소요 비용을 지불할 필요가 없기 때문에 복제자의 손익분기점은 저작자의 손익분기점보다 낮다. 따라서 복제자의 무임승차는 수익을 가져다줄 것이다.

포트나이틀리 사가 기소된 시기는 케이블TV의 초창기로 이때는 케이블TV의 주된 용도가 지형상의 이유나 공중파 방송국에서 너무 멀리 떨어진 관계로 방송 신호를 분명하게 수취할 수 없는 지역사회에 방송 콘텐츠를 제공하는 것이었다. 포트나이틀리 사의 서비스를 받았던 곳들은 산악 지대여서 오직 두 개의 공중파 방송만 수취할 수 있었다. 포트나이틀리 사는 케이블을 통해 그 외 세 개의 공중파 방송을 그들에게 서비스했다. 포트나이틀리 사는, 방송 프로그램의 저작권자에게 저작권사용료를 지불할 수 있기 위해 방송국들이 필요한 광고 수입을 뺏기보다는, 공중파로는 수신이 불가능했던 TV 방송을 케이블 가입자들에게 제공해 시청자의 범위를 넓혔고 방송국의 광고 수입을 오히려 증가시켰다.[27] 포트나이틀리 사는 송출해서 내보내는 프로그램에서 광고를 빼버리지도 않았고 광고 시간을 다른 광고업자에게 되팔지도 않았다.[28] 만약 그렇게 했다면 이는 그 프로그램들의

27 같은 판례, 391~393, 401의 각주 28.
28 이 점이 갖는 의미는 다음의 텔레프롬터 사 대 컬럼비아 방송사(Teleprompter Corp. v.

저작권자에게 돌아갈 저작권사용료를 착복하는 것이어서 저작권법이 막으려는 무임승차에 해당했을 것이다.

와인렙은 올름스테드 대 연방 정부Olmstead v. United States 사건[29] — 연방대법원은 이 사건 판결에서 전화 도청은 연방헌법 수정조항 제4조에 포함되는 수색이 아니라고 판시했다 — 부터 카츠 대 연방 정부Katz v. United States 사건[30] — 대법원은 여러 해가 지난 뒤 발생한 이 사건 판결에서 앞의 사건과 정반대로 판시했다 — 에 이르는 일련의 사건에서 법관들이 유추에 따른 추론을 사용한다는 데 대한 증거를 추가로 발견한다. 연방헌법 수정조항 제4조는 "부당한 수색과 압수에 대항해 국민들에게 신체·주거·서류 및 동산의 안전을 보장"하고 있는데, 올름스테드 사건에서 대법원은 주거 침입이 없는 전화 도청은 (가령 신체에 대한 수색이나 체포 등을 통해) 사람의 신체를 침범하거나 주거, 서류 또는 기타 물리적 재산(가령 "동산")을 침범하는 것이 아니라는 사실에 의거해 판결을 내렸었다. 그러나 카츠 사건에서는 "중요한 것은 전화 도청이 사생활을 침해한다는 사실"이라고 선언했다.

두 가지 판결 가운데 어느 쪽을 선택할 것인가는 헌법 규정들을 어떻게 해석해야 하는가에 대한 입장차, 즉 엄격하게 해석해야 하는가 느슨하게 해석해야 하는가라는 입장차에 달려 있는데, 후자의 입장이더라도 헌법에 실제 열거된 더 구체적인 이익(법익)들보다 사생활 보호 정책을 우선하는 것이 연방헌법 수정조항 제4조에 부합한다고 보는지 여부에 따라, 또한 법 집행의 이익과 사생활 보호의 이익 간에 어떻게 균형을 잡아야 하는가 — 만약 경찰이 전화를 도청하려 할 때 영장을 받아야만 한다면 법 집행의 이익이 저해된다 — 에 대한 견해차에 따라 다시 선택이 갈린다. 연방대법원은 (경찰이) 범죄 혐의자들의 소굴에 밀고자를 심으려 할 때에는 영장을 발부받

Columbia Broadcasting System, Inc.) 사건[415 U.S. 394, 405 n.10(1974)]에 드러난다.

29 277 U.S. 438(1928).

30 389 U.S. 347(1967).

을 필요가 없다는 입장을 견지해왔으며, 밀고자가 듣는 대화를 녹음할 수 있게 그를 도청해도 마찬가지로 영장을 발부받을 필요가 없다는 입장이었다. 이 경우에 영장을 요구한다면 경찰관들은 효과적인 법 집행을 방해한다면서 아주 강력하게 반대할 것이다. 마찬가지로 그들은 전화를 도청하는 데에도 영장을 발부받을 필요가 없다는 쪽을 훨씬 더 선호할 것이다.

와인렙은 카츠 사건과 관련해 연방대법원이 카츠가 사용한 공중전화 부스(카츠의 통화 내용이 부스에 설치된 도청 장치를 통해 경찰에 도청되었다)를 일반적인 개인 사무실과 비교하며 양자 모두 사생활 보호가 기대되는 장소라고 규정한 사실을 지적하면서, 이 사건에서도 유추에 따른 추론이 사용되었다고 말한다. 그러나 이때의 유사성은 이 사건의 지엽적인 문제와 관련되었다. 즉, 일단 전화 도청이 연방헌법 수정조항 제4조상의 수색이라면, 그럼에도 불구하고 도청 장치가 설치된 곳이 개인의 가정이나 사무실이 아니라 공중전화 부스에 있는 전화선이라면 예외가 인정되는지 여부에 관한 것이었다. 그러나 카츠 사건에서의 중심 쟁점은 주거 침입이 없는 전화 도청이 *도대체* 연방헌법 수정조항 제4조상의 수색에 해당되는지 여부다. 따라서 연방대법원이 언급한 유사성은 이 쟁점을 해결하는 것과 아무 상관이 없었으며 따라서 유추에 따른 추론을 통해 사건 판결을 내린 것이 아니었다. 이를 보면 유추에 따른 추론은 사실 법에서 매우 드물게 사용된다는 것을 알 수 있다.

전통적인 법적 추론의 마지막 예로는 제정법령과 헌법을 해석하는 문제를 들 수 있다. 이는 끝을 볼 수 없는 논쟁의 영역이다. 전통적으로 이는 "엄격한 해석construction" 또는 (거의 같은 뜻이지만) "자명한 의미plain meaning"를 옹호하는 사람들과 "느슨한 해석"을 옹호하는 사람들 간의 논쟁이었다. 오늘날에는 보통 "문언해석주의"와 "원의주의"를 옹호하는 사람들을 한쪽으로 하고 "역동적", "목적론적" 해석 또는 "살아 있는 헌법" 개념을 옹호하는 사람들을 다른 한쪽으로 해서 논쟁이 벌어지고 있다.

"엄격한 해석"은 제정법령(및 기타 법적으로 중요한 문서들)을 좁게 해석하는 것을 의미하는데, 예를 들면 예전에는 코먼로를 일부 수정한 내용의 법령은 그 법령이 코먼로에 편입되는 것을 최소화하기 위해 좁게 해석하는 것이 "해석의 대원칙"이었다. 또는 법령, 기타 문서를 문자 그대로 해석하는 것을 의미한다. 즉, 입법의 역사나 현실세계적 맥락 또는 입법이 현실세계에 미치는 영향, 기타 입법 목적에 관한 징표가 되는 것들에 대한 고려 없이 어구의 "자명한 의미"에 따라 해석하는 것을 말한다. 문자 그대로의 해석은 놀랄 만큼 광범위한 의미를 가질 수도 있다. "(의미가) 좁을 때 문자 그대로"라는 것이 엄격한 해석의 실질적인 의미일 수 있다. 느슨하게 해석하는 사람은 문자 그대로 해석하는 사람이 아니겠지만, 그렇다고 제정법령이나 헌법 규정들을 폭넓게 해석함으로써 사법부가 새 집행권을 창출하는 것을 반드시 선호하는 사람도 아니다. 그는 다른 말로 표현하면 사법적극주의자가 아닌 사법자제론자(소극주의자)일 수도 있다.

　"문언해석주의textualism"는 '문자 그대로'주의다. "원의주의originalism"는 헌법 규정의 문언에 원래 의미를 부여하는 것, 또는 더 정확히 말하면 헌법을 비준한 사람들이 이해했던 바를 복원하는 것을 의미한다. 따라서 두 가지는 대단히 가깝다. 다만, 아주 중요한 용어들이 시간의 흐름에 따라 의미가 달라졌을 때 ─ 여기에 대해서는 10장에서 인신보호영장habeas corpus의 예를 들어 설명할 것이다 ─ 는 그렇지 않다. 또한 법령의 문언이 애매모호할 경우 엄격한 해석주의자는 모호함에 의지하려는 소송 당사자와는 반대되는 쪽으로 해석하고 싶어 할 테지만, 그에 비해 원의주의자는 그 문언을 작성한 사람들(또는 헌법 규정의 경우 그 비준자들)이 문언에 담으려 했던 의미를 지침으로 삼을 것이다. 문언해석주의와 원의주의는 엄격한 해석과 함께 어떤 법령이나 헌법 규정을 목적과의 연관성하에서 해석하는 데 대한 반감을 공유한다. 이 세 가지는 실용주의적이거나 정책 지향적인 해석 방법[31]이라기보다는 의미론적 해석 방법인데, 모두 극히 법규주의적인 기술이다.

해석의 문제는 입법 조문의 영역에서뿐만 아니라 선례의 영역에서도 제기되는데, 보통 판결 요지 ─ 선례적 효력을 가지는 부분 ─ 와 이를 바꾸지 않으면서도 분리 가능한 판결문의 어구들을 구분 지으려고 판사들이 노력할 때 해석의 문제가 발생한다.[32] 이러한 구분 작업은 이미 오래되었고 또 본질적으로는 판례법 시스템을 유지시키는 기능을 하지만 실제에서는 구분이 분명하지 않은 경우가 적지 않다. 요즘은 법관들이 예전보다 이러한 구분 작업을 덜 중시하는데, 이는 실용주의가 법관의 의사결정에 미치는 영향력이 커지고 있다는 징표다. 실제 쟁점은 항상 선행 사건에서 얼마만큼을 그냥 그대로 둘 것인가로 압축될 수 있다. 이는 여러 가지 고려사항(가령 당시 상황과 현재 상황의 비교, 선행 사건과 관련한 법규가 현재 상황을 규율하는 데 적합한지 여부, 예전의 사실적 상황과 비슷한 새로운 상황에서 법관의 새로운 법규 제정을 제한하는 것이 바람직한가 여부 등)에 따라 좌우되는데, 이를 한마디로 압축하면 선행 사건을 파기할 것인가 말 것인가라고 할 수 있다.

4장에서 말했고 또 여기서 되풀이하거니와, 해석은 자연적이고 직관적인 인간 활동이다. 해석은 규칙에 얽매인 것이 아니고 논리적인 것도, 단계적인 것도 아니다. 사람들은 법관들을 향해 우리는 당신이 입법부가 의도했던 바를 찾아내기를 *원하지* 않는다고, 마치 미국 문화의 신참자인 것처럼 법령을 문자 그대로 해석해주기를 바란다고 말하면서 그들에게 법규를 *부과*할 수 있다. 엄격한 해석주의자들은 입법부 또는 헌법을 통해 분명하

---

31   이 방법들은 ─ 나는 내 책 *The Problems of Jurisprudence*, pt. 3(1990)에서 이 방법들을 지지·옹호했다 ─ 법관들에게 해석해야 할 법규의 문면에 집착하도록 요구하지 않기 때문에 '느슨한' 해석을 허용하고 있다. 법령 해석 이론들을 포괄적으로 다룬 문헌은 다음을 참조할 것. William D. Popkin, *Statutes in Court: The History and Theory of Statutory Interpretation*(1999); William N. Eskridge, Jr., Philip P. Frickey and Elizabeth Garrett, *Cases and Materials on Legislation: Statutes and the Creation of Public Policy*, ch. 7(4th ed. 2008).

32   예를 들어, 다음을 참조할 것. Michael Abramowicz and Maxwell Stearns, "Defining Dicta," 57 *Stanford Law Review* 953(2005) 및 이 글에 인용된 참고문헌들.

게 표명된 법규로 구성된 대전제 및 해당 사건 사실들로 구성된 소전제에서 어떤 사건의 판결을 연역해내기를 원한다. 엄격한 해석주의자들은 규준보다 규칙을 선호하고 또 실재의 행위보다 언어를 더 선호하면서 종종 모호하고 종잡을 수 없는 법률 규정 때문에 야기된 해석상의 난제를 "해석의 대원칙"에 의거해 해소함으로써 자신의 해석이 규칙에 구속된 활동이 되게끔 노력한다. 이러한 노력이 실패할 경우 그들은 애매모호한 법 규정에서 주장할 거리나 방어할 거리를 끌어내려 노력하는 당사자에게 불리한 판결을 내린다.

그 절차는 겉으로만 그럴싸하다. 만약 입법자나 헌법 기초자들이 해석의 대원칙에 헌신적이었다면 그 절차는 타당하지만, 실제로는 그렇지 않다. 게다가 법규주의를 신봉하는 법관이라면 실질에 있어서는 중립적인 다음의 원칙들, 가령 어느 한 가지가 분명하게 표명될 때 관련된 다른 모든 것은 배제된다는 원칙[이것을 'expressio unius est exclusio alterius'(어떤 것을 언급함은 다른 것을 배제한다는 뜻)라 한다], 하나의 법령에서 동일한 단어는 어느 곳에서나 동일한 의미를 지녀야 한다는 원칙, 또는 법령에는 쓸데없는(의미 없는) 구절이 포함될 수 없다는 원칙 등에 반드시 구속되어야 하지만 실제로는 그렇지 않는다. 형법 사건에서의 '관대한 해석의 원칙rule of lenity'['불분명할 때는 피고인에게 유리하게'라는 원칙 — 옮긴이] 같은 실질적인 원칙은 차치하고서 하는 말이다. 그런데 자칭 "겁 많은" 원의주의자'[33]인 스칼리아 대법관은 이 관대한 해석의 원칙이 헌법에 근원을 두고 있다는 점(헌법의 법원이라는 점)을 제시하지 않은 채 자기 판결의 한 원칙으로 받아들인다.[34]

엄격한 해석주의자와 대조적으로 느슨한 해석주의자는 실용주의자다.

33 Antonin Scalia, "Originalism: The Lesser Evil," 57 *University of Cincinnati Law Review* 849, 864(1989).

34 Antonin Scalia, *A Matter of Interpretation: Federal Courts and the Law* 29(1997).

느슨한 해석주의자는 자신의 법규 해석이 합당하기를 원하면서도 반드시 *자신이* 바라는 결론이 아닐 수도 있음을 인정하며 – 이 점에서 이들은 부자연스러운 실용주의자다(9장 참조) –, 합리적인 결론은 대개 입법자들도 원하는 결론이라고 생각한다. 또한 그는 입법자들이 앞을 내다보는 데 한계가 있기 때문에 (필요한) 교정을 위해 애를 쓰며, 러니드 핸드의 말대로 "과거의 답을 상황에 맞게 상상력을 동원해 재구성하고 그러한 답을 내는 데 영감을 준 목적들을 새로 당면한 구체적인 경우들에 적용"해보려 한다.[35] 느슨한 해석주의자는 "불행하게도 법령 해석을 위한 로그표는 없다. 어떤 증거도, 확정된 가치 또는 심지어 평균적인 가치도 갖고 있지 않다. 어떤 상황에서는 이런 또는 저런 증거가 결정적일 수 있다. 그러나 똑같은 증거가 다른 상황에서는 거의 무가치할 수 있다"[36]라는 펠릭스 프랭크퍼터Felix Frankfurter 대법관의 말에도 동의한다. 실용주의자들은 사건 처리에서 얻은 경험들과 법 제정 후 입수한 정보원들을 이용해 입법 프로젝트를 완성하고 싶어 한다. 이들은 입법자들이 그러한 목적을 달성하도록 도우려 한다.

일부 엄격한 해석주의자들은 이 세상에 "집단적 의도collective intent"라는 것은 존재하지 않고 다만 어떤 법령에 찬성 또는 반대 투표를 한 개별 입법자의 의도만 존재하기 때문에 입법부의 어떤 목적을 상상에 따라 재구성하는 것은 불가능한 일이라고 주장한다.[37] 이것은 해석에 관한 자폐적自閉的 이

---

35 Learned Hand, "The Contribution of an Independent Judiciary to Civilization"(1942), in *The Spirit of Liberty: Papers and Addresses of Learned Hand* 155, 157(Irving Dilliard ed. 3d ed. 1960). 또한 다음을 참조할 것. Hand, "How Far Is a Judge Free in Rendering a Decision?"(1935), 같은 책, 103.

36 Felix Frankfurter, "Some Reflections on the Reading of Statutes," in *Judges on Judging: Views from the Bench* 247, 255[David M. O'Brien ed. 2d ed. 2004(1947)].

37 이 입장은 정치학자인 셉슬의 다음 논문에 강력하게 개진되어 있다. Kenneth A. Shepsle, "Congress Is a 'They,' Not an 'It': Legislative Intent as Oxymoron," 12 *International Review of Law and Economics* 239(1992). 그는 다음과 같은 '자명한 의미'의 접근법을 권한다. "어떤 법령의 빈틈에 해당하는 상황인 경우 대법원은 그 법령에 의거해 사건을 해결하는 데 저항하지 않으면 안 된다. 대법원은 어떤 법령을 명시적으로 표현된 뜻 이외의

론이다. 이는 정신과 정신이 만나 의미 있는 상호 의사소통을 하고 "의견 일치"를 볼 수 있음을 부정하는 것이다. 이러한 이론은 나쁜 철학, 나쁜 심리학, 나쁜 법학이다.[38] 어떤 문건을 해석할 때 저자가 여러 사람이더라도 마치 한 사람이 만들어낸 것을 해석하듯 해야 한다는 것은 자연스러운 추정이다. 사람들이 이러한 추정에 대해 논박은 할 수 있지만, 의회는 집합체가 아니기 때문에 이런 또는 저런 제정법령에서 의회가 무엇을 의도했는가를 묻는 것은 어떤 의미도 가질 수 없다는 말은 사람들이 어떤 목적을 공유할 수 있다는 것을 전면 부정하는 것이다.

문제는 더 깊이 나아간다. 해석은 어떤 의도를 가진 저자를 *상정한다.* 예를 들어, 바닷가 모래에 "네 엄마를 불러라Call your mother"라고 쓰인 글이 눈에 띄었다고 하자. 그러나 당신이 그 글이 단지 바람과 파도 때문에 우연히 그려졌다는 사실을 깨달았다. 그럼에도 불구하고 그 말의 "자명한 의미" 때문에 엄마를 불렀다면 그것은 제정신이 아닌 행동일 것이다. 만약 법령처럼 집단적으로 만들어진 문건의 배후에 아무런 의도가 없다면, 해석을 필요로 하는 경우가 전혀 존재하지 않을 것이다. 원의주의자들은 집단적 의도의 가능성을 부정할 수 없다. 그들은 그러한 의도가 존재한다는 데에 *의존*하고 있다. 헌법 비준자들이 헌법에 붙인 의미 — 원의주의자들은 이 의미를 받아들여야 한다고 생각한다 — 는 헌법을 작성한 사람들의 의도에 대한 자신들의 이해를 토대로 한 것이었다.

느슨한 해석이 위험한 이유는 근시안적인 실용주의에 빠져 법규의 문면을 가볍게 보는 태도가 초래하는 나쁜 결과를 무시할 수 있기 때문이다. 두 가지 해석 방법 사이에 적절한 선택을 한다는 것은 규칙과 규준 사이에

다른 뜻으로 해석해 일반화시키는 일을 하지 않으며 또한 법을 제정한 다수가 규율했을 것을 예견하는 일도 하지 않는다. 만약 어떤 법령의 문언상의 자명한 의미가 어떤 상황을 규율하지 못한다면 그 법령은 적용 불가능한 법령인 것이다"(같은 글, 253).

38 Lawrence M. Solan, "Private Language: Public Laws: The Central Role of Legislative Intent in Statutory Interpretation," 93 *Georgetown Law Journal* 427(2005).

서 선택할 때와 마찬가지로 상황에 맞는 선택을 한다는 의미인데, 그 상황에는 가령 법원과 입법부의 서로 다른 동기와 도구 같은 제도적 요인이 포함된다. 이러한 문제들은 여러 해 동안 학자들의 관심을 끌어왔지만,[39] 규칙과 규준 사이에서의 선택과 마찬가지로 정답은 없다. 공공선택이론학과 또는 일반적으로 정치적 보수주의자들은 입법자들의 선의를 믿지 않고, 민주주의의 과잉을 우려하며, 법령들은 원칙 없는 타협의 소산이라고 보고, 입법자들이 스스로의 목적을 달성하도록 도울 생각이 별로 없다(이 회의론자들은 대부분의 입법이 도대체 도와줄 가치가 있는 어떤 목적을 갖고 있는지 의심한다). 그들은 법령에 어떤 "정신"이나 일관성 있는 어떤 목적이 있어서 법관들이 느슨한 해석을 통해 정책을 만드는 재량권 행사에 제한을 가할 수 있을 것으로 생각하지 않는다. 그들은 느슨한 해석이 입법부와 의회 간의 소통 수단인 언어를 훼손할 수 있다고 생각한다. 또한 법령을 해석해 법령이 표면상의 목적을 더 효율적으로 달성하도록 하려는 법원은 애초의 입법적 타협을 원점으로 돌릴 수도 있는데, 법령은 타협의 산물이고 입법 과정에서 타협이 갖는 중요한 의미를 생각하면 법원의 그러한 역할은 우선 입법 자체에 장애를 초래할 수 있다고 그들은 지적한다. 이러한 지적은 건전한 지적이긴 하지만 엄격한 해석주의자들의 실제 관행을 묘사하는 것은 아니다. 면밀한 통계학적 연구에 따르면, "자명한 의미는 전혀 자명하지 않다. 적어도 대법관들에게는 그러하다. 대법관들은 자신의 정치적 성향에 부합하는 종류의 자명한 의미를 얼마든지 찾아낼 수 있다".[40] 이들은 엄격

---

39 예를 들어, 다음을 참조할 것. William N. Eskridge, Jr., "Overriding Supreme Court Stationary Interpretation Decisions," 101 *Yale Law Journal* 331, 416(1991); Susan Freiwald, "Comparative Institutional Analysis in Cyberspace: The Case of Intermediary Liability for Defamation," 14 *Harvard Journal of Law and Technology* 569, 574(2001); Jonathan T. Molot, "Reexamining *Marbury* in the Administrative State: A Structural and Institutional Defence of Judicial Power over Statutory Interpretation," 96 *Northwestern University Law Review* 1239, 1292~1320(2002); Cass R. Sunstein and Adrian Vermeule, "Interpretation and Institutions," 101 *Michigan Law Review* 885(2003).

한 해석에 충실한 법원은 결코 입법부를 도와주지 않음으로써 입법부를 위해 더 많은 일을 할 수 있음을 알고 있다. 그러나 보수적인 법관들은 이 때문에 짜증을 내기보다 오히려 이를 환영한다.

이 스펙트럼에서 입법에 회의적인 사람들의 맞은편에는 헨리 하트 Henry Hart나 앨버트 색스Albert Sacks 같은 사람들이 위치해 있는데, 이들은 귀도 캘러브레시Guido Calabresi 판사 등과 함께 느슨한 해석을 촉구해왔다(캘러브레시 판사는 심지어 한물간 법령은 법원에서 무효화하도록 허용되어야 한다고까지 주장했다). 그들은 입법자들이 공공심을 갖고 있다고 믿으며 법관들이 도움의 손길을 내밀면 환영할 것이라고 생각한다.[41] 그러나 그들은 법관이 미묘한 입법상의 타협을 뒤집어엎을 수 있고 더 많은 것을 알고 입법에 임한 입법자들의 판단을 더 적게 알거나 정치적으로 치우친 자신의 정책 판단으로 대체할 수 있으며 입법적 파당들에 힘을 실어줄 위험이 있다는 것을 과소평가한다.

사건을 앞에 둔 연방대법관이나 다른 법관들의 지식에 한계가 있음을 잘 아는 현실주의자들 – 입법자들에 대한 회의주의와 구별해 법관들에 대해 회의적인 자들 – 은 법관들이 엄격하든 느슨하든 간에 헌법 해석에 기초해 법령과 다른 관청의 조치들을 성급히 무효화하지 말 것을 특히 촉구한다. 그들은 결국 정치인들이 고용한 법률가들에 지나지 않는 대법관들이 가령 성과 재생산에 관한 권리, 사형제, 공공생활에서의 종교의 역할, 선거 자금, 주 입법부의 구조 또는 국가 안보 같은 문제들에 대한 논쟁과 관련된 극심

---

40   Frank B. Cross, "The Significance of Statutory Interpretive Methodologies," 82 *Notre Dame Law Review* 1971, 2001(2007).

41   Henry M. Hart, Jr. and Albert M. Sacks, *The Legal Process: Basic Problems in the Making and Application of Law* 1414~1415(tentative ed. 1958)[now Henry M. Hart, Jr. and Albert M. Sacks, *The Legal Process: Basic Problems in the Making and Application of Law* 1378(William N. Eskridge, Jr. and Philip P. Frickey eds. 1994)]; Guido Calabresi, *A Common Law for the Age of Statues*(1982).

하게 대립하는 도덕적·정치적 쟁점들에서 스스로 어느 한쪽의 입장을 취할 능력이 있다고 여기는 것은 주제넘은 짓이라고 생각한다. 그들은 이런 민감하고 감정적인 논쟁에 대해서는 오직 어떤 법령이나 관행이 너무나 명백히 불합리해 헌법의 이름으로 그 법령이나 관행을 방지하도록 요청된다고 확신할 때에만 개입해야 한다고 생각한다.

이것은 느슨한 해석의 한 형태이자 규준을 토대로 한 법적 추론의 한 형태이지만, 현실주의자들은 규칙을 토대로 한 판결에 항상 반대한다는 뜻으로 이를 오해해서는 안 된다. 현실주의자인 경제개발론자가 법규주의 자체를 변호하는 데에는 아무런 관심도 없더라도 법적 인프라가 취약한 저개발 국가에서는 엄밀한 법의 지배(이것은 법령이나 규제, 기타 통제의 원천들을 엄격한 방식으로 해석하는 것을 의미한다)를 채택하는 것이 바람직하다고 말한다면 이는 합리적인 말이다.[42] 법이 규준이 아니라 정확한 규칙으로 구성될 때에는 해석에 관한 재량의 범위가 축소되며, 따라서 법관의 부패나 무능력이 저지된다. 왜냐하면 법관이 규칙을 제대로 적용하는가를 살펴보는 것은 규준을 제대로 적용하는가를 살펴보는 것보다 쉽기 때문이다.

이것은 3장에서 내가 내세운 주장, 즉 특정한 역사적 상황에서는 실용주의가 법규주의를 의미할 수 있다는 주장에 대한 하나의 예다. 또 다른 예로는, 프리드리히 사비니Friednch Savigny가 독일의 주들(그가 글을 쓴 것은 독일이 단일 국가가 된 1871년보다 여러 해 전의 일이다)은 고대 로마의 법을 독일의 법으로 채택해야 한다고 제안한 일을 들 수 있다(나중에 채택된 독일의 법은 로마법보다 훨씬 형식주의에 치우쳤다).[43] 사비니의 법규주의는 당시 독일 상황에 비춰 옳았을 것이다. 오늘날의 개도국 사회에서 그러하듯이 당시

---

42 예를 들어, 다음을 참조할 것. Jonathan R. Hay and Andrei Shleifer, "Private Enforcement of Public Laws: A Theory of Legal Reform," 88 *American Economic Review Papers and Proceedings* 398(May 1998).

43 다음을 참조할 것. Richard A. Posner, *Frontiers of Legal Theory*, ch. 6(2001).

독일에 긴요했던 것은 기계적으로 적용 가능한 분명하고 단일화된 법규였으며 또 여러 독일 주를 하나로 묶어서 세우는 일이었다. 홈스가 사비니의 법규주의를 거부한 것[44] 역시 당시 홈스의 상황에 비춰 옳았을 것이다. 분명히 홈스가 살던 때와 장소는 사비니가 살던 때와 장소가 아니었다. 홈스가 살던 때에 이르면 "미국의 법체계는 … 합법성을 희생시키거나 법적 불안정성을 약화시킬 위험 없이 현재의 사회적 필요에 법의 제 원칙을 맞출 수 있을 정도의 유연함을 갖고 있었고 대중의 신뢰를 누리고 있었다".[45] 그리하여 "법령 해석에 대한 의사결정 전략으로서의 형식주의(법규주의)는 몇 가지 서로 경쟁하는 대안이 가져올 결과들에 대한 전망적 평가에 따라 정당화될 수도 있고 부정될 수도 있다".[46] "해석에서의 형식주의에 관한 논쟁의 주제는 의사소통의 성격, 민주주의 또는 법이론의 제 원칙에 대한 주장보다 단연 입법체계의 구조를 향하고 있다."[47]

우리가 알다시피 유럽 대륙의 사법부는 미국의 사법부보다 법규주의적이다. 직업법관제는 객관적인 승진 결정에 사용될 수 있는 업무 평가 기준을 필요로 한다. 그리고 법령의 문면을 문자 그대로 정확하게 해석했는가를 평가하는 것은 실용주의적 해석을 건전하게 이행했는가를 평가하는 일보다 더 쉽다. 게다가 법원 밖 세상에 대한 경험이 얕은 직업법관제하의 법관들 역시 정책 지향적 해석보다는 문면에 대한 의미론적 해석에 더 편안함을 느낀다(다만 5장에서 이야기했듯이, 대륙법계 법관들도 때때로 정책을 만드는 일을 피할 수 없다). 그리고 유럽의 일반적인 정부 형태인 의원내각제는 대통령제보다 훨씬 더 능률적으로 운영되며, 따라서 법관이 입법을 보완하는 것에 덜 의존적이다. 미국의 삼원제적tricameral 입법체계(대통령에게

---

44 다음을 참조할 것. Oliver Wendell Holmes, Jr., *The Common Law*, lects. 5~6(1881).

45 각주 43의 Posner, 221.

46 각주 39의 Sunstein and Vermeule, 921~922.

47 같은 글, 925.

거부권이 있기 때문에 대통령을 의회의 제3원이라 할 수 있다)에 비춰볼 때 법규주의는 미국의 법관들에게 책임 있는 전략일 수 없다. 220년 전에 미국의 헌법을 작성한 사람들은 성인聖人들이긴 했으나 천리안을 가진 사람들은 아니었다는 점과, 연방제에서는 50개의 서로 다른 주의 법체계에 연방법체계를 혼돈스럽게 덧씌웠다는 점, 미국의 정당들은 강력하지 못하고 규율도 약하다는 점을 고려하면 더욱 그러하다.

　　문언해석주의나 원의주의를 포함해 엄격한 해석주의를 취하면 미국의 입법체들에 감당하기 어려운 정보 부하가 발생한다. 엄격한 해석주의를 취할 경우 미국의 입법체들은 법령 문언상의 모호함을 이용하려는 유별난 사건들에 대비해야 할 뿐 아니라 장차 일어날 사회의 모든 변화(예를 들어, 전화나 인터넷의 등장 같은)에도 대비할 수 있어야 한다. 반면, 느슨한 해석주의를 취할 경우 정보 부하는 입법체들과 법관들에게로 나뉜다. 모호한 헌법 규정이나 법령들은 대법원에 의해 넓은 규칙들로 해석되고 그다음 하급법원들에 의해 섬세하게 조정된다. 더 많은 "입법자"들이 무대에 등장할 뿐만 아니라 입법 이후의 입법자들, 즉 법관들이 선견 능력이 없는 원래의 입법자들은 접할 수 없었던 정보들을 처리하는 수정 과정에 기여한다.[48] 만약 미국에 더 전문적이고 더 규율 있는 입법체들이 있다면, 그리고 헌법에 관한 토론이 끊임없이 이어지는 회의체가 존재한다면, 법령들을 개정하기 위한 연방위원회가 존재하고 또 연방 법의 모든 영역에 양형위원회와 같은 위원회들이 존재한다면, 외국의 법관들처럼 미국의 법관들도 뒷전에 머물

48　Thorsten Beck, Asli Demirgüç-Kunt and Ross Levine, "Law and Finance: Why Does Legal Origin Matter?" 31 *Journal of Comparative Economics* 653(2003). 다음 글과 비교하라. Franceso Parisi and Nita Ghei, "Legislate Today or Wait until Tomorrow? An Investment Approach to Lawmaking"(University of Minnesota Law School, Legal Studies Research Paper No. 07-11, June 14, 2006). 뒤의 글은 입법체들이 새 법을 채택하기 위해 시기를 기다리는 것의 가치도 고려할 필요가 있는 만큼 (새 법을 채택할) 최적의 시기를 결정하는 데 많은 어려움을 겪는 사실에도 주목한다. 느슨한 해석은 이 딜레마에 대한 하나의 해답이 될 수 있다.

러 있을 수 있다. 그러나 법관이 수동적으로 행동하기 위한 이러한 조건들이 미국에는 존재하지 않는다.

이러한 분석은, (17세기 법사상가인 사무엘 푸펜도르프Samuel Pufendorf가 지적한 사항을 반복하며) "거리에서 피를 흘리게 한 사람은 누구라도 가장 엄한 벌을 받아야 한다"라는 볼로냐의 법 규정이 "발작을 일으켜 거리에 쓰러진 사람의 정맥을 절개한 외과 의사를 처벌할 수 있다"라고 해석되어서는 안 된다고 말한 블랙스톤[49]에 대해 "제도에 대해 아무것도 모르는 무식쟁이"[50]라고 비난하는 사람들, 즉 해석상의 유연성을 심히 혐오하는 사람들을 납득시키지는 못할 것이다. 프랑스에서는 법관이 법규주의에 충실해야 한다는 원칙이 지배하고 있음[51]에도 프랑스 법원이 열차 승객은 열차가 움직이지 *않을* 때는 열차에 올라타거나 내려서는 안 된다는 규정을 문자 그대로 해석하기를 거부[52]했을 때 이 판결을 비판한 사람들 역시 그것[위의 분석 —

49 William Blackstone, *Commentaries on the Laws of England*, vol. 1, p. 60(1765). 블랙스톤이 설명한 대로 "입법자의 의지를 해석하는 가장 공정하고 가장 합리적인 방법은 그 법이 만들어질 때 그 법이 가졌던 가장 자연스럽고 가장 있을 법한 의도를 찾아내는 것이다. 그 의도는 말이나 문장의 전후관계, 주제, 효과나 귀결 또는 법의 정신이나 법의 이성에 드러난다. … 효과와 귀결로 말하자면, 문자 그대로 해석하면 법규상의 언어가 무의미하거나 아주 모순된 의미를 가질 경우 우리는 우리가 받아들인 의미에서 약간 이탈하지 않으면 안 된다"(같은 책, 59~60). 그는 볼로냐의 유혈 규정에 관한 사항을 예시하고 있다.

50 각주 39의 Sunstein and Vermeule. 또한 다음을 참조할 것. Adrian Vermeule, *Judging under Uncertainty: An Institutional Theory of Legal Interpretation* 19~20(2006). 비판에 대해서는 다음을 참조할 것. Jonathan R. Siegel, "Judicial Interpretation in the Cost-Benefit Crucible"[*Minnesota Law Review*(근간)].

51 이에 대해서는 가령 다음을 참조할 것. Julius Stone, *The Province and Function of Law: Law as Logic, Justice, and Social Control: A Study in Jurisprudence* 149~159(2d ed. 1961). 사실 프랑스의 법규주의는 미국의 법규주의와 마찬가지로 실제적이라기보다는 수사적이다. 다음을 참조할 것. Eva Steiner, *French Legal Method*, chs. 3, 4, 7(2002) 및 각주 52.

52 각주 51의 Steiner, 60; Michel Troper, Christophe Grzegorczyk and Jean-Louis Gardies, "Statutory Interpretation in France," in *Interpreting Statutes: A Comparative Study* 171, 192(D. Neil MacCormick and Roberts S. Summers eds. 1991). "문자 그대로의 의미를 적용하는 것이 부조리한 결과를 초래할 가능성이 높은 상황에서는 법관은 입법 의도를

옮긴이]을 납득할 수 없었을 것이다. 실제로 양자는 서로 다르다. 왜냐하면 프랑스 법령의 문언에서는 ['움직일 때'가 '움직이지 않을 때'로 잘못 표기된 — 옮긴이] 오식誤植이 포함되었던 것이 틀림없기 때문이다.[53] 볼로냐 식의 규정은 아주 흔히 발생하고 입법부가 피하기 매우 어려운 사항을 내포하고 있는데, 어떤 법령의 의미론적 확장 범위 내에 있으면서도 그 목적의 범위 바깥에 존재하는 사건들에 대비하는 규정을 담지 못하고 있는 것이다. 어떤 진술을 확장하면 보통 원래 의도했던 범위를 초과하게 된다. 잘 이해된 조건들은 표현된다기보다 이해되는 것이기 때문이다. 당신이 약사에게 잠을 푹 잘 수 있게 해달라고 했는데 그가 당신에게 커다란 해머를 주었다고 생각해보라. 문자 그대로 해석하는 것은 심각한 모욕이 될 수도 있고 심지어 어떤 잘못된 행동의 원인이 될 수도 있다.

올름스테드 사건을 상기해보라. 엄격한 해석의 사례로서는 그 판결이 옳았지만 그 판결을 지지하는 사람은 더 이상 존재하지 않는다. 문자 그대로나 자연스럽게 또는 심지어 역사적으로 읽는다면 연방헌법 수정조항 제4조는 수색으로부터 당신의 신체·주거·서류·기타 동산을 지켜주지만 당신의 대화를 지켜주는 것은 아니다. 주거 침입이 수반되지 않는 보통의(즉, 비전자적인) 도청은 수색이나 압수로 간주된 적이 없다. 누군가를 미행하는 것이나 전봇대에 감시 카메라를 설치하는 것조차도 그러했다. 만약 "경찰

살펴 해석이라는 수단을 통해 입법 규정을 '교정'할 수 있다. ⋯ 사회적 변화에 보조를 맞추기 위해 프랑스 법원들은 때때로 어떤 법령이 만들어지던 당시에는 입법자의 마음에 없었던 의도를 적용함으로써 법 규정의 문자 그대로의 의미에서 벗어나기도 해왔다"(Steiner, 같은 책, 60). '모순된 결과의 해석 원칙'에 대한 추가적인 논의는 다음을 참조할 것. John F. Manning, "The Absurdity Doctrine," 116 *Harvard Law Review* 2387(2003); Veronica M. Daugherty, "Absurdity and the Limits of Literalism: Defining the Absurd Result Principle in Statutory Interpretation," 44 *American University Law Review* 127(1994).

53 법령을 기초할 때 오류를 범하는 것은 프랑스에만 있는 일이 아니다. 그러한 오류는 미국 법령에서도 발견되는 것으로, 형식주의자들에는 주된 도전이 된다. 다음을 참조할 것. Jonathan R. Siegel, "What Statutory Drafting Errors Teach Us about Statutory Interpretation," 69 *George Washington Law Review* 309(2001).

이 내 전화 통화를 청취함으로써 나를 수색했다"라고 말하거나 "경찰이 내 전화 통화를 청취함으로써 나의 집을 수색했다"라고 말한다면 이는 관용 어법에 어긋날 것이다. 전자 도청은 대화를 "압수"하는 것이라고 말할 수 있지만(그것도 오직 법률가들만 그렇게 말할 수 있지만), 대화는 헌법이 침입으로부터 보호하려 한 것들에 포함되지 않는다. 전자 도청 같은 것을 연방헌법 수정조항 제4조의 범위 내에 포함시키려면 법원은 수정조항의 배후에 어떤 목적이 있다고 가정해야만 하는데, 이는 해석에서 자유재량의 여지를 추방하고 싶어 하는 엄격한 해석주의자들의 입장을 치명적으로 훼손하는 것이다. 왜냐하면 엄격한 해석주의자들은 법관들이 헌법 개정의 목적이 무엇이었는지, 그 목적은 단지 세관과 기타 공무원들의 주거 침입에 제한을 두려는 것인지, 아니면 더 일반적으로 공무원의 조사 범위와 조사 기회에 제한을 두려는 것인지, 아니면 이상의 좁은 목적과 넓은 목적 두 가지를 모두 가지고 있었는지 같은 물음들에 답을 하도록 허용되었다고 생각하지 않았고, 적어도 그렇게 생각해서는 안 되었다. 그들은 올름스테드 사건 판결에는 박수를 치고 카츠 사건 판결에는 혹평을 보내야만 한다. 후자는 법규주의자들이 개탄해 마지않는 판결, 즉 입법적 판결에 해당하기 때문이다. 카츠 사건에서 대법원은 새로운 형태의 범죄 수사를 헌법에 수용하기 위해 연방헌법 수정조항 제4조의 문언과 원래의 목적을 무시했던 것이다.

　　엄격한 해석을 옹호하는 사람들은 엄격한 해석은 법관이 해석을 가장해 자신의 정치적 선호를 사회에 부과하는 것을 막음으로써 민주주의를 강화한다고 주장한다. 그러나 동전의 다른 쪽 면을 옹호하는 사람들은 엄격한 해석에 의지하다가는 법령이 예견치 못한 사건(예를 들어, 볼로냐의 외과 의사가 한 일 같은 사건)이나 상황 변화로 쓸모없어지거나 터무니없어지는 것을 막을 수 없다고 주장한다. 물론 입법부는 언제라도 개입해 들어와 법령을 수정함으로써 미래에 그러한 결과가 발생하는 것을 막을 수 있다. 그러나 그 비용 문제는 어떻게 할 것인가? 입법절차는 관성적이고, 입법 능력에는 한계가 있으며, 입법을 기다리는 의제는 널려 있다. 이 때문에 법 개정은 쉽지 않으며 또 많은 시간을 요하는 작업이다. 그렇지 않다면 법의 지속성과 안정성이 훼손될 것이므로 이는 당연한 일이다.[54] 여기서 흔히 간과하기 쉬운 사실은, 만약 어렵지 않게 법을 개정할 수 있다면 이는 엄격한 해석뿐만 아니라 느슨한 해석이 내포하는 병상病狀을 치유하는 데에도 사용될 수 있다는 것이다. 사실 어렵지 않게 법을 개정할 수 있다면 엄격한 해석을 촉구할 실제적 필요도 없을 것이다. 이것이 입법 과정에 미치는 효과는 느슨한 해석이 입법 과정에 미치는 효과와 동일하다. 그러나 법관의 해석상의 잘못을 바로잡기 위해 어떤 법령을 개정하기란 쉽지 않은 경우가 많다고 가정하는 것이 더 현실적이다.

법령의 엄격한 해석과 느슨한 해석 사이의 선택(사실 양자 사이의 중도적인 선택이 충분히 가능하기 때문에 양자택일은 아니다[55])은 규칙과 규준 사이의 선택과 비슷하게 불확실성으로 가득 차 있다. 법규주의 안에 있는 그 어떤 요소도 법령 해석에서의 법규주의적 방식 — 엄격한 해석주의 또는 문언해석주의 또는 원의주의의 어떤 방식 — 이 올바른 방식이라는 것을 보여주지 않는다. 그리고 엄격한 해석과 느슨한 해석 사이의 교환이 법규주의적 접근방식을 실질적인 이유에서 지지되게끔 또는 거부되게끔(나는 '거부'로 마음이 기울지만) 해주는지에 대해서도 충분히 알려지지는 않았다. 따라서 법관들은 엄격한 해석과 느슨한 해석 가운데 어느 쪽을 선택해야 하는가를 결정하지 못한 채 법규주의자들이 말하는 "법"의 경계선 바깥에 있는 요인들을 바탕으로 해서 선택하지 않으면 안 된다. 법규주의자들은 엄격한 해석이 법관들의 입법을 제한하기 때문에 (그것이) 민주주의적 대안이라고 옹호

---

54 William M. Landes and Richard A. Posner, "The Independent Judiciary in an Interest-Group Perspective," 18 *Journal of Law and Economics* 875(1975).

55 예를 들어, 다음을 참조할 것. Jonathan T. Malot, "The Rise and Fall of Textualism," 106 *Columbia Law Review* 1(2006).

하지만, 그들이 그렇게 이야기하는 진정한 까닭은 '큰 정부'에 반대하는 그들의 입장 때문이라고 의심된다. 입법을 방해하는 것이 민주주의적이라고 말할 수는 없는데, 법규주의적 해석은 사실 바로 그러한 역할을 한다. 그것[법규주의적 해석 – 옮긴이]은 법령을 문자 그대로 읽음으로써 법령에 자의적인 의미를 부과한다. 또한 그렇게 함으로써 그것은 입법자들로 하여금 노력은 많이 하지만 목적은 달성할 수 없게 만드는데, 왜냐하면 관성의 힘이 법관의 판결을 극복하기 위한 법 개정을 지연시키기 때문이다.

헌법의 개정을 통해 부조리한 결과를 교정하기는 너무 어렵기 때문에, 그리고 미국 헌법처럼 아주 오래된 문서를 문자 그대로 해석할 경우 터무니없는 결과에 이를 수 있기 때문에 엄격한 해석은 헌법 사건들과 관련해서 적용하기에는 특히 부적절하다. 앞에서 전자 도청에 관한 판례를 들었지만 이는 단지 시작에 불과하다. 연방헌법 수정조항 제14조의 평등보호조항을 엄격하게 해석할 경우 적극적 평등실현 조치(불평등한 이익부과)는 금지 당하게 되고 공립학교에서의 인종 분리(단순한 분리)는 금지하지 못하게 된다. 엄격한 해석에 따르면 수정조항 제6조는 군사재판에도 배심 재판을 요구하게 되고, 수정조항 제1조는 명예훼손을 불법행위로 규정하는 것을 금지하고 범죄 교사를 범죄화하는 것을 금지하며 기업 비밀에 대한 법적 보호나 군사 기밀에 대한 검열을 금지하게 된다. 엄격한 해석에 따르면 수정조항 제2조는 미국인이라면 견착식 지대공 미사일을 포함해 스스로 조작할 수 있는 모든 무기를 소지할 자유를 보장한다고 해석되며, 수정조항 제5조는 법원 내에서 이뤄진 고문이 아닌 한 고문을 통해 얻은 증거를 연방 형사 공판에 제출하는 것이 허용된다고 해석되며, 수정조항 제11조는 개인이 자신이 거주하는 주를 연방법원에 제소할 수 있다고 해석된다(다른 주는 제소할 수 없다). 또한 연방헌법 제1조 제8항은 의회가 공군을 별도의 군 부대로 설립할 수 없고 군사항공을 전혀 규제할 수 없다고 해석된다. 헌법을 엄격하게 해석하는 귀결점이 이러하다면 이를 택할 경우 헌법 개정을 요구하는 어젠다가 줄을 이을 것이고 결국 개정 절차 자체가 마비되고 말 것이다.

훌륭한 실용주의적 법관들은 양쪽, 즉 사건에 특유한 귀결과 시스템적 귀결을 살펴 균형을 취한다.[56] 후자에 딱 들어맞는 예로는, 법관이 쓰인 문면대로 계약을 강제하는 데 실패함으로써(다시 말해 계약상의 문언을 엄격하게 해석하지 못함으로써) 법을 너무 불확실하게 만드는 위험을 들 수 있다. 법령을 느슨하게 해석해도 역시 비슷하게 안 좋은 결과가 초래되는 만큼, 엄격하게 해석하는 것을 원칙으로 하고 예외를 좁게 인정해 약간의 부조리한 결과를 허용하는 것이 느슨한 해석을 일반적 정책으로 삼는 것보다, 모든 것을 고려할 때, 낫다고 할 수 있다. 이는 법관이 보통 선택하는 '규준'보다 '예외가 더해진 규칙' 쪽을 더 선호하는 예라 할 수 있다. 사람들이 어떤 법적·정치적 체제하에서는 엄격한 해석을 선호하고 다른 체제하에서는 느슨한 해석을 선호할 수 있는 것처럼, 계약과 관련해서는 엄격한 해석을, 제정법령 및 헌법과 관련해서는 느슨한 해석을 선호할 수도 있다. 이상 논의한 내용의 요점은, 법규주의가 규칙과 규준으로 구성된 법이 아닌 전적으로 규칙으로만 구성된 법을 요구하지는 않는 것과 마찬가지로 (법규주의가) 엄격한 해석만 요구하지는 않는다는 것이다. 법규주의의 이러한 선택(모습)에는 입법과 유사한 사법재량의 행사가 수반된다.

---

56 Richard A. Posner, *Law, Pragmatism, and Democracy*, ch. 2(2003). 실용주의적 해석에 대한 훌륭한 찬반 토론은 다음을 참조할 것. John F. Manning, "Statutory Pragmatism and Constitutional Structure," 120 *Harvard Law Review* 1161(2007).

8

법관은 법학 교수가 아니다

사법행태에 대한 외적 제약 중 미국 연방 사법부처럼 독립적인 사법부와 가장 궁합이 잘 맞는 외적 제약은 학계의 비판이다. 왜냐하면 학계의 비판은 강제적이지 않기 때문이다. 학계의 비판이 잠재적으로 강력한 제약인 이유는 법관들이 자신의 명성에 신경 쓰고, "좋은" 법관이 되려고(단순히 그렇게 평가받는 사람이 아니라 실제 그런 사람이 되려고) 노력하며, 일급 로스쿨 교수들의 지성과 전문 지식을 존중하기 때문이다. 그리고 법관들이 강한 유인이나 제약 요인들에 노출되어 있다면 학계의 비판이 큰 영향을 미치지 못하겠지만 미국 연방법관들은 강력한 독립성을 누리고 있기 때문에 학계의 비판을 포함해 여러 방면에서 영향을 받을 수 있다. 이러한 맥락에서 본다면 사실 "비판criticism"이라는 말보다 "비평critique"이라는 말이 더 잘 어울릴 것이다. 법관들은 비판에서뿐만 아니라 칭찬에서도 이익을 얻는다. 왜냐하면 자신이 무엇을 잘했는지 알게 되기 때문이다. 그리고 칭찬을 받지 못한 법관들도 다른 법관들에 대한 칭찬으로부터 자신의 부족한 점이 무엇인지를 배울 수 있다.

그렇지만 법관과 재판에 대한 학계의 비평이 오늘날 사법행태에 미치는 영향력은 아주 미미해졌다.[1] 이것이 법학이라는 *학문*이 법 — 법관들이 입법적 역할을 통해 만들어낸 법을 포함해 — 에 미치는 영향이 작아졌다는 뜻은 아니다. 그러나 이 책에서 나의 관심은 법학 교수들이 어떻게 지식을 창출하고 그리하여 법관이 쓰는 판결문에 어떻게 영향을 미치며 그 결과 법에 어떤 영향을 미치는가를 밝히는 데 있지 않다. 나의 관심은 법관의 업무 수행에 대한 평가자로서의 법학 교수들의 역할을 밝히는 데에 있다. 그리고 법관들도 그 역할에 대해 아주 높은 관심을 보이고 있다.

학계의 비판이 사법행태에 큰 영향을 미치지 못하는 데에는 두 가지 이유가 있다. 그 하나는, 법관들이 스스로 일을 잘하는지 또는 특정한 사람들(예를 들어, 다른 법관들)에게서 그렇게 평가받는지에 대해 신경 쓰는 것은 분명한 사실이지만 법학 교수들이 자신을 어떻게 생각하는지에 대해 크게 마음을 쓰는 것은 아니기 때문이다. 또 하나의 이유는, 법학 교수들이 연방 대법관들을 빼고는 개별 법관들을 평가하는 데 그다지 관심이 없기 때문이다. 그런데 대법관들은 자신이 학계에서 어떻게 평가받는지에 대해 전혀 신경 쓰지 않는다. 법관들의 업무 수행에 대한 학계의 비평이 큰 효과를 내지 못하는 이러한 이유들의 근저에는 뿌리 깊은 요인이 있다. 이는 일류 로스쿨 교수들이 재판을 포함한 실제 법무에서 소외되기 때문이다.[2]

1   이 점을 인정하고 여기에 대해 흥미로운 논의를 전개한 다음 논문을 참조할 것. Sanford Levinson, "The Audience for Constitutional Meta-Theory(or, Why, and to Whom, Do I Write the Things I Do?)," 63 *University of Colorado Law Review* 389(1992). 또한 다음을 참조할 것. Barry Friedman, "The Counter-Majoritarian Problem and the Pathology of Constitutional Scholarship," 95 *Northwestern University Law Review* 933, 953(2001); Robert Post, "Legal Scholarship and the Practice of Law," 63 *University of Colorado Law Review* 615(1992).

2   다음을 참조할 것. Harry T. Edwards, "The Growing Disjunction between Legal Education and the Legal Profession," 91 *Michigan Law Review* 34(1992). 그리고 낙관적인 기대를 담고 있는 글로는 다음을 참조할 것. William L. Prosser, "The Decline and Fall of the Institute," 19 *Journal of Legal Education* 41(1966).

법관들이 학계의 비판에 둔감하게 된 것은 부분적으로는 법관과 교수의 근무 조건, 유인 요인과 제약 요인, 선발 방식, 전망 및 사회적 역할이 서로 다른 것에 기인한다. 많은 법관은 교수들이 법관 업무의 목표와 압력을 이해하지 못하고 그 결과 법관의 업무 수행에 대한 학계의 비판이 많은 부분 공연한 헐뜯기에 해당하거나 무딘 비판 또는 비건설적인 비판에 해당한다고 생각한다. 판결문 쓰기라는 준*학자적 업무에 종사하는 상급심 법원 판사들, 특히 대학에 있다가 임명된 상급심 법원 판사들조차 이런 생각을 공유한다.

연방순회Federal Circuit 항소법원의 관할권을 제외하고(컬럼비아 특별구 항소법원 관할권의 일부도 제외), 연방항소법원들의 관할권은 사실상 연방 민사 및 형사 사건 전체에 걸쳐 있다. 또한 주 간 분쟁 사건 관할권 및 주 형사피고인에 대한 인신보호영장habeas corpus을 통해 사실상 관할권이 모든 주법에 걸쳐 있으며, 관할권은 외국법 또는 국제법의 일부도 포함한다.[3] 이들 법원의 어떤 판사도 자신에게 제출된 항소와 연관된 법의 한 작은 분야 이외의 영역에서는 전문가일 수 없으며, 특정 사건을 잘 처리하려고 그 사건과 관련된 분야의 전문가가 되기 위해 충분한 시간을 사용할 수 없다(일시적으로는 전문가가 될 수도 있으나 벼락치기로 입수한 지식은 쉽게 잊힌다). 게다가 연방대법원과 달리 항소법원들은 하나의 사건이 제기하는 모든 주요 쟁점을 결정하지 않으면 안 되는데, 단 하나의 사건이 법의 여러 분야에 걸쳐 쟁점들을 제기하는 경우도 적지 않다.

법관은 어떤 종류의 사건이든 그리고 어떤 법 분야에 속하는 것이든 자신에게 할당된 모든 사건을 시간의 압박 속에 판결하는 제너럴리스트generalist여야 한다. 시간이 없고 전문적 지식이 없다는 문제는 법학 교수에

지역 항소법원의 관할권에 대한 주된 예외는 특허법, 공중, 기타 국내 관계법이다. 그런데 공중과 기타 국내 관계법의 예외성은 부분적일 뿐이다. 예를 들어, 다음을 참조할 것. Kijowska v. Haines, 463 F.3d 583(7th Cir. 2006).

00   제2부 모형 정교화

게는 해당되는 사항이 아니다. 교수는 자신이 전문으로 하는 분야에서 자신이 선택한 주제에 대해 자신에게 편한 작업 속도로 글을 쓴다. 교수는 독창적으로 기여할 수 있기 위해 애를 쓴다. 이와 대조적으로, 법관에게는 독창성의 결여가 아무 문제가 되지 않는다. 법관은 맡은 사건에 내포된 쟁점들에 대해 어떤 독창적인 생각을 갖고 있든 없든 판결문을 써야 한다. 만약 그가 (합의부의) 재판장이라면 어떤 사건에서 다수의견에 가담할 것인가를 결정할 수 있다. 그러나 이러한 선택권도 무작위적으로 배당된 사건에 관한 선택일 뿐이며, 그와 함께 합의부를 구성한 판사들도 마찬가지로 무작위적으로 배정된 사람들일 뿐이다. 법학 교수는 1년 동안 자신이 선택하지 않은 주제에 대해 25편의 논문을 쓸 필요가 없다(이는 현재 연방항소법원 판사가 1인당 작성해서 공표하는 판결문의 최소 수치다. 일부 판사는 더 많이 쓴다. 게다가 모두들 미공표되는 수많은 판결문에도 책임성 있게 관여한다). 교수는 자신이 독창적인 이야기를 쓸 수 있는 주제에 대해 1년에 한두 편의 논문을 쓰기만 하면 학계 내에서 위상을 잃을 일이 없다. 그러나 그 논문들은 자신이 직접 써야 한다. 반면, 판결문은 대개 재판연구원들이 잡은 초안을 법관이 편집해서 완성된다. 때로는 이러한 초안을 법관이 전면적으로 다시 쓰기도 하지만 말이다.

나는 지금 법관이 교수에 비해 매 사건에서 독창적인 사고를 하기 어려운 까닭이, 법관은 처리할 사건은 많으나 전문 지식은 불충분하고 또 담당 사건들도 자신이 선택한 것이 아니라는 데 있다는 말을 하는 것이 아니다. 판결문에서는 독창성originality이 학자의 저서나 논문에서보다 훨씬 낮게 가치가 매겨진다. 어떤 법체계에서나 안정성과 계속성의 가치가 높게 평가되며, 법관들은 법규주의자들이 생각하는 것만큼 빡빡하지는 않더라도 선례나 기타 권위 있는 문서들에 구속되어 업무를 수행한다. 법관들은 덜 과감한 다른 법관들과 타협해 다수의견을 형성해야 하므로 행동의 자유가 더욱 제한된다. 가장 뚜렷한 양자 간의 차이는 각각의 독자층이 서로 다르다는 점이다. 학자가 쓴 저술의 주된 독자층은 다른 학자들이다. 상급심 법원 판사들의 경우 항상 다수의견이 되기를 바라면서 판결문을 쓰는 만큼 일차적 독자층은 자신의 동료 법관들이다. 그 밖에도 법관들은 연방대법관들의 시선을 염두에 두기도 하고, 언젠가 유사한 사건을 담당할 다른 법원 판사들에게 자신의 판결이 설득력을 발휘하기를 희망하며, 변호사들에게 지침이 되기를 바라는 마음도 없지 않아 있다. 학자들은 관심 영역의 변두리에 존재한다.

게다가 어떤 사건에 판결을 내리는 것은 어떤 경쟁의 심판을 보는 것과도 같다. 다만, 로버츠 대법원장에게는 *실례되는 말이지만*, 야구 경기에서 심판을 보는 것과는 다르다. 경쟁 또는 분쟁은 논문 주제의 형식을 가지고 있지 않다. 심지어 주제가 이진법(찬반양론)의 형식일 때조차 말이다. 법학지의 논문은 가령 지적재산권이 너무 넓게 해석되어 왔으므로 축소되어야 한다는 쟁점에 관해 찬반 중 어느 한쪽 입장을 취할 수 있다. 그러나 그러한 쟁점은 매우 추상적이어서, 예를 들어 저작권이 붙어 있는 비니 베이비Beanie Baby를 무단으로 촬영해 사진을 사용했으되(이런 경우를 저작권업계에서는 통상 "연성의 복제soft sculpture"라고 표현한다) 비니 베이비 수집가들을 위한 안내서를 만드는 데 사용했다면 이는 "공정 이용fair use"에 해당되는지에 관한 분쟁[4]과는 종류가 다르다. 법관은 이러한 경우 어떤 결과가 더 합리적이고 더 이치에 닿는지를 자문하는 버릇이 있다. 그는 사건 판결에서 고려가 허용되는 범위 내의 요소가 무엇인지를 계속해서 염두에 두는데, 여기에는 법령의 문언, 선례, 기타 법관이 판결하는 데 사용해온 전통적인 자료들은 물론 그 밖에 많은 요소도 포함된다. 그뿐만 아니라 상식이나 선호하는 정책, 기타 많은 요소도 고려한다.

우리는 법학 교수가 지적재산권의 적절한 범위에 대해 쓴 논문이 비슷

---

4   Ty, Inc. v. Publications International Ltd., 292 F.3d 512(7th Cir. 2002).

하게 실용적이고 이론화가 불충분하며 여러 가지를 마구 섞어놓은 수준인 경우도 상상할 수 있다. 실제로 그런 때, 즉 법학자나 법관처럼 법률로 먹고 사는 여러 직종이 상호 간에 오늘날보다 더 가까웠던 때, 또는 전형적인 법학지의 논문들이 그런 성격이었던 때가 있었다. 당시 법학 교수들은 자신의 정체성을 제일 먼저 법률 전문가에서 찾았고 그다음에서야 대학교수에서 찾았었다. 개업 변호사로 여러 해 동안 일하다가 법률 분석에 관한 뛰어난 기술을 갖고 있음이 입증되어 교수가 된 만큼(주로 또는 전적으로 법학도로서의 뛰어난 시험 성적 때문에 교수가 된 경우도 적지 않다) 그의 주된 책무는 법학도들이 훌륭한 변호사가 되도록, 그리고 그중 일부는 탁월한 변호사가 되도록 열심히 가르치는 일이었다. 그는 법학도들을 훈육했을 뿐 아니라 스스로 모범을 보이고 롤 모델이 됨으로써 그들을 가르쳤는데, 이때의 롤role은 개업 변호사라는 롤이었다. 다만, 대부분의 교수들이 실무 경험이 많지 않았는데도 롤 모델로 나섰다는 것이 좀 의아스럽다. 교수들은 학자로서 한편으로는 판례집을 편집하는 것 같은 교육 사업을 하기도 하고, 다른 한편으로는 예를 들어 법률 논문, 즉 법의 쟁점들에 대한 논문을 쓰거나 미국법률협회American Law Institute의 리스테이트먼트 프로젝트Restatement Project[주법의 통일화를 위해 판례법을 재기록해 법전화하는 운동 — 옮긴이]의 경우처럼 법 개혁 사업에 기여하는 식으로 실무 변호사들과 현직 법관을 돕는 일을 하기도 했다.

당시는 오늘날과 달리 일류 로스쿨 교수들이 법관들과 긴밀한 협력관계를 맺고 연방대법원을 제외한 일반 법원의 제반 문제를 함께 처리하던 시대였다(당시 일류 로스쿨 교수들은 카도조나 핸드 같은 뛰어난 법관들과 함께 미국법률협회에 적극 참여했는데, 이 협회는 코먼로에 초점을 맞추고 있었다[5]).

---

5 미국법률협회의 쇠퇴에 대해서는 다음을 참조할 것. Kristen David Adams, "Blaming the Mirror: The Restatements and the Common Law," 40 *Indiana Law Review* 205(2007); Adams, "The Folly of Uniformity? Lessons from the Restatement Movement," 33 *Hofstra*

당시는 법관들이 법률업계에서 지적 지도자의 위치를 가지면서 법학 교수들과 어깨를 나란히 하거나 그들에게서 높이 존경을 받던 시대였다. 홈스, 브랜다이스, 카도조, 프랭크퍼터, 핸드 같은 사람들, 그리고 그 시대의 맨 마지막에 등장한 프렌들리 같은 법관들을 생각해보라. 그들이 재판에 대해 또는 특정 사건의 쟁점에 대해 말하는 내용은 다른 동료 교수들의 말들과 마찬가지로 법학 교수들에게 진지하게 받아들여졌다. 그리고 어느 정도는 그 반대의 경우에도 마찬가지였다. 1920년대와 1930년대의 법현실주의자들, 심지어 1950년대의 법과정학파legal process school는 학계뿐 아니라 사법부에도 독자층이 있었다.

당시에도 법관과 교수 사이에는 간극이 있었는데, 이는 하트가 제시한 "연방대법관의 시간표time chart"를 보면 잘 알 수 있다(10장 참조). 그러나 그 간극은 1960년대 이래 확대되었다(1960년대는 미국 현대사의 분기점이었다). 1960년대 말에 이르면 내가 묘사해온 학계의 전통적인 법 모형은 100년 가까운 세월이 흐름에 따라 도전을 받는 상황에 놓여 있었다. 도전은 두 가지 방향에서 제기되었는데, 두 방향은 서로 대립되었지만 전통 모형에 끼친 영향과 관련해서는 서로가 서로를 도운 것으로 드러났다. 그 하나는 사회과학, 그중에서도 특히 경제학이 제기한 도전이었는데, 이 도전에서는 전통 모형이 법의 구체적인 사회적 목적을 분명히 밝히지 못한다고, 그리하여 그 목적에 반하는 법 원칙들을 시험하지 못한다고 불평했다. 예를 들어, 전통 모형은 불법행위에 대해 어느 때에 부주의에 의거한 책임을 물어야 하고 어느 때에 엄격한 책임을 물어야 하는지를 법관과 입법자들에게 분명하게 말해줄 수 없었다. 또는 토지 이용이 어느 때 불법적 권리 침해로 인정되는지, 예비적 금지 명령이 어느 때는 인정되고 어느 때는 부정되는지, 경찰의 범죄 교사를 어떤 때 함정수사로 봐야 하는지, 분실물을 찾아준 사

Law Review 423(2004).

람이 소유자가 제시한 보상 약속에 대해 알지 못했을 경우에도 보상의 청구권이 있는지, 또는 수탁자가 비용을 과도하게 사용해 파산의 가능성을 축소시켰다면 그 수탁자는 용납되는지 아니면 파산 가능성을 확대시켰기 때문에 용납될 수 없는지 등등에 대한 판정 기준을 말해줄 수 없었다(이런 목록들은 끝없이 제시할 수 있다). 너무나 많은 판결이 "공정"이나 "정의" 같은 너무나 모호한 주문呪文에 토대를 두고 있었다.

또 다른 도전은 1960년대 말과 1970년대 초를 규정하는 데 큰 역할을 했던 좌익 정치에서 영감을 받아 제기되었다. 도전자들은 전통 모형이 저열한 정치적 목적에 기초한 결정들을 위한 가면에 지나지 않는다고 불평했다. 비판법학 운동가들과 그 후예들은 1920년대와 1930년대의 법현실주의를 부활시켰는데, 다만 당시보다 목소리가 거칠었고 지적으로 자기과시적인 성격이 더 컸다는 차이가 있었다. 중립적 원칙이라는 개념을 통해 법현실주의와 전통 모델 간의 타협을 추구했던 1950년대의 법과정학파를 비판법학 운동가들은 거부했다.

법학 교수의 소명에 관한 전통적인 개념을 비판한 이런 도전들은 법학교육과 연구의 성격 및 어떤 사람들을 법학 교수로 선발할 것인가에 대해 근본적인 변화를 가져올 정도로 큰 성공을 거두었다. 사회과학 쪽의 도전으로 인해 법학이라는 학문을 가령 경제학, 철학, 역사학 같은 다른 분야들의 통찰에 토대를 두고 수립해야 한다는 주장이 힘을 얻게 되었다. 좌익 쪽의 도전은 전통적인 법학 모형으로는 법적 제 문제에 대한 적절한 해답을 얻기 어렵다는 회의를 다시 불러일으키고 강화시키는 결과를 가져왔다.

전통 모형은 이 두 가지의 거대한 눈사태에 휩쓸려 형체를 찾기 어려워졌다. 적어도 일류 로스쿨에서는 그러했다. 그리고 이러한 변화는 변호사와 법관 가운데 최고 수준의 전통적인 기술을 갖춘 사람들을 법학 교수로 고용하는 데 대한 관심을 크게 약화시켰다. 판결과 법령들을 창조적으로 읽어내는 숙련된 기술(이는 대단히 총명한 사람이더라도 누구나 획득할 수 있는 기술이 아니다), 법실무계 내부 인사임을 나타내는 수사학적 제반 기교와 전문가적 태도, 법관으로서 사회·경제적으로 변화하는 상황에 뒤떨어지지 않기 위해 어느 정도까지 법을 변화시킬 것인가에 대해 말로는 표현할 수 없는 감각(또는 "판단")과 같은 자질들은 현대의 변호사나 법관이라는 직업인이 갖춰야 할 자질의 전부일 수 없고 또 이 자질들이 현대의 일급 법학 교육기관에서 가르쳐야 할 내용의 전부일 수 없게 되었다. 법은 이제 다른 분야의 방법 및 통찰과 깊게 연관해서 존재하게 되었다. 그런데 대부분의 법학도들이 수학, 통계학, 과학 및 기술을 싫어하는 수치스러운 현실을 극복하려면 *아직* 멀었다. 최고로 총명한 학생들을 보유한 로스쿨의 경우 전통적인 모형의 학문들은 교육 과정에서 절반만 차지해야 한다. 그러나 그러한 대학들이 이 수준에 도달하기 위해서는 학계보다는 변호사 업계에서 자신의 정체성을 찾는 교수들을 고용하는 일부터 시작해야 할 것이다.

사건을 결정하는 데에는 법학자들의 현대적인 방식과 법관들의 현대적이지 못한 방식 사이에 간극이 존재한다. 판례법 체제는 미국의 지배적인 법 시스템으로서, 주요 제정법령 분야에서도 그러한데, 법의 원리와 규칙이 법전에 분명하게 기술된 형태로 발견되는 경우는 매우 드물다. 우리는 이 원리와 규칙을 법전 및 관련 선례들에서 쥐어짜내야 한다. 법은 분명한 형태로 제시되기보다 추론해야 하는 경우가 적지 않다. 그리고 추론된 법은, 여기저기 흩어져 있고 때로는 서로 모순되고 또 모호하고 불완전하며 빈약한 지식에 의거해 작성된 자료들 및 주로 법관의 판결문들을 토대로 법관, 변호사 및 학자들이 해석하거나 재해석한 것이라는 의미에서 "불문不文"의 법이다. 법관과 입법자들이 내놓은 이처럼 난잡한 산출물은 정리하고 종합하고 분석하고 고쳐 쓰고 비평하는 수많은 작업을 필요로 한다. 이는 지적으로 매우 힘든 작업이며, 방대한 지식뿐 아니라 여기저기 흩어져 파편화되어 있어 읽기 지겨운 자료들을 조직화하는 능력(이 능력에는 두뇌, 지식, 판단력뿐 아니라 끈기라는 능력까지 포함된다)까지 필요한 작업이다.

또한 이는 학자들이 가진 특유의 이론적 야심과는 거리가 멀지만 법률 시스템에서는 너무나 중요한 작업이며, 오늘날 유행하는 학제 간 법학이라는 비법秘法보다 사회적 가치가 훨씬 더 큰 작업이다.

이러한 작업이 왜 그렇게 중요한가 하면 법관은 입법을 시도하는 사람이기보다 사건을 판결하는 사람이기 때문이다.[6] 자신의 판결문이 장래 일어날 사건들에 관한 지침이 되기를 희망하면서 (주요 사실들을 확정하고 적용할 법규를 선택하는 등) 판결문을 작성하는 것은 법관의 전형적인 모습이다. 그러나 그가 미래를 분명하게 볼 수 있는 것은 아니다. 왜냐하면 부분적으로 판례법 시스템은 법관이 당면 사건에만 모든 주의를 집중하도록 요구하기 때문이다. 그러므로 새로운 사건이 일어날 때마다 법규를 다시 다듬고 또 다시 규정하는 작업을 계속해야 한다. 또한 법규는 때로는 규준의 위치에 오르기도 하고 때로는 그 위치에서 밀려나기도 하며 때로는 예외 규정이 덧붙여지기도 한다. 예를 들어, 옛날 영국의 왕립 재판소는 남을 위협하는 몸짓은 비록 상대방의 몸에 닿지 않았다 하더라도 불법행위(폭행)에 해당된다고 판시했다.[7] 이는 장래 유사한 사건이 일어난다면 판결의 지침이 되기에 족할 만큼 단순 명료한 판결로 보였다. 이윽고 위협적 몸짓에 관한 소송이 다시 제기되었는데, 그 사연이 이러했다. 피고가 원고를 분노에 차서 노려보다가 자신의 검에 손을 댔는데, 이와 동시에 "만약 지금이 순회법원 개정기가 아니었다면 나는 당신의 욕설을 참지 않았을 것이오"라고 조심스러운 가정법을 구사하면서 위협할 의사가 없음을 밝혔다. 법원은 이 사건에서 피고의 손을 들어줌으로써[8] 애초의 판결에서 표명된 원칙이 너무 광범위했음을 보여주었다. 이는 앞선 사건과 차별화함으로써, 다시

---

6   다음을 참조할 것. A. W. B. Simpson, "Legal Reasoning Anatomized: On Steiner's Moral Argument and Social Vision in the Courts," 13 *Law and Social Inquiry* 637(1988).

7   I. de S. and Wife v. W. de S., Y.B Liber Assisarum, 22 Edw. 3, f. 99, pl. 60(1348 or 1349).

8   Tuberville v. Savage, 1 Mod. Rep. 3, 86 Eng. Rep. 684(1669).

말해 예측하지 못한 새로운 분쟁이 가져온 지식을 토대로 기왕의 법규를 재규정함으로써 법적 진보를 이룬 사례에 해당된다.

법관들은 지난 판결들을 유지하려고 애를 쓰며, 예견하지 못한 새로운 사건들의 도전에서 의사결정 규칙을 다시 정립해나간다. 그러나 성숙하거나 완전한 규칙은 일련의 사건 가운데 가장 최근의 사건에서 충분하고 정확하게 진술·설명된 상태로 발견되기보다는 일련의 사건 전체에서 재해석된 결과일 가능성이 높다. 법학 교수들은 법률 논문이나 학술 논문, 리스테이트먼트를 통해 일련의 사건에 내포된 규칙들을 분명하게 만들고, 줄거리를 이루는 흐름과 무관한 것들을 가려내고, 또는 정책적 근거를 상세히 설명하거나 앞으로의 발전 경로를 제시하는 식으로 법관들의 뒤를 정리하는 역할을 수행한다. 이런 종류의 학문적 작업은 항소법원 판사들이 수행하는 작업과 비슷하다. 상급심 법원 판사에게 시간과 전문 지식이 있다면 그는 바로 그러한 종류의 일을 할 것이다. 사실 법관들은 판결문을 쓰면서 일련의 사건에 내포된 규칙을 명확히 하거나 통합하거나 또는 적당한 수준에서 개선하는 방식으로 규칙이나 규준을 고쳐 씀으로써 어떤 법 영역을 예비로 정돈하기 위한 노력을 많이 기울인다.

지금 내가 논하는 유형의 법학은 이제 일류 로스쿨들에서는 더 이상 관심을 끌지 못하고 있다. 이러한 대학의 교수들은 이제 더 이상 되다가 만 상급심 법원 판사도 아니며, 법관들이 만든 숨겨진 규칙들에 그 상태로는 달성할 수 없는 확정성·폭·명료성을 부여함으로써 그 규칙들을 성문화하는 '최고법관(법관 위의 법관)'도 아니다. 대학 교수들은 법에 영향을 미친다. 아마 그들은 관행적이었던 선배 법관들보다 더 크게 법에 영향을 미치고 있을지도 모른다. 그러나 그들은 거칠게 베어놓은 재목들을 다듬는 방식을 통해서가 아니라 어려운 사건을 판결할 때 고려해야 할 새로운 요소들이 있음을 법관들이 깨닫도록 유도하는 방식을 통해 법에 영향을 미친다. 후자의 방식은 전형적으로 간접적인 방식이다. 교수들은 법관들을 향해서가 아니라 다른 법학 교수들을 향해 글을 쓴다. 그리고 부분적으로는 법학도들을 위해 글을 쓴다. 그러나 이른바 낙수효과trickle-down로 인해 재판연구원들이나 지적인 변호사들 또는 이전에 교수였던 법관들에게 그 논설들이 침투해 들어간다.

낙수효과가 중요한 것은 이 책에서 중심적인 역할을 하는 이유들 때문이다. 어려운 사건, 다시 말해 정통적인 법적 판단 자료들로는 만족스러운 답을 얻기 어렵다는(때로는 아예 결정을 할 수 없다는) 의미에서의 어려운 사건을 맡은 경우 법관은 판결을 위해 부득이하게 다른 자료들을 찾게 된다. 법관은 그것들[정통적인 자료들 ─ 옮긴이]을 논의의 중심부에서 옮겨내는 데 필요한 뭔가를 찾아내지 않으면 안 되는데, 현대의 법학 교수들이 이러한 탐색에 도움을 줄 수 있다. 법의 많은 영역에서 경제학적 분석은 법관들이 그때까지 본능과 의미론에 의존해온 입장에서 비용 대비 효과 분석에 가까운 입장으로 옮겨갈 수 있도록 도와주었다. 이를 통해 법은 정확성과 구체성 면에서 상당히 진보할 수 있었는데, 이는 법관이 감정 또는 정련되지 못한 직관의 안개 속에서 판결하는 행위를 축소시켰다는 의미에서 법규주의자들을 즐겁게 했을 것이다.

5장에서 이야기했듯이 법관의 업무 수행을 측정하는 양적 척도들을 개발하기 위해 애쓰는 소수의 교수를 제외하면 일류 로스쿨 교수들 가운데 법원에 관한 비평 작업을 수행하는 사람은 많지 않다. 물론 연방대법원에 관해서는, 특히 대법원의 헌법과 관련된 결정들에 관해서는 그렇지 않다. 그런데 대법원이 헌법 사건을 판결할 때와 마찬가지로 학자들도 헌법 사건 판결에 대해 비평할 때에는 대단히 정치적인 성격을 띤다(이 때문에 대법관들은 학계의 비평을 쉽게 무시한다). 법학 교수들은 지적재산권 분야처럼 하급 법원이 주로 다루는 특정 분야에서의 사법부 업무 수행에 대해 강한 의구심을 표명할 수도 있다. 하지만 이러한 분야는 그들의 마음을 사로잡는 분야일 뿐, 사법기관에 대한 연구처럼 법관들을 미혹시킬 수 있는 분야는 아니다.

컬럼비아대의 저명한 헌법학 교수인 마이클 도프Michael Dorf는 연방대법원의 새로운 다수파가 "말로는 이전의 선례들을 존중한다고 하면서 실제 판결에서는 선례와 다르게 판단한다"라고 비난하면서, "최소주의minimalism"라고 관대하게 부르는 특정한 유형에 대해 다음과 같이 독특한 불평을 늘어놓는다. "이 유형은 선례에서 추론하거나 선례를 따른다는 것이 무엇을 의미하는지 신입생들에게 가르치기 어렵게 만든다."[9] 하지만 그건 아니다. 학생들에게 헌법과 관련해 대법관들이 하급 법원 판사나 코먼로 판사들만큼 선례를 진지하게 다룬다고 계속해서 가르치기가 어려워지고 있는 것이다. 또는 대법관들이 입법자들과 비슷하지 않고 다른 법관들과 비슷하다고 시치미를 떼며 이야기하기가 어려워지고 있는 것이다. 이제는 바야흐로 얼마간의 현실주의를 법학 교육에 도입할 시기에 도달했다. 로스쿨 교수진에 정치학자들을 임용하는 것도 진지하게 고려할 만하다(오늘날 이렇게 하는 대학은 매우 드물다).

나는 지금까지 법학 교수들이 법관과는 따로 떨어져 성장해왔다고 이야기했는데, 도프 교수가 선례에 대한 연방대법관들의 태도에 일관성이 없음을 발견하고 놀란 것이 하나의 증거로 간주될 수도 있을 것이다(대법관들이 선례에 대해 신중했던 때가 도대체 있었던가?) 이와 관련해 재판에 대해 사반세기의 시차를 두고 교수 두 명이 대조적인 입장에서 쓴 대단히 계몽적인 저술이 두 권 있다. 칼 르웰린Karl Llewellyn이 저술해 1960년에 출간한 『코먼로 전통: 항소심에서의 결정The Common Law Tradition: Deciding Appeals』은 법현실주의에 관한 종합 연구서다. 총 565쪽에 달하는 이 책은 주 항소법원들에 관한 연구서인데, 르웰린은 이 책에서 코먼로에는 예측 가능성이 상당

9   "Is It Possible to Teach the Meaning of Precedent in the Era of the Roberts Court?" *Dorf on Law*, July 9, 2007, http://michaeldorf.org/2007/07/is-it-possible-to-teach-meaning-of.html(visited Sept. 24, 2007).

정도 존재한다는 의심할 수 없는 사실과 법현실주의를 서로 화해시키려 시도했고 어느 정도는 성공했다. 르웰린의 책은 홈스에게로 거슬러 올라가는, 그리고 그 이전으로는 제러미 벤담Jeremy Bentham에게까지 거슬러 올라가는 현실주의적 전통의 정점에 해당하는 것으로 볼 수 있다. 나는 다음 장에서 지금까지 이 책의 여기저기서 언급한 법현실주의에 관한 내용들을 모아 그 전통에 대해 조금 더 서술할 것이다. 지금은 르웰린이 대부분의 법관과 마음이 잘 맞는다고만 말해두자.

1986년에 발표된 던컨 케네디Duncan Kennedy의 「재판에서의 자유와 구속: 비판적 현상학 일론Freedom and Constraint in Adjudication: A Critical Phenomenology」[10] 이라는 논문은 르웰린의 책과 대조를 이룬다. 이 책의 부제는 사반세기라는 시간이 강학상의 법에 어떤 차이를 빚어냈는가를 암시한다. 케네디는 자신을 파업 노동자들에 대한 금지 명령을 인정하는 쪽에 있는 "법"과 스스로에게 금지 명령을 부정할 방법을 강구하도록 촉구하는 법관의 "사회정의"감 사이에서 찢긴 존재로 상상한다. 그러나 법관들은 케네디가 상상하는 방식으로 사고하지 않는다(때로는 그렇다고 말하기도 하지만 말이다). 그들은 "이것은 끔찍한 법이다. 그러나 법은 법이다. 나는 딜레마에 빠졌다. 돌아가는 길은 없을까?"라고 자문하지 않는다. 법관의 직무는 법을 집행하는 것이다. 만약 법을 집행하는 것이 당신의 마음에 들지 않는다면 당신은 행복한 법관이 될 수 없을 것이고, 이는 당신이 스스로 선택해 법관이 된 것이 아님을 말해준다. 또는 언젠가 스스로를 재발견하고(아마 당신은 법관이 된다는 것이 어떤 것인지 또는 당신 스스로 어떤 사람인지에 대해 잘 알지 못했을 것이다) 법관직을 떠나기로 결심할 가능성이 높다.

법관이 끔찍한 결과를 피하기 위해 법규를 비틀 경우 그는 스스로 시민 불복종 운동에 참여하고 있다고 생각하지 않을 것이다.[11] 다시 말해 법

10   Duncan Kennedy, "Freedom and Constraint in Adjudication: A Critical Phenomenology,"
      36 *Journal of Legal Education* 518(1986).

규가 *실제*로 끔찍한 결과의 도래를 강제하지는 않는다고 생각할 것이다. 그는 "법"에 대한 잘못된 관점을 ─ 아마 무의식적으로 ─ 거부한 것이다(사실 "법이란 무엇인가"와 같은 법철학적 질문에 대해 사색을 많이 하는 법관은 거의 없다). 만약 이러한 관점을 채택한다면 미국 법관들이 행하는 많은 판결이 법에 맞지 않는 판결로 분류될 것이다. "법"과 "사회정의" 사이에 존재한다고 케네디 교수가 가정한 긴장에 대해 의식하지 못한 채, 법관들은 스스로를 드워킨의 허구적 개념인 "헤라클레스 판사(영웅적인 법관)"라고 생각하지도 않고 케네디가 그린 법관의 이미지로 스스로를 그리지도 않는다. 이는 법관의 의식에 대한 논문 ─ 1인칭 시점에서 의식경험을 연구한 현상학적 에세이 ─ 에서 가한 통렬한 비판에 불과하다.

케네디 교수가 학계의 주류가 아니라고 말한다면 하버드 법대 교수로서 논박의 여지없이 주류에 속한 인물인 에이드리언 버뮬Adrian Vermeule 교수의 말을 들어보자. 7장에서 언급했듯이 버뮬 교수는 블랙스톤의 (법령에 대한) 목적론적 해석을 "제도에 대한 무지"라고 규정했다. 스칼리아 대법관 같은 법규주의자들도 법령의 엄격한 해석에 대해 "불합리 항변absurdity exception"을 인정한다.[12] 그러나 버뮬은 이를 인정하지 않는다. 그는 잘못된 적극적

---

11 대개 그렇지는 않지만, 미국 법관들 가운데에는 시민 불복종을 행하는 사람들이 때때로 존재한다. 다음을 참조할 것. Paul Butler, "When Judges Lie (and When They Should)," 91 *Minnesota Law Review* 1785(2007).

12 예를 들어, 다음을 참조할 것. Green v. Bock Laundry Machine Co., 490 U.S. 504, 527~528(1089)(Scalia, J., concurring); City of Columbus v. Ours Garage & Wrecker Service, Inc., 536 U.S. 424, 449 n. 4(2002)(Scalia, J., dissenting); Antonin Scalia, "Judicial Deference to Administrative Interpretation of Law," 1989 *Duke Law Journal* 511, 515(1989); John F. Manning, "The Absurdity Doctrine," 116 *Harvard Law Review* 2387, 2391, 2419~2420(2003). 이 원칙을 지지한 다른 법관들은, 예를 들어 다음을 참조할 것. Lamie v. United States Trustee, 540 U.S. 526, 534(2004); United States v. American Trucking Associations, Inc., 310 U.S. 534, 543~544(1940); Krzalic v. Republic Title Co., 314 F.3d 875, 879~880(7th Cir. 2002); United States v. Aerts, 121 F.3d 277, 280(7th Cir. 1997). 매닝 교수는 이 원칙을 거부하지만 이 원칙을 받아들이는 사람들과 똑같은 결론(볼로냐 외과 의사 사건에 관한 블랙스톤의 견해를 포함해)에 도달하는 경우가 많다. 예를 들

조치들(어떤 법규를 사실은 그렇지 않은데도 부조리한 것으로 처리하는 것)이 잘못된 소극적 조치들(부조리한 법규를 시행하는 것)보다 더 많음을 걱정한다.[13] 버뮬 교수는 이런 가능성 때문에 법관은 목적론적 해석을 해서는 안 된다고 강조하면서, 법령 해석이 부조리할 경우 검찰의 재량, 배심원단의 관용, 사면권, 그 밖의 비사법적 조치들이 우리를 적절하게 보호할 것이므로 염려할 것 없다고 안심시킨다. 그러나 그의 말은 설득력이 없다. 왜 그런지 최근의 사례를 하나 들어보겠다. 아동 포르노그래피임을 알고(고의로) 소지하는 것을 금지한 1996년의 '아동 포르노그래피 예방법Child Pornography Prevention Act'[14] 에는 예를 들어 범법자를 소추하는 데 쓰기 위해 아동 포르노그래피를 압수해서 소지하는, 따라서 소추가 종료될 시 그 소지물들을 법원 내 공문서 보관소에 넘길 것으로 예견되는 법집행관(경찰관)들에 대한 예외 규정을 담고 있지 않다. 법령 해석에 관한 버뮬의 이론에 따르면 아동 포르노그래피를 "고의로 소지하고 있는 자"라면 예외 없이 이 법을 위반한 것이고 따라서 10년 이하의 징역에 처해져야 한다고 해석되어야 한다. 물론 그러한 경찰관 가운데 소추되는 사람은 아마 없겠지만, 소추가 전혀 불가능한 것은 아니다. 예를 들어, 정부는, 입증할 수는 없지만, 조사관 중 하나가 소추 진행 중인 검사실에서 몇 장의 포르노그래피를 훔쳤을 것으로 의심할 수 있다. 그리고 가령 이러한 "소지자들" 중 누군가가 경찰관직을 떠나 일반 사기업에 취직하려 구직 신청서를 쓴다고 하자. 만약 과거에 중죄를 범한 적이 있느냐는 (신청서상의) 질문에 그가 그런 적 없다고 기입할 경우 버뮬의 논리에 따른다면 이는 거짓말이 된다. 이것이 버뮬의 이론이 인도하는 곳이다. 그러나 여기에 이르면 더 이상 버뮬의 말을 따르는 법관은 없을 것이다.

어, 다음을 참조할 것. Manning, 같은 글, 2461~2463.

13   Adrian Vermeule, *Judging under Uncertainty: An Institutional Theory of Legal Interpretation* 57~59(2006).

14   18 U.S.C. § 2252A(a)(5)(B).

버뮬은 잘못된 적극적 조치 — 어떤 법규를 문자 그대로 해석하는 것은 부조리하다고 법원이 잘못 생각한 사건 — 의 수(입법적 교정의 가능성이나 그 밖의 것들에 의해 가중치가 부여되거나 아예 가중치가 부여되지 않은 수)가 잘못된 소극적 조치의 수(비슷하게 가중치가 주어진 수)보다 많다는 주장에 대해 아무런 근거도 제시하지 않는다. 미국의 법관들은 연방 국가가 존재하기 전부터 목적론적 해석을 수행했었다. 이러한 해석이 아무 생각 없이 법령을 문자 그대로 해석하는 것 — 볼로냐의 외과 의사나 포르노그래피를 소지한 경찰관이 잘못했다는 해석 — 보다 더 나쁜 결과를 가져왔다고 판단할 근거는 어디에도 없다. 법령은 법률상 흠결을 막기 위해 지나치게 포괄적인 규정의 형태를 취한다. 입법부는 이러한 과잉적용을 피하기 위해 법령을 미세 조정하는 과업을 배심원단이나 행정부 기관들뿐 아니라 법관들에게도 맡긴 것이다.

법관들에게 자신의 방침을 180도 변경하도록 하려면 버뮬이 제공하는 이유보다 더 나은 이유를 제공해야 한다. 버뮬에게는 무엇이 법관들에게 설득력을 발휘하는지에 대한 통찰력이 없었을 수도 있고, 아니면 — 이 가능성이 더 높은데 — 그의 책이 사법행태에서의 급진적인 변화를 촉구하고 있긴 하지만 이는 단지 수사학적 비유에 그치는 것일 수도 있다. 실제로 버뮬의 책을 읽는 사람은 다른 교수들이지(교수들은 패러독스를 즐긴다) 법관들이 아니다.

변호사, 입법자, 법관, 기타 사법 활동에 진지하게 종사하는 사람들은 — 옛날 로스쿨의 교수들을 포함해 — 일반적으로 해석 매체 — 사법부 — 에 순응하며 자신들의 논증, 규제 등을 그에 조정한다. 왜냐하면 그것이 자연스럽고, 사법부는 교수들이나 그 밖의 누군가의 요구에 따라 변화할 가능성이 없기 때문이다. 사법부와 긴밀한 관계를 맺은 학자들은 법관들에게 이런저런 의견을 제시하며 변화를 촉구하지만 이는 보통 법관의 날개를 묶어서 매는 종류의 제안들이다. 법관들은 자신의 날개가 묶이는 데에는 전혀 관심이 없지만, 법관의 단호함이 사실은 순종임을 사람들에게 설득하기 위한 방책으로는 이러한 (법관을 제약하는) 제안들을 기쁘게 받아들일 것이다. 법관들이 변하기를 진정으로 원하는 학자라면 법관 자신의 이익에 호소해야 한다. 법관들에게 — 버뮬이 사실상 그렇게 하듯이 — 그들이 멍청하며 심지어 문자 그대로의 해석에 대해 불합리하다는 항변조차 하지 못한다고, 그러므로 업무를 그만두어야 한다고 이야기한다면 아무런 반향도 불러일으키지 못할 것이다. 이는 오늘날 우리가 목격하는 일류 로스쿨 교수들과 법관들 간의 상호 소외를 완벽하게 나타내는 것이기도 하다.

학자들은 심지어 웬만한 법관들이라면 스스로도 이해하지 못하는 그런 판결 결과들을 지적해왔다. 법학 교수들 및 여타 분야의 학자들, 특히 경제학자들의 촉구 덕분에 반독점법, 신탁투자법 또는 국제사법(저촉법) 같은 것을 포함한 법의 모든 분야가 변화해왔다. 그러나 법관들이 존중하는 어떤 원칙들이 아닌, 재판에 대한 법관들의 기본 시각을 변화시키기 위해서는 법관의 환경, 즉 사법행태에 영향을 미치는 유인 요인과 제약 요인의 구조 자체를 변화시켜야 한다. 이러한 변화를 성취하기 위해서는 법관의 환경을 변화시킬 수 있는 힘을 가진 사람들, 즉 의회·백악관·법무성 사람들의 이익에 호소하는 방식으로 학자들이 자신의 주장을 펴야 할 것이다. 법관들에게 그들의 한계를 강의하는 것은 아무 효과가 없을 것이다.

법학계가 사법부와 동떨어져 성장해온 이유 가운데 지금까지 내가 언급하지 않은 이유로 법학계에 전문화가 증대된 현상을 들 수 있다. 미국 법관들은 아직도 제너럴리스트인 데 비해 법학 교수들 가운데에는 전문가가 증가해왔다. 이는 부분적으로 법학 교수층이 훨씬 커진 결과로, 일반적으로 말해 어떤 시장(우리의 주제와 관련해 말하자면 법학자 시장)이 커질수록 전문화의 여지는 커지는 법이다. 더 크게는 법학 교수들의 지적 수준이 고도화된 결과라 할 수 있는데, 이는 다시 사회과학 또는 역사나 철학 같은 인문학이 사법체계를 이해하고 개선하는 데 여러 가지로 열쇠를 쥐고 있다는 인식이 점증한 것과 연관되어 있다. 그러했기 때문에 1960년대 이래 학계와 사법부가 따로따로 성장하면서 한편으로는 상호 공감과 이해의 수준이 낮아지기는 했지만 법관에 대한 학계의 비판이 무의미하지는 않았다. 이는 1장에서 살펴보았듯이 사법행태에 관한 사회과학적 이론이 엄청나게 늘어난 데서도 알 수 있지만, 법관의 업무 수행 평가에 관한 연구 문헌들이 크게 늘어난 데서도 알 수 있다. 후자의 문헌들은 이전 시대의 법학자들에게는 기대할 수 없었던 것[15]으로, 지금은 이 문헌들이 사법행태를 분석하는 데 중심적인 위치에 있으며, 따라서 이 책에서도 그러하다. 그러나 법관의 업무 수행 평가에 관한 문헌들은 결함이 너무 많다는 사실을 상기해야 한다. 예를 들어, 판결이 인용된 횟수를 세는 것은 판결의 질보다는 영향력의 크기를 재는 것에 불과하다. 법관의 질과 무관하게 서열에 영향을 주는 소속 법원, 근무 연수 등등을 적절히 조정할 필요도 있다. 복합적인 평가를 창출하기 위해 여러 가지 양적 척도를 결합할 때 각각의 척도에 얼마의 가중치를 부여할 것인가에 대한 객관적인 기준이 존재하지 않는다는 문제도 안고 있다. 서열을 매기는 것은 단지 순서를 정하는 것일 뿐이며(예를 들어, 1등과 100등 사이의 간격이 매우 좁을 경우 누가 몇 등이라는 것은 유용한 정보가 되지 못한다), 게다가 서열 매기기는 서열이 매겨지는 사람들의 행동에 바람직하지 못한 변화를 가져올 수 있다.

법관의 업무 수행에 대한 양적 척도에 한계가 있기 때문에 질적 평가가 더욱 절실히 필요하다. 질적 평가가 얼마나 드문가를 보면 놀랄 정도다. 그리고 질적 평가가 드문 현실은 오늘날 학계가 법관 사회에서 소외되어 있음을 보여주는 징표이기도 하다. 물론 법학 교수들은 특정 판결에 대해 찬성 또는 반대의 의견을 내놓는다. 그러나 이러한 의견은 어떤 법관의 전체적인 업무 수행에 대한 평가와는 다르다. 그리고 법관들은 교수들이 자

---

15   우리를 고무하는 종류는 아니지만 그 예외로는 하트의 '대법관들의 시간표'가 있다. 10장 참조.

신을 이해하지 못한다는 생각을 갖고 있기 때문에 교수들의 의견을 무시하는 경향이 있다. 법관의 전기傳記에 비평을 포함시키는 경우가 없지는 않지만 대개는 그 법관의 경력을 자술하는 데, 그리고 개인의 삶에 일어난 시시콜콜한 일들을 파고드는 데 초점을 맞춘다.[16] 미국 시스템에서는 법관이 아주 큰 재량권을 갖고 있으므로 그 재량권을 행사하는 데 법관 개인의 경험, 성격상의 약점 등이 영향을 준다는 나의 생각이 맞는다면 전기상에 나오는 시시콜콜한 이야기들도 법관의 판결을 설명하는 데 도움이 될지 모른다. 그러나 이 역시 법관의 업무 수행을 평가하는 한 가지 면에 불과하다. 두 법관이 경험과 기질 등이 상이하다는 이유로 서로의 직관이 다르고 그 결과 의견 불일치가 자주 빚어진다고 할 때 이는 법관의 판단에 어떤 요소들이 영향을 주는가를 보여줄 수는 있으나 그것만으로 누가 (법관으로서) 일을 더 잘하는가를 알 수는 없다.

학계의 비평이 사법행태를 변화시키는 것을 목적으로 한다면 한편으로는 전기[17]와 구별되고 다른 한편으로는 업무 수행에 대한 양적인 평가 척도와도 구별되는, 법관들에 관한 *비판적* 연구[18]가 필요하다. 가장 도움이 될 비판적 연구는 주목할 만한 사건에 대해 어떤 법관이 쓴 판결문을 그 사건에 관한 하급심 법원의 판결, 사건 기록, 변호인들의 변론서, 구술 변론

---

16 법관의 전기들이 갖는 한계에 대해서는 다음을 참조할 것. Richard A. Posner, *Law and Literature* 357~377(revised and enlarged ed. 1998).

17 정확히 말한다면 '대부분의 전기'라 해야 할 것이다. 카도조에 관한 코프먼의 735쪽에 달하는 전기는 카도조의 판결문들에 대해 포괄적이고 설득력 있는 평가를 제공한다. Andrew Kaufman, *Cardozo*, chs. 12~22(1998).

18 같은 책, 375~377 참조. 나는 내 책 *Cardozo: A Study in Reputation*(1990)에서 그러한 연구를 시도한 바 있다. 또한 다음의 내 글도 참조할 것. "The Learned Hand Biography and the Question of Judicial Greatness," 104 *Yale Law Journal* 511(1994). 물론 동종의 다른 연구들도 있다. 예를 들어, 다음을 참조할 것. Ben Field, *Activism in Pursuit of the Public Interest: The Jurisprudence of Chief Justice Roger J. Traynor*(2003); Robert Jerome Glennon, *The Iconoclast as Reformer: Jerome Frank's Impact on American Law*, ch. 5(1985).

및 그 법관이나 동료 법관 또는 그의 재판연구원들이 작성한 법원 내부의 각종 메모들과 비교하는 것이다. 이것의 목적은 그 법관의 판결문이 정확하고 완전한가를 판정하는 데 있다. 다시 말해 판결문이 선례를 사용하는 데 용의주도했는지, 판결이 변론서와 변론들에 덧붙인 가치가 존재하는지, 재판연구원이나 다른 법관들의 판결문에 기여한 바가 있는지, 그리하여 그 자체에 독창적인 면이 있는지를 살펴보는 것이며, 아울러 학계의 이해에 도움이 된 부분이 있다면 무엇인지를 살펴보자는 것이다. 법관과 동료들 간의 상호작용은 연구의 초점 사항 가운데 하나다. 왜냐하면 팀 스포츠와 마찬가지로 동료들은 어떤 법관의 업무 수행에 결정적인 영향을 끼칠 수 있기 때문이다. 따라서 다음 사항들을 따져봐야 한다. 그들이 서로 돕는 관계였는가 아니면 경쟁하는 관계였는가? 동료들은 그의 판결문에 꼬치꼬치 흠을 잡았는가 아니면 도움이 되는 제안들을 했는가? 판결문 작성자를 배분하는 법관이 그를 공평하게 대우했는가? 그의 동료들도 정치적으로 그리고 방법론상으로 그러한 의견이었는가? 그의 판결문은 실제 어느 정도로 집단적 산출물인가?

법관에 관한 일련의 비판적 연구는 법관의 질뿐 아니라 방법론에 대해서도 통찰을 가져다줄 수 있다. 대체로 비슷한 시기에 동일한 법원에서 근무한 법관들을 고려해 법관들 사이에 존재하는 법원에서의 구체적인 차이 및 시기에서의 구체적인 차이를 보정한다면 법관을 더욱 예리하게 평가할 수 있을 것이다.

법관에 관한 양적 평가와 비판적 연구를 결합한다면 좋은 성과를 낼 수 있을 것으로 보인다. 교육 과정에서 통계학적 방법론을 배우지 않은 까닭에 법관들은 업무 수행을 양적으로 평가하는 데 대해 회의적인 태도를 취한다. 그들이 보기에 탁월한 법관으로 인정할 수 없는 사람이 양적 평가 방법으로 높은 등급을 받을 경우 그들은 그 법관에 대한 견해를 수정하기보다는 그러한 방법 자체를 거부할 가능성이 높다. 질적 평가와 양적 평가를 비교했을 때 차이가 상당히 큰 법관이 쓴 판결문들을 비판적으로 연구함으로써 큰 차이가 발생하는 요인을 찾아보는 것은 유용한 프로젝트가 될 것이다. 이로써 우리는 양적 평가의 강점과 한계에 대한 통찰을 얻게 될 것이다.

미국 사법 시스템은 여전히 판례법 시스템인데, 이런 시스템하에서는 법관이 핵심적인 선수 노릇을 한다. 그러나 법학 교수 가운데 법관이 어떤 동기에서 일하는지 또는 이러한 동기를 어떻게 강화할 수 있는지에 대해 관심을 갖는 사람은 거의 없기 때문에(단, 대법관에 대해서는 그렇지 않다), 법학 교수들이 어떤 판결문에 대해 토론할 때 ─ 놀랄 일이지만 ─ 판결문을 쓴 법관이 누구인지 살펴보는 일은 거의 없는 실정이다. 마치 법규주의가 만사를 지배하고 법관은 단지 계산하는 기계에 불과하기 때문에 언제라도 대체 가능하다고 말하는 것 같다. 이런 식으로 학계의 비평은 사법행태에 대한 잘못된 관념을 영속화한다. 이것은 사법부뿐만 아니라 실무계에도 해롭다. 법학도들은 법관에 대해 배우는 것이 많지 않다(대부분의 법학 교수들은 재판연구원들이 판례집에 나오는 판결문들을 얼마만큼 대신 썼는지 학생들에게 알려주지 않는다). 그 결과 변호사 가운데 법관의 재판연구원으로 일해본 사람이 아니면 변론서를 어떻게 쓰고 변론을 어떻게 하는 것이 최선인가를 아는 사람이 매우 드물다.

법학자들은 어떤 판결의 형식적 근거들 ─ 이는 대부분의 판결문에서 대부분의 공간을 차지하는 것들이다 ─ 을 분해하는 데 훌륭하다. 그러나 학자들은 실제 사건 판결이 어떻게 이뤄지며 판결문을 쓴 법관이 어디 출신인가, 그리고 그들이 하는 말을 떠나 그들은 *실제*로 무엇 때문에 기존 원칙을 변경했는가 등에 대해서는 거의 알지 못한다. 학자들이 어떤 판결의 형식적 근거들이 무엇인가를 강조함에 따라 법학도나 변호사들은 법관은 모두 철저한 법규주의자들이며 따라서 "자명한 의미" 같은 법규주의적 슬로건을 끊임없이 반복하거나 또는 끊임없이 선례를 인용해야만 그러한 판결에 "도달"할 수 있다는 관념을 형성하게 된다. 법관의 판결문들이 – 형식을 본질로 잘못 알거나 설명의 논리를 판결 자체의 논리로 잘못 알아 – 법규주의적 형식을 취하는 데 현혹되고 법관의 의사결정에 관한 현실주의적 문헌들에서 도움을 받지 못함으로써 변호사들은 변론서를 쓰고 변론을 전개할 때 거의 항상 법령과 판례에 관한 말들로 종결하는 경향이 있다. 구식 법학 교육은 소송을 제기하는 변호사의 관점을 채택해 학생들에게 어떻게 하면 변론을 잘할 수 있고 어떻게 하면 선례의 잔해들을 치울 수 있으며 어떻게 하면 상상력을 발휘해 법규의 문언을 해석할 수 있는가를 가르쳤다. 그리하여 언젠가는 소송 당사자로서 필요한 이 음습한 기술들을 숙달하게끔 도왔다. 그러나 구식 교사들은 선례의 잔해들을 대신하는 어떤 것도 제공하지 못했다. 다시 말해 그들은 정책을 가르치지 않았다. 현대의 교육은 구식 교육이 결여했던 실질을 제공하지만 잔해들을 치우는 기능은 경시한다. 그 결과 학생들은 선례와 제정법의 문언들을 지나치게 존중한다. 경제학적 논의들이 법정에 자동으로 유입될 수는 없다. 학생들도 이 사실을 느끼지만, 논의를 필요로 하는 법관들에게 경제학적 논의를 제공하는 수사학은 학생들에게 (강의에서) 제공되지 않는다.

수사적 효과가 청중의 느낌에 좌우되는 것처럼, 상급심 법원에서의 변론에 열쇠가 되는 것은 변론자가 스스로를 상급심 법원 판사라고 상상하는 것이다. 만약 그렇게 상상할 수 있다면 그는 상급심 법원 판사가 각 사건에 쓸 수 있는 시간이 매우 적다는 사실과 아울러 그 앞에 제출된 대부분의 사건에 대한 전문적인 지식이 결여되어 있다는 사실을 즉각 깨닫게 될 것이다. 판사들은 변호인들이 도와주기를 간절히 원하고 있다. 그러나 상급심 법원에서 변론을 수행하는 변호인들은 대부분의 판사가 자신과 똑같은 지식과 견해를 갖고 있을 것으로 가정한다.

판례법에 따르면 이쪽에(또는 저쪽에) 유리하게 판결해야 한다고 법관들을 설득하려는 것은 거의 효과를 보기 어려운 변론이다. 왜냐하면 만약 사정이 그러하다면 그 사건은 상급심 법원에 올라와야 할 까닭이 아마 없을 것이기 때문이다(다만, 형사사건은 다르다. 형사사건은 보통 상소자가 상소 비용을 부담하지 않기 때문에 상소의 이점이 있든 없든 상소하는 경향이 있다). 그리고 상급심 법원에서 변호인들이 그다음으로 범하기 쉬운 큰 잘못은, 판사들이 상소의 배후 상황을 아주 잘 이해하고 있거나 이를 위해 시간을 투자할 용의가 있을 것이라 과신한 나머지 선례를 들먹임으로써 승소할 수 있다고 생각하는 것이다. 선례로 제어되지 않는 사건에서 변호인이 할 일은 판례나 제정법, 기타 법관이 판결에 사용해온 전통적인 자료들은 물론 그 이상의 자료들을 포함해 모든 관련 상황을 고려할 때 변호인이 지지하는 입장이 더욱 합리적임을 법관들에게 납득시키는 것이다.

이러한 사건에서 가장 효과적인 변론 방법은, 7장에서 사례 기반의 추론을 논의하면서 분명해졌듯이, 관련된 법 원칙의 배후에 어떤 목적이 있는가를 분명히 하고, 변호인의 입장에 유리한 판결을 통해 그 목적이 어떻게 발전될 수 있는가를 보여주는 것이다. 그렇게 한 다음 변호인은 자신의 입장이 법적 안정성을 해치지 않았음을 보여야 하는데, 이를 위해서는 사건에 대해 더 많이 토론해야 할 것이다. 그런즉 선례는 변론의 두 단계에 개입한다. 첫 번째 단계는 지배원리의 근거로서 개입하는 것이고, 두 번째 단계는 해당 사건의 유별난 상황에서 그러한 원칙들을 실현하려는 노력에 제약을 가하는 것으로서 개입하는 것이다. 그러나 어떤 단계에서든 훌륭한 변호사라면 자신이 지향하는 결과가 이미 법 "안"에 있다고 변론해서는 안 된다.

이 간단한 원칙들이 법학 교육의 핵심이 되어야 한다. 법학도들은, 다음 장에서 보겠지만, 법관들이 재판에 대해 쓴 글들을 많이 읽고 또 르웰린의 저서를 여러 번 읽는다면 이 원칙들에 관해 뭔가를 배울 수 있을 것이다(그러나 이러한 저술들에 대한 강의는 존재하지 않는다). 또한 사례집에 만약 법관의 판결문뿐 아니라 변호인의 변론서까지 담는다면 법학도들에게 도움이 될 것이다. 왜냐하면 이를 통해 학생들은 해당 사건에 대해 변호인이 파악한 내용은 법관이 파악한 내용과 얼마나 일치하는지 또는 얼마나 거리가 있는지(거리가 있을 가능성이 더 높다), 변호인들은 법관과 효과적으로 의사소통하는 데 성공했는지 실패했는지, 그리고 법관의 관심사가 변호인의 관심사와 어떻게 다른지 등을 알 수 있을 것이기 때문이다. 이는 학생들의 눈을 트이게 해줄 것이다.

의사소통 문제는 이 경우 양쪽 다 문제가 있는 사례의 전형이라 할 수 있다. 법관들은 변호사들에게 자신이 무엇을 기대하는지를 이야기하는 데 서툴다. 이는 미국 시스템에서 법관의 제도적 수동성을 보여주는 한 예인데, 의아한 면이라 아니할 수 없다. 법관과 심판은 공통점이 하나 있는데, 심판이 선수들에게 어떻게 하면 경기를 더 잘할 수 있는지 가르쳐주지 않는 것처럼 법관 역시 변호사들에게 변론서를 더 잘 쓰고 변론을 더 잘하는 방법을 가르쳐줄 생각을 하지 않는다는 것이다. 법관과 심판의 차이점은, 법관은 심판과 달리 때때로 규칙 자체를 바꾸는데, 특히 당사자의 재촉에 부응해 그렇게 한다는 것이다. 그들은 수동적인 관찰자가 아니다. 그러나 예를 들어 변호사가 스스로 패배하는 길로 들어서는 것을 물끄러미 지켜보는 경우가 적지 않듯이, 수동적 관찰자로서 행동하는 경우가 많다.

법학 교수들이 학생들을 가르치고 글을 쓸 때 재판연구원들이 법관의 이름으로 공표되는 판결문을 대부분 쓴다는 사실을 전제하지 않음으로 인해 특히 판결을 현실주의적으로 이해하는 데 큰 지장이 초래되고 있다. 교수들의 이러한 행태는 불과 1, 2년 전에는 로스쿨 학생이었던 신참 법률가들(재판연구원)이 쓴 것을 법이라고 가르치기에 당황스럽기 때문이기도 하고, 또한 감수성이 풍부한 학생들을 너무 일찍 법관들에 대해 냉소적인 사람으로 만들고 싶지 않은 바람 때문이기도 하지만, 이유야 어떻든 이로 인해 결과적으로 사법 과정에 대한 관념이 부정확해지는 것은 사실이다. 법현실주의, 법과정학파의 여파에도, 그리고 가치개입 이론가들의 연구나 이 책을 포함해 사법 과정에 대해 분석한 책이 많이 나왔음에도 법관의 판결문들이 평균적으로 봤을 때 100년 전과 마찬가지로 법규주의적이고 50년 전보다는 더 법규주의적인 이유는 무엇일까? 그 이유는 오늘날에는 재판연구원들이 대부분 판결문을 쓰기 때문이다. 100년 전에는 재판연구원들이 판결문을 쓰는 일 따위는 없었고(그때에는 재판연구원을 둔 법관이 거의 없었고, "법률비서"를 둔 사람이 일부 있긴 하나 후자의 업무는 대부분 일반 비서의 업무에 속했다), 수십 년 전에는 재판연구원들이 생기기 시작했으나 그래도 판결문은 법관이 직접 작성하는 문화가 지배적이었다. 학생들은 판결문의 한 자 한 자를 명목상 저자인 법관이 쓴 것으로 보고 판결문을 읽도록 교육받는데, 그 결과 학생들은 법규주의적 시각을 주입받는다. 그리고 자신들이 젊다는 것 때문에(6장에서 언급했듯이 젊을수록 실용적이거나 입법적인 사고보다는 논리연산적인 사고를 선호한다), 그리고 비싼 학비를 들인 대가로 아주 강력한 분석도구 세트를 얻었다는 것을 믿고 싶어 하는 일면 이해할 만한 믿음 때문에 그 효과는 강화된다. 이들이 재판연구원이 되면 자연히 자기가 속해 있는 법관의 선택을 법규주의적으로 정당화하는 판결이유를 쓰기 위해 분투한다. 그리하여 이제 다음 세대의 학생들을 미혹케 하는 데 기여하는 것이다.

　그런데도 여전히 일급 로스쿨 교수들이 법원에서 소외되어왔다는 사실이 의심스럽다면, 아주 많은 교수들이 참여한 일련의 소송의 종착점에 해당하는 럼스펠드 대 FAIR Forum for Academic and Institutional Rights(학문과 대학·연구기관의 권리를 위한 포럼) Rumsfeld v. FAIR 사건[19]을 여기서 살펴보자(이 대법원 판결은 8 대 0으로 원고가 승소했다). 호모섹슈얼(동성애자)들이 군에서 차별받는 데 대한 로스쿨의 반응과 관련된 이 사건 판결은 중대한 의미를 가진 것도 아니고 또 의외의 내용도 아니었다(아마 다른 쪽으로 결론이 났더라

19　126 S. Ct. 1297(2006). 알리토 대법관이 불참했다.

도 마찬가지로 중대한 의미를 갖지도 또 사람들을 놀라게 하지도 않았을 것이다). 그러나 이 소송은 법관과 교수들 간의 관계에 대해 뭔가를 배울 수 있는 학문적 연구에 영향을 미쳤다.

1993년 이뤄진 타협으로 국방부와 클린턴 대통령 간에 "묻지도 말하지도 마라don't ask, don't tell"라는 정책이 만들어진 결과 — 그 성향을 "행동conduct"을 통해 표출하지 않는 한 — 동성애 성향을 갖고 있다는 것 자체는 더 이상 군 복무에 장애가 아니게 되었다. 아울러 그것을 드러내는 "행동"에 대해서는, 동성애 행위, 당사자가 동성애자임을 진술하는 것 또는 동성의 사람과 결혼했거나 결혼을 시도한 것이라고 정의하는, 광범위하고 다소 기이한 규정이 선언되었다.[20] 이제 징집관들은 지원자들에게 어떤 성적 지향을 갖고 있는지 더 이상 묻지 않는다. 그러나 동성애적 성향을 드러낸 군인은 동성애적 행위가 눈에 띄지 않았더라도, 그리고 예를 들어 동성 간 결혼을 시도하는 등으로 그 성향을 과시하지 않았더라도 군에서 추방당한다.

군에서 동성애자를 차별하는 것 — 이러한 차별은 1970년대에 시작되었고 "묻지도 말하지도 마라"는 타협이 이뤄진 뒤로도 지속되었다 — 에 대항해서 대부분의 로스쿨은 취업 희망자를 성적 지향을 토대로 차별하지 않겠다고 약속하는 로펌 등 모든 잠재적 고용주에게 제공해왔던 대학 산하 취업지도 부서의 지원 조치를 법무감JAG의 모병관들에게는 제공하지 않기로 했다. 군의 모병관들만 지원 거부의 대상이 된 것은 아니라 동성애자를 고용하기를 거부하는 모든 고용주가 그 대상이었다. 법무감의 모병관들(및 여타 차별행위자 모두를 포함해)이 로스쿨 캠퍼스에 출입을 금지당한 것은 아니었다. 그러나 차별하지 않겠다고 약속한 모집자들에게 제공해온 폭넓은 지원

---

20   레스 애스핀(Les Aspin) 국방장관이 육·해·공군의 각 장관 및 합참의장에게 보낸 1993년 7월 10일자 비망록 "Policy on Homosexual Conduct in the Armed Forces," http://dont. stanford.edu/rugulations/lesaspinmemo.pdf(visited Sept. 24, 2007). 의회는 이 정책을 10 U.S.C. §654(b)로 법제화했다.

— 여기에는 "수회에 걸친 '고용주와의 야간 미팅'이나 캠퍼스에서 학생들과 모집자들 간에 격식 없이 편안하게 만나는 행사 등 인터뷰나 미팅이라기보다는 칵테일을 곁들인 리셉션에 가까운 행사들"도 포함된다 — 을 그들에게는 제공하지 않았다.[21]

의회는 '솔로몬 개정법Solomon Amendment'이라는 이름으로 알려진 법으로 되받아쳤는데, 이 법은 "군의 모병관들 외의 여느 고용주에게 허용되는 대학의 캠퍼스 및 학생들에 대한 접근과 적어도 동일한 질과 범위에서 군의 모병관들도 대학의 캠퍼스 및 학생들에게 접근할 수 있어야 하며, 고등교육기관의 산하 조직이 이를 방해할 경우 어떤 고등교육기관이든 연방 정부의 자금 지원을 받을 수 없도록 한다"라는 내용을 담고 있었다.[22] 로스쿨들은 연방 정부의 자금 지원이 끊겨서는 안 되기 때문에 이 법을 받아들일 수밖에 없었다. 그러나 로스쿨과 법학 교수들의 연합체, 즉 FAIR은 이 법이 연방 자금을 받을 권리에 대한 위헌적 조건을 부과한다고 주장하면서 — 다시 말해 연방 자금을 받으려면 성적 지향을 이유로 차별하지 않겠다고 서약한 여느 고용주들에게 제공하는 것과 똑같은 지원을 군의 모병관들에게도 제공해야 하는데 그러면 동성애자들에 대한 차별에 반대하는 자신의 입장을 표현하지 못한다는 이유로 — 위헌 심판을 청구했다. FAIR은 (연방) 지방법원에서 패소했고, 항소법원에서는 승소했다가,[23] 연방대법원에서 다시 패소했다.

하버드대 로스쿨의 많은 교수를 대변한 법정조언자의견서amicus curiae brief는 FAIR과는 다른 근거로 정부에 반대했다. 즉, 로스쿨이 군 모병관에 국한하지 않고 동성애자에 대한 차별 금지를 약속하지 않는 모든 고용주에게도 취업지도상의 조력을 제공하지 않겠다고 하는 한 '솔로몬 개정법'을 위반한 것이 아니라는 근거였다. 이 의견서는 오히려, "'솔로몬 개정법'을

---

21   Brief of NALP et al., 2005 U.S.S. Ct. Briefs LEXIS 622, n. 12(Sept. 20, 2005).

22   10 U.S.C. § 983(Supp. 2005).

23   390 F.3d 219(3d Cir. 2004).

위헌으로 선언할 경우, 차별을 실시하는 고용주나 교육기관, 기타 집단들이, 인종이나 성별과 상관없이 동등한 취급을 인정하는 것은 그들이 동의할 수 없는 '메시지'를 보내는 것과 같다고 주장하면서, 각종 연방 시민권 입법들을 지키지 않도록 조장할 수 있기 때문에" 이 법을 위헌으로 선언하는 데 반대했다.[24]

연방대법원은 부조리에 가까운 이러한 해석을 기각했다. 대법원이 지적한 대로(네 명의 진보주의 대법관을 포함해 모두 여덟 명이 이 판결에 동의했음을 상기하기 바란다), 이런 해석을 용인할 경우 로스쿨들은 아무것도 바꾸지 않은 채 – 신입사원 모집에서 동성애자를 차별하는 고용주들에게 호의적인 대우를 베풀 로스쿨이 도대체 어디 있겠는가? – 군의 모병관들을 배척하는 정책을 지속시킬 것이기 때문에 '솔로몬 개정법'은 목적을 달성할 수 없을 것이다. 의회가 이 법을 통해 성취하는 바는 아마 아무것도 없을 것이다. 무효화는 법령 해석 방법으로 받아들여지지 않는다.

헌법적 쟁점(이 쟁점은 FAIR이 강력히 제기했던 것으로, 항소법원에서는 FAIR에 유리하게 판결했었다)과 관련해 연방대법원은 "'솔로몬 개정법'은 로스쿨들이 하려는 말을 제한하는 것도 아니고 또 무슨 말을 억지로 시키는 것도 아니다. 로스쿨들은 이 법하에서 연방 자금을 신청할 자격을 계속 보유하면서도 군이 의회의 위임을 받아 시행하는 고용 정책에 대해 어떤 의견이든 표현할 수 있다"[25]라고 말했다. 로스쿨의 취업지도 부서들이 순응적인 고용주들에게 제공하는 지원에는 "고용주들을 대신해 이메일을 보내거나 학교 게시판에 공고문을 붙이는 등"과 같은 강요된 표현(말speech)이 포함된다는 변론에 대해, 연방대법원은 의회는 "고용주들이 인종을 토대로 고용상 차별하는 것을 금할 수 있다. 이는 만약 고용주가 "백인만 지원 가

24   Brief of Professors William Alford et al., 2005 U.S. S. Ct. Briefs LEXIS 630, n. 22(Sept. 21, 2005).

25   126 S. Ct. 1308.

능"이라고 써 붙였다면 이를 떼어내야 한다는 뜻인데, 이때 법이 고용주의 행위가 아닌 말(표현)을 규제한다고 분석하는 사람은 거의 없을 것"[26]이라고 응답했다.

그 누구도 인종차별적인 고용주가 태도를 바꿀 것이라고 생각하지 않는 것과 마찬가지로, 그 누구도 로스쿨의 취업지도 부서가 학생이나 고용주들에게 보낸 통지문을 읽으면서 그 대학이 잠재적 고용주의 정책들에 대해 동의를 표한 것으로 생각하지는 않을 것이다. 담배회사나 포르노그래피 회사를 대변하는 로펌들, 공기를 오염시키거나 제3세계 독재자들에게 무기를 판매하거나 실험용 동물들을 학대하거나 콩고의 노예노동 광산에서 금을 매수하는 거대 기업들의 법무 부서들, CIA와 국방성의 법률팀들, 우익 또는 좌익 성향의 공익 기업들 등과 같은 곳에서 일하는 사람들 모두 '고용주와의 야간 미팅'에 참여할 수 있다(이는 왜 동성애 차별자들만 참여가 거부되는가라는 문제를 제기한다. 그 답은, 동성애 법학도들의 불평은 로스쿨 교수진에게, 인지심리학적 의미에서, "유효한" 의미를 갖지만, 잠재적 고용주들의 다른 문제 행위들은 그렇지 않기 때문이다). 로스쿨들이 참여의 허용을 넓힌다고 해서 그 대학이나 교수진이 초대받은 고용주의 정책을 승인한 것으로 생각할 사람은 아무도 없고, 특히 그렇게 생각할 로스쿨은 더더욱 없다. 로스쿨들이 장차 학생들의 고용주가 될 사람들을 환대함으로써 "표현"하려는 것은, 학생들뿐만 아니라 로스쿨을 위해, 학생들이 좋은 일자리를 얻을 수 있도록 돕겠다는 바람 외에는 없다(로스쿨을 졸업해 성공한 사람들은 모교에 충실하고 기부도 넉넉하게 하는 경향이 있다). 원한다면 로스쿨들은 법무감 모병관들의 참여를 허용하는 것은 그렇게 해야만 하기 때문이라고 또는 연방 자금의 지원을 받는 대가 때문이라고 아주 분명히 밝힐 수도 있다. 연방대법원은 "우리 법원은 고등학생들이 학교 당국이 지지하는 표현과, 동등 접

26   같은 판례.

근equal access 정책에 따라, 법적으로 그렇게 하라고 요구되기 때문에 학교가 허용하는 표현 간의 차이를 충분히 이해할 수 있다는 입장을 견지해왔다. 그들이 로스쿨에 들어갔다고 해서 그러한 능력을 상실했을 리 없다"[27]라고 지적했다.

로스쿨 교수들의 논변이 다소 지나치다는 것에 대해 대법원장은 "이 사건의 경우 FAIR은 연방헌법 수정조항 제1조의 여러 원칙이 보호하려는 행위의 범위에 속하지 않은 곳에까지 그 원칙들을 갖다 대려 했고",[28] FAIR은 "로스쿨이 한 행위의 표현적 성격을 분명히 과장해서 표현했고, '솔로몬 개정법'이 로스쿨의 행위에 미칠 수 있는 충격에 대해서도 과장했으며, 수정조항 제1조에 관한 선례들이 영향을 미치는 범위도 과장했다"[29]라고 질책했는데, 여기에 대해서는 다른 일곱 명의 대법관이 모두 동의했다.

하버드대 로스쿨 교수들이 '솔로몬 개정법'을 무효화하는 것은 차별을 예방하기 위해 재정지출권을 사용하는 정부의 힘을 약화시킴으로써 교육기관들의 다른 차별을 촉진시킬 것이라고 주장한 대목은 옳았다(그들의 과장 또는 확대해석은 법령 해석의 원칙들에 의거해 행해졌다). 무효화 결정은 보수적인 로스쿨들이 동성애자들을 고용하지 *않겠다고* 약속하기를 거부하는 고용주들을 돕지 않아도 되게 만들 것이다. 그러나 교수들의 해결책은 학문적 진실성을 의심할 정도로 억지스러웠다. 당신을 대리하라고 당신이 고용한 변호사는 신의성실의 원칙에 따라 당신을 대신해 어떠한 변론도 할 수 있다. 그러나 교수들은 럼스펠드 대 FAIR 사건의 어느 한쪽 당사자가 아니며, 따라서 그 법정의견서를 읽는 사람은 그 의견서에 표현된 견해를 '솔로몬 개정법'의 의미에 대한 교수들의 가장 전문적인 판단으로 볼 가능성이 높다. 의견서에 참여한 사람들은 스스로 단순히 관심 있는 시민들이

27   같은 판례, 1310.
28   같은 판례, 1313.
29   같은 판례.

아니라 하버드대 로스쿨의 전임 교수들임을 분명히 했으므로, 사람들은 권위 있는 자리에 있는 교수들이, 1%라도 (법관들을) 설득할 가망이 있으면 내놓고 보는 그런 종류의 주장을 하고 있는 것이 아니라, 전문가로서 진실하게 믿고 있는 바를 표명한 것이라고 볼 것이다. 하버드대 의견서에 참여한 교수들이 모두 '솔로몬 개정법'을 무효라고 해석하는 것이 최선이라고 여겼다거나 또는 어떤 법이 무슨 의미인지는 *전적*으로 보는 사람의 눈에 달렸다고 생각하는 법해석상의 허무주의자들이라고 믿기는 어렵다.

법학 교수들의 비판은 로스쿨이나 그 협회(즉, 미국로스쿨협의회Association of American Law Schools로, 이 기관도 이 사건에 법정조언자로 나섰었다) 자체에도 적용 가능하지 않았다. 물론 로스쿨(및 대학)은 아무런 조건이 붙지 않은 정부 자금을 선호할 것이다. 자금 지원의 조건들이 동성애자들에 대한 군의 정책에 매우 적대적인 소속 학생들이나 교수들과 마찰을 일으킬 경우는 특히 그러할 것이다. 미국로스쿨협의회가 로스쿨이 "차별과 싸우는 것을 포기하고"[30] 정부 자금을 얻어 써야 하는가라고 묻거나 또는 대학이 교육 내용을 결정할 권리가 있는지 없는지가 이 사건의 쟁점이라고 주장[31]하는 것은 과장된 어법이다. 이는 변호사들이 고객의 이익을 위해 인습적으로 사용하는 수사학에 지나지 않는다는 것을 우리는 알고 있다.

예일대 로스쿨의 대다수 교수들이 서명한 의견서의 논지는 하버드대 의견서의 논지와 똑같지 않다. 예일대의 의견서는 FAIR의 헌법에 관한 주장을 과장된 형태로 되풀이하면서 "'솔로몬 개정법'으로 인해 예일대 로스쿨 교수들은 일부 학생들을 향해 그대들은 성적 지향 때문에 군 복무에 적합하지 않다고 말하는 군을 돕도록 강요당하는데, 이는 교수들의 학문의 자유를 짓밟는다"[32]라고 주장했다. 예일대가 '솔로몬 개정법'에 고개를 숙

---

30   Brief for the Association of American Law Schools, 2005 U.S.S.Ct. Briefs LEXIS 637, n. 16(Sept. 21, 2005).
31   같은 판례, n. 29~30.

인다고 해서 로스쿨 교수들이 동성애자들에 대한 군의 정책과 뜻을 같이하는 것으로 볼 학생은 하나도 없을 것이다. 만약 예일대 병원이 암에 걸린 동성애 혐오자를 치료한다면 이것을 예일대 의과대학 교수들이 동성애 혐오증을 인정한다는 신호로 받아들여야 할까? 이것이 그 의견서의 논리다.

예일대의 의견서는 터무니없는 주장을 보강하기 위해 과거 연방대법원이 NAACP(전미흑인지위향상협회)가 흑인을 차별대우하는 상인들에 대한 보이콧을 조직하는 것은 연방헌법 수정조항 제1조에 따라 인정된다고 결론 내린 판결[33]을 인용한다. "클레이본Claiborne 사건 판결을 통해 연방대법원은 연방헌법 수정조항 제1조가 대학 교수진에게 호모, 레즈비언, 또는 양성애 학생들을 차별하는 군의 정책에 대해 협력이나 지원을 거부할 수 있는 자유, 관계를 끊거나 항의할 수 있는 자유를 충분히 보장한다는 것을 분명히 했다."[34] 그러나 NAACP는 자신을 도와준 손을 물어뜯으려 하지 않았다. 클레이본 사건에 대한 예일대 교수들의 독해의 논리는, 정부 자금을 사용한 데 대한 정부의 회계감사를 받아들일 경우 감사관들이 절약한 자금을 이라크 전쟁 비용으로 전용할 수 있다는 이유로 예일대 로스쿨이 정부의 감사를 거부하는 경우라면, 예일대는 연방헌법 수정조항 제1조에 의거해 감사관들의 접근을 막으면서 그 자금을 보관할 수 있다는 것이었다. 정부가 정부 자금을 감사하는 데는 합법적인 이익이 있지만 동성애자들을 차별하는 데에는 그렇지 않다는 것은 답이 되지 못한다. 동성애자들을 차별대우하는 것도 법적으로 이뤄지고 있는데, 예일대 법학 교수들은 그 이유 ― 교수들이 믿듯이 전적으로 무지와 악의의 소산만은 아닐 수도 있다 ― 를 평가하려는 아무런

32 Brief Amici Curiae of Robert A. Burt et al., 2005 U.S.S.Ct. Briefs LEXIS 638, nn. 2~3(Sept. 21, 2005).

33 같은 판례, nn. 13~14. 이 판례집은 NAACP 대 클레이본(National Association for the Advancement of Colored People v. Claibourne) 사건[458 U.S. 886, 911, 913(1982)]을 논하고 있다.

34 각주 32의 Brief Amici Curiae of Robert A. Burt et al., n. 14.

노력을 기울이지 않았다. 그들은 또 수정조항 제1조를 상쇄하는 법익이 존재한다는 것도 인식하지 못했다. 로스쿨들은 군의 모병관들을 차별대우함으로써 학생들이 로스쿨 공동체를 지배하는 정통 사상에 반하는 군사 정책관과 접할 수 있는 기회들을 축소시켰다. '솔로몬 개정법'이 검열이라면 군의 모병관들에 대한 대학 당국의 차별대우 역시 검열에 해당된다.

하버드대와 예일대 법학 교수들의 법정조언자의견서들은 접근법에서 인습적이고 논리가 빈약하며, 건설적인 내용을 별반 포함하고 있지 않았다. 이 소견서들은 하나[35]만 제외하고는 대부분 교수들이 직접 작성한 것이 아니라 고용된 로펌에서 작성한 것이었다. 내가 듣기에 적어도 예일대 교수들의 의견서에 관한 한 교수들의 지적 참여가 상당했다고 한다. 차라리 그러한 참여가 별로 없었더라면 내 마음이 더 편했을 것이다. 그 의견서에는 일반 개업 변호사들이 써내는 것과 다른 내용이 아무것도 없었을 뿐 아니라 오히려 법관들을 당황케 만들 만큼 좋지 않은 변론들을 담고 있었으며, 학자적 통찰 같은 것은 전혀 보이지 않았기 때문이다.

이 시기 우리 사회에서 최고 수준인 그 법학 교수들은 어떻게 하는 것이 법관들이 사건 판결을 내리는 데 도움이 되겠는가에 대한 단서를 조금도 포착하지 못한 것 같다. 설득력 있는 의견서란, 부적절하지만 소송에는 도움이 될 일반적인 언어들이 포함된 선례들을 잔뜩 법관들에게 갖다 안기는 의견서라는 것이 그들의 관념이었다. 그들은 연방대법원에서 효과를 볼 수 있는 유일한 수사학이 법규주의적 수사학이라고 생각했다. 그들은 최근

---

35 Brief for Amicus Curiae the American Association of University Professors, 2005 U.S.S.Ct. Briefs LEXIS 641, nn. 2~3(Sept. 21, 2005). 이 의견서에는 "교수들은 다음과 같은 학문적 판단을 할 자격, 즉 게이 채용을 공개적으로 거부하는 고용주의 신입사원 모집을 돕는 것은 단지 게이라는 이유로 학생을 낙제시키는 것과 비슷하다는 판단을 할 자격을 갖고 있다"라는 내용이 들어 있다(같은 판례, n. 12). 이것은 성경의 무오류성을 믿는 학생들이 포함된 학급에서 진화론을 가르치는 것은 근본주의 기독교인이라는 이유로 학생을 퇴학시키는 것과 유사하다는 말을 연상시킨다.

수십 년에 걸쳐 과거와 다른 모습을 형성한 법학 문화가 럼스펠드 대 FAIR 사건에 대해 대법관들이 다른 각도로 고려하도록 긍정적으로 작용할 수도 있었다는 사실을 이해하지 못했다. 그 의견서들에는 미국의 군에서는 왜 미국의 우방국들이 대부분 포기한 동성애자들에 대한 진입장벽을 계속 유지하는가, '솔로몬 개정법'을 무효화시킨다면 그것이 그러한 장벽에, 군 병력의 질에, 그리고 군사재판에 어떤 효과를 가져올 것인가에 관한 어떠한 토론도 포함되지 않았다. 법관들은 이러한 것들을 알고 싶어 한다. 그들은 사건에서의 실제 이해관계들을 이해하고 싶어 한다. 그들은 자신이 문언 아래로 파고들어갈 수 있도록 변호인들이 도와주기를 원한다. 아마 군은 동성애자들에 대한 진입장벽을 걷어내는 것이 군의 사기를 저하시키고 모병 절차를 복잡하게 만들며 이미 과도하게 팽창된 군에 더욱 부담을 안길 것이라고 믿을 만한 상당한 이유를 갖고 있을 것이다. 만약 그렇다면 그러한 믿음은 진입장벽 때문에 동성애자들이 입는 피해[36](이는 곧 군 자체가 입는 피해이기도 하다)와 저울질해봐야 할 것이다. 미국의 군은 동성애자들도 자신들과 함께 군 복무를 할 자격이 있다는 이야기를 듣고 언짢게 여길 일부의 국민들로부터도 부득이하게 모병을 한다. 그리고 그러한 분노는 — 그것이 비록 무지에 따른 편견에 지나지 않는다 하더라도 — 양심적인 행정청이라면, 특히 국가가 전쟁 중일 때에는(나는 지금 "테러와의 전쟁"을 언급하는 것이 아니다. 이 용어는 부정확하고 상황을 오도하는 것이다. 내가 언급하는 대상은 이라크와 아프가니스탄에서 수행된 미군의 작전들이다) 당연히 진지하게 고려해야 할 부분이다. 그러나 동성애에 대한 여론은 유동적이다. 어쩌면 그 장벽을 철폐하는 것이 미군의 사기에 미칠 영향은 영국이나 이스라엘, 기타 여러 나라들에서 장벽을 철폐했을 때 그 나라 군에 미쳤던 영향보다 더 크지

---

36 "만약 그들이 실제로는 그렇지 않은데도(분명 실제로 그렇지 않다) 그들에게 '당신은 나라에 봉사하는 데 맞지 않는 사람이다'라고 말해야 하는 것은 끔찍한 일이다'[Richard A. Posner, *Sex and Reason* 321(1992)].

않을 수도 있다.

'솔로몬 개정법'의 폐기가 어떤 결과를 가져올 것인가 — 이는 학자라면 단지 학자라는 이유로 독특한 전망을 가질 것으로 기대되는 주제인데 — 에 대해 말하자면, 일류 로스쿨 학생들 가운데 군에 고용되는 사람의 수가 더 적어지는 것이 그 결과 가운데 하나일 것이다. 왜냐하면 당연히 법무감 모병관들의 접근에 제한이 가해질 것이기 때문이다. 실망하는 학생들 중 일부는 동성애자일 것이다. 동성애자들은 군에서 배제되지 않는다. 다만, 벽장 속에 머물러 있어야만 하는 것이다(그 상황은 법적으로는 아니겠지만 실제적으로는 "묻지도 말하지도 마라"라는 타협이 이뤄지기 이전과 똑같을 것이다). 오늘날 많은 동성애자들은 벽장에 숨어 있으려 하지 않는다. 그러나 일부는 벽장에 머무른다. 심지어 하버드대나 예일대에 다니는 학생들 가운데도 그런 학생들이 존재한다. 만약 그들이 법무감 부대에 모병된다면 이는 동성애자들에 대한 공식적 장벽의 철폐를 앞당길 것이다. 그러나 피터 버코위츠Peter Berkowitz가 지적해왔듯이, 더 중요한 것은 그러한 대학에 다니는 학생은 성적 지향이 어떠하든 대부분 진보주의자라는 사실이다.[37] 법무감 복무를 위해 모병되는 사람이 많아질수록 장벽은 더 빨리 철폐될 것이다.

'솔로몬 개정법'을 유지하거나 폐지하는 실제 효과가 어떠할 것인가는 사회정치적인 문제이므로 학자들은 개업 변호사들보다 이를 조사·연구하기에 더 나은 입장이다. 이런 조사·연구를 수행해 그 결과를 법정에 제출하려면 선례나 써먹는 개업 변호사들을 고용하는 것보다 법학 교수들을 고용하는 편이 더 유용할 것이다. 개업 변호사의 의견서에 서명한 모든 교수는 양떼의 습성(염소에게 인도되는 양)과 비슷한 습성을 보였다. 그들 중 일부는 자신의 목소리를 내었다고, 즉 개인적 견해를 표명했다고 생각할 수도 있다. 하버드대나 예일대의 법학 교수는 의견서를 쓸 수 없는가? 아마

---

37   Peter Berkowitz, "U.S. Military: 8, Elite Law School: 0, How Many Professors Does It Take to Misunderstand the Law?" *Weekly Standard*, Mar. 20, 2006, p. 10.

이제 더 이상 쓸 수 없게 되었는지 모르겠다. 그러나 학자들이 잘 수행할 수 있는 조사·연구를 법학 교수는 할 수 있었다. 그리고 변호사들에게 그 결과를 의견서에 담도록 할 수 있었다.

　법학 교수들은, 또는 그 대부분은, 아마 학생들의 압력에 굴복해서, 또는 일류 로스쿨의 경우 학생의 절대 다수가 진보주의자인 만큼 진보적인 자신과의 연대 의식을 과시하기 위해서 법정조언자의견서들에 서명했을 것이다. 우리는 이 말이 맞기를 바란다. 그리고 그들이 규칙과 규준 간의 선택이나 엄격한 해석과 느슨한 해석 간의 선택과 같은, 법관들로서는 대답할 수 없는 사법 과정의 근본에 놓인 문제들 쪽으로 관심을 돌렸으면 좋겠다. 법학 교수들은 법관들에게 간절한 문제들을 조사·연구하는 데 사용할 수 있는, 예전에 비해 훨씬 더 좋은 도구들을 갖고 있다. 그러나 그들은 법관들과 예전보다 더 의사소통이 안 되고 있으며, 사법부에 대한 통찰도 마찬가지다. 럼스펠드 대 FAIR 사건에 관한 학자들의 의견서는 그들이 법학도들에게 법원에 대해 가르치는 데 현실감realism이 부족하다는 사실을 잘 보여준다. 교수들이나 법관들 모두 상소를 '선례들 간의 결투'로 취급한다. 하지만 어느 쪽도 법관의 마음을 이해하지 못한다. 어느 쪽도 헌법의 정치화politicization와 더불어 효과적인 변론이 가져올 결과를 인정하지 않는다. 법관들은 교수들과 사법부 간에 벌어진 틈새가 더 커져간다는 것을 느끼고 있다. 럼스펠드 사건에서 우리는 그 벌어진 넓이를 일견할 수 있었다. 만약 그 근원이 내가 생각하는 대로 법학자들의 전문화가 증대되는 데 있다면 그 간극은 앞으로도 메워지기 어려울 것 같다.

9

실용적 재판은 불가피한가?

미국 사법부의 계층구조상 각 단계의 평균적인 법관을 가장 잘 묘사하는, 그리하여 사법행태에 대해 가장 큰 통찰을 가져다주는 단어를 꼽으라면 단연 "실용주의자pragmatist"일 것이다[1](더 정확히 말한다면, 앞으로 설명하겠지만, "제한된 실용주의자constrained pragmatist"라 할 수 있다). 이는 법규주의, 극단적 가치개입 이론 및 포괄적 이론comprehensive theory에 대한 충동이 사법행태를 적절하게 묘사하지 못한다고 배격하고 나서 남는 *모든* 것을 의미하는 것은 아니다. 그러나 이 중 많은 부분을 의미하는 것은 맞다. 브라이언 타마나하 Brian Tamanaha는 다수의 미국 법관에게는 실용주의자라는 라벨을 붙일 수 있다고 평했다.[2] 그러나 더 정확히 말하자면 대부분의 미국 법관은 어떤 경우

---

1   이것은 나의 오랜 연구 주제다. 다음 내 책들을 참조할 것. *The Problems of Jurisprudence* (1990), 특히 ch. 15; *Overcoming Law*(1995), 특히 ch. 19; *The Problematics of Moral and Legal Theory*, ch. 4(1999); *An Affair of State: The Investigation, Impeachment, and Trial of President Clinton* 217~230(1999); *Breaking the Deadlock: The 2000 Election, the Constitution, and the Courts* 169~187(2001); *Law, Pragmatism, and Democracy*(2003).

에는 법규주의자이고 또 어떤 경우에는 실용주의자일 것이다. 왜냐하면 법규주의는 실용주의적 전술이기 때문이다. 물론 법규주의가 실용주의적 전술에 그치는 것만은 아니지만 말이다. 그리고 어느 쪽 경향을 가지든 많은 법관들은 어느 쪽 기술을 동원해도 풀리지 않는 사건들을 만나게 된다. 다시 말해 모든 법규주의적 기술을 쓰더라도 판결이 어떤 결과를 가져올지 알 수 없거나 또는 강한 도덕적 또는 감정적 반응(예를 들어, 소송의 한쪽 당사자가 야기한 분노)이 법규주의적 대응과 결과에 관한 관심 모두를 압도해 버릴 수도 있다. 그럼에도 실용주의적 경향은 미국의 재판을 넓고도 깊게 지배하고 있다.

미국의 지식인 사회에서 "실용주의pragmatism"라는 단어가 널리 유통되기 시작한 것은 철학하는 양식으로서였다. 실용주의는 세 명의 미국 철학자, 찰스 샌더스 퍼스Charles Sanders Peirce, 윌리엄 제임스William James, 존 듀이 John Dewey의 발명품이었다. 이들은 1860년대 말부터 1950년대 초에 걸쳐 활동했는데 생존 시기가 겹치기도 하며 그중 한 사람[듀이를 말함 — 옮긴이]은 거의 100년을 살았다. 실용주의의 선조로 말하자면 소피스트들과 아리스토텔레스로까지 거슬러 올라갈 수 있으며, 그보다 가깝게는 데이비드 흄

---

2   Brian Z. Tamanaha, "How an Instrumental View of Law Corrodes the Rule of Law," 56 *DePaul Law Review* 469, 490(2007)("현대 법관의 절대 다수가 법실용주의자라고 추정하는 것은 올바르다. … 오늘날의 판결들은 정책적 고려를 인용하고 법의 배후에 있는 목적을 고려하며 법의 사회적 결과에 주의를 기울이는 것이 일상화되어 있다"). 대법원의 판결에 실용주의가 지배한다는 사실에 관한 최근의 흥미 있는 연구로는 다음을 참조할 것. Nelson Lund, "The Rehnquist Court's Pragmatic Approach to Civil Rights," 99 *Northwestern University Law Review* 249(2004); Kenneth W. Starr, "The Court of Pragmatism and Internationalization: A Response to Professors Chemerinsky and Amann," 94 *Georgetown Law Journal* 1565(2006). 나는 다음 장에서 대법원의 (때때로 중단되는) 실용주의에 대해 논할 것이다. 법의 여러 영역에 실용주의의 피가 흐른다는 것에 대해서는 가령 John R. Tennert, "Administrative Law as Pragmatism," 29 *International Journal of Public Administration* 1339(2006)를 포함해 관련 연구 문헌이 증가하고 있다. 그러나 이 책에서 그러한 문헌에 대해 논한다면 본령에서 너무 멀어질 것이다.

David Hume, 존 스튜어트 밀John Stuart Mill, 랠프 에머슨Ralph Emerson, 프리드리히 헤겔Friedrich Hegel, 프리드리히 니체Friedrich Nietzsche 등도 선조라 할 수 있다. 미국의 고전적인 실용주의자들의 견해와 방법은 다양했다(그중 오직 듀이만 철학자로서의 훈련을 받았다). 그러나 그들은 서구의 전통적인 철학적 의제를 외면했다는 점에서는 공통적이었다. 전통적인 철학적 의제는 플라톤이 설정했는데, 진리의 의미와 가능성, 지식의 토대, 추론 양식, 실재의 성격, 삶의 의미, 인간의 행동에서 자유와 인과성의 역할, 도덕성의 본질과 원칙 등에 대한 탐구가 주된 관심사였다. 실용주의자들은 연구 주제에서 이러한 관심사를 벗어났을 뿐 아니라 주류 철학의 방법론에서도 그러했다. 주류 철학의 방법론에서는 개념론과 엄격한 연역, 엄격한 논리가 강조되었다. 실용주의자들은 어떤 명제는 논리적 전제보다 관찰 가능한 결과로 평가되어야 한다는 급진적인 경험론을 옹호했다. 다시 말해 과학적 방법론을 철학적 탐구의 모든 분야로 확장할 것을 요구한 것이다. 듀이는 자신의 실용주의에 "실험주의experimentalism"라는 이름을 붙였는데, 그 말에서 우리는 철학적 실용주의를 특징지었던(그리고 특징짓는) 잠정적이고 반도그마적이며 어느 정도 반이론적인 관점을 읽을 수 있다. 여기서 철학적 실용주의는 "사상과 제도들에 대한 도구주의적 접근 또는 문제 해결을 위한 접근을 의미한다. 실용주의적 관점에서는 우리의 사상, 원칙, 관습과 제도들이 불확정성으로 가득 차 있는 사회적·정치적 세계를 헤쳐 나가는 데 필요한 도구들에 불과하다".[3]

실용주의는 1870년대 초 매사추세츠 주 캠브리지 시의 한 비공식적인 토론 그룹에서 부화되었다. 참가자로는 퍼스와 제임스 외에 몇 사람 더 있었는데, 거기에는 젊은 홈스도 있었다. 홈스가 실용주의 철학의 탄생에 정

---

3   Jack Knight and James Johnson, "The Priority of Democracy: A Pragmatist Approach to Political-Economic Institutions and the Burden of Justification," 101 *American Political Science Review* 47, 49(2007).

확히 어떤 기여를 했는지는 불확실하다. 그러나 전 생애에 걸쳐 그의 사고를 강하게 지배한 것은 실용주의였다. 그의 법에 대한 실용주의적 접근 태도는 유명한 『코먼로The Common Law』(1881)의 첫 구절("법의 생애는, 발생부터 지금까지, 논리적인 것이 아니었으니, 그것은 경험이었다")에 잘 표명되어 있으며, 그 책과 나중에 쓴 논문 「법의 길The Path of the Law」[4]에 잘 기술되어 있다. 그는 어려운 사건들에 임한 법관들이 권위 있는 법문에 의해 주어진 전제들로부터 논리적 연역의 과정이나 이와 매우 비슷한 과정을 통해, 또는 이러한 법문에 영감을 주고 이를 포함하는 자명한 보편적 원리들("자연법natural law")을 통해 문제를 해결할 수 있다는 정통의 관념을 거부했다. 그는 어려운 사건들에 임한 법관들이 판결이 가져올 것으로 예견되는 사회적·경제적 결과와의 관련 속에서 법을 만들었으며, 또한 전통적으로 판결이유를 쓰는 데 원용된 추상적인 도덕률이나 형식적인 법률 분석보다는 법관들의 직관이 법적 변화를 추동했고 당대의 법을 만들었다고 주장했다. 그는 법관들이 피도 눈물도 없는 정책과학에 종사한다고 생각하지 않았다. 그는 법관의 정치적 견해, 예를 들어 사회주의에 대한 두려움 같은 정치적 견해들이 판결에 큰 영향을 끼친다고 생각했다.

철학적 실용주의와 법(적) 실용주의는 함께 진화했다. 듀이가 쓴 유명한 논문은 홈스의 저술에도 커다란 영향을 미쳤다.[5] 법현실주의가 한창이던 1924년에 출간된 그 논문에서 듀이는 법관과 변호사들에게 판결을 주어진 법규들에서 연역된 산물로 볼 것이 아니라 판결이 가져올 실제 결과를 이해해 그에 맞춰 법을 형성하는 쪽으로 태도를 전환하도록 촉구했다. 듀이는 전통적인 법사상가식의 과거를 돌아보는 삼단논법적인 접근법(및 가령 "유추에 따른 법적 추론" 같은 다른 속임수들)과 구별되는, 미래를 바라보고 경험주의적이며 심지어는 *정치/적*인(물론 비당파적인 의미에서의) 접근법을

---

4   Oliver Wendell Holmes, "The Path of the Law," 10 *Harvard Law Review* 457(1897).

5   John Dewey, "Logical Method and Law," 10 *Cornell Law Quarterly* 17(1924).

옹호했다. 홈스도 그러한 사고방식을 공유했는데, 홈스 역시 법과 공공정책에 대해 실제적·개방적·실험적인 접근방법을 선호했다. 이는 당시 여러 주에서 만들고 있던 새로운 사회복지법들을 대법원이 헌법의 이름으로 배격해서는 안 된다고 자신의 판결들을 통해 누차 강조했던 데서도 알 수 있다. 그는 그러한 입법들에 대해 연방대법원이 그 지속을 허용해야만 하는 사회적 실험들로 보았다. 그의 입장은 또 그가 사회주의에 대해(그는 반사회주의자였다) "일부다처제에 대해 내가 *선험적*인 반대 입장을 갖고 있지 않는 것과 마찬가지로 사회주의에 대해서도 어떤 *선험적*인 반대 입장에 있지 않다. 미국의 공립학교나 우편제도는 사회주의적인 제도다. 사람들이 그래도[사회주의적인 것이라 해도―옮긴이] 괜찮다고 생각한다면, 그것은 아마도 잘못 생각한 것이라는 점 외에 내가 반대할 이유는 없다"[6]라고 말한 데서도 잘 알 수 있다.

듀이는 1952년에 사망했는데 그때는 철학적 실용주의가 저물고 있었다. 그러나 20년 후 철학자 리처드 로티Richard Rorty가 루드비히 비트겐슈타인Ludwig Wittgenstein, 윌리엄 콰인Willard Quine, 도널드 데이비슨Donald Davidson 등의 저작을 토대로 철학적 실용주의를 재흥시켰다. 이러한 저작들은 최초의 실용주의자들의 저작과 강한 친연성을 갖고 있었다. 20세기의 마지막 사반세기에 실용주의 철학은 르네상스를 누렸고 사상 처음으로 유럽에서 추종자를 만들어냈다. 그중 유명한 사람이 위르겐 하버마스 Jürgen Habermas로, 그는 스스로 미국의 실용주의자들에게 빚진 바가 많다고 인정했다. 하버마스 이전의 유럽 실용주의 철학자로는 프리드리히 실러Friedrich Schiller가 유일한데, 그의 영향력은 제한적이었다.

---

6   1912년 11월 21일에 홈스가 루이스 아인스타인(Lewis Einstein)에게 보낸 편지. 이 편지는 다음에 수록되어 있다. *The Essential Holmes: Selections from the Letters, Speeches, Judicial Opinions, and Other Writings of Oliver Wendell Holmes, Jr.*, 66(Richard A. Posner ed. 1992).

미국에서 법현실주의 운동은 1940년대 초에 시들기 시작했지만, 법실용주의는 철학적 실용주의의 퇴조에도 가장 영향력 있는 법률 사상으로서의 위치를 고수했으며 지금도 그 사실에는 변함이 없다. 다만, 최근에는 *남의 시선을 의식하기* 시작한 것처럼 보이고 있다. 무슨 말이냐 하면 법실용주의를 옹호하는 사람들은 요즘 이를 신중하게 정의하는 데에, 가령 법에 대한 경제학적 분석학파 같은 다른 법률학파와 비교하는 데에, 또 가령 철학적 실용주의 같은 다른 사회사상 조류와의 관련하에서 법실용주의의 위치를 설정하는 데에, 그리고 법실용주의를 특정한 법원칙과 결정에 적용하는 데에, 끝으로 법실용주의의 강점과 한계를 평가하는 데에도 많은 노력을 기울이고 있다는 것이다.

나는 철학적 실용주의와 법실용주의가 함께 진화했다고 말했다. 그러나 법실용주의를 철학적 실용주의와 동일한 것으로 또는 전자가 후자에 의존하는 것으로 간주하고, 그리하여 철학적 실용주의에 대한 비판은 곧바로 법실용주의에 대한 비판인 것으로 본다면 이는 잘못이다. 법실용주의는 철학적 논의에 바탕을 둔 것이 아니라 미국법에서의 필요와 미국법의 특성에 근거한 것이다. 이 장의 끝에서 나는 유럽 대륙 법관들의 법적 사고는 미국 법관들의 법적 사고보다 덜 실용적이라는 것과, 그 이유는 5장에서 언급했듯이 미국의 사법 시스템과 유럽의 직업법관제 사이의 제도적 차이 때문이라는 것에 대해 이야기할 것이다.

나는 심지어 법실용주의가 철학적 실용주의에서 강하게 파생한 것도 아니라고 생각한다. 오히려 19세기에 자연법에 대한 믿음이 상실된 것이 법실용주의의 기원일 가능성이 크다. 이 믿음의 상실은 다윈에 뒤이어 많은 지성인들이 겪은 종교적 믿음의 상실과 연결되고, 이해와 통제의 양식으로서 과학이 비약적인 성공을 거둠에 따라 과학적 시각이 지배적으로 된 것과 연결된다. 만약 코먼로 ― 19세기 코먼로의 위상은 지금보다 훨씬 높았다 ― 가 자연법을 실정법으로 번역한 것이 아니라면, 또 블랙스톤이나 후기의 하이에크가 역설했듯이 태고부터의 관습을 법관들이 채택한 것이라는 말도 틀리다면, 코먼로는 법관들이 재판을 해나가다가 뜯어고치고 만들어낸 무엇임이 틀림없을 것이다. 이는 영미의 전통에서 법관들이 실제로 '때때로 입법자'들이라는 것을 의미한다. 그것이 홈스의 결론이었다.[7]

하이에크는 간단히 말해 법규주의자였다. 그러나 블랙스톤의 경우는 더 복잡하다. 사람들 중에는 그가 법실용주의의 창설자 가운데 한 사람이라고 믿는 사람들이 꽤 있다. 코먼로의 기원은 색슨족의 법에 있다는 그의 주장은 '법관의 창조성'을 18세기적 사고에 친숙한 용어로 정당화하는 데 유용했던 허구였다. 사실 그는 법관들에게 코먼로를 변경할 수 있는 권한을 부여했다. 그는 법관은 코먼로를 변경함으로써 코먼로의 원 의미를 복원한다고 주장했다.[8] 이것은 '가짜 원의주의'로서의 실용주의였다. 그리고 블랙스톤이 — 시가지에서의 유혈에 관한 볼로냐의 법령을 해석하는 태도에서 보여주었듯이 — 법령 해석에서 목적론적 이론을 채택했던 것을 우리는 기억한다. 그것이야말로 법실용주의의 핵심 강령이다.

"만약 법관이 정말 '때때로 입법자'라면 사건을 판결하는 과정에서 법관이 행하는 입법의 원천과 내용은 무엇인가?"라는 질문에 대해 색슨법은 우리의 답이 될 수 없다. 홈스가 그 답으로 암시한 것은 이데올로기였다.[9] 그리고 이는 1920년대와 1930년대의 많은 법현실주의자가 내놓은 답이었다. 어떤 이들은 모든 법은 당파적인 좁은 의미에서 정치라 여기고 법관들

---

7   "나는 법관이 입법을 한다는 것과 또 하지 않으면 안 된다는 것을 주저 없이 인정한다" [Southern Pacific Co. v. Jensen, 244 U.S. 205, 221(1917)]. 이 판결에서 그는 소수의견에 속했다.

8   Richard A. Posner, *The Economics of Justice* 25~27(1981).

9   각주 4의 Holmes, 466; Oliver Wendell Holmes, Jr., *The Common Law* 1(1881). "법의 생애는 — 발생부터 지금까지 — 논리적이지 않다. 그것은 경험이다. 시대의 필요라고 느껴진 것, 사회를 지배하는 도덕적·정치적 이론들, 공공 정책에 관한 직관, 심지어는 법관이 동료들과 공유하는 편견 같은 것들이 시민 일반을 규율하는 법규의 소재를 결정하는 데 삼단논법보다 훨씬 더 큰 역할을 한다."

의 정치적 성향이 반동적이라고 비난하면서 진보주의자들을 법관으로 임명해야 한다고 역설하기도 했다. 그러나 이러한 접근방법은 권한남용적인 일단의 법관들을 단순히 다른 일단의 법관들로 교체해야만 한다는 것을 암시하는 정도로 보일 뿐이며, 이러한 생각은 본래 홈스가 생각한 현실주의와 거리가 멀 뿐 아니라 홈스와 생각을 같이했던 카도조나 핸드 같은 영향력 있는 법관들에게도 골칫거리가 될 만한 생각이다. 이 법관들은 ─ 그리고 펠릭스 코헨Felix Cohen이나 래딘, 르웰린 같은 사려 깊은 현실주의자들도 마찬가지로 ─ 법관들이 "현실주의적" ─ 실제적 ─ 으로 되기를, 언어로만 생각하지 않기를, 그리고 법규주의가 갖는 인식론적 한계를 인정하기를 원했다. 하지만 그들은 법관이 가령 뉴딜 정책을 방해하거나 촉진하는 식의 좁은 의미에서 정치적이지는 않기를 원했다.

현실주의자들은 정치적으로 동질적인 사회에서는 심지어 "정치화"된 사법부라 하더라도 침해적이지 않다는 사실을 지적할 수 있다. 법은 정치적 가치들로 가득 차 있다. 그런데 일반 대중이 이러한 가치들을 승인했을 때에는 분쟁의 소재가 되기보다는 가정들과 전제들의 중립적 배경이 된다. 사람들이 도전하지 않는 것들은 정치적인 것이 아닌 자연스러운 것으로 간주된다(식인이나 영아 살해에 반대한다고 할 때 우리는 이를 단순히 정치적인 견해라고 보지 않는다). 이것이 오늘날 대부분의 코먼로가 처해 있는 상황이다. 왜냐하면 "현대사회의 이질적인 특성이 증가함에 따라 … 코먼로 판결에 근거를 제공할 *어떠한* 윤리적 원칙이나 정치적 목표에 관한 사회적 합의가 존재하기는 대단히 어려워졌다"[10]는 것은 사실이 아니기 때문이다.

---

10 Jack Knight and James Johnson, "Political Consequences of Pragmatism," 24 *Political Theory* 68, 78(1996). 사회적 합의가 특정 코먼로 법규를 '정당화'하는지의 여부(나이트와 존슨은 내가 법실용주의를 옹호하는 것을 비판하면서 이를 의문시한다)는 이 장의 관심사가 아니다. 이 장의 관심사는 미국의 법관들이 실용주의자인지 여부이지, 그들이 실용주의자가 되어야 하는지 여부가 아니다. 다만, 그러한 법철학의 규범적 적절성은 미국 법관들이 지금까지 실제 그렇게 해왔다고 생각하는 것이 얼마나 타당한가와 무관하지는 않을

예를 들어, 계약법은 자본주의의 가치들로 가득 차 있는데, 자본주의는 하나의 정치 이론이자 실천이다. 그러나 재산법, 불법행위법, 상법, 회사법, 반독점법, 유가증권법 등 - 코먼로와 제정법 모두의 많은 영역에서도 - 에서 그러하듯이 계약법의 기본 원칙들에 대해서도 논쟁 자체가 존재하지 않는다. 왜냐하면 미국은 자본주의를 강력히 신봉하는 국가이기 때문이다. 그러나 경제 이데올로기의 싸움에서 자본주의가 공산주의를 정복하기 전에는 - 현실주의자가 활동했던 시기에는 - 앞에 든 법 영역들 가운데 몇 가지를 포함해 많은 법의 영역에서 의견 합치consensus가 이뤄지지 않았다. 이러한 상황에서 자신의 역할이 기술적으로 기존 법규들을 확인하고 적용하는 것에 그친다고 생각하지 않는 법관들은 어떻게 해야 할까? 전통적인 법적 추론으로 해결할 수 없는 정치적으로 중요한 쟁점을 해결하는 데 자신의 정치적 견해에 의지하는 것 말고 다른 방법이 있을까? 현실주의자들은 법에 사회과학의 방법과 통찰을 도입함으로써 답을 찾을 수 있다고 생각했다. 그러나 사회과학은 이 일을 감당하기 어려웠고 또 현실주의자들은 사회과학을 감당하기 어려웠다. 현실주의가 시들고 수십 년이 지나 법경제학 운동law and economics movement이 동력을 얻은 뒤에야 비로소 사회과학은 법률적 실증주의에 상당히 중요한 기여를 하게 되었다.

다양한 도덕적·정치적 견해는 각종 분쟁을 폭이 좁은 절차주의thin proceduralism에 의거해 해결해야 한다는 압력을 낳았는데, 이는 '실체'에 대한 구속은 피하면서 서로 실체에서 적대적인 견해를 가진 사람들이 만날 수 있는 공통의 마당을 제공한다.[11] 이것이 법현실주의를 계승한 법과정학파(10장에서 상론할 것이다)에서 우리가 관찰하는 바다. 이 학파는 법관들에게 불

것이다.

11　다음을 참조할 것. Bernard Williams, "Modernity and the Substance of Ethical Life," in Williams, *In the Beginning Was the Deed: Realism and Moralism in Political Argument* 40, 48~49(Geoffrey Hawthorne ed. 2005).

편부당할 것을 당부했을 뿐만 아니라, 참을성 있게 열린 마음으로 협의할 것, (예를 들어, 법관과 배심원단 사이, 사실심 법원과 상급심 법원 사이, 법원과 입법부 사이 등에서) 관할권 배정에서 기관의 역량을 고려할 것, 이를 통해 다른 기관들, 특히 입법부와 행정부 부처들에 대한(법과정학파는 진보의 시대 Progressive Era와 뉴딜에 친화적 성향을 드러냈다) 존중심을 가질 것을 요구했다. 그들은 법관들에게 특히 법관들의 지식의 한계와 혹시 있을지 모를 편견의 근원을 조심해야 하며, 어떤 사건을 사회나 소송 당사자들에게 가져올 결과보다는 중립적 원칙들에 의거해 판결해야 한다고 당부해 마지않았다. 그러나 재판에서 이처럼 내용 없고 기술 관료적인 사항에 치중하는 것처럼 보이는 교훈들을 받아들이는 것은 야구 시즌에 대비해 봄철에 훈련을 하는 것과 같을 뿐이다. 교훈들은 준비운동 조치에 불과하다. [재판에 대해 ‒ 옮긴이] 종결을 하려면 실체에 대한 합의가 필요하다. 합의 없이는 중립적 원칙의 선택이 불확정적일 뿐이다. 법현실주의와 마찬가지로 법과정학파 역시 법규주의의 대체물이 될 수 없었고, 그뿐만 아니라 정치와 감정의 대체물도 될 수 없었다.

중립적 원칙이라는 개념은 입법과 판례법 간의 혼동을 반영하는데, 이 혼동은 당시의 진보주의자들 또는 뉴딜주의자들에게는 자연스러운 현상이었고 진보적 사상가들에 의해 입법(이 법들은 실행에 앞서 일반적인 용어로 권리와 의무를 선언한다)이 코먼로보다 격상된 시대의 산물이었다. 코먼로의 가치와 방법에 고취된 법관들은 (이유 없이는 아니지만) 반동적인 사람들로 인식되었다. 노동조합에 대해 적의를 드러내는 것, "계약의 자유"라는 이름으로 사회적 입법들을 무효화하는 것, 불법행위법을 안전에 대한 규제의 틀로 사용하는 것을 부적절하다고 인식하는 것, 코먼로를 약화시키는 제정법은 엄격하게 해석되어야 한다는 해석상의 원칙을 고수하는 것은 반동의 증거로 제시되었다. 중립적 원칙들은 정치적 판결에 대한 해독제로서 제공된 것이었다. 그러나 법원이 새로운 사건을 판결하는 과정에서 새로운 원칙을 개진할 때에는 개진된 원칙의 문언상의 범위가 판결에 필요한 범위를 초과하는 경우가 빈번하다. 만약 나중에 사건을 맡은 법원이 중립성이라는 이름으로 그 새 원칙을 애초에 개진된 내용 그대로 적용하겠다고 나선다면 그 결과가 어떻게 되든 간에 이는 경험에서 배우는 것을 거부하는 것이다. 이는 입법 당초에 예상치 못했던 사건들에서 얻은 지식을 입법적 규칙을 미세 조정하는 데 사용하는 것이 아니라 단지 입법을 흉내 내는 데 그치는 것이다.

　법학의 지적 야심이 커짐에 따라 정통적인 법적 자료들과 그러한 자료 들조차 설득력 있는 답을 내놓지 못할 때에도 판결을 내려야 하는 현실 사 이의 간극을 메우기 위한 포괄적인 이론들(이 이론들은 성격상 절차적인 이론 이 아니라 실체적인 이론이었다)이 계속 제안되었다. 이 이론들은 주로 규범 적이지만 그 지지자들은 모두 판례법에서 적어도 이론의 자취들을 발견해 냈다. 이론들은 대부분 미국 법 가운데 가장 정돈되지 않은 영역인 헌법을 위해 제안되었다. 여기에 대해서는 3부에서 상세히 검토할 것이다. 헌법 분야에 국한되지 않는 – 물론 헌법 분야를 포함하지만 – 가장 중요한 이론은 경제학이다. 경제학은 법의 일부 영역(주로 코먼로의 영역이지만 코먼로 영역 에 국한되는 것은 아니다)에서는 법의 원칙과 판결 결과들에 대한 설명을 얻 기 위해, 그리고 여타 분야에서는 사법 개혁에 관한 지침을 얻기 위해 도입 되었다.[12] 법에 대한 경제학적 분석economic analysis of law은 규범적 이론으로서 는 논쟁의 여지가 있다. 법관이 열린 영역에서 이 이론을 적용해 결론을 얻 기로 결정한다면, 경제학이 판결의 지침이 되어야 한다고 광범위하게 의견 이 일치하지 않는 한(광범위한 의견 일치는 이데올로기적 충돌을 억제한다), 그 결정은 이데올로기적인 선택이다. 그러나 하나의 실증적 이론으로서는 법 의 경제학적 분석이 상업적 및 비상업적인 다양한 분야에서 법의 원칙들을

12　다음을 참조할 것. Richard A. Posner, *Economic Analysis of Law*(7th ed. 2007).

설명하는 데 효과를 발휘한다. 이러한 분야에는 불법행위법, 계약법, 형법, 지적재산권법, 환경법, 노동법, 심지어는 헌법까지 포함되며, 구제법이나 절차법의 주요 부분까지도 포함된다. 그러나 미국 법관들을 "경제학자들"이라거나 또는 심지어 법의 경제학적 분석주의자들이라고 묘사하는 것은 부적절하다. 경제학에 대해 실질적인 배경을 가지고 있는 법관은 극소수이며, 매우 한정된 영역에서, 예를 들어 반독점법 사건같이 얼마 안 되는 사건에서만 명백히 경제학적인 용어들이 법관과 배심원들에게 제출될 뿐이다. 사법행태를 연구하는 데 경제학이 갖는 의미는 주로 경제학과 실용주의의 통섭consilience에 있다.[13] 경제학자들은 실용주의자들과 마찬가지로 법원칙의 논리적·의미론적 분석에 열중하기보다는 실제적인 결과들을 밝혀내는 데 관심을 갖는다.

만약 법관들이 판결문에서 경제학적 언급을 하지 않는다면, 그리고 실제로 그렇게 하는 법관이 드물다면 법관들은 경제학(적 판단)을 할 수 없는 것이라고 법규주의자들은 이의를 제기한다.[14] 그러나 이는 의미론과 실체를 혼동하는 것이다. 예를 들어, 우발적인 침해는 언제 손해배상 청구를 발생시키는가와 같은 문제들을 논의하는 데 사용되는 병행적인 단어들이 있다. 그 하나는 '법적'이라는 단어로, 이 단어는 매우 오래되었다. 다른 하나는 '경제학적'이라는 단어로, 최근에 사용되기 시작했다. 코먼로를 ─ 미국법의 다른 영역들도 마찬가지이지만 ─ 경제학적으로 분석한 결과, 법적 분석과 경제학적 분석 사이에는 상당한 동형성同形性, isomorphism이 존재한다는 것을 발견했다. 사로 다른 단어를 계속해서 사용한다는 것은 "문맥상으로 수렴"된다는 것을 나타낸다. 다시 말해 법관들은 권리와 의무라는 전통적인 단어들을 계속해서 사용하지만 점차 그 단어들에 경제학적 의미를 착색시

---

13   다음을 참조할 것. Elisabeth Krecké, "Economic Analysis and Legal Pragmatism," 23 *International Review of Law and Economics* 421(2004).

14   예를 들어, 다음을 참조할 것. Stephen A. Smith, *Contract Theory* 132~136(2004).

키고 있다.[15] 이는 홈스가 『코먼로』와 「법의 길」에서 법관들은 [앞 세대에게서 — 옮긴이] 물려받은 도덕주의적 어휘를 비도덕주의적인 방식으로 사용한다고 주장했던 것의 메아리에 해당된다.

그런데 미국 법관들의 사법행태를 설명하는 데 법규주의(이것으로는 어려운 사건들을 풀 수 없다), 법현실주의(어떤 학자들의 경우 너무 정치색이 옅고 다른 학자들의 경우에는 내용이 없다), 법과정학파(폭이 너무 좁은 절차에 의존한다), 또는 포괄적 이론들(이 이론들에는 논쟁의 여지가 많고 또 법관의 심리 및 사고방식과 동떨어져 있다)보다 법실용주의가 진정 더 큰 효과를 거둘 수 있을까?

법실용주의의 핵심은 실용주의적 재판이다. 그리고 실용주의적 판결의 핵심은 법관이 결과에 대한 관심을 높이는 것이며, 따라서 정책적 판단의 토대를 개념론과 일반성에 두기보다 판결의 결과에 두겠다는 마음을 갖는 데 있다. 그러나 판결이 당면 사건의 당사자들에게 어떤 결과를 가져올 것인가에만 관심을 가져서는 안 된다. 합리적인 법실용주의자라면 당면 사건의 판결이 가져올 결과뿐 아니라 제도상의 결과를 포함한 체계상의 결과도 고려해야 한다. 따라서 그는 자신이 어떤 계약의 실제 문면을 존중하지 않거나 상업 공동체가 의존해온 선례를 고수하지 않을 경우 상업적 행위에 미칠 효과를 고려하지 않으면 안 된다.

합리적인 실용주의 법관은 해당 사건의 형평성 때문에 그 판결이 가져올 장기적 결과에 대해 눈을 감는 근시안적인 실용주의자와 구별되어야 한다. "결과 지향적인"이라는 경멸적인 표현은 후자의 사람들에게 속한다. 가령 오늘날 미국 연방법하에서와 같이 마리화나의 판매나 사용이 불법이며

---

15 다음을 참조할 것. Jody S. Kraus, "Transparency and Determinacy in Common Adjudication: A Philosophical Defence of Explanatory Economic Analysis," 93 *Virginia Law Review* 287(2007); Nathan Oman, "Unity and Pluralism in Contract Law," 103 *Michigan Law Review* 1483, 1492~1498(2005).

그 판매자를 엄하게 처벌하는 것에 대해 반대하는 법관이 있다고 하자(이러한 법관이 적지 않다). 그는 마리화나 관계법 위반으로 기소된 사람들을 관대하게 취급하려는 경향을 가질 수 있다. 그러나 마약 거래를 처벌하는 것과 관련한 의회와의 게릴라전에서 법관들이 패배할 수밖에 없음을 깨달아서, 또는 마리화나에 대해 엄격한 마약법을 적용하는 데 찬성하는 법관들(이러한 법관이 많다)이 보정이라는 차원에서 더 엄격하게 처벌할 가능성이 있다는 사실이 신경 쓰여서, 또는 권력 분립이 결과적으로 이익이 되므로 이를 존중하는 마음에서, 또는 특별한 양형 정책보다는 통일성 있는 것이 더 낫다는 생각에서, 심지어 '플레오넥시아pleonexia'를 부인하려는 마음에서, 일부 법관들의 그런 경향은 상쇄되기 쉽다. '플레오넥시아'는 자신의 정당한 몫보다 더 많이 가지려는 것을 일컬어 아리스토텔레스가 붙인 용어다. 이는 마약을 판매하는 것 같은 영득 범죄acquisitive crime를 범할 때 사람들이 하는 짓이다. 다시 말해 그렇게 함으로써 그는 법을 지키는 사람의 등을 치는 것이다. 법을 어기지 않고 애써 삶을 꾸려가는 노동자라면 마약 판매상이 보석을 몸에 걸치고 멋진 자동차를 타고 다니는 광경을 보고 분노하는 것이 당연하다. 그리고 마약을 거래하는 범죄는 실제적인 차원(사회에 대한 해악)에서나 도덕적 차원에서나 그 자체로는 별것이 아닐 수도 있지만, 어쨌든 영득 범죄인 마약 거래는 엄벌의 위협만으로 저지될 수 있다.

실용주의자들과 대조적으로 법규주의자들은 법관이 내린 판결들의 제도상의 결과들 가운데 임의의 한 부분집합에 지배적인 무게를 부여하는 경향이 있다(또는 부여하는 척한다). 그들은 법령이나 계약을 느슨하게 해석하는 데서 올 수 있는, 또는 어떤 규칙의 범위와 적용 여부를 결정하기 위해 그 규칙의 목적을 찾아내려고 애쓰는 데서 올 수 있는, 또는 원리를 정책과 섞는 데서 올 수 있는, 또는 선례를 공격적으로 차별화하거나 폐기하는 데서 올 수 있는 '불확실성'에 대해 극히 민감하다. 실용주의자들은 실용적 재판이 부정적인 결과를 가져올 수 있음을 강조하는 것이 일리 있다고 보는 시각이 얼마나 일방적인 시각인가를 알지 못한다. 그러나 이보다 더 흥미로운 사실은, 오늘날에는 "법"이 무엇을 의미하고 또 무엇을 필요로 하는가에 대한 주장이 아닌 법규주의가 가져오는 결과가 법규주의를 정당화하는데 주로 사용된다는 점이다. 미국의 정치문화에는 실용주의적 사고가 너무나 널리 퍼져 있기 때문에 법규주의자들은 사건의 사실들에 완전히 구애받아서, 기꺼이 규칙을 주물러 규준으로 만들어서, 그리고 미처 예상치 못한 사건이 발생한 경우 이에 대한 예상 없이 만들어졌던 규칙에 대해 느슨히 해석해서 발생하는 결과들보다 자신들의 방법론이 더 좋은 결과를 야기한다고 하면서, 법규를 문자 그대로 엄격하게 해석하는 방법론이 야기할 편협한 결과들을 변호하기 바쁘다.

실용주의자들은 법규주의가 더 나은 사회적 결과들을 가져온다는 주장을 법규주의자들이 기꺼이 테스트를 받을 준비가 되어 있다는 가설로 받아들이기보다는 독단적이고 납득하기 어려운 주장이라 믿는다. 법규주의자들은 판결이 과거 지향적이어야 한다고 주장한다. 또한 법관들은 법을 업데이트하려 해서는 안 되고 제정법이나 헌법을 개정하려면 제정법의 경우에는 입법부의 조치를, 헌법의 경우에는 개정 절차를 기다려야 한다고 주장한다. 그러나 법규주의자들은 입법부가 입법 과정에 내재된 관성력을 무릅쓰고 법 개정을 하는 능력 또는 헌법을 지금의 상황에 맞추기 위해 끊임없이 개정해나가는 것의 실현 가능성과 관련된 사실적 상황들에 맞춰 자신들의 주장을 전개하지는 않는다. 그들은 만약 미국의 법관들이 초지일관 법규주의적 신조에 집착했더라면 ─ 예를 들어, 위대한 '느슨한 해석주의자'인 존 마셜John Marshall부터 그러했다면 ─ 오늘날 미국의 법 상태 또는 사회 상태가 어떻게 되었을지에 대해 보여주려 하지 않는다.

법규주의자들은 심지어 사법부 결정의 비결정성이 인정되는 광범위한 영역이 존재한다는 것을 이의 없이 받아들인다. 상급심 법원의 심리 기준이 '하급심의 판단을 가급적 존중'하는 것일 때는 ─ 가령 하급심 법관이 발견한 사실들이 "명백하게 잘못된" 것이 아니거나 증거에 대한 결정이 "재량권 남용"이 아니기 때문에 인용되는 것처럼— 그 상급심 법원은 언제라도 정반대의 결정도 인용할 수 있음을 의미한다. 왜냐하면 이러한 경우 상급심 법원은 하급심에서의 사실의 발견이나 증거에 관한 결정이 옳았음이 아니라 단지 합리적인 범위 내에서 결정되었음을 말하는 것일 뿐이기 때문이다. 하급심이 실제 내린 판결과 그 반대의 판결이 모두 옳을 수는 없는 만큼 법규주의 − 법규주의는 상급심 법원이 이상과 같이 하급심의 판단을 가급적 존중하는 식으로 심리하는 것이 적절한지에 대해 의문을 표하지 않는다 − 가 엄청난 오류를 묵인한 것이 틀림없다.

그러나 법실용주의는 자신의 선조인 법과정학파의 접근법만큼이나 공허하게 보일지도 모른다. 왜냐하면 법실용주의는 어떤 판결이 가져올 결과의 가치를 측정하지 않으며, 심지어 어떤 결과들을 고려해야 하는지 정하는 일조차 하지 않기 때문이다. 결과는 사실이며 사실은 그 자체로서는 아무런 규범적 의미를 갖지 않는다. 우리는 "존재is"에서 "당위ought"를 끌어낼 수 없다. 오히려 각각의 결과에 가치가 부여되어야만 한다. 그런데 그 가치와 그 중요성이 명백한 경우도 종종 존재한다. 대량 살상의 결과를 "해롭다"고 여기려면 우리는 대량 살상이 나쁜 짓이라고 믿지 않으면 안 된다. 그러나 이러한 믿음에 도달하거나 이를 정당화하기 위해 어떤 정교한 개념적 장치가 필요한 것은 아니다. 우리 사회의 기본적인 도덕 가치를 공유하기만 하면 된다.

이것이 의미하는 바는, 무엇이 분쟁에 대한 수용 가능한 실용주의적 해결책으로 간주되는지는 특정 사회에 지배적인 규범들이 무엇이냐에 달려 있다는 것이다. 실용주의는 법관의 행동에 일반적인 지침이 아닌 지역적인 지침을 제공한다. 그리고 실용주의의 지역적 효용성은 그 사회가 규범적인 면에서 얼마만큼 동질적인가에 달려 있다. 동질성이 강할수록, 그래서 어떤 유의 결과가 좋고 어떤 유의 결과가 나쁜가에 대해(그리고 얼마나 좋고 얼마나 나쁜가에 대해) 더 광범위하게 합의할수록 실용주의가 제공할 수 있는 지침은 더 커진다. 변변치 않지만 유추의 예를 들어보자. (단서가 붙을 수 있지만) 만약 손목시계가 고장 났다면 그것을 수리해야 한다고 대부분의 미국 사람은 믿는다. 그러나 그런 믿음이 필연적인 것은 아니다. 어떤 사회에 사는 사람들은 시계를 수리하는 것은 불행을 가져오는 짓이라고 믿을 수도 있다. 그러나 미국인의 믿음만 놓고 생각하는 한, 손목시계가 고장 났다는 사실은 거의 모든 사람이 시계를 수리하는 데 동의하게 만드는 이유일 것이다. 다만, 고장 났다는 사실이 결론을 내리는 데 결정적인 이유일 수는 없다. 왜냐하면 (다음의 내용들은 내가 앞에서 암시했던 단서들이다) 시계 주인이 시계를 기꺼이 버릴 수도 있고, 시계를 수리하는 데 드는 비용이 새로 사는 데 드는 비용보다 클 수도 있고, 또는 그동안 계속 시간이 안 맞았을 수도(단지 골동품의 가치만 가졌었을 수도) 있기 때문이다. 그러나 고장난 시계를 어떻게 할 것인지에 대해 만족스러운 실용적 판단을 가져다줄 적절한 고려가 무엇인지에 대해서는 충분한 합의가 존재한다.

이와 유사하게, 미국처럼 정치적·도덕적으로 분열된 사회에서도 법적 원칙들을 뒷받침하는 사회적으로 공유된 믿음들이 많이 존재한다. 예를 들어, 일반적으로 규칙들이나 규준들의 유효성이 얼마나 되는지를 측정하는 데 필요한 정보는 많이 결여되어 있더라도 무엇을 선택하는 것이 더 좋은지는 분명한 영역이 많이 존재한다. 우리는 좋음good과 대적되는 것들에 이익이 되는 행동을 해서는 안 된다. 비록 실용주의적 판결이 사회적으로 최적인 결과를 산출하도록 결정하는 데 필요한 정보를 충분히 만들어내는 경우가 드물긴 하지만, 법의 목적을 위해 충분히 좋은 근사치의 결과를 만들어내는 경우도 적지 않다.

이러한 가능성을 〈그림 1〉로 표현했다. 〈그림 1〉에서 불법행위 소송을 불러일으킨 사건을 피할 안전 조치의 한계편익(MB)과 한계비용(MC)은 그 사건이 일어나지 않게 할 수 있었을 예방책의 유형과 수량의 함수를 의

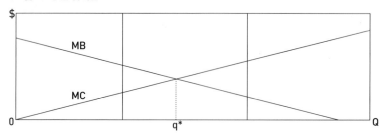

〈그림 1〉 용인 범위들

미한다. 예방책들의 최적 수준(q^*)은 그 두 함수의 교차로 결정된다. 교차점 오른쪽으로는 안전 조치를 위한 추가 비용이 그것이 가져올 편익보다 더 크다. 그리고 교차점 왼쪽으로는 안전 조치를 위한 추가 비용이 편익보다 적다. 재판의 방법으로는 q^*가 정확히 결정될 수 없다고 가정하자. 그럼에도 법원은 그림 안의 두 수직선으로 형성된 "창window"을 만들 수 있을 정도로 편익과 비용에 대해 충분히 알 수 있을 것이다.[16] 이 창틀의 왼쪽 편에서는 어떤 사고를 제거하거나 예방하기 위한 더 이상의 노력이 비용보다 큰 편익을 가져온다. 오른쪽 편에서는 그 반대가 된다. 만약 사건이 창의 왼쪽 편에 가까운가 오른쪽 편에 가까운가를 법관이 판별한다면, 어느 당사자의 주장이 더 옳은지 알게 된다. 법관이 올바른 판결을 내기 위해 어떤 것이 최적 수준의 예방책인가를 결정할 필요까지는 없는 것이다.

법실용주의는 얇은(폭 좁은) 절차주의라 할 수 있는 법과정학파의 접근법이라기보다는 두꺼운(폭이 넓은) 접근법이다. 법관들에게, 불편부당해야 하고 열린 마음으로 대해야 하고 중립적이어야 하는 등등을 촉구하는 것과 그들의 판결을 결과에 토대를 두어야 한다고 촉구하는 것 사이에는 차이가 있다. 왜냐하면 후자의 경우 그들은 적어도 결과에 주의를 기울여야만 할

---

16   Ferenc L. Toth, "Climate Policy in Light of Climate Science: The ICLIPS Project," 56 *Climatic Change* 7(2003). 또한 다음을 참조할 것. Thomas Bruckner et al., "Methodological Aspects of the Tolerable Windows Approach," 56 *Climatic Change* 73(2003).

것이고, 이는 법관이 사건에 어떻게 접근하는가, 변호인들에게 무엇을 요구할 것인가, 법관이 어떤 조사를 수행할 것인가, 판결문에서 어떤 것들을 논할 것인가에 큰 영향을 끼치기 때문이다. 어떤 사건이 난해한 이유는 대부분 사회적 가치를 가진 두 개의 이익, 예를 들어 시민의 자유와 국가 안보, 지적 창작성과 이미 창출된 지적 소산에 대한 접근권, 한 여성의 복리와 그 태아의 생존, 공정한 재판과 공개 재판, 사생활보호와 정보접근권 등과 같은 두 개의 이익 사이에 균형 잡힌 해결책을 찾아내도록 요구되기 때문이다. 이처럼 서로 충돌하는 이익들을 저울질할 객관적인 방법은 없을 것이다. 그러나 '충돌하는 이익들 가운데 어느 쪽이 더 가치 있는가'가 아니라 '사건을 이렇게 판결하는 것이 아니라 저렇게 판결할 때 각각의 이익은 어떠한 결과를 낳는가'라고 질문을 실용주의적으로 재구성한다면 분석은 더욱 수행 가능해질 것이다. 만약 어떤 결론이 대립하는 이익들 중 어느 하나에 대해 아주 작은 희생을 치르는 것이라면, 그리고 두 가지 이익이 서로 아주 다른 종류의 가치가 아니라면 그 결론이 아마도 전체적으로 더욱 좋은 결과를 양산할 것이다. 이것이 로 대 웨이드 사건에서 산모의 이익과 태아의 생명에 대한 주의 이익 간에 어떻게 이익 형량을 할 것인가와 관련해 연방대법원이 취한 접근법이었다(다만, 접근법의 실행에서 부적절함을 드러냈다).

게다가 실용주의적 분석은, 예를 들어 1장에서 살펴본 리긴 사건에서처럼 생산자가 소매상들에게 소비자가 호응할 판매 전 특별서비스를 제공하도록 격려하는 활동의 일환으로 생산품에 최저 소비자가격을 설정했을 경우 소비자의 이익과 생산자의 이익이 상호 충돌한다고 보는 것은 잘못이라고 판결했듯이, 때로는 충돌 자체가 허위임을 드러내기도 한다.

실용주의적 법관은 어떤 사건을 규율하는 법규의 목적이 무엇인지 – 법규가 유도하거나 막으려는 결과가 무엇인지 –, 사건 판결에 따라 목적이나 결과가 어떻게 영향을 받을 것인지에 더 관심을 가지며, 사건 사실들에 비춰 그 사건이 적용하는 법규의 의미론적 범위 내에 포함되는지 여부에 대해서는 상대적으로 관심을 덜 갖는다. 최근 발생한 이 대 스털링 콜리션 센터즈 사Yi v. Sterling Collision Centers, Inc. 사건[17]에서는 실용주의적 접근법의 이점이 드러났다. 이 사건의 쟁점은 '공정근로기준법Fair Labor Standards Acts'의 초과근로 규정을 어겼다는 이유로 기소된 피고가 이 사건을 동법의 예외규정 가운데 하나에 귀속시킬 수 있느냐의 여부였다. 지방법원에서는 피고가 동종의 여러 사건과 합치할 만큼 예외규정의 적용을 받는 데 필요한 "명백하고 적극적인 증거clear and affirmative evidence"를 제출하지 않았다고 판결했다. 이 증거 공식을 인용한 사건이 너무 많았기 때문에 변호사나 법관들은 이 공식을 복음이나 되듯이 취급해 자연스럽게 피고가 그러한 증거를 제출했는지를 물었다. 그러나 그렇게 하면서 그들은 "공식에 의존하는 것은 잠자는 것과 같고, 잠이 길어지면 죽음과 같다"[18]라는 홈스의 경고를 무시했다. 도대체 "적극적인 증거"라는 것이 무엇을 뜻하는가? 그리고 '공정근로기준법' 위반을 입증하기 위해 원고가 "명백하고 적극적인 증거"를 제출해야만 한다고 믿는 사람은 아무도 없는 상황에서 피고는 왜 해당 사건을 동법의 예외규정에 해당시키기 위해 그러한 증거를 제출하지 않으면 안 되는가? 이처럼 불균형한 이유는 무엇인가?

이Yi 사건에서 항소법원은 이 공식이 생긴 근원을 찾아 올라가 이 공식이 처음 출현한 것이 1984년에 행해진 한 사건의 판결이었다는 사실을 발견했다. 그러나 그 판결에는 이 공식에 대한 설명이 없었으며, 다만 그보다 앞선 두 사건 판결에서 그 공식을 끌어내 사용했을 뿐이었다. 그 한 사건에서는 면제를 받을 자격이 있음을 입증할 부담은 피고가 진다(당연한 말이다)는 것만 말하고 있었고, 다른 한 사건에서는 피고는 "면제를 받을 자격이 있음을 적극적이고 명백하게 입증할 부담"을 진다고 말하고 있었다. 이 명

17   480 F.3d 505(7th Cir. 2007).
18   Oliver Wendell Holmes, "Ideals and Doubts," in Holmes, *Collected Legal Papers* 303, 306[1920(1915)].

제를 지지하면서 법원은 한 사건의 판결을 인용했는데, 그 판결에서도 역시 아무런 설명 없이 면제받을 자격이 있음을 구하는 고용주는 "[피고용자들의 경우가] 명백히 면제 규정의 범위 내에 포함된다는 것을 적극적으로 보여줄·부담을 진다"라고 말하고 있었다. 이보다 더 앞서 또 하나의 사건 판결에서는 이 공식의 변형태가 나타났다. 즉, "이 사건의 문제 행위가 분명하고 틀림없이 면제의 조건과 정신 안에 포함된다는 것을 밝힐 부담은 항소인이 진다"라는 것이었다. 그러나 그 판결은 1945년에 연방대법원이 "그러한 인도적이고 구제적인 입법('공정근로기준법'을 말한다)에서의 면제는 … 성문 법규의 분명한 의미와 의회의 의도를 고려하면서 좁게 해석되지 않으면 안 된다. 분명하고 틀림없이 면제의 조건과 정신 안에 포함되는 것들의 바깥으로 면제 범위를 확장하는 것은 해석을 남용하는 것이고 적법하게 선언된 인민의 의지를 꺾는 것이다"[19]라고 판시함에 따라 파기되었다.

이 대목에서 행방은 묘연해진다. 그러나 우리는 무슨 일이 벌어졌는지 보게 되었고, 그러한 일은 바로 법관들이 실제의 것이 아닌 말로 사고할 때 너무나 자주 일어나는 일이다. 초기 판결문들에서는 "적극적으로", "명백히" 또는 (같은 말이지만) "분명히", "틀림없이" 같은 말들이 단지 면제 자격의 부여를 좁게 해석해야 한다 — 이것이 필립스 사건에 대한 연방대법원의 판결이유에 나오는 구절의 의미임은 의심의 여지가 없다 — 는 것과 또한 면제받을 자격이 있음을 주장하는 것은 적극적인 방어 행위인 만큼 입증 책임이 피고에게 있다는 것을 가리키기 위해 사용되었을 뿐이다. 그런데 이 구절들이 잘못 이해되었고("적극적인 증거"란 "소극적인 증거"라는 개념이 존재하지 않으면 안 된다는 것을 함축한다), 잘못 이해된 것이 반복되었으며, 결국 원래의 의미가 잊히기에 이르렀다.

"명백하고 적극적인 증거" 공식은 구제 조치를 명하는 어떤 법령에서

---

19   A. H. Phillips, Inc. v. Walling, 324 U.S. 490, 493(1945).

그의 면제는 좁게 해석해야 한다는 우리에게 익숙한 법령 해석상의 원칙을 어설프게 실시한 것에 불과하다고 이해할 수도 있지만, 여전히 이 공식은 불만족스럽다. 그 이유는 그 공식의 근저에 존재하는 원칙을 이해하기 어렵기 때문이다. 왜 어떤 법령의 한 조항이 다른 조항에 비해 우월한 지위를 가져야 하는가? 그것은 말이 안 된다. 그러나 우리가 이 공식의 원천으로 거슬러 올라가 필립스 사건에서의 판결이유 — "분명하고 틀림없이 면제의 조건과 정신 안에 포함되는 것들의 바깥으로 면제 범위를 확장하는 것은 해석을 남용하는 것이고 적법하게 선언된 인민의 의지를 꺾는 것이다" — 를 살펴보면, 우리는 연방대법원이 면제 조항을 해당 법령상의 구제 규정을 실효시키거나 쉽게 회피할 수 있을 정도로 넓게 해석해서는 안 된다고 경고하고 있었음에 불과하다는 것을 알 수 있다.

상급심 법원의 사건 가운데 많은 사건이 — 아마 이 사건을 전형적인 사건으로 볼 수 있을 텐데 — 어떤 규칙의 범위나 적용에 대한 분쟁을 내포하고 있다. 이Yi 사건에서는 법령상의 의무에서 면제받을 자격이 있음을 입증할 피고인의 부담에 대한 규칙이 문제였다. 범위와 적용은 불확실한 경우가 많다. 그것들이 확실하다면 사실 소송이 제기되지 않았을 수 있으며, 또 제기되었다 하더라도 상급심 법원 차원까지 올라오지는 않았을 것이다.[20] 어떤 새로운 사건이 어떤 규칙의 적용 대상이 되는지 여부를 결정하는 데에는 두 가지 방법이 있다. 첫째는 그 규칙의 외연들을 검토하는 것이다. 다시 말해 어떤 경우들이 그 의미에 포함되는가를 판별(마치 영어로 쓰인 어떤 글의 문맥을 전혀 모를 경우 모르는 단어들을 사전에서 계속 찾아보고 또 영어 문장 구조에 관한 법칙들을 알아보듯이)한 다음, 해당 사건의 사실들이 그러한 경우 가운데 하나에 부합하는지를 결정하는 것이다. 둘째는 실용주의적 방

---

20 이 이야기는 민사사건에 더 맞고 형사사건에는 덜 맞다. 왜냐하면 대부분의 형사사건에서는 변호사를 고용하지 않고 피고인 스스로 상소인이 되기 때문이다. 다시 말해 경제적 압박이 없기 때문에 승산이 없더라도 상소를 제기하는 것이다.

법으로서, 규칙의 목적이 무엇인가를 판별(목적을 식별하기란 거의 언제나 가능하다)한 다음, 그 목적을 이루게 할 결과를 선택하는 것이다. 목적을 식별했다면 그 규칙은 법규주의적인 용어가 아니라 실제적인 용어들로 다시 나타낼 수 있다. 목적을 찾는 과정에서 법관은 규칙의 문면 아래로 내려가 그 규칙이 형성하려는 사회 현실에 당도한다. 물론 법관은 그 규칙의 취지를 무디게 만든 입법상의 타협을 무시함으로써 결과적으로 규칙의 취지를 과장하지 않도록 아주 조심하지 않으면 안 된다. 법관은 입법을 개선하기보다는 예견치 못한 상황들로 입법이 무효화되는 것을 막으려 노력하는 것이 더욱 중요하다.

이 ^{vi} 사건에서의 논점은 피고용자에게 급여 기준이 아닌 중개료 기준으로 임금을 지불하는 고용주를 위한 면제 규정의 범위 내에 피고가 포함되는가의 여부였다. 이 답을 얻기 위해서는 이러한 면제 규정의 목적이 무엇인가를 분명히 알아낸 다음, 피고의 피고용자들에 대한 보상 방법이 목적을 달성하는지 여부를 판별하는 것이 필요했다. 항소법원 합의부의 구성이 정치적으로 단일하지 않았는데도(판사 중 두 명은 공화당 대통령이, 한 명은 민주당 대통령이 임명했었다) 두 단계의 과정 중 어느 단계에서도 큰 논쟁은 없었다.

오늘날 법의 영역들 가운데 의견 합치를 보이는 많은 영역에서 경제학적 분석은 법관이 하는 일이 무엇인지 ─ 사실 법관이 하는 일이 바로 경제학적인 것이라는 사실을 스스로 의식하고 있든 아니든 간에 ─ 를 잘 설명해준다. 비용 ─ 편익 분석 ─ 이는 경제학자들이 어떤 행동 경로를 취할 것인가를 정할 때 쓰는 방법이다 ─ 은 여러 가능한 경로의 각 무게를 재고, 나쁜 결과가 아니라 가능한 한 최대로 좋은 결과를 생산할 가능성이 높아 보이는 경로를 선택하는 데 사용하는 잘 정돈된 방법이라 할 수 있다. 어떤 사건에 대한 판결을 내리기 어려울 경우는 보통 두 개의 정당한 이익 가운데 하나를 내리눌러야 하는 경우임을 상기하라. 이러한 영역에서는 사법행태를 묘사하는 데 경제학보다 실용주의가 더 낫다. 왜냐하면 실용주의가 미국의 대중문화 및 정치 문화에 널리 퍼져 있는 상황에서 법관들은 스스로를 경제학자보다는 실용주의자로 인식할 가능성이 높기 때문이다.

법실용주의가 법에 대한 경제학적 분석을 분석 방법의 하나로 포섭하고 있듯이 법규주의도 분석 방법의 하나로 포섭하고 있음을 우리는 잊어서는 안 된다. 그 예로 재판관할상의 세부 사항들에 대한 강조를 들 수 있다. 이에 따르면, 소송 제기 시한에 관한 까다롭고 때로는 아주 자의적인 요구 조건을 충족하지 못할 경우 연방법원은 사건에 대한 재판을 해서는 안 되고(예를 들어, 연방 정부가 당사자가 아닌 민사사건의 경우, 지방법원이 최종 판결을 내린 후 30일 이내에 연방항소법원에 항소해야만 한다), 소송 당사자는 사건과 관련해 재판 가능한 특정 유형의 이해(이익stake)를 갖고 있어야 하며("당사자 적격"에 관한 요구), 그 이익이 단지 "가상적moot"이지 않고 "성숙ripe"해야 한다. 당사자 적격, 사건의 성숙성, 권리보호의 이익 등과 같이 사건의 본안을 판결하는 데 법적 장애를 형성하는 이러한 개념들은 국가 업무에서 사법부의 개입을 지연시키고 그 결과 사회적 실험을 위한 시공간을 창출하는 효과를 빚는다. 어떤 프로그램이 경험적으로 자신의 가치를 입증할 기회를 갖기 전에 법원이 위헌이라거나 불법이라고 선언해 무력화시키는 것은 비실용주의적이라 할 것이다.

이와 연관된 중요한 사항은, 실용주의적 법관은 어떤 법 원칙이 진화하는 초기 단계에서는 판결의 근거를 넓게 잡기보다 좁게 잡기를 더 선호한다는 것이다. 사건 판결의 근거를 좁게 잡는 것은 경험주의적 또는 실험주의적 경향의 필연적 결과다. 근거가 좁으면 좁을수록 소송의 대상이 된 행위에 법관이 개입할 가능성이 적어진다. 근거가 넓으면 넓을수록 해당 행위의 결과와 관련된 추가적 정보를 미래의 사건들에서 획득하는 범위가 좁아질 것이다. 왜냐하면 그 판결은 선례가 될 것이며, 파기되거나 차별화될 때까지는 새로운 사건들을 그 선례의 의미론적 영역 안에서 처리할 것인데, 그 영역이 넓을 것이기 때문이다.

이 마지막 사항은 실용주의적 접근법과 법과정학파적 접근법의 차이를 두드러지게 만든다. 법과정학파적 접근법은 중립적 원칙들이 법관들에게 규율을 부과하는 효과, 다시 말해 법관이 앞으로 맡게 될 사건을 처리할 때 자신의 정치적 성향이 작용하지 못하도록 법관의 입장을 묶어놓는 효과가 크다는 것을 역설한다(따라서 넓은 ─ 근거의 ─ 선례는 중립적 원칙의 본보기가 된다). 결국 법과정학파는 실용주의에 도움을 주는 '법규주의'의 또 다른 예인 것이다. 법과정학파적 접근법을 거부하는 실용주의자는 중립성의 가치와 선례구속의 원칙을 받아들이기는 하지만 예측 불가능한 결과들과 연관된 어떤 입장에 일찍부터 스스로를 구속시키는 것이 적절한가에 의문을 갖는다. 그렇기 때문에 실용주의자는 선례와의 구별 짓기(차별화)를 새로운 사건들로 노출되는 새로운 사실들에서 지식의 열매를 수확하는 방법으로 인정할 뿐만 아니라, 동종의 일련의 사건 가운데 첫 번째 사건에서 넓은 원칙을 설정함으로써 더 이상의 탐구를 차단하는 것에 반대하도록 권한다. 브라운 대 교육위원회Brown v. Board of Education 사건에서 연방대법원이 "헌법은 피부색에 따른 차별을 허용하지 않으며 따라서 공공기관의 어떤 조치가 인종을 근거로 해서는 안 된다"라고 딱 잘라 선언하고 그리하여 적극적 평등실현 조치들이 시행되기는커녕 제안되기도 전에 공공기관들에 의한 이런 조치들을 불가능하게 만든 것은 현명한 일이었을까? 현명한 행위든 현명치 못한 행위든 간에 그것은 비실용주의적인 조치였다.

중립적 원칙들은, 스스로는 법규주의에 등을 돌렸다고 생각하나 사실은 단지 법현실주의를 누그러뜨리고 있었을 뿐인 한 학파(법과정학파)에 남아 있는 법규주의의 흔적이라 할 수 있다. 원의주의하에서도 그러하지만 중립적 원칙들하에서도 과거는 현재와 미래를 규율하도록 허용된다. 중립적 원칙은 현재 알려진 것들을 근거로 설정되지만 동시에 훨씬 더 많은 것이 알려질 미래에 대한 구속을 정립한다. 어떤 판결의 결과는 항상 미래에 놓여 있기 때문에 법실용주의는 미래지향적이다. 선례를 고수하는 것은 중요한 기능을 수행한다. 그러나 궁극적으로 선례, 따라서 과거는 실용주의자를 지배하는 것이 아니라 실용주의자의 지배를 받는다. 실용주의자에게 과거에 관한 연구는 판결에 관한 지침을 준다는 점에서보다 과거에서부터 이어진 계통성만 갖고 있을 뿐 타당한 근거는 갖고 있지 않은 법규들을 가려낸다는 점에서 가치가 있다. 지나치게 번성했다가 쇠퇴한 귀족 가문과 마찬가지로 그러한 법규들은 비판적 재검토를 통해 폐기될 것은 폐기되어야 한다. 따라서 실용주의 법관들은, 현재 통용되는 법의 원칙들이 단지 역사적 상황의 자취에 지나지 않을 수 있고 따라서 폐기될 운명에 처할 수 있다는 사실에 항상 주의를 기울이는 사람들이라는 반직관적인 의미에서 역사주의자라 할 수 있다. 역사 탐구는 유사성보다 차별성을 더 찾는다는 점에서 선례에 대한 차별화와 비슷하다.[21]

법실용주의의 핵심 교의는 어떠한 일반적 분석 절차도 법적 추론과 기타 실천적 추론을 구별하지 못한다는 것이다. 법의 세계는 특별한 어휘를 사용하며 특별한 관심사와 특별한 전통을 갖고 있다. 그러나 법관들이 사용하는 분석적 방법들은 보통 사람들이 일상에서 사용하는 추론 방법들이고 그 방법들은 실제적인 비용과 편익에 관심을 갖고 있다. 이Yi 사건은 법관들이 법규의 문면을 넘어 사건이 제기한 구체적인 이익들을 다루는 데로 나아가는 모습을 보여주었다. 더 심층적 차원에서 법실용주의는 소송 당사자와 그 변호인들에게, 그리고 법관과 그 재판연구원들에게도 마찬가지로, 변론의 차원을 뛰어넘어 — 사실에 근거하지 않은 언어의 쟁투라는 경멸적인 의미에서의 "수사학"을 뛰어넘어 — 통계, 정확한 측정치, 사진이나 도표 같은 자료와 대면하기를 요청한다.

법관은 변호사다. 따라서 재판상의 의견 불일치를 해결하려고 변론의

---

21   나의 책 *Frontiers of Legal Theory* (2001)의 4장에 법역사주의(legal historicism)의 개념을 상세하게 설명해놓았다.

힘, 즉 말의 힘을 과장하는 변호사의 습관을 재판에서 드러낸다. 그러나 법관은 변호사만큼 말에 미혹되지는 않는다.[22] 왜냐하면 법관들은 서로 경합하는, 그리고 각각 훌륭한 논리를 갖는 변론들 사이에서 선택을 하지 않으면 안 되기 때문이다. 게다가 그들은 토론에 대해 판결을 내리는 것이 아니다. 법관들은 합리적인 해결책을 찾고 있으므로 변호사들의 (사소한 것들에 관한) 말다툼을 넘어 문제가 되고 있는 구체적인 이해관계에 눈길을 주게 된다.

변호사들은 사건과 관계된 사회 현상들 − 이는 법이 규율하는 사회적 상호작용들이다 − 을 조사하기보다 기호를 조작하기를 원한다는 점에서 마치 수학자 같다(변호사의 경우 수학적 기호 대신 말을 조작하는 것이지만). 법률상의 언어와 비법률가들이 사회적·개인적 쟁점을 토론할 때 사용하는 언어가 서로 다르면 다를수록, 변호사와 법관들은 사회 현실을 다루기보다 기호를 조작하는 것이 자신의 일이라고 생각하기 쉽다. 브라이언 가너Bryan Garner의 명저 『레드북Redbook』에는 과장된 언어 사용, 유사한 두 단어 이어 쓰기[가령 'cease and desist(중단하고 그만두는)', 'free and clear(자유롭고 막혀 있지 않은)'], 없어도 무방한 난해한 법률용어들[가령 'arguendo(논의를 위해 가정해보면)', 'gravamen(항고)', 'instant case(당해 사건)', 'simpliciter(단순히, 무조건적)', 'nexus(채무(관계))'], 또는 평범한 단어이지만 법에서는 특별한 의

---

22   Coffey v. Northeast Regional Commuter Railroad Corp., 479 F.3d 472, 478(7th Cir. 2007)에는 다음과 같은 구절이 나온다. "많은 변호사들이 눈으로 보이는 증거와 정확한 측정치들(피트, 인치, 파운드 등등)이 심지어 말로 묘사할 때보다 훨씬 더 많은 사실을 보여줄 게 분명할 때조차 이러한 증거 및 측정치를 회피하는 모습을 보면 기이하기도 하고 개탄스럽기도 하다. 연방 정부 대 보이드 사건[United States v. Boyd, 475 F.3d 875, 878(7th Cir. 2007)], 밀러 대 일리노이 센트럴 철도 사건[Miller v. Illinois Central R.R., 474 F.3d 951, 954(7th Cir. 2007)], 연방 정부 대 반스 사건[United States v. Barnes, 188 F.3d 893, 895(7th Cir. 1999)] 같은 이전의 많은 사건에서 우리는 그러한 회피를 목격했다. 이 반스 사건에서 말 한 마디가 1000장의 사진만큼 값어치 있다고 생각하는 변호사들이 있다는 데 우리는 다시 한 번 놀랐다."

미를 갖는 것들[가령 'appearance(출정)', 'consideration(약인約因)', 'constructive (의제적)',23 'presumption(추정)', 'servant(이행보조자)'] 등등의 "케케묵은" 단어들의 목록이 실려 있는데,24 이런 용어들의 숲에 빠져 현실을 잊기가 얼마나 쉬운지를 보여준다.

내가 실용주의를 과도하게 선전해서는 안 될 일이다. 실용주의는 법적 문제들에 대해 보증할 수 있을 정도의 정확한 답을 만들어내는 기계가 아니다. 실용주의는 정치적 재판을 정책과학으로 녹여내지 않으며, 법관을 행정 전문가로 또는 법을 비용 – 편익의 분석으로 변형시키지도 않는다. 오히려 실용주의는 비슷한 사건들을 종종 일관성 없게 다루는 것이 불가피하다고 인정하는데, 그 이유는 법관의 선입견을 형성하고 나아가 법정에서의 변론과 증거에 대한 법관의 반응을 형성하는 법관의 배경, 기질, 교육·훈련, 경험, 이데올로기에 따라 서로 다른 법관들이 판결이 가져올 결과를 서로 다르게 평가하기 때문이며, 또한 – 같은 이유로 – 법관에 따라 판결이 어떤 결과를 낳을 것인지 서로 달리 *보기* 때문이기도 하다. 법실용주의는 가치개입 이론가들의 경험적 증거론을 받아들인다. 그리고 법관에 대해 사건에서 서로 다투는 이익들에 비춰 합리적인 판결을 낸다는 것 이상의 포부를 설정하지 않는다. 물론 합리적인 판결이 반드시 "옳은" 판결은 아님에도 불구하고 말이다.

그러나 법관이 올바른 판결이 무엇인가에 대한 믿음 이외에 다른 근거로 어떻게 판결을 내릴 수 있는가? 이것은 자주 제기되는 질문으로, 법학 교수들이 흔히 하는 질문이기도 하다. 이 질문은, 어떤 연구든지 그런 종류의 연구가 허용하지 않는 정도로 엄격하게 수행하도록 요구해서는 안 된다

---

23 가령 '의제적 소유(constructive possession)'란 누군가가 어떤 것을 소유하고 있지 않은데 소유하고 있다고 법으로 취급되는 것을 뜻한다.

24 Bryan Garner, with Jeff Newman and Tiger Jackson, *The Redbook: A Manuel on Legal Style*, § 11(2d ed. 2006).

는 아리스토텔레스의 경고를 잊은 질문이다. 법학 교수들은 연구할 주제를 스스로 정하고 논문을 만족스럽게 완성하기 전에는 간행할 필요가 없는 데 비해, 법관은 맡을 사건을 정하거나 처리할 사건의 순서를 정하지 못한다. 또한 법관에게는 사건 처리 일정표를 여유 있게 정하는 것이 허용되지 않는다. 법규주의자들은, 미국 시스템하에서는 확신이 설 때까지 판결을 연기할 수 있는 사치가 허용되지 않은 채 종종 얇은 빙판 위에서 스케이트를 타는 것 같은 불편한 마음으로 업무를 수행해나가야 하는 법관들에게 비현실적인 요구들을 내놓는다.

나는 실용주의의 규범적인 호소력보다 기술적descriptive인 적절성에 더 관심이 많지만 그렇다고 실용주의가 갖는 규범적 적절성의 문제를 무시할 수는 없다. 왜냐하면 법관이 행동하는 토대로서의 실용주의가 비판자들이 주장하는 정도로 법관들에게 역겨운 것이라면 실용주의가 법관들의 속성이 되었을 리 없기 때문이다. 나는 비판자들의 주장에 동의하지 않는다. 이는 실용주의적 재판이 "옳다"는 것을 증명할 수 있어서가 아니다. 클린턴 대 존스Clinton v. Jones 사건[25]에서 내려진 극단적으로 비실용주의적인 판결을 생각해보라. 연방대법원은 폴라 존스Paula Jones가 제기한 성추행 소송에 대해 클린턴 대통령에게 면책을 부여하기를 거부했는데, 이 소송은 대통령의 임기가 끝날 때까지 계속될 것으로 예상되는 소송이었다. 대법관들은 대통령에게 자신의 성적 일탈행위에 대한 사건에서 증언녹취deposition를 하도록 강요하는 것은 결국 폭발하고 말 정치적 다이너마이트가 될 것이며 대통령의 임무를 수행하는 능력에 악영향을 미치리라는 것을 깨달았어야 했다. 물론 바로 그러한 일들이 일어났다. 그러나 대통령이 되기 전에 범한 행동 때문에 제기된 소송에서 현직 대통령을 면책할 근거 규정을 연방헌법 제2조에서 찾을 수 없다고 선언한 연방대법원이 "잘못했다"고 말할 수는 없다.

25   520 U.S. 681(1997).

공화제 정부의 근본 원칙은 공무원이 법 위에 있지 않다는 것이다. 그런즉 정치적 현실을 인정해 그 원칙을 어느 정도까지 완화할 것이냐는 판단의 문제이지 전통적인 의미에서의 법적 분석의 문제가 아니다. 그러므로 클린턴 대 존스 사건의 판결은 "잘못된" 것은 아니었다. 그러나 정치적으로 경험 많은 대법관들로 구성된 연방대법원이라면 다른 식으로 판결했을 것이다. 그리고 대법원이 그렇게 판결했다면 그 역시 "잘못된" 판결이 아니었을 것이라고 나는 자신 있게 주장하는 바다.

어떤 비판자들은 법실용주의에는 도덕적 진지함이 결여되어 있다고 생각한다. 예를 들어, 실용주의는 언론의 자유 같은 값진 법적 가치들에 대해 형이상학적 명성이나 보편성 또는 "객관성"을 부여하지 못한다는 것이다.[26] 어쨌든 로티는 실용주의를 "규범적 판단과 그가 추구하는 목적과의 상관성에 관한 이론"[27]이라고 정의하지 않았던가? 그렇게 하는 것이 판결을 더 효과적으로 만들 수 있다면 실용주의적 법관이 언론의 자유에 관한 자신의 판결을 도덕적 현실주의의 수사로 화려하게 장식하는 것은 아무런 방해를 받지 않는다. 그러나 법실용주의에 대한 비판자들은 이러한 대답에 만족하지 않을 것이다. 사법결정의 실제 모습이 실용주의적이라면, 판결 근거를 아무리 애써 드러내더라도, 서로 상충하는 이익들을 실용주의적으로 균형을 잡아주는 것이 근본 가치를 지켜낼 수 없다는 우려를 남긴다고 그들은 주장할 것이다.

이 쟁점은 테러리즘의 위협(2001년 9월 11일 단행된 공격은 우리에게 이러한 위협이 심각하다는 사실을 일깨워주었다)에 대한 대응으로 시민적 자유권을 제한하는 것을 둘러싼 최근의 논쟁을 통해 주목을 받고 있다. 나는 대량

---

26 예를 들어, 다음을 참조할 것. R. George Wright, "Pragmatism and Freedom of Speech," 80 *North Dakota Law Review* 103(2004).

27 Richard Rorty, "Dewey between Hegel and Darwin," in *Rorty and Pragmatism: The Philosopher Responds to His Critics* 1, 15(Herman J. Saatkamp, Jr., ed. 1995).

살상무기의 시대에 테러리즘의 위험이 높아짐에 따라 기존 시민적 자유권을 어느 정도 제한하는 것은 불가피하다고 주장해왔다.[28] 그러나 경합하는 이익 – 예를 들어 국가 안보 – 보다 시민적 자유권을 축차적lexical 서열에서 우선시하지 못하게 됨으로써 실용주의자들은 시민적 자유가 점차적으로 축소되는 데(이 축소가 언제 어느 수준에서 멈출 것인지 우리는 알 수 없다) 저항할 수 없는 처지에 놓이게 되었다. 실용주의자들은 국가 안보나 여타 걱정거리를 근거로 한 각종 조치에 대항해 시민적 자유들을 강고히 지키고 싶다면 권리장전에 대한 법관의 해석에 의지하기보다는 헌법을 개정하는 것이 적절하고 확실한 방법이라고 대답할 것이다. 그러나 개헌이 시간이 많이 걸린다거나 과연 실현 가능한가의 문제는 차치하더라도, 헌법으로 시민적 자유에 참호를 둘러 강하게 보장한다는 것은, 헌법이 개정될 때 예기치 못했던 비상 상황에 비춰 시민적 자유권의 적절한 범위를 다시 생각하는 데서 감히 넘볼 수 없는 장벽을 설치하는, 말하자면 과잉 조치에 해당할 것이다.

이보다 더 나은 대답은, 시민적 자유를 축소시키려는 법관은 시민적 자유 문제에 있어 진보주의자들이 사용하는 도구보다 더 강력한 법규주의적 도구를 손에 쥐고 있다는 것이다. 헌법은 모순과 모호함으로 가득 차 있어서 끊임없는 논쟁의 원천이다. 국가 안보 문제로 말하면, 권리장전의 문구에 기반을 둔 주장들에 대항해 연방헌법 제2조의 문구에 기반을 둔 주장들로 효과적으로 반박할 수 있다. 연방헌법 제2조는 대통령에게 대외 문제 처리와 군 통수에 대한 주된 권한을 부여하며 국법을 시행할 의무를 부여한다. 법규주의는 이러한 [헌법적 영역의 – 옮긴이] 분쟁들을 해결하지 못할 것이다. 실용주의를 추방하려고 애써봤자 실패할 수밖에 없는 이유는, 실용주의는 추방될 수 없기 때문이다. 실용주의를 추방하려고 애쓸 때 거둘

---

28 Richard A. Posner, *Not a Suicide Pact: The Constitution in a Time of National Emergency*(2006).

수 있는 유일한 성과는 법관들을 전보다 덜 솔직하게 만드는 것이다.

그러나 실용주의에 도덕적 진지성이 결여되어 있다는 반박 논의는 내가 인식하고 있는 것보다 더 심오하게 전개된다. 그들의 반대는, 법관이 종종 자신이 하는 일이 "옳다" — 그 단어의 강한 의미에서 말이다 — 는 확신 없이 생사와 관계되는 결정(사형 사건에서는 문자 그대로다)을 내린다는 생각에 비통함을 느낀 것으로, 호의적으로 이해될 수 있다. 실용주의자들은 진실, 특히 도덕적 진실에 큰 관심이 없는 것처럼 보인다. 가령 홈스가 진실을 단지 '내가 믿을 수밖에 없는 것'이라고 정의한 것, 또 진실인지 여부는 그것이 사상의 시장에서 얼마나 "팔리느냐"에 달려 있다고 말한 것을 예로 들 수 있다. 프랭크는 법관들이 확신에 대해 갈망하는 것은 어린아이 같은 일이라고 생각했는데(4장 참조), 그것은 틀린 생각이다. 확신에 대한 갈망은 점잖은 사람이더라도 타인에 대해 권력을 행사할 때 당연히 느끼는 걱정의 소산이며, 따라서 자신의 권력 행사가 정당하다고 생각할 수 있도록 누구나 큰 관심을 기울이는 부분이다. 그러나 실용주의 비판자들에게는 그러한 걱정을 누그러뜨릴 도구가 결여되어 있다. 그들이 법관에게 줄 수 있는 것은 확신에 관한 수사가 전부다(이때의 수사는 좀 다른 의미다. 3장에서 언급한 대로, 정확한 탐구로 해결될 수 없는 쟁점들을 해결하기 위한 방법론으로, 아리스토텔레스적 의미의 수사이며, 이는 홈스의 실용주의에 어울리는, 또는 홈스가 가진 실용주의의 근본일지도 모르는 종류의 수사다[29]).

어떤 비판자들은 법실용주의가 법에 대한 냉소주의의 씨앗을 뿌리고 그리하여 학생들과 법학 교수들, 변호사들, 그리고 가장 나쁘게는 법관들에게 지적 게으름을 초래한다고 주장한다. 법실용주의자들에 대해서는 그들은 법규들 및 법적 추론 방법들이 핵심적인 사항(그들에게 핵심적인 사항은 '결과들을 저울질하는 것'이다)에 도달하는 데 장애를 형성한다고 보기 때

---

29   Robert Danisch, *Pragmatism, Democracy, and the Necessity of Rhetoric*, ch. 4(2007).

문에 그러한 것들을 배우고 익히는 데 시간과 노력을 쓰지 않는다는 지적이 가해진다. 그러나 이것은 틀린 말이다. 법학도들은 전통적인 자료들, 전문적인 법률 용어들, 기타 수백 년에 걸쳐 법학이라는 전문 분야에서 발전해온 자원과 기술들에 충분히 주의를 기울일 줄 알아야만 한다. 법학도들은 이것들을 극복하기에 앞서 먼저 배우지 않으면 안 된다. 그러나 반드시 극복하는 데까지 나아가지 않으면 안 된다(적어도 극복하기 위한 과정을 시작하지 않으면 안 된다). 그들은, 법이란 책에 쓰인 명제들의 집합체이며 법학교육은 필요한 명제가 책의 어디에 쓰여 있는가를 어떻게 정확히 찾아내는가를 배우는 것으로 단순하게 구성되어 있다는 관념(이는 보통 사람들이 갖는 관념인데, 법관 가운데에도 이런 관념을 가진 것처럼 보이는 사람들이 있다)의 미망에서 깨어나지 않으면 안 된다. 미국의 시스템하에서는 법적 명제들을 재료로 사용해 법관이 만들어내는 법이 법원에서 집행된다. 변호사들은 법관의 이런 창조 활동을 어떻게 도울 수 있을까를 깨닫지 않으면 안 된다. 법관의 창조 활동을 돕기 위해서는 법령과 판결문들에서 뽑아낸 난해한 한 다발의 법률 용어들(가령 "명백하고 적극적인 증거" 같은 용어)을 법관 앞에 뿌려대는 것 이상의 무언가가 필요하다.

비판자들은 법실용주의가 법관에 대해 어떤 방식으로든 자신이 원하는 방식으로 판결하는 것을 허용하고, 요청하고, 심지어는 그렇게 판결하라고 명령하기까지 한다고 비난한다. 그들은 또한 법실용주의는 법문과 법원칙이 부여하는 제약을 완화시킴으로써 법관들을 느슨한 입법자로 만들고 또한 사법적 불확정성의 영역을 모든 사건으로 확장시킨다고 말한다. 그러나 그렇지 않다. 만약 법관이 자신은 다른 어느 곳에서 만들어진 결정을 단지 전달하는 사람이고 따라서 그러한 결정이 초래할 수 있는 나쁜 결과에 대해 아무런 책임도 없다고 생각하는 것이 아니라 스스로 법관에게 부여된 재량권을 행사한다고 생각한다면 그러한 법관이 권력에 취해 있을 가능성은 낮다. 법규주의자들은 때로는 위선적인 마음에서 때로는 무의식적으로 자신의 판결에 자신의 정치적 성향이 배이도록 하지만 만약 그 결과가 잔혹하거나 부조리한 것으로 판명될 때에는 단지 법이 그렇게 하도록 만들었다고 변명하면서 비난을 피하려 한다.

입법은 입법자들이 선호하는 바를 반영하는데, 그러한 선호들이 어떻게 형성되는지 생각해보라(선거구민들의 압력조차 차치하고 생각해보라). 그 선호들은 각 입법자의 가치, 기질, 삶의 제반 경험, 그리고 입법 기능의 범위와 한계에 관한 입법자 각자의 관념으로 형성된다. 입법자로서의 법관의 경우에도 마찬가지다. 그러나 이러한 견해는 의견 합치가 이뤄진 영역들에서는 냉정한 방식으로, 심지어 예견 가능한 방식으로 결과들을 저울질할 가능성이 있을 뿐 아니라 여타 법관들과 마찬가지로 실용주의적 법관들(더 정확하게 말하면 현재 실용주의적인 태도를 취하고 있는 법관들)에게도 물질적·심리적·제도적 제약이 존재한다는 사실까지 무시했다는 이유로 비판되기도 한다. 법관들은 의무를 방기할 경우 법관직에서 퇴출당한다. 또한 법관들의 판결은 입법이나 헌법의 개정을 통해 무효화될 수 있다. 그리고 법관의 채용 절차를 보면 가장 권력 지향적이거나 가장 "정치적"이거나 또 주류에서 가장 멀리 떨어진 인사들은 배제되는 경향이 있다. 나아가 이익 충돌에 관한 규칙을 보면 법관들에게 주어지는 인센티브는 "모두 동일" — 이 말은 인센티브가 판결 결과들에 영향을 미치지 않는다는 뜻이다 — 하기 때문에 법관의 편향을 일으킬 강력하고 잠재적인 요인은 제거된다. 법관이 입법자라면 적어도 이해관계에서 초연한 입법자다.

우리가 알다시피 훌륭한 실용주의적 법관은 근시안적 실용주의자가 아니다. 그는 철학적 실용주의자가 아니라 *제한적(제약을 받는)* 실용주의자다. 우리는 앞의 장들을 통해 미국 시스템하에서 법관은 내적 제약 및 외적 제약이라는 양쪽의 제약하에 일한다는 사실을 알고 있다. 이는 법규주의적 법관들뿐 아니라 실용주의적 법관들에게도 해당된다. 세상에는 실용주의적 법관이 적절하게 고려할 수 없는 결과가 많다. 이 쟁점은 부시 대

고어 사건[30]으로 선명하게 부각되었다. 한 대법관이 고어가 소송상으로는 우월한 위치에 있지만 대통령으로는 부시가 더 낫다는 생각을 갖고 있었다고 하자. 이 대법관은 모든 것을 고려할 때 부시에게 유리한 판결이 고어에게 유리한 판결보다 나은 결과를 가져올 것이라고 결론지었을 수 있다. 그러나 그 대법관이 대통령 출마자로서 부시와 고어 가운데 누가 더 나은가를 고려했다면 그것은 부적절한 일이다. 이를 고려하는 것은 판결은 "당사자가 누구인가와 관계없이" 행해져야 한다는, 법관이 지켜야 할 기본 원칙을 위반한 것이다. 실용주의적 법관 역시 여느 법관과 마찬가지로 사법 게임의 규칙들에 맞게 경기에 임하지 않으면 안 된다. 이 규칙들은 어떤 종류의 결과에 대한 고려는 허용하지만 다른 종류에 대한 고려는 금한다. 이 규칙들은 법관이 — 규칙 공리주의에 비유해 말하자면 — "규칙 실용주의자 rule pragmatist"가 되도록 제한한다.[31]

제약을 받는 실용주의자와 제약을 받지 않는 실용주의자 사이의 차이는 프랭크가 수행한 두 가지 역할, 즉 폭탄을 투척하듯이 논의에 파장을 일으킨 법현실주의자로서의 역할과 제2항소법원 판사로서의 역할이 달랐던 것에서 잘 드러난다. 그는 법관의 자리에 앉아 법현실주의를 포기하지는 않았지만 이를 억제했다. 그의 판결문은 충분히 주류의 영역에 머물렀던 것이다.[32]

우리가 7장에서 만났던 원의주의자 대법관 맥코널은 "법규주의자와 실용주의자를 나누는 진정한 구분점은 법관이 법규주의의 제약들을 엄격하게 읽느냐 아니면 느슨하게 읽느냐, 그리고 남아 있는 회색지대에서 그

---

30 531 U.S. 98(2000).

31 다음을 참조할 것. Melissa Armstrong, "Rule Pragmatism: Theory and Application to Qualified Immunity Analysis," 38 *Columbia Journal of Law and Social Problems* 107 (2004); 각주 1의 Posner, *The Problematics of Moral and Legal Theory*, 241.

32 다음을 참조할 것. Robert Jerome Glennon, *The Iconoclast as Reformer: Jerome Frank's Impact on American Law*, ch. 5(1985).

가 민주주의적 판단을 따르느냐 아니면 자신의 이데올로기적 성향이 작용하도록 허용하느냐와 관련된다"[33]라고 주장했다. "법규주의의 제약들을 엄격하게 읽느냐 또는 느슨하게 읽느냐"가 법규주의자와 실용주의자 사이의 차이를 형성한다고 한 그의 말은 맞다. 예를 들어, 법규주의자들은 어떤 법령을 판단할 때 문언의 의미론이라는 표면에 머물기를 선호하지 그 법령의 목적이 무엇인가를 알아내려 애쓰지 않는다. 그러나 "남아 있는 회색지대에서 민주주의적 판단을 따르느냐 아니면 자신의 이데올로기적 성향이 작용하도록 허용하느냐"는 실제로 차이를 형성하지는 않는다. 원의주의자에게 결정적으로 추를 기울이는 것은 민주주의가 아니다(2장 참조). 브라이어 대법관 같은 준실용주의자의 판결들보다 네 명의 보수 대법관 같은 법규주의자들의 판결들에서 "이데올로기적 성향"이 뚜렷하게 작게 작용했다고 믿을 사람이 ― 스스로를 기만하는 사람이 아니고서는 ― 누가 있겠는가?[34]

법실용주의에 대한 반대가 내 생각보다 더 강할지라도 21세기의 미국에 다른 대안은 없다. 사법적으로 집행 가능한 미 연방헌법, 코먼로의 유산, 규율되지 않는 입법부(이것은 미국의 정당들이 취약한 데 기인하기도 하고 양당제와 대통령의 거부권에 기인하기도 하는데, 이들은 입법 자체를 매우 힘들게 하고 결국 입법을 모호하게 남겨두도록 한다), 미국 법체계의 더없는 복잡성(연방헌법은 연방 법령들의 위에 위치하며 또 연방 법령들은 50개 주의 법체계 위에

---

33   Michael W. McConnell, "Active Liberty: A Progressive Alternative to Textualism and Originalism?" 119 *Harvard Law Review* 2387, 2415(2006). 이 글은 브라이어 대법관의 책 『역동적 자유』에 관한 서평인데, 2장에서 이 책에 관해 논한 바 있다.

34   Rorie Spill Solberg와 Stefanie A. Lindquist는 "Activism, Ideology, and Federalism: Judicial Behavior in Constitutional Challenges before the Rehnquist Court, 1986~2000," 3 *Journal of Empirical Legal Studies* 237(2006)에서 보수적 대법관 쪽이 자신을 제약하는 정도에서 근소하게 더 높다는 것을 발견하면서, 그러나 일반적으로는 "진보적 법령이 도전을 받을 때에는 그 도전이 주 차원에서 일어난 것이든 연방 차원에서 일어난 것이든 상관없이 보수주의자들은 그러한 법령들을 무력화하는 데 적극 나서는 경향을 더욱 뚜렷하게 드러낸다. 보수적인 법령들에 대해서는 그 반대다"라고 결론을 내리고 있다(같은 글, 259~260).

위치한다), 이 모두는 미국의 법관들은 이질적이라는 사실과, 또 미국의 사법부는 직업법관제가 아니라 개업 변호사, 교수, 검사 등의 일자리를 거친 후 중년의 나이에 법관으로 임명된 사람들로 구성된다는 사실과 더해져 재량에 따른 입법의 여지가 매우 확대되는 결과를 가져왔다. 그리고 법관 중에는 임명되는 과정에서 정치적 연줄에 빚지거나 적어도 정치권의 언저리에 있었다는 사실에 힘입은 사람이 많다. 그리하여 이 세속적인 법관들에게 법규주의는 자신을 제약하는 구속복拘束服이 되기 힘들며, 또한 어떻든 간에 법규주의는 옛 법을 확인하는 것과는 달리 새 법을 만드는 데 지침이 될 자원을 갖고 있지 않다. 왜냐하면 법규주의는 법을 만드는 것이 법관의 합법적 과업임을 부정하기 때문이다.

'후발적으로 끼어드는' 인사 시스템은 사법부의 이질성에 기여하는 요인으로서뿐만 아니라 미국인의 직업적·지적 삶의 *유동성*을 반영하는 척도로서도 강조될 가치가 있다. 이 유동성은 ─ 철학적 실용주의를 촉진시켰듯이 ─ 법실용주의를 촉진시킴으로써 이 두 가지 실용주의를 다른 국가들과 구별된 순전히 미국적인 흐름으로 만들었다. 미국에서는 법률업계가 구획되어 존재하지 않는다. 법률가들은 개업 변호사나 정부 공무원 또는 교수직이나 법관직 사이에서 자유롭게 이동한다. 이 업계는 미국 지식인들의 다른 생활영역들과도 차단되어 있지 않다. 경제학과 같은 사회사상의 다른 분야들이 발달해 이 업계에 침투할 수도 있다. 미국의 사상은 엄격하게 구획되지 않기 때문에 듀이와 여타 실용주의 철학자들은 자연과학의 방법들이 *모든* 연구에 모델이 된다고 생각할 수 있었다. 법률업계의 문화에 외부 영향이 침투할 가능성은 법은 법 실무나 여타 사회과학 또는 한 국가의 경제적·정치적 생활과 유리된 자율적인 사상체계라는 식으로 지역적 사법문화가 전개되는 데 대한 해결책인 것이다.

사법부의 구성이 균질하지 않다는 것은 다양한 통찰이 활발히 일어나도록 돕기도 하고, 또 집단적 양극화를 막는 역할도 하며, 동시에 법을 견고한 여론에 더욱 확고히 정박시키는 기능도 한다. 이것은 법관후보를 가려내는 과정에서 전문 능력뿐만 아니라 이데올로기적 경향이나 출신 민족, 기타 출신 집단에 관한 정체성 등을 공들여 조사하는 이유이기도 하고 또 그렇게 하는 것을 정당화하기도 한다. 그러나 다양성에는 대가가 따른다. 사법부의 다양성이 커질수록 불일치와 반대의견이 많아지고 또 선례에 대한 차별화도 많아지며(그 결과 선례에 대한 충실성이 저하되고 따라서 법적 확실성도 저하된다), 상급심 법원 합의부원들 간에 통일성도 저하된다. 이러한 비용은, 다양성에 대한 인식론적 가치, 또는— 같은 말이지만 — 비슷한 사고방식을 가진 사람들만 심의에 참가하는 데 따른 비용[35]과 균형을 이뤄야 한다.

그러나 이 모든 논의에 비춰봤을 때 미국의 법관들은 실용주의자가 되도록 *정말*로 숙명 지어져 있는 것일까? 우리가 르웰린을 신뢰할 수 있을까?(8장 참조) 아니면 르웰린은 단지 자신이 찾고 싶었던 것을 발견한 데 지나지 않을까? 법관의 판결문에 사용되는 수사는 압도적으로 법규주의적이다. 그리고 정치적 재판은 실용주의자보다는 이데올로그가 하는 일일 수 있는 만큼, 미국의 재판에 정치적 경향성이 널리 퍼져 있다는 가치개입 이론가들의 발견은 미국의 법관들이 실용주의자라는 데 대한 답이 되지 못한다.

우리는 법관들에 관한 비판적 문헌들에서 이 쟁점에 관한 얼마간의 통찰을 얻을 수 있다.[36] 그러한 문헌들을 통해 우리는 예를 들어 브랜다이스의 판결들이 "특유의 '법학적' 가치 체계에 따라서만 결정된 것이 아니라,

---

35 Harry T. Edwards, "The Effects of Collegiality on Judicial Decision Making," 151 *University of Pennsylvania Law Review* 1639, 1667(2003). Cass R. Sunstein et al., *Are Judges Political? An Empirical Analysis of the Federal Judiciary*(2006)는 통찰의 다양성과 내부자 고발(whistle-blowing)이라는 '편익'이 있고, 집단의 획일화와 이데올로기적 확대(이는 비슷한 사고방식을 가진 사람들이 모여 있어 확신이 도전받는 일 없이 강화되기만 하고 또 자신이 믿는 바를 비판적으로 반성하도록 강요받는 일이 전혀 없는 데서 비롯된다)라는 '비용'이 있음을 강조한다.

36 다음 책에 예시되어 있다. G. Edward White, *The American Judicial Tradition: Profiles of Leading American Judges*(expanded ed. 1988).

법률 연구에서 끌어낸 것처럼 문학, 역사, 또는 사회과학의 통찰들에서 끌어내어 일반화된 사회적·경제적·정치적 신조들에 따라 결정되었다"[37]라는 것과, 존경받던 핸드가 지휘하던 때조차 제2항소법원의 판결들이 다분히 정치적이었다[38]는 것을 알게 된다. 또한 법관의 전기들이나 연방대법원에서 간행한 책 분량의 보고서들exposés의 목록을 보면 모든 심급의 법관들이 너무나 인간적이라는 것을 (만약 우리가 그것을 이미 깨닫지 못할 정도로 순진하다면) 알 수 있다.

그러나 그동안 소홀히 취급된 문헌 가운데 내가 특히 강조하고 싶은 것은 법관들 스스로 재판에 대해 쓴 글들이다.[39] 앞의 어느 장에서는 재판에 대해 핸드가 쓴 글을 인용한 적이 있으며, 또 이 장에서는 홈스가 쓴 두 권의 저작을 언급한 바 있다. 편지와 판결문들을 포함해 홈스가 쓴 다른 글들에서 우리는 실용주의적 법관으로서의 홈스를 엿볼 수 있는 더 많은 증거들을 찾을 수 있다.[40] 재판에 관한 카도조의 글들도 있는데, "우리가 볼 수 있는 실용주의 법이론에 관한 진술 중 가장 포괄적인 진술"[41]이라 할 수

---

37   Stephen W. Baskerville, *Of Laws and Limitations: An Intellectual Portrait of Louis Dembitz Brandeis* 274(1994).

38   Marvin Schick, *Learned Hand's Court*(1970).

39   이러한 글들을 포괄적으로 다룬 문헌으로는 다음을 참조할 것. *Judges on Judging, Views from the Bench* 305~323(David M. O'Brien ed. 2d ed. 2004). 재판에 대해 학자들뿐 아니라 법관들이 쓴 글들을 모아놓은 두꺼운 책으로는 다음을 참조할 것. Ruggero J. Aldisert, *The Judicial Process: Readings, Materials and Cases*(2d. ed. 1996). 재판연구원으로 재직한 적이 있는 사람의 증언도 있다. 예를 들어, 다음을 참조할 것. Stephen L. Wasby, "Why Clerk? What Did I Get out of It?" 56 *Journal of Legal Education* 411, 426(2006). 이 글에서 저자는 "재판연구원으로 일하던 해에 나는 한 소송 당사자가 판결을 결정하는 것은 법보다 사실들이라고 확신하기 시작하는 것을 보았다. 또한 그때 나는 법을 사실에 적용하는 것이 내가 생각했던 것보다 훨씬 더 복잡하고 미묘하고 또 사실 지향적임을 보았다"라고 말했다.

40   각주 6의 *The Essential Holmes*를 참조할 것. 또한 각주 1에 인용된 책들의 홈스에 관한 부분도 참고.

41   Richard A. Posner, *Cardozo: A Study in Reputation* 28(1990).

있는 카도조의 가장 유명한 책 『재판 과정의 본질』을 들 수 있다. 직감에 따른 판결에 대한 허치슨 판사의 글도 있는데, 나는 그 글을 이 책 머리말의 도입부로 삼았다. 그런데 놀랍게도 비슷한 이야기가 최근 케네디 대법관의 인터뷰에 등장하고 있다.

당신도 알다시피 우리 모두는 본능적으로 판단합니다. 당신은 누군가를 만나 "나는 이 사람을 신뢰합니다. 저 사람은 신뢰하지 않습니다. 그녀는 참 재미있는 사람이더군요. 그는 재미없는 사람이더군요"와 같은 말들을 합니다. 어떤 종류이든 간에 당신은 이와 같이 순식간에 판단들을 합니다. 그것이 우리가 살아가는 방식이기도 합니다. *그리고 법관들도 똑같습니다.* 그것이 단지 출발점이라면 나는 거기에 아무런 문제가 없다고 생각합니다. 그러나 당신[법관 ― 옮긴이]이 어떤 판단을 한 후에는 그 판단의 이유를 언어로 정형화하지 않으면 안 됩니다. 그런 다음 그 이유가 이치에 합당한지, 논리적인지, 공정한지, 법에 부합하는지, 헌법에 부합하는지, 그리고 당신 자신의 윤리적·도덕적 감정에 부합하는지 살펴봐야 합니다. 그리고 그렇게 하는 과정의 어딘가에서 당신이 틀렸다는 생각이 들면 되돌아가 다시 판단해야 합니다. 그리고 내 생각에 이러한 과정은 법에만 한정된 일이 아닙니다. 사려 깊은 사람이라면 누구나 그렇게 할 것입니다. … 아마 내 분야에서 성공하는 데 필요한 자질은 다른 분야에서 성공하는 데 필요한 자질들과 (크게) 다르지 않을 것입니다. 첫째는, 당신 자신을 알고, 당신의 결함과 약점들에 대해 정직해야 합니다. 둘째는, 당신이 국가의 운명을 형성할 기회를 가졌다는 사실을 인식하는 것입니다. *미국 헌법의 제정자들은 당신이 나라의 운명을 만들어나가기를 원했습니다. 그들은 당신을 위해 헌법의 틀을 만들기를 원하지는 않았습니다.*[42]

프랭크가 연방항소법원 판사가 된 후에 쓴 책『심판대에 선 법원: 미국의 사법정의에 대한 신화와 현실Courts on Trial: Myth and Reality in American Justice』(1949)도 주목할 만한데, 이 책에서 그는 그 전에 썼고 더 잘 알려진 책『법과 근대정신Law and the Modern Mind』(1930)에서 피력했던 법현실주의라는 이설異說의 많은 부분을 여전히 되풀이한다. 제2항소법원 판사로서 두각을 나타냈던 프랭크 판사의 라이벌 찰스 클라크Charles Clark 판사는 재판에 대한 실용주의 철학을 다음과 같은 말로 분명하게 묘사했다. "법관이 입법자로서 외로운 책임을 짊어지고 있다는 것과 법관이 지각하는 것들이 주관적일 수밖에 없다는 것을 인정함으로써만, 우리는 그런 주관성을 통해 현재와 미래 사회에 복무하게 할 수단과 방법을 찾아낼 수 있다는 희망을 품을 수 있다."[43] 유사한 정서를 월터 섀퍼Walter Schaefer,[44] 프렌들리,[45] 앨버트 테이트Albert Tate,[46] 로저 트레이너Roger Traynor,[47] 프랭크 코핀Frank Coffin[48] 등을 포함해

---

42 "Anthony Kennedy Interview," *Academy of Achievement: A Museum of Living History*, Oct. 22, 2006, www.achievement.org/autodoc/page/ken0int-3int-5(visited May 16, 2007).

43 Charles E. Clark and David M. Trubek, "The Creative Role of the Judge: Restraint and Freedom in the Common Law Tradition," 71 *Yale Law Journal* 255, 275~276(1961). 또한 다음을 참조할 것. *Procedure: The Handmaid of Justice: Essays of Judge Charles E. Clark*(Charles A. Wright and Harry M. Reasoner eds. 1965). 이 책 267쪽에서 클라크와 트루벡은 르웰린이 어려운 사건들에서 '현실주의적' 방법을 사용해 확실성을 얻어낼 수 있는 정도를 과장했다고 말하는데, 통찰력 있는 말이다. 우리는 12장에서 데이비드 비티(David Beatty)의 현실주의 법학을 논할 때 유사한 과장들을 접하게 될 것이다.

44 Walter V. Schaefer, "Precedent and Policy," 34 *University of Chicago Law Review* 3(1966).

45 Henry J. Friendly, *Benchmarks*(1967).

46 Albert Tate, Jr., "The Law-Making Function of the Judge," 28 *Louisiana Law Review* 211(1968); Tate, "Forum Juridicum: The Judge as a Person," 19 *Louisiana Law Review* 438(1959).

47 Roger J. Traynor, *The Traynor Reader: A Collection of Essays by the Honorable Roger J. Traynor*(1987).

48 다음을 참조할 것. Frank M. Coffin, *The Ways of a Judge: Reflections from the*

일단의 탁월한 법관들이 표현해왔음을 우리는 알 수 있다. 나중에 대법원장이 된 할란 피스케 스톤Harlan Fiske Stone 대법관은 "법관은 한편으로 법령이 명하는 것과 다른 한편으로 (구속성이 있다고 일반적으로 동의되는) 선례와 법리들이 행사하는 구속적 제약 사이에 놓여 있는 한계 내에서 적용 법규를 선택할 수 있는 자유를 갖는데, 그의 법규 선택은 응당 사회적·경제적 이익을 상대적으로 저울질한 결과에 의존하며, 저울질의 결과가 최종적으로 이 법규가 아닌 저 법규의 선택을 초래한다. 그 영역에 한해 법관은 본질적으로 입법자의 기능을 수행하며, 실제적으로 법을 만든다"라고 말했다.[49]

나는 미국의 현 대법관들이 스톤 대법관만큼, 또는 "우리 동료들은 정치 결과로서의 동료다. 연방대법원이 내린, 하급 법원들을 기속하는 선례들은 대법원의 구성을 반영하며 또 많은 부분 임명과 인준 과정의 정치에 따라 결정된 것들이다. … 법관들이 재량의 영역에서 선택하는 데 동원하는 가치들은 그들이 법관 이전의 삶에서 머물던 정치적 스펙트럼의 한 부분과 일치하는 경우가 아주 많다"[50]라고 말한 패트리샤 월드Patricia Wald 판사만큼 솔직했으면 좋겠다. 데이비드 클레인David Klein 교수는 같은 취지의 언급들을 더 많이 수집했으며,[51] 우드포드 하워드Woodford Howard는 연방항소

Federal Appellate Bench(1980). 더 나은 문헌으로는 다음을 참조할 것. Coffin, *On Appeal: Courts, Lawyering and Judging*(1994), 특히 13, 14장.

49 Harlan F. Stone, "The Common Law in the United States," 50 *Harvard Law Review* 4, 20(1936).

50 Patricia M. Wald, "Some Real-Life Observations about Judging," 26 *Indiana Law Review* 173, 180(1992). 월드 대법관은 자신을 실용주의자로 묘사했는데, 이는 놀랄 일이 아니다(같은 글, 181).

51 David E. Klein, *Making Law in the United States Court of Appeals* 15~16(2002). 클레인 교수의 이 탁월한 저서에는 수많은 연방항소법원 판사들과의 인터뷰도 실려 있는데, 모두 익명의 인터뷰여서 아마 더 솔직한 이야기들일 것이다. 동일한 방법론을 사용해 저술한 또 하나의 훌륭한 저서로는 다음을 참조할 것. J. Woodford Howard, Jr., *Courts of Appeals in the Federal Judicial System: A Study of the Second, Fifth, and District of*

법원 판사들과의 광범위한 인터뷰를 바탕으로 다음과 같은 신중한 요약을 내놓았다. "요점은 경력과 교육·훈련을 통해 재판에서 정치 문화와 법률 문화의 요소들을 혼합하는 성향을 지니게 된 정치적 법률가들을 연방항소법원들이 끌어들여왔다는 것이다."[52]

헨리 판사의 재판연구원이자 그의 친구인 마이클 보딘Michael Boudin — 이 사람도 연방항소법원 판사로서 두각을 나타냈다 — 은 헨리 대법관의 뛰어난 점으로 "변호사로 30년을 일하면서 현실세계의 문제들을 다뤄본 경험"과 "판결문을 읽은 사람들에게 판결이 현실에 토대를 두고 있음을 느끼게 한다는 점에서 위대한 실용주의자 로버트 잭슨Robert Jackson 대법관에 필적했던 것"[53]을 들었다. 보딘은 또 "연방대법원은 장래의 모든 판결이 따르지 않으면 안 될 어떤 곡선을 투사하기 전에, 주로 직관에 의거하는 한이 있더라도, 몇 개의 기준점을 표시하는 것이 — 나중에 그 기준점들이 현명치 못한 것으로 드러나면 지우면 되는 만큼 — 대체로 보아 더 나을 것이다"[54]라는 헨리의 충고를 인용했다. 그는 또 "법관이 보이는 최초의 반응은, 당면 사건이 법관에게 행사하는 "다양한 압력", 즉 선례에 충실하라, 정의를 실현하라, 사회적으로 유용한 결과를 달성하라는 식의 압력들에 대한 직관적인 반응일 때가 많다"라는 헨리의 견해를 언급하기도 했다. 보딘은 헨리의 재판행위에 영향을 끼친 것들을 요약해 "역사학도로서의 훈련, 선례에 대한 존중, 약간의 법현실주의, 결과에 대한 실용주의적 관심, 법절차에 대한 존중, 상대적 역량에 대한 강조, 어떤 것이 실용적인가에 대한 감각 및 사법과잉에 대한 걱정"[55]을 들었다.

Columbia Circuits(1981).

52   각주 51의 Howard, 188.

53   Michael Boudin, "Judge Henry Friendly and the Mirror of Constitutional Law," 11[*New York University Law Review*(근간)].

54   같은 글, 17. 이는 다음의 책에서 인용했다. Henry J. Friendly, *The Dartmouth College Case and the Public-Private Penumbra* 31(1969).

이것은 판결이 어떤 실질적인 결과를 가져올 것인가에 대해서뿐만 아니라 제도에 어떤 영향을 끼칠 것인가에 대해서도 민감한 한 실용주의 법관의 초상화다. 잭슨 대법관에 대해 살펴보려면, 보딘이 했던 것처럼, (4장에서 언급했듯이) 샤우어가 프랭크판 법현실주의를 "법관이 한 인간으로서 어떻게 분쟁을 해결하는가와 법복을 입은 똑같은 인간이 어떻게 분쟁을 해결하는가 사이에 존재하는 거리를 사실적 및 규범적으로 좁히려는 시도"라고 재묘사한 것을 상기해야 한다. 이러한 시도는 법실용주의의 핵심에 근접한 것으로, 잭슨 대법관의 판결문 작성 스타일을 다음과 같이 묘사한 것과 일맥상통한다. "잭슨은 판결문을 쓰면서 '사법적으로' 적절한 입장이나 논조를 찾으려고 애쓴 적이 없었다. 대신 그는 자신의 인간적 반응이 담기도록 판결문 쓰기의 양식상의 범위를 확장할 줄 아는 것 같았다. … 법관과 평범한 인간 사이의 거리가 갑자기 좁혀졌다."[56]

르웰린은 법관들이 자기반성을 기록한 글들을 여러 시대에 걸쳐 많이 모았는데, 그중 몇 가지를 인용하면 다음과 같다. "어떠한 선례도 정확한 감각만큼의 힘을 갖지 못한다."[57] "법률가라면 누구나 법원의 의지에 따라 선행 사건(선례)이 원 판결의 논지가 최대한 축소될 수 있는 가장 좁은 지점을 나타내거나 또는 *원 판결의 이유*ratio decidendi가 허락할 가장 넓은 범위의 공식을 나타낼 수도 있음을 알고 있다."[58] "오늘날 법학 사상에서 새롭게 대두되는 것은 주로 법절차상의 공평무사성이다. 과거에는 공인되지 않아 수면 아래에 있던 많은 것들이 이제 공인되고 공개되었다. 오랜 옛날부터 법률가들은 오래된 법규가 현재의 필요와 충돌할 때면 오래된 법규들을 억제하고 싶은 충동을 느껴왔다. 다만, 옛날과 오늘날의 차이는, 옛날에는 법률

<hr/>

55　각주 53의 Boudin, 23.
56　각주 36의 White, 232. 화이트의 책 11장은 잭슨에 대해 대단히 훌륭한 논변을 담고 있다.
57　Karl N. Llewellyn, *The Common Law Tradition: Deciding Appeals* 52 n. 46(1960).
58　같은 책, 117.

가들이 그 충동에 굴복했을 때 자신이 한 일을 다른 일로 위장하고 그 사실을 자기 자신에게도 위장하며 자신의 결정이 예전의 결정들과 하나도 다름이 없다고 정말 진지한 태도로 선언하는 일을 훨씬 더 습관적으로 했다는 것이다."[59] "주 대법원장들과 이야기를 나누면서 나(르웰린)는 그들이 날마다 하는 일에 대해 내가 진실을 말한다고 인정할 수 있는 사람이 겨우 1/3밖에 안 된다는 것을 알았다(다만, 1/3에 해당되는 사람에는 인터뷰 대상자 중 상대적으로 나이가 어린 1/3의 사람들이 딱 한 명을 제외하고 모두 포함되었는데, 그것이 내게 좀 위로가 되었다). 그중 한 사람은 '자신이 정말로 하고 싶지 않은 그 일을 계속 해왔다는 것'을 의식하고 있었고 또 앞으로도 그런 일을 계속 하고 있을 것이라 추측하고 있었다."[60] 그리고 법규주의자들을 위해서도 인용할 만한 내용이 있다. "강력한 판결문은, 순수한 법적 추론을 통해, 일반인들은 전혀 예상할 수 없었던 결론에 불가피하게 도달하는 내용으로 구성되어 있었다."[61]

19세기 초로 거슬러 올라가 조셉 스토리Joseph Story 대법관이 한 말을 들어보자. 그는 법률가들에게 "업무를 제대로 수행하기 위해 모든 학문 분야에 익숙해지도록" 권면하면서 "법률가들은 그러므로 이론을 불신하고 실천적 선을 중시하도록 교육받아야 하며, 추론보다는 경험에, 각종 법률보다는 제도에, 그리고 선행에 대한 동기보다는 악행에 대한 저지에 더 의존하도록 교육받아야 한다. 법률가들은 … 더 현명하고 더 솔직하고 더 많이 용서하고 또 더 사심 없는 사람이 되어야 한다"[62]라고 말했다. 우리는 또 바다

---

59   같은 책, 266~268. 이는 다음의 글에서 인용했다. Cardozo, "Jurisprudence," in *Selected Writings of Benjamin Nathan Cardozo: The Choice of Tyco Brahe* 7, 37(Margaret E. Hall ed. 1947).

60   각주 57의 Llewellyn, 392.

61   같은 책, 39 n. 31.

62   Joseph Story, *Discourse Pronounced upon the Inauguration of the Author, as Dane Professor of Law in Harvard University* 34~35(1829).

건너 저쪽의 앵글로 – 아메리칸(영미법식) 사법부들을 살펴볼 때 그 법관들도 유사한 정서를 표현하고 있음을 발견하게 된다.[63]

미국의 고전적인 법형식주의 시대 – 윌리엄 위첵William Wiecek은 이 시대를 1884년부터 1937년까지로 본다[64] – 에도 실용주의적 경향이 있었다는 사실은 특기할 만하다. 내가 법규주의라고 부르는 것은 분명히 사법행태에 대한 공식적인 개념, 다시 말해 기성의 확립된 개념이었다. 그러나 타마나하는 바닥에 비관주의를 짙게 깐 그 시대의 다양한 발언을 훌륭히 모아 보여주었다.[65] 그중에는 "법관들이 판례집digest에서 어떤 판결을 정당화할 20여 건의 사건을 인용하는 것은 쓸데없는 일이다. 왜냐하면 그 반대의 판결을 지지할 다른 20여 건의 사건을 모을 수 있다는 사실을 우리 모두 알기 때문이다. … 법관은 그 사건과 관련한 법에 대해 멋진 논문을 쓸 수 있다. 그러나 판결의 실제 근거는 그 판결문의 앞쪽에 나열된 사실들 아래 감춰진 채 놓여 있다"[66]와 같은 언급도 있다. 어떤 판사는 "법률적 센스라고 일컫는 것이 극단적인 넌센스일 때가 드물지 않다"[67]라고 말하기도 하며, 미국변호사협회American Bar Association 회장이 "우리 법원들은 일반적으로 거의 어떤 명제든 그것을 지지하는 선례를 찾아낼 수 있다"[68]라고 말한 내용이 인용되어 있기도 하다.

63   예를 들어, 다음을 참조할 것. E. W. Thomas, *The Judicial Process: Realism, Pragmatism, Practical Reasoning and Principles*, ch. 2(2000); David Robertson, *Judicial Discretion in the House of Lords*(1998); John Bell, *Policy Arguments in Judicial Decisions*(1983).

64   William M. Wiecek, *The Lost World of Classical Legal Thought: Law and Ideology in America*, 1886~1937(1998).

65   이어지는 인용문들의 출처는 다음과 같다. Brian Z. Tamanaha, "The Realism of the 'Formalist' Age"(St. John's University School of Law, Aug. 2007).

66   W. G. Hammond, "American Law Schools, Past, and Future," 7 *Southern Law Review* 400, 412~413(1881). 해먼드는 세인트루이스 로스쿨(St. Louis Law School)의 학장이었다.

67   Seymour D. Thompson, "More Justice and Less Technicality," 23 *American Law Review* 22, 48(1889).

68   U. M. Rose, "American Bar Association," 64 *Albany Law Journal* 333, 336(1902).

이상 인용문 가운데 첫째 인용문은 1881년에 출간된 논문에 나오는 문구인데, 이 해로 말하면 홈스가 『코먼로』를 펴낸 바로 그해였다. 홈스의 법규주의 비판이 참신한 것은, 그는 법관이 항상 법규를 적용하기만 하는 것이 아니라 때때로 입법자가 되어야 하는 것은 불가피한 일이며 따라서 특별히 비난할 만한 일이 못 된다고 생각했기 때문이다. 다만, 홈스는 법관이 자신이 하는 일에 더 강한 자의식을 갖고 임한다면 스스로를 더 제약할 것이라 생각했다.

지금까지 내가 인용하거나 언급한 법관들은 대부분 뛰어난 사람들이다. 그러나 더욱 뛰어난 점은 그들은 법을 만드는 사람이라기보다 법을 찾아내는 사람으로 스스로를 규정하고 싶은 유혹을 무릅쓰고 자신의 실용주의를 고백했다는 것이다. 왜냐하면 법을 찾는 사람이라 고백하는 것이 논쟁을 덜 불러일으키며, 법관이 하기로 되어 있는 것에 대한 일반인들의 무지한 기대에 부응하는 것이기 때문이다. 법관들이 재판에 대해 쓴 글이나 인터뷰들을 통해 말한 내용들, 특히 오프 더 레코드로 말한 내용들[69]을 보면 법규주의자라고 자칭한 사람은 놀랄 정도로 드물다. 물론 일부 있기는 하다.[70] 그러나 그들 중에는 싸울 태세로 말하거나 조류를 거슬러 올라가겠다는 태도를 취하면서 말하는 사람이 있고, 변명하거나 입장을 완화시켜 말하는 사람도 있는데, 후자는 스칼리아 대법관의 글 — 제목 자체가 그런 뜻을 암시하는데 — 「차악으로서의 원의주의Originalism: The Lesser Evil」[71]에 잘 나

---

69 각주 51을 참조할 것.

70 예를 들어, 다음을 참조할 것. J. Harvie Wilkinson III, "The Role of Reason in the Rule of Law," 56 *University of Chicago Law Review* 779(1989); Antonin Scalia, "The Rule of Law as a Law of Rules," 56 *University of Chicago Law Review* 1175(1989); 각주 39의 *Judges on Judging*, chs. 13, 15, 16, 18, 20, 22. 나는 앞에서 맥코널 대법관에 대해 언급했었다. 이어지는 장들에서는 그의 견해를 더 살펴볼 것이며 다른 법관들의 견해도 살펴볼 것이다.

71 Antonin Scalia, "Originalism: The Lesser Evil," 57 *University of Cincinnati Law School* 849(1989).

타나 있다. 그는 스스로 "심약한" 원의주의자라고 고백하면서 독자들에게 자기는 태형笞刑이 설사 원의주의적 해석에 따라 잔인하거나 비정상적인 처벌이 아니라 하더라도 그것을 묵인하지 않을 것이라고 단언했다.[72] 그는 다른 글에서 다음과 같이 자신의 심약함을 다시 고백했다. "우리는 '상황에 맞는 판결인지 살펴보기'와 '양 당사자의 이익을 비교·분석하기'를 영원히 떨쳐버릴 수 없을 것이다. 그리고 나 역시 어쩔 수 없이 일부 판결문은 그런 방법들을 사용해 쓸 것이다. 그러나 *가능한 곳에서는* 그러한 분석법을 피하기를 *강력히* 촉구한다."[73]

아마 뛰어난 법관들은 다른 법관들보다 실용주의(스칼리아 대법관의 경우처럼 '때때로 실용주의occasional pragmatism'에 지나지 않는다 하더라도)를 더 쉽게 고백할 수 있는 것 같다. 왜냐하면 그들의 명성이 덜 이단적인 자들에게 가해질 비판에서 그들을 보호하기 때문이기도 하고, 또는 뛰어난 법관일수록 그렇지 않은 동료들에 비해 때때로 입법자가 되는 경우가 더 많아서 어려운 사건일수록 실용주의적 활동이 필요하다는 사실을 더 잘 알고 있기 때문이기도 할 것이다.

마지막으로 물을 것은 법실용주의 — 이것은 헌법과 함께 법이론에 대한 미국의 남다른 공헌을 형성한다(다만 이는 영국에 뿌리를 두고 있다. 영국의 철학적 전통은 경험주의이고, 미국이 영국에서 가져온 코먼로는 실용주의적이다. 우리는 법령 해석에 대한 블랙스톤의 주장을 기억해야 할 것이다) — 가 다른 지역에서도 성공할 수 있는가 하는 것이다. 아마 잘 안될 것이다. 적어도 영국에 기원을 둔 사법 문화 바깥에서는 그러할 것이다.[74] 유럽 대륙의 법관들은

---

72   같은 글, 861, 864. — 아마 법관 가운데 가장 용감한 법규주의 옹호자인 — 이스터브룩 판사는 그의 입장을 비판했다. Frank H. Easterbrook, "Abstraction and Authority," 59 *University of Chicago Law Review* 349, 378 n. 92(1992).

73   각주 70의 Scalia, 1187.

74   각주 63의 Robertson, 401. 여기서 로버트슨은 "영국 최고법원의 '이데올로기'는 일종의 실용주의에 해당된다. 다만, 그것을 이데올로기라고 생각할 수 없는 그런 종류의 실용주의

미국이나 영국의 법관들보다 더 법규주의적이다. 따라서 유럽의 법(대륙법) 시스템 또는 더 넓게는 유럽의 정부 형태는 사법부의 재량을 상당히 제한하고 그에 따라 법규주의에서의 이탈을 최대한 제한한다는 노선에 입각해 구축되어왔다. 법관직은 관료제에 편안함을 느끼는 부류의 사람들을 끌어들여왔으며 법관이 된 사람들은 명령이나 기타 권위주의적인 문언에 복종하는 습관을 형성하게 되었다. 관료적 행정은 성문법규에 따라 통치하는 것이다. 유럽 대륙에는 코먼로가 존재하지 않으며, 최근까지도 법령의 위헌 여부에 대한 사법심사가 존재하지 않았다. 따라서 법관의 입법 범위는 대단히 제한되었다.

게다가 유럽의 정부들은 고도로 중앙집권화하는 경향이 있다. 권력이 단원제 의회에 집중되며 법령은 미국보다 더 명확하게 제정된다. 법령 간 간극이 있거나 중첩된, 또는 일관성이 없거나 모호한 법령들은 훨씬 적다. 유럽의 법원들은 대부분 전문화되어 있고(노동법원, 형사법원 등), 전문적 법관들은 분석이나 결정에서 동일한 전제를 공유한다. 따라서 논리적 과정을 통해 결론을 이끌어내는 것이 가능하다. 전문 법원들은 법의 한 영역에 속하는 규칙과 원리들을 다른 영역에 어떻게 적용할 것인지 걱정할 필요가 없다. 오늘날 미국의 법관들은 국제 테러리즘과의 투쟁에 따라 제기되는 특별한 법적 문제제기들에 대해 일반 형법 규정들을 어떻게 적용할 것인가의 문제와 씨름하고 있다. 그들은 위험이 증대되고 있다는 지각에 비춰 공공의 안전과 시민적 자유 간의 균형을 고쳐 잡는 중이다. 유럽 국가의 경우에는 테러리즘 사례들에 대한 특별법원을 세워 이 문제를 다루기를 원한다면 그렇게 할 수 있다(미국도 그렇게 할 수는 있다. 그러나 이는 제너럴리스트인 법관들로 구성되고 운영되는 미국 사법 시스템의 전통에서 이탈하는 것이다). 그러한 법원의 법관들은 더욱 광범위한 원리들을 재고할 필요 없이 자신의

다"라고 강력하게 주장했다.

전문화된 관할 범위에 관해 원칙을 수립할 수 있다.

미국은 직업법관제를 가능하게 하는 제도를 가지고 있지 않으므로 법규주의를 전반적인 사법 전략으로 사용할 수 없다. 이것이 안 좋은 일일까? 이 문제는 작은 문제가 아니다. 우리는 5장에서 유럽의 사법부들과 마찬가지로 미국의 법원들도 재산권 보호를 자유와 번영을 위한 초석으로 간주한다는 것을 보았다. 유럽의 법관들은 미국 법관들보다 훈련이 더 잘되어 있고 더 면밀하게 감독을 받는 반면, 기업과 관련된 쟁점이나 경제적인 쟁점에 대해서는 미국 법관들보다 더 크게 불편을 느낀다. 전문화는 부분적인 치유책이 될 뿐이다. 기업 경영과 관련된 사건을 주로 다루는 전문화된 법관은 그 분야에 대한 많은 것을 자신의 재조在曹 경력에서 배우지만 그 배움이 실제 그 분야의 개업 변호사가 쌓는 지식 및 경험의 완전한 대체물이 될 수는 없을 것이다.[75] 반면, ─ 믿을 만한 통계자료를 갖고 있지는 않지만 ─ 미국이 법률 시스템에 들이는 1인당 비용이 미국과 비교하려는 국가들에 비해 더 많은 액수라는 사실에는 의심의 여지가 없다. 다만, 불행하게도 미국의 시스템이 산출하는 편익이 그 많은 비용을 초과하는지 여부를 판단할 수 있는 자료는 존재하지 않는다. 하지만 여기서 우리가 말할 수 있는 것은, 법관들이 배경, 정치, 가치, 기타 개인적 특성들(이것은 미국의 헌법 구조와 정치 문화상 만들어지는 상당 정도 열린 영역에서 법관이 사법적 의사결정을 내려야 할 때 영향을 미치는 요인들이다)에서 대단히 유사할 경우에는 폭 좁은 지식과 통찰이 실용적 판단의 토대가 될 것이며, 반대로 법관들 상호 간에 너무 다를 경우에는 그 판결들이 안정적이며 인식 가능한 유형을 띠지 못하고 그 결과 사람들은 자신의 법적 의무가 무엇인가를 오직 짐작만 하게 될 뿐이리라는 것이다. 우리는 미국의 연방법관 후보자들을 엄격하게 심사

---

75   법관의 전문화에 대한 찬반 일반론은 다음의 투철한 논변을 참조할 것. Edward K. Cheng, "The Myth of the Generalist Judge: An Empirical Study of Opinion Specialization in the Federal Courts of Appeals"(Brooklyn Law School, May 10, 2007).

하는 과정을 통해 필요최소한의 동일성은 충분히 확보하면서도 영양가 있는 다양한 의견과 경험은 제거하지 않을 정도로 개성과 의견의 (다양한) 분포가 적절히 좁아지기를 바라야 할 것이다.

제3부

———

대법관

10

연방대법원은 정치적 법원이다

나는 미국의 법관들은 운명적으로 실용주의자가 될 수밖에 없다고 이야기해왔다. 그러나 연방대법관들, 특히 헌법적 쟁점을 판결할 때의 대법관들을 더 잘 묘사하는 말은 그들은 '정치적인 법관들'이라는 것이다. 나는 주로 연방대법원이 2004년에 내린 판결들을 통해 이 말을 살펴볼 것이다. 2004년은 윌리엄 렌퀴스트William Rehnquist 대법관과 오코너 대법관이 로버츠 대법관과 알리토 대법관으로 교체됨으로써 연방대법원의 방향이 바뀌기 바로 한 해 전이다. 그런데 만약 내가 믿는 것처럼 그들을 움직이는 주요인이 판결이 가져올 정치적 *결과*consequences라면, 정치적 법관들은 곧 실용주의적 법관들일 것이다.

　연방대법원의 정치화politicization를 논하면서 나는 먼저 흔히 간과되어 온 요인, 즉 연방대법원의 판결 수 대비 하급 법원의 판결 수의 비율이 그동안 대폭 높아졌다는 사실부터 지적하려 한다. 연방대법원은 이제 더 이상 좁은 의미의 결정을 통해, 개별 사건 하나하나의 판결을 통해 ─ 다시 말해 코먼로의 참을성 있고 점진적인 방법을 통해 ─ 하급 법원들을 통제하지 않는다. 연방대법원이 입법적으로 행동하는 것은 이제 필연적인 일이다. 연방항소법원들은 2003년에 5만 6396건을 판결했는데 1960년에는 겨우 3753건을 판결했다. 2002년에 주 대법원들의 판결 건수가 2만 5000건을 넘었는데,[1] 국가·사회 영역에서 헌법적 논의가 활발하지 않았던 1960년대 말에 주 대법원 판결 가운데 13%가 연방헌법상의 형사피고인의 권리와 관련되었던 사실[2]에 비춰 판단하건대, 모르긴 해도 2만 5000건 가운데 상당한 비율이 연방 관련 문제들이었을 것이다. 2003년에는 주 상급심 법원들이 13만 건 이상을 판결했다. 이 가운데 연방 법과 관련된 쟁점을 제기한 사건으로 최종 판결을 받음으로써 연방대법원의 심리가 가능했던 판결의 비율이 얼마나 되는지는 알려지지 않았다. 그러므로 우리는 각 해에 주법원들의 판결 건수 가운데 몇 건이 연방대법원의 심리를 받을 수 있었는가를, 다시 말해 연방대법원의 상고허가를 받은 사건의 비율을 계산할 수 없다. 그러나 연방법원의 사건 가운데 연방대법원의 상고허가를 받은 사건이 2004년에는 0.11%(64 ÷ 56,396)였고 1960년에는 1.6%(60 ÷ 3,753)였다는 것은 알 수 있다. 비교해보면, 연방법원 사건 중 연방대법원이 심리한 사건은 ― 상대적인 수치에서 ― 1960년이 2004년에 비해 거의 15배에 달하는 것으로 나온다.

그렇지만 연방항소법원 차원에서 종결 처리된 사건들 가운데 그 이상의 심리를 받을 만한 자격을 갖추지 못한 사건이 많다는 것도 사실이다. 아주 많은 사건이 재판 관할권상의 명백한 하자 때문에 병합되거나 폐기되거나 각하된다. 만약 연방법원행정처 Administrative Office of the U.S. Court가 "본안 심리 후" 종결terminated on the merits 또는 (완전히 똑같지는 않지만, 1959년의 분류

---

1   Shauna M. Strickland, Court Statistics Project Staff, *State Court Caseload Statistics, 2004* 105(2005)(tab. 1).

2   Robert A. Kagan et al., "The Business of State Supreme Courts, 1870~1970," 30 *Stanford Law Review* 121, 147 n. 63(1977).

법상 이에 상응하는) "심리 또는 진술 후" 종결terminated after hearing or submission 로 분류한 사건들에 국한해서 보면 앞에서 말한 5만 6396건과 3753건은 2 만 7009건과 2705건으로 줄어들며, 이 조정된 수치를 대입하면 연방항소 법원 판결 가운데 연방대법원이 심사한 사건의 비율은 2004년 0.13%, 1960년 1.7%에서 2004년 0.27%, 1960년 2.4%로 변한다.* 그럼에도 여전 히 차이가 상당하다. 상대적인 수치로 본다면 1960년에 연방항소법원 판 결들 중연방대법원이 판결한 사건 수는 2004년에 연방항소법원 판결들 중 연방대법원이 판결한 사건 수의 거의 9배에 달한다.

연방대법원은 오래 전부터 자신의 업무가 하급 법원들의 잘못을 바로 잡는 데 있지 않다는 사실을 강조해왔다. 여기에 이른 사건은 이미 적어도 한 심급의 상소심을 거쳤다는 것이었다. 통계를 보면 연방대법원이 하급 법원의 잘못을 바로잡는 기능을 수행하지 않는다는 것은 분명하다. 이는 연방대법원이 전통적인 상급심 법원의 본보기에서 얼마나 멀리 이탈했는 지를 파악하는 데 단서가 되며, 연방대법원이 기본적으로 입법적 성격을 갖는다는 사실을 우리가 받아들이도록 준비시킨다. 만약 연방대법원이 코

* 이 부분에 대한 포스너의 설명은 그렇게 친절하지 않다. 일단 앞서 언급한 '연방법원의 사 건 중 연방대법원의 상고허가를 받은 사건'의 비율이 2004년에는 0.11%(64÷56,396)였다 고 설명하는 부분에서 계산상의 분모 값인 56,396은 2003년의 자료임을 알 수 있다(1960 년의 비율 계산은 분모 값도 1960년의 자료를 활용했다). 그리고 계산상의 분자 값(연방대 법원의 상고허가를 받은 사건 수)인 64(2004년), 60(1960년)의 근거자료에 대한 별다른 언 급 없이 수식에서 바로 활용하고 있다. 또한 이러한 계산에서 나온 값인 0.11%(2004년), 1.6%(1960년)와 달리, '연방항소법원 판결 가운데 연방대법원이 심사한 사건'의 비율은 '대법원에서 심리 불가능한 사건들'의 수치를 조정하기 전에는 0.13%(2004년), 1.7%(1960 년)이라고 설명하는 부분에도 주의를 기울여야 한다. 이들 값의 상이함은 실제 심사 사건 의 수가 상고허가를 받은 사건 수보다 많기 때문인 것으로 추정되는데, 책에서는 실제 심 사 사건의 수에 대한 근거자료의 명기나 계산 과정에 대한 설명이 생략되어 있다. 그러한 이유로, 이에 대한 수치 조정 후의 값은 오히려 수치 조정 전의 값(비율)을 활용해 계산해 야 하는데, 2004년의 경우에는 (0.13%×56,396)÷27,009에 따라 0.27%라는 값이 도출되고, 1960년의 경우에는 (1.7%×3,753)÷2,705에 따라 2.4%라는 값이 도출된다. 이 계산의 과정 은 책에 생략되어 있다. _옮긴이

면로 방식 — 다시 말해 한 걸음씩 나아가는 방식을 뜻하는데, 이것도 입법의 한 형태이기는 하나 입법부의 진행 방식과는 아주 거리가 멀다 — 으로 법을 만들려고 했다면 연방대법원은 법의 발달에 관해 영향력을 거의 갖지 못했을 것이다. 왜냐하면 연방대법원이 다루는 사건의 수는 너무 적어 하급 법원들에 의미 있는 지침을 제공할 수 없기 때문이다. 그래서 연방대법원은 상고를 허가한 극소수의 사건들을 장차 발생할 수많은 사건들을 통제할 규칙이나 규준을 설정하는 기회로 사용하려고 노력한다.[3]

하급 법원의 판결 수 대비 연방대법원(이하 대법원)의 판결 수의 비율이 계속 저하된 것은 또 하나의 효과, 즉 오늘날 대법원이 판결하는 사건이 대부분 헌법 사건이라는 부정확한 인식이 널리 퍼지는 효과를 낳았다. 근년에 대법원이 다룬 사건 가운데 헌법 사건의 비중이 50%를 넘긴 해는 없었다. 사실 오늘날 대법원에서 헌법 사건의 비중은 1960년대 말이나 1970년대 초에 비해 더 낮아졌다.[4] 그리고 대법원이 심리하는 전체 사건 수가 적어졌기 때문에 대법원이 심리하는 헌법 사건의 수가 현저하게 적어졌다. 그러나 수적으로 더 많은 일반 법률 관련 사건들보다 수가 더 적은 헌법 사건들이 대중의 관심을 훨씬 더 크게 끈다. 그뿐만 아니라 헌법 사건들은 대법원 내부에서도 많은 논쟁을 불러일으킨다. 2004년 개정기開廷期의 경우 대법원의 헌법 사건 가운데 80%가 분할투표split vote(대법관들의 의견이 갈림)로 결정되었는데, 이는 여타 판결들에서 분할투표로 결정된 비율이 63%였던 것과 비교된다.[5] 분할투표에 따른 판결은 만장일치 판결보다 사람들의 관심을 더 크게 끄는 경향이 있는데, 이는 부분적으로는 분할투표가 사건당

---

3   Frederick Schauer, "Freedom of Expression: Adjudication in Europe and the United States: A Case Study in Comparative Constitutional Architecture," in *European and US Constitutionalism* 47, 60~61(G. Nolte ed. 2005).

4   1955년부터 2009년까지 ≪하버드 로 리뷰≫ 매년 11월호에 실린 "Subject Matter of Dispositions with Full Opinions"라는 제목의 표들을 참조.

5   이 통계치도 ≪하버드 로 리뷰≫에 실려 있다.

더 많은 ― 그리고 서로 더 날카롭게 다투는 ― 의견을 생산하는 데 기인한다. 그리하여 2004년의 경우 대법원 사건 중 헌법 사건은 38%였지만 대법관들이 작성한 판결문(별개의견 및 반대의견 포함) 중 헌법 사건에 대한 것은 44%였다. 헌법관련 사건 판결들은 예전보다 더 큰 논쟁을 불러일으키고 있는데, 이는 가령 낙태, 적극적 평등실현 조치, 국가 안보, 동성애의 권리, 사형의 존폐, 종교에 대한 정부의 승인 등 대법원의 관심을 끌기 쉬운 쟁점들과 관련해 국민 사이에 정치적인 양극화가 심화된 데 기인한다. 대법원이 마치 불나방처럼 그러한 불길에 접근하는 이유가 무엇인지 미스터리다. 정치적으로 미성숙한 것이 하나의 이유일 수 있는데, 2004년 개정기의 대법관 가운데 대법관이 되기 전에 의미 있는 정치적 경험을 한 적이 있는 사람은 오코너 대법관 단 한 명뿐이었다. 그러나 아마 더 중요한 것은 이들 쟁점이 하급 법원들을 분열시키고 서로 싸우게 만들어 결국 대법원에 그 해결을 구한다는 사실일 것이다.

연방 관련 문제를 제기하는 하급 법원 사건의 총 수 대비 대법원이 판결하는 사건의 수가 감소함에 따라서 마치 대법원이 연방 법의 많은 분야를(물론 연방헌법 사건들은 제외하고) 하급 법원들에 이양하는 것처럼 보일 수 있다. 그러한 분야의 전문가들에게 대법원은 '숨어 있는 신deus absconditus'이다.

대법원이 "뜨거운 쟁점의" 헌법 사건들에 마음을 빼앗기는 것으로 보일수록 그만큼 더 (대법원은) 입법부의 재량에 비견할 만한 큰 폭의 재량을 행사하는 정치기구로 보일 것이다. 연방헌법은 개정하기가 너무 어렵기 때문에 대법원은 평균적으로 말해 법률 관련 사건을 판결할 때보다 헌법 사건을 판결할 때 더 큰 권력을 행사한다. 게다가 헌법은 근본적인 쟁점들을 다루는 경향이 있는데, 근본적인 쟁점들은 법률 관련 쟁점들에 비해 훨씬 더 큰 감정을 불러일으킨다. 그리고 이러한 감정은 법관들이 기술적으로 냉정하게 분석하는 것을 어렵게 만든다. 그리고 그 근본적인 쟁점들은 곧

정치적인 쟁점들이다. 즉, 정치적 거버넌스, 정치적 가치, 정치적 권리, 정치적 권력 등에 관한 쟁점들이다. 또한 헌법 규정들은 오래되었고 모호한 성격을 띠고 있다. 오래되었다는 것은 개정이 매우 드물게 행해졌기 때문이고(그 이유 중 하나는 헌법 개정이 매우 어렵다는 데 있다), 모호한 성격을 갖는 것은 헌법의 개정이 어려운 만큼 그 문면들을 정확하게 표현할 경우 사람들이 자주 곤혹스러운 처지에 빠지기 때문이다. 문면이 정확할 경우 변화된 상황에 맞춰 적용하기가 쉽지 않은데, 짧은 시간 내에서는 상황에 변화가 없으나 긴 시간을 놓고 보면 상황이 아주 많이 변한다.

헌법적 사안을 다루는 법원이 종신재직권을 가진 선출되지 않은 법관들로 구성되고, 감정적이면서 정치적인 쟁점들을 판결할 때 매우 오래되고 주요 부분들이 매우 모호하며 또 개정하기가 매우 어려운 헌법 외에 달리 지침으로 삼을 바가 없을 경우, 대법관들이 자신에게 기회가 주어졌음에도 불구하고 다른 법관들처럼 행동하는 데 성공하지 않는 한 그 법원은 강력한 정치적 기관이 될 수밖에 없다. 그러나 헌법에서 얻을 수 있는 지침이 매우 적은 상황에서 그들은 커다란 정치적 의미를 띤 쟁점들을 어떻게 해결할 수 있을까? 정치적인 쟁점들은 그 정의상 중립적인 전문가들에게 해결을 맡길 수 없는 문제들이다. 정치적인 분쟁은 힘과 힘이 겨루는 마당이다. 그 마당에서 "소수파는 자신이 틀리다는 점에 설득되어서가 아니라 자신이 소수파라는 것을 알기 때문에 항복한다".[6] 정치적인 쟁점들은 힘으로써만 또는 힘의 문명화된 대체물인 표결 같은 것에 의해서만 해결될 수 있다. 표결에는, 헌법에서 지침을 얻을 수 없어서 결국 자신의 정치적 성향에 따라 투표할 가능성이 높은 사건에서 법관이 표결한 것도 포함된다.

대법원은 자유재량의 바다에 빠져 허우적거린다. 로퍼 대 시몬스Roper v. Simmons 사건[7]에서 18세 미만의 살인범에 대한 사형 집행이 합헌이냐의

---

6   James Fitzjames Stephen, *Liberty, Equality, Fraternity* 21[1993(1873)].

7   543 U.S. 551(2005).

문제를 놓고 대법원은 갈피를 잡지 못했다. 외적 제약은 전혀 없었다. 대법관들은 만약 "틀린" 대답을 내놓는다 하더라도 자리에서 쫓겨나거나 상급법원이 판결을 파기할 걱정을 할 필요가 없었고, 자신의 답을 의회나 대통령 또는 정부 고관들이 묵살하지도 않을 터였다. 우리는 대법원의 판결이 헌법의 개정을 가져오거나 예를 들어 예산과 관련된 의회의 보복을 불러일으키는 경우를 상상해볼 수 있다. 또한 대법원의 판결에 대해 대통령이 시행을 거부하거나 대법원의 판결이 특정 대법관에 대한 탄핵 운동을 촉발하는 경우도 상상해볼 수 있다. 그러한 반작용에 관한 역사적 선례들이 존재한다. 법관들이 힘을 휘두를수록 그들의 독립성을 억압하려는 압력은 더욱 커진다.[8] 그리고 대법원이 강력하긴 하나 통치 권력의 수단과는 대부분 유리되어 있기 때문에 의회나 대통령은 종종 보복이라는 외관을 띠지 않고도 대법원의 헌법 판결에서 그 가시[불만스러운 부분 - 옮긴이]를 뽑아버릴 수 있다.

로퍼 사건 판결이 정부나 의회의 반작용을 불러일으킬 위험성은 전혀 없었다. 그러나 같은 2004년 개정기에 내려진 부커 사건 판결과 켈로 사건 판결[9]을 생각해보라. 부커 사건은 연방법관들의 양형상의 재량을 확장했는데, 이로 인해 의회 내에 불만이 형성되었다. 의원들은 법관들이 추가적인 재량권을 행사해 더욱 관대한 선고들을 내릴 것으로 의심했다. 지금 돌이켜보면 그런 의심은 대부분 근거 없는 것이었다. 즉, 선고의 관행과 평균 선고 형량의 경우 부커 사건 이래 별반 달라진 것이 없었다.[10] 그러나 만약

---

8   이는 전 세계적인 현상이다. 다음을 참조할 것. *Judicial Independence in the Age of Democracy: Critical Perspectives from around the World*(Peter H. Russell and David M. O'Brien eds. 2001).

9   United States v. Booker, 543 U.S. 220(2005); Kelo v. City of New London, 545 U.S. 469(2005).

10   부커 사건 판결이 있고 나서 26개월 동안 연방법원의 선고의 61.6%가 양형 가이드라인 범위 이내였는데, 그 이전 10년 동안의 평균이 67.5%였던 것에 비교하면 크게 차이 나지 않는다[미국양형위원회의 웹사이트(www.ussc.gov)에 있는 자료로 계산한 것임]. 다음 자료를

제10장 연방대법원은 정치적 법원이다   395

달라졌다면, 또는 달라지기 전부터, 의회는 연방 형사 법률에 각각 규정된 최저 형량을 인상시키는 법 개정에 나섰을 가능성이 충분히 있다. 켈로 사건에서 대법원은 토지 수용에서의 "공공용도public use"라는 기준을 폭넓게 해석함으로써 전국을 논쟁의 소용돌이에 빠지게 했다. 그러자 의회와 각주 정부는 토지수용권의 행사에 대해 제한을 가함으로써 이러한 해석이 큰의미를 가질 수 없게 만들어버렸다. 그러므로 대법원이 무소불위인 것은 아니다. 이는 헌법 사건의 경우에도 마찬가지다. 그러나 사법부가 3부 가운데 "가장 약한" 부라고 주장한다면[11] 그것은 잘못이다. 사법부는 대단히 강력하다.

5장에서 내가 지적한 대로 대법원은 하급 법원들보다 여론의 제약을 더 크게 받는데, 이는 대법원의 판결이 미치는 충격이 큰 만큼 훨씬 많은 사람들이 그 판결을 지켜보고 있음에 기인한다. 항소법원 차원에서는 가령 국가에 대한 충성 맹세에 나오는 "하나님 아래under God"라는 구절이 위헌이라고 선언[12]하고서도 그럭저럭 헤쳐 나갈 수 있다. 왜냐하면 항소법원의 판결은 국가의 한 지역에만 기속력이 있고 또 대법원이 그 판결을 파기할 수도 있기 때문이다. 이 판결도 대법원에서 파기되었는데, 그것도 기술적 근거(소송 당사자 적격 요건의 결여)에 따른 파기였던 까닭에 대법원은 공공생활 영역에서 종교의 역할을 둘러싸고 온 나라에 걸쳐 벌어진 뜨거운 토론

보면 형량의 길이에 미친 효과가 무시할 정도였음을 알 수 있다(다만, 부커 사건 판결 후 1년간의 자료만 나와 있고, 더 최근의 자료는 아직 입수할 수 없었다). United Sentencing Commission, *Final Report on the Impact of United States v. Booker on Federal Sentencing*, ch. 4(Mar. 2006). 또한 다음도 참조할 것. Michael W. McConnell, "The Booker Mess," 83 *Denver University Law Review* 665, 676(2006). 또한 다음도 참조할 것. John F. Pfaff, "The Continued Vitality of Structured Sentencing Following *Blakely*: The Effectiveness of Voluntary Guidelines," 54 *UCLA Law Review* 235(2006).

11 예를 들어, 다음을 참조할 것. United States v. Hatter, 532 U.S. 557, 567(2001). 이 판결문에는 다음이 인용되어 있다. *Federalist No. 78*(Hamilton), in *The Federalist Papers* 226, 227(Roy P. Fairfield ed. 2d ed. 1966).

12 Newdow v. United States Congress, 292 F.3d 597, 612(9th Cir. 2002).

에서 어느 한편을 드는 부담을 피할 수 있었다.[13] 대법원이 대중적으로 외면받는 급진적인 판결을 내릴 경우에는 하급 법원에서 그렇게 하는 경우보다 더 신속하고 더 격렬한 보복을 불러일으킨다. 매사추세츠 주 대법원이 아니라 연방대법원에서 동성애자들의 결혼이 합헌이라고 선언했다고 생각해보라.*

이는 미국 대법원이 얼마나 예외적인 사법제도인가를 이해하는 데 실마리를 제공한다. 사법의 재량에 대한 외적 제약들은 대단히 약화되어 있는데, 다만 여론은 예외다. 그리고 여론은 일반 법원들보다 대법원에 훨씬 강하게 작용한다. 그러나 여론은 법관에 대한 외적 제약들 가운데 가장 문제가 많은 제약이기도 하다. 입법자들은 일반적으로 여론의 제약을 받기로 되어 있지만, 법관들은 여론을 무시하기로 되어 있기 때문이다.

그리고 로퍼 사건을 보면 법관에 대한 내적 제약들 가운데 그 어떤 것도 대법관이 가진 재량의 폭을 좁히지 않았다. 대법관은 자신이 결론에 이르는 과정에서 중요한 법 규정들을 무시했다고 해서 누군가가 또는 무엇인가가(아마도 그들의 사법적 양심일 것이다) 자신들을 괴롭힐 수도 있다는 걱정을 할 필요가 없었다. 연방헌법 수정조항 제8조의 "잔인하고 비정상적인

---

13   Elk Grove Unified School District v. Newdow, 542 U.S. 1, 17~18(2004).

*   2015년 6월 26일 연방대법원은 5 대 4 결정으로 동성결혼을 불허하는 주법은 연방헌법 수정조항 제14조에 근거한 실체적 적법절차와 평등보호원칙에 위배되어 위헌이라는 판결을 내렸다. Obergefell v. Hodges, 576 U.S. ___(2015). 다수의견에는 케네디, 긴즈버그, 브라이어 대법관 및 오바마 대통령에 의해 임명된 소니아 소토마요르(Sonia Sotomayor), 엘레나 케이건(Elena Kagan) 대법관이 참여했다. '케네디 대법관의 대법원'이라는 포스너의 표현처럼 케네디는 또 다시 결정적인 5 대 4 판결에서 다수의견에 참여했고 다수의견을 집필하기까지 했다. 다수의견은 동성 커플의 결혼할 권리 역시 헌법상 기본권으로 보호받아 마땅하다는 전제하에, 주 정부가 동성 커플의 법률상 혼인을 부정함은 적법절차와 평등원칙에 정면으로 위반된다고 보았다. 로버츠 대법원장, 그리고 스칼리아, 토마스, 알리토 대법관은 반대의견을 냈다. '격렬한 보복' 때문인지 몰라도 연방대법원은 이 판결 이전에 수년에 걸쳐 이 쟁점에 유관한 사례의 판결들을 연속하며 동성결혼에 대한 사회적 인식을 환기하고 점진적 보호를 시도한 것으로 보인다. _옮긴이

cruel and unusual 처벌"의 금지는 스펀지 같은 규정이다. 만약 수정조항 제8조에 관한 문언이 존재하지 않는다면 아마 그 수정조항에 관한 역사가 그 용어의 의미를 밝혀줄 것이라고 (사람들은) 생각할 수 있다. 그럴 경우 그 결과는 젊은 시몬스를 사형시키는 것으로 귀결되었을 것이다. 그러나 대법원은 모호한 규정 ─ 또는 어떤 경우에는 상당히 확실한 규정까지 포함해 ─ 은 18세기의 가치들보다는 현재의 가치들과의 관련하에 해석해야 한다는 합리적인 근거를 바탕으로 헌법 규정들의 역사를 자주 무시해왔다. 심지어 스칼리아 대법관도 ─ 우리가 잘 기억하듯이 ─ 범죄자에게 태형을 가하는 것은 18세기에는 허용되었을지라도 오늘날 연방헌법 수정조항 제8조하에서는 허용되지 않는다고 생각한다.[14]

스펀지 같은 규정은 제약이 되지 않는다. 마찬가지로 대법원의 선례 역시 그러하다. 로퍼 사건 판결에서 대법원은 스탠퍼드 대 켄터키Stanford v. Kentucky 사건[15] 판결을 무시했는데, 후자의 사건에서 대법원은 16세나 17세(시몬스는 17세였다)를 처형하는 것이 잔인하고 비정상적인 처벌을 금지하는 규정에 어긋나지 *않는다*고 선언했었다. 대법원은 이전의 판결을 파기하는 것을 망설였다. 그런데 이렇게 망설인 이유는 법에 의해 명령되었기 때문이 아니라 사려가 깊었기 때문이다. 하급 법원과 달리 대법원은 항상 선례를 따를 것인가 말 것인가를 선택한다. 만약 대법원이 어떤 선례에 동의하기 때문에 이를 따른다면 그 선례는 그 자체로 어떤 독립적인 힘을 갖거나 어떤 "권위"를 가질 수는 없을 텐데, 이는 마치 어떤 법학지에 실린 논문의 취지를 대법원이 마침 공감한다고 하더라도 그것이 하등의 권위를 가질 수 없는 것과 마찬가지다. 그러나 대법관들이 선례를 확실히 따르도록 구속된다 하더라도 선례가 결과를 말해주는 사건의 수는 적을 것이다. 왜냐하면 그러한 상황이라 하더라도 대법관들은 법이 변화된 상황에 적응하

14   다음을 참조할 것. Ex parte Wilson, 114 U.S. 417, 427~428(1885).
15   492 U.S. 361(1989).

는 것을 과거의 판결이 가로막지 않도록 폭이 좁은 판결문을 쓸 것이고 또 선임자의 판결을 좁게 해석할 것이기 때문이다.

게다가 선례와 일치하는 판결을 내린다고 그 판결이 뚜렷하게 "올바른" 판결인 것은 아니다. 선례가 틀릴 수도 있는데 그 경우에도 대법원은 어떻든 그 선례(판례)를 따르기로 결정할 수 있다. 가령 대법원이 A라는 판결을 내린다고 하자. 그런데 몇 년 후 (A와 차별화되지 않은) B라는 사건이 판결을 요구하며 등장한다(사실 이런 경우는 일어나기 힘들다. 왜냐하면 B사건의 소송이 제기된 하급 법원은 A를 적용했을 것이고, 따라서 대법원은 B를 심리할 기회가 없을 것이기 때문이다. 이는 대법원 판결 중 많은 판결이 선례에 따라 결정된다는 사실을 의심할 이유가 되지만, 일단 무시하자). 대법원은 자신이 방향타 없이 흘러가는 존재가 아니라 규칙을 지키는 존재라는 인상을 주기 위해 또는 사람들이 A에 의지하거나 A에 맞춰 행동해왔다는 것을 중시해, 설사 현임 대법관 전원이 A에 동의하지 않는다 하더라도 A를 재확인하는 판결을 내리기로 결정할 수 있다. 그렇게 대법원은 B라는 사건에 대해 판결을 내리기로 결정할 수 있다. 그리고 나중에 만약 C라는 사건이 판결을 요구하며 등장했는데 A 및 B와 차별화할 수 없는 사건이라면, 대법원이 선호하는 방향으로 C를 결정하기 위해서는 A와 B 모두 파기되어야만 한다는 사실은 오히려 과거 A나 B를 판결할 때와 똑같은 방식으로 C를 판결해야 할 더욱 강한 이유가 된다. 이 일련의 선례에서 C의 판결이 제도적인 면에서 적절하다는 것 외에 그 자체로 "옳다"고 생각할 이유는 전혀 없다.

남부 펜실베이니아 가족계획연맹 대 캐시Planned Parenthood of Southeastern Pennsylvania v. Casey 사건 판결에서 오코너, 케네디, 수터 대법관이 제시한 공동의견joint opinion에는, 대법원이 선례를 최대한 중시하는 것은 ─ 다음의 판시에 드러나듯이 ─ 대법원 자신의 정치적 유효성에 대한 고려 때문이라는 사실이 무심코 드러났다. "앞선 대법원들에 책임을 돌릴 수 있는 잘못의 양에는 한계가 있다. 그 한계를 넘어 책임을 돌리면서 앞선 판결들을 흔드는 것은 합리적인 차원에서 원칙을 재검토하려는 마음보다 단기적 차원에서 특정 결과를 지향하는 마음이 더 앞섰다는 증거로 간주될 수 있다. 대법원의 입장이 자주 바뀐다면 대법원의 정당성은 약화될 것이다."[16] 대법관들이 한 말은 앞선 대법관들에게 많은 잘못을 전가시키는 것이 "타당해보이지 않는다"라는 뜻이 아닐 것이다. 잘못에 대한 책임을 앞선 대법관에게 묻는 것이 타당해 보이지 않을 이유가 없다. 가령 권리장전을 주 차원에 적용할 수 있게 연방헌법 수정조항 제14조를 (약간의 예외도 있지만) 이용하는 것(이 조치는 수천 개의 판결을 낳았다)을 포함해 미국의 대법원이 해왔듯이 헌법이 미치는 범위를 아주 광범위하게 잡는 것에 대해 충분한 이유를 제시하며 반대할 수도 있다. 그리고 대법원이 스위프트 대 타이슨Swift v. Tyson 판결[17]을 파기함에 따라 의미를 상실한 판결들 모두를 생각해보라. 아마 세 명의 대법관은, 대법원이 앞서 내린 특정 판결을 어떻게 생각하든 간에, 미국 헌법의 모호한 문언들 위에 대법원이 애써 수립해온 헌법 체계가 지적으로 얕은 수준임을 공중이 알지 못하도록 하기 위해서는 앞선 판결의 대부분을 고수하지 않으면 안 된다고 생각했을 따름일 것이다. 잘못을 아주 드물게 인정해야 하는 이유는, 그렇지 않을 경우 대법원의 수많은 판결이 너무 쉽게 의심을 살 수 있기 때문이다.

　　선례의 옳고 그름을 떠나 선례를 존경하는 행위는 법에 경로 의존성

16　　505 U.S. 833, 866(1992).

17　　41 U.S. (16 Pet.) 1(1842). 이 사건은 이리 철도회사 대 톰킨스(Erie R.R. v. Tompkins) 사건[304 U.S. 64, 71~78(1938)]으로 파기되었다.
　　　(1842년의 스위프트 판결에 따르면 이주 시민 간 소송에서 연방법원은 지역적 문제가 아닌 일반적인 사항에 대해서는 주의 제정법이 없을 때 연방 코먼로(federal common law)를 형성하고 따를 수 있었는데, 1938년 이리 판결에 의해 이 경우에 적용되어야 하는 법은 헌법 및 제정법에 규율된 사항을 제외하고는 그 연방법원이 소재하는 주의 법이라는 원칙(Erie doctrine)을 확립했다. 브랜다이스 대법관이 다수의견을 집필한 이리 판결은 선례인 스위프트 판결을 파기함과 동시에 스위프트 판결에 근거한 거의 1세기에 이르는 연방민사소송 판례법 모두를 파기하는 효과를 냈다. _옮긴이)

path dependence을 부여한다. 왜냐하면 당신이 어디서 종료하는가는 당신이 어디서 출발하는가에 아주 크게 달려 있기 때문이다. 오늘의 법이 지금의 모습일 수 있는 이유는, 오늘날의 필요에 부응해서가 아니라 오래 전에 있었던 법관 임명의 우연적인 상황 때문인데, 이러한 법관 임명에 따라, 오늘날 아무도 동의하지 않지만 법원이 분별 있는 사려를 통해 그냥 유효하게 두는 그런 판결들이 내려졌다. 캐시 사건에서 공동의견에 가담한 대법관들은 자신이 재확인한(실제로는 단지 판결의 핵심만 재확인했지만) 유명한 판결, 즉 로 대 웨이드 판결이 원래 올바르지 못하게 판결되었다고 생각한다는 것을 분명히 밝혔다. 소란스럽던 1960년대의 훨씬 더 진보적이던 대법원이 내린 판결 가운데 아주 많은 판결에 오늘날 대법원 내 다수가 동의하지 않는다는 사실에는 의심의 여지가 없다. 새로 대법관이 되는 사람은 앞서 내려진 수많은 판결들이 전제한 정책들을 싫어할지라도 대개는 그 판결들을 크게 부정하지 않고 넘어갈 것이다. 그러나 그 판결의 영향을 최소화하기 위해 그러한 판결들을 아주 좁게 해석할 것이다. 그리고 (가령 명백히 적용 가능한 선례들 같은) 전통적인 법원法源이 고갈된 열린 영역에서 판결을 내릴 때는 그러한 정책들에 얽매일 필요성을 전혀 느끼지 않을 것이다. 따라서 그러한 사람이 다수의견을 형성할 경우 법은 당연히 방향을 바꿀 것이다. 그리하여 결국 옛 선례들은 존재하지 않는 것처럼 다뤄지다가 마침내는 명백하게 파기되는 과정을 밟는다.

2006년 개정기에 신참 대법관 알리토가 상대다수의견plurality opinion을 대표 집필한 헤인 대 종교자유재단Hein v. Freedom From Religion Foundation, Inc. 사건[18] 판결을 통해 보았듯이 사람들은 사랑받지 못한 판례를 점차 퇴출시키는 과정을 "개구리 삶아 죽이기"라는 다소 거친 말로 표현하기도 한다. 개구리를 삶고 싶다면 먼저 따뜻한 물에 개구리를 넣고 점차 온도를 올려야

---

18   127 S. Ct. 2553(2007). 이에 대해 스칼리아 대법관은 반대의견을 강하게 피력했다. 그는 '개구리 삶아 죽이기' 식에 반대하고 즉각적인 파기를 선호했다.

한다. 처음부터 끓는 물에 넣어버리면 개구리는 펄쩍 뛰어오를 것이고, 그러면 당신은 다시 개구리를 붙잡아 집어넣은 뒤 뚜껑을 꾹 누르고 있어야할 것이다. 어느 쪽이든 개구리는 죽게 되어 있지만 앞의 방식을 선택하면 더 서서히 죽게 된다. '따뜻한 물'을 선택한 알리토의 의견 역시 종교기관들에 대한 소송에서 납세자의 당사자 적격(납세자가 종교 기관으로 세금이 지출되는 것을 문제 삼을 자격)이 궁극적으로는 소멸되리라는 것을 예고했다.

내가 정치적 또는 전략적이라고 묘사한 결정 과정이 코먼로의 방식같이 들릴지도 모르겠다. 법관들은 사건들을 다루면서 코먼로를 만들어가지만 그럼에도 코먼로에 입각한 의사결정은 법적lawlike 활동이다. 그것은 정치적 판단을 반영하는(예를 들어, 자본주의를 옹호하는) 정책들로 가득 차 있지만, 결정적인 몇 가지 점에서 헌법과 다르다. 코먼로는 (중앙 집중적이 아닌) 분산화되고 준경쟁적인 입법 체계다. 왜냐하면 미국의 50개 주는 코먼로의 영역에서 각각 주권을 갖기 때문이다. 코먼로는 입법부의 결정에 의해 무효화될 수 있다. 코먼로는 정치적으로 상당한 합의에 도달한 주제들을 주로 다루기 때문에(계약의 이행을 강제하거나 과실행위의 희생자에게 구제책을 제공하는 데 대해 누가 반대하겠는가?) 어떤 사건에 대한 판결을 내리는 데 정치적 선택을 필요로 하지 않는다. 그리고 코먼로 법관들은 조금씩 앞으로 나아가고, 선례를 중시하며, 영향력의 범위가 넓고 또 일률적으로 적용되는 법규들은 만들기를 꺼린다. 그 결과 코먼로는 헌법보다 더 잘 다듬어졌고 예측 가능하며 덜 개인적이고 덜 정치적이다. 어느 정도냐 하면, "코먼로적 헌법 해석common law constitutional interpretation"[19]이라는 말을 모순어법으로 만들 정도다.

대법원의 헌법 관련 판결에 정치가 얼마나 강력한 힘을 미치는지를 보여주는 증거들은 도처에 있다. 대법관 인준 청문회 시 후보자의 법률가적

---

19 David A. Strauss가 쓴 유명한 논문의 제목이다[63 *University of Chicago Law Review* 877(1996)].

능력을 도외시할 정도로 대법관의 이데올로기에 모든 질문이 집중되는 것을 생각해보라. 로버츠의 대법원장 인준 청문회를 되돌아보면 그에게 던져진 질문 가운데 그의 법률가적 능력에 관한 질문은 단 하나도 없었다. 요즈음에는 최소한의 능력이 요구되고 있을 뿐이며, 법률 분석가로서의 능력이 그 이상으로 탁월하다는 것은 경쟁자들을 따돌리는 요인이 거의 되지 못한다(다만, 로버츠는 자신의 뛰어난 경력들에 대해 존중의 표시를 받았던 것이 사실이다). 심지어 이는 감점 요인으로 작용하기도 하는데, 보크가 바로 그러한 사례로, 지적으로 탁월하다는 사실이 그를 위험인물로 보게 만들어 그는 결국 낙마했다.[20]

인준 싸움은, 대법관은 자기들 같은 사람이 아니라는 것을 이해하지 못하는 정치인들이 단지 폼 잡는 무대에 불과한 것이 아니다. 알리토가 오코너를 대체한 직후에 내려진, 부분출산낙태금지에 관한 연방 법률을 합헌이라 선언한 대법원의 판결[21]을 생각해보라. 그 판결은 사실상 스텐버그 대 카하트Stenberg v. Carhart 사건[22] 판결을 파기한 것이었다. 그런데 (곤잘레스 대 카하트Gonzales v. Carhart 사건보다 몇 년 앞선) 스텐버그 사건 판결에서 대법원은 본질적으로 동일한 내용의 주 법률을 무효화시켰다. 새 판결의 다수의견을 집필했던 케네디 대법관은 스텐버그 사건에서는 반대의견에 있었다. 이 두 사건의 결과가 그렇게 서로 다른 이유는 두 사건의 법률 규정 사이에 작은 차이가 있었기 때문이 아니었다. 그것은 오코너(그녀는 스텐버그 사건 때 5 대 4의 다수 쪽에 가담했었다)가 더욱 보수적인 알리토로 교체됨으로써 케네디가 자신의 편에 설 수 있는 다섯 번째 표를 확보할 수 있었기 때문이었다. 스텐버그 사건과 차별화를 꾀한 케네디의 주장은 설득력이 크

---

20 Lawrence C. Marshall, "Intellectual Feasts and Intellectual Responsibility," 84 *Northwestern University Law Review* 832, 833, 836~837(1990).

21 Gonzales v. Carhart, 127 S. Ct. 1610(2007).

22 530 U.S. 914(2000).

게 떨어졌기 때문에, 케네디가 캐시 사건 당시 "선례를 (자주) 파기하는 것은 대법원을 약화시킨다"라고 했던 말에서 파기란 *승인된* 파기만 가리킨다는 말이 나올 정도였다.

지난 50년 동안 ≪하버드 로 리뷰Harvard Law Review≫가 매년 발간하는 대법원판결 특집호 「서문」들 가운데 주목할 만한 것들을 훑어보고 그 「서문」들에서 권장된 입장이 과연 입법적이라기보다 해석적인 입장으로(이때의 '해석적'이라는 말은 어떤 의미를 부과하는 것과 대조를 이루는, 기왕에 존재하는 것을 발견한다는 의미다) 간주될 수 있는지 스스로에게 물어보라. 예를 들어, 하버드대 로스쿨의 프랭크 미셸먼Frank Michelman 교수가 평등보호조항equal protection clause을 가난한 사람들에게 최소한의 복지 혜택을 주어야 한다는 것으로 해석하자고 제안했을 때[23] 그는 자신의 제안이 평등보호의 의미에 관한 새로운 발견이라고 생각했을까? 그가 *목소리를 낮춰* 말하려던 바는, 한 사람의 진보주의자로서 대법원이 가난한 사람들을 위해 뭔가를 하는 것을 보고 싶다는 것과, 그가 「서문」에서 효과적으로 구사한 평등보호의 수사학을 채택한다면 대법원이 심하게 조롱받지 않고 그런 일을 할 수 있다는 것이었다. 그러나 복지국가주의적 진보주의자가 아닌 이상, 평등보호조항에서 복지권을 틀림없이 발견할 수 있다는 미셸먼의 주장에 고개를 숙여 경의를 표할 수는 있을지언정, 실제로는 변론에 해당하는 그의 논증에 동의할 법률가는 극히 드물 것이다. 그러한 주장은 결코 활용될 수 없다.

로퍼 사건에서 대법원은 명령적 텍스트를 해석하거나, 헌법에 대한 설득력 있는 역사적 이해에 충실하거나, 선례구속의 원칙 또는 코먼로 재판에서의 비정치적 원칙을 채택한 것이 아니었다. 대법원은 17세 살인자의

---

23   Frank I. Michelman, "The Supreme Court, 1968 Term: Foreword: On Protecting the Poor through the Fourteenth Amendment," 83 *Harvard Law Review* 7(1969). 헌법학의 정치적 기초에 대해서는 다음을 참조할 것. Barry Friedman, "The Cycles of Constitutional Theory," *Law and Contemporary Problems*, Summer 2004, pp. 149, 151~157.

처형을 승인하도록 요구받은 입법부가 마땅히 해야 할 일, 즉 정치적인 판단을 하고 있었다. 이는 대법원의 헌법 판결 대부분에 해당되는 사실이거니와, 현대의 가장 유명한 대법원 판결, 즉 브라운 사건[24] 판결에도 해당된다. 법규주의적 근거에서 본다면 브라운 사건은 평등보호조항을 문자 그대로 해석함으로써, 그리고 브라운 사건보다 반세기 전에 있었던 플레시 대 퍼거슨 사건[25] 판결의 "분리는 하지만 평등하다separate but equal"라는 원칙을 그대로 존중하고 또 남부의 주들이 공립학교 시스템을 구상하면서 플레시 대 퍼거슨 사건 판결에 크게 의지했던 것을 존중함으로써 큰 부담 없이 교육위원회에 유리한 판결이 될 수 있었다.[26] 브라운 사건 판결이 "옳았"던 것은 결코 법규주의적 분석 덕분이 아니다. 그 판결이 받아들여진 것은 대체로 판결 뒤에 일어난, 마틴 루터 킹Martin Luther King 목사가 주도한 민권 혁명 덕분일 것이다.

이 판결의 암묵적인 근거는, 남부의 공공시설에서 흑백을 분리한 목적이, 분리를 강요함으로써 미국 흑인들을 인종적으로 열등하다고 낙인찍고 ('개와 검둥이는 출입금지') 그들을 분리되고 불평등한 노예 상태로 계속 유지하려는 데 있다는 사실을 대법원이 인정함과 동시에 그렇게 해서는 안 된다는 것 또한 인정한 데 있었다. 이러한 시스템은 미국의 이상에 반하고, 전혀 이유 없이 잔혹하며, 국제 공산주의와의 싸움에서 미국의 약점을 형성하는 것이었다. 이는 또한 흑인들의 능력에 대한 부정확한 믿음에 토대를 두고 있었는데, 잘못된 사실에 토대를 둔 정책은 아주 강력한 비판을 초래한다는 것을 보여준 일이기도 했다. 이것은 오늘날의 세련된 종교들이

---

24   347 U.S. 483(1954).

25   163 U.S. 537(1896).

26   허버트 웩슬러(Herbert Wechsler)는 주지하다시피 브라운 사건 판결이 올바른 판결이었는지에 대해 의심했다. 다음을 참조할 것. Wechsler, "Toward Neutral Principles of Constitutional Law," 73 *Harvard Law Review* 1, 31~34(1959). 핸드는 그 판결이 틀렸다고 생각했다. 다음을 참조할 것. Hand, *The Bill of Rights* 54~55(1958).

가령 활화산에 염소를 집어던지면 비가 온다는 것과 같이 경험적으로 오류를 입증할 수 있는 주장을 펴지 않게 된 이유이기도 하다.

브라운 사건의 판결에 대해서는 다음과 같은 비판들이 제기될 수 있다. 첫째, 만약 대법원이 공립학교에서의 분리를 금지하는 대신 분리 정책을 시행하는 주 당국에 백인 학생 1인당 지출하는 금액과 동일한 금액을 흑인 학생들에게도 지출하도록 판시했다면 흑백 양쪽으로 공립학교 시스템을 유지하는 데 엄청난 비용이 소요되기 때문에 대법원의 결정보다 더 빠른 속도로 학교에서의 흑백 통합이 이뤄졌을 것이라는 것이다. 실제로 대법원의 결정이 충분히 이행되는 데에는 수십 년이 걸렸다.[27] 둘째, 브라운 사건을 뜻대로 판결하기 위해 대법원은 분리주의 주들이 교육 제도와 기타 여러 방면의 제도를 수립할 때 크게 의존했던 오래된 판결을 파기해야 했고, 게다가 평등보호조항의 입법 목적은 단지 백인들이 받는 경찰의 보호를 흑인들도 받게 함으로써 흑인들이 범법자가 되지 않도록 하는 데 있었을 뿐[28]이라는 증거가 분명히 존재하는데도 판결의 파기를 감행했다는 것이다. 셋째, 체면을 중시하는 대법원은 분리가 인종차별적이라고 대놓고 말하기를 꺼려해 대신 분리된 교육의 심리학적 영향에 대한 별 설득력 없는 사회과학적 증거를 인용했다는 것이다. 그러나 둘째와 셋째 비판은 브라운 사건 판결이 정치적 판결이며 그 판결문은 정치적 문서라는 것을 정

---

27 1951~1952년 동안 남부에서 백인 공립학교의 학생 1인당 평균 지출액은 132.38달러, 흑인 공립학교의 학생 1인당 평균 지출액은 90.20달러였다. 다음을 참조할 것. Truman M. Peirce et al., *White and Negro Schools in the South: An Analysis of Biracial Education* 165(1955)(tab. 39). 또한 다음을 참조할 것. Rober A. Margo, *Race and Schooling in the South, 1880~1950: An Economic History* 24~26(1990). 변호사 서굿 마셜(Thurgood Marshall)은 흑인 아이들이 백인 학교에 다닐 수 있는 권리를 '분리주의적인 학교 운영자들의 편파적인 지출 패턴의 지렛대'로 삼으려 했었다. Juan Williams, "Don't Mourn Brown v. Board of Education," *New York Times,* June 29, 2007, p. A29.

28 David P. Currie, *The Constitution in the Supreme Court: The First Hundred Years, 1789~1888* 348~349 and n. 143(1985). 이 점에 대해서는 다음 장에서 더 논의할 것이다.

당화한다. 브라운 사건 판결은 정치적으로 합당한 결정이자 정치적으로 합당한 판결이유를 가졌으며, 분명 충분히 훌륭한 판결이었다. 왜냐하면 대법원에 대한 어떤 책임 있는 비판자도 브라운 사건 판결의 온당함을 의심하지는 않기 때문이다.

브라운 사건 판결은 그동안 대단한 영예를 누려왔다. 그리하여 공립학교에서의 적극적 평등실현 조치(역차별)를 축소하는 취지로 내린 최근의 한 판결에서 상대다수의견의 대법관들은 브라운 사건 판결은 헌법이 "색맹colorblind이다" ― 즉, 헌법은 흑인, 기타 소수자들에게 차별을 금지하는 것과 똑같이 이들에게 유리한 차별도 금지한다 ― 라는 말을 지지하는 것으로 해석해야 한다고 넌지시 말하기도 했다(상대다수의견에 속하는 토마스 대법관은 직설적으로 그렇게 말했다).[29] 평등보호조항을 "색맹적"인 조항으로 해석하는 것이 얼마나 훌륭한 일인지는 몰라도 그 근거를 브라운 사건 판결로 돌리는 것은 (9장에서 내가 이야기한 대로 비실용적일 뿐 아니라) 부정직한 일이다. 브라운 사건 판결 시 대법관들은 적극적 평등실현 조치를 염두에 둔 것이 아니라 당시 남부의 여러 주를 지배한 인종차별주의 정부들 아래서 흑인들이 겪는 곤경을 염두에 두었던 것이다. 최근 내린 그 판결에서 브라운 사건 판결을 불러들이는 것은 '무화과 나뭇잎으로 국부를 가리는' 것과 같은 일이었다.

브라운 판결은 정치적 근거로 내려진 판결임이 분명하지만 근거에 충분히 좋은 이유가 있고 그 이상을 요구하는 것은 현학적이라는 사실을 누구나 알기 때문에 법규주의적 견지에서 반대하기를 모두 포기한, 아주 드문 헌법 사건이었다. 이 점에서 플레시 대 퍼거슨 사건 판결은 또 하나의 유명

---

29   Parents Involved in Community Schools v. Seattle School District No. 1, 127 S. Ct. 2738(2007). 이 의견에 대한 아주 날카로운 비판은 다음을 참조할 것. Stuart Taylor, Jr., "Is There a Middle Ground on Race?" *National Journal*, July 9, 2007, http://national journal.com/taylor.htm(visited July 13, 2007).

한 파기된 판결, 즉 로크너 대 뉴욕 주_{Lochner v. New York} 사건[30] 판결과는 다르다. 존경받는 상당수의 법사상가들은 로크너 사건 판결을 통해 무효화된 최장근로시간 제한 법령은 무효화될 만큼 충분히 나쁜 법령이었다고 믿기도 하지만,[31] 그렇다고 그들 중에 인종 분리가 되살아나기를 바라는 사람은 아무도 없다. 특히 로크너 사건 판결처럼 유명한 (또는 악명 높은) 헌법 사건 판결이 정치적으로 바람직한 것인가를 두고서는 의견 불일치가 지속되었고, 그러한 의견 불일치는 판결의 옳고 그름에 관한 합의를 가로막았다.

브라운 사건 판결은 입법적 판결로서 고전적인 판결이지만, 만약 어떤 대법관이 선거구민들의 의사에 구애받지 않아도 되는 입법자라면 지지하지 않았을 결정에 대법관으로서 부득이 찬성표를 던지는 사건들도 있다. 2004년 개정기에 내려진 플로리다 대 닉슨_{Florida v. Nixon} 사건[32] 판결이 그러한 사례인데, 이 사건 판결을 집필한 긴즈버그 대법관은 주 대법원이 연방 헌법을 근거로 사형 선고를 파기한 판결을 다시 파기하는 데 찬성표를 던졌다. 그리고 (앞 사건 판결보다는 덜 분명하지만) 일리노이 대 커밸레스_{Illinois v. Caballes} 사건[33] 판결을 집필한 스티븐스 대법관은 경찰에 의한 합법적인 차량 정지 동안 마약탐지견으로 냄새를 맡아보게 한 것은 수색에 해당되지 않는다고 하면서, 이는 불법적 물건 외에 다른 어떤 것도 노출시킬 수 없고 따라서 사생활보호의 이익을 침해하는 것이 아니기 때문이라고 이유를 설

---

30 198 U.S. 45(1905).

31 예를 들어, 다음을 참조할 것. Randy E. Barnett, *Restoring the Lost Constitution: The Presumption of Liberty* 211~218, 222~223(2004); Richard A. Epstein, *Takings: Private Property and the Power of Eminent Domain* 128~129, 279~282(1985); Bernard H. Siegan, "Protecting Economic Liberties," 6 *Chapman Law Review* 43, 91~96, 100~101 (2003); David E. Bernstein, "Lochner Era Revisonism, Revised: *Lochner* and the Origins of Fundamental Rights Constitutionalism," 92 *Georgetown Law Journal* 1, 6, nn. 16, 18(2003)에 인용된 참고문헌들.

32 543 U.S. 175(2004).

33 543 U.S. 405(2005).

명했다.

대법관들은 이따금 – 때로는 확실한 태도로 – 자신이 찬성표를 던진 특정 결과가 입법자로서 투표한 결과와 같다는 점을 전면 부인하는 선언을 하기도 한다. 스칼리아 대법관이 미국 국기를 불태운 것을 헌법이 보장하는 정치적 의사 표현의 한 형태로 보는 데 찬성 투표한 것[34]은 입법자로서의 자신의 입장과는 반대된다고 말할 때 나는 그의 발언이 진실이라고 믿는다.[35] 그리고 토마스 대법관이 동성 간 성행위 처벌법을 무효화하는 판결에서 반대의견[36]을 내면서 그러한 법에 찬성하지 않는다고 말할 때도 그것이 진실이라고 나는 믿는다. 그러나 개인적 입장과 법관으로서의 입장 간의 불일치는 보통 상대적으로 작은 쟁점에서 일어나며, 이 경우 법관으로서의 입장은 정의에 관해 더 중요한 어젠다(이것이 때로 개인적인 어젠다일 수도 있다)를 지지할 가능성이 높다. 참전 용사가 아닌 이상 누구나 국기를 불태우는 데 흥분하는 것은 아니다(이 사건을 재판하면서 군 복무 경험이 있는 세 명의 대법관은 모두 – 비록 정치적 견해에서는 다양했지만 – 반대표를 던졌고, 거기에 오코너 대법관도 가담했다). 국기를 불태우는 것은 드문 일이고 또 중요한 일은 아니다. 그런데 만약 이를 처벌하지 않는다면 국기를 불태우는 일은 더욱 일어나지 않을 것이다. 왜냐하면 그럴 경우 국기를 불태우는 사람은 아무런 위험 부담을 지지 않게 되고, 따라서 그는 자신의 행동에 대한 대가를 치르지 않는 만큼 그 행동은 깊은 확신에서 나왔다는 표지가 되지 못하기 때문이다. 그 결과 그의 행동은 상징적인 의미와 타인의 행동을 불러일으키는 의미를 갖지 못하게 된다(순교자 없는 기독교가 어디 있는가?).

---

34   United States v. Eichman, 496 U.S. 310(1990); Texas v. Johnson, 491 U.S. 397(1989).

35   예를 들어, 다음을 참조할 것. Frank Sikora, "Justice Scalia: Constitution Allows 'Really Stupid' Things," *Birmingham News,* Apr. 14, 1999, p. 3D; Margaret Talbot, "Supreme Confidence: The Jurisprudence of Justice Antonin Scalia," *New Yorker,* Mar. 28, 2005, pp. 40, 42~43.

36   Lawrence v. Texas, 539 U.S. 558, 605(2003)(반대의견).

그리고 동성애 때문에 마음에 깊은 상처를 입은 적이 있는 사람만 동성 간 성행위 처벌법이 없어지는 것을 슬퍼했을 것이다. 왜냐하면 그 법이 대법원에서 위헌이라고 선언되었을 때는 이미 대부분의 주에서는 그 법이 폐기되었고 그렇지 않은 주에서도 사실상 시행되지 않고 있었기 때문이다. 물론 동성애에 대해 깊은 적의를 가진 사람들은 상징적인 차원에서 그 법의 가치를 인식했겠지만 말이다. 스칼리아 대법관에게 중요한 것은, 자신이 마음속 깊이 반대하는 로 대 웨이드 사건 판결 등 몇몇 판결의 궁극적 파기를 가져올 대法헌법 접근법을 지지하고 장려하는 일이었다. 그리고 토마스 대법관에게(스칼리아 대법관에게도 물론 그렇지만) 중요한 것은, 케네디 대법관이 동성애 권리에 관한 사건들에서 효과적으로 사용했던 "살아있는 헌법"과 같은 종류의 수사학에 반대하는 일이었다.[37] 그에게는 그런 수사학이 헌법을 "진보적" 법학자들의 개인적인 선호에 맞추도록 유도하는 것처럼 보였던 것이다. 사실 스칼리아 대법관과 토마스 대법관은 대의를 위해 자신의 작은 선호를 서로 교환하는 거래를 한 것이다.

그러나 이는 국기를 불태운 사건들에서의 스칼리아 대법관의 결정을 설명하는 데 충분하지 않다. 헌법의 어디에서도, 그리고 언론speech의 자유에 대한 18세기의 이해들 가운데 그 어떤 것도 국기 소각을 금지하는 것이 언론의 자유를 침해한다는 명제를 지지하지 않았다. 연방헌법 수정조항 제1조는 의회가 "언론의 자유"를 약화시키는 법을 만드는 것을 금지하고 있다. 그러나 이 용어는 정의되어 있지 않다. 우리는 이 조항을 문자 그대로 해석해서는 안 된다. 왜냐하면 그럴 경우 가령 문서나 구두에 의한 명예훼손, 범죄 교사, 군사 비밀의 누설, 황금시간대의 음란물 방영, 아동 포르노그래피, 거짓 광고, 절취한 기업 비밀 공표, 지적재산권 침해, 사람들로 가득 찬 극장에서 "불이야!" 하고 거짓으로 외치기 등등의 행위를 모두 헌법

---

37   예를 들어, 같은 판례, 579를 참조("헌법이 존재하는 한 모든 세대에 걸쳐 사람들은 자신의 자유를 확대하려 애쓰는 과정에서 필시 이 원칙들을 불러올 것이다").

에 보장된 행위들로 만들기 때문이다(대법원은 그렇게 보지 않아왔다). 국기를 불태우는 것은 문자 그대로의 의미에서는 "언론"에 해당하지도 않는다. 따라서 대법원은 문언해석주의자나 원의주의자들을 화나게 하지 않고서도 — 마치 어떤 사람이 자신의 정적을 암살하는 것이나 나체주의를 촉진하기 위해 나체로 대로를 활보하는 것과 같이 — 뭔가를 불태우는 것은 뭔가를 강력히 표현하는 수단이기는 하지만 "언론"에 해당하지는 않는다고 판결할 수 있었을 것이다.

그러므로 스칼리아 대법관은 진짜 문언해석주의자나 원의주의자는 아닐는지 모른다. 아니면 문언해석주의나 원의주의를 선례구속의 원칙이 숨 쉴 자리를 허용하는 더욱 넓은 의미에서의 법규주의의 한 구성 요소로 생각해야 할는지도 모른다. 이는 불편한 제휴일 것이다. 왜냐하면 헌법이라는 직물을 구성하는 실은 대부분 비원의주의적인 선례들이기 때문이다. 어떻든 국기 소각 사건들에서 보여준 스칼리아의 투표를 선례를 고수한 것으로 설명하기에는 부족함이 있다. 반대표를 던진 대법관들이 설명했듯이 선례가 될 만한 판결은 아무것도 없었다. 다만, 어떠한 공적 표현 활동이든 심각한 해를 끼치지 않는 한 보장된다는 취지의, 연방헌법 수정조항 제1조에 약하게 터를 잡은 헌법상의 원칙이 있기는 *했다*. 이 원칙은 전혀 분명하지 않지만 국기 소각을 예외로 취급한다면 더욱 모호해질 것이었다. 또한 스칼리아는 규준보다 규칙을 선호하는 사람인데, 이는 주지하다시피 법규주의자들에게 공통된 성향이다. 왜냐하면 규칙을 선호함으로써 법규주의적인 판결의 영역이 확대되기 때문이다. 법규주의적 기술들에 따르면 국기 소각 사건들에서 반대표를 던지게 될 가능성이 농후하지만 그러한 선호는 법규주의적 기술들에서 끌어낼 수 있는 것이 아니다.

스칼리아 대법관은 부커 사건 판결(이 판결로 연방 양형 가이드라인의 지위가 의무적인 것에서 권고적인 것으로 저하되었다)에서 국기 소각 사건들보다 더 뚜렷하게 자신의 입법적 선호와는 다르게 투표했던 것으로 보인다. 그러나 부커 사건 판결이든 스칼리아 대법관이 선호한 입장(브라이어 대법관 등 다수의견은 양형 기준을 제한되게 고수하도록 요구했으나 그는 이조차도 요구하지 않았다)이든 간에 그것이 형사사건의 양형에서의 평균적인 가혹함을 줄일 가능성은 적다(우리는 그러한 것들이 그 이상의 효과를 유발하지 않는다는 것을 앞에서 분명히 보았다). 양형 가이드라인은 법관들 사이에서의 선고 형량의 차이를 좁혔으나, 그 범위가 좁아졌다고 해서 (형사 피고인이 위험을 선호하는 사람이 아닌 한) 평균적으로 형사 피고인에게 더 불리하게 판결이 내려진 것은 아니었다. 양형 가이드라인이 의무화된 시기에는 연방법원들에서 양형 수준이 평균적으로 높아지기는 했다.[38] 그러나 이는 이 가이드라인이 법관들에게 형을 선고할 때 예전처럼 자의에 의하기보다 사실 조사에 토대를 두도록 요구했기 때문이 아니라 양형위원회가 특정 가이드라인을 선택했기 때문이었다. 아무튼 의회는 연방 범죄들에 대해 어느 정도 처벌할 것인지 결정권을 가지며, 스칼리아 대법관은 의회가 정한 상한선과 하한선 사이에서 법관이 형을 골라잡도록 한 양형 체계에 반대하지 않는다는 입장에 서 있다. 사람들은 스칼리아 대법관같이 "법의 지배"를 열렬히 지지하는 사람이라면 법관의 양형상의 재량을 증대시키는 데 반대할 것이라고 생각한다. 하지만 규준보다 규칙을 선호하는 법관이라고 해서 형량 선고상의 또는 공판 진행상의 얼마간의 재량 행사를 부담스러워하는 사람은 거의 없다.

논쟁을 일으킨 판결에 대해 대법관이 자기는 자신의 "욕망"과는 반대로 투표했다고 말한다면 이는 그 판결을 비판하는 데 대한 적절한 대답이 되지 못한다. 사람은 흔히 서로 충돌하는 다양한 욕망을 갖고 있지만, 결정 단계에 이르면 그 욕망들의 무게를 재지 않으면 안 된다. 이것은 1장에서

---

38 United States Sentencing Commission, *Fifteen Years of Guidelines Sentencing: An Assessment of How Well the Federal Criminal Justice System Is Achieving the Goals of Sentencing Reform* 42~43 and fig. 2.2(2004).

살펴본 뷰캐넌 대 월리 사건 판결의 교훈이기도 하다. 어떤 대법관은 미국 국기를 불태우는 행위가 처벌되기를 바랄 수 있다. 그러나 동시에 언론의 자유 같은 헌법상의 규준이 거의 예외 없이 준수해야 할 규칙의 위치를 점하기를 더 바랄 수도 있다. 스칼리아 대법관은 분명 불법행위 사건에서 너무 많은 액수의 징벌적 손해배상을 명하는 원고 승소 판결에 반대하는 입장에 서 있다. 그러나 동료 대법관들이 이러한 손해배상 부과를 헌법적으로 제한하기 위해 사용해온 실체적 적법절차substantive due process 개념은 더욱 반대하는 입장이다.[39] 이러한 법리적 신념은 특정 결과를 향한 욕망과 마찬가지로 개인적이거나 또는 정치적이다. 이러한 신념은 헌법 텍스트 또는 전통적으로 법적 지침의 원천 역할을 해온 다른 법전들이 강제하는 바에 복종해서 생긴 신념이 아니다(법관들은 달리 생각할 수 있다). 왜냐하면 (독자들도 알다시피) 지금까지 내가 논한 사건들에서 그러한 강제는 없었기 때문이다. 전통적인 "좌파"나 "우파" 이데올로기만 연방대법관들에게 중요한 것은 아니다. 그들에게 중요한 다른 것이 꼭 전문적인 법규범일 필요는 없다. 사건에 적용하려면 명확한 헌법 규정이나 구속력 있는 선례가 있어야 하기 때문에 실제로 판결에 지침이 될 수 없는 법규범이라면 특히 중요하지 않다. 그리고 대법원은 결코 선례에 기속되지 않는다는 것을 기억하라.

게다가 자신이 바라는 바와 반대로 투표할 때에는 때때로 "원칙에 입각한" 대법관으로 보이는 것이 수사학적 및 정치적으로 효과가 있다는 계산이 내포된다. 사람들은 그러한 것에 속는다. 따라서 스스로 중요하게 생각하는 목표를 외면할 때 따르는 비용이 경미할 경우에 법관은 원칙을 고수할 만하다.

---

39 다음을 참조할 것. TXO Production Corp v. Alliance Resources Corp., 509 U.S. 443, 470(1993)(스칼리아 대법관은 별개의견); BMW of North America Inc. v. Gore, 517 U.S. 559, 598(1996)(스칼리아 대법관은 반대의견); State Farm Mutual Automobile Ins. Co. v. Campbell, 538 U.S. 408, 429(2003)(스칼리아 대법관은 반대의견).

나는 대법관들을 내가 지금까지 묘사해온 계산들을 의식적으로 행하는 냉소적인 사람으로 묘사할 뜻은 전혀 없다. 나는 그들이 법의 제약을 받는 존재라는 전통적인 법관에 대한 개념을 수용하고 그러한 개념에 부합해 업무를 수행하는 사람들이라고 믿는다. 그렇지 않다면 그들은 인지부조화cognitive dissonance를 겪을 것이고 따라서 마음이 편하지 못할 것이다. 대부분의 직업인들은 자신의 업무 수행이 고용주의 합리적 기대에 부응한다고 믿고 있다. 많은 사람이 잘못 믿고 있는 것이지만 말이다.

대법원(하급심 법원에서도 마찬가지다) 업무에서 재판연구원들의 역할이 중대됨에 따라 법관들이 안락을 느끼는 정도가 커졌다. 대법원의 재판연구원들은 과거에 비해 수가 많아졌는데 대부분 경험을 갖춘 사람들이다(오늘날 대법원에 임용되는 재판연구원들은 하급심 법원에서 적어도 1년을 보낸 사람들이다).[40] 그들은 평균적으로 이전보다 더 유능해졌는데, 이는 요즘 로스쿨 지원자들의 자질이 과거에 비해 높아졌기 때문이다.[41] 그리고 이는 아마도 엘리트 법률가들의 연봉이 천문학적으로 높은 데 기인할 것이다. 오늘날 진짜 유능한 법률 분석가라면 전문적 역량으로 커버할 수 없는 사건이 거의 없다. 그래서 오늘날 미국 대법관이라면 ― 특정한 사건에서는 아주 모호한 입장을 보이더라도 ― 펜을 들거나 컴퓨터 자판을 두드릴 필요도 없이 단지 자신의 재판연구원들을 시켜서 자신이 원하는 어떤 입장이든 비판자들이 감히 범접할 수 없을 만큼 당당한 태도로 그것을 방어할 수 있다. 재판연구원은 자기규제력이 강한 저작자의 태도를 상징하는 "도저히 그렇게

40   다음을 참조할 것. Todd C. Peppers, *Courtiers of the Marble Palace: The Rise and Influence of the Supreme Court Law Clerk* (2006); Artemus Ward and David L. Weiden, *Sorcerers' Apprentices: 100 Years of Law Clerks at the United States Supreme Court* (2006).

41   William D. Henderson and Andrew P. Morriss, "Student Quality as Measured by LSAT Scores: Migration Patterns in the U.S. News Rankings Era," 81 *Indiana Law Journal* 163 (2006).

쓸 수는 없습니다"와 같은 말을 대법관에게 할 수 없다. 이 말은 자신의 부족함을 고백하는 것일 수 있다. 그리하여 "판결문 초안 작성을 재판연구원에게 위임하는 것은 대법관이 판결의 방향을 오로지 자신의 정치적 성향에 따라 결정하도록 돕는 기능을 한다".[42] 위임되는 판결문이 많을수록(이는 더 유능한 재판연구원들이 더 많이 임용되는 데 따른 결과다) 그러한 경향은 강화될 것이다.

헌법 사건들 가운데에는 사실 전통적인 법규주의적 기술로, 즉 사실을 헌법 조문과 대조함으로써 답을 낼 수 있는 경우들도 있다. 그러나 이는 실제적이기보다 훨씬 더 가상적인 경우일 것이다. 만약 의회가 모든 도서를 대통령 산하 검열위원회에 제출토록 하고 도서에 연방 공무원에 대한 비난이 담겨 있는 경우 출판을 불허하는 법을 통과시킨다면, 대법관들이 그러한 법령을 위헌으로 선언하는 데에는 어떤 정치적 판단이 필요하지 않다. 그러나 그렇게 명백한 사건은 자주 일어나지 않으며 일어난다 하더라도 대법원까지 올라오는 경우도 드물다. 그리고 법규주의적 의미에서 불분명한 사건들은 정치적인 의미에서도 대개 불분명하다. 브라운 사건은 예외적인 사건이었다. 대법원이 내린 기념비적 판결 가운데 많은 판결들이 박빙의 표차로 결정되었다. 똑같이 유능하지만 다른 사람들로 대법원이 구성되어 있었다면 아마 결과는 달랐을 것이다. 만장일치 판결인 브라운 사건 판결조차도 만약 워런이 대법원장이 아니었더라면 다른 판결이 되었을는지 모른다.[43]

헌법이 정치적 판단들로 가득 차 있다면 대법관은 헌법의 정치적 성격

42 David R. Stras, "The Supreme Court's Gatekeepers: The Role of Law Clerks in the Certiorari Process," 85 *Texas Law Review* 947, 961~962(2007). 또한 다음을 참조할 것. Stras, "The Incentives Approach to Judicial Retirement," 90 *Minnesota Law Review* 1417, 1422 n. 22(2006).

43 Michael J. Klarman, *From Jim Crow to Civil Rights: The Supreme Court and the Struggle for Racial Equality* 302(2004).

을 온 마음으로 받아들여 마치 입법자들이 어떤 법안에 대해 투표하는 것과 똑같이 투표하거나 아니면 법복을 입은 정치인인 것을 부끄러워해서 의회나 행정부의 조치를 헌법을 근거로 무효화하기를 힘껏 삼가거나 이 두 가지 가운데 하나를 선택해야 할 것이다. 첫째 방법을 선택하는 것은 "공격적인 법관"의 길("사법적극주의judicial activism")로, 의회나 행정부의 권위와 비교해 대법원의 권위를 확장한다(법관들은 마치 연방법원이 정치적으로 힘이 있는 기관이 아닌 마냥 의회나 행정부를 가리켜 "정치적 기관들"이라고 부르기를 좋아한다). 둘째 방법을 선택하는 것은 "온건한 법관"의 길("사법자제judicial self-restraint")로, 대법원이 의회나 행정부의 조치를 무효화할 때는 그 전에 정말 깊이 숙고할 것을 요구한다.

그러나 우리는 "사법적극주의"의 두 가지 의미를 분별하지 않으면 안 된다. 사법적극주의의 첫째 의미는 — 내가 사법적극주의라는 용어를 쓸 때의 그 의미인데 — 의회나 행정부(연방 차원이든 주 차원이든 동일하다)의 권력을 희생해 사법부의 권력을 확장하는 것이다.[44] 사법적극주의의 둘째 의미이자 잘못된 의미는 법규주의자들의 다음과 같은 자부심, 즉 법관들의 법규주의적 판결 기술들은 법관들이 느슨한 해석을 통해 비틀어 가져갔던 권력의 많은 부분을 선출된 공무원들에게(연방 의원들뿐 아니라 헌법을 비준한 주 의회의 의원들에게) 되돌려주는 효과를 발휘하고 그럼으로써 사법부의 권력을 최소화한다는 그릇된 자부심과 연결되어 있다. '사법적극주의'의 이 두 가지 의미는 동일한 것으로, 또 둘 다 법관을 제어하려는 것으로 보일는지 모른다. 그러나 그렇지 않다. 법규주의자들은 법령이나 헌법에 대한 문자 그대로의(문언주의적) 해석이나 역사적(원의주의적) 해석을 통해 자신의 접근법을 보완하는데, 이러한 해석은 — 그들은 말로는 이를 통해 선출된 공무원들에게 권력을 되돌려준다고 하지만 — 사실상 의회나 행정부의 권력을 축소

---

44   Richard A. Posner, *The Federal Courts: Challenge and Reform* 318(1996).

시키는 효과를 유발하는 경우가 적지 않다. 가령 통상조항commerce clause이
나 언론 자유에 관한 연방헌법 수정조항 제1조 또는 무기소지의 권리에 관
한 수정조항 제2조 등을 문자 그대로 해석할 경우, 군사 기밀을 지키고, 범
죄 교사를 처벌하고, 주 경계선이나 국경선을 넘지 않고 행해지는 수송이
나 통신을 규제하고, 나아가 개인에 대한 중무기류 판매를 금지하려는 정
부의 능력은 어떻게 될까? 1787년의 헌법은 지금보다 훨씬 더 작은 연방
정부를 마음에 그렸었다. 법규주의자들은 오늘날에도 자신들의 기술을 사
용해 정부의 모습을 18세기 차원으로 그리려 한다. "유폐된 헌법Constitution in
Exile" 학파 사람들[법규주의자들 — 옮긴이]은 헌법이 전체적으로 제대로 시행
되지 않고 있다고 생각하며, 부시 행정부의 법규주의자들은 연방헌법 제2
조(대통령의 권한)가 제대로 시행되지 않고 있다고 생각한다.

의회나 행정부의 권력을 희생해 사법부의 권력을 강화한다는 의미의
사법적극주의에 반대하는 것으로 이해되는 '사법자제'는 법규주의적 사상
이 아니라 실용주의적 사상이다. '각 주는 사회적 실험실'이라는 홈스와 브
랜다이스의 관념은 선험적 판단보다 실험을 찬양한다는 점에서 참으로 실
용주의적임과 동시에 사법자제 정책의 요석이기도 하다. 부분출산낙태를
금하는 연방 정부의 조치(대법원은 이를 옹호해왔다)처럼, 위헌 문제가 제기
됨으로써 사회적 실험에 제약이 가해진 사건들에서는 실용주의가 적극주
의를 권하는 것으로 생각될지도 모르지만 말이다.

여러 가지 사법자제 이론에는, 법령은 헌법 조문에 대한 합리적인 이
해에 반하는 경우에만 무효화되어야 한다는 세이어Thayer의 법칙[45]이나, 또
는 "어쩔 수 없는 경우can't helps"[46]에만 위헌이라는 법칙이나, 어떤 법령이

---

45   James B. Thayer, "The Origin and Scope of the American Doctrine of Constitutional
      Law," 7 *Harvard Law Review* 129, 138~152(1893).

46   *Holmes-Laski Letters: The Correspondence of Mr. Justice Holmes and Harold J.
      Laski*, vol. 2, p.1124(Mark DeWolfe Howe ed. 1953).

당신을 구토하고 싶게 만들 경우에만 위헌이라는 "구토증puke 테스트"와 같은 홈스의 법칙들이 포함된다.[47] 물론 홈스는 문자 그대로 말했던 것은 아니다. 잘못에 대한 확신만으로는 부족하며, 강력한 반감을 불러일으켜야 한다는 말이었다. 그러나 두 접근법 사이에는 차이가 있다. 세이어의 접근법은 일방향적인 데 비해 홈스의 접근법은 쌍방향적이다. 세이어의 접근법은 사법심사를 제한하지, 결코 확장하지 않는다. 홈스의 접근법은 극단적인 불의를 피하기 위해 필요하다면 법관이 헌법 조문을 확장 해석하는 것을 허용한다. 홈스의 헌법에는 공백이 없다. 헌법 사건에 대한 그의 판결문들에 헌법 조문을 인용하는 경우가 극히 드물다는 것은 주목할 만하다.

두 접근법의 차이는 그리스월드 대 코네티컷 Griswold v. Connecticut 사건[48] 판결을 통해 더 잘 이해할 수 있다. 이 판결은 피임기구의 사용을 심지어 결혼한 남녀에게도 예외 없이 금지한 코네티컷 주의 법령 — 1965년에 이미 시대에 뒤떨어졌고 오늘날의 시각으로 보면 거의 이해하기 불가능한 법령(가톨릭 신자가 유난히 많은 또 다른 주 매사추세츠에만 비슷한 법령이 있었다) — 을 무효화했다. 세이어의 접근법에 따를 경우 그 법령은 합리적인 의심의 여지가 없을 정도로 위헌이 아니기 때문에 그 판결을 인정할 수 없을 것이다. 왜냐하면 사실 피임기구에 관한 사건에서 마음 놓고 의지할 헌법 규정을 찾아내기는 어렵기 때문이다. 홈스의 접근법에 따른다면 그 법령은 너무 끔찍해서(그것은 이 법령이 신권정치적인theocratic 성격을 띠기 때문만이 아니라, 산아 제한 클리닉들의 운영을 금함으로써 가난한 부부들에게 콘돔 이외의 다른 피임기구에 의존할 수 없게 하는 면도 있기 때문에[49]) 설사 헌법 조문에서 근거를 찾기 어렵다 하더라도 십중팔구 무효화 쪽에 투표하게 될 것이었다. 홈스

47 같은 책, 888.
48 381 U.S. 479(1965).
49 콘돔 사용을 허용한 것은 성병의 확산을 막는 효과가 있다는 것 때문인데, 물론 이 효과는 콘돔 사용의 효과 가운데 하나에 불과하다. 무효화된 법령에 관한 논의는 다음을 참조할 것. Richard A. Posner, *Sex and Reason* 324~328(1992).

의 접근법에서는 하멜린 대 미시간Harmelin v. Michigan 사건[50] 판결에 대해서도 비슷하게 반응할 것인데, 이 판결에서 대법원은 소량의 코카인을 소지한 것에 무기징역을 선고한 판결을 무효화하기를 거부했다. 사실 이 사건에서는 판결을 무효화하는 데 사용할 근거를 그리스월드 사건에서보다 더 쉽게 헌법에서 찾을 수 있었다(연방헌법 수정조항 제8조 '잔인하고 비정상적인 처벌' 조항).

대법관이 사법자제의 입장을 취한다 하더라도 그는 여전히 정치인이다. 그러나 소심한 정치인이다. 그러한 대법관은 대법원의 역할이 마치 권위가 쇠락해 하원에서 통과된 안의 입법화를 지연시키는 것 정도나 할 수 있던 영국 귀족원의 역할과 비슷한 수준에 그치기를 바란다. 대법원의 역할은 제방이 터질 때까지만 손가락으로 막고 버티는 데 그친다. 만약 여론이 압도적으로 형성되면 정치인들과 마찬가지로 대법관들도 손을 들지 않으면 안 되는 것이다.

만약 대법관들이 자신이 내리는 헌법 사건 판결이 대부분 성격상 본질적으로 개인적·주관적·정치적이며 법규주의적 견지에서 본다면 자의적이라는 사실을 스스로 인정한다면 — 자신의 권력 행사를 "법이 나를 그렇게 하도록 만들었다"라고 합리화할 수 없는 만큼 — 정치적 계획들을 지금보다는 덜 공격적으로 뒤엎을 것이다. 그러나 이러한 "만약" 이하의 조건이 충족될 수 없기 때문에 그들이 그렇게 되기를 기대하기는 어렵다. 법관이 법관이라는 역할의 정치적 차원을 단지 자신에게만 인정하더라도 법관 직무에 대한 공식적인 묘사와 실제 직무 사이의 거리로 인해 상당히 큰 심리적 혼란을 겪을 것이기 때문이다. 법관들이 스스로 정치적 선택을 하고 있음을 인정하면 자기 판결의 건전성에 대한 믿음도 크게 흔들릴 수 있다. 왜냐하면 법관이 정치적 선택을 한다는 것은 직업적 배경이나 자신이 받은 교육·훈련에

50   501 U.S. 957(1991).

비춰 정당화될 수 없기 때문이다. 법관들은 어떤 어려운 사건을 판단할 때 자신이 비전문가적인 개인적 견해를 표명한다고 생각하고 싶어 하지 않는 다. 법관 가운데에는 자신의 판결들에 대해 "고뇌"하는 사람들이 있다. 그 러나 대부분은 그렇게 하지 않는다. 그러나 전자이든 후자이든 공히 자신 이 올바른 판결을 한다고 생각하고 싶은 심리적 강박감을 느낀다(법관 가운 데에는 자신이 단지 법관으로 임명되었다는 것 때문에 자신의 결정은 틀림없이 옳 다거나 또는 적어도 다른 여느 법관만큼은 옳다고 생각하는 사람들도 있다). 판결 문을 넘길 때까지도 자신의 결정에 마음이 불편한 법관은 그 후에도 혹시 자신의 결정이 틀린 건 아닐까 하는 마음 때문에 괴로워할 수 있다. 괴로움 을 좋아할 사람은 아무도 없다. 그렇기 때문에 법관들은 자신의 수천 번에 걸친 결정 가운데 얼마나 많은 결정이 잘못되었는지를 뒤돌아보거나 알고 싶어 하지 않는다. 세월이 흐름에 따라 옳고 그름에 의심이 가는 사건이 많 이 누적되기 때문에 그들은 점점 더 [많은 결정이 잘못되었다는 것을 — 옮긴 이] 확신하게 된다. 자학에 관해 말한다면, 나는 캠핑 가기를 좋아했던 블랙 먼이 캠핑 가서 행복한 시간을 보냈으리라고 생각하지 않는다.[51] 그러나 그 의 판결들은 다른 여느 대법관과 마찬가지로 예측 가능했으며, (그의 판결 들은) 법관의 권한에 대한 주장에 있어서는 법관의 의무에 대해 보다 느슨 한 태도를 취한 대법관들 못지않게 공격적이었다.

사법자제는 오늘날 대법원의 경향과는 거리가 멀다. 로퍼 사건 판결이 그 예인데, 또 하나 예로 들 수 있는 것이 이미 언급한 부커 사건 판결이 다.[52] 입법부들은 각 범죄행위에 대해 최소 형량과 최대 형량을 정하고(종

---

51 Linda Greenhouse, *Becoming Justice Blackmun: Harry Blackmun's Supreme Court Journey* (2005).

52 다음을 참조할 것. United States v. Booker, 543 U.S. 220, 229~234(2005)(Justice Stevens's opinion for the Court; 같은 판례, 244~247(Justice Breyer's opinion for the Court). 스티븐스 대법관과 브라이어 대법관은 각각 다수의견을 썼는데, 스티븐스는 가이 드라인을 의무 규정으로 보는 것이 위헌이라는 취지였고, 브라이어는 단지 권고 규정으로

종 양자 간의 격차가 너무 커서 선고 형량 간에 심한 차이가 빚어진다) 법관들에게 그 범위 내에서 피고인에게 부과할 형량을 특정하도록 한다. 형량 가이드라인의 의무화로 법관의 양형상 재량이 축소되었으나 부커 사건으로 인해 그 재량이 회복되었다. 다만, 완전히 회복된 것은 아니다. 왜냐하면 대법원은 법관들이 계속해서 가이드라인상의 형량을 계산하지 않으면 안 되며 또 그 계산 결과를 벗어날 때에도 '양형개혁법Sentencing Reform Act'에 제시된 양형 요인들에 비춰 합리적인 범위 안에 머물러야 한다고 판시했기 때문이다.[53]

이 가이드라인은, 배심원단이 피고인의 행위와 관련해 '합리적 의심' 기준에 따라 인정한 사실들뿐 아니라 법관이 양형 심리 과정에서 단지 '증거상 우위preponderance of evidence'*의 기준에 따라 인정한 사실들도 감안해 (법관이) 형을 선고하도록 요구했다. 어떤 피고인이 2g의 코카인을 판매할 의도를 갖고 소지한 죄로 기소되어 유죄 판결을 받았다고 하자. 그러나 양형을 위한 심리 과정에서 피고인이 사실은 200g을 판매할 의도를 갖고 소지 중이었음을 검사가 우월한 증거 기준에 따라 판사를 납득시키는 데 성공한다면 법관은 더 많은 코카인 양에 적용할 수 있는 가이드라인에 맞춰 피고인에게 형을 선고해야 할 것이다.

그러나 가이드라인이 있기 전에는 양형의 절차가 훨씬 느슨하게 진행되었었다. 피고인이 마약을 법령상의 최소량 이상 소지한 것으로 배심원단이 인정했다면 양형 심리 과정에서 실제 소지량에 관해 그 어떤 증거가 제

보는 것이 합헌이라는 취지였다.

53 18 U.S.C. § 3553(a).

* 증거상 우위란 민사 증거법의 원리다. 즉, 두 당사자 중 어느 한 당사자의 입증이 상대방의 입증에 비해 상대적으로만 우월해도 그 당사자의 주장이 사실에 합치하는 것으로 받아들여진다는 원리로서 형사 증거법의 원리인 '합리적 의심을 넘어야 한다는 원칙(beyond reasonable doubt)'과 다르다. 형사소송에서는 후자가 원칙이지만, 양형 가이드라인 때문에 민사 증거법의 원리인 '증거상 우위'의 기준에 의해 주장과 입증이 채택되는 결과를 낳는다는 것이 이 대목의 취지다. _옮긴이

출되지 않았다 하더라도 법관은 법령상의 최대 형을 선고할 수 있었다.

　가이드라인의 강제적 성격이 왜 형사 피고인 보호를 목적으로 하는 연방헌법 수정조항 제6조에 어긋난다고 생각했는지 의문이다. 증거에 의거한 사실 발견에 맞춰 형을 선고하도록 함으로써 피고인은 가이드라인이 없던 때보다 *더 많은* 절차적 권리를 누리게 되었다. 사실 가이드라인이 없던 때에는 법관이 형을 선고할 때 법령상의 범위 내에서 어떤 형이든 마음대로 선택할 수 있었다. 법관이 가진 재량의 폭이 컸기 때문에(따라서 선고 형량에 차이가 컸다) 피고인의 권리는 축소되었다. 법관의 재량에 엄격한 제한이 가해지지 않는 한(가이드라인이 없던 때는 그러한 제한이 없었다) 법관에게 관대한 양형 쪽으로 재량을 행사해달라고 탄원하는 것은 권리를 주장하는 것이 아닌 자비에 호소하는 것이다.

　가이드라인의 강제적 성격을 없앰으로써 양형에서의 절차적 비공식성(비정형성)의 문제는 존치되었다. 만약 법관이 피고인의 범죄 종류에 동정적이지 않은 사람으로 알려져 있다면 정부 측은 가장 기본적인 논거만 제시하면서 중형을 구형할 수 있다. 그리고 법관은 여전히 가이드라인상의 형량을 계산하지 않으면 안 되지만, 그 형량은 양형 심리 시 최초로 제출된 증거 때문에 높을 수도 있다. 법관은 가이드라인상의 형량을 반드시 과해야 하는 것은 아니지만, 그 형량을 과하는 것이 가장 저항을 덜 받는다. 왜냐하면 그 형량에서 벗어난 형량을 과하려면 상급심 법원에 "합리적"인 것으로 정당화하지 않으면 안 되기 때문이다. 가이드라인에 따른 형량은 상급심 법원이 합리적인 것으로 간주하는 것이 보통이다.[54]

　연방헌법 수정조항 제6조 문제가 해결됐어야 했지만 대법원의 결정은 진지한 타협을 반영한 결정이었다. 이 타협은 브라이어가 주도해서 이끌어낸 것인데, 이 타협의 틀 안에서 이 가이드라인은 비록 권고적 지위로 강등

54　Rita v. United States, 127 S. Ct. 2456(2007).

되긴 했지만(다시 말해 '순수한 가이드라인'이 되긴 했지만) 여전히 상당한 구속력을 유지했다. 앞서 이야기한 대로 법관은 판결을 선고할 때 설사 다른 형량을 선고할 수 있다 하더라도 먼저 가이드라인상의 형량을 계산하지 않으면 안 된다. 그러나 가이드라인의 형량에서 벗어난 경우를 일부 양형위원회가 인정한 적이 있었기 때문에[55] 결국 대법원이 할 수 있는 것은 가이드라인의 구속력을 조금씩 완화시키는 일이었다. 그리고 그렇게 하는 과정은 지방법원 판사들의 업무량을 가중시키는 것이기도 했다. '양형개혁법'에는 법관이 법령의 한계 내에서 형을 정할 때 고려해야 할 요인들의 상세한 목록이 포함되어 있다.[56] 부커 사건 판결이 있기 전에는 가이드라인의 강제적 성격을 담보하기 위해 법관이 형을 정할 때 그 요인들을 활용하는 것을 엄격히 제한했었다.[57] (판결 이후) 법관은 여전히 가이드라인에 따라 형을 계산해야 하고 또한 이제는 법령상의 양형 요인들도 고려하지 않으면 안 되기 때문에 ─ 그 편익은 불확실한 채 ─ 대법원은 양형 부담을 더 증대시켰다. 가이드라인을 강제하는 체제는 연방헌법 수정조항 제6조의 합리적 이해와 상충된다고 생각될 수 없었다. 게다가 가이드라인을 강제하는 것이 불쾌감을 일으키는 것도 아니었다. 따라서 가이드라인의 의무화는 세이어의 위헌 테스트를 통과하지도, 홈스의 기준을 충족시키지도 못했다. 사법자제의 입장을 가진 법관이라면 이 가이드라인에 대한 위헌심사청구에 반대표를 던졌을 것이다.

완전한 논의를 위해, 헌법적 쟁점 중에는 법규주의적 근거로든 정치적 근거로든 만족스럽게 해결할 수 없는 쟁점들이 있음을 지적해둔다. 가설적이지만, 여기 그러한 예가 있다. 연방헌법 제1조 제9절의 권리정지 조항

---

55 예를 들어, 다음을 참조할 것. United States Sentencing Commission, *U.S. Sentencing Guidelines Manuel* §§ 3B1.2, 3E1.1, 4A1.3(2004).

56 18 U.S.C. § 3553(a).

57 18 U.S.C. § 3553(b).

suspension clause은 침략 또는 반란이 발생할 경우 인신보호영장을 정지시킬 수 있는 권한을 의회에 부여하고 있다. 헌법이 공포되었던 18세기에 인신보호영장에 관한 권리는 정부가 법관의 동의 없이 인신 구금하는 데서 사람들을 보호한다는 제한된 기능만 갖고 있었다. 구금된 자는 인신보호영장에 의거해 정부가 그를 구금할 법적 권리가 있음을 법관에게 입증하라고 정부에 요구할 수 있었다. 그러므로 만약 그가 유죄 선고된 범법자라면 정부는 그가 관할권이 있는 법원에서 유죄로 선고되었다는 사실만 입증하면 되었다.[58] 그러나 후에 의회는 인신보호영장에 관한 권리를 확대했고, 오늘날 이 권리는 유죄 선고를 받고 직접적인 항소 수단을 모두 소진한 형사 피고인이 헌법을 근거로 유죄 선고 또는 징역형 선고에 이의를 제기하는 수단이 되었다.

이런 상황에서 만약 의회가 반란이나 침략이 없는데도 유죄 판결 후의 구제책으로서의 연방 인신보호영장에 관한 권리를 제한하거나 심지어 배제하는 입법을 했다고 하자. 이것은 헌법의 권리정지 조항을 위배한 것일까? 원의주의자들은 아니라고 할 것이고, "살아 있는 헌법"을 주장하는 사람들은 맞다고 할 것이다. 여기서 원의주의자와 문언해석주의자 간에 균열이 발생하는데, 문언해석주의자들도 맞다고 답해야 옳을 것이다("인신보호영장은 인신보호영장이다"). 그러나 어떤 법관이 "법령을 선택적으로 확장하는 것에 제한을 가하는 것은 권리정지 조항에 반한다는 판결을 내릴 경우 그 판결이 비합리적이고 되돌릴 수 없는 판결이 된다"라는 것을 인식하는 데에는 특별한 이론이 필요하지는 않을 것이다. "인신보호영장에 관한 권리는 항상 확장될 수 있었다. 그러나 일단 확장된 후에는 헌법 개정이 없는 한 이전의 덜 관대한 상태로는 되돌아갈 수 없었다. 그리고 이러한 사정을

---

58   예를 들어, 다음을 참조할 것. Henry J. Friendly, "Is Innocence Irrelevant? Collateral Attack on Criminal Convictions," 38 *University of Chicago Law Review* 142, 170~171(1970).

알게 된 이후에는 더 이상의 확장 시도가 거의 없었다."[59] 그리하여 인신보호영장에 관한 권리의 확장이 오직 권리정지 조항의 개정으로만 무효화될 수 있다면 그것은 의회가 어떤 법령을 폐지 불가능하도록 요새화할 수 있음을 의미한다. 마치 인신보호영장에 관한 권리를 확장하는 것이 헌법 개정에 의해 승인되었던 것과 같이 말이다. 이는 의회의 권한을 연방헌법 제1조에 부여된 범위를 넘어 확장하고 또 연방헌법 제5조에 규정된 헌법 개정 절차를 우회하는 결과가 될 것이다.

의회가 '유죄판결 후 구제책'을 모두 배제하는 입법을 한다면 그것은 계속 도전을 받을 수 있다. 그러나 권리정지 조항보다는 적법절차 조항이 [도전의 − 옮긴이] 더 적절한 근거가 될 것이다. 후자는 훨씬 더 불길한 형태의 정부 행동, 즉 법원의 통제를 받지 않고 실시하는 행정부나 군부의 구금 같은 것들에 제약을 가한다. 그러나 권리정지 조항에 근거를 둔 주장을 배격하는 것은 − 설사 그것이 법규주의와 실용주의로 정당화될 뿐 아니라 정치적 의미를 갖는다 하더라도 − 진보주의자나 보수주의자 모두 틀림없이 그 결과에 동의할 것이기 때문에 "정치적"인 배격이라 할 수 없다.

그러나 정치적으로 논란이 많으면서 법규주의적으로 결정하기 어려운 사건들이 대법원에 만성적으로 적체되고 있다. 지난 반세기 동안 ≪하버드 로 리뷰≫가 해마다 발간하는 대법원 편 「서문」의 핵심 주제가 대법원을 정치적 기관으로 보는 데 대한 대안이 무엇인가라는 것이었음은 놀랄 일이 못 된다. 가장 흥미 있는 글 중 하나가 하트가 쓴 「서문」이다.[60] 이 논문은 대법원에서 대법관의 업무 부담이 재판 과정에 미치는 영향에 초점을 맞춘다. 하트는 보통 법과정학파의 사도로 간주되어왔다. 그러나 그는 가령 막스 베버Max Weber, 우드로 윌슨Woodrow Wilson, 브랜다이스 및 뉴딜정책과 관계

---

59   LaGuerre v. Reno, 164 F.3d 1035, 1038(7th Cir. 1998).

60   Henry M. Hart, Jr., "The Supreme Court, 1958 Term: Foreword: The Time Chart of the Justices," 73 *Harvard Law Review* 84(1959).

가 깊고 또 수준 높은 전문 지식인과 기술자들 및 합리적·전문적·현대적인 행정부 관료들과도 교류해왔으며 심지어는 법현실주의 운동에도 관여한 바가 있다는 점에서 우리는 그를 '진보적 개혁가'로 묘사하는 것이 더 정확할 것 같다. 하트는 자신의 「서문」에서 만약 대법원이, 이상적인 행정기관이 그러하듯이, 고도로 합리적인 방식으로 일해나간다면 대법원 판결들에 정당성을 부여하는 것은 그 판결들의 계통성(그 판결들이 가령 헌법 같은 과거의 정치적 결정들에 대한 합당한 해석임을 보여주는 것)이 아니라 판결하는 사람들의 전문가적 능력임을 말하려 했던 것이라고 나는 생각한다. 대법원의 능력은 탁월하기 때문에 대법원은 초입법체superlegislature다. 그러나 일반 입법체들과는 달리 대법원은 통상의 의미에서 정치적이지 않다. 대법원이라는 입법체의 모델은 여론이 아닌 이성에 의해 인도되는 정치적으로 중립적인 공공 서비스 기관이다. 잭슨 대법관의 유명한 방론dictum[61]은 다음과 같이 뒤집혀야 할 것이다. 대법원은 절대 오류를 범할 수 없기 때문에 최종적인 것이다. 하트의 생각에 대법원이 앞으로 나가지 못하는 것은 시간을 제대로 할당하는 데 실패하기 때문이었다. 대법관들은 상고허가를 지나치게 많이 해주고 따라서 중요하지 않은 사건들을 너무나 많이 심리하고 있기 때문에 사건들에 대해 충분한 시간을 들여 철저하게 토론하지 못하고 있었다. 하트는 절차를 통해 정치를 정책에서 배제하는 진보주의자들의 꿈을 공유했다.

실제로는 부질없는 꿈이었다. 반세기가 지난 지금 돌이켜보면 하트의 「서문」은 전혀 갈피를 잡을 수 없을 정도로 천진난만하거나 아니면 지적으로 부정직해 보인다. 왜 그렇게 보느냐 하면, 그는 대법관이 진보적 어젠다를 달성하지 못하는 것은 그들이 시간을 비효율적으로 사용하기 때문이라고 주장했기 때문이다. 그는 대법관들을 포함해 일반적으로 법관들이 실제

---

61   Brown v. Allen, 344 U.S. 443, 540(1953)(별개의견)("우리가 오류를 범할 수 없기 때문에 최종적인 것이 아니라 바로 우리가 최종적이기 때문에 오류를 범할 수 없는 것이다").

시간을 어떻게 사용하고 있는지(또는 사용하고 있었는지)에 대해 전혀 알지 못하는 것처럼 보인다. 그가 "판결문을 작성하는 것은 판사가 하는 일 가운데 가장 시간을 많이 잡아먹는 일이며 재판연구원에게서 유효한 도움을 거의 받을 수 없는 일이다"[62]라고 말한 부분은 그가 서문을 쓰던 시기에도 사실이 아니었다. 그리고 우리가 알다시피 오늘날 많은 대법원 판결문을 포함해 대부분의 판결문은 대체로 재판연구원들이 쓴다. 하트가 서문을 쓰던 1950년대에는 법관(또는 대법관) 1인당 재판연구원의 수가 더 적기는 했지만 그때도 대법관의 판결문 가운데 많은 부분을 재판연구원들이 썼었다. 하트는 이것을 몰랐거나 아니면 모른 체한 것이다. 대부분의 법관에게 판결문을 쓰는 것은 즐거운 일이기보다 귀찮은 일이다. 그렇기 때문에 법관의 어깨에 놓인 귀찮은 일거리들을 기꺼이 떠넘겨 받고 싶어 하는 재판연구원들을 활용할 수 있다는 것은 곧 법관들이 '만약에' 원한다면 서로 사건에 대해 토론할 시간을 많이 가질 수 있음을 의미한다는 것을 그가 몰랐을 수도 있다.

정말 '만약에'의 문제다. 당시의 법현실주의자 서먼 아놀드Thurman Arnold 는 하트의 "대법관들의 시간표"(대법관들이 자신의 직위에서 해야 하는 여러 가지 과제에 시간을 어떻게 배분해서 쓰는지를 하트가 표로 작성한 것인데, 그 표에 따르면 하트의 말마따나 대법관들에게는 적절히 협의할 시간이 없었다)가 얼마나 고지식한가를 이미 지적했다. 하트가 재직한 로스쿨의 학장인 어윈 그리스월드Erwin Griswold는 하트의 「서문」에 대한 아놀드의 무례하면서도 정확한 평가 ― "집단적 사고가 숙성해가는 과정 같은 것은 없으며, 지금까지 있어본 적도 없다. 뚜렷한 견해를 가진 법관은 법관 회의를 통해 그 견해를 강화시킬 뿐이다"[63]

---

62 각주 60의 Hart, 91.

63 "Professor Hart's Theology," 73 *Harvard Law Review* 1298, 1312(1960). 아놀드는 계속해서 이렇게 말했다. "내 지혜와 하트 교수의 지혜를 공유함으로써 '성공적으로 공유된' 우리 두 사람의 지혜가 각각의 지혜를 뛰어넘을 가능성은 전혀 없다. 왜냐하면 나는 그의 지혜가 진정한 지혜라고 생각하지 않으며 그도 나의 지혜에 대해 같은 의견을 갖고 있으리라

─ 를 즉각 거부했다.[64] 논조가 거칠고 정치적 동기가 뻔히 보였기 때문에 아놀드의 통렬한 비판은 쉽게 무시될 수 있었다. 그러나 아놀드가 한 말의 핵심은 정확했다.

그리스월드는 "대법원의 업무량은 너무 방대하다. 대법관들은 길고 긴 기록을 읽고 사려 깊은 판결문을 작성하느라 바쁘다"[65]라고 썼다. 이는 그가 그렇게 쓸 당시도 사실이 아니었고 지금도 사실이 아니다. 대법관들은 자신이 판결할 사건들의 기록 전체를 읽지 않는다. 게다가 어떤 사건의 기록은 대부분 ─ 때로는 전부가 ─ [사건의 실체와 ─ 옮긴이] 무관하다. 그리고 관련 있는 부분은 대부분 하급 법원의 판결문에 추출되어 있다. 또한 대법관들은 판결문 작성의 많은 부분을 위임한다. 그리고 판결문들이 "사려 깊게" 작성되는 경우도 드물다. 대개는 아주 짧게 판결 주문을 뒷받침할 뿐이다.

그리스월드는 대법원의 재판 과정이 "단순히 기계적인 것"(그는 '법규주의적인 것'이라는 뜻으로 말하고 있다)은 아님을 인정했다.[66] 그러나 그는 "재판 과정은 엄격하게 가이드되는 과정이다. 개인이 판단할 수 있는 범위는 적절하게 좁다"[67]라고 묘사했는데, 이것도 사실이 아니다. 대법관은 대단히 큰 재량권을 행사한다. 그리고 아무런 발자국이 없는 황무지를 이리저리 헤매고 다닌다. 그리스월드는 재판 과정에 다음과 같이 영웅적인 모습

확신하기 때문이다. 우리 두 사람을 한 방에 집어넣고 자물쇠를 채워 우리의 '집단적 사고가 숙성해가는 과정'을 통해 내가 하트 교수의 신학에 동의할 때까지 기다린다면 그것은 적법절차 없이 우리 두 사람에게 종신형을 부과하는 것과 같을 것이다." 아놀드의 말은 옳았다. 그는 비록 짧기는 했지만 항소법원 판사를 했었다는 것만큼은 하트보다 나았다.

64 Erwin N. Griswold, "The Supreme Court, 1959 Term: Foreword: Of Time and Attitudes: Professor Hart and Judge Arnold," 74 *Harvard Law Review* 81(1960).

65 같은 글, 84.

66 나중에 법무차관(Solicitor General)이 된 후에 그리스월드는 '법관의 정치적·철학적 선입견과 관점이 불가피하게 ─ 그리고 정당하게 ─ 매우 중요한 역할을 하는' 열린 영역의 존재에 대해 분명하게 인정했다. Erwin N. Griswold, *The Judicial Process* 24(1973).

67 각주 64의 Griswold, 92.

을 부여했는데, 이는 법관들을 실제보다 돋보이게 하고 대중의 마음에 신비감을 조성하는 것이다.

> 재판 과정은 큰 지력(智力)을 요구하고, 탐구심 많고 융통성 있고 열린 정신을 요구하며, 때로는 용기, 특히 지적 용기와 자신을 극복할 수 있는 힘을 요구한다. 또한 지적인 통찰력에 더해 지적인 초연함과 이타심까지 요구한다. 그런데 후자는 그 과정에 도달하기가 대단히 어렵다는 것을 끊임없이 의식하고 또 끊임없이 도달하려 노력할 때에만 가능한, 대단히 드문 경지다.[68]

이러한 자질들이 있다면 좋은 일이다. 그러나 이러한 자질들이 반드시 *요구되는* 것은 아니다. 그러한 자질들은 법관의 직업안내서에 나와 있지 않다. "커다란 지력"을 가진 대법관, 게다가 그런 지력뿐 아니라 "탐구심 많고 열린 정신"을 가진 대법관 또는 "자신을 극복할 수 있는 힘"을 가진 대법관은 많지 않다. 홈스, 브랜다이스, 잭슨 같은 대법관들은 이론의 여지가 없는 위대한 대법관들이다. 그러나 이들조차도 지적으로 초연하고 또 이타적인 마음을 가졌다거나(홈스는 감정적으로는 초연한 사람이었다) 그러한 자질들을 얻기 위해 "끊임없이 노력"한 사람들이라고 말하기는 어렵지 않을까?

그리스월드와 마찬가지로 하트도 평균적인 대법관들의 한계를 인정하려 들지 않았다. 그런 까닭에 대법원의 판결문들이 왜 그처럼 평범한가(하트에게는 그렇게 보였다)를 설명할 필요가 분명 있었다. 하트가 제시한 한 가지 설명은, 대법관들이 사건을 너무 많이 심리하는 까닭에 서로 간에 토론할 충분한 시간이 없고 따라서 집단적 사고의 힘으로 실수들을 예방하기가

68　같은 글, 94.

어렵다는 것이었다. 그는 영국의 법원에 심의(협의)가 없다는 것(5장 참조)에 대해서는 언급하지 않았는데, 그가 글을 쓰던 1950년대는 영국 사법부에 집단적 사고과정이 없었음에도 불구하고 미국의 법사상가들이 영국 사법부를 흠모했던 시기다.

하트는 대법관들이 협의하는 데 들이는 시간을 정확히 계산하려고 노력했지만 그들의 근무 여건에 대한 무지(다시 말하지만 그가 실제 무지했는지 그런 척했는지를 나는 모르겠다) 때문에, 그리고 더 중요하게는 사법적 의사결정의 성격에 대한 무지 때문에 그의 노력은 실패로 돌아갔다. 그는 대법원이 상고를 허가한 전형적인 사건은 매우 총명한 사람이더라도 해결하는 데 시간이 많이 소요되는 아주 복잡한 퍼즐 같다고 생각한 듯하다. 그러나 대부분의 사건, 특히 대부분의 헌법 사건은 그런 성격이 아니다. 사법부 최고기관인 대법원까지 올라온 사건들의 공통된 특징은 '불확정성indeterminacy'인데, 이는 복잡함과 동일어는 아니다. 그것은 정치와 과학 간의 차이다.

'복잡한 사건'에 대해 말하자면, 이를 퍼즐처럼 풀릴 수 있게 하는 자료들이 보통 입수 불가능하거나 또는 적어도 입수되지 않는 것들이라 할 수 있다. 따라서 그러한 사건은 퍼즐을 풀거나 운영체제를 설계하는 것과 유사한 방법으로 결정될 수 없다. 예를 들어, 로퍼 사건은 "입수 가능하지만 입수되지 않은" 측면을 갖고 있었다. 이 사건의 경우 대법관들에게 제출된 경험적 자료는 대법관들이 처리할 수 없는(아마 처리하고 싶은 마음이 들지 않는) 종류의 자료였는데, 대법관들은 ― 하트가 묘사한 것과는 달리 ― 전문적인 행정가가 되고 싶은 생각이 전혀 없음을 드러냈었다. 그들은 사형이 범죄 예방의 효과를 증분한다는 상식적인 명제를 뒷받침하는 사형제도의 범죄 억지 효과에 대한 통계자료[69]를 무시했다. 그 자료는 살인 피해자들의

---

69 다음을 참조할 것. Hashem Dezhbakhsh and Paul H. Rubin, "From the 'Econometrics of Capital Punishment' to the 'Capital Punishments' of Econometrics: On the Use and Abuse of Sensitivity Analysis"(Emory University, Sept. 2007) 및 여기에 인용된 연구들(대

이익을 명료하게 만듦으로써 대법관들을 멈칫하게 했을지도 모른다. 그러나 사형의 범죄 억지 효과에 관한 통계학적 연구가 그러하듯이 확정적인 결론을 내놓지는 못하기 때문에,[70] 대법관들은 통계학적 이론과 방법론에 마음 놓고 의지하지 못했다. 다시 말해 그들은 통계자료들에 속을 수도 있다는 사실을 우려했던 것이다.

아마도 통계학적 연구에 의존하는 데 확신을 못 가졌던 그들이 옳을 것이다. 그러나 만약 그렇다면 그러한 태도에 일관성을 보였어야 한다. 로퍼 사건 판결에서 다수의견에 선 대법관들은 18세 미만자는 성숙한 도덕적 숙고를 할 수 없음을 보여주는 심리학적 문헌에 의존하는 잘못을 범했다.[71] 그러한 추론이 옳지 않을 수 있다는 것은 사회과학자가 아니더라도 알 수 있다. 생리학적인 연령과 정신적 또는 정서적 성숙이 반드시 함께 가는 것은 아니다. 10대들이 18세가 된다고 해서 갑자기 도덕적 행위를 할 수 있는

부분 예방 효과가 있다고 결론내리고 일부만 다른 결론); Dezhbakhsh et al., "Does Capital Punishment Have a Deterrent Effect? New Evidence from Postmoratorium Panel Data," 5 *American Law and Economics Review* 344, 364~365(2003); Joanna M. Shepherd, "Murders of Passion, Execution Delays, and the Deterrence of Capital Punishment," 33 *Journal of Legal Studies* 283, 305(2004). 다음에 인용된 다른 연구들도 참조할 것. Paul Rubin, "Statistical Evidence on Capital Punishment and the Deterrence of Homicide: Written Testimony for the Senate Judiciary Committee on the Constitution, Civil Rights, and Property Rights," Feb. 1, 2006, http://judiciary.senate.gov/testimony.cfm?id=1745&wit_id=4991(visited June 13, 2007).

70 예를 들어, 다음을 참조할 것. John Donohue and Justin J. Wolfers, "A Reply to Rubin on the Death Penalty," *Economists' Voice*, Apr. 2006, http://bpp.wharton.upenn.edu/jwolfers/Press/Death%20Penalty(BEPressReply).pdf (visited Mary 13, 2007); Craig J. Albert, "Challenging Deterrence: New Insights on Capital Punishment Derived from Panel Data," 60 *University of Pittsburgh Law Review* 321, 363(1999); Ruth D. Peterson and William C. Bailey, "Is Capital Punishment an Effective Deterrent for Murder? An Examination of Social Science Research," in *America's Experiment with Capital Punishment: Reflections on the Past, Present, and Future of the Ultimate Penal Sanction* 251, 274~277(James R. Acker et al., eds. 2d ed. 2003).

71 각주 7의 Roper v. Simmons, 568~575.

성인의 능력을 얻는 것은 아니다. 대법원이 의존한 연구들도 16세나 17세가 18세보다 성숙하게 판단하기 어렵다고 보는 이유는 개인적인 이유보다 통계적인 이유이며,[72] 성숙의 기준에서 16세나 17세를 절대적으로 배제한다는 뜻은 아님을 인정했다. 기껏해야 그 연구들은 살인죄로 기소된 젊은 이의 성숙도는 주의 깊게 살펴야 한다는 이야기를 하고 있었다. 대법원은 배심원단이 그렇게 살필 수 없다고 생각했다. 그러나 만약 그 말이 맞는다면 배심원단이 어떤 살인자가 처형해야 할 만큼 나쁜 자인가 아니면 목숨은 살려줄 만큼 좋은 자인가를 결정하는 것도 불가능할 것이다.

대법원이 인용한 주된 연구에서는 "인간 발달에 관한 결정적인 연구 성과가 나온 것이 아니므로, 따라서 더욱 훌륭하고 결정적인 자료가 나올 때까지는 지나치게 신중한 태도를 취하는 쪽이 현명할 것"[73]이라는 구절이

---

72 다음을 참조할 것. Jeffrey Arnett, "Reckless Behavior in Adolescence: A Developmental Perspective," 12 *Developmental Review* 339, 344(1992)("여기에 제시된 것은 청년기인 모든 사람이 분별없다는 것이 아니다. 다만, 집단으로서의 그들은 두드러지게 분별없는 행동을 하기 쉽다는 것이다"). 아넷은 18세 이하와 18세 이상을 구별하지 않는다. 사실 그는 청년을 '사춘기에서 20대 초에 이르는 시기'로 규정한다(같은 글, 340). 그리고 그가 살인이나 다른 중죄를 직접 다루는 것도 아니다. 대법원이 아닌 스타인버그와 스콧이 인용한 다음 연구에서는 말이 나온 김에 '10대'에 대해 논하고 있는데, 그 글에서도 10대를 연령으로 분류하고 있지 않다. Laurence Steinberg and Elizabeth S. Scott, "Less Guilty by Reason of Adolescence: Developmental Immaturity, Diminished Responsibility, and the Juvenile Death Penalty," 58 *American Psychologist* 1009(2003). 다음을 참조할 것. Baruch Fischhoff, "Risk Taking: A Developmental Perspective," in *Risk-Taking Behavior* 133, 142, 148(J. Frank Yates ed. 1992).

73 각주 72의 Steinberg and Scott, 1017. 또한 같은 글, 1012~1014도 참조. 스타인버그와 스콧의 연구(법학 교수인 스콧도 공저자로 참여)는 옹호론을 폈다. 마지막 문장은 다음과 같다. "미국은 18세 미만자의 처형을 금하는 세계 대부분의 나라를 따라야 한다"(같은 글, 1017). 아넷 및 스타인버그와 스콧의 논문들 외에 대법원이 인용한 '연구'는 전혀 연구가 아니고 Erik H. Erikson이 오래 전에 쓴 *Identity: Youth and Crisis*(1968)라는 제목의 이론서였다. 대법원은 "청년기에 있는 사람들은 위험한 행동에 관한 의사결정의 수많은 측면에서 성인만큼이나 충분히 유능할 수 있다"라고 결론지은 다음 연구는 인용하지 않았다. Lita Furby and Ruth BeythMarom, "Risk Taking in Adolescence: A Decision-Making Perspective," 12 *Developmental Review* 1, 36(1992). 그 밖의 충고성 언급들에 대해서

나온다. 사람들이 이 '조심성'을 16세와 17세에게는 사형을 선고해서는 안 된다는 입장으로 보는 것이 아니라 판단을 각 주에 맡기는 데 찬성하는 입장으로 보는 것은 당연하다. 다만, 사형제도에 반대하는 대법관들은 사형 선고의 적절성에 조금이라도 의심이 갈 때에는 사형을 선고해선 안 된다는 뜻으로 이 '조심성'을 해석할 수 있다. 대법관들이 사회과학에 조예가 깊다면(그런데 사실은 조예가 깊지 않다고 봐야 할 것이다) - 판결문에 그러한 판결에 대한 옹호론이 포함될 수는 있으나 - 그러한 연구들이 대법원의 판결에서 중요하게 다뤄질 수는 없었을 것이다.

대법관을 소수만 이해하는 학문적 자료들을 읽고 숙고해 판결을 내리는 사람으로 형상화하는 것은 비현실적이다. 대법원의 재판을 전문적 행정가 모델로 이해하는 것은 법관이 어떤 과정을 거쳐 판결에 도달하는가에 대한 잘못된 관념을 토대로 한 것이다. 상급심 법원 판사로 숙련된 사람이라면 먼저 변론서를 읽고, 사건에 대해 재판연구원들과 상의하고, 구술 변론을 청취하고, 또 기록을 여기저기 들여다보고, 나아가 이차적인 문서들도 읽는다. 그리고 다른 법관들과의 회의에서 *짧게* 의견을 교환한다. 그리고 이상의 과정들을 통해 얻은 정보와 통찰을 기초로 경험이나 기질, 그 밖의 개인적 요인들에 바탕을 둔 선입견이라는 필터를 거쳐 최종적으로 결심을 굳힌다. 법관이 입장을 결정하는 데 어려움을 겪지 않는 한(이것은 양심과 관련되기보다는 심리적인 특성과 관련된다), 이 모든 과정에 그리 많은 시간이 걸리지 않는다.

그렇기 때문에 대법관이 맡는 사건의 수가 더 적고 따라서 서로 토론하는 데 더 많은 시간을 사용한다면 일을 더 잘할 것이라는 것은 별로 설득력이 없다. 그러나 우리는 추측에 의존해서는 안 된다. 우리에게는 자연스러운 실험의 결과들이 있다. 오늘날 대법관들은 맡는 사건의 수가 더 적고

는 다음을 참조할 것. 각주 72의 Fischchoff, 148, 152, 157.

따라서 ─ 원하기만 한다면 ─ 서로 토론하는 데 더 많은 시간을 사용할 수 있다. 오늘날 비용이 지불된 상고허가 신청 건수는 1958년의 두 배에 이르고 (소송비용을 면제받은 신청 건들in forma pauperis은 대개 소소하거나 쉽게 배척되는 사건들이다), 재판연구원들의 수도 두 배로 증가했다. 그리고 상고허가를 처리하는 데 "풀pool제도"라는 교묘한 방법이 채택되어 허가할 상고를 가려내는 심사의 기능을 대부분 재판연구원들에게 위임할 수 있게 되었다(재판연구원 각자가 자신의 상사인 대법관을 위해 상고허가 검토장을 작성하는 대신 한 재판연구원이 여덟 명의 대법관을 풀로 해서[74] 상고허가 검토장을 작성한다). 가장 중요한 것은 대법원이 처리하는 건수가 계속해서 줄어들어 1958년에는 129건의 판결문을 공표했으나 이제는 한 해 평균 약 70건에 그치고 있다는 사실이다. 2006년 개정기에는 겨우 68건을 판결했을 뿐이다.

판결 건수가 법원의 업무 부하를 재는 유일한 척도는 아니다. 사건들이 점점 더 어려워지는데, 그 결과 판결문이 점점 더 길어지고 또 개별적 의견separate opinion이 더욱 많아지고 있다. 그러나 대법원의 처리 건수 감소가 개별적 의견(즉, 반대의견과 별개의견) 증가로 상쇄되는 것은 아니다. 단순히 처리하는 사건의 수뿐만 아니라 공표하는 판결문의 총 수효도 감소해왔다. 이처럼 사건 수나 판결문 수가 감소한 것이 판결문의 길이가 (1970년대에 비해) 현저히 길어진 것으로 상쇄되지는 않았다. 결론적으로 대법관 1인당 산출하는 단어의 총 수효가 판결문의 수와 함께 감소한 것이다.[75]

대법원의 담당 건수와 산출이 *왜* 감소했는지는 미스터리다(대법원 재판연구원들의 질이 높아지고 수가 많아짐과 동시적으로 이것이 감소했다는 사실은 관료화가 생산성에 미치는 효과에 관한 불유쾌한 설명이 될 수 있다). 의회가 대법원의 의무적 관할 범위를 축소시켜온 것은 사실이다. 대법원은 상고허

---

74 스티븐스 대법관은 동의하지 않아 열외로 했다.

75 통계와 자료는 다음을 참조할 것. Richard A. Posner, "The Supreme Court, 2004 Term: Foreword: A Political Court," 119 *Harvard Law Review* 31, 35~39(2005).

가 신청 사건이었다면 수리하지 않았을 사건들을 심리하고는 했었기 때문에 관할 범위가 축소된 것이었다. 그러나 그것이 담당 건수가 감축된 주요 인은 아니었다.[76] 왜냐하면 대법원은 의회의 조치가 있기 전부터 "대법원 규칙을 개정해 대부분의 상고를 상고허가 신청과 동등하게 취급하면서 심사 여부는 어디까지나 재량에 따른다"[77]라고 명시해왔기 때문이다. 좌우간 대법원은 더욱 많은 사건을, 특히 의무적 관할의 부담 때문에 그전에는 들여다볼 시간을 낼 수 없었던 중요한 사건들을 심리하기로 수리함으로써 의무적 관할 범위의 축소로 생긴 업무상의 여유를 다시 메울 수도 있었을 것이다.

그러나 대법원은 그렇게 하지 않았다. 그 이유 중 하나는 하급 법원들이 대법원의 지침으로부터 벗어나는 경우가 훨씬 줄어들었기 때문이다. 이는 한편으로는 대법원에서 명백히 하급 법원에 지침을 준다는 의도로 법규들을 정해왔기 때문이기도 하고, 다른 한편으로는 경험 많은 재판연구원이 늘어났고 조사·연구의 전산화가 진전되었으며 하급 법원 법관 후보자들에 대한 심사가 더욱 꼼꼼해진 결과 하급 법원의 전문성이 높아졌기 때문이기도 하다. 그리고 1980년대 초 레이건 대통령이 연방항소법원의 이데올로기적 색조를 변화시키기 위해 임명 절차를 이용한 이래 후보자들이 상원 인준 청문회에서 검증을 혹독히 치러야 했던 것이 오히려 바람직한 결과를 가져왔음을 짚고 넘어가지 않을 수 없다. 그 검증은 동기와 성격이 주로 정치적이어서 결과적으로 정치적인 꼬리표가 붙은 후보자들을 배제하는 흐름을 형성했다. 그리하여 항소법원들이 그전에 비해 더욱 중도화되었다.

---

76   Margaret Meriwether Cordray and Richard Cordray, "The Supreme Court's Plenary Docket," 58 *Washington and Lee Law Review* 737, 751~758(2001); Arthur D. Hellman, "The Shrunken Docket of the Rehnquist Court," 1996 *Supreme Court Review* 403, 410~412.

77   Erwin N. Griswold, "Rationing Justice-The Supreme Court's Caseload and What the Court Does Not Do," 60 *Cornell Law Review* 335, 346(1975).

그리고 항소법원이 중도화될수록 나중에 대법원이 해결할 항소법원 간 충돌이 줄어들었으며 또한 나중에 대법원이 크게 교정해야 할, 주류에서 벗어난 판결의 수도 줄어들었다.

대법원의 산출이 감소한 것은 업무 부하에 관한 하트의 가설에 대한 심사틀을 제공하는데, 이에 따르면 그의 가설은 틀린 것으로 드러났다. 1980년대 이래 대법관들의 업무 부하는 급감했는데 그 결과로 판결의 수준이 높아졌다는 증거는 전혀 존재하지 않는다. 판결들이 더 나아졌을 수도 있지만, 이는 한편으로는 대법관들의 평균적인 질이 높아졌기 때문일 수도 있고 다른 한편으로는 재판연구원들이 질적으로 높아지고 양적으로 늘어났기 때문일 수도 있다. 판결문들은 평균적으로 예전보다 더 세련되고 더 "전문적"이라는 외견을 띠게 되었다. 그러나 이는 대법관들 상호 간의 의논이 증가했기 때문은 아니다. 모든 보고서를 토대로 보면 그들은 의논을 더 적게 하고 있다. 왜냐하면 렌퀴스트 대법원장이 전임자 버거 대법원장보다 회의를 더 건조하게 운영했기 때문이다(로버츠 대법원장은 렌퀴스트 대법원장보다는 참을성이 많다고 한다). 대법관들의 노력 대비 성과가 적어지고 있다. 아마 하트의 시기에도 이미 법관이 사건당 노력을 더 경주하더라도 이에 상응하는 편익이 나올 수 없을 정도의 상태에 도달했던 것 같다.

하트의 추종자들은, 하트가 말하고자 했던 바는 대법관들이 협의를 더 많이 한다면 더 나은 판결문을 쓴다는 것이었지 시간이 많다면 더 많이 협의할 것이라는 의미는 아니었다고 대답할지 모른다. 그러나 그것은 하트가 「서문」에 썼던 취지가 아니다. 대법관들이 사소한 사건들 — 가령 '연방고용자책임법Federal Employers' Liability Act' 관련 사건들로, 이런 사건들에서는 원고가 배심원단에 제시할 수 있을 만큼 피고의 과실에 대한 증거를 갖고 있는지 여부가 유일한 쟁점이다 — 의 상고허가를 중단할 수만 있다면 그들은 더 많이 협의할 것이라는 게 이 「서문」의 취지였다. 하트가 생각하기에 대법관들에게는 의지가 아니라 시간이 결여되었던 것이다.

그러나 그것은 틀린 생각이었다. 그런데 하트가 잘못 생각한 것 가운데 더 흥미로운 잘못은, 만약 대법관 사이의 의견 차가 충분히 상세하게 개진되기만 한다면 판결의 질이 극적으로 개선될 것이라고 생각했다는 점이다. 하트는 헌법 분쟁의 성격에 대해서뿐만 아니라 추론의 본질에 대해서도 잘못 알고 있었다. 이것은 다음과 같은 명문장 속에 아주 분명하게 드러난다.

> 미국 대법원은 영미법의 감격스러운 전통에 따라서뿐만 아니라 미국 법제도상에서의 자신의 위치라는 엄연한 사실에 따라 결국 이성의 소리a voice of reason가 되도록 운명 지어져 있으며, 헌법을 새롭게 해석하고 누구에게나 오래토록 적용될 헌법의 원리들을 분명히 드러내고 발전시킨다는 창조적 기능을 떠맡았다.[78]

"이성의 소리"란 이 말의 모든 용례를 살펴보건대 "원리들"에 대한 구속에 의해 유발된 반응이라기보다 어떤 상황에 대한 합리적인 — 침착하고 공정하고 사려 깊고 실용적인 — 반응을 의미한다. 더 기술적인 용례에서 끌어와 말한다면 우리는 '문제 해결problem solving' — 즉, 공통된 전제에서 추론하기 — 을 "도구적 이성instrumental reason"이라고 말할 수 있을 것이다. 하트는 만약 대법관들이 그들 사이의 차이점에 대해 시간을 충분히 들여 논의하기만 한다면 이 두 가지 가운데 어떤 의미의 "이성"에서든(그는 아마 이 두 가지의 차이를 의식하지 못했던 것 같다) 헌법적 원칙에 대한 의견이 서로 근접해질 것이라고 생각했던 듯하다.

하트의 이야기는 상소심 과정을 학계의 세미나로 보는 모델이다. 대법관들이 토론에 시간을 충분히 쓰지 않고 있다는 그의 주장이 프랑크퍼터

---

78 각주 60의 Hart, 99.

대법관이나 브랜다이스 대법관의 불만과 닮았다는 것은 우연이 아니다.[79] 세 사람 모두 총명하고 자신의 생각을 분명하게 표현하는 지성인들이었다. 그리고 그중 [브랜다이스를 제외하고 — 옮긴이] 두 사람은 유명한 대학의 교수였다. 총명한 사람들은 자신보다 지적으로 뒤떨어지는 사람들을 설득하는 데 성공하지 못할 때 좌절감을 느낀다. 그들은 자신보다 둔한 동료들을 논파할 수 있음을 알기 때문에 여러 차례 설득할 기회를 찾는 것이 그들에게는 자연스러운 일이다. 그러나 지성인으로서 이성적 논변의 힘을 과신한 그들이 깨닫지 못한 사실은, 첫째, 그러한 논변은 참여자들이 공통된 전제를 공유하지 않는 한 효과를 거두기 어렵다는 것과, 둘째(이는 첫째와 유관하다), 사람들은 머리가 모자라 상대방의 비웃음을 산다고 해서 자신에게 깊이 뿌리박힌 신념들을 바꾸지 않는다는 것이다(보크는 뛰어난 지성을 가졌음에도 논적論敵들을 무장 해제시키지 못했다). 그러한 상황에서 논쟁은 — 아놀드가 지적했고 집단행동에 관한 심리학적 문헌들이 확인해주듯이[80] — 논적 사이의 거리만 더 벌려놓거나 아니면 적어도 각자 자신의 입장을 고수하게 만드는 효과를 주로 유발할 뿐이다.

어떤 문제를 결정하기 위한 전제를 공유할 때라야 도구적 이성이 모든 참여자와 관찰자가 납득할 수 있는 결론을 내놓을 수 있다. 그리고 집단적 심의는 공통된 전제들로부터 결론이 도출될 수 있도록 도울 수 있다. 그 과정은 경험적 검증을 통해 정직성을 담보받을 수 있다. 예를 들어, 새로운 설계에 따라 제작된 비행기는 하늘을 날거나 또는 날지 못하거나 둘 중 하나다. 그러나 대부분의 헌법 분쟁에서는 분쟁 참가자들이 공통된 전제 위

79   Dennis J. Hutchinson, "Felix Frankfurter and the Business of the Supreme Court, O.T. 1946~O.T. 1961," 1980 *Supreme Court Review* 143(1980).

80   예를 들어, 다음을 참조할 것. Cass R. Sunstein, "Deliberative Trouble? Why Groups Go to Extremes," 110 *Yale Law Journal* 71(2000); Daniel J. Isenberg, "Group Polarization: A Critical Review and Meta-Analysis," 50 *Journal of Personality and Social Psychology* 1141(1986).

에 서서 논쟁하지 않는다. 어떤 사람은 범죄로 기소된 사람의 권리보다 공공의 안전이 더 중요하다고 생각하고, 어떤 사람은 그 반대로 생각한다. 어떤 사람은 경찰의 행동을 범죄 희생자의 입장에서 바라보고, 어떤 사람은 범죄 누명을 쓴 사람의 입장에서 바라본다. 어떤 사람은 성추행 개념의 미묘한 형식을 걱정하는 반면, 어떤 사람은(반드시 남성이지만) 성추행의 누명을 쓴 사람을 걱정한다. 어떤 사람은 적극적 평등실현 조치를 노골적인 차별로 간주하지만, 어떤 사람은 그런 조치를 사회적 정의에 해당하고 정치적으로 필요한 것으로 간주한다. 어떤 사람은 공공생활에서 종교를 추방하는 것이 벌 받을 짓이고 도덕적 모욕이라고 생각하는 반면, 어떤 사람은 종교는 정부에 침투해 (정부를) 부패시키는 경향이 있는 만큼 (정부가) 종교와의 모든 관계를 끊지 않는다면 미국의 정치가 신권정치화할 수 있다고 우려한다. 또는 제3의 입장에서 종교가 정치에 개입한다면 아무리 경미할지라도 종교를 해칠 수 있다고 걱정하는 사람도 있다. 어떤 사람은 낙태를 불행한 태아의 입장에서 보고, 어떤 사람은 원치 않은 임신을 끝내고 싶어 하는 여성의 입장에서 본다. 어떤 사람은 주를 사회적 실험실로 평가하는 반면, 어떤 사람은 주 정부를 작은 마을의 폭정보다 조금도 나을 것 없는 지방 정부로 간주한다. 사법심사에 대해 어떤 사람은 세이어의 견해를 지지하고, 어떤 사람은 윌리엄 브레넌William Brennan의 견해를 지지한다. 대법관들은 그러한 간극의 일부를 좁힐 사회과학적 연구 성과들을 간과하거나 또는 — 로퍼 사건 판결에서 보았듯이 — 그 성과들을 특정한 의도를 갖고 사용한다.

심의deliberation에 대한 대법관들의 태도는 렌퀴스트 대법원장이 병을 앓았던 2004년 가을에 그가 내린 결정에 잘 나타난다. 그는 당시 건강이 회복될 때까지는 자기가 결정권을 가지는 경우에만 사건 결정에 참여하겠다고 선언했다. 이것은 대법원의 재판이 심의 모델이 아닌 표결(투표) 모델로 설명된다는 것을 보여준다. 심의 모델에서는 모든 사건에 대법관 전원이 참여하는 것이 중요한데, 그 이유는 대법관들의 마음이 설득에 열려 있기 때문이라기보다 각 사건의 판결문을 최선이게끔 작성하는 데 대법관 한 사람 한 사람의 발언이 유의미할 것으로 보기 때문이다(심지어 만장일치 사건일 때에도 그러하다). 한편 표결 모델에서는 어느 대법관의 표가 결정적이지 않을 때는 그의 참여 여부가 중요하지 않다.

렌퀴스트 대법원장의 행동 방식은 그의 성격을 반영한다. 그가 대법원의 심의 과정에 대해 쓴 글은 그 성격을 잘 보여주는데, 그 과정은 하트가 상상했던 것과는 너무 다르다(하트 역시 실제 그렇게 상상했던 것은 아닐 수도 있다).

내가 대법원에 첫발을 들여놓았을 때 나는 사건을 두고 심의하는 과정에서 대법관들 간에 상호작용이 거의 없다는 사실에 놀라기도 하고 실망하기도 했다. 대법관들은 각자 자신의 견해를 말한다. 소장 대법관은 고참 대법관이 표명한 견해에 찬성 또는 반대의 견해를 표할 수 있다. 그러나 그 반대의 과정은 없었다. 즉, 소장 대법관의 견해에 특별히 발언이 이뤄지는 경우는 거의 없다. 이미 표결의 방향은 결정된 것이다. 소장 대법관들은 매우 중요한 기여를 할 준비를 갖고서 임하지만, 자신이 다른 대법관들에게 영향을 미치는 경우는 거의 없을 것 같다는 느낌을, 나와 마찬가지로 내 앞의 소장 대법관들도 대부분 똑같이 가졌을 것임이 틀림없다. 대법관들은 다른 사람들, 특히 소장 대법관들의 반대의견에 부응해 자신의 투표 방향을 바꾸는 경우가 거의 없다. 그 당시 나는 우리 각자가 자신의 견해를 표명한 다음 원탁 토론회 같은 것을 더 가졌으면 좋겠다는 생각을 했었다. 그런데 대법관 회의에 참석한 지 30여 년이 되고 가장 나이 어린 대법관으로 시작해 가장 나이 많은 대법관이 된 지금에 와서 새삼 분명하게 깨닫는데, 소장 대법관으로서의 나의 견해는 관념적으로는 훌륭할 수 있으나 아마 실제적인 면에서 별다른 기여를 하지 못했을 것이며, 어쨌든 고참 대법관들이 자연스럽게 집착하는 '연공서열 시스템seniority system' 때문에 결국 빛을 보지 못하고 말았을 것이다.

… 토론을 연장해서 한 명 또는 그 이상의 대법관이 결정적으로 입장을 바꾸는 일이 일어날 가능성이 정말 있다면 시간을 더 사용하더라도 응당 그런 종류의 토론회를 열어야 할 것이다. 그러나 대법원에서의 오랜 경험을 통해 알게 된 바로는, 다툼이 많은 사건에 관해 회의를 갖는 진짜 목적은 열정적인 변론을 통해 동료 대법관들의 견해를 바꾸려는 데 있기보다 각 대법관의 의견을 들어봄으로써 대법원의 다수의견이 무엇인가를 판정하려는 데 있다. 이 말은 사람의 마음이 회의를 통해서는 결코 변하지 않는다는 것이 아니다. 분명 변한다. 그러나 그것은 예외적이지 원칙적이지는 않다. 그리고 어떤 문제에 생각을 보태려면 사람들을 놀라게 하는 방식을 써서는 안 된다.[81]

그가 묘사하는 내용은 심의 없이 판결을 내리는 전통적인 영국식 모형에 대단히 근접하다.

하트의 「서문」은 여러 가지로 결함이 많지만, 대법관들의 제도적 "환경surround"이 그들의 업무 수행에 ― 내가 강조해왔던 것처럼, 제약을 부여하지 못하기보다는 ― 제약을 부여하는 쪽으로 작용할 것이라는 말은 옳았다. 설사 대법원이 대부분의 헌법 사건에서 진짜 입법부와 똑같았다 하더라도 대법관을 가려 뽑는 방법이나 고용 조건, 그 결과로서의 대법관들의 자질과 태도 및 입법하는 과정에서 그들이 사용하는 방법들은 의회 의원들의 환경 및 방법들과는 다르다. 그 차이는 매우 커서 그 산출물이 어떤 의미에서는 입법적이라 하더라도 공식 입법부의 고유한 산물과 상이하며, 더 기강이 있고 비인격적·이성적·비당파적이어서 "법적lawlike"인바, 이는 코먼로가

81   William H. Rehnquist, *The Supreme Court* 254~258(2001).

해석적이기보다 입법적인 성격을 띠고 있음에도 법적인 것과 같은 의미에서 법적이다. 아마도 제도로서의 대법원이 가진 모든 특성을 고려할 때 — 특히 대법관들이 합리적인 판결이유, 대체로 머리에 피도 마르지 않은 재판연구원이 작성한 판결이유라 할지라도 이를 제시함으로써 자신의 판결을 정당화하려고 노력한다는 사실은 일정 정도의 심의 및 입법 기구들에는 요구되지 않는 최소한의 일관성을 향한 노력을 반영한다 — 대법관들의 입법적 재량은 범위가 사실상 좁게 이뤄진다는 것이 올바른 결론이다. 하트의 잘못은 아마 초점을 너무 좁혀 담당 사건 수의 부하가 사법행태에 미치는 영향에 집중한 데 있었을 것이다.

가치개입 이론가들이 발견한 사실들 및 이 책에서 검토한 그 밖의 증거들은 물론 이상과 상당히 다른 결론을 시사한다. 그러나 그러한 발견들로 인해 대법관과 (다른) 입법자들 간의 주된 차이점이 덮어 가려져서는 안 된다. 그 차이점은, 정치인과 법관에 대해 기대하는 역할에 차이가 있다는 데서 비롯될 뿐만 아니라 입법자들은 짧고 고정된 임기로 선출되는 데 비해 대법관들은 종신직으로 임명된다는 차이에서 비롯되기도 한다. 이러한 차이들의 결과로 대법관들은 선출직 공무원들보다 정치적으로 덜 당파적이다. 다시 말해 특정 정당에 정서적·지적으로 덜 매인 것이다. 민주당 지지 대법관이나 공화당 지지 대법관은 거의 예외 없이 민주당 의원이나 공화당 의원보다 덜 민주당적이고 덜 공화당적인데, 이로 인해 그들을 임명한 대통령은 그들에게 종종 분노를 느낀다. 연방법관들은 종신직으로 임명되기 때문에 임명과 함께 당파성을 벗어나는 것이다.

비당파성은 이데올로기적인 중립성과 달리 달성 가능한 목표다. 사실 비당파성은 대법관들이 선거에 출마하지 않아도 되고 또 정치인들이나 그 밖의 사람들에게도 머리를 조아릴 필요가 없다는 사실의 거의 자동적인 귀결이다. 그러나 "비당파적"이라는 말은 "비정치적"이라는 말과 같지 않다. 사람은 '정치적'이면서도 '비당파적'일 수 있다. 또한 심지어 '당파적'이면서

'비정치적'일 수도 있다. 왜냐하면 가령 가족의 내력이나 개인적 친분관계 때문에 어떤 정당에 대한 선호를 드러내면서도 정치적 성향은 그와 다를 수 있기 때문이다. 게다가 양당제하의 각 정당은 연합체적 성격을 갖고 있고 그 결과 지적 통일성이 결여되어 있기 때문에 대법관들은 스스로 정당에서 독립적이면서도 일관된 정치적 정체성을 형성할 동기와 기회를 갖기도 한다. 그들은 여전히 정치적이다. 그러나 "공식적"인 정치인보다 더 초연하고 더 사려 깊은 정치인이다. 그러므로 대법관들은 연방 의회 의원들이나 주 의회 의원들보다 더 나은 입법자일 수 있으며(이것은 많은 헌법학자들과 일부 대법관들의 암묵적인 견해다), 만약 대법원의 제도적 환경이 심의에 더 친숙하게 바뀐다면 지금보다도 더 나은 입법자들이 될 것이다(이러한 견해는 헨리 하트의 주장을 상기시킨다).

그러나 이러한 견해를 설득력 있게 변호하기는 어렵다. 왜냐하면 입법자로서 법관이 더 우월하다는 주장을 가로막는, 법관과 공식 입법자 간의 차이가 존재하기 때문이다. 현임 대법관들은 토마스 대법관을 제외하고는 모두 혜택 받은 환경에서 자랐으며 서민 대중과 어울리며 살아오지 않았다. 그들은 중상층의 안정되고 부족함 없는 가정에서 양육되었고 대부분 상당히 부유하기 때문에 미국 대중에 대한 대표성에서는 선출된 공무원들보다 뒤진다고 할 수 있다. 또한 선출된 공무원들이 일을 하는 과정에서 일상적으로 입수하는 정보의 많은 부분을 이 대법관들은 입수할 길이 없다. 대법관들을 보좌하는 사람들은 수가 적고 전문성이 떨어진다. 그리고 대법관들은 입법적 판단을 왜곡시킬 수 있는 법률가로서의 편견과 선입견을 갖고 있다. 대리석 궁전에 거주하면서 보호를 받고 아첨하는 보좌진의 시중을 받으며 어디를 가든 최상급의 존경으로 대우를 받기 때문에 대법관들은 자신의 능력과 성격에 대해 과장된 견해를 가질 위험에 노출되어 있다. 미국처럼 규모가 거대하고 또 복잡한 민주 사회에서, 법률가들로 구성된 귀족 위원회가 단지 법의 소재를 밝히고 적용하며 자신에게 주어진 법에 존재하는 수많은 간극을 메우는 차원에서 법을 만들 뿐만 아니라 자신의 결단으로 상당한 규모의 새로운 법률들을 창출할 힘을 갖는 것은 정당화되기 어렵다.

하나의 입법기구로서 대법원이 갖는 커다란 취약점은 거대한 구상을 실현에 옮길 힘의 지렛대들을 충분히 갖고 있지 않다는 점이다(물론 이것이 대법원에게는 오히려 은총이라고 생각되기도 한다. 결국 대법원은 압도적으로 우세하기보다는 말썽을 일으키는 것이다). 대법원은 공식적으로 분리된 학교라는 오명을 제거할 수는 있었으나, 분리 자체를 없앨 수는 없었다. 또한 형사 피고인들을 위한 새로운 절차적 권리들을 창출할 수는 있었으나(이것이 1960년대 대법원의 주된 프로젝트였다), 입법부들은 선고 형량의 상한선을 계속 높임으로써 그 효과를 상쇄했다. 이 때문에 아마 무고한 사람이 유죄를 선고받는 경우는 줄어들었으나 무고한 사람이 유죄를 선고받을 경우 더 무거운 형량을 치러야 했을 것이다.[82] 잘못 유죄 선고를 받은 사람들이 겪어야 하는 불행의 총량은 줄어들지 않은 것이다. 대법원은 또 각 주 상원과 하원의 규모가 인구에 비례하도록 요구함으로써 주 입법부들의 구조를 변화시켰지만, 주 입법의 내용에는 아무런 효과도 야기하지 못했다.[83] 대법원은 낙태권을 창출했지만, 낙태가 대중의 지지를 받지 못하는 주들에서는 수많은 여성을 낙태에 접근할 수 없도록 하는 다양한 종류의 합법적·초법

---

82 1960년대에 연방법원에서 형사 피고인으로서 유죄 선고를 받은 사람의 평균 형량은 34.4 개월이었다. 이것이 1970년대에는 40.4개월로 늘어났고, 1994~2003년에는 평균 59.6개월로 다시 늘어났다. Bureau of Justice Statistics, U.S. Department of Justice, *Sourcebook of Criminal Justice Statistics—2003* 424~425(1996)(tab. 5.23).

83 Stephen Ansolabehere and James M. Snyder, Jr., "Reapportionment and Party Realignment in the American States," 153 *University of Pennsylvania Law Review* 433, 434(2004); William H. Riker, "Democracy and Representation: A Reconciliation of Ball v. James and Reynolds v. Sims," 1 *Supreme Court Economic Review* 39, 41~55(1982). 그러나 다음도 참조할 것. Jeffrey R. Lax and Mathew D. McCubbins, "Courts, Congress and State Legislatures," 15 *Journal of Contemporary Legal Issues* 199(2006).

적 압력이 30년 이상 지속되었다.[84]

대법원에 대해 하트가 가졌던 기술관료적 관념의 정반대는 대법원을 도덕적 선봉장(전위前衛)으로 보는 관념이다. 후자는 대법원을 정치적 법원으로 보는 관념에 대한 *대안*적 논의에 속하지는 않는 것 같다. 이 관념은 정치적 접근법의 전형에 속하기 때문이다. 나는 그렇게 생각하는데, 이 관념의 주창자들은 그렇게 생각하지 않는다. 실정법의 근원으로서의 자연법 또는 실정법의 제약자로서의 자연법을 신봉하는 사람들은 자신이 법을 정치화하고 있다고 생각하지 않는다. 알렉산더 비켈Alexander Bickel도 마찬가지로 하트의 「서문」보다 2년 전에 출간되어 영향력이 컸던 자신의 「서문」에서 대법원의 역할을 미국 국민들에게 도덕적 황무지에서 벗어날 길을 인도하는 세속적 모세의 역할에 비유한 바 있다.[85]

비켈은 하트와 마찬가지로 "원리들principles"에 사로잡혀 있었다. 허버트 웩슬러Herbert Wechsler에 따르면,[86] 두 사람이 "원리들"이라는 용어를 사용한 의미의 맥락은 멀리 아리스토텔레스학파에 근원을 둔 법의 지배라는 관념에 닿아 있으며, 가령 법의 평등보호 개념이나 또는 — 그와 연관된 — 입법은 일반적이고 예측 가능해야 한다는 관념처럼 법의 지배라는 개념에서 도출된 몇몇 현대적 관념에도 닿아 있다. 법관들이 부적절한 근거로 소송당사자 어느 한쪽 편을 드는 것을 방지하는 한 가지 방법은, 마치 예측 가

---

84 2000년의 경우 15~44세 미국 여성의 34%는 낙태시술 등의 서비스를 제공치 않는 시골 지역에 살고 있었으며(이런 지역은 전체 시골 지역의 87%에 달했다), 전체 276개 대도시 가운데 86개에는 이런 서비스를 제공하는 시설이 존재하지 않았다. Lawrence B. Finer and Stanley K. Henshaw, "Abortion Incidence and Services in the United States in 2000," 35 *Perspectives on Sexual and Reproductive Health* 6(2003). 또한 다음을 참조할 것. Guttmacher Institute, "State Policies in Brief: An Overview of Abortion Laws," Sept. 2007, http://guttmacher.org/statecenter/spibs/spib_OAL.pdf(visited Sept. 11, 2007).

85 Alexander M. Bickel, "The Supreme Court, 1960 Term: Foreword: The Passive Virtues," 75 *Harvard Law Review* 40, 77(1961).

86 각주 26의 Wechsler, 15~20.

능하게 입법하도록 요구하면 입법부가 자신의 적에 표적을 맞춰 입법하는 것이 어려워지는 것처럼, 어떤 법규든 어떤 특정 개인이나 집단에 초점을 맞춰 적용하는 것을 금하고 일반적으로 적용하도록 요구하는 것이다. 이것은 우리에게 법규의 *내용*이 어떠해야 하는가를 말하지는 않는다. 그러나 비켈의 「서문」을 읽어보면 우리는 미국의 공공 정책이 어디로 가야 하는가에 대해 그가 분명한 생각을 갖고 있었음을 알 수 있다. 그리고 그러한 생각이 비켈의 "원리들"이었다. 그 생각이란 *정치적*인 생각들이었다. 그리고 비켈은 대법원이 정치적인 생각들을 국민들에게 부과할 때 조심스럽게 움직이지 않으면 안 된다는 사실을 깨닫고 있었다. 왜냐하면 자칫하면 다른 제도적 기관들이 대법원의 그러한 노력들을 철퇴시킬 것이기 때문이다. 비켈과 사법부 내 그의 아바타였던 캘러브레시에게 대법원은 (그렇게 상당히) 정치적인 기관은 아니지만(대법원은 "원리에 입각한" 기관이다) 선출된 기관들과 정치적으로 치열하게 경쟁하는 관계인 기관이었다.[87]

비켈은 「서문」에서 짐짓 겸손을 떨며 대법원은 "이런저런 조치나 타협의 필요성에 대해 다른 제도적 기관들 및 전체로서의 사회와 소크라테스식 대화(문답법)를 행함으로써" "교육적 기능"을 수행한다고 했다.[88] 이 말에서 누가 소크라테스이고 누가 소크라테스의 상대방인 어리석은 자인지, 누가 법학 교수이고 누가 학생인지는 명백하다. 하트의 「서문」과 마찬가지로 비켈의 「서문」에는 당시 대법원 내 유일한 교수 출신 대법관인 프랭크퍼터를 존경해서 언급한 대목들이 아주 많다(사실 비켈은 프랭크퍼터의 재판연구원을 지낸 바 있다).

---

87 예를 들어, 다음을 참조할 것. Quill v. Vacco, 80 F.3d 716, 738~743(2d Cir. 1996) (Calabresi, J., 별개의견), 파기된 521 U.S. 793(1997); United States v. Then, 56 F.3d 464, 469(2d Cir. 1995)(Calabresi, J., 별개의견); Guido Calabresi, "The Supreme Court, 1990 Term: Foreword: Antidiscrimination and Constitutional Accountability(What the Bork-Brennan Debate Ignores)," 105 *Harvard Law Review* 80, 103~108(1991).

88 각주 85의 Bickel, 50(및 64도 참조).

우리가 목적론적 방식이라고 부를 수 있는 실체적 방향 감각이 진보주의자이자 기술관료주의적인 하트를 중심으로 한 학파에는 결여되었다(사실 하트가 마음에 품은 실체적 원리들이 무엇이었는지는 지금도 분명하지 않다). 비켈의 프로젝트는 원리에 관한 언급들로 몸을 두르고 있는데, 그러나 거의 투명한 옷으로 두른 것 같다. 비켈은 미국이 자신의 인도하에 더욱 문명화되기를 원했다. 그러나 그는 대법원이 가진 힘의 한계 때문에 정치적으로 기민한 수완을 발휘할 수 있을 때만 그러한 목적을 성취할 수 있음을 깨달았다. 그 목적을 달성하기 위해서는 대법원이 "나쁜" 입법에 대해 아직은 감히 합헌성을 규탄하지 않겠다고 판단하는 것을 피해야 하며(대법원은 재량권을 행사해 그러한 사건의 심리를 거부해야 하는데, 보통 사람들은 위헌 선언이 없다는 사실을 합헌으로 승인한 것으로 받아들인다), 그럼으로써 입법부들을 강제적인 "대화"[89]에 임하도록 만들어야 한다(따라서 여기서도 우리는 심의에 대한 하트식의 믿음을 엿볼 수 있다. 다만, 비켈의 대화는 일방적이라는 점에서 더 약한 믿음이다). 주 의회의 나쁜 입법은, 만약 입법의 근저에 놓인 관심사들에 더 분명한 관심을 보였거나 또는 적어도 입법에 바라는 바를 더 강력하게 표명했더라면 그 입법이 살아남을 수도 있었다는 느낌을 주 의회에 주게끔 좁은 근거에 의거해 무효화되어야 한다.[90] 입법자들은 대법원의 지도로 시야가 열릴 것이고, 그렇지 않을 경우 재입법을 위한 노력은 입법의 관성적 어려움 때문에 무너지리라는 것이 비켈주의자들의 희망 섞인 관측이었다.

비켈의 「서문」에서는 나중에 그리스월드 사건 판결을 통해 무효화된 코네티컷 주의 '반피임기구법'을 상세하게 논했다. 비켈은 헌법이나 대법원 판례 가운데 그러한 법률과 관계가 있어 보이는 것은 아무것도 없다는 사실에 유념했다. 가족과 성에 관한 법은 오랫동안 각 주의 고유통치권(대권

89 같은 글, 47~58.
90 같은 글, 58~64.

prerogative)의 문제로 간주되어왔다. 그러나 그는 대법원이 그러한 악법의 합헌성을 확인하는 것(따라서 그 악법에 힘을 실어주는 것)을 원하지 않았고, 따라서 대법원에 대해 '그 법은 시행되고 있지 않기 때문에 폐기되어야 한다'라는 좁은 근거로 (그 법을) 무효화하도록 권했다.[91] 그러한 판결은 주에서 그 법을 다시 제정하는 것을 허용하는 판결이다. 그러나 어떤 법률이 시행되지 않는 상태이도록 내버려두는 것보다(또는 코네티컷 주의 법률처럼 미약하게 시행되도록 내버려두는 것보다) 새로 제정하는 것이 훨씬 더 어렵기 때문에 아마 그 법이 다시 제정되지는 않을 것이고, 따라서 피임기구를 규제하는 권한을 둘러싸고 주와 대결하는 일 없이 비켈의 목표가 달성될 것이다.

비켈을 예시로 해서(비켈은 "대법원은 정부의 도덕적 목표들을 정의하는 기능을 갖는다"[92]라고까지 언급하기도 했다) 헌법이론에 대한 도덕적 전위 학파는 그 모든 직업적인 언설에도 불구하고 내심으로는 대법원을 스스로의 의지에 따라 굴러가는 입법기구로, 오히려 "실제" 입법부들보다 더 똑똑한 입법기구로 간주하고 있다. 그들 마음속의 대법원은 설교 연단을 가진 입법부이고, 따라서 대법관들은 그 연단에 서서 당파심에 구애받지 않는 존재로서 우렁찬 목소리로 대중을 향해 설교할 수 있었다. 그러나 대법원은 더 똑똑한 존재인 만큼 선출된 공무원과 여론을 [올바른 방향으로 — 옮긴이] 교묘한 솜씨를 발휘해 이끌지 않으면 안 된다.

---

91   "대법원은 그 법령의 당면 목적을 지지하거나 반대하는 세력들의 공격 방향을 입법부 — 미국 시스템에서 적어도 최초의 결정을 할 수 있는 힘은 입법부에 속한다 — 로 돌리는 장치를 구사할 수 있었다. 그리고 이는 주요 판례[Poe v. Ullman, 367 U.S. 497(1961)]가 함축하고 있는 바다. 이는 '불용(不用, desuetude)'의 개념이다"(각주 85의 Bickel, 61). 그러나 대법원은 코네티컷 주의 법령을 '불용'을 근거로 해서가 아니라 헌법상의 사생활(이것은 성의 자유를 의미하는 이솝 우화상의 용어다)권 침해를 근거로 무효화시켰다. Griswold v. Connecticut, 381 U.S. 479, 485~486(1965). 사실 그 법령이 전적으로 효력을 상실했던 것은 아니다. 그 법령은 산아제한 클리닉들이 만들어지는 것을 방지했다(각주 49의 Posner, 205).

92   각주 85의 Bickel, 79.

대법원은 풍부한 수사와 회피의 기술을 통해 막대한 영향력을 행사할 수 있다. 대법원은 현재 유효한 원리를 설명하고 그 원리를 칭찬할 수 있으며 또한 그 원리를 온전토록 지킬 수 있다. 대법원은 그것에 반대하는 힘에 대해서는 그 원리를 충분히 인식하고 만들어지는 책임 있는 정치적 결정에 의해 확인받기를 요구할 수 있다. 대법원은 심지어 … 재결정을 요구할 수도 있다.[93]

대법원은 대중과 선출된 대표자들로 구성된 학습부진아반 학급을 담당한 교사와 같다.

우리는 비켈의 도덕적 전위론이 – 원리 중시라는 망토를 걸치고 있음에도 – 홈스의 "어쩔 수 없는 경우"나 "구토증" 테스트의 적극적인 면과 계통적으로 닮았다는 느낌을 갖는다. 양자는 모두 대법관들이 참아내기 힘든 어떤 정책을 여론이 완강하게 지지할 경우 궁극적으로는 대법관들이 물러서지 않으면 안 될 것으로 생각한다는 점에서 입장을 같이한다. 도덕적 전위는 따르는 사람이 아무도 없으면 행진을 멈춰야만 한다. 그러나 양자 간에 중요한 차이점이 있다. 비켈은 대중이 대법관들의 우월한 통찰을 받아들이도록 대법관들이 대중을 교육시킬 수 있다고 생각했다. 그러나 홈스는 그런 희망을 품지 않았다. 왜냐하면 그는 도덕적 추론이 가진 힘에 대해 회의적이었기 때문이다. 그는 그런 희망을 망상이라고 말했을 것이다.

오늘날 대법원에서 도덕적 전위론을 대표하는 사람은 케네디 대법관이다. 그러나 그는 대법관이 조급하게 속셈을 드러내서는 안 된다는 비켈의 경고를 무시한다. 케네디는 사법부의 드워킨으로, 두 사람 모두 거짓으로 꾸미는 짓은 하지 않는다. 전에 육군의 모병 슬로건이었던 "당신은 무엇이든 될 수 있다Be All That You Can Be"를 빌어 말한다면, "헌법은 무엇이든 할

93   같은 글, 77.

수 있다Make the Constitution All That It Can Be"가 두 사람의 슬로건이 될 것이다. 또한 오코너 대법관이 은퇴한 지금 결정표를 쥔 유일한 대법관으로서의 케네디 대법관의 중요성을 생각할 때, 육군의 새로운 슬로건인 "하나 된 육군An Army of One"은 케네디 대법관의 대법원을 묘사하는 말이 될 것이다. 2006년 개정기에는 5대 4로 내려진 판결이 총 24건이었는데, 케네디 대법관은 그 모든 건에서 다수의견의 입장에 섰다.

로렌스 대 텍사스Lawrence v. Texas 사건(동성애 처벌 사건)⁹⁴과 로퍼 사건에서 작성된 케네디 대법관의 판결문들은 결정의 근거를 전통적인 법적 자료들에 두기 위해 제한적으로만 노력했다. 그 이상의 노력은 불가능했는데, 헌법 규정에 직접적인 명령이 없는 데다 또 반대되는 선례를 뻔히 눈앞에 두고 있었기 때문이다. 케네디의 판결문들은 동성애에 찬성하지 않거나 미성년 살인자를 사형시킬 수 없다고 생각하는 미국인이 아주 많다는 식의 도덕적 원칙에 호소하는 내용이었다. 그러나 그러한 접근법은 앞의 9장에서 내가 인용했던 그(케네디 대법관)와의 인터뷰에 표명된 사법적 철학과 합치된다. 인터뷰에서 그는 이렇게 말했다. "우리 모두는 본능적으로 판단합니다. … 당신은 이와 같이 순식간에 판단을 합니다. … 법관들도 똑같습니다. … 그러나 당신이 어떤 판단을 한 후에는 그 판단이 자신의 윤리적·도덕적 감정에 부합하는지 살펴봐야 합니다. 그리고 … 당신은 국가의 운명을 형성할 기회를 가졌다는 사실을 인식해야 합니다. 미국의 헌법 제정자들은 당신이 나라의 운명을 만들어나가기를 원했습니다. 그들은 당신을 위해 헌법의 틀을 만들기를 원하지는 않았습니다." 이것은 미국에서 가장 강력한 법관이 했던 말이다. 그리고 이 말을 그가 내린 판결들에 비춰 해석한다면, 미국의 헌법 제정자들은 ─ 많은 사람에게 기묘한 말로 들리겠지만 ─ 케네디에게 케네디 자신의 윤리적·도덕적 감정에 맞춰 이 나라의 운명을 형

---

94   539 U.S. 558(2003).

성하기를 원했다.[95]

케네디 대법관은 법관에 대한 전통적인 개념에 어울리지 않는 메시아적 자질을 갖고 있다. 로렌스 사건과 로퍼 사건에서 그가 외국 법원의 판결들에 의존한 사실을 생각해보라. 그런 의존의 찬반론에 대해서는 12장에서 논의하겠지만, 그러한 의존이 야기한 놀랄 만한 반감[96]을 보면 그것이 얼마나 경솔한 행동인가를 알 수 있다. 왜 '놀랄 만한'이라는 표현을 썼냐 하면, 판결문에서의 외국 판례 인용 부분이 일반 언론매체의 주목을 끄는 경우는 드물기 때문이다. 그러나 이보다 더 흥미로운 것은 외국의 판결들을 인용하는 것과 도덕적 전위주의 간의 상관관계다. 케네디는 자연법론자로, (케네디 "자신의 윤리적·도덕적 감정"의 원천인) 보편적인 도덕원리들, 실정법을 규정하고 제약하는 도덕원리들의 존재를 믿는 사람이다. 만약 도덕원리들이 진정 보편적이라면 이 원리들은 외국 법원의 판결들에도 자취를 남길 것으로 기대될 것이다.

95   곤잘레스 대 카하트의 부분출산낙태 사건(각주 21, 1634)에서 케네디가 작성한 판결문에 나오는 다음과 같은 이상한 구절을 생각해보라. "인간의 삶에 대한 존중은 어머니가 자신의 아이에 대해 갖는 사랑의 속박하에 최고로 표현된다." 하지만 당신이 당신의 아이를 사랑하고 따라서 그 아이가 생존하기를 원하는 것은 인간의 삶 일반에 대한 존중을 보여주는 것이 아니다. 나치 당원들도 대부분 자신의 자식을 사랑했다. 그리고 이 명제가 부분출산 낙태와 무슨 관련이 있을까? 오히려 낙태를 하는 대부분의 여성은 자신이 자식을 죽인다고 생각하지 않는다. 이 말이 맞는다면 이 말이 의미하는 바(이 의미를 케네디 대법관은 받아들이지 않을 것이라고 나는 확신한다)는 낙태를 범죄화하지 못한다면 법의 평등보호라는 원래 의미 그대로의 법의 평등보호를 부정하는 결과가 된다는 것이다. 다시 말해 이는 하나의 대부류에 속하는 아이들에게서 경찰의 보호를 체계적이고 고의적으로 철수하는 것이다. 대법원 내 네 명의 보수파 대법관이 케네디의 터무니없는 판결이유에 가담했어야 한다면 이는 자신이 지키려 애쓰는 법규주의가 어떠한 것인가를 우리에게 말해주는 것이 아니겠는가?

96   예를 들어, 다음을 참조할 것. Dana Milbank, "And the Verdict on Justice Kennedy Is: Guilty," *Washington Post*, Apr. 9, 2005, p. A3; Dennis Byrne, "Trampling All Over State Legislatures," *Chicago Tribune*, Mar. 7, 2005, p. 15; Ed Feulner, "Counting Trouble," *Washington Times*, Mar. 16, 2005, p. A18; Jonathan Gurwitz, "If It Pleases the Court, Law by Consensus," *San Antonio Express News*, Mar. 13, 2005, p. 3H.

로퍼 사건 판결에서 '무화과 나뭇잎들', 즉 그 판결이 잘못 인용하는 심리학적 문헌, 그 판결이 전제하는 전 세계적인 합의, 그리고 사형을 폐지한 주들은 '청소년은 처형되지 않을 특권을 가지고 있다'는 결정에 따라 그러했다는(이는 80대인 사람은 사형에서 면제될 특권을 가진다고 이 주들이 결정했다고 말하는 것과 똑같다), 그 판결이 지어낸 '전국적 합의' 같은 것을 한번 떼어내고 보라. 그러면 벌거벗은 정치적 판결이 남을 것이다. 대중을 대체로 정당의 노선에 따라 둘로 갈라놓는, 그리고 전통적인 법률적 추론으로는 물론 전문가의 분석으로도 해결할 수 없는 도덕적 쟁점에서 한쪽 편을 드는 판결은 정치적인 판결이다.

법원은 이미 내가 말한 대로 실용주의적이지 않으면서 정치적일 수도 있지만, 동시에 정치적이면서 실용적일 수도 있다. 젤먼 대 시몬스 해리스 Zelman v. Simmons-Harris 사건[97] 판결은 학부모에게 자녀의 수업료로 쓸 수 있는 바우처를 줌으로써 사립학교에 공적 자금이 흘러들어가는 것을 합헌이라고 지지했다. 대부분의 사립학교는 가톨릭 교구 학교다. 그 판결은 정치적인 판결이라는 평가를 피할 수 없지만(민주당과 공화당을 나누는 쟁점에서 한쪽 편을 든 것이다) 그와 동시에 실용주의적인 판결이기도 했다. 미국에서는 공교육에 대한 불만이 아주 크다. 바우처 시스템은 공교육에서의 경쟁을 격려하고 그 경쟁은 — 직접적으로는 최악의 학교 행정을 시장에서 퇴출시킴으로써, 간접적으로는 교육에 대한 새로운 접근을 자극함으로써, 또는 두 가지 모두를 통해 — 교육을 개선시킬 것으로 기대되었다. 그러나 만약 바우처 시스템이 위헌으로 선언되면 이러한 편익들이 실현될 수 없었다. 그러한 선언은 사회적으로 의미 있는 실험을 유아 단계에서 질식사시키는 것과 같다.

반대자들은 바우처를 가톨릭교회에 대한 공적 보조금의 한 형태로 생각했다. 만약 바우처 제도의 효과가 그저 보조금 지급에 불과한 것으로 드

---

97   536 U.S. 639(2002).

러난다면[그럴 가능성은 적은데, 왜냐하면 바우처 제도는 학부모에게 학자금을 주어 공립학교를 우회해 종교계 사립학교뿐만 아니라 비종교계(세속적) 사립학교까지 학부모들이 찾아갈 수 있게 함으로써 새로운 비종교계 사립학교들이 설립되는 것을 자극하기 때문이다] 이 제도를 무효화하는 데 필요한 시간은 충분히 있을 것이다. 대법관들이 사회과학에 대한 학구열을 함양할 가능성이 적은만큼 지적인 헌법적 입법을 위해 필요한 정보를 가져다줄 사회적 실험은 분명 필요하다.[98] 그렇지만 판결은 의존성을 창출하며, 심지어 판결을 옹호하는 이익집단을 만들기도 한다. 예를 들어, 학교 분리에 대한 구제책이던 스쿨버스 운영 제도는 스쿨버스를 제작하거나 임대하는 회사들의 열성적인 지지를 끌어냈다. 그러므로 만약 바우처 제도가 들불처럼 퍼지면 대법원은 그 불길을 잡는 데 어려움을 겪을 것이다.

젤먼 사건 판결이 내려진 후 5년 동안 학교 바우처 제도가 급속히 퍼진다는 증거도 또는 반대자들이 우려했던 것처럼 종교적 싸움을 조장한다는 증거도 나타나지 않았다. 그러나 만약 바우처 판결을 찬성하는 논거에 누군가가 도전한다면, 즉 대법원의 이전 판결들에 대한 최선의 이해에 따르면 교구 학교에 대한 간접적인 재정 지원도 '국교 창설establishment of religion'에 해당된다는 근거로 도전하거나 또는 바우처 제도는 공교육을 치명적으로 약화시켜 다양한 시민적 가치의 토대를 침식할 수 있다는 근거로 도전한다면 그 도전에 대한 결정적인 반론을 찾을 수 없을 것이다. 바우처 제도가 공교육 및 교육 시행 일반에 미치는 충격이 어느 정도인지는 경험적으로 검증 가능한 쟁점이긴 하지만, 제도를 시행하기 전에 대법원이 그 제도의 유효성을 결정할 수 있는 방도는 없었다.

젤먼 사건 판결과 공립학교에서의 적극적 평등실현 조치들을 무력화한 시애틀 교구Seattle School District 사건 판결[99]을 비교해보라. 사법적극주의

---

98   Michael C. Dorf, "The Supreme Court, 1997 Term: Foreword: The Limits of Socratic Deliberation," 112 *Harvard Law Review* 4, 60~69(1998).

적이면서 비실용주의적인 후자의 판결은 젤먼 사건 판결과 충돌한다. 후자의 판결은 미국의 문제 많은 교육 시스템에 관한 실험을 장려하는 대신 공립학교들이 인종 문제라는 골치 아픈 문제와 씨름하는 것에 찬물을 끼얹었다. 시애틀 교구 사건 판결에서의 상대다수의견은, 대단히 비실용적이게도, 신성화된 브라운 사건 판결 때문에 적극적 평등실현 조치들을 무효화하지 않을 수 없다면서, 판결이 가져올 실제적인 결과를 고려하지 않을 구실을 찾았다. 대법관들은 브라운 사건 판결은 넓게 해석하면서 사실상 적극적 평등실현 조치를 내포하는 판례들은 좁게 해석했다. 반대 입장에 선 네 명의 진보주의 대법관은 큰 소리로 불만을 토로했다. 그러나 그들은 상황이 뒤바뀌자 보수주의 대법관들처럼 행동했다. 젤먼 사건과 시애틀 교구 사건은 똑같이 가치태도 이론이라는 방앗간에 던져질 곡물들이었다. 두 사건은 모두 학교 운영에 대한 사법부의 개입이라는 쟁점을 내포하고 있었다. 젤먼 사건에서는, 사교육과 종교를 존중하고 적극적 평등실현 조치를 싫어하는 보수주의 대법관들은 사법부의 개입에 반대표를 던졌고 진보주의 대법관들은 찬성표를 던졌다. 시애틀 교구 사건에서는, 공교육과 적극적 평등실현 조치를 존중하고 종교에 대한 태도를 드러내지 않는 진보주의 대법관들은 사법부의 개입에 반대표를 던졌고 보수주의 대법관들은 찬성표를 던졌다.

젤먼 사건 판결은 사회적 실험을 허용한 것으로, 실용주의적 관점에서 보면 훌륭한 판결이었다. 그에 비해 시애틀 교구 사건 판결은 사법부의 개입이 가져올 수 있는 결과들을 고려하지 않고 오직 법규주의적 근거에 따라 사회적 실험을 저해했기 때문에 나쁜 판결이었다.[100] 그 중간이 켈로 사건 판결이다. 이 판결은 도시개발계획에서 이용하기 위해 사유 재산을 수

---

99   각주 29.

100 9장에서 나는 실용적이지 못한 대법원 판결의 또 다른 예로 클린턴 대 존스 사건을 든 바
     있다.

용하는 것은, 비록 수용의 결과 해당 토지가 그 개발계획을 진행하는 민간 개발자 손에 넘어가더라도, "공공용도"로 인정되고 따라서 주의 토지수용권 내의 수용에 해당한다는 판결이었다. [101] 대법원이 이 프로젝트가 민간 개발자와 새로운 소유자들보다 공중에 더 이익이 된다고 판단되는 이유로 제시한 것은 "해당 지역(코네티컷 주 뉴런던 시 중심부를 이루는 해안 지역으로, 재개발계획의 대상인 지역)이 경제 회복 프로그램을 정당화할 만큼 충분히 낙후되었다"[102]는 것 딱 하나였다. 이러한 선결문제 요구의 오류를 수반하는 정당화("낙후되었다")는 오코너 대법관이 해악을 열거하는 식의 반대의견을 낼 길을 열어주었다. 그녀의 반대의견에는 "수용이라는 유령이 모든 재산 위를 배회하고 있다"[103]라는 말까지 나온다. 만약 "경제 회복"이 공공용도에 해당된다면, 시市가 하층 중산 계급의 가옥들을 수용해 무상으로 백만장자들에게 제공하고, 그 결과 발생한 새로운 소유자들이 지역 내 여러 가지 재화와 서비스의 구매자가 되고 또 재산세나 기타 지방세를 낼 수 있어 기왕의 소유자들에게 시장 가격으로 지불한 보상비용을 보전할 가능성이 충분하다는 점을 보여줄 수 있다면, 이 경우 누가 이를 막을 수 있겠는가?

다수의견과 반대의견은 "공공용도"라는 용어의 원래 의미가 무엇인가를 놓고 다투는 한편, 사적 주체에 이전할 목적으로 재산을 수용하는 것의 정당성이 도전받았던 과거 판례들의 정확한 해석을 놓고도 다투었다(이 다툼의 일진일퇴에서 결국 다수파가 이겼다). 그들은 다음과 같은 실천적인 질문들, 즉 토지수용권을 행사하는 이유가 무엇인가, 뉴런던 개발계획이 그 이

---

101   545 U.S. 469(2005).

102   같은 판례, 483.

103   같은 판례, 503. 그녀가 이 문장을 쓴 것인지 재판연구원의 유머감각에서 나온 것인지는 모르겠으나 이는 '공산당 선언'의 모두에 나오는 "하나의 유령, 공산당이라는 유령이 유럽에 출몰하고 있다"라는 구절을 상기시킨다. Karl Marx and Friedrich Engels, *The Communist Manifesto* 1[1998(1848)].

유에 합당한가, 이러한 종류의 개발계획이 야기한 경제적·사회적 결과가 어떠했는가와 같은 질문들은 하지 않았다.

토지수용권은 얼핏 과세의 자의적인 방법 가운데 하나로 보일는지 모른다. 수용자는 토지수용권을 행사할 때 수용되는 재산의 시장 가격으로만 보상하도록 요구된다. 보통 부동산 소유자의 주관적인 가치 평가는 시장 가격을 초과하는 법이다. 왜냐하면 그 부동산이 소유자의 필요나 취향에 특별히 잘 맞거나, 또는 이주에 많은 비용이 들기 때문이다. 그렇지 않다면 그는 그 부동산을 처분했을 가능성이 높다. 그러므로 그 부동산을 원하는 사적 구매자는 소유자가 그 부동산의 특유한 가치를 잃은 데 대한 보상으로 합당하도록 시장 가격보다 충분히 높은 가격을 지불하지 않으면 안 된다. (대체 가능한 재산이 아닌) 토지를 매매하는 계약이 파기되었을 때에는 법원에서 손실 보상이 불충분하다면서 특정이행specific performance을 명령하기도 하는데, 부동산의 그런 가치를 알기 때문에 그렇게 하는 것이다. 토지수용권은 정부에 대해 시장 가격만 지불하고 부동산을 취득하는 것을 허용하는데, 그렇게 함으로써 소유자 개인에게 특유한 가치를 소멸시킨다. 정부의 비용 지불을 돕기 위해 그것[소유자 개인에게 특유한 가치—옮긴이]을 사실상 일종의 조세로 떼는 셈이다. 수용 선고된 부동산의 시장 가격이 10만 달러이고 총 가격(소유자 개인에게 특유한 가치를 포함한 가격)이 12만 5000달러라면, 수용 선고는 정부가 그 부동산을 취득하면서 10만 달러는 국고에서 지불하고 2만 5000달러는 소유자의 호주머니에서 떼어내 지불하는 결과를 만들어내는 것이다.

이러한 형태의 과세가 정당화되는 유일한 경우는 '버티기holdout'[우리나라의 '알박기'에 해당함 — 옮긴이] 문제가 있을 때인데, 이런 문제는 가령 고속도로 건설에서와 같이 정부를 위해 토지수용권이 동원될 때 또는 가령 철도회사, 전화회사, 파이프라인회사와 같이 일정한 고정 지점 사이의 서비스를 제공하는 사기업들을 위해 토지수용권이 동원될 때 전형적으로 출현한다. 예를 들어, 철도회사가 어떤 두 지점 간을 운행할 수 있으려면 철도가 놓이는 토지들의 소유자 모두에게서 지역권을 획득해야 하는데, 따라서 이 사정을 아는 토지 소유자들은 매우 높은 가격을 받기 위해 '버티기'를 한다. 이런 상황에서 토지수용권을 발동하는 것은 반독점 조치에 해당된다.[104]

버티기 문제는 통행의 권리와 관련된 상황에만 국한되지 않는다. 누군가가 여러 사람이 조금씩 소유한 땅 조각을 사들여 상당한 크기의 땅을 확보할 때는 거의 언제나 등장하는 문제다. 따라서 실용주의자는 이 상황이 뉴런던의 상황이었는지를 묻기 원할 것이다. 만약 상황이 같지 않다면 그것은 공공용도라는 개념에 제한을 가하는 좋은 사례가 될 것이다. 판결문에서 이를 알아내기는 어렵다. 시 당국은 화이자Pfizer 회사가 대단위 연구 시설을 짓기로 결정한 부지 인근의 총 90에이커에 달하는 땅을 재개발하고 싶었다. 원고들은 그 땅에 포함되는 15곳의 용지들의 소유자들이었는데, 이곳들은 화이자와 이웃하기 때문에 다른 사업들을 끌어당길 수 있다는 희망하에 사무실 공간으로 개발되거나 아니면 주차 공간, 방문객들에게 음식을 제공하는 소매상점가, 아니면 인근 정박지의 부수 시설, 또는 이런 것들을 결합한 어떤 것으로 개발될 수 있었다. 생각건대 그 땅의 여기저기에 놓인 원고 측 15개 소유지를 그대로 남겨놓으면 뉴런던 개발계획 보고서에 표현되었던 "점박이 표범" 같은 형국이 될 것이므로, 그렇게 놔두고서는 원래의 의도에 따라 그 땅을 개발하기란 어려운 일이었다. 예를 들어, 주차 공간의 여기저기에 가옥이 남아 있는 모습을 상상해보라. 만약 그렇다면 원고 측의 버티기는 그 토지들을 취득하기 위한 토지수용권 행사를 정당화할 수 있을 것이다.

---

104 토지수용권의 경제학 개론에 대해서는 다음을 참조할 것. Richard A. Posner, *Economic Analysis of Law* § 3.7, pp. 55~61(7th ed. 2007); Steven Shavell, *Foundations of Economic Analysis of Law* 123~136(2004).

대법원은 판결에서 '버티기'라는 쟁점을 잠깐 언급하고 지나갔다. 판결문에는 원고 측 소유지들의 전체 면적이나 그 소유지들이 포함된 2개 구역(수용 선고된 90에이커를 구성하는 총 7개 구역 중 2개 구역)의 전체 면적이 나와 있지 않은데, 준비서면을 보면 이 2개 구역 중 하나의 면적이 2.4에이커고 그 가운데 0.76에이커가 원고 측 소유어서 전체의 거의 1/3에 해당되므로, 그 정도라면 사실 '버티기' 문제를 일으킬 만했다. 그러나 내가 나중에 다시 잠깐 언급할 것이고 또 대법원에서도 짧게 인정했듯이,[105] 사적 개발자들이 '버티기' 문제를 푸는 데 토지수용권의 도움이 정말 필요했는지는 불확실하다.

토지 사용상의 변화가 좋은 것인지 여부가 토지수용권 행사가 그러한 변화를 가져올 적절한 방법인지 여부와 같은 질문이 아님을 다수의견은 인식하지 못했다. 만약 어떤 부동산이 다른 용도에 더 가치가 있고 또 기존 소유자와의 거래에 '버티기' 같은 장애가 존재하지 않는다면 시장은 그 부동산이 더 가치 있는 곳에 사용되는 쪽으로 작용할 것이다. 그리고 그럴 경우 정부의 도움 같은 것은 전혀 필요 없을 것이다.

'버티기' 쟁점에 대한 아주 약간의 관심(변론서에 상론되어 있고 구술 변론에서도 언급되긴 했으나[106] 전체적으로는 아주 약간의 관심이라고 해야 옳다)은 오코너 대법관의 우려, 즉 이 판결은 수용권 행사 당국이 신의성실의 원칙에 따라 행동해야 한다는 요구를 제외하면 "공공용도"에 대한 여하한 제한도 포기하는 것을 의미한다는 우려를 지지한다. 그러나 만약 오코너가 토지수용권을 실제로 남용한 사례를 ─ 상상적 남용이 아닌 ─ 몇 가지 제시했더라면 그녀의 주장이 더 설득력을 발휘했을 것이다. 하지만 그녀는 그러한 사례는 전혀 제시하지 않았으며 다만 (전형적인 법률가적 방식으로) 몇 개

---

105   545 U.S. at 489 n. 24.

106   구술 변론의 필기록, pp. 39~40, www.supremecourtus.gov/oral_auguments/argument_transcripts/04-108.pdf(visited May 2, 2007).

의 사건, 하나의 변론서, 그리고 하나의 연구 결과를 인용하는 데 그쳤다. 후자의 연구 결과는 객관성이 의심스러운 옹호 문건이었는데[107] 그녀는 그 연구 결과에 대한 아무런 평가도 시도하지 않았다. 이 빈약한 문건에서 추론되는 바가 토지수용권이 남용되는 경우는 드물다는 것이라면(이 추론은 도시 개발에 관한 연구 논문들에 토지수용권에 관한 언급이 매우 드물다는 것에서도 뒷받침된다[108]), 지방자치체들이 토지수용권을 계속 행사하도록 놔두는 것이 분노를 일으킬 일도 아니다. 다만, 권한 남용이 분명한 그런 사건들을 위해 권한 행사에 제한을 가할 수 있다는 단서를 남겨둘 수는 있다.

오코너 대법관이 지적했을 법한데 지적하지 않았던 사실은, 인접 구역을 모두 매입하려는 민간 개발자들은 일반적으로 "위장 매입자들straw man purchasers"을 고용해 목적을 달성하는 경우가 아주 많다는 것이다.[109] 정부가 은밀하게 움직이기는 어렵다는 것은 정부가 민간 개발자들을 위해 토지수용권을 행사하는 합당한 논거가 되지 못한다. 이는 민간 개발자들이 자신을 위해 쓸 논거다.

107 545 U.S. 503. 민간 개발자를 위해 수행된 이 연구 결과물은 수많은 토지수용권 행사를 상세히 검토하고 있다. Dana Berliner, "Public Power, Private Gain: A Five-Year, State-by-State Report Examining the Abuse of Eminent Domain"(2003), www.castlecoalition.org/pdf/report/ED_report.pdf(visited May 2, 2007). 검토된 많은 사건에서 법원은 토지수용권을 행사하려는 시도에 퇴짜를 놓았다. 어떤 사건에서는 토지수용권 행사가 의심스러워 보이긴 했지만 보고서의 표현이 일반적이었으며 토지수용권 행사가 합리적인가를 판단하기 어려웠다. 이 보고서는 '버티기' 문제는 다루지 않았다.

108 예를 들어, 다음 책에서는 토지수용권에 관한 참조 언급이 아주 빈약하다. *Revitalizing Urban Neighborhoods* 276(W. Dennis Keating et al. eds. 1996). 또한 다음 책에서는 언급 자체가 없다. Charles C. Euchner and Stephen J. McGovern, *Urban Policy Reconsidered: Dialogues on the Problems and Prospects of American Cities* 343(2003). 도시개발계획에 적대적인 학자들조차 토지수용권을 언급하는 일은 드물다. 예를 들어, 다음을 참조할 것. James V. DeLong, *Property Matters: How Property Rights Are under Assault—and Why You Should Care* 378(1997).

109 Daniel B. Kelly, "The 'Public Use' Requirement in Eminent Domain Law: A Rationale Based on Secret Purchases and Private Influence," 92 *Cornell Law Review* 1, 20~24 (2006).

켈로 사건 판결의 정치적 해석 가운데 하나는, 보수주의 대법관들이 토지수용권을 '재산권을 무력화하는 것'이라는 이유로 극도로 싫어하는 상황에서 진보주의 대법관들이 지자체의 토지수용 결정에 대해 일단 '합법추정의 혜택benefit of the doubt'을 부여했다는 것이다. 네 명의 진보주의 대법관에 케네디 대법관이 합세해 다수의견을 형성했는데, 다만 케네디 대법관은 스티븐스 대법관이 대표로 집필한 판결문과 달리 자신은 토지수용권에 대해 유보적인 입장이라는 취지의 별개의견을 냈다. 세 명의 보수주의 대법관, 즉 렌퀴스트, 스칼리아, 토마스 대법관은 반대의견의 입장에 섰는데, 여기에 오코너 대법관이 가세했다. 오코너가 가세한 이유는 재산권에 관한 우려 때문이었다.

이 사건 판결 결과에 대해 대체 가능한 설명은, 대법원의 다수의견은 단지 신중한 태도를 취함으로써 도시개발의 구체적인 사항들에까지 관여하기를 꺼려했을 뿐이라는 것이다. 토지 수용의 결과로 수용된 토지들이 사기업의 손에 넘어가는 것으로 끝나는 식의 수용에 대해 단호히 반대하는 것은 합당하지 못하며 또 그것은 반대의견을 낸 대법관들이 촉구하는 바도 아니었다. 전미농민연합회American Farm Bureau Federation: AFBF를 대변한 법정의 견서amicus curiae는 어리석고 낭비적이고 착취적으로 보이는 수많은 재개발계획 사례를 제시했다. 그러한 사례가 얼마나 균형 잡힌 사례인지는 불확실하지만, 대부분의 재개발계획이 부동산 업계와 지역 정치인들 간의 부끄러운 공모에 따른 것임을 알게 되더라도 놀랄 일은 못 된다. 그러나 그렇더라도 대법원에서 할 수 있는 일은 거의 없다. 수용된 토지의 사적 개발에 대법원이 더 많은 제한을 설정할수록 정부 스스로가 개발에 더욱더 적극적으로 나설 것이다. 뉴런던 시가 수용한 토지에 사무 공간이나 주차 공간 같은 것을 지었다면 "공공용도"라는 제약을 근거로 도전해서 성공할 가능성이 ─ 대법원이 "공공용도"를 '버티기' 상황으로 제한하면서 진짜 '버티기' 상황인지를 개별적으로 확인하려고 마음먹지 않는 한 ─ 적었을 것이다. 그러나 그것은 대법원이 헤쳐 들여다보고 싶지 않은 덤불이다. 대법원의 이런 입장은 엘드레드 대 애슈크로프트Eldred v. Ashcroft 사건[110] 판결에 잘 나타나 있다. 이 판결에서 대법원은 지적재산권 보장 기간을 사후 50년에서 사후 70년으로 연장하는 것은 헌법이 의회에 대해 "제한된 기간"에 한해 지적재산권을 보장하는 입법을 할 수 있도록 한 것에 반한다는 주장을 배격하면서 '소니 보노 지적재산권 보장기간 연장법Sonny Bono Copyright Term Extension Act'이 헌법에 합치한다고 선언했다. 이는 분명 일관성이 결여된 판결이었다. 그러나 법원은 지적재산권을 얼마나 오랫동안 보호해야 하는지를 결정할 지적 도구를 갖고 있지 않다.

켈로 사건 판결에서 대법원이 주목하지 않은 또 하나의 복잡한 문제는, '공공용도'의 요건을 강화함으로써 정부의 토지수용권 행사를 제한하는 것은 정부의 부동산 취득 비용을 증가시킨다는 점이다. 그 비용이 증가할수록 — 그 비용 때문에 취득 자체를 포기하지 않는 한 — 징세액이 더 많아지는데, 이때의 과세는 토지수용권 행사를 통해 소유자에게 특유한 토지 가치를 빼앗는 것과 똑같이 자의적인 과세라 할 것이다. 공공용도 개념을 축소시키는 것이 결과적으로 지자체로 하여금 직접 부동산 개발에 나서게 만들고 또한, 토지 수용을 억제한 것이 뜻밖의 증세 효과를 가져올 수 있다는 것은 대법원이 공공정책 실시에 필요한 수단들을 통제하지 못하는 경우에 지속력 있는 사회적 변화를 만들어내기 어렵다는 것을 보여주는 실례들이라 할 수 있다. 대법원은 과세권을 규제할 수도 없고 정부가 부동산 개발에 나서는 것을 막을 수도 없다.

켈로 사건 판결에 일반 대중 및 의회가 강하게 반발한 것[111]은 역설적

---

110   537 U.S. 186(2003).

111   예를 들어, 다음을 참조할 것. John Ryskamp, *The Eminent Domain Revolt: Changing Perceptions in a New Constitutional Epoch*(2007); Daniel H. Cole, "Why *Kelo* Is Not Good News for Local Planners and Developers," 22 *Georgia State University Law Review* 803(2006); Abraham Bell and Gideon Parchomovsky, "The Uselessness of

으로 이 판결이 실용적인 합당성을 지녔다는 증거라 할 수 있다. 대법원이 국민들에게 인기 없는 정부 권력을 무효화하는 데 소극적일 경우 해당 쟁점은 민주적 공론의 장으로 넘어간다. "공공용도"를 넓게 해석하는 데 반대하는 사람들은 이제 대법원이 자신의 손을 들어줄 마음이 없다는 것을 알고 있다. 그들은 소매를 걷어붙이고 연방 의회, 그리고 주 의회 내에서의 싸움에 본격적으로 나서지 않으면 안 되는데, 그곳들에서는 그들이 대체로 승리할 것이다. 부동산 소유자들 및 재산권 옹호자들은 의지할 데 없는 주변부 소수자들이 아니다. 그들은 정치적 근육을 풍부히 갖고 있으며, 이를 사용하는 데 거리낌이 없을 것이다. 정부가 헌법상 부여받은(또는 헌법상 부여된 것으로 대법원에 의해 인정받은) 제반 권력 수단을 최대한으로 행사하지 않는 것이 헌법에 위배되는 것은 아니기 때문이다. 연방 의회와 각 주의 반응은 토지수용권의 적절한 한계에 대해 많은 것을 배울 수 있는 일련의 사회적 실험이 될 것이다.

그러므로 켈로 사건 판결의 결과는 실용주의적으로 변호할 수 있었다. 그러나 대법원은 어떤 실용주의적 변호도 분명히 하지 않았다. 그것이 대법원의 전형적인 태도로서, 외국 판례들을 신뢰해 인용하는 것과는 정반대다. 미국 같은 판례법 시스템하에서는 어느 나라의 사법부든 사법부의 판결들을 인용하는 것은 본질적으로 법적lawlike으로 보이는 반면 실용주의적 이유들은 그다지 법적으로 보이지 않는다. 게다가 극히 간단한 종류의 실

Public Use," 106 *Columbia Law Review* 1412, 1413~1426(2006); Donald E. Sanders and Patricia Pattison, "The Aftermath of *Kelo*," 34 *Real Estate Law Journal* 157(2005); Timothy Egan, "Ruling Sets Off Tug of War over Private Property," *New York Times*, July 30, 2005, p. A1; Kenneth R. Harney, "Eminent Domain Ruling Has Strong Repercussions," *Washington Post*, July 23, 2005, p. F1; Adam Karlin, "Property Seizure Backlash," *Christian Science Monitor*, July 6, 2005, p. 1. 토지수용권 입법에 대한 주의회전국협의회(National Conference of State Legislatures)의 추적 조사[www.ncsl.org/programs/natres/EMINDOMAIN.htm(visited Oct. 4, 2007)]에 따르면 켈로 사건 판결에 영향을 받아 많은 주에서 관련 입법을 행한 것으로 나타난다.

용주의적 추론(가령 '우리는 이 찔레 덤불에서 떨어져 있자'와 같은)을 넘어 나아가기 위해서는 대법관들이 경험적 연구에 대한 감각을 개발할 필요가 있다. 대부분의 법관과 마찬가지로 대법관들(이들은 재판연구원들의 지원을 받는데, 재판연구원들로 말하자면 로스쿨에서 법규주의로 무장하도록 배웠고 법규주의를 벗어던지기 위해서는 앞으로 많은 경험을 쌓지 않으면 안 되는 사람들이다)도 A가 아닌 B라는 의미 부여를 택할 때 결과가 어떻게 될 것인가를 놓고 다투기보다는 "공공용도"나 "잔혹하고 비정상적인 처벌"과 같이 융통의 여지가 있는 용어들의 의미를 놓고 다투는, 즉 문제 쟁점의 문언적 표면에 머무는 그런 판결문에 더 편안함을 느낀다. 게다가 그러한 판결문은 대법원 판결의 정치적 성격을 가려주는 정치적 가치까지 갖는다.

브라이어 대법관(이 대법관에 대해서는 다음 장에서 더 많이 논할 것이다)은 일반적으로 현 대법원 내에서 가장 실용주의적인 대법관으로 간주된다. 그러나 그는 젤먼 사건에서는 반대의견을 냈고 클린턴 대 존스 사건에서는 별개의견으로 다수의견에 합류했다(다만, 그는 앞으로 골치 아프게 될 것임을 예감했다). 그는 또 외국 판결들을 열심히 인용하는 사람이다(그는 프랑스어에 능하다). 그리고 켈로 사건 판결에서는 문제의 이해관계를 파헤치는 별개의견을 내지 않고 스티븐스 대법관의 다수의견에 가담했다. 그러나 그는 2004년 개정기 마지막 날에 선고한 두 건의 '십계명' 판결 가운데 하나인 밴 오든 대 페리Van Orden v. Perry 사건[112]에서 별개의견을 냄으로써 스스로를 구했다. 그런데 매크리리 카운티 대 ACLUAmerican Civil Liberties Union(미국시민자유연맹) McCreary County v. ACLU 사건[113]에서는 브라이어를 포함한 다섯 명의 대법관이 다수의견으로써 카운티 법정에서의 십계명 전시를 위헌으로 선언했다. 그는 밴 오든 사건에서는 입장을 바꿔, 십계명이 새겨진 기념물이 텍사스 주 의사당 부지에 그대로 서 있도록 허용하는 데 찬성한 다섯 명의 다

112   545 U.S. 677(2005).
113   545 U.S. 844(2005).

수의견에 가담했다. 하지만 브라이어 대법관이 렌퀴스트 대법원장의 판결문에 동의하지 않아 다수는 결과에 대해서만 의견이 일치했다. 그 판결문에는 특히 "미국의 유산에 대한 하나님의 역할을 인정하는 것 역시 대법원 판결들에 누차 반영되어왔다"[114]와 같은, 내가 생각건대 브라이어와 불협화음을 일으킬 만한 구절이 포함되어 있었다. 하나님이 미국의 역사에 실제 어떤 역할을 했는가는 신학적인 문제다. 그리고 이 문제에 대한 답은 먼저 하나님이 존재하는지 여부에 달려 있고 또 만약 존재한다면 하나님이 각국의 삶에 개입하는지 여부에, 특히 하나님이 미국을 더 사랑하는지 여부에 달려 있다. 이러한 문제에 대법원이 답을 제시한다는 것은 기이한 일이다. 그러나 대법원장이 "하나님"이라는 말로 의미하려 했던 바는 하나님(신)을 향한 기도가 전부였을 것이고, 그가 "유산"이라는 말로 의미하려 했던 바는 국가의 문화가 전부였을 것이다.

렌퀴스트 대법원장은 십계명에 대한 언급을 포함해, 미국인의 공적 생활에서 행해지는 신에 대한 수많은 기도들 가운데 일부를 다부지게 열거했다. 그는 텍사스 주 의회 의사당 부지에 세워진 수많은 ― 심지어 '잡다한'이라고까지 말할 수 있는(경멸의 의미는 아니다) ― 기념물들은 "알라모의 영웅들"을 위시해 텍사스의 카우보이들, 텍사스의 초등학생들, 의용 소방대원들, 연방 군인들에 이르는 모든 자에게 바쳐진 것들로,[115] 이에 "십계명 기념물이 포함된다"는 것은 "종교와 정치의 양자에 걸치는 이중적인 의미를 갖는다"[116]라고 추론했다.

이 말이 의미하는 바는 설사 세속적 목적이 우선적이지 않더라도 세속적 목적이 종교적 전시를 대속할 수 있다는 것인데, 브라이어 대법관은 그렇게까지 해석하는 데 대해 마음이 내키지 않았다. 대신 그는 십계명 기념

114 545 U.S. 687.
115 ' 같은 판례, 681, n. 1.
116 같은 판례, 692.

물의 역사를 파고들어 그것이 독수리형제단Fraternal Order of Eagles이 텍사스 주에 기증했던 것임을 알아냈다. 독수리형제단은 "청소년 범죄를 퇴치하기 위한 노력의 일환으로 시민들의 도덕성을 함양하는 데 십계명의 역할에 큰 기대를 걸었던"[117] 조직으로, 기본적으로 세속적인 조직이었다. 이 사실 및 주에서 종교적 전시를 후원하는 것에 불만을 제기하는 사람이 출현하는 데 40년이 걸렸다는 사실, 기타 여러 가지 사항을 종합해 브라이어 대법관은 그 기념물의 가장 큰 목적이 텍사스 주 주민들의 역사적 이상에 대한 세속적 메시지를 전달하는 데 있다고 결론지었다.

여러 해 동안 아무런 소송 제기가 없었다는 사실을 지적한 것은 당장 부적절한 행위로 비칠 수 있다. 왜냐하면 ACLU는 공적 부지에 십계명을 새로 전시했다는 소식을 듣기만 하면 바로 소송을 걸어왔기 때문이다. 그러나 브라이어 대법관은 그동안 불만이 별로 없었다는 것이 "이러한 전시는 사실상 *정도*의 문제로서, 시민들 간에 불화를 일으킬 것 같지 않고 … 만약 반대의 결론을 낸다면 그것은 오랫동안 유지되어온 십계명 전시물들을 전국의 모든 공공건물에서 철거하는 것과 관련해 필시 큰 분쟁을 부를 것이다. 그리고 그럼으로써 국교 설립 조항이 피하려고 애써온, 종교에 기반을 둔 불화가 만들어질 수 있음을 이해하는 데 도움을 준다"[118]라고 설명했다. 바꿔 말하면, 밴 오든 사건 판결에서 반대의견을 낸 대법관들이 믿는 바와 같이 만약 "신성한 종교적 글귀들을 정부가 전시하는 것"[119]을 모두 위헌으로 선언해야 한다면 미국의 모든 공공공간에서 십계명의 전시를 추방하자는 ACLU를 중심으로 한 사회운동에 방아쇠를 당길 것이다. 그보다 더 시민 분열적이고 교조적이며 심지어 부조리하다고까지 할 수 있는 프로젝트는 상상하기 어렵다. 이는 멕시코, 스페인, 소비에트 연방에서 1930년대에 자

117 같은 판례, 701.
118 같은 판례, 704(강조는 원문을 따름).
119 같은 판례, 735(스티븐스 대법관은 반대의견).

행된 반교회 운동과도 비슷하며, 8세기 비잔티움에서 자행된 우상 파괴의 광풍을 연상시키기도 한다.

밴 오든 사건에서 반대의견을 낸 대법관들이 간과한 것은 십계명이 가진 종교적이면서도 세속적인 양면성으로, 이는 크리스마스가 종교적이면서도 세속적인 성격을 갖는 것과 유사하다. 그리하여 십계명도 거의 대부분의 상황에서(밴 오든 사건 판결의 상대다수의견자들이 암시하듯이 '모든 상황에서'라고 말할 수는 없다) 악의 없이 받아들여진다. 크리스마스는 기독교 신자에게는 종교적 휴일이지만, 아이들이나 쇼핑객 또는 소매상들이나 심지어 대부분의 무신론자들(이들은 쇼핑객이기도 하며, 그중 일부는 아이들이다)에게는 세속의 법정 공휴일이다. 크리스마스는 세속적 차원이 너무 현저해 크리스마스가 갖는 종교적 의미를 사람들에게 환기시키기 위해서는 특별한 노력이 필요할 정도다. 십계명도 비슷하게 다면적이다. 기독교 신자들과 유대인들에게 십계명은 일련의 종교적 명령들이다. 십계명은 신자들뿐 아니라 비신자들에게도 마찬가지로 구속력을 갖는 일련의 도덕적 지상명령이며('사람을 죽여서는 안 된다', '거짓 증언을 해서는 안 된다' 등등), 도덕적 의무의 문학적 표현이기도 하고, 할리우드 스펙터클 영화[120]의 주제이기도 하며, 서구 지성사의 이정표이기도 하고, 냉소적인 사람들에게는 판에 박힌 또는 시대착오적인 일련의 문구(가령 '이웃의 가축을 탐하지 말라')이거나 의무에 관해 감정에 호소하는 과장 어구들이기도 하다. 십계명 중 대부분의 계명은 뚜렷이 종교적이지 않고 또 사람들의 관심도 거의 끌지 못한다

---

120 세실 B. 드밀(Cecil B. DeMille)의 영화 〈십계(The Ten Commandments)〉의 수입액은 십계명 기념물을 미국 전역에 설치한다는 독수리형제단의 프로젝트를 재정적으로 지원하는 데 사용되었다(드밀은 이 프로젝트에 대한 개인적인 지지자였다). 다음을 참조할 것. "Supreme Court Issues Rulings on Ten Commandments Cases," *Ten Commandments News*, June 15, 2005, http://10commandments.biz/biz/newsletter/2005/june/supreme_court_ten_commandments.php(visited May 2, 2007). 국교금지 조항의 쟁점이 부각되었을 때에는 상업적 오염이 기독교에 구원의 은총이 되었다.

(요즘 탈레반을 제외하면 우상을 섬기거나 또는 주의 이름을 헛되이 부르는 것을 걱정하는 사람이 어디 있을까?). 밴 오든 사건 판결에서 수터 대법관이 개진한 반대의견의 논지는 사람들에게 외설스러운 부분을 삭제하는 사람 또는 무화과 나뭇잎을 붙이는 사람을 상기시킨다. 왜냐하면 수터 대법관은 예컨대 모세를 플라톤이나 베토벤 같은 비종교적인 인물들과 나란히 서게 하거나 가급적이면 십계명 문구와 함께 형평법상 도덕률 문구도 같이 두어 마치 무화과 나뭇잎으로 가려진 인물상의 은밀한 부분처럼 십계명 기념물을 두드러지지 않게 하는 식으로 세속화한다는 것을 조건으로 공적인 공간에 십계명을 전시하는 데 찬성했기 때문이다.[121]

밴 오든 사건 판결에서 브라이어 대법관이 작성한 판결문에 대한 비판 가운데 두드러진 비판은, 그의 판결문은 하급 법원들이나 십계명 찬반 세력들이 공적인 공간에 십계명을 전시하는 데 정부가 어디까지 나아갈 수 있는가를 판단하는 데 도움을 줄 뚜렷한 규칙을 담고 있지 않다는 것이었다. 그러나 헌법 재판의 정치적 성격을 인정하는 한 이는 훌륭한 비판이 될 수 없다. 타협은 민주 정치의 본질이고 따라서 타협적 접근은 정치적 열정으로 가득 채워지며 가부간의 결정을 확실히 내기 어려운 법적 문제를 다루는 데 합리적인 접근이라 할 수 있다. 그리고 그것은 비켈의 신중함에서 비켈의 신학을 뺀 나머지에 해당된다고도 할 수 있다. 십계명의 전시를 국교 "창설"로 표현하는 것은 연방헌법 수정조항 제1조 국교금지 조항의 문언적 또는 원의적 의미라는 관점에서 볼 때 일종의 왜곡에 해당된다. 이 조항의 문면이나 역사에 비춰볼 때 이 조항은 예를 들어 옛날 영국의 국교회 같은 것을 의회가 설립해서는 안 된다는 단순한 금지 조항이었다. 이러한 조항을 근거로 텍사스 주가 주 의회 의사당에 알라모의 영웅들과 나란히 십계명을 전시하지 못하도록 하거나 켄터키 주가 주법원에 십계명을 전시

---

121 545 U.S. 740~741 and n. 4.

하지 못하도록 추론하는 것은 이 추론의 옳고 그름을 의심하는 사람들을 설득시키기에는 부족한 많은 지적 취약점을 안고 있는 복잡한 추론일 것이다. 이런 상황에서 이 논쟁의 세속적인 부분에(또는 종교적인 부분도 마찬가지다) 완전한 승리를 부여하는 것은 오만하고 무례하며 불필요하게 선동적인 것으로 생각될 수 있었다. 대법원이 헌법 사건을 판결할 때 정치적 법원이 될 수밖에 없다면, 우리는 최소한 대법원이 헌법이론의 성격이 주관적이고 또 그 토대가 확실하지 않다는 것을 인식하기를, 이를 통해 대법원의 권한 행사가 제한받기를 희망할 수 있을 것이다.

> … 오, 그대가 거인의 힘을 갖고 있다는 것은
> 훌륭한 일
> 그러나 그것을 거인처럼 사용하려 한다면
> 그대는 폭군이 될 것이로다[122]

이것은 대법관들에 대한 훈계이자 모든 법관이 곱씹어볼 만한 구절이기도 하다.

---

122 William Shakespeare, *Measure for Measure*, act 2, sc. 2, II, 107~109.

11

포괄적인 헌법이론들

나는 앞의 여러 장에서, 판결하는 데 쓸 만한 정통적인 법적 자료들이 바닥난 상황에서 판결을 할 때 발생하는 불확실성을 제거할 방법으로서 포괄적 이론이 가진 매력을 이야기했었다. 그러한 이론을 개발하라는 압력은 정통 자료들의 부적절성이 가장 현저한 헌법 분야에서 특히 두드러진다. 여러 이론이 우월성을 다투는 이 분야에 최근 진입한 것은 브라이어 대법관의 이론으로, 이 이론은 『역동적 자유Active Liberty』[1]라는 제목의 그의 책에 개진되어 있다. 대법관이 헌법이론을 집필하는 것은 강아지가 뒷발로 서서 걷는 것과 비슷한 일로, 이 책은 저술의 완성도를 떠나 이러한 저술이 이뤄졌

---

1 Stephen Breyer, *Active Liberty: Interpreting Our Democratic Constitution*(2005).
  (이 책은 최근 번역본이 출간되었다. 이국운·장철준 옮김, 『역동적 자유: 민주주의 헌법을 해석하는 방법』(사회평론, 2016) 참조. 번역본에서는 'active liberty'를 여러 고심 끝에 '역동적 자유'라고 번역했다. 이 개념을 '적극적 자유'라고 번역할 경우 현재 우리가 사용하는 적극적 자유라는 개념과의 구별이 모호해진다는 점, 특히 브라이어 대법관이 이 용어를 통해 강조했던 '민주적 정치과정에 대한 역동적 참여'라는 부분을 보다 확실하게 드러낼 필요가 있다는 점에 주목해 여기서도 '역동적 자유'라고 번역했다. _옮긴이)

다는 자체가 놀라운 일이다. 강아지가 뒷발로 서서 걷기 어려운 것은 신체의 해부학적 한계 때문인데, 대법관이 그러한 저술을 하기 어려운 것은 정치적 한계 때문이다. 대법관들은 강력한 정치적 인물들이다. 그들은 평범한 사람들의 자유와 정직성으로 글을 쓸 수 없다. 그러나 나의 주제가 법관인 만큼 현임 대법관이 자신의 법철학을 분명하게 드러낸 책은 나의 주제와 큰 관련성을 갖지 않을 수 없다.

헌법 논쟁의 주도권은 1970년대 초에 보수주의자들의 손으로 넘어갔다. 그들은 진보주의 법리들(특히 주의 권리, 경찰 관행, 집행부의 권한 등과 관련된 법리들)을 격퇴하고 또 진보주의 대법관이 그러한 법리들을 정당화하는 데 사용해온 '느슨한 해석'이라는 방법론을 격퇴하자고 제안했다(그들의 입장이 강화된 이유는 주로 공화당 대통령의 지명이 많았다는 우연적인 요인 때문이다). 진보주의 대법관들은 가령 동성애 권리나 사형제와 같은 일부 영역에서는 계속 승리했다. 그러나 대부분의 영역에서는 그들의 입장이 수세적이었다.[2] 가령 워런 법원 시절과 로 대 웨이드 사건을 방어해야 했고, 통상조항과 일반적 의미에서의 의회의 권한을 폭넓게 해석하는 것을 방어해야 했으며, 연방헌법 수정조항 제2조와 대통령의 특권을 좁게 해석하는 것도 방어해야 했다. 브라이어는 진보주의자이지만 진보적 판결을 하나하나 변호하는 것 이상의 뭔가를 하고 싶어 한다. 그는 사법부에서 자신의 적인 문언해석주의와 원의주의에 대항해 강력한 입장을 제출하고 싶어 하는데, 그의 이론은 드워킨의 (헌법에 관한) 도덕적 이론에 비해 더 온건하고 민주적이면서 덜 엘리트주의적이고 학구적이다. 또한 사법 과정의 실상에서 덜 떨어져 있다. 브라이어의 책은 널리 읽힐 것이다. 브라이어가 자신의 책을 통해 공박한 스칼리아의 얇은 책은 그동안 여러 법학지의 1000개가 넘는 논문에서 인용되었다.[3] 브라이어는 이 책에서 자신의 동료나 다른 법관들

---

[2] "사법부의 진보주의자들은 40년 가까이 수세의 입장이었다." Linda Greenhouse, "On the Wrong Side of 5 to 4, Liberals Talk Tactics," *New York Times*, July 8, 2007, § 4, p. 3.

을 설득하기 위한 노력은 기울이지 않는 것 같다. 보수주의 법관들이 이겨 온 것은 그들이 가진 사상의 힘 덕분이 아니라 공화당이 선거에서 승리한 덕분이고, 그 승리가 법관 임명에 가져온 정치적 색조 덕분이고, 미국 여론 이 일반적으로 우경화한 덕분이다.

브라이어는 "고대인들의 자유liberty of the ancients"와 "근대인들의 자유 liberty of the moderns"를 구별하는 뱅자맹 콩스탕Benjamin Constant을 따르며, "역동 적 자유"와 "고대인들의 자유"를 결부시킨다. 그는 콩스탕이 "고대인들의 자유"(이것은 루소가 프랑스에서 도입한 개념으로, 그 결과는 비극적이었다)에 반대하고 "근대인들의 자유"에 찬성해 글을 썼다는 것[4]에 주의를 기울이지 는 못했다. 콩스탕에게 고대인들의 자유는 주권의 집단적 행사를 의미했으 되 거기에 국가와 대립하는 개인의 권리 개념 같은 것은 존재하지 않았다.[5] 그것은 캘리포니아 주나 스위스의 국민투표 또는 뉴잉글랜드 주의 타운미 팅town meeting을 사례로 하는, 우리가 오늘날 말하는 "직접민주주의"의 극단 적인 형태라 할 수 있다. 그에 반해 "근대인들의 자유"는 국가의 억압에서 의 자유를 말한다. 그것은 이사야 벌린Isaiah Berlin이 "소극적 자유negative liberty"라고 부른 것[6]과도 같다. 아테네 시민들 또는 프랑스혁명기의 시민들 에게는 이러한 자유가 결여되어 있었다. 근현대인들의 자유를 실현하는 도 구에는 (고대 아테네와 같은 직접민주주의가 아닌) 대의제 민주주의, 권력의

---

3   Antonin Scalia, *A Matter of Interpretation: Federal Courts and the Law*(1997). 이 책 은 얇은 책이다. 그런데 이 얇은 책이 모두 그의 저작이라고도 할 수 없다. 그가 쓴 것은 다 음과 같이 책의 주요 논문 가운데 하나에 국한된다. "Common-Law Courts in a Civil-Law System: The Role of United States Federal Courts in Interpreting the Constitution and Laws"(같은 책, 3) 및 비판들에 관한 답변(같은 책, 129).

4   Benjamin Constant, "The Liberty of the Ancients Compared with That of the Moderns," in *Political Writings* 306(Biancamaria Fontana trans. 1988). 루소에 관한 언급은 같은 글, 319~320을 참조할 것.

5   같은 글, 311~312.

6   Isaiah Berlin, "Two Concepts of Liberty," in *Liberty* 175[Henry Hardy ed. 2002(1958)].

분립, 연방주의, 그리고 권리장전에 나오는 것처럼 정부에 대해 법적으로 집행 가능한 권리들이 포함된다.

브라이어는 "고대인들의 자유"를 아테네 시민들이 B.C. 5세기와 4세기에 누렸던 자유[7]로 이해한다. 왜냐하면 그들의 도시는 민주정democracy이었기 때문이다. 반면 콩스탕은 아테네는 "근대 국가와 아주 유사한" 고대 국가였으므로 '고대인들의 자유'의 예로는 스파르타가 더 낫다고 믿었다.[8] 그렇긴 하나 아테네는 '고대의 자유'의 좋은 예이기도 했다. 아테네의 시민 모두가 참여하는 아테네 의회Athenian Assembly는 전권을 갖고 있었는데, 일단 회의에 참여하면 그 시민들 말고는 다른 누구도 입법자가 될 수 없었다. 정치적 계급이 출현하는 것을 방지하기 위해 임기가 1년인 소수의 국정 집행관을 주로 추첨으로 선임했다(다만, 그들 중 일부는 선거로 뽑았으며, 재선출한 경우도 있었다).[9] 이와 유사하게 법관이 따로 없이 무작위로 선택된 일단의 시민들이 배심원단의 기능을 수행했는데, 배심원들은 평결지침(설시)jury instruction 같은 것을 받지 않은 상태에서(그러한 지침을 줄 법관이 없기 때문에 당연한 일이지만) 심의 없이 투표를 행했다. 말이 나온 김에 덧붙이자면, 당시 아테네에는 법률을 다루는 직업이 전혀 없었다. 다만, 예를 들어 데모스테네스 같은 웅변가가 소송 당사자에게 공판 시 행할 연설의 초안을 써주는 식의 일은 있었다. 당시 소송은 아주 많았지만, 국가를 상대로 집행 가능한 생명, 자유 또는 재산에 관한 권리는 존재하지 않았다. 유일한 정의는 민중의 정의였다.

7   Josiah Ober, *The Athenian Revolution: Essays on Ancient Greek Democracy and Political Theory* 31(1996); R. K. Sinclair, *Democracy and Participation in Athens* 68, 80(1988). 이 당시 몇몇 다른 도시국가도 민주주의적이었다.

8   각주 4의 Constant, 309~312, 314, 316.

9   각주 7의 Sinclair, 68~69, 80; John V.A. Fine, *The Ancient Greeks: A Critical History* 390~402(1983). 따라서 아테네 시민들조차 직접민주주의가 함축한 것에 완전히 충실한 것은 아니었고 어느 정도 거리를 두고 있었다(각주 7의 Sinclair, 193~195); Richard A. Posner, *Law, Pragmatism, and Democracy* 154(2003).

브라이어는 "고대인들의 역동적 자유"를 증진하기 위해 대법원이 더 많을 것을 하기를 원했는데,[10] "'역동적 자유'는 … 벌린의 '적극적 자유 positive liberty'와 상당히 유사한 개념이다"[11]라는 말로 그 점을 강조한다. '적극적 자유'는, 루소가 되살리고 – 벌린이 생각하기에 – 근대의 전체주의자들이 확장한 개념인 "고대인들의 자유"를 지칭하는 벌린의 용어다![12] 그러나 물론 브라이어가 미국을 고대 아테네 모델이나 다른 어떤 모델에 입각해 직접민주주의 국가로 재주조하는 데 찬성한 것은 아니다. 그는 "'위임된 민주주의'를 민주주의 원리에서 심각하게 일탈한 것으로 볼 필요는 없다"[13]라고 말했는데, 그가 말한 "위임된 민주주의"는 바로 대의제 민주주의를 의미한다. "고대인들의 자유"는 고전학자도 역사학자도 아닌 브라이어로서는 그쪽 전문가들에게 맡겼어야 할 역사적 유물이다. 그 개념은 그의 책에서 의미 있는 역할을 하지 못했다. 그것은 하나의 정치적 프로그램(강령program)에 이론을 제공하려 했으나 성공하지 못했다. 그 프로그램은, 워런 대법원의 주된 지향점은 미국의 정치 체제를 더욱 민주적으로 만드는 데 있었으나 그렇다고 직접민주주의를 지향한 것은 아니었다고 주장한[14] 존 하트 일리 John Hart Ely의 프로그램에 매우 가깝다. 일리와 마찬가지로 브라이어는 미국 사법부가 비록 과두지배적이긴 하나 가장 적극적일 때조차 민주주의를 위한 힘이라는 점을 보여주고 싶어 한다(다음 장에서 우리는 이스라엘의 전 대법원장 아론 버락Aharon Barak이 이 패러독스를 더 확대하는 것을 살펴볼 것이다). 브라이어가 강조한 구체적 쟁점들은 일리의 쟁점들과 다르다. 하지만 이는 지난 사반세기에 걸쳐 일어난, 그들이 쓴 책 두 권의 거리를 확대시킨 정책

---

10 각주 1의 Breyer, 5. 그는 심지어 '역동적 자유'를 '현대인의 자유'에 대치시키기까지 한다 (같은 책, 40~41).

11 같은 책, 137 n. 6.

12 각주 6의 Berlin.

13 각주 1의 Breyer, 23.

14 John Hart Ely, *Democracy and Distrust: A Theory of Judicial Review*(1980).

어젠다상의 변화를 반영하는 것이다.

일리의 이론이 브라이어에게 미친 영향이 컸음에도 브라이어가 일리를 그저 잠깐 언급하는 데 그치는 것은 이상하게 보일 수 있다.[15] 이는 브라이어가 일리의 번갯불을 훔치려고 했기 때문이 아니다. 이는 전적으로 브라이어의 개성에 기인한 문제다. 내 생각에 브라이어는 자기 이론의 출처가 학계임을 인정하고 싶지 않았기 때문인 듯하다. 대법관들은 학자들에게서 자신의 실마리를 찾기를 바라지 않는데, 이것이, 내가 8장에서 말한, 사법부로부터 학계가 소외된 모습의 하나인 것이다. 스칼리아 대법관은 대법원 내에서 가장 영향력 있는 이론가이지만, 그의 이론은 분명 스스로 개발한 것이었다. 브라이어와 마찬가지로 스칼리아 역시 학자 출신이지만, 헌법 해석에 관한 그의 원의주의적 옹호론은 학계의 어떤 계통을 따른 것이 아니다. 학계의 헌법이론이 점점 더 괴팍스러워지자[16] 헌법이론은 법관들의 외면을 사고 있다. 그리고 만약 대법관들이 법복을 입은 정치인들이라면 헌법이론가들은 학위 예복을 입은 정치인들이라고 믿을 만한 근거가 있다(ㅡ 다른 것들도 있지만 ㅡ 럼스펠드 대 FAIR 사건에 대한 학계의 의견서는 이 믿음을 정당화한다). 진보주의 법관과 변호사들은 스칼리아에게 도전하되, 스칼리아의 근거지에서 문언해석주의자·원의주의자를 자처하면서 법관이 비원의주의적 해석자가 되라는 것이 헌법 조문의 원래 의미라고 주장하라고 강요되기도 한다.[17] 이것은 정치적 동기에서 나온 책략적인 요구다.

15   각주 1의 Breyer, 146 n. 14.
16   이것은 다음 논문들을 보면 잘 나타난다. Akhil Reed Amar, "America's Constitution and the Yale School of Constitutional Interpretation," 115 *Yale Law Journal* 1997(2006); Akhil Reed Amar and Jed Rubenfeld, "A Dialogue," 115 *Yale Law Journal* 2015(2006). 아마르가 격찬한 "헌법 해석에 대한 예일학파(Yale School of Constitutional Interpretation)"는 법규 문언과 선례에 전혀 근거를 두지 않은 것으로, 이는 내가 4장에서 언급했던 '길이 잘못 든' 법현실주의의 현대판이라 하겠다. 이에 대한 비판으로는 다음을 참조할 것. Laurence H. Tribe, "Taking Text and Structure Seriously: Reflections on Free-Form Method in Constitutional Interpretation," 108 *Harvard Law Review* 1221, 1240~1249(1995).

그러한 법관들에게 쏠리는 세간의 주목을 받으며 글을 쓰는 대법관으로서, 브라이어는 자신이 "역동적 자유" 개념을 헌법에 부과하고 싶어 한다는 사실을 사람들에게 인정할 수 없는 것이다. 관례에 따르면 그는 그 개념을 고색창연한 양피지[연방헌법문서 - 옮긴이]에서 찾아야 한다.[18] 그는 씩씩하게 싸우고 있지만, 그것이 매우 힘든 싸움이라는 것도 알고 있다. 그는 "미국 헌법상의 통치구조(정부 형태)가 기본적으로 민주주의적 성격인지가 항상 분명한 것은 아니었다"[19]라는 말을 했는데, 그것은 사실이다. 미국의 통치구조가 "기본적으로 민주주의적"이지 않다고 여기는 데에는 훌륭한 근거가 있다. 미국의 통치구조는 민주주의적 요소를 포함하면서 기본적으로는 공화주의적이다. 미국 헌법이 군주제와 귀족 정치와 국교를 거부한 것(따라서 왕이 없고 귀족의 작위가 없으며 공직에 취임할 때 종교적 선서가 없다)은 혁명적이었다. 그러나 미국 헌법상의 통치구조는 고대 아테네의 통치구조와 전혀 닮은 바가 없으며, 불완전하게 민주적이었고 지금도 그러하다.

연방 정부의 주요 요소로는 대통령·부통령·기타 고위관료들로 구성되는 행정부, 사법부, 그리고 상원과 하원이 있는데, 이 가운데에서 오직 하원만 인민의 선거로 선출되도록 되어 있다. 그리고 헌법은 선거권 부여에 관한 규정을 두지 않고 각 주가 하원의원 선거권자의 자격을 정하도록 했기 때문에(다만, 연방 하원의원 선거권자의 자격은 각 주 하원의원 선거권자의 자격과 동일하게 정해야 한다는 규정은 있다), 각 주는 선거권 부여에서 재산이나 기타의 자격 기준을 부과함으로써 선거권에 제한을 가할 수 있다. 대통

17   예를 들어, 다음을 참조할 것. Jack M. Balkin, "Abortion and Original Meaning" [*Constitutional Commentary*(근간)].

18   "법관의 직무가 입법에 있기보다 해석에 있다는 믿음은 상당한 지지를 받아왔다. 이것이 바로 법관들이 자신의 행위에 대한 이론적 근거를 결코 제시하지 않는 이유다. 자신이 무엇을 하고 있는가를 공개적으로 밝히는 것은 대법원의 적극주의(activism)가 맞느냐 틀리느냐에 대한 논쟁에 기름을 붓는 격이 될 것이다"(Robert H. Bork, "Enforcing a 'Mood'," *New Criterion*, Feb. 2006, p. 63).

19   각주 1의 Breyer, 21.

령과 부통령은 '선거인단'이 선출하도록 규정되어 있다. 그런데 선거인단의 구성원은 각 주의 입법부가 채택한 규칙에 따라 주별로 선출하도록 했을 뿐, 반드시 주민들의 선거로 선출할 것을 요구하고 있지도 않다. 행정부의 다른 고위관료들은 대통령이나 연방법관들이 임명한다. 상원의원들은 주 의회가 임명하며, 주 의회 의원들을 반드시 선거로 선출해야 하는 것도 아니다(연방헌법이 그것을 요구하고 있지 않다). 연방대법관(만약 의회가 헌법의 규정을 이행해 연방대법원 외에 다른 연방법원들을 창설한다면 그 밖의 연방법관들까지)은 대통령의 지명을 받아 상원의 인준을 거쳐 종신직으로 임명된다. 애초 헌법 제정자들은 '정당'을 예상하지 못했다. 가장 뛰어난 사람hoi aristoi이 국정을 담당하는 것으로 기대했지, 정당 간 경쟁에서 살아남은 사람이 국정을 담당하는 것으로 예상하지는 않았다. 1787년 헌법에는 직접민주주의의 자취가 전혀 없었으며, 따라서 주민발의initiatives나 주민투표referenda 또는 주민소환recalls 같은 것도 존재하지 않았다. 헌법 제정자들은 (헌법 전문에 나오는 것처럼) "우리 인민We the People"을 대변해 말한다고 주장했지만, 만약 주민(신임)투표plebiscite를 통해 비민주적인 정권을 채택했다 하더라도 그다지 새로운 일은 아니었을 것이다. 나폴레옹도 그렇게 하지 않았던가! 헌법의 비준조차 주 의회들이 한 것이지 인민의 직접투표로 이뤄진 것은 아니었다. 헌법은 각 주에 공화주의적인(다시 말해 군주제를 배제하는) 통치구조를 보장하는 것이지, 민주주의적인 통치구조를 보장하는 것은 아니다.

헌법 제정자들이 "정부의 억압적 경향성에 대한 최선의 견제책으로서의 민주주의에 대한 확신"[20]을 갖고 있었다면 그들이 쓴 문서들에 민주주의에 관한 언급이 그렇게 적은 것과 또 직접민주주의에 관한 언급은 전무한 것을 어떻게 설명할 수 있을까? 권리장전이 형사사건 및 일부 민사사건에

---

20 같은 책, 23.

서 배심 재판을 받을 권리를 보장함으로써(다만, 고대 아테네와 달리 미국의 배심원단은 전문 법관의 감독을 받는다) 직접민주주의가 어느 정도 보강된 것은 사실이다. 그러나 권리장전의 주된 취지는 입법부와 행정부의 권한을 제한하는 데(민주주의의 대항물로 자유를 설정하는 데) 있고, 그리하여 "근대인들의 자유"를 정당화하는 데 있지, 브라이어가 미국의 헌법에서 발견했다고 주장하는 '고대인들의 자유'를 정당화하는 데 있지 않다.

우리가 18세기 미국 헌법의 구조에서 볼 수 있는 것은 고대 아테네를 반영한 울림이 아니라 18세기 영국의 군주제적 제도들을 공화주의적 이데올로기에 맞춰 뜯어고친 모습이다. 대통령은 영국의 국왕에 해당하는 자로서, 전통적으로 국왕이 행사하던 사면의 대권을 행사하고, 외교를 수행하며, 행정부의 고위관료와 법관들을 임명하고, 군을 통수한다. 물론 대통령은 직접적으로 선출되지 않는다. 상원과 대법원은 귀족원House of Lords에 해당하고(귀족원 상고위원회House of Lords Appellate Committee가 영국의 대법원이다[21]), 하원은 평민원House of Commons에 해당한다. 영국의 평민원 의원은 선출되기는 하지만 선거권에 제한이 있었다. 헌법 제정 후 개정들이 이뤄지고 관행과 제도에 변화들이 일어남으로써 헌법은 더 민주주의적으로 되었는데, 브라이어는 원래의 헌법, 즉 1787년 헌법은 페리클레스의 정신에서 영감을 받아 탄생했다고 주장한다. 반원의주의자들이 자신의 접근법에 역사적 계통성을 부여하려는 것은 역설적이다. 브라이어가 미국 헌법의 배경이나 실제 구조에 관심을 보이지 않는 것은 저술이나 판결문에서 그가 옹호해온 '느슨한 해석'의 접근법과 일치하는 태도다.

만약 역동적 자유를 미국 헌법의 진정한 정신으로 받아들인다면 이것이 미국 헌법을 어떻게 만들어갈 것인가에 대해 브라이어는 일련의 실례들을 제공한다. 그는 언론(표현)의 자유에서 출발한다. 그는 정치적 표현과

---

21 좀 더 정확하게 말한다면, 영국은 2005년에 일종의 대법원을 신설해 이 귀족원 상고위원회를 대체시켰다.

상업적 표현을 대비시키면서 전자가 민주주의에 중심적인 만큼 전자는 훨씬 더 크게 보호받을 자격이 있다고 주장한다. 그러나 그는 또한 '선거(운동)자금관계법 campaign finance laws'이 표현의 자유를 침해한다는 주장에 반대하며 정치 광고를 제한하는 이 법을 옹호한다.

정치적 표현이 무엇보다 중요하다는 관념은 일반적이지만 그러한 관념은 우리에게 도움이 안 되고 또 우리를 오도할 수 있다. 그 관념은 법실용주의에 충분히 적용 가능한 합리적 의사결정 이론의 원칙 가운데 하나인 '결과는 한계적으로[한계편익·수익과 한계비용·해악을 비교해서 – 옮긴이] 평가되어야 한다'는 원칙을 무시한다. 여기서 문제는 모든 정치적 표현을 금지하는 것은 모든 상업적 표현을 금지하는 것보다 더 나쁘다는 의미에서 정치적 표현은 상업적 표현보다 더 가치 있는지 여부가 아니다. 그러한 것이 쟁점이 될 일은 결코 없다. 어느 하나의 가치가 한계적으로 삭감되는 데 수반되는 해악과 그 삭감으로 다른 쪽 가치가 얻는 편익 간의 비교가 언제나 쟁점이다. 정치적 표현에 대한 제한으로 야기되는 해악이 상업적 표현에 대한 제한으로 야기되는 해악보다 더 작은 경우는 어렵지 않게 상상할 수 있다. 예를 들어, 자살폭탄테러에 대한 옹호를 금하는 것과 모든 상업 광고를 금하는 것을 비교해보라. 그리고 브라이어가 얘기하는 표현 범주들의 위계구조상 과학적·예술적 표현은 어디에 위치하는 것일까? 브라이어는 아무 말을 하지 않았지만, 정치적 표현에 대한 사소한 제한보다 과학적 탐구의 자유에 대한 제한이 국가의 힘과 번영을 더욱 파괴하는 결과를 가져오리라는 것은 극히 쉽게 상상할 수 있다.

브라이어는 선거운동에 대한 기부 제한을 표현의 자유 침해로 해석해서는 안 된다고 주장한다. 그는 한 사람이 어느 후보를 홍보하기 위해 TV 광고를 구매하는 데 100만 달러를 쓰는 것을 금지하는 것은 표현의 자유를 축소시키는 일이라는 데 동의한다. 그러나 부자가 선거 광고를 살 권리를 제한하는 것은 그러한 제한이 역동적 자유에 기여한다면 정당화된다고 생각한다. 연방헌법 수정조항 제1조는 "보통 시민들이 선거 과정에 충분한 정보를 갖고 참여하는 데 도움을 주는, 그들 사이의 대화를 촉진할 목적을 갖는 것"으로 이해되어야 하며, '선거자금관계법'도 "비슷한 목적"을 갖고 있다. "'선거자금관계법'은 돈이 선거 과정에 미칠 영향을 민주화하고, 그럼으로써 선거 과정에 대한 대중의 믿음을 형성하고 후보자에 대한 재정적 지원의 토대를 넓히며 또 더 많은 대중의 참여를 촉진하려는"[22] 목적을 갖고 있다. 우려되는 점은, 선거운동에 대한 개인별 기부액을 제한하지 않을 경우 후보자는 자신의 선거자금원을 한 줌밖에 되지 않는 고액 기부자들에 국한하게 될 것이고, 그 결과 보통 사람들은 모든 정책이 부자의 이익을 위해 만들어지고 인민의 목소리는 대변하지 않는다고 생각함으로써 정치 과정에서 소외되리라는 것이다.

이러한 설득력 없는 추측에는 아무런 근거도 없다. 부유한 사람들이 순일한 단일체인 것도 아니다. 그들은 서로 다른 이해관계와 견해를 갖고 있다. 그들은 또 수가 너무 적기 때문에 선거를 좌지우지할 정도로 많은 표를 갖고 있는 것도 아니다. 정치 광고는 평균적인 사람들을 표적으로 하고 있다. 그리고 정치 광고의 수가 적어질수록 정치적 참여가 더 늘어나리라고 여기는 것은 기이한 생각이다. 게다가 일부 후보자들이 부유층의 마음을 산다면 다른 후보자들은 비부유층에게서 돈을 걷는 데 박차를 가할 것이다. 인터넷의 발달로 이는 이제 어렵지 않은 일이 되었다.

나는 지금 '선거자금관계법'이 연방헌법 수정조항 제1조를 위반한 게 아니라고 생각한 브라이어가 틀렸다는 말을 하려는 것이 아니다. 이 법이 민주주의를 촉진한다는 것이 아무 근거가 없다면, 그와 마찬가지로 이 법이 민주주의의 토대를 침해할 만큼 언론의 자유를 축소시킨다거나 또는 사회에 그 밖의 어떤 해악을 끼친다는 주장도 아무 근거가 없다는 것이다. 선거

---

22   각주 1의 Beyer, 46~47.

운동에 개인적으로 돈을 쓰는 일이 야기할 해악을 걱정하는 것은 결코 하찮은 걱정이 아니다. 왜냐하면 이를 각자의 마음에 맡기면 투표권자들이 자신의 표를 파는 것을 허용할 수도 있기 때문이다. 그러나 '선거자금관계법'에 대한 이의 제기의 합헌 여부를 판단하는 기준으로 "비례성proportionality"을 제시한다면 이는 이의 제기를 해소하는 데 아무 도움이 되지 못할 것이다. 브라이어는 "그 법규가 선거와 관련해 더욱 활발한 의사소통을 형성하는 데 참여하려는 주로 부유한 시민들에게 미칠 *부정적* 효과와, 일반 대중이 선거 과정에 신뢰를 형성하는 데 그리고 그들이 선거 과정을 통해 상호 의사소통하는 데 미칠 *긍정적* 효과를 비교해서 저울질해야 한다"라면서, "그 법규는 선거와 관련해 언론의 자유를 제한하는 효과와 언론의 자유를 신장하는 효과 사이에 합리적인 균형을 취하고 있는가? 또는 그 법규가 가져올 선거 및 언론에 관한 편익의 종류나 중요도, 크기, 또는 그 편익을 확보하기 위해 필요한 제한 등등을 모두 고려할 때 그 법규는 편익에 비해 언론의 자유를 필요 이상으로 제한하는 것이 아닌가?"라고 묻는다.[23] 그러면서 브라이어는 "이 질문들은 복잡하다"라고 썼다.[24] 아니다. 내 생각에는 질문이 복잡한 것이 아니라 불명확한 것이다.

브라이어가 법원에 대해 무게를 잴 수 없는 것의 무게를 재라고 요구한다는 데 문제가 있는 것이 아니다. 왜냐하면 "무게를 잴 수 없는 것의 무게를 재는 것"은 형용모순처럼 들릴지 모르나("무게를 잴 수 없는 것imponderable"이라는 말은 "무게를 잰다to weigh"를 의미하는 라틴어 'ponderare'에서 유래한다) 전적으로 그런 것은 아니기 때문이다. 법관은 어떤 사건에 임했을 때 하나의 이익이 다른 하나의 이익보다 더 무겁다는 것을 그 무게를 달아보지도 않고도 알 수 있는 경우가 적지 않다. 과실 관련 사건에서 '미리 조심해야 하는 부담'이나 '조심하지 않았을 경우 발생할 사고의 발생 확률과 크기'는

---

23 같은 책, 49(강조는 원문을 따름).
24 같은 책, 50.

공히 양적으로 계산이 안 되거나 또는 계산이 아예 불가능할 수도 있다. 그렇기는 하나 손쉽게 피할 수 있었던 심각한 사고의 중대한 위험이 있다는 점(과실을 범한 경우), 또는 혹 사고가 발생하더라도 경미한 사고에 불과할 경우에는 미리 조심하는 데 들이는 비용이 필요 이상으로 클 수도 있다는 점(과실을 범하지 않은 경우)은 명백할 수 있다. 이것이 내가 9장에서 주창한 "용인 범위" 접근법이다. 그러나 가령 "대중이 선거 과정에 신뢰를 형성하는 데, 그리고 그들이 선거 과정을 통해 상호 의사소통하는 데 미칠 효과"나 "이의가 제기된 법규가 선거 및 표현에 가져올 편익의 중요도"와 같은 브라이어식 심사에서의 핵심 용어들은 사실 너무 모호해서 이것들을 비교해서 무게를 재기가 도저히 불가능하다. "민주주의"나 "역동적 자유" 같은 고도의 추상적인 용어들은 헌법 사건의 어느 쪽 당사자든 똑같이 그럴듯하게 사용할 수 있다. 그러한 용어들은 말하자면 양념makeweight 같은 것이다. 헌법을 근거로 어떤 성문법령을 무효화하는 판결은 비민주적으로 보일 수도 있다. 그러나 그 판결이 비록 민주주의를 제고하는 판결은 아니더라도(가령 인구수를 감안한 선거구 재획정에 관한 판결은 민주주의를 제고하는 판결로 널리 인정받았다) 헌법에 구현된 "고차적 민주주의higher democracy"를 적용한 것으로 옹호될 수는 있다. 그러므로 원의주의자들도 '느슨한 해석주의자'들과 마찬가지로 민주주의자다. 마찬가지로 주와 지방 차원에서 이뤄진 민주적 선택들을 존중하고 싶어 하는 연방주의자나 연방 차원에서 이뤄진 민주적 선택들을 존중하고 싶어 하는 (단일)국가주의자nationalist도 다 같이 민주주의자다.

브라이어는 미국과 같이 인구가 많은 나라는 시민들이 정치에 충분히 참여한다는 느낌을 가질 수 있도록 ─ 주와 지방 차원의 쟁점이 연방 정부와 관련된 쟁점보다 사람들에게 더 중요하고 더 이해하기 쉬운 경우가 적지 않기 때문에 ─ 연방제를 택할 필요가 있음을 인정하긴 하지만 본래는 (단일)국가주의자다. 대부분의 동료들과는 다르게[25] 그는 연방 정부가 주 공무원들에게 연방 법의 시행을 돕도록 강제하는 것(예를 들어, 주민들이 연방 '총기단속법' 을 준수하는지 지방 보안관들에게 확인하게 하는 것)을 허용해야 한다고 주장 한다. 그는 만약 연방 정부가 연방 프로그램을 집행하는 데 주 공무원들이 돕도록 강제할 수 없다면 연방 정부는 더욱 큰 관료조직을 필요로 할 것이 며 그 결과 연방 정부는 커지고 주와 지방 정부는 작아질 것이라고 생각한 다. 연방 정부가 주 공무원들을 징발해 사용할 수 있다면 필시 연방 프로그 램이 증가할 것이다. 왜냐하면 프로그램 집행에 드는 비용의 일부가 연방 부담에서 주 부담으로 이관될 것이기 때문이다. 이는 주 공무원들을 사실 상 연방의 피고용자로 만들자는 것이다. 이것은 연방주의의 안티테제다.

단일국가주의적 성향이 강한 브라이어는 대법원이 '주 간 통상interstate commerce'을 1930년대 이래의 정의보다 더 좁게 정의함으로써 연방의 규제 를 제한해온 것에 이의를 제기한다.[26] 그는 주 간 통상에 대한 확장된 이해 를 토대로 한 연방 법규들은 민주주의적이라고 주장한다. 왜냐하면 "대중 들이 전국적 차원에서 입법 과정에 참여해왔기 때문이다".[27] 그러나 전국 적 차원의 정치적 참여 수준은 주 차원보다 낮다고 그가 인정한 바 있다는 것과, 그러한 인정은 대법원이 연방의 규제 범위를 좁힘으로써 주 차원에 서의 정치적 참여의 범위를 확대하려 하자 그가 이를 비판했던 사실과 부 합하지 않는다는 것을 상기하기 바란다.[28] 그가 법에 민주주의를 가미할 필 요가 있다고 믿는 사람임을 감안할 때 주 정부가 — 5장에서 내가 지적한 대

---

25 Printz v. United States, 521 U.S. 898, 935(1997); New York v. United States, 505 U.S. 144, 149(1992).

26 United States v. Morrison, 529 U.S. 598(2000); United States v. Lopez, 514 U.S. 549 (1995).

27 각주 1의 Breyer, 62.

28 맥코널은 브라이어의 책에 관한 한 서평에서 브라이어가 주나 지방 당국보다 연방을 체계 적으로 편들어왔음을 보여주면서, 그러한 편들기가 '역동적 자유'와 부합하지 않는다고 논 변한다. Michael W. McConnell, "Book Review," 119 *Harvard Law Review* 2387, 2394~2397(2006).

로 − 미국의 연방 정부보다 민주적이라는 사실을 중시하지 않는 것은 이상한 일이다.

실용주의 법관이라는 평판(그러나 10장에서 보았듯이 전적으로 실용주의자는 아니다)에 부합하게 브라이어는 동료들에게 "당신의 판결이 연방주의가 확장하려는 역동적 자유에 미치는 결과에 대해 물어볼 것"과 "연방주의에 관한 헌법의 원칙들을 해석하는 당신의 판결이 지방의 민주적 자치에 미치는 실제적 효과들을 고려할 것"을 촉구한다.[29] 그러나 그 결과나 효과를 단지 추측할 수만 있는 경우 법관은 막막해진다. 어떤 법규가 가령 "역동적 자유"나 "지방의 민주적 자치"처럼 손에 잘 잡히지 않는 현상을 침해했다는 것을 우리는 언제 알게 되는 것일까?

브라이어는 비켈에 의해 제안되고 더욱 최근에는 캘러브레시에 의해 제안된 접근법, 즉 법원과 입법부 간의 "대화"를 증진해야 한다는 접근법에 찬동했다(10장 참조). 브라이어의 견해는 다음과 같다.

> 예를 들어, 엄격심사 요건hard-look requirement을 통해 대법원은 법령을 영구적으로 무효화하지 않고 문제된 법령의 해결 과정에서 겪었을 헌법적 난점을 정확하게 연방의회에 전달하게 될 것이다. 의회는 법을 재입법하면서 그 문제를 다시 논하고 법원의 우려에 반응할 것이다. 명확한 입법의 규칙clear-statement rule에 따라 대법원은 의회에 정책 해결안의 윤곽을 명확하게 하고 범위를 모호하지 않게 제공하라고 요청할 수 있을 것이다. 이런 법리들은 대법원으로 하여금 입법부가 어떤 문제를 고려할 때 얼마나 철저하게 고려하는가에 집중하게끔 할 것이다.[30]

이러한 일방적인 대화는 연방 의회나 주 의회를 곤혹스럽게 만들 것이

29 각주 1의 Breyer, 63.
30 같은 책, 64~65.

다. 브라이어는 이를 민주적으로 선출된 통치 기구에 대한 화해의 손짓으로 제시했지만, 철저함, 명료성, 그리고 정확성이라는 기준을 충족시키지 못할 경우 입법을 무효화함으로써 사실상 입법부의 힘을 약화시키고 사법부의 힘을 강화시키는 결과를 초래할 것이다.

책의 다른 부분에서 브라이어는 신기술의 발달로 프라이버시 문제의 풍경에 큰 변화가 발생했음을 지적한다. 그는 법원에 대해 변화가 너무나 빨라 불확실성이 너무 높을 때는 명확한 대답을 삼갈 것을 촉구한다. 그 대신 "참여민주주의의 한 형태로 가장 잘 묘사되는" 과정을 통해 "아래에서 답이 부글부글 끓어오르기"를 기다려야 한다는 것이다.[31] 브라이어는 한 연방 법률이 연방헌법 수정조항 제1조를 위반했다는 것을 대법원이 인정한 사건이자, 자신이 그 의견에 가담했던 사건을 예로 든다. 이 사건에서는 휴대전화로 나눈 사적 대화를 누군가가 수신장치로 가로채서 라디오방송국에 보냈는데, 이러한 사적 대화를 방송하는 것을 금한 연방 법률이 헌법에 위배되는지 여부를 다투는 사건이었다.[32] 브라이어는 자신의 별개의견에서 다음 세 가지 사항을 강조하면서 만약 이 중 하나라도 달랐다면 반대의견을 냈을 것이라고 말했다. 첫째, 라디오방송국은 불법적으로 취득한 대화의 테이프를 단순히[악의 없이 – 옮긴이] 수취하기만 했다. 둘째, 문제의 대화는 노조 간부들의 대화였는데 재산을 손괴하겠다는 위협을 담고 있어 공익의 문제였다. 셋째, 그 대화는 내밀한 사적인 문제보다는 업무에 관한 것이어서 대화를 방송함으로써 야기된 사생활 침해는 상대적으로 더 적었다.

이 모든 것은 "참여민주주의"(이것은 1960년대 급진주의자들의 공허한 슬로건이었다)와 거의 무관했고 특히 이 사건은 신기술과도 상관이 없었다. 이 판결은 '대화의 프라이버시'를 '대중이 알고자 하는 것을 퍼뜨리고 싶어

31   같은 책, 70.
32   Bartnicki v. Vopper, 532 U.S. 514(2001).

하는 매스미디어의 이익'에 종속시킨다. 이 판결이 가져올 가장 큰 효과는, 민감한 문제를 논할 때는 아날로그식 휴대전화(이것은 기존 유선 전화보다 도청하기가 쉽다. 그러나 어쨌든 이미 사멸되고 있는 낡은 기술이기도 하다) 사용을 삼가야 한다고 사람들이 인식하게 된 것일는지 모르겠다. 그런데 아이러니 한 것은, 미디어업계 종사자들은 통신매체에서 프라이버시가 갖는 가치를 잘 알고 있으면서도(신문이나 다른 뉴스 미디어들은 취재원을 보호하기 위해 필사적이다) 자신이 쓴 기사의 주인공들이 마땅히 누려야 할 프라이버시는 존중하지 않는다는 것이다. 통신에서의 프라이버시를 보호하지 못하는 판결들이 계속 나온다면 의사소통은 위축될 것이고, 이는 언론(표현)의 자유는 물론 역동적 자유도 손상시킬 것이다.

브라이어는 적극적 평등실현 조치를 논하면서, 미시건대 로스쿨의 적극적 평등실현 조치 프로그램을 합헌으로 판단한 그루터 대 볼린저Grutter v. Bollinger 사건[33] 판결의 다수의견 작성자인 오코너 대법관이 판결문 가운데 언급한 몇 가지 "실질적 고려사항"[34]에 자신도 동의한다고 선언한다. 그 고려사항이란, 미국의 기업계와 군은 적극적 평등실현 조치가 자신들의 영역이 잘 돌아가기 위해 요긴하다고 생각한다는 것, 어떤 집단이 미국 시민 사회에 효과적으로 통합되기 위해서는 "어떤 인종이나 민족에 속하든 상관없이 능력과 자질을 갖추었다면 지도층에 진입할 길이 활짝 열려 있어야 한다"[35]라는 것 등이다. 오코너가 하려던 말은(행간을 읽어야 말뜻을 알아차릴 수 있지만), 평균적으로 백인들보다 뒤처진 미국의 흑인들이 단지 불만에 찬 하층계급 구성원에 머물지 않고 미국사회에 잘 편입했다고 느끼는 수준으로 올라가기 위해서는 도움이 필요하다는 것이었다.

적극적 평등실현 조치에 대한 그러한 근거는 실용적인 차원에서는 흥

33   539 U.S. 306(2003).

34   각주 1의 Breyer, 81.

35   539 U.S. 306, 332(2003). 각주 1의 Breyer, 82에 인용.

미가 있을 수 있지만, 민주주의와는 상관이 없다. 아테네는 배제의 구조 위에서 번성했다. 주민의 대부분을 차지했던 여성과 노예, 그리고 외국인들은 시민권을 갖지 않았다. 시민권을 가진 자는 20%를 넘지 않았는데, 이는 아마도 성인 인구의 10% 정도에 지나지 않았을 것이다.[36] 만약 브라이어가 다음과 같은 일련의 수사학적인 질문들로 오코너의 분석을 역동적 자유와 결부시키면서 루소와 같은 분위기를 풍기지 않았더라면, 내가 이 문제에 천착하는 일은 없었을 것이다. "이런 주장이 연대의 원칙, *박애*의 원칙, *역동적 자유*의 원칙에 대한 호소가 아니고 달리 무엇이란 말인가!"[37] 연대와 박애란 좋은 말이다. 연대와 박애는 아테네 사회의 이상이었고 프랑스 대혁명의 이상이기도 했다. 그러나 ─ 브라이어가 암시하는 바와 같이 ─ 민주주의의 이상인 것은 아니다. 가령 나치 독일의 경우 인종주의적 정책의 도움을 받아 대단히 높은 수준의 연대를 이루었던 것처럼 때때로 비민주적인 사회도 높은 수준의 연대를 달성한다.

    브라이어의 책은 '엄격한 해석'에 반대하는 데 대한 훌륭한 논변을 담고 있고, 동시에 어떤 성문법령의 목적을 유추하는 데 성문법령상의 문언과 그 밖의 단서들을 사용하고 있어서 그 목적을 해석의 지침으로 사용하는 데 대한 훌륭한 논변들을 담고 있다. 그러나 목적론적 접근법에 반대하는 가장 강력한 논변과 교전하는 데 실패한다. 그 논변은 목적론적 접근법이 입법상의 타협들을 무효화시키는 경향을 갖고 있다는 것이다(그는 또 ─ 앞의 문제점과 관련되는데 ─ 여러 가지 목적이 상호 충돌할 수 있다는 사실을 간과한다[38]). 어떤 성문법령의 본래의 목적 또는 근원적인 목적이 무엇인지는 충

---

36   다양한 측정치가 있는데, 이는 다음을 참조할 것. M. I. Finley, *Democracy Ancient and Modern* 51(1985); A. W. Gomme, *The Population of Athens in the Fifth and Fourth Centuries B. C.* 26(1933)(tab. 1); Mogens Herman Hansen, *The Athenian Democracy in the Age of Demosthenes: Structure, Principles, and Ideology* 93~94[1999(1991)].

37   각주 1의 Breyer, 82(강조는 원문을 따름).

38   각주 28의 McConnell, 2405; Cass R. Sunstein, "Justice Breyer's Democratic Pragmatism,"

분히 분명할 수 있다. 그러나 다수의 지지를 얻기 위해 초안 작성 과정에서 그 목적이 무뎌졌을 수도 있다. 그리고 사실이 그러할 경우 애매한 문제를 해결하는 데 원래의 목적을 활용하면 그 법령의 지지자들이 입법 과정에서 달성할 수 있었던 것 이상을 지지자들에게 줄 수도 있다. 그것은 비민주적이다.

브라이어는 민주주의에 충실하려는 것일까, 아니면 단지 그가 우연히 찬동하게 된 정책들에 충실하려는 것일까? "어떤 성문법령을 입법자의 의지를 실현하는 방향으로 해석하는 것은 대중의 의지를 실현하는 데 도움을 주며, 따라서 이는 헌법의 민주적 목적과도 부합한다"[39]라는 그의 말은 어떤 오류를 드러낸다. 그 오류는 그가 입법부 전체를 언급하지 않고 특정 입법자를 언급한다는 것과 관련된다. 법안은 종종 서로 다른 이해관계를 대변하는 파벌적인 입법자들이 다수를 형성함으로써 통과된다. 그 경우 타협은 불가피하며, 그리고 그 타협은 원래의 단일한 목적을 지워버릴 수 있다. 대중도 마찬가지로 단일하지 않다.

이것은 목적론적 접근법이 틀렸다는 말이 아니다. 성문법령상의 간극들은 대부분 의도되지 않았다. 이때는 해당 성문법령이 달성하려 했던 게 무엇인지를 곰곰이 생각하는 것 말고는 그 간극을 메울 방법이 없다. 그러나 이것은 양식良識에 따른 것이지, 민주주의와는 아무 관계가 없다(블랙스톤은 민주주의자가 아니었다. 아리스토텔레스도 민주주의자가 아니었지만 2000년 전에 똑같은 취지의 말을 했다[40]). 목적론적 접근법을 실현하는 최선의 방법은 "합리적인 입법자reasonable legislator라는 허구를 채택하는 것"[41]이라는

---

115 *Yale Law Journal* 1719, 1731~1736(2006).

39   각주 1의 Breyer, 99.

40   다음을 참조할 것. Aristotle, *Rhetoric*, bk. 1 § 13; W. G., "On Construing Statutes by Enquiry," 6 *American Law Register* 513(1858).

41   각주 1의 Breyer, 97~101. 브라이어는 이 부분을 Henry M. Hart, Jr. and Albert M. Sacks, *The Legal Process: Basic Problems in the Making and Application of Law* 1378

브라이어의 말은 이를 더욱 뒷받침한다. 해석자는 실제 입법자들이 무슨 생각을 했는가를 묻는 것이 아니라 "합리적인" 입법자(다시 말하지만, 입법자들이 아니라 입법자, 즉 단수의 표현이다)라면 무슨 생각을 했을 것인가를 묻는다. "합리적인"이라는 단어가 무엇을 의미하는지를 결정하는 것은 법관이다. 왜냐하면 "합리적인 입법자"란 허구이기 때문이다. 이러한 접근법이 "인민의 의지를 합당한 정책으로 만드는 것"[42]과 같다고 말하는 것은, 설사 "인민의 의지"라는 개념에 묻힌 불확실성을 못 본 척하더라도, 과장된 언사라 아니할 수 없다. "합리적인 입법자"라는 개념은 — 마치 법관이 자신을 "합리적"인 사람이라고 간주하지 않을 수 없고 따라서 합리적인 입법자라면 어떻게 행동할 것인가를 알고 있다고 간주하지 않을 수 없는 것처럼 — 법령 해석에서 법관의 재량을 최대화하기 위한 도구다.

입법자들은 자신이 한 일들에 사법부가 "합리적"인 해석을 하는 것에 만족할 수도 있다는 점은 사실이기도 하고 중요하기도 하다. 만약 그렇지 않다면 입법자들은 자신이 만든 법률들 및 자신의 선임자들이 만든 법률들을 수정하는 데 많은 시간을 써야 할 것이다. 문언해석주의자들은 성문법령의 문면이 분명하다고 고집함으로써 입법부들에 아무런 도움을 주지 않는다. 입법 과정을 보면 — 특히 법안이 통과되려면 타협이 필요하기 때문에 — 입법부들이 모호하지 않은 법령을 반포하는 것이 불가능하다는 사실을 알 수 있다. 법관들은 입법자들의 뒤를 청소하는데, 이는 괜찮은 일이며 어떤 의미에서는 민주적이기까지 하다.

브라이어가 행정법을 다룰 때 '합리적인 입법자'의 개념이 다시 등장한다. 셰브론 대 NRDC Natural Resources Defence Council(천연자연보호협회) Chevron U.S.A. v. NRDC 사건[43]에서 대법원은, 규제 법령이 모호할 경우 법원은 — 그러

[William N. Eskridge, Jr. and Phillip P. Frickey eds, 1994(1958)]에서 차용하고 있다.

42 각주 1의 Breyer, 101.

43 467 U.S. 837(1984).

한 경우 해석은 본질적으로는 법관의 업무이지만, 의회가 법령에 대한 해석을 법령 시행 기관에 위임했고 이러한 해석은 가벼운 수준의 사법심사만 받게 된다는 이론에 의거해 — 규제 기관의 해석이 합리적이라면 그 해석을 존중해야 한다고 판결했다. 브라이어는, 특정 사건에서 그러한 위임이 있었는지를 결정하기 위해 법관은 "해당 법령의 목적이나 상황을 감안할 때 그런 상황에서 가상의 구성원(예를 들자면 의회의 합리적인 구성원)이라면 법관이 해석을 존중하기를 원했을 가능성이 높은가"[44] 아니면 문제를 법관 스스로 해결하기를 원했을 것인가를 물어야 한다고 말했다. 그러나 그런 질문은 잘못된 질문이다. 해당 법령이 모호하다고 가정하자. 의회가 스스로 그렇게 결정하지는 않았다. 만약 스스로 그렇게 결정했다면 그 결정이 무엇인지 우리는 알지 못한다. 문제는 의회가 그 모호함을 해결할 주체로 법원을 상정했는가 아니면 규제 기관을 상정했는가 하는 것이다. 이 문제에 대한 대답으로 우리는 이 사건의 쟁점이 법관의 영역이 아니라 규제 기관의 전문 영역에 속한다면 법원은 규제 기관의 해석을 존중하는 것이 옳고, 그렇지 않다면 법원 스스로 판단해야 한다는 것밖에 할 말이 없다. 셰브론 사건에서 "위임"의 개념은 하나의 허구다. 셰브론 사건 판결은 아주 자주 인용되는 판결이지만 이 판결이 행정 행위에 대한 사법심사에 변화를 가져왔는지는 의심스럽다.[45]

브라이어의 잦은 스파링 파트너인 스칼리아 같은 문언해석주의자(또는 문언해석주의적 원의주의자)들은 브라이어가 옹호하는 '느슨한 해석법'은 "주관성에 문을 활짝 열어주는 것"[46]이라고 주장한다. 사실이 그렇다. 그리

---

44 각주 1의 Breyer, 106.

45 William N. Eskridge, Jr. and Lauren E. Baer, "The Supreme Court's Deference Continuum: An Empirical Analysis (from *Chevron* to *Hamdan*)"[*Georgetown Law Journal*(근간)]. 저자들은 법령의 해석과 관련된 사건에서는 거의 언제나 정부 측이 승소한다는 것, 그리고 관계 기관은 전문성을 갖고 있고 법관은 전문성을 갖고 있지 못한 영역에서는 특히 정부 측이 승소한다는 사실을 발견했다.

고 그러한 주장에 대해 유일하게 적정한 대응은 "문언해석주의나 원의주의 모두 역동적 자유와 똑같이 변화무쌍한 개념이다"가 될 것이다. 그러나 브라이어의 답변은 달랐다. 그는 답하기를, "다른 무엇이 아니라 결과를 강조하는 법관은 그 판결의 영향을 받을 선례와 규칙, 규준, 그리고 관행과 제도를 알고 있다"[47]라고 했다. 그러나 "알고 있다"는 것과 "구애받는다"는 것은 다르다. 브라이어는 보어스 대 하드윅Bowers v. Hardwick 사건[48] 판결을 파기한 로렌스 사건 판결(10장 참조)에서 다수의견에 가담했고, 스탠퍼드 대 켄터키 사건 판결을 파기한 로퍼 사건 판결(10장 참조)에서 다수의견에 가담했다. 로렌스 사건 판결과 로퍼 사건 판결은 대담한 "진보적" 판결들이다. 그런데 두 판결 모두 결과에 깊은 주의를 기울이지 않았다. 로렌스 사건 판결로 파기된 '동성애금지법'은 실제로는 아무런 결과를 발생시키지 않았다. 왜냐하면 이 판결이 내려질 때에는 이미 그 법이 거의 시행되지 않고 있었기 때문이다. 그 법은 동성애를 사회적으로 인정하지 않는다는 선언 ─ 거의 듣는 사람은 없지만 말이다 ─ 이상이 되지 못했고, 대법원은 그 법을 자신의 더욱 "계몽된" 도덕적 견해로 대체했다. 그리고 로퍼 사건에서 제출되었던 연구, 즉 청소년들은 살인의 의미를 이해할 만큼 도덕적으로 성숙하지 않았다는 심리학적 연구를 대법원이 잘못 이해하고 사용했음을 우리는 기억한다.

브라이어는 자신의 책에서 '학교 바우처' 사건인 젤먼 사건에서 반대의견을 취한 자신의 입장을 변호하면서, "나는 종교 교육에 막대한 재정을 투여하는 것에서 앞으로 있을 수 있는 종교적 갈등의 잠재성potential을 보았다"[49]라고 말했다. "잠재성"을 "보는 것"은 바우처 프로그램의 실행이 허용

---

46   각주 1의 Breyer, 118. 문언해석주의에 대한 체계적 옹호론은 다음을 참조할 것. John F. Manning, "What Divides Textualists from Purposivists?" 106 *Columbia Law Review* 70(2006); Caleb Nelson, "What is Textualism?" 91 *Virginia Law Review* 347(2005).

47   각주 1의 Breyer, 118~119.

48   478 U.S. 186(1986).

되지 않는다면 긍정될 수도 부정될 수도 없는 하나의 추측에 불과하다. 그 것은 로크너 사건 판결과 유사했다. 로크너 사건 판결이 내려졌던 1905년에 여론 주도층은 근로시간을 제한하는 법이 사회적 비용을 거의 들이지 않고 노동계급의 복지를 증진시키는 개화된 조치라고 생각했었다. 대법원은 그러한 조치가 "적법절차" – 이 용어는 법의 형식이나 입법적 환경과는 별개로 법의 내용과는 명백하게 관련되지 않는 용어다 – 의 부정이라고 할 수 있는 상황에서 고용주들에게서 "계약의 자유"(이는 헌법에는 없는 용어다)를 앗아간다는 것을 근거로 그 조치를 무효화할 것인가 말 것인가 하는 문제에 당면했다. 홈스 대법관은 자신의 반대의견에서, 뉴욕 주의 '최장근로시간법'을 무효화하려면 대법원이 경제 이론들 가운데 선택하지 않으면 안 되는데, 왜냐하면 헌법 제정자들이 대법관들을 위해 그러한 선택을 앞서 했었다고 생각하기는 어렵기 때문이라 했다. 그 법을 폐기 처분함으로써 대법원은 한 가지 사회적 실험의 숨통을 끊어놓았다.

선출된 입법부가 채택한 사회적 실험을 배척하는 것은 비실용적일 뿐 아니라 비민주적이다. 브라이어는 자신의 보수적인 동료들보다 자주 연방 법령들을 지지하는 표결을 해왔다. 그러나 주 입법을 무효화한 로렌스 사건 판결과 로퍼 사건 판결의 각 다수의견에 그가 가담한 것이나 젤먼 사건 판결에서 반대의견을 낸 것을 보면 연방주의에 대한 그의 신념이나 민주주의적 소신에 의문이 간다. 그는 또 외국의 헌법 판결들을 열성적으로 인용하는데, 이는 엘리트주의의 한 형태다. 왜냐하면 외국 법원의 판결들은 미국의 민주주의에서 발생한 사건들이 아니기 때문이다.[50]

49 각주 1의 Breyer, 121~122.
50 12장과 맥코널의 다음 언급(각주 28, 2399)을 참조할 것. "나는 그들의 역동적 자유가 문제가 되는 '인민들(people)'을 미국 인민들이라고 가정한다. 미국 대법원에서 언급하는 외국의 판결들로 말하면, 어떤 것은 미국 법규에 표현된 '미국 인민의 의지에 부합'하는데, 이런 경우 외국 판결들을 언급하는 것은 중복이라 할 수 있다. 그리고 다른 것은 인민의 의지에 부합하지 않는데, 이런 경우 그러한 판결들에 적지 않은 무게를 부여한다면 그것은 브라이

브라이어의 헌법이론들은 윤곽이 불명료하다는 것이 특징인데, 그는 자신의 책에서 "명료한 규칙에 집착하다가는 헌법상 높은 비용을 물지 않으면 안 된다"[51]라고 주장하면서 자기 이론의 불명료성을 변호한다. 그는 "삼진 아웃제" 법, 즉 범죄를 세 번 저지를 경우 종신형에 처하는 것으로, 세 번째 범죄가 가령 골프채나 비디오테이프를 훔치는 것 같은 사소한 범죄라 하더라도 동일하게 처리하는 법에 대해 잔인하고 비정상적인 처벌이라고 판결할 수 있는가를 묻는다. 대법원은 잔인하고 비정상적인 처벌이 아니라고 판결했다. 그러나 브라이어는 반대의견을 취했다.[52] 그는 자신의 책에서 자신이 반대의견을 통해 취한 입장이 "대법원을 명료한 규칙이 없는 상태에 놓이게 할 것"[53]임을 인정한다. 우리는 그가 엘드레드 대 애슈크로프트 사건 판결(10장 참조)에서 반대의견을 취하면서 저작권 보장 기간을 확장하는 법령은, "만약 ① 그 법령이 가져다주는 중대한 편익이 공적인 편익이 아니라 사적인 편익이라면, ② 그것이 헌법상 저작권 조항[연방헌법 제1조 제8절 제8항 ─ 옮긴이]에 체현된 표현의 가치를 심각하게 침해할 가능성이 있다면, ③ 그것의 정당화 근거를 헌법상 저작권 조항과 관련된 어떤 목적에서도 발견할 수 없다면, 헌법적으로 필요한 합리적 지지를 받을 수 없다"[54]라고 주장했던 것을 상기하게 된다. 그가 제시한 이 세 가지 규준은 규준이라는 용어에 먹칠을 했다. 그리고 이는 법관이 '때때로 입법자'가 되어야 할 운명이라면(사실 미국의 대법관들은 빈번하게 입법자가 된다) 법관은 실제 입법부가 제공하는 것과 같은 정도로 국민들에게 지침을 제공할 규칙과 규준들을 정형화할 수 있어야 한다는 사실을 상기시킨다.

어 대법관 자신의 관점에서 보더라도 문제 있는 태도일 것이다"(작은따옴표는 각주 1의 Breyer, 115에 의거).

51   각주 1의 Breyer, 128.
52   Lockyer v. Andrade, 538 U.S. 63(2003); Ewing v. California, 538 U.S. 11(2003).
53   각주 1의 Breyer, 129.
54   같은 책, 245.

브라이어는 지적재산권 일반과 특히 저작권에 대해 아는 것이 가장 많은 대법관이지만 엘드레드 대 애슈크로프트 사건에서 그가 낸 반대의견은 어떤 동료 대법관의 지지도 받지 못했다. 그 말고 반대의견을 낸 스티븐스 대법관조차 브라이어의 반대의견에 동조하지 않았다. 브라이어는 지적재산권 분야 외에 동료 대법관들과 달리 자신이 전문 지식을 보유한 또 하나의 분야인 경제 규제 분야[55]에서도 동료 대법관들을 설득하는 데 실패했다고 토로한 바 있다. 그는 부분적으로 그 실패의 원인을 동료들이 법에서 "명백한 기준의 규칙들bright-line rules"을 선호하는 까닭으로 돌리는데, 이는 다음과 같은 이유로 경제학적 추론과 조화되기 어렵다고 보았다. "경제는 점차적 이행을 다루고[분명한 구분선들을 그을 수 없고 – 옮긴이] 그 결과는 생각보다 커질 수도 있고 작아질 수도 있다. … 나는 법적으로 절대적인 선을 긋는 것을 싫어하는 경향이 있다. 인생은 절대적인 규칙들로 재단하기에는 보통 너무 복잡하다."[56] 그러나 복잡하기 때문에 규칙이 필요한 것이다. 규칙이 갖는 경제화economizing의 속성을 무시하는 것은 비실용적인 태도다.

브라이어는 "사법부의 독립은 마음의 상태를 의미한다. 이는 부적절한 압력에 대한 무관심과 매 사건을 법에 따라 판결하겠다는 결심을 반영한다"[57]라고 말했다. 나는 사법부의 독립에 관한 그의 신념에 진정성이 담겨 있음을 의심하지 않는다. 그러나 "법"이라는 말이 그에게 의미하는 바가 무엇인가에 대해 나는 분명 의문을 갖고 있다. 그가 "역동적 자유"를 헌법에서 도출하려 노력한 것을 진지한 노력으로 볼 수 없다면(분명 진지한 노력으로 볼 수 없다), 그리고 브라이어의 모든 (사법적) 표결이 "역동적 자유"에서

55 Stephen Breyer, "Economic Reasoning and Judicial Review: AEI-Brookings Joint Center 2003 Distinguished Lecture" 2(AEI-Brookings Joint Center for Regulatory Studies, 2004).

56 같은 글, 6~7.

57 Stephen Breyer, "Judicial Independence: Remarks by Justice Breyer," 95 *Georgetown Law Journal* 903, 904(2007).

도출되었으므로 그 표결들이 하나의 헌법적 계보를 형성한다고 만약 생각할 수 없다면(이것도 지당하다), 브라이어에게 "법"이란, 또는 적어도 헌법이란, 브라이어 개인의 견해 외부에 존재하는 사고의 실체라기보다 자신의 창조물에 더 가까운 것처럼 보인다. 나는 그를 브리콜뢰르bricoleur[브리콜라주bricolage하는 사람 — 옮긴이], 즉 "자기 주변에 있고 자기가 마음대로 처분할 수 있는 도구들을 사용하고 … 도구들을 본래의 용도로 사용하거나 시행착오를 겪으며 그것들을 조정할 의도는 특히 없으며, 필요한 경우에는 언제든지 도구들을 변형하는 데 주저함이 없는"[58] 사람으로 묘사하고 싶다. 브라이어의 도구 상자에는 고대 아테네의 직접민주주의나 현대 미국의 실용주의뿐만 아니라 일리가 주장하는 헌법 재판의 "대표성 강화representation reinforcement" 이론, 헨리 하트가 주장하는 제정법 해석에서의 "합리적 입법자" 이론, 헌법과 제정법 규정들은 정치적 도덕성에 대한 완전한 진술들로 해석되어야 한다는 드워킨의 주장,[59] 경제학적 분석, 선례와 제정법 조문 등의 전통적인 법률 문헌들에 대한 존중 등 다종다양한 도구들이 들어 있다. 그러나 이러한 절충주의는 법관을 자신의 정치적 본능 — 진보적 본능이든 보수적 본능이든 아니면 온건한 본능이든 간에 — 에 마음대로 빠질 수 있게 한다. 왜냐하면 절충주의는, 예를 들어 사형, 낙태, 적극적 평등실현 조치, 또는 공적 영역에서의 종교에 대한 본능적인 혐오와 같이, 법관으로서 공개적으로 인정하고 싶어 하지 않는 이유를 근거로 법관이 도출하려는 어떠한 결과도 수용할 수 있기 때문이다.

---

58 Jacques Derrida, *Writing and Difference* 285(1978). 외국의 법을 차용하는 것(다음 장 참조)은 브리콜라주의 한 형태로 묘사되어왔다. 예를 들어, 다음을 참조할 것. David Schneiderman, "Exchanging Constitutions: Constitutional *Bricolage* in Canada," 40 *Osgoode Hall Law Journal* 401(2002) 및 이 글에 인용된 참고문헌들. 브라이어 대법관은 미국 법의 전거로 외국 판결들을 열성적으로 인용해왔다.

59 Ronald Dworkin, *Freedom's Law: The Moral Reading of the American Constitution* (1996).

그렇기는 하나 브라이어는 교조주의적인 진보주의자는 아니다. 이 말이 뜻하는 것은 일부 진보주의 법학 교수들[60]이 갈망하는 헌법적 "이상vision"을 그의 책에서는 발견할 수 없다는 것이다. 그의 사법적 접근법에 당신이 동의하는지 여부는 아마 그의 정치적 견해에 당신이 동의하는지 여부에 달려 있을 것인데, 그러나 이는 그의 반대자들에게도 마찬가지로 해당되는 이야기이자, 마셜 대법원장에게까지 거슬러 올라가는 대법원의 그의 선배들에게도 해당되는 이야기다.

맥코널 판사는 불만스러운 목소리로 "브라이어 대법관은 언어, 역사, 전통보다 '목적'이나 '있을 수 있는 결과'에 더 큰 무게를 두고 싶어 한다"[61]라고 말한다. 또한 "그가 '실효적인 결과'나 '현실 세계에서의 결과'를 강조하는 것으로 보아, 즉 브라이어 고유의 비용편익 형량에 명백하게 근거한 접근법은 '심각하게 해로운 결과'를 회피할 수 있다고 주장하는 것으로 보아 판단하건대 브라이어 대법관은 실용주의자로 규정해야 마땅하다"[62]라고 말한다. 그렇지만 사실 브라이어 대법관은 간헐적 실용주의자에 불과하다. 그의 실용주의는 진보주의에 크게 경도된 실용주의이며, 때문에 그는 법현실주의의 상속자로도 분류할 수 있는 사람이다. 하나의 포괄적 이론을 제시하면서 브라이어는 가면을 쓰고 있는데, 그가 그렇게 하는 이유는 보수주의자들이 선호하는 이론의 마당에 들어가 그들과 겨루는 데에는 그것이 더 유용하기 때문이다.

그러나 원의주의나 그 형제인 문언해석주의도 마찬가지로 가면을 쓰고 있다. 다만, 그것들은 실용주의와 마찬가지로 ― 그러나 역동적 자유(또는 내가 4장에서 언급했듯이, 하워드 길먼Howard Gillman이 로크너 시대 대법관들의 탓으로 돌리는 "국가의 중립성"의 이데올로기)와는 달리 ― *본질적으로* 정치적인

---

60 각주 2의 Greenhouse 참조.
61 각주 28의 McConnell, 2390: 각주 1의 Breyer, 8을 인용.
62 각주 28의 McConnell, 2408: 각주 1의 Breyer, 115~116, 129를 인용.

것은 아니다. 그렇기는 하지만 동기라는 면에서 보면 - 이론에 따른 결과들이 대체로 그 이론가의 정치적 성향에 대체로 부합한다는 의미에서, 그리고 만약 그렇지 않았다면 그가 그런 이론을 택하지 않았으리라는 의미에서 - 나는 그것들 역시 정치적이라고 생각한다. 그런데 원의주의는 그 가면을 벗기기가 쉽다. 그것이 얼마나 쉬운지 예를 들어보겠다. 원의주의자들, 특히 현재 법관이거나 장차 법관이 되려는 자여서 종신재직권을 가진 교수처럼 제멋대로 행동할 자유는 없는 원의주의자들에게 가장 곤혹스러운 사실은, 원의주의를 단호하게 받아들인다는 것이 곧 이미 '대원칙'의 지위를 확보한 많은 사건을 뒤집어엎는 것을 의미한다는 점이다. 문언해석주의자 겸 원의주의자를 자처하는 맥코널 판사는 이 문제점을 날카롭게 깨닫고 있다. 그는 자신의 원칙에 반하는 법리들로 "평등보호조항을 내세워 성차별에서 보호하기, 평등보호조항을 연방 정부에도 적용하기, 주 내intrastate 통상활동에 대한 연방의 규제를 허용하기 위해 통상조항을 확대 해석하기, 주 의회의 심각한 의원 정수 불균형을 금지하기"[63] 같은 것들을 들었다. 그러나 그는 계속해서 "이 의심스러운 결정들(법리들)은 대중의 압도적인 승인으로 정당화되었다. … 이 압도적인 승인이 인민에 의한 비준의 형태를 구성했고 그 결과 그러한 결정들이 정당성과 권위를 가지게 되었다"[64]라는 말을 덧붙였다. 그는 제임스 매디슨James Madison을 인용했는데, 매디슨은 국립은행을 설립하는 것이 위헌이라는 생각을 바꾸었다고 인정하면서, 그 이유는 "국민 절대 다수가 국립은행 설립을 묵인하는 것을 … 헌법에 관한 하나의 국가적 해석"으로 간주했기 때문이라고 했다.

바꿔 말하면 헌법이 인민의 여론으로 개정될 수 있다는 것인데, 그러한 견해는 정치인에게 익숙한 것이지, 원의주의자에게 어울릴 것으로 생각할 사람은 없을 것이다. 그런 이설을 지지하는 문헌은 어디에도 없으며, 내

63   각주 28의 McConnell, 2417.
64   같은 글.

가 아는 한 이를 뒷받침할 역사적 사실도 전혀 존재하지 않는다(매디슨의
글은 제헌의회가 개최된 지 거의 40년이 지나서 쓰인 글이다). 그뿐만 아니라 이
는 사실상 정치적 판결을 인허하는 것이다. 왜냐하면 이는 다음과 같은 의
미이기 때문이다. '그대가 여론이 움직일 방향을 알고 있다고 생각한다면
그 흐름의 선두에 나서라. 그리고 원의주의의 도그마를 무시하고 사건을
판결하라. 만약 그대의 정치적 본능이 맞았다면 그대의 판결은 사람들에
게, 심지어 원의주의자들에게도 수용될 것이다!'

맥코널이 '공립학교 분리 문제에 평등보호조항을 적용하는 것'을 원의
주의 교의에 도전하는 판결의 사례에 포함시키지 않은 것에 주목하라. "헌
법의 균열된 영역에는, 브라운 사건 판결은 연방헌법 수정조항 제14조의
본원적 이해에 합치하지 않는다는 합의와 매우 유사한 무언가가 있다"[65]라
고 인정하면서도 맥코널은 이 합의가 잘못되었음을 입증하기 위해 발 벗고
나섰다. 이는 이 문제가 원의주의의 정치적·학문적 수용에 큰 영향을 미칠
수 있는 문제임을 충분히 인지한 데 따른 행동이었다.[66] 그러나 그가 제시
한 증거는, 연방헌법 수정조항 제14조(이것은 1868년에 비준되었다)를 이행
하기 위한 민권법 입법을 둘러싸고 벌어진 1870년대의 논쟁에서 공화당 의
원들은 대부분 이 수정조항으로 백인 학생들은 흑인 학교에 다닐 수 있게
되었고 흑인 학생들은 백인 학교에 다닐 수 있게 되었다고 생각했다는 것
뿐이었다. 그러나 기만으로 가득 찬 입법의 역사에서 법 제정 이후의 입법
관련 이야기들만큼이나 믿을 수 없는 것도 없다. 입법의 싸움터에서 진 사

---

65   Michael W. McConnell, "Originalism and the Desegregation Decisions," 81 *Virginia Law
      Review* 947, 952(1995). 또한 다음을 참조할 것. McConnell, "The Originalist Justification
      for Brown: A Reply to Professor Klarman," 81 *Virginia Law Review* 1937(1995). 맥코널
      의 논문에 대한 클라먼의 대응에서는 헌법 해석이론으로서의 원의주의에 대한 강력한 비
      판이 제기된다. Michael J. Klarman, "Brown, Originalism, and Constitutional Theory: A
      Response to Professor McConnell," 81 *Virginia Law Review* 1881, 1915~1928(1995).

66   Michael W. McConnell, "The Originalist Case for Brown v. Board of Education," 19
      Harvard Journal of Law and Public Policy 457(1996).

람들은 그런 이야기로 법원을 설득해 최후의 승자가 되고 말겠다는 헛된 희망을 품는다(사람들은 승자가 쓴 역사를 들어왔다. 그런데 이것은 패자가 쓴 역사다). 어떤 제정법이나 헌법 규정의 모호함을 벗겨내기 위해서 입법 후의 사료가 사용될 수 있다면 법원은 해석상의 거대한 재량을 갖게 된다. 맥코널 판사는 아마 신종 이론가, 즉 입법후 - 원의주의자postoriginalist인 모양이다.

일관성 있는 원의주의자라면, 연방헌법 수정조항 제14조가 공립학교의 인종적 통합을 요구했다면 그렇게 [직접 — 옮긴이] 얘기했을 것이라 말할 것이다. "평등보호"라는 용어는 분리를 금지하는 것처럼 전혀 보이지 않는다. 이는 보통 사람들의 혐오감을 불러일으키는 성이나 인종을 토대로 한 분리에도 해당되는데, 예를 들어 화장실을 남성용과 여성용으로 나누는 것이나 인종 폭동을 예방하기 위해 교도소를 인종별로 분리해서 운영하는 것 같은 것들을 금지하지는 않는다. 이러한 상황에서는 "분리하되 평등하다"라는 것이 형용모순에 해당되지 않는다. 따라서 학교 분리가 혹인들에 대해 자의적으로 법적 보호를 거두는 것과 같다는 것을 입증하기 위해서는 증거가 필요했는데, 브라운 사건의 원고들은 그다지 증거를 제시하지 않았다. 물론 분리가 갖는 사회적 의미를 모든 사람은 *알고 있었다*. 그러나 그러한 사실은 다 알다시피 문언해석주의적 원의주의자들을 포함한 법규주의자들이 안심하고 의지할 수 있는 종류의 "증거"가 되지 못한다(맥코널이 의지한 것도 이것이 아니다). 인종법 역사에 대한 선도적 학자인 클라먼은 맥코널의 논문이 출간된 후에 쓴 글에서 다음과 같이 결론지었다. "연방헌법 수정조항 제14조를 원의주의적으로 이해하자면 이 조항은 명백히 학교 분리를 허용한다. … 법규의 문언, 본래의 의도, 선례, 관습과 같은 전통적인 법률자료들을 존중하는 법관들에게 브라운 사건은 쉬운 사건이었을 것이다. 당연히 학교 분리를 *유지하*는 판결을 내려야 했다."[67]

브라운 사건에 대한 맥코널의 분석과 관련해서 가장 이상한 부분은, 그가 연방헌법 수정조항 제14조가 통과되었을 때는 "학교 분리 폐지가 북부와 남부를 막론하고 백인들의 큰 반대를 샀던 반면 학교 분리는 대단히 폭넓게 실행되었다"라는 것을 인정하면서도, "그러나 그때는 평상시가 아니었"고 "남북전쟁 승리의 위엄을 가지고 *반란 주 정부들을 군사적으로 지배하던 정치적 소수파가 인민의 의견을 거의 고려하지 않고* 재통합의 대가로 전국에 헌법적 변화를 *부과하던* 시기였다"[68]라고 주장한 것이다. 원의주의자들이 원의주의를 옹호하는 가장 큰 이유는 법원이 헌법의 이름으로 입법권을 가로채지 못하도록 원의주의가 막아주기 때문이다. 그리고 비원의주의적인 선례라 하더라도 인민의 묵인으로 비준될 때에는 민주적 정당성을 취득한다고 맥코널이 옹호해온 것을 상기해보라. 그러나 맥코널이 학교 분리를 금지하는 것으로 해석한 연방헌법 수정조항 제14조는 민주적이기보다는 민주주의에 대해 침탈적이다. 맥코널은 그러한 해석이 민주주의에 대한 소신과는 *전혀 무관*하다면서 그 해석을 옹호한다. 여기서 우리는 이 이론가가 자신의 이론을 오로지 '브라운 사건의 판결이 옳다는 것을 전적으로 수용한다'는 정치적 지상명령에 맞춘다는 사실을 목도한다.

원의주의는 입법부나 행정부를 누르고 자신의 힘을 확장하려는 경향을 억제한다는 의미에서의 사법자제론은 아니다.[69] 그리고 이론 자체를 조작하는 것이 가능하다는 사실 때문에, 원의주의가 법관의 재량을 축소시킨다는 그들의 핵심 주장에 대해서조차 우리는 의심을 품게 된다. 의심을 품게 만드는 것은 그것만이 아니다. 판례법 시스템에는 합리적인 수준의 확

---

67   Michael J. Klarman, *From Jim Crow to Civil Rights: The Supreme Court and the Struggle for Racial Equality* 26, 447(2004)(강조는 원문을 따름).

68   각주 65의 McConnell, "Reply to Professor Klarman," 1938~1939(강조는 추가).

69   Keith E. Whittington, "The New Originalism," 2 *Georgetown Journal of Law and Public Policy* 599, 609(2004).

실성에 도달하기 위해 사용하는 기본적인 법규주의적 도구가 두 가지 있다. 그 하나는 헌법과 제정법의 조문이고, 다른 하나는 선례다. 그러나 이 것들은 서로 긴장관계에 있다. 원의주의자라면 선례를 미심쩍은 시선으로 응시하여야 한다. 왜냐하면 선례는 기껏해야 법관이 두르는 '권위 있는 텍스트라는 망토'이고 최악의 경우에는 '법관이 무에서 창출해낸 것'에 불과하기 때문이다. 스칼리아 대법관이 선례를 받아들이는 태도는 명백히 실용주의적이다. 원의주의가 지배하는 세계에서는 ─ 대륙법 체계(이 체계에서는 법전이 상세하기 때문에 미국의 체계와 비교할 때 문언해석주의가 더욱 실현 가능한 전략이다)에서처럼 ─ 법을 안정화하는 힘으로서 선례가 가진 역할이 축소될 것이다. 실용주의자들, 느슨한 해석주의자들, 그리고 "살아 있는 헌법"주의자들은 권위 있는 텍스트들을 문자 그대로 해석하는 데 반대하고 그 문언들을 목적에 종속시키는 데 찬성한다. 그러나 그들은 선례를 원의주의자들보다 더 존중하는 경향이 있는데, 이는 그들에게 헌법은 텍스트의 창출물이 아니라 선례의 창출물이기 때문이다. 강조를 위해 과장하자면, 한쪽 학파는 텍스트의 확실성을 추구하면서 선례를 깎아내리고 다른 한쪽 학파는 선례의 확실성을 추구하면서 텍스트를 깎아내린다. 전자는 방법론상으로 프로테스탄티즘이고(다만, 그 실천자의 다수는 가톨릭이다), 후자는 방법론상으로 가톨릭주의다(다만, 그 실천자는 대부분 프로테스탄트이거나 유대교파다). 이 둘 중에서 어느 것이 헌법에 더 많은 확실성, 예측 가능성, 또는 안정성을 부여하는지는 불명확하다. 현재 대법원은 이 두 파가 4 대 4로 대립한 가운데 케네디 대법관이 예측할 수 없게 이쪽저쪽을 왔다 갔다 하고 있다.

그런즉 우리가 원의주의를, 또는 헌법 해석에 관한 어떤 포괄적인 이론을 진지하게 받아들이는 것이 가능할까? 이 질문에 답하기 위해서는 서로 다른 사법철학을 신봉하면서 정치적 성향은 동일한 법관들의 표결 내용을 비교하는 방법을 시도해볼 만하다. 아마 그러한 법관들은 다음과 같이 분류할 수 있을 것이다.

- 브라이어 대법관(역동적 자유), 스티븐스 대법관(사법철학을 식별할 수는 없지만 실용주의로 기울어짐), 수터 대법관(사법철학을 식별할 수는 없지만 매우 실용주의적이지는 않음)
- 스칼리아 대법관(원의주의자), 렌퀴스트 대법원장(사법철학을 식별할 수 없음)
- 캘러브레시 항소법원 판사(비켈주의자)와 그의 동료 뉴먼Jon Newman 항소법원 판사(역시 사법철학을 식별할 수 없음)
- 맥코널 항소법원 판사(원의주의자)와 제10항소법원 내 그의 동료들
- 프랭크 이스터브룩Frank Easterbrook 항소법원 판사(강한 원의주의자)[70] 와 포스너(실용주의적)

나의 인상은, 정치적 성향이 비슷한 법관들은 사법철학이 서로 다르더라도 보통 같은 방향으로 표결한다는 것이다. 내가 1장에서 인용했듯이 스칼리아 대법관은, 법관들은 철학이 서로 다르더라도 의견 일치를 보는 경우가 많은데 이는 법관들이 "온건"하기 때문[71]이라고 말한 적이 있다. 나는 그 말에 일리가 있다고 생각한다. 그러나 더 중요한 요인은 사법철학이 인과적 효력을 거의 발휘하지 않기 때문이다. 사법철학은 정치적 성향의 힘을 약화시키지 못한다. 사법철학은 "행동할 수 있는" 이유를 제공하지는 않고, 다른 이유에 따른 행동에 대해 합리화를 제공할 뿐이다. 다만, 이 명제

---

70   예를 들어, 다음을 참조할 것. Frank H. Easterbrook, "Foreign Sources and the American Constitution," 30 *Harvard Journal of Law and Public Policy* 223(2006); Easterbrook, "Abstraction and Authority," 59 *University of Chicago Law Review* 349, 372~378 (1992).

71   Antonin Scalia, "Originalism: The Lesser Evil," 57 *University of Cincinnati Law Review* 849, 862(1989). 또한 1장의 각주 60 참조.

를 더욱 충분히 시험하기 위해서는 사법철학은 비슷하지만 정치적 성향은 서로 다른 법관들(예를 들어, 둘 다 법규주의자인 스칼리아 대법관과 긴즈버그 대법관)을 비교해 그들의 판결이 서로 수렴하는지 갈라지는지를 살펴볼 필요가 있는데, 나는 갈라질 것으로 예견하는 바다.

12

사법 코스모폴리터니즘

미국의 연방대법원이 국제 법원이나 여타 외국 법원의 판결을 인용해야 하
는지, 또는 더 정확하게 말해 어떤 상황에서 어떤 목적을 위해 인용해야 하
는지에 대해 사법계와 법학계 내에서는 뜨거운 논쟁이 벌어지고 있다.[1] 결

---

1   다음을 참조할 것. Austen L. Parrish, "Storm in a Teacup: The U.S. Supreme Court's Use
of Foreign Law," 2007 *Illinois Law Review* 637(2007); Mark C. Rahdert, "Comparative
Constitutional Advocacy," 56 *American University Law Review* 553(2007); John O.
McGinnis and Ilya Somin, "Should International Law Be Part of Our Law?" 59 *Stanford
Law Review* 1175(2007); James Allan, "Jeremy Waldron and the Philosopher's Stone"
[University of Queensland Faculty of Law, Feb. 2007, *San Diego Law Review*(근간)];
Mark Tushnet, "When Is Knowing Less Better Than Knowing More? Unpacking the
Controversy over Supreme Court Reference to Non-U.S. Law," 90 *Minnesota Law
Review* 1275(2006); James Allan and Grant Huscroft, "Constitutional Rights Coming
Home to Roost? Rights Internationalism in American Courts," 43 *San Diego Law
Review* 1(2006); Jeremy Waldron, "Foreign Law and the Modern *Ius Gentium*," 119
Harvard Law Review 129(2005); David S. Law, "Generic Constitutional Law," 89
Minnesota Law Review 652(2005); Roger P. Alford, "In Search of a Theory for
Constitutional Comparativism," 52 *UCLA Law Review* 639(2005); Ken I. Kersch, "The
New Legal Transnationalism, the Globalized Judiciary, and the Rule of Law," 4

정적으로 중요한 부분은 어떤 조건들하에서 그러한가 하는 것이다. 재판과 유관한 지식의 원천으로 인용될 수 있는 것에는 제한이 없다. 어떤 법관이 낙태권에 관한 독일 (연방)헌법재판소의 한 판결을 우연히 읽다가 거기서 자신이 전에 알지 못했던 설득력 있는 낙태 반대론(또는 아마도 낙태 동기나 그 과정에 관한 사실들)을 발견했다면 이를 정당하게 평가하기를 원할 수도 있고 또는 그저 전거로 거론할 수도 있다(법관은 여느 법률가들과 마찬가지로 인용에 집착하는데, 이것은 많은 법률 추론이 본래 근거가 희박하다는 사실을 감추기 위해서다). 또는 예를 들어 미국에서 소송의 대상이 된 어떤 계약이 어느 외국의 법과 일치하게 해석되어야 한다고 명시하고 있는 경우에는 그 외국의 판례가 법적인 의미에서 중요할 수 있다. 이 경우는 외국의 법이 미국 법원의 판결에 법규로 기능할 것이다.

외국 법원 판결들의 영향을 받거나 또는 심지어 그 판결들에 의해 창출되기도 하는 국제법 역시 미국 법정에서 주장 또는 방어의 근거로 사용될 수 있다. 연방헌법 제1조 제8절은 의회에 "국제법 위반 행위들을 규정하고 처벌할" 권한을 부여하고 있으며, '외국인 불법행위피해자를 위한 배상청구법 Alien Tort Claims Act'은 연방법원에 국제법 위반에 근거한 불법피해자 배상청구의 관할권을 부여하고 있다.[2] '해사법海事法'은 미국 연방법원에 적용되는 국제법 가운데 하나다. 연방헌법 수정조항 제8조에 규정된 "잔인하고 비정상적인 처벌"의 본원의 의미를 정하는 과정에서는 18세기 영국 법원의 판결을 인용할 수도 있을 것이다. 그리고 이는 미국 법과 외국 법 간의 계통적 관련성을 보여주는 한 예가 될 것이다.

이는 외국 판례를 인용한 사례 중 나무랄 데 없는 사례들이다. 현재 논쟁의 주제는 아직 그 수가 많지 않은 사건들[3]과 관련해 담당 법관들(특히 대

Washington University Global Studies Law Review 345(2005).

2   28 U.S.C. § 1350.

3   David Zaring, "The Use of Foreign Decisions by Federal Courts: An Empirical Analysis,"

법관들)이 사건에 내포된 미국 헌법상의 쟁점에 대해 국제적 합의를 탐색하는 과정에서 '선례적 가치'를 갖는 것으로 인용하는 외국의 판결들이다. 이러한 탐색은 최근 물의를 일으킨 대법원 판결들과 관련해 판결들에 대법관의 정치적 성향보다 더 객관적인 근거가 있음을 보여주기 위한 노력의 일환으로 행해졌는데, 이는 기본적으로 성공하기 어려운 노력이다. 지난 세대의 사람들은 보편적이고 따라서 초정치적인 자연법에서 법적 안정성을 찾았다. 그러나 이러한 시도는 실패했다. 왜냐하면 자연법의 원칙이 무엇인가에 대해, 또는 적어도 특정 사건과 관련해 자연법이 요구하는 것이 무엇인가에 대해 서로 다른 의견들의 간극을 메울 수 없었기 때문이다. 국제적 차원에서 이뤄지는 법관들의 합의가 그러한 원칙의 합리적인 근사치를 제공할 것처럼 보일는지도 모르겠다.

그러나 이는 미국 법원에서 외국의 판결을 법원法源으로 취급한다는 것을 의미한다. 다시 말해, 공인된 재판소의 판결이라는 사실 덕분에 그 재판소의 추론이 얼마나 강력한가에 상관없이 그 판결이 설득력을 갖는 것으로 취급한다는 것이다. 오코너 대법관이 "다른 국가나 국제 공동체가 내린 결론들도 때로는 미국 법원에서 마땅히 설득력 있는 권위가 되어야 한다"[4]라고 말했을 때 그녀는 이를 인정한 것이다.

그러나 우리는 *통제력을 행사하는* 권위와 그렇지 못한 권위를 구별할 필요가 있다. 동일한 사법체계의 상급 법원에서 내린 판결, 그리고 동일한 법원에서 이전에 내린 판결은 현재의 법관이 그 판결을 합당한 판결로 보든 그렇게 보지 않든 간에 추종하지 않으면 안 된다 — 후자의 경우는 법원에서 받아들여지는 선례구속의 원칙에 따라 그러하다 —. 그런데 외국의 판결이

---

3 *Journal of Empirical Legal Studies* 297(2006).

4　　Sandra Day O'Connor, "Proceedings of the Ninety-Sixth Annual Meeting of the American Society of International Law: Keynote Address," 96 *American Society of International Law Proceedings* 348, 350(2002).

그러한 종류의 권위를 가져야 한다고 생각할 사람은 아무도 없다. 그러나 권위가 크게 결여된 판결을 법원에서 인용하는 경우도 종종 있는데, (예를 들어, 다른 주 대법원이 내린 판결이나 다른 순회구역의 연방항소법원이 내린 판결처럼) 상이한 관할권을 보유한 법원이 내린 판결이지만, 그런 판결에 일정한 무게를 부여하는 이유는 그 판결이 비슷한 가치와 전통, 그리고 세계관을 가진 '자매 법원'이 내린 판결이기 때문이다. 이러한 판결은 판결 자체의 본래적 설득력을 떠나 그러한 법원이 내린 판결이라는 사실 자체로 일정한 무게를 갖는다. 그리고 다수의 자매 법원들이 특정 규칙이나 법리를 향해 의견을 수렴해왔다면 그렇게 의견을 수렴한 사실 자체가 법원이 – 반대 감정이 특별히 강하지 않다면 – 처음 접하는 문제에서 동일한 결과를 내게 만드는 힘으로 작용할 것이다.

외국 판례를 권위 – 이 말의 약한 의미에서조차도 – 있는 근거로 인용하는 것에 심각하게 반대하는 입장들도 있다. 일부 반대자들은 미국의 법관이 꼭 국제적 합의를 – 로렌스 사건과 로퍼 사건에서 케네디 대법관이 했듯이 – 찾아봐야 하는가라는 핵심 문제까지 제기한다. 그러나 나는 더욱 일상적인 차원에서부터 반론을 제기하겠다. 바로 이러한 인용이 관행화될 경우 인용의 범위가 마구잡이로 확대되는 문제가 발생한다는 것이다. 반대론이 부각된 데에는 무엇보다 선례로 인용되는 판례의 범위를 제한해온 사법적 관행이 크게 작용했다. 미국의 많은 법원은 공식 판례집(오늘날에는 주로 웨스트 퍼블리싱 컴퍼니West Publishing Company가 발행하는 판례집을 말한다)의 형태로 출간되지 않은 판결문을 변호인이 선례로 제시하는 것을 허용하지 않는다. 그러한 판결문들은 사법부 차원에서 출간하기로 결정한 판결문들에 비해 법관의 세심한 주목을 받지 못했는데, 만약 이러한 것들을 선례로 인용하도록 허용한다면 변호사들과 법관들이 행할 조사연구의 양이 증가될 것이다. 그리고 그렇게 하는 것이 더 나은 판결을 가져오리라는 보장도 없다. 연방대법원은 연방항소법원과 주 대법원의 판결에 무게를 거의 두지 않음으로써 시간을 경제적으로 사용하려 한다. 이러한 판결들은 연방대법원이 개입한 시점에서 법이 무엇이었는가를 지적하기 위한 목적 외에는 거의 인용되지 않는다. 게다가 미국의 사법 시스템은 상대적으로 단일하고 또 그 산출물들을 누구나 쉽게 입수할 수 있는 반면, 미국 밖 사법 시스템들은 너무나 다양하고(세계에는 미국 외에 192개 나라가 있다) 그 산출물들을 하나의 언어를 사용하는 미국 법관과 재판연구원들이 입수하기란 쉽지 않다는 문제도 있다(이것은 현실적인 문제다). 외국 판결을 자유롭게 인용하도록 허용할 경우, 어떤 법관이 자신의 판결이유를 지지하는 인용을 찾고 싶다면 그는 '세계 대법전'의 바다에 낚싯대를 던지기만 하면 될 것이다. 물론 그가 찾아낸 것이 무엇일지는 매우 의심스럽다. 스칼리아 대법관 같으면 자신의 법정에 외국 판결을 가져와서는 안 된다고 주장하기보다, 가령 동성애, 낙태, 사형제, 공적 생활에서의 종교의 역할 등과 관련해 자신의 견해를 지지하는 선례들을 충분히 수집할 수 있도록 넓은 그물망을 나라 밖으로 던질지도 모른다.

미국 법정에서 외국 판결을 인용하는 데 반대하는 또 하나의 이유는 법관들이 자신의 치부를 덮어 가리는 방편으로 외국 판결을 사용할 수 있기 때문이다. 외국인으로부터 판단의 단서를 찾기를 원할 정도로 견해가 코스모폴리탄적(세계주의적)인 법관은 미국에 거의 없다. 로렌스 사건이나 로퍼 사건처럼 정치색이 짙은 사건의 경우 법관들은 주로 개인의 경험, 가치, 직관, 기질, 여론 읽기, 그리고 자신의 이데올로기에 의지한다. 대법원 수준에서의 재판에 영향을 미치는 이러한 요소들 가운데 외국의 사법적 결정을 연구하는 데서 형성된 요소는 하나도 없다. 어떤 국가들은 동성애를 범죄로 규정하고 어떤 국가들은 그렇지 않다. 동성애를 범죄로 삼는 것과 관련해, 가령 로렌스 사건을 다룬 대법관들이 다른 국가에서 행한 변론들에 무게를 두어야 했을까?

법관들이 외국 판결을 인용하려고 하는 것은, 새로운 입장을 내놓으면서 이전 판결을 인용하기 좋아하는 것과 똑같은 이유에서일 것이다. 이는 자신의 목소리를 낼 경우 법적 정의가 지나치게 개인적인 것으로 비치지 않을까 우려하는 소심성 때문이다. 그들은 판결의 근거가 사실상 선례 존중에 있는데도 외견상 불가피한 결론이라는 느낌을 주기 위해 인용할 선례들을 찾아 뒤지고 또 뒤진다. 법관은 판결이유를 설명하기 위해 대개 결과에 대한 표결(임시적 표결을 포함한다)을 하기 전이 아니라 표결을 하고 나서 깊이 있는 연구를 진행한다. 외국 판결을 인용하는 것은 미국 대법원의 헌법법리의 정수인 판결들이 갖는 정치적 성격을 위장하기 위한 수단인 동시에 판결 과정을 더욱 신비화하려는 노력의 일환이라 할 수 있다. 정치적인 법원일수록 비정치적으로 보이기 위해 더 큰 노력을 기울인다.

'외국 판결 인용하기'와 '입법 역사 끌어대기', 이 두 가지를 모두 단호하게 반대한다는 점에서 스칼리아 대법관은 일관성 있는 사람이다. 이 두 가지는 모두 겉치장하는 방법에 지나지 않는다.[5] 그러나 겉치장을 걷어내면 무엇이 남을까? 스칼리아는 그것을 원의주의라고 생각한다. 그러나 사실은 그것 역시 또 하나의 겉치장이다. 입법의 역사를 인용하는 것과 마찬가지로 외국 판결을 인용하는 것 또한 낭비적인 "군비 경쟁"의 성격을 갖는다. 한 법관이 그러한 자료들을 인용하기 시작하면 반대편 법관들은 이러한 인용을 상쇄하기 위해 동일한 자료들을 더 깊이 파고들어야 한다는 압박감을 느낀다. 결국 법관의 합당한 의사결정에 순수하게 기여하는 것은 아무것도 없을 것이다. 그러나 입법의 역사를 인용하는 것은 여기에 더해 더욱 심각한 군비 경쟁의 문제를 야기한다. 즉, (한쪽) 입법자들이 사법부의 해석을 자기 쪽에 유리하게 만들기 위해 목적의식을 갖고 입법의 역사

---

5   입법의 역사에 대해서는 예를 들어 다음을 참조할 것. R. Shep Melnick, *Between the Lines: Interpreting Welfare Rights* 253(1994)("거의 겉치장에 지나지 않는다"). 이것은 이런 우스갯소리를 생각나게 한다. 한 경건한 유대교인이 자기 지역 '모헬'(유대 율법에 따라 할례를 행하는 사람)의 사무실 앞을 지나가던 중 사무실 진열창에 회중시계들이 진열되어 있는 것을 보고 깜짝 놀라 들어가 물었다. "모헬님! 진열창에 왜 회중시계들을 늘어놓으셨나요?" 그러자 모헬이 답했다. "그럼 무엇을 늘어놓으면 좋겠소?"

를 만드는 데 나설 것이고, 그러한 움직임은 다시 사법부가 다른 방향으로 해석하기를 바라는 입법자들의 움직임을 야기할 것이다.

더 나아가 외국의 판결들은 미국 법관과 대법관이 대부분 알지 못하는 복잡한 사회·정치·역사·제도를 배경으로 생성된 것이다.[6] 가령 당신이 낙태 사건을 다루면서 독일 (연방)헌법재판소의 판결에 얼마만큼의 무게를 부여할 것인가를 정하려면 이 재판소의 재판관들이 어떻게 임명되는지, 그들은 자신의 역할을 어떻게 보는지, 특히 낙태에 대한 독일 사람들의 태도가 독일 고유의 어떤 역사, 예를 들어 비자발적인 안락사 같은 나치 독일의 법적 잔악 행위에 문을 연 것으로 (일부 사람들에게) 간주되는 바이마르공화국의 낙태에 관한 법리의 영향을 어느 정도 받아 형성되었는지를 알고 싶을 것이다.[7] 그리고 미국의 사형폐지론자들은 유럽 국가들의 사형 폐지를 (사형 폐지에 대한) 국제적 합의가 형성되고 있다는 증거로 인용하면서 미국 대법원이 이를 긍정적으로 고려해야 한다고 주장하지만, 유럽의 그러한 사정은 다음 두 가지 상황, 즉 첫째, 유럽 국가들은 과거에 사형을 남용했었다는 점(18세기 영국에서는 경절도범도 처형했고, 프랑스에서는 공포정치가 있었으며, 나치 독일과 소련에서는 사형을 마구잡이로 남용했었다)과, 둘째, 유럽에서는 엘리트의 견해가 대중의 견해를 누르기 쉽다는 점, 다시 말해 정치 환경이 미국보다 덜 민주적이라는 점과 관련이 있다.

외국의 법을 법적 권위로 인용하는 것은 이 세계의 법관들이 지혜와 양심의 단일한 공동체를 이룬다는 환상적인 전제에 입각한 행동이다. 미국

---

6   이는 다음 글의 논지와도 같다. Ruti Teitel, "Comparative Constitutional Law in a Global Age," 117 *Harvard Law Review* 2570(2004). 이 글은 다음 책의 서평이다. Norman Dorsen et al., *Comparative Constitutionalism: Cases and Materials*(2003).

7   Richard E. Levy와 Alexander Somek은 "Paradoxical Parallels in the American and German Abortion Decisions," 9 *Tulane Journal of International and Comparative Law* 109, 115~116(2001)에서 독일 헌법재판소가 낙태 관련 사건들에서 '나치 독일이 만든 부정적인 사례들'을 계속해서 강조하고 있는 데 대해 논한다.

대법관들이 독립선언서에 나오는 "인류의 신념들에 대한 엄정한 고려decent respect to the opinions of mankind"[8]라는 구절을 환기시키면서 외국 판결 인용을 정당화하려 노력할 때 그들이 지향하는 입장은 이러한 전제를 기반으로 하는데, 그들이 가리킨 이 구절은 이 문제와 맥락을 달리한다. 그들은 자신의 전제를 잘못 세움으로써 그 구절의 본의를 전도시켰다.[9] 대법관들은, 또는 적어도 외국 판결을 인용하기 좋아하는 법관들은 다른 국가들이 무엇을 하는지를 자신이 아는 데서 자연스럽게 영향을 받는 세련된 코스모폴리탄들이다. 그러나 그들이 자신의 코스모폴리탄적 가치들을 미국의 18세기 헌법의 이름으로 미국인들에게 부과하려 한다면 그것은 오만한 행동 또는 심지어 권리 침해적인 행동이지 않을까?

또 한 가지 간과된 사실은, 미국의 연방대법원과 외국의 헌법재판소 간의 제도적 차이다. 즉, 대부분의 다른 국가에서는 헌법 개정을 통해 헌법재판소의 판결을 무효화하는 것이 [미국보다 ― 옮긴이] 더 용이하다는 사실이다. 외국의 경우 보통 입법부 구성원 중 초과반수supermajority가 찬성하면

---

8   예를 들어, 다음을 참조할 것. Knight v. Florida, 528 U.S. 990, 997(1999)(브라이어 대법관은 상고허가 신청을 기각하는 데 반대했다).

9   이는 유진 콘토로비치(Eugene Kontorovich)가 다음과 같이 설명하는 그대로다. "독립선언서가 실제로 말하는 바는 '인류의 신념을 충분히 고려하려면 무엇이 우리에게 독립을 강요하는지를 분명히 밝히지 않으면 안 된다'라는 것이었다. 바꿔 말하면, 미국은 그 행동에 이유를 제시해야 한다는 것이다. 독립선언서는 식민지인들의 행동을 설명하고 정당화할 목적으로 만들어진 홍보 문서다. 국제주의 법률가들은 독립선언서가 '우리가 남들에게서 배운 것'을 보여주는 것이라고 왜곡했는데 사실은 정반대다. 독립선언서는 다른 나라들을 가르치고 있는 것이다. … 1776년으로 말하자면 절대 군주의 지배에서 벗어나는 것을 뒷받침하는 국제법 같은 것은 전무했다. 그렇게 하는 것은 제국의 여론과 정면충돌하는 것이었는데, 이는 모든 나라가 군주국이었기 때문이다. 식민지인들이 만약 (로퍼 사건에서의) 법원의 입장을 전해 들었다면 아마 "음, 해외에서는 모두 대표 없이도 납세를 하고 있지. 그러나 거기에 대비되는 뭔가도 있어야만 해"라고 말했을는지 모른다." Kontorovich, "The Opinion of Mankind," *New York Sun*, July 1, 2005, p. 9. 또한 다음을 참조할 것. Kontorovich, "Disrespecting the 'Opinions of Mankind': International Law in Constitutional Interpretation," 8 *Green Bag*(2d ser.) 261(2005).

헌법 개정이 가능하다.[10] 미국 연방대법원만큼 헌법적 결정을 무효화하는 데 엄청난 장애가 있는 곳은 좀처럼 없다 ─ 헌법 개정안이 상하 양원에서 각각 2/3의 찬성으로 통과되더라도 그것으로 끝나는 것이 아니라 다시 50개 주의 3/4이 비준해야만 비로소 헌법 개정이 이뤄진다 ─. 미국에서는 헌법 개정으로 헌법 판결을 파기하기가 쉬울수록 헌법재판소는 여론이나 반대의견을 덜 존중하거나 덜 조심할 것이다. 개가 담 뒤에 있을 때 더 격렬하게 짖듯이, 법관들은 자신들의 결정이 최종적이지 않다는 것을 아는 경우에 더 뻔뻔스럽게 자신의 개인적인 견해를 고수한다. 음란물은 연방헌법 수정조항 제1조에 의해 완전히 보호된다는 블랙 대법관과 더글러스 대법관의 의견(반대의견이다)에 만약 대법관 다수가 찬성했다면 그 두 대법관이 얼마나 불편한 입장에 빠졌을지 한번 상상해보라. 외국의 대단히 진보적인 헌법재판관들에게 만약 미국 대법관만큼 큰 권한이 주어지더라도 그들의 입장에 변함이 없을 것이라고 생각한다면 그것은 오산이다.

　　외국 판결을 법적 권위로 인용하는 데 대한 결정적인 반론은 그러한 관행이 비민주적인 성격을 갖는다는 점이다. 민주주의 국가의 법관이 내린 판결, 또는 민주주의 국가 출신의 국제재판소 재판관이 내린 판결조차도 미국 민주주의 궤도의 바깥에 존재한다. 이 사실은 가려져 있는데, 왜냐하면 우리는 미국의 법원을 "비민주적"인 제도라고 생각하기 때문이다. 그러나 그것은 정확하지 않은 생각이다. 미국의 주법관은 대부분 선출된다. 그리고 연방법관들도 대통령과 상원의원같이 선출된 공무원들에 의해 지명

10　헌법재판소가 있는(필요한 자료를 입수할 수 있는) 47개국의 79%는 입법부의 2/3 찬성으로 헌법재판소 결정을 파기할 수 있도록 규정하고 있다. 다음을 참조할 것. Venice Commission, "Decisions of Constitutional Courts and Equivalent Bodies and Their Execution," March 9~10, 2001, www.venice.coe.int/docs/2001/CDL-INF(2001)009-e.asp(visited May 2, 2007). 또 외국의 헌법 조문을 볼 수 있는 다음 웹사이트도 참조할 것. University of Richmond's Constitution Finder, http://confinder.richmond.edu(visited May 2, 2007).

되고 인준을 받는다. 따라서 미국에서는 연방법관들조차도 일정 부분 민주적 정당성을 띠고 있다. 반면 외국의 법관들은 그들의 국가가 아무리 민주적이라도 미국에서는 민주적 정당성을 갖지 못한다. 외국 유권자들의 투표 행위는 미국 민주주의 내에서 일어난 행위가 아니다.

나는 지금 미국 법관들이 편협해져야 하고 다른 국가의 사람들이 무슨 생각을 하고 무슨 행동을 하는지 알 필요가 없다고 말하는 것이 아니다. 미국의 주들이 사회적 실험을 위한 공간으로 기능하면 다른 주들과 연방 정부가 그 실험에서 배우듯이, 다른 나라 역시 그 나라 안에서 실시된 법적 실험의 결과를 배울 수 있는 실험 공간으로 생각할 일이다. 외국으로부터 배운다는 것은 문제가 아니다. 문제는 미국에서 일어난 사건에 대해 외국 사법부의 판결을 법적 권위(법원)로 취급한다는 것이다. 마치 세계가 단일한 법적 공동체인 것처럼 말이다.

외국 판결을 인용하려는 열망은 전 세계가 흡사 하나의 사법관할권인 것처럼 취급하는 운동[이것은 '사법 코스모폴리터니즘judicial cosmopolitanism'(사법 세계주의)이라 부를 만하다]의 일부다. 이러한 접근법의 문제점은 외국 판결을 인용하는 관행에 그치지 않는다는 데 있다는 사실을 두 권의 책, 바로 캐나다의 법학 교수 데이비드 비티David Beatty가 쓴 책과 이스라엘의 법관 아론 버락Aharon Barak이 쓴 책이 잘 보여준다. 그러나 나는 지금 사법 코스모폴리터니즘을 비판하는 것이며, 코스모폴리터니즘에 대한 *철학적* 타당성에 대해서는 어떤 입장도 취하지 않을 것이다. 사람들이 쉽게 섞어 쓰는 이 두 가지 개념은 구별되어야 한다. 철학적 코스모폴리터니즘(사해동포주의)은 견유학파 디오게네스에서부터 스토아학파, 키케로, 그로티우스, 칸트 등 많은 대가를 거쳐 최근의 마사 너스봄Martha Nussbaum까지 이르는 길고 뚜렷한 계통적 흐름을 갖는다. "세계 시민citizen of the world"이라는 말로 집약할 수 있는 이 철학은 타인에 대한 우리의 의무는 국경에서 멈추지 않는다는 것, 그리고 우리가 공통적으로 가지고 있는 인간애humanity는 가족과 친구, 같은 민족, 같은 국민, 기타 우리와 "지역적"으로 연결되어 있는 사람들('연결되어 있다'는 것은 심리적·정치적으로 중요한 의미를 갖는다)에 대한 충성심loyalty을 넘어서거나 아니면 적어도 그 충성심들과 경합하는 위치에 있다는 것을 우리에게 가르친다.[11] 요즘 이 철학은 부유한 국가들에 관대하게 대외 원조하도록 종용하기 위한 논거로 자주 사용된다.[12] 그러나 이는 미국의 법관이 다른 국가의 법관들로부터 판결의 단서를 찾아야만 하는가라는 문제와는 아무 상관이 없다. 이것은, 예를 들어 칸트 같은 일부 코스모폴리탄 철학자들이 믿어왔듯이, 실정 법원들을 인도할 어떤 보편적인 자연법을 받드는 것이 인도人道에 부합한다[13]고 사람들이 믿는다 하더라도 마찬가지다. 자연법의 원천이나 내용이 어떤가에 상관없이 이를 연방대법원이 의지해도 좋은 것 또는 외국의 판결들이 입증한 것이라고 생각한다면 이는 철학적 코스모폴리터니즘의 어떤 논리로도 정당화될 수 없는 비약이다. "제한된 세계를 타인과 나눈다는 일반 원칙이 요구하는 바를 기꺼이 하겠다는 의지"인 칸트 철학의 "사해동포적 권리"[14]는, 마치 국제적인 박애가 사법 코스모폴리터니즘의 현 쟁점과는 거리가 먼 것과 똑같이, (사법 코스모폴리터니즘의 현 쟁점과) 거리가 멀다.

비티는 사법 코스모폴리터니즘을 옹호한 자신의 저서에 『법의 궁극적 지배The Ultimate Rule of Law』[15]라는 제목을 붙였는데, '궁극적'이라는 형용사로

---

11 철학적 코스모폴리터니즘에 대해선 예를 들어 다음을 참조할 것. *The Political Philosophy of Cosmopolitanism*(Gillian Brock and Harry Brighouse eds. 2005); Martha C. Nussbaum, "Duties of Justice, Duties of Material Aid: Cicero's Problematic Legacy," 8 *Journal of Political Philosophy* 176(2000).

12 예를 들어, 다음을 참조할 것. Gillian Brock, "Egalitarianism, Ideals, and Cosmopolitan Justice," 36 *Philosophical Forum* 1(2005).

13 각주 11의 David Held, "Principles of Cosmopolitan Order," in *The Political Philosophy of Cosmopolitans*, 25~27. 일반적으로 다음을 참조할 것. *Perpetual Peace: Essays on Kant's Cosmopolitan Ideal*(James Bohman and Matthias Lutz-Bachmann eds. 1997).

14 Jeremy Waldron, "What Is Cosmopolitan?" 8 *Journal of Political Philosophy* 227, 242(2000).

인해 독자들은 '저자가 법의 지배라는 개념을 확장하려는구나'라고 예상하게 된다. 주지하다시피 법의 지배는 전통적으로 두 가지의 서로 다르면서도 서로 연관된 것들을 의미해왔다. 하나는, 법적 사건은 소송 당사자들의 인격적 가치에 따라서가 아니라 법적 실질에 따라 판결되어야 한다는 것이다(이것이 곧 법의 몰개성이며, 법관의 초연성 의무다). 다른 하나는, 그 사회의 최고위층이라 하더라도 법 위에 군림해서는(법으로부터 면제되어서는) 안 되고 법에 복종해야 한다는 것이다. 두 번째 의미의 필연적 결과는 다음과 같다. 즉, 법이 상당 정도 분명하지 못해서 법관이 법을 적용하는 데 지침이 되지 못하거나 법관이 법에 맞게 판결하는지 감독할 근거가 되지 못한다면, 법관은 부득이하게 법규주의적 근거보다 다른 것에 의거해 판결할 것이라는 점이다. 그럴 경우 법관은 법의 시종이 아니라 국가의 통치자가 된다. 불명료한 법이 법의 지배에 부과하는 위협은 헌법 사건의 경우에 특히 현저해지는데, 헌법 사건의 경우 최고 법관들이 헌법 조문에서 얻을 수 있는 지침이 별로 없고 또 권한 행사와 관련해 자신의 의지 외에는 아무런 외부적 근거가 존재하지 않는 상황에서 최후의 권한을 행사하기 때문에 그 위협이 가장 커진다.

이 문제점을 아는 비티는 다음과 같은 놀라운 해법을 제시한다. 즉, 헌법 사건을 다루는 법관은 헌법 조문과 선례("헌법 사건의 경우 아무리 훌륭한 선례라 해도 불필요하다"[16]) 또는 유사 사건을 들여다봐서는 안 된다는 것이다. 그들은 자신의 과업을 해석적인 것으로 간주해서는 결코 안 된다. 그들은 오직 해당 사건의 사실들에만 시선을 집중해야 한다. 헌법이 국가마다 아무리 다르더라도 "헌법 문언이 그렇게 서로 다르다는 것이 … 여성보다 남성에게 훈련(교육)과 고용의 기회를 의도적으로 더 많이 제공하는 법률들에 대해 법관이 생각하는 방식에는 전혀 영향을 미치지 못해왔다. 헌법

15   David M. Beatty, *The Ultimate Rule of Law* (2004).
16   같은 책, 90.

이나 국제 인권 조약을 협의하고 기초한 자들에게는 대단히 큰 의미를 갖는 세부 사항이나 수식들이 관련 사건들을 해결하는 방식에는 아무런 영향을 미치지 못한다"[17]라고 비티는 주장한다. 그런데 그러한 사정이 비티를 괴롭히지는 않는다. 왜냐하면 "법관이 어느 사건의 모든 사실을 정직하고 공정하게 들여다볼 마음의 준비만 되어 있다면 무엇이 옳은가를 보고 또 그렇게 행동하는 것은 전혀 어렵지 않기"[18] 때문이다. 여기서 '옳은'은 '법적으로 옳은'을 의미한다.

비티는 자신의 접근법을 일종의 실용주의로 간주한다. 다만, 그는 "비례성proportionality"이라는 용어를 더 좋아해 "비례성은 실용주의를 가능한 한 최대로 좋게 만든다"[19]라는 말을 했다. 이 용어는 비티가 남달리 고안한 용어가 아니다. "비례성"은 미국 밖의 법원에서는 흔히 사용되는 기준이다.[20] 미국에서도 가장 코스모폴리탄적인 대법관인 브라이어 대법관이 이를 사용한 것을 독자들은 기억할 것이다. 비티는, 어떤 법률이 헌법 심사를 통과하려면 그 법률은 사회적 필요로 인지된 것들에 대해 과도하지 않은, 비례적인 응답을 제시해야만 한다고 주장한다. 비례성을 그렇게 이해한다면 이는 상충하는 이익 간의 형량이라는, 본질적인 실용주의적 기술과 거의 구분될 수 없을 것이다.

비티는 사실에 기초한 재판fact-based adjudication은 헌법적 쟁점에 관해 —

---

17 같은 책, 81.

18 같은 책, 112. 그는 다른 곳에서는 이렇게 표현했다. "법원이 헌법의 문언에서 거룩한 답을 도출하는 데 대부분의 에너지를 사용할 때보다 사실들의 면밀하고 주의 깊은 평가에 판결의 토대를 둘 때 모든 사람의 이해가 더욱 충족된다"(같은 책, 57).

19 같은 책, 187.

20 예를 들어, 다음을 참조할 것. Vicki C. Jackson, "Ambivalent Resistance and Comparative Constitutionalism: Opening Up the Conversation on 'Proportionality,' Rights and Federalism," 1 *University of Pennsylvania Journal of Constitutional Law* 583(1999); Gregory C. Alexander, *The Global Debate over Constitutional Property: Lessons for American Takings Jurisprudence* 189~294(2006).

이데올로기나 감정에 영향 받은 것이 아니라는 의미에서 — *객관적*인 결론을 낳을 것이라고 주장한다. "법관이 어떤 사건에 걸린 실체적 가치에서 완전히 초연한 입장을 유지하면서, 적용되는 법에 의해 가장 크게 영향 받는 것들과 관련해 그 법이 진정 의미하는 바가 무엇인가를 보여주는 모든 증거를 진지하게 살펴보기만 한다면, 정답은 보통 상당히 분명해진다."[21] 사실들에 의해 인도되는 법관들은 자신이 인정하는 결과를 중심으로 거의 자동적으로 의견을 수렴할 것이라고 확신하는 그는, 따라서 실체적 결과를 산출하는 헌법이론들을 만들어내려는 노력을 깎아내린다. "원의주의"에 대해서는, "법관들에게 그들이 사는 공동체 내 사회적 분쟁의 일촉즉발의 상황을 200년 전에 살았던 사람들의 이해에 대항해 해결하게 하는 것은 결국 법관들에게 어느 쪽이든 자신의 양심이 가리키는 쪽의 손을 자유롭게 들 수 있도록 한다는 의미이고, 또 사실 그러했다"[22]라고 날카롭게 지적했다. 그는, 헌법 해석에 관한 드워킨의 도덕주의 이론을 채택한다면 "공동체의 일반 성원들이 공동체의 도덕적 발달에 대한 통제권을 전문 엘리트들의 손에 넘겨주게 될 것이다"[23]라고 지적했다. 이러한 사례들의 도움을 받으면서 비티는 하나의 올바른 헌법이론이 존재한다는 증명에 의해 헌법재판이 객관적·몰개인적·비정치적이 될 수는 없음을 설득력 있게 주장한다.

그러므로 법관은 이론가들(이론가들은 그 누구든 쉽게 논박된다)에게서 [결정의 — 옮긴이] 단서를 찾아서는 안 되고 — 비티가 주장하듯이 — 주로 사실 조사와 관련된 자신의 업무 관행에서 단서를 찾아야 한다. 그는 코먼로를 예로 들어 다음과 같이 말한다. "이 오래된 법적 전통의 위대한 천재성은 그 이론과 최고 원칙들을 아래로부터 찾았다는 점이다."[24] 그것이 "귀납

---

21   각주 15의 Beatty, 98.

22   같은 책, 9.

23   같은 책, 33(각주 생략).

24   같은 책, 34.

법"[25]이다. 그는 이것이 법원이 헌법 판결에 접근하는 *방법이어야* 할 뿐 아니라 헌법 판결에 접근하는 실제 *방법이기도* 하다고 주장한다. 그 증거로, 그는 독자들을 세계 여러 나라의 헌법재판소로 안내한 다음 헌법 조문의 문언, 법문화, 법리와 선례 등이 다름에도 그들이 놀랄 정도로 비슷한 결과물을 내놓고 있다는 것을 밝혔다. 다만, 미국의 연방대법원은 자주 열외였다고 덧붙였다. 이러한 사례들은 전부 비슷한 사실들을 공통으로 가지고 있고 따라서 그러한 비슷한 결과를 양산하는 것은 바로 사실들이라고 그는 결론 내린다.

지금까지 살펴본 대로 비티는 재판의 결론을 이끌어내는 것은 '사실들'이라고 생각하는 법현실주의자들의 계승자다. 그러나 그는 이러한 접근법이 야기하는 "존재와 당위"의 문제에 신경을 쓴다. 즉, 규범적인 사고 틀 없이 어떻게 사실 연구만으로 - 아무리 면밀하고 세심하더라도 - 소송 당사자의 어느 한쪽은 옳고 다른 한쪽은 그르다는 결론을 낼 수 있단 말인가? 이 질문에 그가 직접적으로 답을 한 적은 없다. 그러나 우리가 보기에 그는 '비례성'이 마침 세계 사법 공동체가 폭넓게 받아들이고 있는 법적 규범이라고 생각하는 것 같다. 그러나 세계는 아주 넓은데도 비티는 전 세계 193개국 가운데 불과 15개국의 판결들만 인용하고 있다(여기에 두 개의 유럽 재판소와 한 개의 UN 재판소의 판결을 더했다). 그리고 15개국 가운데 11개국은 전에 영국이 지배했던 나라들이다. 이를 전 세계 법관들의 판결들을 대변하는 표본이라 볼 수는 없다.

그렇기는 하나 대부분 국가의 최고 법관들은 자기 나라 헌법이 실제 무엇을 말하고 있는가에 놀랄 만큼 주의를 기울이지 않는다는 그의 지적은 옳을 것이다. 미국이 바로 그런 나라다. 그러나 법관들의 이러한 무심한 태도를 알게 된 사람들은 법관들이 도리에 어긋나게 행동하고 있으며 법관들

---

25 같은 책.

은 입법부나 행정부만큼의 민주적 정당성이 없다는 사실을 잊고 있다고 결론짓는 것이 보통이다. 그렇지만 비티는 "전 세계의 인민들은 법원을 그 나라 통치 시스템의 중심에 두기로 합의했다"[26]는 사실에(이것이 사실이라면) 열중한다. 그는 그 사실을 흡족하게 받아들이는데, 왜냐하면 '해석주의 interpretivism'는 실제로도 상당 정도 제약을 벗어던지는 경향이 있는 반면,[27] 그가 설득력 있게 주장하듯이, 일단 발견되면 사건을 해결하는 중요한 사실이 어느 사건에나 존재하므로 사실을 토대로 한 재판은 제약을 받게 되기 때문이다. 국가가 교립敎立 학교에 재정 지원을 해야 한다는 것은 사실이다. 국가가 동성애 간 결혼을 인정하지 않으면 안 된다는 것도 사실이다. 사실 조사가 법관이 하는 일의 전부인 만큼 법관의 활동은 비정치적이다. 법관은 선출된 공무원들과 경쟁하는 것이 아니다. 그저 헌법의 이름으로 (그러나 단지 이름으로만) 그들의 행위를 무효화할 뿐이다.

사실들은 비티에게, 그의 책의 독자들에게 이야기해주는 것보다 더 분명하게 이야기해주는 것 같다. 왜냐하면 그가 사실들로 간주하는 것을 다른 사람들은 의견들로 보는 경우가 많기 때문이다. 예를 들어, 그는 독일 (연방)헌법재판소가 "바이에른 주가 학교 안에서의 자발적인 기도를 허용한 것은 잘못이 아니지만, 교실 벽에 십자가를 부착케 한 것은 잘못이다. 왜냐하면 비기독교인 학생들에게는 십자가가 종파적 성격을 갖고 있고 또 학생들이 십자가의 반짝거리는 빛을 피할 수 없는 만큼 교실 벽에 부착된 십자가는 자발적인 기도보다 훨씬 강력하기 때문이다"[28]라고 판시한 것에 박수를 보냈다. 법원의 분석에 관한 더 자세한 내용 ─ 비티는 이를 제시하지 않는다 ─ 없이는, 이는 벽에 부착된 십자가를 묘사하면서 "반짝거리는 빛"

---

26 같은 책, 35.
27 그는 이것을 "법관의 재량에 사실상 아무런 제약을 가하지 않기 때문에 심각하게 비민주적"이라고 했다(같은 책, 56). 이것은 '똥 묻은 개가 겨 묻은 개를 나무라는 격'이다.
28 같은 책, 46~47.

이라는 다소 엉뚱한 단어를 선택해 그 단어에 위태롭게 의지한, 상당히 자의적인 판결문처럼 보인다.

　그는 또 일본의 어느 지방 정부가 공공 체육관의 '신도神道'[일본의 전통종교 — 옮긴이]식 기공식에 재정을 지원한 사건에 대해 일본 최고재판소가 합헌 결정[29]을 내린 것에도 박수를 보냈다. 그는 "이 재정 지출에 찬성표를 던진 지방의회 의원들을 포함한 대부분의 주민들은 그 의식이 기본적으로 체육관의 안전한 건축을 기원하기 위한 의식으로, 종교적인 의미를 갖지 않는 세속적인 의식이라고 생각했다"[30]라고 언급했다. 바꿔 말하면, 일본의 최고재판소가 그 의식의 종교적 의미를 부정한 것은 미국 법원들이 개정기를 시작할 때 "신이여, 미국과 그 영예로운 사법부를 지켜주소서"라고 읊는 데 별다른 종교적 의미가 없는 것과 같다는 것이었다. 그러나 미국적 맥락에서 본다면 공들인 종교 의식에 공적 자금을 제공하는 행위를 합법이라고 판정하는 것은 예사로운 일이 아니다. 이 신도 사건은 미국인 독자들을 전혀 다른 정치 문화의 세계로 실어 나른다. 그 기공식은 시장의 후원을 받았고, 네 명의 사제가 집전했으며, 신도 제단과 그 밖의 성물들이 동원되었다. 그리고 관중도 참가하는 정화 의식이 수반되어 40분간 지속되었다.

　신도는 미국이 제2차 세계대전 이후 일본을 점령할 때까지 일본의 국가 종교였으며, 다른 종교들은 용납되지 않아왔다. 이런 역사 및 그 기공식의 현저한 종교적 성격에도 일본 최고재판소는 "보통의 일본인들은 종교에 대한 관심이나 의식이 거의 없고(사실 많은 일본인이 신도와 불교를 함께 믿는데, 이는 "종교에 대한 일본인들의 의식이 다소 혼란스러운" 현상의 결과다)" 또 신도는 개종을 촉구하는 종교가 아니기 때문에 "신도 사제들이 신도식 기

29　Kakunaga v. Sekiguchi(1997). 이 사건 판결은 다음에 번역되어 있다. Lawrence W. Beer and Hiroshi Itoh, *The Constitutional Case Law of Japan, 1970 through 1990* 478~491(1996).

30　각주 15의 Beatty, 68. 그가 말한 '세속적인 의식'이란 국기에 충성 맹세를 하거나 국가를 부르는 것과 같은 종류의 의식을 뜻한다.

공식을 거행했다 하더라도 그것이 참관자들이나 국민 일반의 종교적 의식을 제고하거나 또는 어떤 방식으로든 신도를 격려하거나 응원하는 결과를 초래할 것으로 보이지 않는다"[31]라고 판시했다. 이 판결은 일본 특유의 문화에 의존하는 것이지, 미국이나 캐나다의 법원이 의지할 수 있는 일반 원칙에 의존하는 것이 아님은 명백하다.

사실에 기초한 재판의 객관성에 대한 비티의 믿음은 "사실에 관한 주장factual claim은 있는 그대로 독립적으로 존재하는 경험적 세계에 얼마나 정확하게 부합하는가에 따라 심사될 수 있다"[32]라는 믿음에서 유래한다. 그러나 재판의 맥락에서 이러한 심사는 거의 행해지지 않으며 또 행해질 수도 없다. 독자들은 비티가 다른 판결들을 내놓은 법원들과 마찬가지로 비티도 경험적 심사에 관해 꽤나 태평스러운 태도를 취한다는 사실을 이미 눈치 챘을 것이다. 비티는 사건과의 관련 정도에 대한 판단 없이도 사실에 기초한 재판이 가능하기라도 한 듯, 법관들이 "사실의 중요성을 부풀리거나"[33] "어떤 사실이 가장 중요하다고 선언"[34]한다며 비판을 해댔다. 그러나 비티 자신이 그러한 일을 하고 있는데, 예를 들어 주에서 제공하는 복지 혜택을 받기 위해서는 그 주에 일정 기간 이상 거주해야 한다는 요건을 연방대법원이 무효화한 판결을 옹호하면서 그는 "거주 기간이 아니라 필요성이 분배의 적절한 기준이다"[35]라고 말했다. 그는 그런 요건을 없애면 관대한 복지 혜택을 제공해온 주들이 다른 주에서 가난한 사람들이 유입되는 것을 막기 위해 그러한 혜택을 축소시키는 결과가 유발될 수 있다는 사실을 간과하고 있다.

---

31 각주 29의 Beer and Itoh, 483.
32 각주 15의 Beatty, 73.
33 같은 책, 107.
34 같은 책, 108.
35 같은 책, 142.

그는 자신이 싫어하는 쪽에 입증 책임을 돌리는 것으로 헌법적 쟁점을 곧잘 해결하려 하는데, 예를 들어 "사람들의 일하는 방식을 규제하는 법률들은, 그 법률들로 공동체의 복지가 특별하게 증진됨을 보여주지 못할 경우 뭔가 결여된 법으로 사람들에게 간주되기 쉽다"[36]거나, "게이나 레즈비언이 이성애 커플과 똑같은 권리와 자유를 가진다면 … 공동체, 특히 젊은 층의 도덕적 기질이 어떤 방식으로든 위협받을 것이라는 주장을 지지하는 증거는 지금까지 제출된 적이 없다"[37]라고 한 발언을 들 수 있다. 그는 위헌 심사청구의 대상이 된 혼인법과 관련해 그 법이 합당하다는 입증 책임을 왜 그 법을 공격하는 사람이 아니라 그 법을 옹호하는 사람이 져야 하는지 설명하지 않는다.

동성애자를 군에서 배제하는 것을 무효화한 사건을 논하면서 비티는 "법원은 군에서 게이들을 받을 경우 군의 사기나 전투력 또는 작전상의 효율성이 어떤 식으로든 저하될 것이라는 데 대한 '구체적'이고 '실제적이거나 의미 깊은' 증거가 없다는 데 주목했다"[38]라며 법원의 입장을 두둔했다. 그는 군이 배제함으로 인해 동성애자들이 해악을 입는다는 "구체적"이고 "실제적이거나 의미 깊은" 증거가 있어야 한다고 요구하지는 않는다. 그는 또 "방송국의 설립에 관한 법은 그 지역 사회 내 여론의 모든 스펙트럼이 반영되도록 보장하지 않으면 안 된다"[39]라고 말하면서도 그 말에 구체성이 결여된 것에는 전혀 신경 쓰지 않는다. 여론의 "모든 스펙트럼"이란 무엇이며, 그것을 판정하는 사람이 누구인가? 정신이상자라 할지라도 방송국 스튜디오에 대한 접근권을 보장해야 하는가? 비티는 정부가 교립학교에 보조금을

---

36 같은 책, 131.

37 같은 책, 110. 말이 나온 김에 덧붙인다면, 이 책의 도처에 '권리'에 관한 이야기가 나오는데도 비티는 "'비례성'의 개념으로 인해 '권리'의 개념이 별 의미 없어졌다"라고 주장한다.

38 같은 책, 113.

39 같은 책, 145(각주 생략).

지급할 헌법상의 의무를 지고 있지만 "주립학교와 동일한 커리큘럼을 운영한다는 것을 조건을 달아 교립학교에 재정 지원을 할 수 있다"[40]라고 주장한다. 그런데 커리큘럼이 동일하다면 교립학교가 어떤 의미에서 교립학교이겠는가? 그는 또 "비례적으로 재정 지원을 할 때는 세속적 다수의 교육철학과 종교적 소수의 교육철학 사이에서 철저하게 중립을 지켜야 한다"[41]라고 말한다. 그러나 교립학교의 커리큘럼이 공립학교의 커리큘럼과 동일해야 한다면 교립학교는 자신의 교육철학을 실현할 방법이 없을 것이다.

그는 "전통적인 혼인법(동성애자들의 결혼을 금지하는 법)이 하루라도 더 유효하도록 내버려둘 법적 근거가 전무하다"라고 주장하면서, 그 이유는 동성애자들의 결혼을 허용할 "증거"는 동성 간 성행위를 허용할 증거만큼이나 "일방적"이기 때문이라고 한다.[42] 그가 제시하는 유일한 "증거"는 "동성애자들에게 혼인 서약의 법적 절차를 허용하면 다른 사람들의 복지나 행복에 분명한 영향을 끼칠 것이라는 주장이 이제는 더 이상 통할 수 없게 되었다"[43]라는 것이다. 그렇다면 '불분명한intangible' 영향은 어떤가? 비티는 법관이 실체적 가치를 고려하지 않고 헌법 사건을 판결해야 한다고 주장해왔음을 기억할 필요가 있다. 제3자에게 설사 기분은 상하게 하더라도 뚜렷한 해를 끼치지는 않는 행위에 대해서는 관용해야 한다는 밀J. S. Mill의 철학은 실체적인 가치를 갖고 있으면서 논란의 여지가 있는 철학이다.

사건의 구체적인 결론들에 대한 비티의 평가는 심사 가능한 '사실에 관한 주장'(심사된 '사실에 관한 주장'은 차치하고)에서 비롯된 것이 아니라 다음에서 보는 바와 같이 이데올로기적인 주장들에서 비롯된다. 즉, 그는 "자유와 평등은 … 완전히 동일한 것을 의미한다. 어느 법이 평등의 깃발 아래

---

40   같은 책, 179.
41   같은 책, 180.
42   같은 책, 114~115.
43   같은 책, 114.

공격을 받는지 또는 자유의 깃발 아래 공격을 받는지에 상관없이, 법의 목적, 수단, 효과 이 세 가지를 연결하는 비례성의 원칙에 견주어 엄격하게 평가했을 때 합격점을 받느냐 여부에 그 법의 정당성과 수명이 달려 있다"[44]라고 주장했다(은연중에 무게가 "엄격하게"라는 단어로 옮겨지는 것에 주목하라). 실제로 그는 "자유, 평등, 박애는 모두 동일한 것을 의미한다"[45]라고 주장했다. 그는 "[헌법 사건에서] 윤리적이고 신중한 논변은 의미가 없다"라고 서술한 같은 페이지에서 "비례성"을 "분배적 정의의 보편적 원칙으로서 모든 입헌 민주주의를 지배하고 모든 인권을 결정하는 것"[46]이라고 규정했다. 다른 곳에서는 "비례성"을 "법으로 제정되는 어떤 것에 대해서든 누구나 공정한 몫을 요구할 수 있다는 것"[47]이라고 했다. 그렇지만 그는 "무엇이 정의이고 무엇이 적절한 몫인가는 어떤 사건에서나 당해 공동체에 따라 특정된다"[48]라고 양보하기도 한다. 따라서 일본보다 아일랜드에서 낙태를 더 많이 제한하는 것은 적절하다는 것이다.[49] 그러나 그렇다면 매사추세츠 주와 달리 앨라배마 주에서는 동성애자 간 결혼을 제한하는 것이 왜 부적절할까?

실용주의 법관들은 재판 과정에서 중심 사항은 결과들이어야 한다는 비티의 말에는 동의하겠지만, 판결로 직접적인 영향을 받는 사람들에게 닥칠 결과들만이 고려할 가치가 있는 *유일*한 결과라는 비티의 말에는 동의하지 않을 것이다. 제도에 미칠 영향들도 고려해야 하는데, 여기에는 사실에 기초하며 법에서 자유로운 헌법 재판이라는 비티의 프로그램을 전폭적으로 수용할 경우 민주주의의 과정이나 법적 안정성이 입을 수 있는 피해도

---

44 같은 책, 116.
45 같은 책, 158.
46 같은 책, 116~117.
47 같은 책, 133. 또한 144~158도 참조.
48 같은 책, 167.
49 같은 책, 168.

포함된다. 그 결과 사법부의 권한은 놀랄 만큼 확대되는 반면 헌법 기초자와 비준자, 입법자, 기타 공무원 및 일반 대중의 힘은 그만큼 축소될 것이다. 그리고 법관은 공정하게 사실을 찾겠다는 약속에만 제약받을 뿐 어떤 문언(헌법 조문이든 법률 조문이든 판례든)에도 제약을 받지 않기 때문에, 그리고 판결의 실질적인 제약으로 인해 법관은 헌법상의 논쟁과 관련된 사실들에는 깊이 간여할 수 없기 때문에, 그리고 그러한 사건들은 사건마다 예측 불가능할 정도로 모두 다르기 때문에 법률가들과 하급 법원 법관들은 앞으로의 분쟁들이 어떻게 해결될 것인지를 알아내려는 노력에서 어쩔 줄 모르게 될 것이다.

그렇기는 하나 헌법이론가들에 대한 비티의 비판은 맞는 말이다. 그리고 많은 사건을 구체적으로 논하는 과정에서 그가 보인, 사실을 발견하고 취급하는 것과 관련된 법관의 힘 또는 잠재적 힘에 대한 믿음은 정당하다. 그리하여 그는 로크너 사건[50] 판결로 무효화된 '최장근로시간법'은 노조에 가입하지 않은 소규모 제빵업자들을 파산시키려는 의도로 만들어졌었다고 지적한다.[51] 그리고 취업부서 대 스미스Employment Division v. Smith 사건[52] 판결에서 "종교 활동의 자유는 아메리칸 인디언들이 종교 의식에서 페요테[환각제의 일종 – 옮긴이]를 사용하는 것까지 포용하지는 않는다"라고 판시했음에도 수많은 주에서는 마약단속법에 이러한 경우를 예외로 인정하고 있으며, 그렇게 하고도 하늘이 무너지는 일은 없었다고 기술한다.[53]

그러나 비티의 책에서 가장 흥미로운 점은 다른 곳에 있다. 그가 의도한 것은 아니지만 그의 책이 경고의 역할을 하고 있다는 것이다. 즉, 법실용주의를 "부인, 사실들만 주십시오!Only the facts, ma'am!"라는 식의 재판으로

---

50   198 U.S. 45(1905).
51   각주 15의 Beatty, 135~136.
52   494 U.S. 872(1990).
53   각주 15의 Beatty, 52.

단순화시켜서는 안 된다고 이 책은 경고하고 있는 것이다. 법실용주의는 법관에게 어떤 결과를 고려할 수 있고 어떻게 고려해야 하는가(예를 들어, 서로 어떤 관계에 있는가)를 말해주는 규범과 법리의 구조로 체계가 잡혀 있는데, 이들은 일반적으로 과실, 신의성실, 언론의 자유 같은 규준들로 표현된다. 그 틀을 벗어던져버릴 경우 법관이 하는 일은 "법"이라는 단어에 값하지 못하게 될 것이다. 비티의 책은 적극적 개입주의 성향을 지닌 헌법 재판관들의 글로벌 공동체가 출현하고 있음을 매혹적으로 살짝 보여주면서, 동시에 우리에게 세계법이라는 시류에 너무 일찍 편승해서는 안 된다고 경고한다.

아론 버락은 적극적 개입주의자로서 가장 뛰어난 외국 법관 중 한 사람이다. 그는 이스라엘 대법원에서 오래 봉직한 법관으로(결국 대법원장이 되었다) 최근 은퇴했다. 그는 전 세계적으로 유명한 법관이었고, 마셜 대법원장이 미국의 연방대법원을 지배했듯이 이스라엘 대법원을 완전히 지배한 사람이다. 법에 노벨상이 있다면 아마 버락은 초기에 그 상을 받았을 것이다. 그렇기는 하나 재판에 대한 버락의 저서[54]는 미국 법관들이 외국 판결의 인용을 왜 조심해야만 하는가에 대한, 또는 더 넓게 말해 미국의 법관들이 '모든 문명국의 최고법원 판사들은 미국의 전체 주들의 최고법원 대법관들이 형성하고 있는 것 같은 느슨하게 결합된 공동체를 구성한다'는 이론에 따라 그들 재판의 단서를 외국 법관들에게 찾는 것을 왜 조심해야 하는가에 대한 '증거물 1호'가 될 것이다. 버락은 미국의 사법 시스템을 잘 알고 있고 또 자신을 미국의 진보주의 법관들과 상당 정도 결이 같은 사람으로 인식하고 있지만, 사실 그는 완전히 다른, 특히 미국인에게는 기이하다는 느낌을 줄 정도로 다른 법조 세계에 살고 있는 사람이다.

로버트 보크는 버락이 "법관으로서의 자기과시 부문에서 세계 기록을

---

54   Aharon Barak, *The Judge in a Democracy*(2006).

수립한 사람"[55]이라고 말했다. 버락은 해석할 헌법을 갖지 않은 마셜이었다. 이스라엘에는 일반적인 의미에서의 헌법이 없다. 크네세트Knesset(이스라엘의 의회)는 수개의 "기본법basic law"을 통과시켰는데 그중 하나('인간의 존엄과 자유에 관한 기본법Basic Law: Human Dignity and Freedom')에는 "누구나 자신의 생명, 신체, 또는 존엄이 침해될 수 없다"라는 규정과 "모든 사람은 자신의 생명, 신체, 그리고 존엄을 보호받을 자격이 있다"[56]라는 규정이 있다. 크네세트가 자신이 통과시킨 법 가운데 몇 개를 — 원한다면 — "기본적"이라 부를 수는 있겠지만, 크네세트가 보통의 제정법 조항들뿐만 아니라 헌법적 조항들까지 반포할 권한이 있는지에 대해서는 심각한 의문이 든다.[57] 버락의 저서에서 "헌법적" 문언에 관한 언급을 거의 찾아볼 수 없는 것은 그런 까닭일 것이다.

버락은 확실한 헌법적 근거가 없는 상황에서도 미국 연방대법원의 가장 적극적인 대법관조차 엄두내지 못할 정도의 사법 권력을 창출했다. 마셜 대법원장은 저리 가라 할 정도였는데, 사실 마셜은 훨씬 더 큰 권력을 갖고도 그 권력을 덜 행사했다(버락은 어떤 사건에 처음으로 새로운 법규를 등장시키면서도 그 사건에는 그 법규를 적용하지 않는다고 결론을 내림으로써 사람들에게 그 법규가 실제 자신들에게 적용되기 이전에 이를 받아들일 마음의 준비를 갖추게 만드는 마셜 대법원장의 수법을 자주 빌어다 썼다). 이스라엘 법규들 가운데 다음과 같은 법규는 입법 과정에서 버락의 판결문이 중요하게 작용했다. 즉, 정부 공무원의 불법행위에 의해 실제 피해를 입지 않은 시민이라도 (다시 말해 미국적 의미에서 "소송 당사자 적격 요건"이 부재하더라도) 불법행위를 막아달라고 법원에 요청할 수 있다는 법규, 정부의 조치가 "비합리적"이

55   Rober H. Bork, "Barak's Rule," *Azure*, Winter 2007, pp. 125, 131.

56   각주 54의 Barak, 85 n. 154.

57   Joshua Segev, "Who Needs a Constitution? In Defence of the Non-Decision Constitution-Making Tactic in Israel," 70 *Albany Law Review* 409(2007).

라면 그것은 불법이다("간단히 말해 비합리적인 행위는 불법행위이기 때문에 행정부는 합리적으로 행동해야 한다"[58])라는 법규, 법원은 범죄를 저지른 자(사면받았다 하더라도 마찬가지다) 또는 범죄를 저지르지는 않았더라도 윤리적으로 문제가 있다고 지적되는 자를 정부가 공무원으로 임명하려 할 경우 이를 금할 수 있으며 또 정부 각료가 형사 소추에 직면한 경우 그의 해임을 명할 수 있다는 법규, 법원은 "인간의 존엄성"이라는 명목으로 정부에 대해 무주택 상태나 빈곤을 경감시키도록 명할 수 있다는 법규,[59] 또한 법원은 군사 명령을 철회시킬 수 있고 '정치적 일괄타결'의 틀 내에서 테러리스트의 석방을 금지할지 여부를 결정할 수 있으며[60] 서안지구에서 이스라엘로 들어오는 자살폭탄 테러리스트들을 막기 위해 세워 놓은 보안장벽security wall을 이동시키도록 정부에 명할 수도 있다는 법규 등이다.[61] 이러한 권한들은 국가가 그 법관들에게 부여할 수도 있는 것들이기는 하다. 예를 들어, 유럽의 많은 나라와 심지어 일부 미국의 주들도 "추상적" 헌법 심사(규범 통제) ― 즉, 어떤 법령으로 실제 피해를 입은 시민이 소를 제기할 때까지 기다리지 않고 법원이 그 법의 위헌 심사에 나서는 것 ― 의 권한을 법원에 부여하고 있다. 그러나 헌법이나 법률 규정에 의거하지 않고 법관 스스로 추상적 심사 권한을 자신에게 부여한 것은 (내가 아는 한) 이스라엘뿐이다. 이는 옛날 교황에게서 왕관을 빼앗아 스스로 자신의 머리에 씌운 나폴레옹을 생각나게 한다.

　　버락은 사법부의 권한에 대해 자신이 가진 개념의 토대를 말장난에 지나지 않는 추상적 원리들에 두었다. 가장 중요한 추상적 개념(브라이어의 역동적 자유를 생각나게 한다)은 "민주주의"다. 현대적 의미에서의 정치적 민주

58　각주 54의 Barak, 248.

59　같은 책, 85~88.

60　같은 책, 180.

61　같은 책, 284.

주의란 최고위 공무원들을 비교적 짧은 임기를 전제로 선거로 선출하고 그럼으로써 시민들에게 책임을 지는 통치 형태를 의미한다. 그러한 공무원들의 결정을 자유롭게 뒤집을 수 있는 사법부의 존재는 민주주의를 축소시킨다. 그러나 버락에게 민주주의는 "실체적" 요소, 즉 사법부에 의해 시행되고 선출된 공무원들의 권력에 제약을 가할 수 있는 일련의 권리들(예를 들어, 공무원을 비판할 자유 같은 식의 정치적 권리들에 국한되지 않는, 민주주의를 지탱하는 "인권들")을 갖고 있다.[62] 이것은 초적극적 사법부를 정당화한 것이 아니라 그러한 사법부를 재정의한 것뿐이다. 이는 브라이어 대법관이 "역동적 자유", "고대인들의 자유", 우리의 "민주적 헌법"이라는 개념들에서 자유와 민주주의를 섞어버린 것과 유사하다는 점에 주목할 필요가 있다.

버락이 남용했던 또 하나의 혼성어는 "해석"이라는 말이다. 그에게 해석이란 실천인데, 이는 입법 당사자들이 의도한 의미를 찾는 것과는 거리가 멀다. 그는 어떤 법령을 통과시킬 때 입법부의 과제는 "법과 사회 사이의 간극에 다리를 놓는 것"이며, 어떤 법령을 해석할 때 법관의 과제는 "그 법령이 법과 사회 사이의 간극에 확실한 다리가 되도록 하는 것"이라고 말한다.[63] 기이한 말이다. 그 법령은 법이 아니고 단지 '법과 사회 사이에 있는 어떤 것'이라는 말인가? 버락이 말하려는 것은 ─ "어느 하나의 법령을 시행하는 자는 누구나 전체 법체계를 시행하는 것이다"[64]라는 그의 언급에 비춰보면 더 분명한데 ─ 법령은 전체 법체계의 정신이나 가치와 조화되도록 해석되어야 한다는 것이다. 그러나 어떠한 실제 법체계도 단일한 정신이나 일련의 공통적 가치들을 가지지 못하듯이, 실제로 버락의 말은 법관의 이상적 체계에서 의미를 가질 뿐이다. 또는 법관은 "민주주의의 근본적 가치들을 실현하기 위해 … 법령의 객관적인 목적"[65]을 고려해야만 하는데, 여기에서

---

62   같은 책, 25~26. "인간으로서의 기본권은 실체적 민주주의의 핵심이다"(같은 책, xi).

63   같은 책, 17.

64   같은 책.

"객관적"이라 함은 입법자들의 의도와 전혀 무관함을 말한다. 그리하여 "검열관이 보기에 국가 안보, 공공의 안보 또는 공공의 평화에 해를 끼칠 것 같은" 출판물에 대한 군의 검열 권한을 승인하는 규제 조치는 버락의 법원에서는 "국가 안보, 공공의 안보 또는 공공의 평화에 심각한 해를 끼칠 것이 거의 확실한" 출판물에 대한 군의 검열 권한을 승인하는 규정으로 해석되었다.[66] 버락의 법원은 그 법령을 법관이 자유롭게 다시 쓸 수 있는 (법령) 초안으로 취급한 것이다.

버락은 또 "권력 분립"을 끌어와 사법부의 역할에 대한 자신의 관념을 뒷받침하려 시도했다. 권력 분립이라는 용어로 버락이 말하려 한 것은 행정부와 입법부는 사법부를 통제할 수 없다는 것이었다. 사법부와 관련해 미국인들은 권력 분립이라는 말을 사법적 권력이라고 부를 어떤 것이 사법부에 할당되었다고 이해한다. 그리고 그 부branch는 다른 부들과 독립된 것이 아니라고 우리는 이해하고 있다. 만약 각 부(행정부, 입법부, 사법부)가 권한을 서로 완전히 독립해서 행사한다면, 그리하여 다른 부들을 무시한다면 그 결과는 혼돈일 것이다. 각 부는 서로 협력하기 위해 서로 의존하지 않으면 안 된다. 따라서 "권력 분립"이라는 말은 "견제와 균형"을 함축하는 것이고, 사법부는 다른 부들을 단지 견제하기만 하는 것이 아니라 다른 부들의 견제를 받기도 해야 한다. 대통령이 연방법관들을 지명하면 상원은 그 법관들을 인준(또는 거부)하며, 의회는 법관의 급여 수준과 법원의 예산을 정하고 연방대법원의 상고 관할권을 규제하며 또 다른 연방법원을 만들 것인가 말 것인가를 결정한다. 그리고 탄핵을 통해 법관을 쫓아내기도 한다. 미국의 사법 권력은 소송 당사자 적격 요건을 갖춘 사람, 다시 말해 실질적인 분쟁이 있고 법원의 조치로 그것이 구제될 수 있는 사람이 소송을 제기할 경우에만 행사될 수 있다. 그리고 사법 권력이 유일한 연방 권력이 아닌 만

65 같은 책, 138.
66 같은 책, 6.

큼(행정부와 입법부의 권력 역시 헌법에 토대를 두고 있다) 사법부가 대통령에게 누구를 각료로 임명하라 마라 할 수는 없다.

사법부는 "민주주의", "해석", "권력 분립", "객관성", '합리성reasonable-ness'(테러리스트의 석방에 대한 "일괄타결"을 재판할 때 버락은 "합리성"이라는 개념을 사용했다), "정의"("나는 정의라는 북극성에 따라 인도되려고 노력한다. 나는 법과 정의를 수렴시키려 노력하고 있으며 그에 따라 정의가 정의를 행하는 세상이 올 것이다"[67]) 등과 같은 추상적 개념으로 무장하면서 사법부 스스로 법이 된다.

버락의 법이론은 미국인에게 세상의 다양성을 보여주는 것 외의 의미에서는 아무런 흥미를 일으키지 못할 것 같다. 그러나 미국 법관들이 외국 판결들을 법적 권위로 인용할 수 있느냐의 문제와 관련해서는 버락의 법이론이 큰 의미를 갖는다. 알다시피 미국 법관들 가운데 일부는 외국의 법원이 어떤 사건을 특정 방식으로 판결했다는 사실 자체가 사실관계에서 유사한 미국의 사건을 판결하는 데 ─ 큰 무게는 아닐지라도 ─ 일정한 무게를 부여할 이유가 된다고 생각한다. 그러나 우리는 버락의 저서를 통해 일부 외국 사법 시스템들은, 설사 미국과 동맹인 국가의 민주적인 사법 시스템이라 하더라도, 미국 시스템과 너무 달라서 미국 법원이 판결하는 데 그들의 판결에 무게를 두어서는 절대 안 된다는 사실을 배운다. 미국 법관들은 자신이 입법자라면 법령에 대해 어떻게 표결했을 것인가와 그 법령이 헌법에 합치되는가 어긋나는가를 구별해서 생각한다. 미국 법관들은 어떤 법령을 나쁜 법령이라고 생각하면서도 헌법에 합치한다고 판결한다. 그러나 버락의 법원에서는 위헌성 판단의 이유로, 법관이 만약 그 법령의 입법자라면 반대표를 던졌을 정도로 터무니없는 법령이라는 의견 외에 다른 이유를 제시하는 것이 불가능할 것이다. 그러나 미국 시스템에서는 위헌 여부를 따

<hr/>

67 같은 책, 107.

질 때 그러한 의견이 아무런 의미를 갖지 못한다.

보크가 버락에게 "사법적 오만judicial hubris"이라는 표현을 썼을 때, 그는 미국의 시스템을 기준으로 사용했다. 이스라엘 사람들 가운데서도 버락을 오만한 법관이라고 생각하는 사람은 많다.[68] 그러나 이스라엘의 환경 내에서 그가 오만한 법관인가 아닌가는 보크의 판단과 상관이 없다. 보크가 말하려 했던 것은, 버락처럼 생각하는 법관은 미국 법관들이 일하는 영역 바깥에 위치한다는 것이다. 미국의 판결 중에도 오만한 판결이 아주 많다. 그러나 그런 판결을 쓴 법관들도 가령 헌법 조문 같은 정통성 있는 법률자료에 스스로를 속박하려는 일정한 노력을 기울인다. 그 속박이 길고 소모적인 경우도 적지 않다. 예를 들어, 낙태를 범죄화하거나 동성애자 커플에 결혼 허가를 내주지 않는 것은 적법절차 없이 자유를 박탈한 것이라고 판결할 때, 또는 엄마의 자식 사랑은 인간생명의 존중의 전형임을 근거로 낙태금지법을 지지하는 판결을 내릴 때 그러했다. 따라서 버락이 미국의 대법원 판결들 속에 이미 분명하게 표현된 하나의 경향을 논리적 극단으로까지 밀어붙인 데에 일리가 없는 것은 아니다. 정도의 차이인 것이다. 하지만 정도의 차이도 어떤 지점에 이르면 종류의 차이라고 적절하게 불릴 수 있다.

버락의 저서는 자기성찰적인 저서가 아니다. 그는 자신의 사법적 접근법을 내가 이미 언급한 추상적인 개념들에서 도출한다고 주장한다. 그러나 그 개념들만이 그의 접근법의 진정한 원천인 것은 아니다. 왜냐하면 버락이 "다른 부들은 효율성을 추구한다. 그러나 사법부는 합법성을 추구한다"[69]라

---

68 예를 들어, 다음을 참조할 것. Caroline B. Glick, "Israel's Judicial Tyranny," *Jerusalem Post*, Nov. 18, 2005, p. 24; Jonathan Rosenblum, "Drunk with Arrogance," *Hamodia*, Jan. 18, 2002, www.jewishmediaresources.com/article/326(visited May 2, 2007). 적극주의에 대한 버락의 옹호론으로는 다음을 참조할 것. Barak Medina, "Four Myths of Judicial Review: A Response to Richard Posner's Criticism of Aharon Barak's Judicial Activism," 49 *Harvard International Law Journal Online* 1(2007), www.harvardilj.org/online/11(visited Oct. 6, 2007).

69 각주 54의 Barak, 216.

고 말한 경우에서처럼, 그 개념들은 공허한 수식이기 때문이다. 이스라엘 군부더러 서안지구의 주민들에게 더 많은 방독면을 나눠주도록 명한, 1991년의 걸프전쟁 중에 내려진 한 판결을 옹호하면서 그가 "우리[법원]는 군사적 고려사항들에 관여하지 않았다. 왜냐하면 군사에 대한 전문성이나 책임은 행정부에 있기 때문이다. 다만, 우리는 평등을 위한 고려사항들에는 관여했다. 왜냐하면 평등에 대한 전문성과 책임은 사법부에 있기 때문이다"[70]라고 말할 때도 마찬가지다. 그는 또 자신의 책에서 상충하는 이익들에 대한 사법적 형량을 옹호한다. 그리고 방독면 사건에서 군부가 이스라엘 본토보다 서안지구에 방독면을 더 적게 나눠준 데 대해 어떤 군사적 이유를 대든(예를 들어, 이라크의 미사일이 아랍인들보다 유대인들을 목표로 하고 있다는 등) 평등을 위한 고려사항들에 비춰 비교형량을 해야만 했다는 점은 명백하다고 한다. 그런데 방독면을 논한 몇 쪽 뒤에서는 어떤 안보 조치를 무효로 할 것인가를 결정할 때 "법원은 안보의 책임자로서 합리적인 사람이라면 신중한 자세로 그 조치를 채택했을 것인가를 묻는다"[71]라고, 앞뒤가 맞지 않는 말을 한다.

　　지금까지의 이야기는 버락이 형편없는 법관이라거나 형편없는 헌법이론가라고 말하려는 것이 아니다. 왜냐하면 대부분의 법이론가처럼 그도 자신이 속하는 지역의 법이 아니라 법 일반을 논한다고 주장하지만 대부분의 이론가들과 마찬가지로 그가 다루는 주제는 전자이기 때문이다. 법적 사고는 좀처럼 국경을 초월하기 어렵다.[72] 이것이 이 장의 핵심이다. 버락은 엄숙하고 고결한 사람일 뿐 아니라 누구의 말을 들어보더라도 총명한 사람임이 틀림없다. 가히 이스라엘의 카토Cato다. 이스라엘의 민주주의는 미성숙

70　같은 책, 289.

71　같은 책, 305.

72　이것은 내가 나의 책 *The Problematics of Moral and Legal Theory*, ch. 2(1999)에서 드워킨, 하트 및 하버마스의 법이론을 논할 때 핵심으로 삼았던 것이다.

하고 통치 수준도 낮다. 이 나라의 정치 등급은 이류이며 부패해 있다. 이 나라는 자신에게 치명적으로 적대적인 무슬림들의 바다에 위태롭게 떠 있다. 그래서 이 나라에는 헌법이 정말 있어야 할 것 같다. 버락은 정치적·법적 진공 상태로 걸어 들어가 대단한 창의력을 발휘해 ─ 로런스 트라이브 Lawrence Tribe가 버락의 낡은 책 표지에 적어놓은 글귀처럼 ─ 일련의 "놀랄 만큼 동의할 수 있는 성과물"을 산출해냈다. 버락은 법조계의 해적이었다. 그리고 이스라엘은 이를 필요로 했고 아마 지금도 필요로 할 것이다.[73] 물론 이 사실을 그 책에서 인정하고 있지는 않다. 글을 쓰는 버락은 스스로에 대한 의심 같은 것은 조금도 없을 뿐 아니라 자신의 법이론이 지역적이고 심지어는 상당히 개인적인 조건과 경험을 반영할 수 있다는 생각을 조금도 하지 않는다. 그는 어렸을 때 리투아니아에서 자행된 유대인 대학살에서 살아남았다. 반민주적 정당의 후보는 크네세트 선거에 출마할 수 없도록 하는, 미국에서는 받아들일 수 없을 정도로 자유를 제한하는 이스라엘 법을 승인하는 그를 그래서 우리는 어느 정도 이해할 수 있는 것이다. 왜냐하면 독일에서는 나치당이 민주적 절차를 통해 권좌에 올랐기 때문이다. 우리의 법관들과 마찬가지로 버락 역시 자신이 겪은 경험의 포로인 것이다.

73 각주 68의 Medina 외에 다음을 참조할 것. Eli M. Salzberger, "Judicial Appointments and Promotions in Israel: Constitution, Law, and Politics," in *Appointing Judges in an Age of Judicial Power: Critical Perspectives from around the World* 241(Kate Malleson and Peter H. Russell eds. 2006). 이스라엘이 사법부를 어떻게 축조해야 하는가에 대해 내가 의견을 제시한다면 그것은 주제넘은 일일 것이다.

맺 음 말

내가 이 책을 통해 전개한 사법적 의사결정의 실증적 이론을 개발하기 시작한 이유는, 미국의 대법관과 연방지방법원 및 항소법원의 판사들을 포함한 미국 법관들의 판결에는 명백하게 정치적인 요소가 있다는 실증적인 자료 때문이었다. 증거는 압도적으로 존재하지만 법관들 자신이 그 증거를 일부러 무시할 뿐이다. 그들이 그 증거를 무시하는 이유는 스스로가 민주당이나 공화당에 고용된 일꾼이 아니라는 것을 *알기* 때문이다. 그러나 그러한 증거를 무시함으로써 그들은 법관의 판결은 "정치적"이라는 것을 밝힌 학문적 연구 결과에서의 정치적이라는 말이 반드시 저열하고 당파적인 의미라고 이해할 필요가 없다는 사실을 이해하지 못한다. 아무리 완고한 보수파 법관이라 해도 '나를 임명한 조지 W. 부시 대통령은 이 사건에서 어느 쪽으로 투표할까?'라고 자문하지는 않는다. 법관들은 마치 야구 심판처럼 자신이 발견해낸 사실에 자신이 만들지 않은 법규를 단지 적용하는 데 그치는 존재, 말하자면 정치적으로 완전히 거세된 존재가 아니라는 말조차 하기를 꺼린다. 법관들 중 다수는 자신의 판결에 자신의 정치적 성향이 조금이라도 영향을 미친 적이 없다고 진심으로 믿는다. 이처럼 널리 퍼진 진심의 믿음이 아마 정치적 판결의 증거에 대한 가장 강한 반론을 형성할지도 모른다. 그러나 그러한 믿음은 선입견이 판결에 얼마나 큰 영향을 미치는가를 보여주는 '베이즈의 정리'로 뒤집힌다. 선입견은 종종 무의식적이다. 불확실성하에서 판결을 내리지 않으면 안 되는 바쁜 법관들을 포함해 많은 사람들은 마치 망원경으로 바라보듯 단축된 사고 — 감정적·직관적·상식적 사고 — 를 한다. 이는 분명한 전제에서 출발해 한 걸음 한 걸음 나아가는 것이 아니며, 따라서 무의식적인 선입견이 활동할 여지를 넓게 열어놓는다. 그런즉 베이즈는 법관들을 위선죄에 대한 혐의로부터 해방시킨다.

따라서 판결은 정치적이다. 그런데 인종이나 성별 같은 배경적 특징, 권위주의 같은 성격적 특질, 전에 검사였거나 난세를 겪었다는 것 같은 직업적 속성 또는 인생의 경험 등을 포함한 법관의 개인적 속성들이 재판에 영향을 미친다는 점에서 판결은 "개인적"이기도 하다. 개인적인 속성들은 직접적으로 영향을 미치기도 하지만, 법관의 이데올로기를 형성하는 데 기여하고 그럼으로써 판결에 영향을 미치는 정치적 성향을 형성하는 데 기여하는 식으로 간접적으로 영향을 미치기도 한다. 그러나 판결이 정치적이고 개인적이기만 한 것은 아니다. 많은 판결, 아니 실제로 대부분의 판결은 해당 사건과 관련해 공정하게 발견된 사실들에 대해 그 사건과 무관하게 만들어진 법규를 중립적으로 적용한 결과라는 의미에서 비개인적·비정치적이다. 그러한 판결들은 사람들이 보통 "법형식주의"라 부르는, 그리고 나로서는 "법규주의"라고 부르기를 더 좋아하는 것의 전형적인 예라 할 것이다. 그러나 그러한 판결들은 흔히 볼 수 있는 판에 박힌 사건의 판결일 가능성이 높다.

법관의 노동 시장에서는 무엇이 균형을 결정할까? 그 균형이라는 것은 법관들과 법원들에 따라 다르고, 재판에 영향을 미치는 개인적·정치적·법규주의적 요인들 간에서도 각기 다른 것인가? 이것이 이 책이 제기한 중심적인 질문이다. 나는 이 질문에 대한 답을 얻기 위해 민간 영역의 (사적) 사법 시스템private judicial system(예를 들어, 상업적 중재 같은 시스템), 법관선거제, 유럽 대륙법계의 직업법관제를 포함한 여러 가지 사법 시스템에서 법관에게 작용하는 동기와 제약에 어떤 것들이 있는가를 조사·연구해야 했다. 그렇지만 이처럼 상이한 시스템들은 주로 나의 주된 관심사인 미국 연방법관들의 사법행태를 결정하는 요인들에 대한 나의 결론을 검증하려는 목적에 한해서만 간략하게 살펴보았다.

법관은 피고용자이며, 고용주들은 피고용자를 충직한 대리인으로 만들기 위해 여러 가지 당근과 채찍을 사용한다. 그러나 (연방) 사법부의 독립은 사회적·정치적으로 엄청난 가치를 갖기 때문에 고용주인 미합중국(특히 대통령과 상원)은 사법부의 피고용자들을 다루는 데 필요한 당근과 채찍을 별로 갖고 있지 못하다. 정부가 가진 가장 큰 당근은 역설적이지만 사법부의 독립을 보장하는 것이다. 왜냐하면 그것이 법관직의 가장 큰 매력이기 때문이다. 그리고 정부의 가장 큰 채찍은 이해상충방지규칙conflict-of-interest rules(예를 들어, 법관이 해당 사건과 재정상의 이해관계에 있을 때는 아무리 작은 이해관계라 하더라도 재판 담당을 금하는 규칙 같은 것들)이다. 이 규칙으로 법관은 개인적인 이익을 위해 독립성을 포기하고 싶은 유혹에서 스스로를 거의 수도사처럼 고립시켜 재판상의 독립성을 확보하도록 *강제된다.* 이러한 사항은 다른 유형의 사법 시스템과 뚜렷이 구별되는 점으로서, 사법행태에 영향을 미칠 것이라 예상된다.

사법부의 독립성을 증진시키는 요소들 외에 연방법관들에게 영향을 미치는 외부적 요소들이 두 가지 더 있는데, 이는 바로 승진(당근)과 상급법원의 파기(채찍)다. 이 요소들의 영향력은 약하다. 그러나 설사 연방법관의 사법행태에 대한 외적 제약이 전혀 없더라도 법관의 의사결정이 임의로 이뤄지지는 않을 것이다. 그러한 의사결정은 사법행태에 대한 적지 않은 *내적* 제약들— 법관이 어떤 식으로 결정하더라도 외부에서 보상 또는 처벌이 없을 때 법관을 움직이는 것들 — 에 의해 형성된다. 대부분의 법관에게 재판에서 가장 큰 내적 제약은 다음의 두 가지다. 첫째, 자존감에 대한 욕구와 다른 법관 및 법 전문가 일반에게서 존경받고 싶은 욕구인데, 이는 좋은 법관이 되면 얻을 수 있는 것이다. 그리고 둘째(이것은 첫째와 긴밀한 연관관계에 있다), 재판행위 자체가 주는 만족감인데, 이 만족감은 보통 형편없는 법관보다 좋은 법관이 더 크게 느낀다. 이 부분에서 법규주의자들은 "그렇지!" 하고 무릎을 치며, 좋은 법관이란 법규를 만드는 사람이 아니라(법규를 만드는 것은 입법자들의 일이다) 법규를 따르는 사람이므로 좋은 법관은 결국 법규주의자가 되지 않을 수 없고 개인적이거나 정치적인 것은 맹세코 멀리해야 한다고 주장한다. 그러나 법규를 해석하고 사실관계 다툼에 결정을 내리는 데, 그리고 사실들에 법규를 적용해 판결을 내리는 데 영향을 미치는 선입견을 품지 않을 수 없다는 점에서 법규주의자들도 여타 법관들과 하나도 다를 게 없다. 법규주의자는 은밀한 실용주의자라 할 수 있다.

법규주의는 개인적·정치적 성향이 판결에 영향을 미친다는 가설을 심층적 차원에서는 논박하지 못한다. 오래된 헌법, 주법 위에 연방법이라는 중층 구조, 취약한 정당 구조, 입법 과정의 번거로움과 무질서, 행정부와 입법부의 줄다리기(이것은 의원내각제 정부에서는 볼 수 없는 현상이다) 등을 특징으로 하는, 벅찰 정도로 복잡하고 불확실성으로 분열된 법 시스템 내에서 발생하는 사건들의 많은 부분은 기존 법규를 단순히 적용해서는 판결을 내릴 수가 없다. 법률이나 헌법에서든 또는 선례를 창출하는 판결에서든 간에 어떤 법규의 최초의 문면은 그 문면의 보통 의미 내에 포함된 행위들을 규제하는 데 첫 번째 가위질에 불과한 경우가 보통이다. 그 가위질에 이어지는 과정, 즉 입법의 해석을 통해서든 선례들과의 차별화를 통해서든 법관들이 그 법규를 다듬어가는 과정은 법규를 특정 상황에 적합하게 맞추는 과정인데, 이는 논리에 입각한 것도 아니고, 법규를 기초할 때 예상한 사실들에 법규를 단순히 적용하는 것에 기반을 둔 것도 아니다.

법규주의자들은 '해석의 대원칙'을 만들어내고 판결 요지holding와 방론dictum의 구별을 고안한다. 그들은 제정법과 헌법 규정을 문자 그대로 해석해야 한다고 믿으며, 다만 문자 그대로 해석할 경우 터무니없는 결과에 도달할 때만 아주 좁게 해석의 예외를 인정한다. 그들은 규준보다 법규를 높이 받든다. 그들은 '사실심의 판단을 존중하는 항소심에서의 원칙들'을 채택해 어지럽고 성가신 사실적 쟁점들에서는 손을 뗀다. 그리고 이상과 같은 방법 또는 여타 방법을 통해 법규주의의 적용 범위를 핵심인 삼단논법 너머로 확장한다. 법규주의자들 중에는 "유추에 따른 법적 추론"을 법적 기법으로 추천하는 사람들이 있는데, 그들은 이 기법을 통해 정책이나 정치에 따른 오염에서 판례법을 구할 수 있다고 착각한다. 그러나 이 모든 확장을 위해서는 입법적 판단이 필요하고 그에 따라 재량의 행사가 요구된다. 그런데 재량 행사를 인도하는 것은, ─ 법규주의가 가장 강력하게 지배하고 있는 현재의 상황에서도 ─ 예를 들어 '법적으로 강제할 수 있는 권리가 너무 많이 존재한다'라는 식의 정치적 판단이다. 오늘날 법규주의가 흥성하게 된 것은, 1960년대 워런 대법원의 사법적극주의자들과 1970년대의 그 계승자들(이들은 로 대 웨이드 사건에서처럼 1960년대보다 더 적극주의적인 판결들을 내놓았다) 및 주법원의 동조자들이 권리와 책임을 확장한 것 ─ 특히 불법행위 사안(민권 사안을 포함)에서 원고의 권리를, 계약불이행에서 피고의 권리, 수형자·소비자·노동자 및 피고인 등의 권리를 확장한 것 ─ 에 대해 정치적으로 보수적인 법사상가들(이들에는 저명한 많은 법관이 포함된다)이 강력하게 반발한 데 따른 결과라 할 수 있다. 사법부가 우파 쪽으로 추를 너무 이동시켰다는 주장(및 사형이나 동성애자의 권리 등에 관한 사건들을 중심으로 지금도 계속 그쪽으로 이동 중이라는 주장)은 완전히 옳은 주장이다. 그러나 그러한 주장 역시 정치적인 주장이다. 보수주의자들이 적극주의적·진보적 판결을 "너무 진보적"이라고 부르기보다 "법적 근거가 없는lawless" 판결이라고 부르는 편이 수사학적으로 더 효과적이라는 사실을 발견했기 때문에, 법규주의자들은 법개혁주의자의 얼굴을 갖게 되었고, 이로 인해 순진한 사람들은 법규주의자들에 대해 정치적 판결을 거부함으로써 법에 안정성을 가져온 사람들로 칭송하기까지 했다. 오히려 사법자제를 지지하는 데 대한 더 훌륭하고 실용적인 논거는 바로 사회적 실험들이 양산할 지식 없이는 견고한 사회개혁에 대해 전망할 수 없기 때문에 법관들은 사회적 실험에 개입하기를 주저하게 된다는 단순한 논거다.

법관들이 입법적·정치적인 어떠한 역할도 절대 하지 않고 단지 법의 "신탁神託을 전하는 사제", 즉 명령을 내리는 사람이 아니라 명령을 전하는 사람이 되기를 진정으로 *원했다* 하더라도 그들이 처해 있는 상황이 그들을 그렇게 하도록 허용하지 않았다. 미국의 구조적이고 문화적인 요인들이 결합해 미국 법관들이 입법적 역할을 회피할 수 없게 만들고 있다. 그러므로 핵심적인 문제는, 사법부가 통제받지 않는 재량적 정의의 심연에 빠져 법이 불확실하고 예측불가해지고 그 결과 법이 더 이상 법이 아니라 법복을 입은 정치인들이 노골적으로 정치권력을 행사하는 것이 되는 이른바 사법부의 추락을 어떻게 예방하느냐 하는 것이다. 이 심연을 피하기 위해 법관이, 예를 들어 경제학, 원의주의(법규주의와 구별되는 것으로서의 원의주의), 도덕 이론 또는 브라이어 대법관의 "역동적 자유" 같은 포괄적인 이론을 받아들여 판결의 지침으로 삼아야 한다는 주장은 결코 좋은 대답이 될 수 없다. 그런 이론들 중 어느 것도 사법부에서 합의를 누리고 있지 못하다. 왜냐하면 그것들은 하나같이 이론의 여지가 많은 이데올로기에 의거하고 — 그리고 그것들이 영리한 법관들에 의해 마음대로 주물러지며 형성되고 — 있기 때문이다. 마찬가지로 그 이론들 가운데 학계에서 합의되어 받아들여지는 이론도 없다. 이는 사법행태에 대한 학계의 비판이 발휘하는 효과를 약화시킨다(학계의 비판은 보통의 피고용자들과 대리인들을 관행을 따르게 만드는 더 강력한 유인 요인과 제약 요인으로부터 세심하게 보호된, 재판과 같은, 행위에서 잠재적으로 효과 있는 제약이다). 물론 내가 8장에서 묘사한 대로 학계가 법조 현실에서 소외되었다는 사실이 학계의 비판이 발휘하는 효과를 훨씬 더 약화시키는 요인이기는 하다.

법관의 의사결정을 안정화시키는 경향을 지니게 되는 주된 힘은, 예를 들어 계약법·상사법·불법행위법의 많은 부분, 재산(물권)법·파산법의 많은 부분, 반독점법의 대부분, 그리고 지적재산권법의 일정 부분과 같은 분야에서 제한적이긴 하지만 분야에 특유한 이데올로기적 합의가 존재한다는 데 있다. 재판의 전제에 동의하는 법관들은 일관성 있는 법리의 체계를 반영하고 이를 증가시킬 결과들에 어떻게 도달할지를 추론할 수 있다. 어떤 사건들에서 그들은 삼단논법적으로 추론한다. 다른 사건들에서는 이데올로기에 오염되지 않은 — 더 정확히 말한다면 '논쟁이 되고 있는 이데올로기에 오염되지 않은'이라고 해야 한다. 왜냐하면 어떤 이데올로기가 이론의 여지가 없는 상태일 때에는 이데올로기로 인지되지 않고 오히려 상식으로 취급되기 때문이다 — 정책적 분석을 수행한다. 이제 미국의 법은, 법실용주의(실천적·정책 지향적인 추론)가 (이데올로기적으로 논쟁의 여지가 거의 없어) 상당히 예측 가능한 결과를 가져올 수 있는 분야들 및 법규주의적 기술들로 대부분의 일상적인 사건을 만족스럽게 처리할 수 있는 분야들에서는 필요최소한의 일관성, 안정성, 그리고 (달리 처리한다면 적대적인 태도를 보였을 사람들이 동의하게 되는 객관적 명제라는 의미에서의) "객관성"에 도달했다.

법관들이 논리적 또는 도구적 추론에 의존해 판결할 수 있도록 하는 합의는 사회적 합의에 토대를 두는데, 예를 들어 현재 미국의 엘리트층 및 다수의 일반 대중이 합의를 형성하고 있는 자유 시장free market에 대한 지지가 그러하다. 그러나 한편 그러한 합의는 단지 우연히 법관들이 동일한 견해를 지닌 것에 토대를 두었을 수도 있다. 왜냐하면 미국 법관들은 상대적으로 좁은 사회적 계층 또는 전문적 계층 출신들이고, 같은 계층 출신들은 관련된 쟁점들에 대해 비슷하게 사고하기 때문이다.[1] 미국 법관들의 사회

---

1   '실체적 가치를 피하는' 데 단호했던 1950년대의 '법과정학파'가 '1960년대에 빈발한 사회적 충돌들에 직면하면서' 무너져간 이유가 다른 데 있지 않고 여기에 있었다는 것이 드러났다. William M. Wiecek, *The Birth of the Modern Constitution: The United States Supreme Court, 1941~1953* 460~461(2006). 이것은 데닝이 위책의 이 뛰어난 저서에 관한 서평을 쓰면서 법과정학파 운동의 최고 권위자인 프랑크퍼터 대법관에 대해 다음과 같이 날카롭게 지적한 대로다. "사법자제에 관한 프랑크퍼터의 처방전은 … 언제 행동하고

적 출신은 어느 정도 다양하다. 그러나 인준 전 단계의 심사 과정과 피지명자가 겪지 않으면 안 되는 고통스러운 인준 과정을 통해 주류가 아닌 후보자들은 배제된다. 그러므로 다루기 힘든 미국법에 안정성을 부여하는 주된 힘이라고 앞서 내가 지적한 '합의'의 근저에는 일정 수준의 합의를 보장하는 법관 선발 과정이 놓여 있는 것이다.

미국처럼 판례법에 크게 의존하는 법 시스템에서는 법의 어떤 분야도 100%의 예측 가능성을 갖출 수 없다. 법을 완전히 예측할 수 있다면 사건이 법원에 올라오지 않을 것이고(모든 법적 분쟁은 해결될 것이고), 선례가 갱신되지도 않을 것이다. 그러나 사회가 변하고 오래된 선례들이 더 이상 적합하지 않게 되면 법은 예측할 수 없어지고 소송들이 제기되며 새로운 선례들이 생산된다. 또한 사법부 집단이 다양성을 갖는 경우 단일한 사법부보다 예측 가능성이 더 낮은 판례들을 낳기 마련이다. 그러나 다양성을 갖춘 사법부는 인식론적으로는 더 건강하며, 그러한 사법부의 판결은 더 영리하다. 왜냐하면 이 경우는 법관들이 지적으로 동일한 수준일 때보다 집합적으로 더 큰 지식과 통찰을 보여주기 때문이다. '좋은 법'과 '확실한 법' 사이에는 법적 불확실성을 참지 못하는 비판가들이 간과하기 쉬운 긴장관계가 있다.

합의가 발휘하는 안정화의 힘은 하급 법원보다 연방대법원에서 더 약한데, 특히 헌법 사건에서 그러하다. 즉, 법규주의는 연방대법원에서, 그리고 헌법 사건에서 약화된다. 그 이유는 우선 사건 선정에 있다(쉬운 사건들은 하급 연방법원이 만족스럽게 해결할 가능성이 높다). 그리고 헌법이 대부분의 제정법보다 애매하고 또 어떤 면에서는 놀랄 정도로 시대에 뒤떨어졌기 때문이기도 하다. 또한 연방대법원이 다루는 사건 수는 극히 적고 따라서 하급 연방법원들에 끼치는 영향이 아주 제한적이기 때문이기도 하다(그렇기

언제 자제할 것인가를 법관의 판단에 맡긴다는 점에서 개인적이고 거의 그에게 특유하다는 성격을 갖는다"[Brannon P. Denning, 99 *Law Library Journal* 621, 624(2007)].

때문에 하급 법원들은 자기 식대로 판결하는 경향이 있으며, 이는 판결 사이의 충돌을 발생시켜 연방대법원이 그 판결들을 모아 바로잡는 데에는 여러 해가 걸릴 수도 있다). 그리고 대법관들은 연방대법원의 선례에 기속되지 않고 또 그들을 기속할 더 높은 법원이 없기 때문이기도 하다. 또한 헌법 사건들은 ─ 헌법이 근본적인 정치적 권리와 정치 구조에 초점을 맞추는 까닭에 ─ 끊임없이 논쟁적인 정치적 쟁점들을 연방대법원에 제출하기 때문이기도 하다. 이 논쟁성은 법규주의가 설 자리를 없앨 뿐 아니라 많은 사건에서 도구적 추론(모두 동의하는 전제에서의 추론)마저 배제한다. 그 결과 연방대법원은 법규주의적 법원이 될 수 없는 데 그치는 것이 아니라 정치적 법원이 될 수밖에 없다. 2007년 봄 온건보수적 대법관이 극보수적인 대법관으로 교체된 결과 일련의 5 대 4 표결로 대법원이 갑작스럽게 우경화했을 때 우리는 이 사실을 똑똑히 보았다. 실용주의는 여전히 작동하고 있다. 그러나 대법관들이 관심을 기울이는 결과는 주로 정치적인 결과인 것 같다. 비록 그들이 이 점을, 심지어 스스로에게조차도, 인정하기를 꺼리지만 말이다.

대법관들은 집단적 심의를 그리 많이 하지 않는다. 그들은 표결한다. 헌법은 인습적인 법적 분석이나 불편부당한 정책 분석의 기능을 하는 것이 아니라 이데올로기로 기능한다. 이 이데올로기는 누구를 대법관으로 임명할 것인가를 결정하는 정치적 균형을 반영한다. 그리고 여론이 행정부와 입법부에 어떻게 작용하고 나아가 행정부·입법부를 통해 대법관 임명 과정에 어떻게 작용하는가를 반영한다. 포괄적인 이론을 통해 헌법 사건에 대한 판결을 안정화시키려는 끊임없는 노력은 늘 곤혹스러운 실패로 끝났다. 최근의 예가 사형제 같은 문제에 대해 국제적인 사법적 합의를 탐색한 것인데, 이는 세계의 사법 시스템이 대단히 다양하고 미국인들은 외국의 법문화를 포함한 외국의 문화들에 무지하기 때문에 필시 목적을 달성할 수 없는 탐색이었다. 이러한 탐색은 시간을 공간으로 대체한다. 즉, 전에는 법관들이 자신은 앞서 이뤄진 정치적 결정들을 시행하는 것일 뿐이라고 핑계를 댔는데, 이제는 법관들이 분명 새로운 방향으로 나아가는 것일 경우 자신은 전 세계적으로 가장 훌륭한 법적 사고에 미국의 헌법을 일치시킬 뿐이라고 구실을 대는 것으로 바뀌었다.

대법관들을 제어하는 것은 이러한 것들이 아니다. 대법관들을 제어하는 것은 분노한 대중의 재촉을 받은 다른 권력기관들, 즉 입법부나 행정부가 보복에 나서도록 "너무 나가서는" 안 된다는 인식 – 의식적이든 무의식적이든 간에 – 이다. 그래서 그들은 실제로는 '때때로 입법자' 이상이지만 그렇게 보이기보다는 "진정한" 법관으로 보일 수 있도록 선례에 존중을 표하는 식으로 적당히 행동한다. 연방대법원에서의 헌법 재판에서 나타나는 정치적 판단의 문제는 헌법이나 연방대법원만의 특유한 문제가 아니다. 사반세기 전까지 이는 반독점법과 관련해 첨예하게 대두했던 문제로서, 사람들은 그런 문제가 언제라도 다시 대두할 것으로 보고 있다. '1890년 셔먼법'은 무척 오래되었음에도 아직도 연방 반독점법의 주된 헌장으로 남아 있다. 그러나 이 법은 너무 모호하다. 그리하여 연방의 반독점법은 사실 법원, 그것도 주로 연방대법원의 창조물이라 할 수 있다.[2] 반독점의 경제학은 1950년대까지도 로스쿨과 경제학부에서조차 이해하는 수준이 빈약했고, 분배적 정의와 심지어 정치적 자유가 반독점법이 존중해야 할 중요한 가치라는 믿음이 널리 형성되어 있었다. 그러다가 기술적 무지와 이데올로기상의 불화가 무르익었고, 이것이 사법적 법리에 영향을 미쳤다. 결국 경제학적 분석의 발전 및 연방대법원과 여타 연방법원에 보수적 법관의 다수 임명, 그리고 자유 시장에 대한 여론의 변화(이것은 소련 및 그 밖의 대부분 공산사회의 붕괴로 가속화되었다) 등이 함께 작용해 반독점법은 경제적 효율성에만 관심을 기울여야 한다는 합의가 형성되었으며, 반독점의 어떤 원칙이

---

2   이 책 머리말의 참고문헌들과 함께 다음을 참조할 것. Daniel A. Farber and Brett H. McDonnell, "'Is There a Text in This Class'? The Conflict between Textualism and Antitrust," 14 *Journal of Contemporary Legal Issues* 619(2005).

효율성을 가장 잘 증진시킬 것인가에 대한 합의도 상당 정도 형성되었다. 결국 반독점법은 토머스 쿤Thomas Kuhn이 "정상 과학normal science"이라고 부른 상태에 도달하는 데 거의 한 세기가 걸렸다. 그러나 연방대법원은 헌법 대부분의 영역에서 반독점법에 필적할 만한 합의에 도달하지 못했다. 다만, 일부 분야(주로 경제 규제와 관련된 분야 — 로크너 시대는 상당히 예전 일이다 — 및 사형감이 아닌 사건에서 형사 절차와 관련된 몇몇 분야)에서는 그러한 합의에 도달했으나 그것도 대부분 우리 시야에서 사라지고 말았다.

법규주의가 반독점법의 진보에 미친 영향은 전혀 없다. 법관과 대법관은 '셔먼법'을 더 주의 깊게 읽는 법을 배운 것이 아니었다. 대신 그들은 경제가 어떻게 돌아가는지에 대해 더 많은 것을 배웠다. 법이 독자적인 규율 체계로 이해되는 한 향상은 불가능하다. 반독점법의 진화는 실용주의의 승리다. 그러나 실용주의가 미국법의 두통거리들에 대한 만병통치약은 아니다. 또한 정치적 재판에 대한 해독제도 아니다. 실용주의는 법관들에게 그들의 법리 및 판결들이 가져올 결과를 유념하도록 가르치지만 그 결과들에 각각 얼마만큼의 무게를 부여할 것인지는 가르쳐주지 않는다. 각각의 무게를 어떻게 부여할 것인가는 추론의 양식(분석, 직관, 감정, 상식, 판단), 정치적·이데올로기적 성향, 성격적 특성, 다른 개인적 특질, 개인적·직업적 경험, 사법 "게임"의 규칙들에 내포된 제약 등 여러 가지 요소의 복잡한 상호작용에 의존한다(이 상호작용은 불가사의하며, 상호작용이 어떻게 이뤄지는가는 법관마다 다르다). 논리는 심리(작용) — 사법행태에 영향을 미치는 후보 중 하나인 심리 작용 — 에 비해 재판에서 오직 제한적인 역할만 수행하는데, 특히 상급심 법원 수준의 재판에서 그리고 주로 일상적인 사건들에서나 그런 역할을 수행할 뿐이다.

미국의 법은 미국의 의료만큼이나 많은 비용이 든다. 그러나 의료의 경우와 마찬가지로, 질을 저하시키지 않고 비용을 축소하려면 어떻게 해야 할 것인가에 대해, 비용 절감이 옳다는 것 이상으로, 뚜렷한 방안을 내놓기란 몹시 힘들다. 양질의 인력을 끌어들이기 위해서는 법관의 급여를 대폭 인상하는 개혁이 확실한 방안으로 보이지만 이것도 알다시피 쉽게 역풍을 일으킨다. 법관의 업무 수행 측정법을 개발하기 위한 학계의 노력은 격려받아야 마땅하며, 나는 이미 그러한 측정법 개발에 사용된 양적 방법들을 법관에 관한 비판적 연구와 결합해야 한다고 제안한 바 있다. 그러나 법관의 업무 수행을 객관적으로 측정하는 포괄적인 방법을 갖기란 현실적으로 요원하다. 그렇지만 법규주의가 개혁의 길이 되지 못한다는 사실을 더욱 선명하게 인식한다면 길은 실용주의에 있음을 더 확실하게 인식하게 될 것이고 그런 인식과 함께 실용주의적 재판을 증진시키기 위한 건설적 노력이 강화될 것이다.

그러나 그러한 인식을 확립하기 위해서는 로스쿨에서 법을 가르치는 방식이 변화하지 않으면 안 된다. 로스쿨에는 법관에 대한 현실주의가 심각하게 결여되어 있다. 로스쿨에서는 법관을 이류급 교수, 아니면 법학 교수들이 가진 전문 지식을 갖추지 못한, 교수가 되다 만 법 분석가들로 취급한다. 그리고 법관에게 작용하는 동기와 제약, 그리고 그 결과 형성된 법관의 정신 상태는 무시하면서, 법관을 제한된 지성으로 불확실성의 바다를 항해하는 인간이 아니라 마치 컴퓨터처럼 취급하기도 한다. 그 결과 학생들은 법관의 반응을 일으키려면 그 앞에서 사건을 어떻게 제기해야 하는지에 대해서는 교육받지 않는다. 법관도 대부분 무언가를 주도적으로 추진하기보다는 자기 앞에 제출된 사건만 판단하는 데 익숙해져 있는 관계로 기이한 수동성이 형성되었고, 이 때문에 변호인들에게 어떤 방식으로 사건을 제기해야 최대의 효과를 거둘 수 있는지, 바꿔 말하면 어떻게 해야 법관을 도우면서 스스로를 돕는 결과를 낼 수 있는지 이야기하기를 부끄러워한다. 미국에는 법관들과 변호사들 사이에 지금보다 더 나은 다리가 놓여야 한다. 그리고 다리를 놓는 일은 주로 로스쿨의 업무임이 틀림없다.

감 사 의 말

이 책은 나의 다음 논문들에서 - 많이 수정하고 덧붙이긴 했으나 - 많은 것을 끌어 써서 작성되었다. "The Role of the Judge in the Twenty-first Century," 86 *Boston University Law Review* 1049(2006)(제3장과 제4장); "Judicial Behavior and Performance: An Economic Approach," 32 *Florida State University Law Review* 1259(2005)(제5장); "Reason by Analogy," 91 *Cornell Law Review* 761(2005)(제7장); "A Note on *Rumsfeld v. FAIR* and the Legal Academy," 2006 *Supreme Court Review* 47(2007)(제8장); "The Supreme Court, 2004 Term: Foreword: A Political Court," 119 *Harvard Law Review* 31(2005)(제10장); "Justice Breyer Throws Down the Gauntlet," 115 *Yale Law Journal* 1699(2006)(제11장); "No Thanks, We Already Have Our Own Laws," *Legal Affairs*, July/Aug. 2004, p. 40(제12장); "Constitutional Law from a Pragmatic Perspective," 55 *University of Toronto Law Journal* 300(2005)(제12장); "Enlightened Despot," *New Republic*, Apr. 23, 2007, p. 53(제12장).

연구에 아주 큰 도움을 주고 또 각종 인용을 주의 깊게 확인해준 헤더 아프라Heather Afra, 맥스 바커Max Barker, 얼리샤 베이어Alicia Beyer, 저스틴 로호호Justin Lohoho, 저스틴 엘리스Justin Ellis, 조너선 패클러Jonathan Fackler, 네빈 게

워츠Nevin Gewertz, 브랜든 헤일Brandon Hale, 앨리슨 핸디Allison Handdy, 재커리 홀름스테이드Zachary Holmstead, 매슈 존슨Matthew Johnson, 타라 카디올루Tara Kadioglu, 메간 맬로니Meghan Maloney, 샤인 투Shine Tu, 마이클 웰시Michael Welsh에게 감사드린다. 그리고 많은 도움을 주고 제안을 해준 하버드대 출판부의 에디터인 마이클 아론슨Michael Aronson에게도 감사드린다. 그리고 원고를 읽고 여러 가지 소중한 의견을 준 스콧 베이커Scott Baker, 마이클 보딘Michael Boudin, 리 엡스틴Lee Epstein, 윌리엄 에스크리지William Eskridge, 워드 판스워스Ward Farnsworth, 배리 프리드먼Barry Friedman, 미투 굴라티Mitu Gulati, 브라이언 라이터Brian Leiter, 조너선 르윈슨Jonathan Lewinsohn, 버락 메디나Barak Medina, 셸리 머피Shelley Murphey, 프레더릭 샤우어Frederick Schauer, 안드레이 슬레이퍼Andrei Shleifer, 카스 선스틴Cass Sunstein에게도 감사드린다. 그리고 원고를 세심히 읽고 유용한 비판을 많이 해준 데니스 허치슨Dennis Hutchinson에게 특별히 감사를 드리고 싶다. 또한 보딘 판사와의 토론은 나의 분석을 크게 변화시켰고, 슬레이퍼 교수는 사법행태라는 난제를 푸는 데 지나치게 법관 중심적인 시각으로 접근하지 않도록 누차 값진 지적을 해주었다. 두 분에게도 특별히 감사를 드린다.

찾아보기

지은이

리처드 포스너 Richard A. Posner ㅣ 1939년 미국 뉴욕에서 태어나 하버드대학교 로스쿨을 졸업한 뒤, 현재 미 연방항소법원 판사이자 시카고대학교 로스쿨 교수로 재직하고 있다. 법학자이자 경제학자로서 왕성하게 활동하며 각종 사회문제에 대해 날카로운 비판을 끊임없이 내놓는 포스너는 오늘날 미국의 법과 경제 분야에서 가장 큰 영향력을 행사하는 인물 중 하나로 꼽힌다. 『법경제학(Economic Analysis of Law)』, 『성과 이성(Sex and Reason)』, 『사회 참여적 지식인(Public Intellectuals)』, 『법, 실용주의, 민주주의(Law, Pragmatism, and Democracy)』, 『대재앙(Catastrophe)』, 『반테러(Countering Terrorism)』, 『자본주의의 실패(A Failure of Capitalism)』, 『자본주의적 민주주의의 위기(The Crisis of Capitalist Democracy)』 등 40여 권에 달하는 저작을 발표했다.

옮긴이

백계문 ㅣ 서울대학교 법과대학을 졸업하고, 중앙대학교 대학원에서 교육학을 전공했다. 민주화운동가·정치활동가다. 저서로 『성공한 개혁가 룰라』(2011)가 있으며, 역서로 『중국 문제: 핵심어로 독해하기』(2016), 『다치바나키 도시아키가 이야기하는 행복의 경제학』(2015), 『경제에서 본 리스크』(2014), 『리스크학이란 무엇인가』(2014), 『중국의 도시화와 농민공』(2014), 『루쉰』(2014), 『중국 기업의 르네상스』(2013), 『진화하는 중국의 자본주의』(2012) 등 다수가 있다.

박종현 ㅣ 서울대학교 법과대학을 졸업하고, 동 대학교 대학원에서 석사 및 박사 학위를 취득했다. 미국 하버드대학교 로스쿨에서 법학 석사학위를 취득했으며, 미국 뉴욕 주 변호사다. 현재 국민대학교 법과대학 교수로 재직하며 헌법학을 강의하고 있고, 정치·정책, 예술문화, 생명의료와 헌법의 통섭에 기초한 학제 간 연구를 진행하고 있다. 「헌법질서 내에서의 법원의 지위와 역할」, 「헌법상 문화국가원리의 구체화와 헌법재판에서의 적용」, "Causes and Conditions for the Sustainable Judicialization of Politics in Korea"(공저) 등 다수의 논문을 발표했다.

한울아카데미 1933

법관은 어떻게 사고하는가

지은이 리처드 포스너
옮긴이 백계문·박종현
펴낸이 김종수
펴낸곳 한울엠플러스(주)
편집 신순남

초판 1쇄 발행 2016년 11월 15일
초판 2쇄 발행 2017년 8월 6일

주소 10881 경기도 파주시 광인사길 153 한울시소빌딩 3층
전화 031-955-0655
팩스 031-955-0656
홈페이지 www.hanulmplus.kr
등록번호 제406-2015-000143호

Printed in Korea.
ISBN 978-89-460-5933-7 93360(양장)
      978-89-460-6243-6 93360(학생판)

※ 책값은 겉표지에 표시되어 있습니다.
※ 이 책은 강의를 위한 학생판 교재를 따로 준비했습니다.
   강의 교재로 사용하실 때에는 본사로 연락해주십시오.